V&R

Arbeiten zur Pastoraltheologie

Herausgegeben von
Peter Cornehl und Friedrich Wintzer

Band 38

Vandenhoeck & Ruprecht
in Göttingen

Praktische Theologie der Kirchenmitgliedschaft

Interdisziplinäre Untersuchungen
zur Gestaltung kirchlicher Beteiligung

Von

Jan Hermelink

Vandenhoeck & Ruprecht
in Göttingen

Die Deutsche Bibliothek – CIP-Einheitsaufnahme

Hermelink, Jan:
Praktische Theologie der Kirchenmitgliedschaft :
interdisziplinäre Untersuchungen zur Gestaltung kirchlicher Beteiligung /
von Jan Hermelink. –
Göttingen : Vandenhoeck und Ruprecht, 2000
(Arbeiten zur Pastoraltheologie ; Bd. 38)
Zugl.: Halle-Wittenberg, Univ., Habil.-Schr., 1998/1999
ISBN 3-525-62362-3

© 2000 Vandenhoeck & Ruprecht, Göttingen
http://www.vandenhoeck-ruprecht.de
Printed in Germany. – Das Werk einschließlich aller seiner Teile
ist urheberrechtlich geschützt. Jede Verwertung außerhalb
der engen Grenzen des Urheberrechtsgesetzes ist ohne Zustimmung
des Verlages unzulässig und strafbar.
Das gilt insbesondere für Vervielfältigungen, Übersetzungen,
Mikroverfilmungen und die Einspeicherung und Verarbeitung
in elektronischen Systemen.
Druck und Bindearbeit: Hubert & Co., Göttingen

Vorwort

Die hier vorgelegten praktisch-theologischen Untersuchungen zur Kirchenmitgliedschaft gehen auf meine gleichnamige Habilitationsschrift zurück, die im Wintersemester 1998/99 von der Theologischen Fakultät der Martin-Luther-Universität Halle-Wittenberg angenommen wurde.

Der Text wurde für die Publikation gekürzt und inhaltlich leicht überarbeitet. Was die verwendete Literatur betrifft, so war eine vollständige Berücksichtigung angesichts der thematischen Reichweite der Untersuchung von vornherein nicht anzustreben. Auf seit 1999 erschienene Beiträge zum Thema konnte in der Regel nur hingewiesen werden.

Die im Folgenden vorgetragenen Einsichten habe ich vornehmlich während meiner Tätigkeit am Institut für Praktische Theologie und Religionspädagogik in Halle an der Saale gewonnen. Unter der anregend neugierigen Leitung von Professor Dr. Christian Grethlein hat sich hier eine gute Arbeitsgemeinschaft mit den Professoren Dr. Raimund Hoenen und Dr. Eberhard Winkler sowie mit Dr. Birgit Zweigle und Dr. Bernd Schröder gebildet. Dabei vermittelten sich mannigfache theoretische Perspektiven auf produktive Weise mit Erfahrungen aus Ost- und Westdeutschland. Hinzu kamen Anregungen und Ermutigungen von Studierenden und von weiteren Kolleginnen und Kollegen aus dem ‚Mittelbau'. Der Mitgliedschaft des Autors in dieser Institution verdankt der vorliegende Text viel mehr, als sich in ausdrücklichen Bezugnahmen erkennen lässt.

Viele Themen und Teile der Arbeit konnte ich darüber hinaus mit pastoralen Freundinnen und Freunden diskutieren. Dafür bin ich vor allem Friederike Anz, Gabriele Arnold, Martin Germer und Dr. Reinhard Kähler dankbar.

Im Hallenser Habilitationsverfahren haben mich die drei genannten Professoren durch stete Beratung und durch Gutachten für die Fakultät unterstützt. Die Professoren Dr. Peter Cornehl und Dr. Friedrich Wintzer haben sich erfolgreich für die Aufnahme in die Reihe der „Arbeiten zur Pastoraltheologie" eingesetzt und die notwendige Überarbeitung mit großer Geduld und gutem Rat begleitet. Birgit Grosche, Claudia Hahne, Katharina Hoffmeister, Petra Leibold, Anke Nolte und Sigrid Rehm haben verschiedene Fassungen kritisch Korrektur gelesen. Im Verlag Vandenhoeck & Ruprecht waren zunächst Frau Renate Hübsch und dann Herr Rudolf Stöbener ausgesprochen hilfreich. Allen diesen Publikationshelferinnen und -helfern danke ich herzlich.

Die Arbeit folgt der 1998/99 reformierten Rechtschreibung. Einzelne Abweichungen, vor allem bei der Zeichensetzung, dienen der besseren Lesbarkeit. Aus diesem Grunde wurden, in Absprache mit der Lektorin, auch die Texte anderer Autoren nach den neuen Regeln zitiert.

Für die ungewöhnlich großzügige Unterstützung der Drucklegung gilt mein Dank der Evangelischen Kirche der Kirchenprovinz Sachsen, der Evangelischen Kirche im Rheinland, dem Kirchenamt der Evangelischen Kirche in Deutschland sowie der Evangelischen Kirche der Union.

Ein besonderer Dank gilt meinem Hallenser Kollegen Dr. Manfred Lang. Er gab mir vor sechs Jahren einen kleinen, aber entscheidenden Anstoß, mich mit dem Mitgliedschaftsthema eingehender zu beschäftigen. In den letzten Wochen vor der Drucklegung hat er – freundlich und unermüdlich – die computertechnische Vorbereitung zu weiten Teilen durchgeführt, namentlich das System der internen Seitenverweise.

Schließlich, aber nicht zuletzt danke ich Felicitas Wlodyga für manchen Widerstand und viel liebevolle Geduld.

Halle an der Saale, im Sommer 2000 Jan Hermelink

Inhalt

Vorwort 5

Einführung: Kirchenmitgliedschaft als Problem kirchlicher Praxis 13
    1. Pluralität: Die vielen Gestalten der Mitgliedschaft 14
    2. Disponibilität: Die konkurrierenden Einflussfaktoren 18
    3. Polarität: Der Konflikt der Beteiligungskulturen 22
    4. Zur Methodik der Untersuchung 25

Teil A
Dogmatische Perspektiven:
Die notwendige Sozialbeziehung des Glaubens

I. Regelmäßige Beteiligung an der organisierten Bildung der Glaubensgewissheit: Eilert Herms 33
    1. Der mehrschichtige Prozess des Glaubens 34
    2. Soziales Handeln als Beteiligung an Organisationen 36
    3. Kirchliche Mitgliedschaft als geistliche Erfahrung
       und geregelte Verpflichtung 41
    4. Zuspitzung: Paradigmatische Vollzugsgestalten der
       Mitgliedschaft 45

II. Exemplarische Gestaltung der geschwisterlichen Freiheit des Glaubens: Wolfgang Huber 55
    1. Kommunikative Beziehungen als Ort der Freiheit des Glaubens 56
    2. Kirchliche Beziehungen zwischen Institutionalität
       und Institutionskritik 57
    3. Exemplarische Beziehungen in der pluralen Öffentlichkeit 60
    4. Zuspitzung: Verbindliche Beziehungen als Mitgliedschaftsideal 64

III. Antinomische Selbstdeutung gegenüber der kirchlichen Religionskultur: Wilhelm Gräb 70
    1. Religion als biographischer Prozess antinomischer Selbstdeutung ... 71

2. Die Kasualien als kirchliche Orte religiöser Deutungskultur................ 76
  3. Beziehungen zur Kirche zwischen Aneignung und Abstoßung............81
  4. Zuspitzung: Das Programm der volkskirchlichen Mitgliedschaft......... 86

IV. *Resultate: Theologische Strukturen der kirchlichen Beziehung*...............95
  1. Die Begründung der Praxisprobleme in der Struktur
     des Glaubens... 95
  2. Die soziale Struktur des Glaubens und der Mitgliedschaft................. 102
  3. Die institutionelle Struktur des Glaubens und
     der Mitgliedschaft... 105
  4. Die gottesdienstliche Struktur der Mitgliedschaft............................... 110

Teil B
Kirchenrechtliche Perspektiven:
Der öffentliche Status einer persönlichen Bindung

I. *Problemhorizonte der Theorie des Kirchenrechts*............................. 115
  1. Die Mehrschichtigkeit des Kirchenrechts... 115
  2. Der Bezug zum „weltlichen" Recht... 117
  3. Probleme der „Rechtstheologie"... 119
  4. Kirchenrecht und kirchliches Leben... 123

II. *Zur Geschichte des Mitgliedschaftsrechts*.. 126
  1. Kirchliche Pluralisierung... 127
  2. Individuelle Gewissensfreiheit und kollegiale Konstitution................ 128
  3. Auseinandertreten von Staat und Kirche.. 130
  4. Rechtsentwicklung zwischen staatlicher Ordnung, individueller
     Emanzipation und organisatorischer Differenzierung........................ 133

III. *Quellen und Gegenstände des geltenden Rechts*............................ 136
  1. Das Kirchenmitgliedschaftsgesetz der EKD...................................... 136
  2. Staatliche Regelungen... 140
  3. Landeskirchliche „Ordnungen".. 142

IV. *Systematische Deutungen des Mitgliedschaftsrechts*........................... 147
  1. Recht der Volkskirche... 147

2. Ordnung der Dienstgemeinschaft.. 149
3. Inbegriff der kirchlichen Grundrechte... 151
4. Kirchliche Beziehungen zwischen theologischen
   und juristischen Positionen... 157

V. *Exemplarische Einzelfragen*.. 160
1. Verfahren bei „zuziehenden Evangelischen"................................. 160
2. Innerkirchlicher Umgang mit Kirchenaustritten............................. 164
3. Rechtsformen der Annäherung... 168
4. Verfahren der Wiederaufnahme... 171

VI. *Resultate: Äußere Einheit und innere Pluralität*........................... 176
1. Der staatsrechtliche Horizont der Kirchenmitgliedschaft.............. 177
2. Kirchenrechtliche Perspektiven auf die Lebensgeschichte............ 178
3. Kirche als hoheitliche Organisation pluralen Bekennens............. 181
4. Das Mitgliedschaftsrecht als Ausdruck der Gottesbeziehung...... 184
5. Die liturgische Mitte der Rechtsbeziehungen............................... 186

TEIL C
Kirchensoziologische Perspektiven:
Organisierte Zugänge zum Jenseits der Individualisierung

I. *„Individualisierung" als soziologischer Deutungsrahmen
für Mitgliedschaft*.. 193
1. Gesellschaftsstrukturelle Perspektive:
   Differenzierung und Pluralisierung... 194
2. Subjektive Perspektive: Ambivalenz der biographischen Freisetzung... 196
3. Institutionelle Perspektive: „Bastelbiographie" und „Karriere"...... 199
4. Organisatorische Perspektive:
   Bedingungen und Muster der „Inklusion".................................... 205

II. *„Religiöse Individualisierung" als Deutungsrahmen
für Kirchenmitgliedschaft*.. 211
1. Die kirchensoziologische Entdeckung des Individuums................ 211
2. Das Theorem der „religiösen Individualisierung"........................ 217
3. Empirische Einwände: Das Gewicht der Tradition....................... 225

4. Theoretische Einwände: Das Gewicht der Institution.................. 228
5. Zwischenbilanz: Die soziologische Bedeutung
   der kirchlichen Mitgliedschaft... 233

III. Pluralisierung? Dimensionen und Typen kirchlicher Bindung............ 237

1. Religiöse Überzeugungen... 238
2. Kirchliche Einstellungen... 242
3. Kirchliche Beteiligung.. 247
4. Soziale Polarität und soziologische Pluralität der Mitgliedschaft......... 256

IV. Subjektivierung? Das Beispiel der „treuen Kirchenfernen".............. 260

1. Soziologische Zugänge zur durchschnittlichen Kirchlichkeit............ 260
2. Biographische Vorgaben: Von der Kindertaufe
   zur Konfirmation... 265
3. Biographische Rückgriffe im Familien- und Jahreszyklus............... 272
4. Die kirchliche Institutionalisierung des Lebenslaufs..................... 280
5. Konventionelle Kirchlichkeit als moderne Religion..................... 283

V. Pragmatisierung? Das Beispiel des Kirchenaustritts........................ 287

1. Kirchenaustritt als Thema der Kirchensoziologie........................ 287
2. Kirchenaustritt als Ausdruck institutioneller Freisetzung............... 290
3. Religiöse und kirchliche Einstellungen der Ausgetretenen............. 293
4. Kirchenaustritt als Resultat biographischer Prägung.................... 297
5. Der Austritt als paradigmatischer Grenzfall der Mitgliedschaft........ 301

VI. Säkularisierung oder Individualisierung?
Zur Mitgliedschaftsentwicklung in Ostdeutschland......................... 305

1. Kirchensoziologische Befunde:
   Minorisierung, Intensivierung, Pluralisierung............................. 305
2. Gesellschaftsspezifische Prägung:
   Politisch forcierte Rationalisierung.. 311
3. Moderngesellschaftliche Prägung:
   Probleme der biographischen Autonomie................................. 318
4. Organisatorische Prägung:
   Arbeitsformen und Strukturen der Volkskirche.......................... 322
5. Zur Mitgliedschaftsentwicklung seit 1989:
   Säkularisierung und Individualisierung..................................... 327

VII. *Resultate: Soziale Bedingungen und Funktionen der kirchlichen Inklusion*..333
   1. Ambivalenz der gesellschaftsstrukturellen Individualisierung............... 333
   2. Lebensführung als Ort von Transzendenzerfahrung........................337
   3. Die Kirche als öffentlich zugängliche Bildungsorganisation................ 340

Praktisch-theologische Auswertung:
Die Gestaltung der kirchlichen Beziehungen im Gottesdienst

   1. Die liturgische Organisation der Mitgliedschaft..................... 347
   2. Rhythmische Vielfalt der Zugänge..................................350
   3. Dimensionale Vielfalt der Beteiligung..............................353
   4. Objektive Bindung und subjektive Freiheit......................... 355
   5. Biographische Dynamik..358
   6. Rituelle Sozialität.. 363
   7. Praktisch-theologische Handlungsorientierungen............................. 368
   8. Organisierte Unverfügbarkeit......................................377

Literaturverzeichnis..381

Einführung:
Kirchenmitgliedschaft als Problem kirchlicher Praxis

Das Phänomen der Kirchenmitgliedschaft, der individuellen Beziehungen zur kirchlichen Institution[1], soll in der vorliegenden Arbeit aus einer praktisch-theologischen Perspektive betrachtet werden: Die Mitgliedschaft wird hier als ein *Gegenstand des kirchlichen Handelns* verstanden. Gewiss sind die kirchlichen Beziehungen auch ein Gegenstand individueller Reflexion und Entscheidung; und sie werden bis in die Gegenwart auch zum Objekt politischer Maßnahmen, dafür sind die Verhältnisse in Ostdeutschland vor und nach der Wende das naheliegendste Beispiel[2]. Gleichwohl muss eine praktisch-theologische Betrachtung davon ausgehen, dass die Mitgliedschaft auch im Handeln der Kirche selbst zum Thema und zum Gegenstand von Entscheidungen wird.

Dabei kennzeichnet es die Gegenwart der Evangelischen Landeskirchen in Deutschland, auf die ich mich zumeist beschränken werde, dass die Bindung und Beteiligung der Einzelnen vor allem als *Problem* des kirchlichen Handelns, ja der kirchlich-institutionellen Existenz betrachtet wird. Die Umstellungs- und Orientierungskrisen, die diese Institutionen gegenwärtig durchlaufen, haben in der „Mitgliederkrise" eines ihrer wesentlichen Merkmale[3]. Die Realität der Mitgliedschaftsverhältnisse erscheint als eine erschwerende Bedingung des kirchlichen Handelns. Sie erscheint durch die Institution selbst kaum zu beeinflussen und markiert für sie eine spezifische *Ohnmachtserfahrung*.

Die Berechtigung dieser Sicht ist einführend zu prüfen, indem aus einer Perspektive teilnehmender Beobachtung typische *Schwierigkeiten der kirchlichen Praxis* mit der individuellen Mitgliedschaftsgestaltung betrachtet werden. Dabei ergibt sich zum einen die Einsicht, dass jene Problematik in der alltäglichen Arbeit der Pfarrerinnen und Pfarrer, im Leben der Gemeinde und in den Entscheidungen der Kirchenleitungen viel eher und viel öfter zum Thema wird, als es die aktuelle Diskussion um Austritte oder zurückgehende Beteiligung suggeriert. Zum anderen zeigt die detaillierte Betrachtung, dass die kirchlichen Beziehungen hier nicht nur ein

---

1 Zur Terminologie vgl. den Schluss der Einführung.
2 Vgl. nur *Pollack*, Integration vor Entscheidung; *Feige*, ‚Modell Bundesrepublik'; *Winkler*, Auch Sympathisanten.
3 Vgl. *Huber*, Kirche in der Zeitenwende, 33ff. 51ff. 228f – hier fällt das Stichwort „Mitgliederkrise", gefolgt u.a. von „Finanzkrise", „Vereinigungskrise", „Organisationskrise" und „Orientierungskrise" (aaO. 229–234).

Problem, sondern zugleich eine Chance und eine spezifische Aufgabe der Praxis darstellen. Als Gegenstand des kirchlichen Handelns in *diesem* Sinne verdient die Kirchenmitgliedschaft eine eingehende praktisch-theologische Reflexion.

1. Pluralität: Die vielen Gestalten der Mitgliedschaft

1975 verdichtete *K.-W. Dahm* die Resultate der ersten großen Mitgliedschaftsumfragen zu einer Szene, die die faktische Komplexität der Verhältnisse sowie die Vielschichtigkeit ihrer sozialstrukturellen wie ihrer religiös-individuellen Bedingungen deutlich machte:

„Am Tisch einer Betriebskantine sitzen während der Frühstückspause sechs Personen zusammen, die sich sonst nur oberflächlich kennen. Angeregt durch eine Fernsehsendung [...] wird gefragt, warum man denn Mitglied der Kirche bleiben wolle. Die sechs Personen antworten reihum und geben dabei ganz unterschiedliche Motive und Erfahrungen an.

(A) Frau Alberti, langjährige Mitarbeiterin im Labor, sagt etwas zurückhaltend, dass sie vor Jahren in einer Jugendgruppe zum ‚wirklichen Glauben' gekommen sei und dass sie in der Kirche vor allem die Gemeinschaft mit Gleichgesinnten, beispielsweise gemeinsamen Gesang und gemeinsames Gebet im Gottesdienst, und eine weiterführende Auslegung der biblischen Botschaft suche.

(B) Ingenieur Braun erklärt, [...] er schicke seine Kinder in den Konfirmanden-Unterricht, damit sie dort etwas von aktiver Nächstenliebe, von Vergebung und möglichst auch von Ehrlichkeit lernen und möglichst in [...] Aktionen oder in Jugendfreizeiten einüben sollten. Er habe da relativ gute Erfahrungen gemacht und werde diese Arbeit darum weiter unterstützen [...].

(C) Betriebsschlosser Clausen [...] erzählt, dass seine Mutter zwanzig Jahre lang leidend und ans Bett gebunden war, dass der Pfarrer sie in dieser Zeit treu besucht habe und dass diese Besuche der Mutter immer geholfen hätten, mit ihrem Leid ein bisschen besser fertig zu werden. Solche Hausbesuche von Pfarrern müssten auch weiterhin sein. [...]

(D) Herr Döring war früher Landwirt und arbeitet als Angelernter erst seit kurzem im Betrieb. Er weist hin auf Beerdigungen und Hochzeiten. Er sei konfirmiert und kirchlich getraut; er wolle auch ‚richtig' beerdigt werden und nicht ‚verscharrt wie ein Hund'. Beerdigungen ‚und so' seien eben der Beruf des Pfarrers; das sei immer schon so gewesen und sollte auch so bleiben.

(E) Frau Dr. Ebel leitet das Labor und hat weitere Einkünfte aus ihrem Vermögen. Sie weist darauf hin, dass sie, obwohl sie eigentlich freigeistig und atheistisch denke, sehr hohe Kirchensteuer zahle. Das tue sie hauptsächlich, [...] um die diakonischen Einrichtungen der Kirche zu unterstützen: den Kindergarten, das Krankenhaus, ‚Brot für die Welt'. Es liege ihr viel daran, dass neben den staatlichen auch die kirchlichen Einrichtungen lebensfähig blieben [...].

(F) Herr Fey schließlich hat Pädagogik studiert [...]. Er ist stark geprägt von einer Projektgruppe Politik seiner Studentengemeinde. Ihm geht es primär [...]

darum, dass eine wahrhaft biblische (prophetische) Predigt und Gemeindearbeit auf die [...] Veränderung von gesellschaftlichen Verhältnissen und von konservativen Bewusstseinsformen der Bevölkerung gerichtet sein müsse." (*Dahm*, Verbundenheit, 113-115)

Dahms konkrete Phantasie, deren Realitätsgehalt auch durch neuere Untersuchungen bestätigt wird[4], führt zunächst die *Vielfalt* der Mitgliedschaftsgestalten vor Augen, die in der sozialwissenschaftlichen Forschung, noch eindrücklicher jedoch in der Praxis des kirchlichen Handelns begegnet und dort zu zahlreichen Problemen führt. Denn jedes der geäußerten Motive lässt ein bestimmtes Muster der *Beteiligung* erkennen, und zugleich korrespondiert jeder kirchlichen Motivation eine bestimmte *Erwartung* an das kirchliche Handeln.

Es ist zunächst die pastorale Arbeit, die angesichts dieser unterschiedlichen Erwartungen in schwer lösbare Prioritäts- und Rollenkonflikte gerät[5]. Die engagierte Beteiligung an gesellschaftskritischen Projekten lässt sich nur schwer vereinbaren mit der Weitergabe gesellschaftlich-moralischer Grundwerte. Die Förderung eines intensiven Lebens der „Kerngemeinde" verhindert, dass die Pfarrerin für Hausbesuche viel Zeit findet. Auch bei der Gottesdienstvorbereitung ist zu fragen: Ist die Liturgie am angefochtenen Einzelnen oder am gesellschaftlichen Ganzen orientiert, sammelt sie die Gläubigen oder sendet sie die Engagierten? Ähnliche Fragen stellen sich bei der Personal- und Finanzplanung: Sollen die kirchlichen Ressourcen für diakonische Arbeit, für Seelsorgeausbildung oder für geistlichen Gemeindeaufbau eingesetzt werden? Auch wenn die Erwartungen der Mitglieder sich in der Theorie nicht ausschließen, ist ihre Vermittlung in der Praxis mit zahlreichen Konflikten verbunden.

Dahms Skizze erinnert weiterhin daran, dass die verschiedenen Erwartungen und Verhaltensweisen sich vor allem aus einer je persönlichen Situation ergeben. Der Student nimmt seine Mitgliedschaft auf andere Weise wahr als der Ingenieur und Familienvater oder als die ältere, vielleicht alleinstehende Laborantin[6]: Erkennbar sind familiengeschichtliche Hintergründe, unterschiedliche Lebensstile und regionale Besonderheiten. Die Pluralität der Mitgliedschaft verweist auf die Pluralität kirchlicher und gesellschaftlicher *Biographie*.

Die lebensgeschichtliche Prägung verschärft die skizzierten Praxisprobleme; so etwa dort, wo die Gemeinde von zugezogenen Menschen in

---

[4] Vgl. etwa Fremde Heimat 1997, 352; *Dubach*, Bindungsfähigkeit; *Failing*, Zugehörigkeit, 88f; *Vögele/Vester*, Kirche und die Milieus. Besonders differenziert *Lindner*, Kirche am Ort, 320ff. Weiter s.u. S. 237-259 der vorliegenden Arbeit.

[5] Einer der aufschlussreichsten Versuche, die Pluralität der Mitgliedschaftserwartungen zu begreifen, ist denn auch pastoraltheologisch ausgerichtet: *Lange*, Predigen als Beruf, 120ff. 152ff; weiter s.u. S. 251-252.

[6] Dazu besonders ausführlich Fremde Heimat 1997, 147ff.

Anspruch genommen wird[7]. Darüber hinaus macht sich das biographische Moment in einer mitunter abrupten *Veränderung* der individuellen Beteiligung bemerkbar[8]. So kann ein intensives Engagement in der Jugendarbeit jäh abbrechen, wenn die eigene Familiengründung ansteht; umgekehrt kann eine langjährige Distanz von der Gemeinde im Zusammenhang eines Taufbegehrens zu neuem Interesse am kirchlichen Leben führen. Auch ehrenamtliche Mitarbeit als eigenständige „Form der Kirchenbindung" wird inzwischen eher in kurzen Zeiträumen wahrgenommen als über lange Jahre[9].

Zur Belastung des kirchlichen Handelns gehört weiterhin, dass eine bestimmte Erwartung an die Institution und die Bereitschaft, sich durch eigene Mitarbeit für dieses Anliegen einzusetzen, u.U. weit auseinander klaffen. Umgekehrt erfährt die Kirche allerdings auch öffentliche Unterstützung durch Mitglieder, die an persönlichen Kontakten wenig Interesse zeigen. Das gilt nicht zuletzt für den diakonischen Bereich, wie *Dahms* Beispiel (E) in Erinnerung ruft.

Dieses Beispiel weist noch auf zwei weitere Aspekte hin, die die Mitgliedschaft pluralisieren. Sie umfasst zunächst neben kognitiven, emotionalen und pragmatischen Dimensionen mindestens für Berufstätige auch eine *ökonomische* Beziehung. Es ist dieser materielle Aspekt, der sowohl die öffentliche Wahrnehmung als auch die öffentlich-rechtliche Ausgestaltung der Mitgliedschaft in hohem Maße prägt[10]. Die Praxis gezielter Spenden zeigt, wie diese Dimension für Einzelne wie für die Gemeinden auch eine sehr positive Bedeutung gewinnen kann[11].

Ferner erinnern die Äußerungen von „Frau Dr. Ebel" in *Dahms* Skizze daran, dass kirchliche Bindung und religiöse Einstellung zu unterscheiden sind. Eine „freigeistige" Einstellung oder die intensivere Beschäftigung mit

---

7 In den letzten Jahren waren es besonders die deutschstämmigen Aussiedler aus osteuropäischen Ländern, deren eigentümliche kirchliche Biographien das ortgemeindliche Handeln vor z.T. massive Integrations- und Verständigungsprobleme gestellt haben.

8 Unter dem ein wenig dramatischen Titel „Sprungbiographie" hat *Roosen*, Kirchengemeinde, 495 ff, dieses Phänomen und seine gesellschaftlichen Hintergründe skizziert.

9 *Lindner*, Kirche am Ort, 292; vgl. aaO. 292ff; *Huber*, Kirche in der Zeitwende, 250f.

10 Vgl. nur die Bemerkungen bei *Bock*, Fragen, 325ff; *Coenen-Marx*, Kirchenmitgliedschaft, 86ff; *Josuttis*, „Unsere Volkskirche", 43ff. 122ff.

11 Auch bei der Umstellung der ostdeutschen Landeskirchen auf die Kirchensteuer nach westlichem Muster wurde die hohe Bedeutung der ökonomischen Beziehung zur Kirche sichtbar. An einigen Beispielen hat *Winkler*, Auch Sympathisanten, die negativen, aber auch die positiven Auswirkungen dieser Entwicklung für die individuelle Wahrnehmung anschaulich geschildert. Im Übrigen steht eine praktisch-theologische Reflexion dieser ökonomischen Interaktionsebene noch in den Anfängen; vgl. *Lienemann*, Finanzen der Kirche; zuletzt *Bock u.a.*, Reformspielräume, 149ff. Zu den rechtlichen Aspekten s.u. S. 139-140. 141-142.

außerchristlicher Religion führen nicht unbedingt zum Abbruch der rechtlichen Mitgliedschaft[12], noch wird umgekehrt eine entschiedene Haltung in Glaubensfragen stets mit verstärktem institutionellen Engagement einer gehen[13]. Herausfordert wird die kirchliche Praxis hier auch dadurch, dass eine intensivere und ausdrücklichere Christlichkeit sich weniger mit ortsgemeindlichen als mit kommunitären oder überregionalen, netzwerkartigen Formen der Mitgliedschaft verbindet.

Damit ist ein letzter Aspekt der kirchlichen Bindungspluralität angesprochen: Die verschiedenen Einstellungen, Erwartungen, Unterstützungs- und Beteiligungsweisen der Mitglieder beziehen sich auf unterschiedliche kirchliche *Organisationsstrukturen und Arbeitsformen*. Die Ausdifferenzierung verschiedener Beteiligungsmuster hat sich, historisch gesehen, im Wechselspiel mit der Ausdifferenzierung institutioneller Ebenen, besonders der verschiedenen „Dienste und Werke", der Kirche vollzogen. Auch die parochiale Arbeit selbst umfasst inzwischen Angebote, Gruppen und Initiativen, die ganz unterschiedliche Formen der Mitgliedschaft erlauben[14]. Die gegenwärtige Vielfalt der Mitgliedschaftsbeziehungen ist nicht nur ein Problem des kirchlichen Handelns, sondern zu einem guten Teil auch sein eigenes Resultat.

Auch für die innerkirchliche Wahrnehmung treten auf diese Weise unterschiedliche Beteiligungsaspekte in den Vordergrund. Während reformkirchlichen Gruppen an einem intensiven thematischen Engagement der Einzelnen gelegen ist, fragt die Kerngemeinde nach der Regelmäßigkeit des Gottesdienstbesuchs; und die landeskirchliche Organisation ist nicht zuletzt am ökonomischen Moment der kirchlichen Beziehung interessiert. Vor allem diese innerkirchlichen *Wahrnehmungsdifferenzen* erschweren eine Verständigung über das Mitgliedschaftsthema und machen auch die praktische Integration verschiedener Beziehungsmuster zum Dauerproblem.

Erst recht wird jene Pluralität dort als schwierig empfunden, wo die kirchliche Strategie, auf unterschiedliche Erwartungen mit einer organisatorischen Ausdifferenzierung zu reagieren, gegenwärtig an ihre Grenzen stößt. Müssen Arbeitsbereiche reduziert, Gemeinden zusammengelegt und Stellen gestrichen werden, dann wird immer drängender gefragt, welche Aspekte kirchlicher Beziehung in den Vordergrund zu stellen sind: Erscheinen nur langfristige Bindungen oder auch kurzfristige Kontakte als legitim? Zählt nur die rechtliche Mitgliedschaft oder auch das gezielte Engagement? Können tatsächlich alle Mitgliedschaftsmotive neben-

---

12 Vgl. dazu Fremde Heimat 1993, 11-14; *Pollack*, Lage in Deutschland, 607ff.

13 Einen instruktiven Überblick über mögliche Dimensionen und Formen des Glaubens wie über deren jeweilige Beziehung zur Kirche gibt *Lindner*, Kirche am Ort, 328ff.

14 Vgl. die Skizzen bei *Lück*, Praxis: Kirchengemeinde, 18ff; *Roosen*, Kirchengemeinde, 60ff; *Ders.*, Gemeindehaus.

einander gestellt werden, wie *Dahms* Szene suggeriert, oder kommt der Erwartung geistlicher Gemeinschaft oder, allgemeiner, dem „Glaubensthema" eine besondere Bedeutung zu[15]?

2. Disponibilität: Die konkurrierenden Einflussfaktoren

Jeder Versuch, die Gestalt kirchlicher Beziehungen praktisch-theologisch zu verantworten, hat den Verlust ihrer sozialen Selbstverständlichkeit zu bedenken. Die kirchliche Beziehung wird dem oder der Einzelnen immer weniger von außen „zugeschrieben"; vielmehr erscheint sie in steigendem Maße als eine persönlich „erworbene" Bindung[16]. Anders gesagt: Die kirchliche Mitgliedschaft ist zum Gegenstand der Entscheidung, sie ist *disponibel* geworden. Diese individuelle Disponibilität betrifft die religiösen und kirchlichen Einstellungen[17] und deren familiäre Weitergabe, und sie betrifft die Art und Weise, in der die Einzelne die kirchliche Institution in Anspruch nimmt und sich gegebenenfalls in ihr engagiert. Es ist diese Disponibilität der Mitgliedschaft, die die oben skizzierte Pluralität und ihre praktischen Probleme zur Folge hat.

Besonders deutlich wird die gewandelte Einstellung bei den *Kasualien*. Zunehmend werden die Termine von Taufen und Trauungen, nicht selten auch Gestaltungs- und Inhaltsfragen von den Betroffenen selbst bestimmt. Dazu kommt, dass Pfarrerinnen und Pfarrer bei Kasualien nahezu regelmäßig Menschen begegnen, die ihre rechtliche Beziehung zur Kirche durch einen *Austritt* beendet haben. Hier stößt es ebenso regelmäßig auf Unverständnis, wenn diese individuelle Entscheidung von der Institution mit klaren Restriktionen beantwortet wird, etwa hinsichtlich des Patenamtes, der Form der Trauung und auch bei der Bestattung[18]. Bei den entsprechenden Auseinandersetzungen zeigt sich oft, dass auch innerhalb der kirchlichen Institution das Gewicht des Austritts unterschiedlich bewertet wird.

---

15 So hat schon *Dahm* selbst gefragt, vgl. *Dahm*, Verbundenheit, 151–153. Zur Bedeutung des „Glaubensthemas" als Integral vielfältiger kirchlicher Beziehungen vgl. *Lindner*, Spiritualität und Modernität, bes. 252. 262ff.

16 Diese Unterscheidung wurde in der kirchensoziologischen Literatur wohl zuerst bei *Hild*, Wie stabil ist die Kirche?, entfaltet (vgl. aaO. 136ff. 247ff) und ist bald zu einem üblichen Sprachgebrauch geworden.

17 Die jüngste EKD-Mitgliedschaftsuntersuchung kommt zu dem Ergebnis, „dass viele Befragte dogmatisch absolute Glaubenssätze für sich nicht als tragfähige Antworten empfinden. [...] ‚Ich habe meine eigene Weltanschauung, in der auch Elemente des christlichen Glaubens enthalten sind'. Die große Zustimmung, die dieser Satz [...] erfährt, dürfte Ausdruck dieser Stimmungslage sein." (Fremde Heimat 1993, 14)

18 Zu den damit verbundenen Problemen vgl. *Hermelink*, Gefangen in der Geschichte; aus pastoraler Perspektive auch *Hoof*, Kirchenaustritt. Weiter s.u. S. 164–168. 287–304.

In der Tat scheint der Kirchenaustritt derjenige Grenzfall der Mitgliedschaft zu sein, der die Institution gegenwärtig am stärksten beschäftigt. Bedrohlich erscheint nicht nur die quantitative Austrittsrate, die – mit nahezu 1% pro Jahr – seit Anfang der 90er Jahre einen historisch bislang einmaligen Höchststand erreicht hat[19]. Bedrohlich erscheint darüber hinaus die *Qualität* dieser Austrittsentwicklung: Wer gegenwärtig die Kirche verlässt, tut dies nicht mehr, wie etwa in der NS-Zeit, auf politischen oder kirchenpolitischen Druck[20], sondern infolge einer selbst verantworteten Entscheidung. Der Austritt gilt darum als Paradigma für eine gänzlich *pragmatische* Auffassung der Mitgliedschaft im Ganzen:

"Ein pragmatisches Verhältnis zur Institution Kirche besagt, dass der Status der Kirchenmitgliedschaft nicht als innere Verpflichtung der Kirche gegenüber aufgefasst wird. Im Blickpunkt steht pragmatisches Abwägen persönlicher Vor- und Nachteile. Das Verhältnis zur Kirche wird in der gleichen Perspektive thematisiert wie die Beziehung zu anderen Organisationen in unserer Gesellschaft auch. [...] Beziehung zur Kirche wird nur aufgenommen, wenn man das Gefühl hat, dass diese Beziehung einem etwas bringt, zur Bewältigung des Alltags beiträgt."[21]

Das Faktum der steigenden Kirchenaustritte hat viel zur weiten Verbreitung dieser Sicht beigetragen. Im Vorgriff auf die Argumentation in der folgenden Arbeit ist die Vorstellung einer pragmatisch-autonomen Disposition über die kirchliche Bindung jedoch durch den Hinweis auf die externen *Einflussfaktoren* zu korrigieren, denen jene Entscheidung unterliegt und deren Wahrnehmung für die praktisch-theologische Verantwortung der Mitgliedschaft unerlässlich ist[22].

Zunächst macht *Dubachs* Charakterisierung selbst deutlich: Die gängige Einstellung, derzufolge man aus der Kirche austritt, weil sie keinen persönlichen Nutzen, sondern nur finanzielle Verpflichtungen beinhaltet, ist ihrerseits *gesellschaftlich* bedingt. Angesichts weitgehender gesellschaftlicher Differenzierung und Rationalisierung ist die Einzelne darauf angewiesen, die soziale Handlungsfähigkeit im Alltag durch ihre Bindungsent-

---

19 Vgl. zu den Zahlen Fremde Heimat 1997, 308f; *Feige*, Art. „Kirchenentfremdung/Kirchenaustritte", 532f.
20 Auch der starke Rückgang der kirchlichen Mitgliedschaft in der DDR in den 50er Jahren ist vor allem auf gezielte politische Repression zurückzuführen, vgl. *Pollack*, Integration, 145ff; weiter s.u. S. 305-311.
21 *Dubach*, Nachwort, 308, in der Auswertung einer großen Umfrage zum Thema „Religion in der Schweiz". Aus innerkirchlicher Sicht ergänzt *Coenen-Marx*, Kirchenmitgliedschaft, 86f, dass „aus der Bevölkerung" die Frage „immer lauter gestellt wurde: ‚Was bringt mir die Kirchenmitgliedschaft?'".
22 Zur „Pragmatisierung" der Mitgliedschaft s.u. S. 217-236; zu den Bedingungen des Kirchenaustritts S. 290-304.

scheidungen zu erhalten oder zu erweitern"²³. Entgegen einem verbreiteten Eindruck kann sie Mitgliedschaften darum durchaus nicht frei wählen, sondern hat das Nutzen-Kriterium strikt zu beachten.

Im Blick auf die *kirchliche* Mitgliedschaft muss dann freilich eher umgekehrt gefragt werden, warum der „Mitgliederbestand der beiden großen Kirchen [...] nach wie vor erheblich [ist]" (*Huber*, Kirche in der Zeitenwende, 228), warum also eine große Anzahl Menschen sich von der Bindung an die Kirche offenbar einen „persönlichen Vorteil", einen Beitrag zur „Bewältigung des Alltags" (*Dubach*) erhoffen. Diese Überlegung vermag zumindest Zweifel daran zu erwecken, dass die kirchliche Institution der persönlichen Disposition über die Mitgliedschaft gänzlich machtlos ausgeliefert ist. Die vorliegende Arbeit zielt vielmehr auf die Markierung derjenigen Aspekte des kirchlichen Handelns, die den Einzelnen den subjektiven Nutzen ihrer Mitgliedschaft neu oder wieder einleuchtend erscheinen lassen.

Zu einem positiv prägenden Faktor der jeweiligen Bindungsentscheidung kann die Institution allerdings nur unter zwei Voraussetzungen werden, die ihrerseits auf Probleme der kirchlichen Praxis verweisen. Zum einen wird jede *kirchliche* Disposition der Mitgliedschaftsgestaltung nur möglich sein unter strikter „Respektierung des subjektiven Autonomieanspruchs"²⁴. Ein kirchliches Handeln, das individuelle Zweifel, Anfragen und subjektive Brechungen der institutionellen Vorgaben nicht ernst nimmt, sondern in einer „Behauptungskultur" verharrt (*H. W. Grosse*), wird die Distanz der Einzelnen nur verstärken. Dass dies für die gegenwärtige Predigt- und Unterrichts-Kultur der Kirche nach wie vor eine Gefahr darstellt, ist offensichtlich.

Zum anderen ist hier an die Einsicht zu erinnern, dass die individuelle Bindungsentscheidung noch immer wesentlich geprägt ist durch Konventionen und Traditionen der jeweiligen Lebenswelt, der Region, des Milieus²⁵. Insbesondere die familiär überlieferte Erfahrung mit der Kirche hat auf die eigene Einstellung zur Mitgliedschaft, auch zu deren Beendigung, einen schwer zu überschätzenden Einfluss. Kurzfristige Versuche der Kirche, ihre Mitgliedschaftsbeziehungen zu verändern, können unter diesen Voraussetzungen nur von begrenzter Bedeutung sein. Erheblich wichtiger erscheint dagegen eine Reflexion auf die eigene institutionelle Vergangenheit: Der gegenwärtige Rückzug der Mitglieder ist nicht zuletzt die Folge einer kirchenamtlichen Praxis, die über viele Generationen hinweg

---

23 Zur hier angedeuteten Theorie der „strukturellen Individualisierung" s.u. 193–210.

24 *Feige*, Kirchenmitgliedschaft, 378; vgl. ganz ähnlich *Drehsen*, Erosion, 218; *Grosse*, „Distanzierte Kirchlichkeit", 27f, mit weiteren Hinweisen.

25 Auf diese „lokalkulturellen" Prägungen hat vor allem *K.-F. Daiber* immer wieder aufmerksam gemacht, vgl. etwa *Daiber*, Religiöse Orientierungen, 65ff; *Ders.*, Religion, 182ff. Weiter s.u. S. 225.

eine selbstverantwortliche Gestaltung des je eigenen christlichen Lebens eher kritisch begrenzt als gefördert hat.

Schließlich hat *M. Josuttis* auf einen weiteren, gerade für die kirchliche Mitgliedschaft konstitutiven Einflussfaktor hingewiesen, nämlich auf die *religiöse* Biographie. „Der Weg zur individuellen Wahrnehmung ihres Erwähltseins kann Menschen in die Organisation Kirche und in das Milieu der Gemeinde hinein-, er kann sie aber auch ebensosehr aus diesen Bereichen herausführen."[26] Wird die Lebensgeschichte als Resultat einer geistlichen Berufung, als Erwählung und Führung verstanden, so ist damit zu rechnen, dass auch der Austritt aus der Kirche religiös begründet ist, in der Enttäuschung über die mangelnde geistliche Kraft der Institution.

Die Einsicht, dass die individuelle Disposition der Mitgliedschaft nicht nur gesellschaftlich, familiär und institutionell vielfältigen Einflüssen unterliegt, sondern auch einen je eigenen Glaubensweg zurückgeht, hat sich vor allem angesichts der veränderten *Taufpraxis* aufgedrängt. Nicht nur die Beendigung, sondern auch der Beginn der Mitgliedschaft wird von einer stetig wachsenden Zahl als Gegenstand eigener Entscheidung wahrgenommen[27].

Die kirchliche Praxis hat auf diese Veränderung liturgisch und gemeindepädagogisch vielfältig reagiert; der konkrete Umgang mit einem Taufbegehren von Jugendlichen und Erwachsenen ist allerdings immer noch von Unsicherheit geprägt, insbesondere im Umkreis der Konfirmation[28].

In den Kirchen der ehemaligen DDR, in denen Spät- und Erwachsenentaufen immer häufiger wurden, ist man auch zuerst darauf aufmerksam geworden, dass die selbstverantwortliche Gestaltung des Kircheneintritts nicht nur ein Problem von Taufunterricht und -liturgie ist. Vollzog – und vollzieht – sich die Annäherung an die Kirche in vielfältig-eigenständigen Formen, nehmen zudem immer mehr ungetaufte Menschen am kirchlichen Leben teil, so sind kirchenrechtliche und ekklesiologische Klärungen von Nöten. Sie wurden in Ostdeutschland unter dem Stichwort einer „gestuften Mitgliedschaft" verhandelt[29] und verbanden sich mit der Frage,

---

26 *Josuttis*, „Unsere Volkskirche", 93; vgl. aaO. 104ff. Vgl. auch die Bemerkung bei *Bock*, Fragen, 322, das Kirchenrecht müsse auch „den Kirchenaustritt als Inanspruchnahme eines Freiheitsraumes anerkennen", der der Freiheit des *Glaubens* dient.

27 Zu den Zahlen vgl. *EKD (Hg.)*, Statistischer Bericht TII 95/96, 7-12. 30f. 48f; zur Deutung *Grethlein*, Taufpraxis, 51ff; *Lienemann-Perrin*, Taufe und Kirchenzugehörigeit, bes. 41ff. Zur Situation in der DDR vgl. aaO. 367ff.

28 Vgl. die Wahrnehmungen und Vorschläge bei *Grethlein*, Konfirmation.

29 Vgl. nur *Planer-Friedrich*, Kirchenmitgliedschaft; *Winkler*, Wer gehört zur Gemeinde?; aus jüngerer Zeit: Minderheit mit Zukunft, 14; *Bock*, Fragen, 327ff. Weiter s.u. S. 168-171.

wie die kirchliche Praxis ein Auseinanderfallen der Mitgliedschaft in mehrere „Klassen" oder Segmente verhindern, zugleich jedoch deren individuelle Gestaltung respektieren und fördern kann.

3. Polarität: Der Konflikt der Beteiligungskulturen

Die gegenwärtige Verfassung der kirchlichen Mitgliedschaft ist (1.) durch eine vielschichtige Pluralität gekennzeichnet, die (2.) bei aller vorgängigen Prägung nicht zuletzt auf zunehmend eigenständige Gestaltungsentscheidungen zurückgeht. Lässt man dieses Bild auf sich wirken, dann erscheint es doch erstaunlich, wie sich bei aller Individualisierung immer noch recht deutlich eine bestimmte *Doppelstruktur* ausmachen lässt. Sie kommt in den gängigen Gegenüberstellungen von „Kern- und Randgemeinde" oder von „Kirchentreuen und Kirchenfernen" zum Ausdruck. Eine „Doppelkultur protestantischer Kirchenbindungen" lässt sich aber auch empirisch gut belegen[30] und vor allem als Muster von erheblicher historischer Stabilität erweisen: Mindestens seit Beginn des 19. Jahrhunderts ist das Gegenüber von kirchlicher Institution und einer endemischen „Unkirchlichkeit" vieler ihrer Mitglieder ein konstitutives Dauerthema protestantisch-kirchlicher Identitätsvergewisserung gewesen[31].

Das Gegenüber zweier Mitgliedschaftskulturen lässt sich in seiner gegenwärtigen Gestalt und praktischen Problematik anhand von *Dahms* eingangs zitierter Typologie ins Bewusstsein rufen[32].

Wendet man sich zunächst dem *„unkirchlichen"* Beteiligungsmuster zu, so steht die Äußerung (B), die die Einübung „aktiver Nächstenliebe" im Konfirmandenunterricht erwartet, für die verbreitete Überzeugung, zum Evangelisch-Sein gehöre vor allem die innengesteuerte Befolgung einer „Alltagsethik christlicher Humanität"[33]. Für die kirchliche Praxis resultiert aus dieser Einstellung das bekannte Phänomen, dass der Konfirmandenunterricht von allgemeiner, elterlich unterstützter Selbstverständlichkeit ist, während ein nachfolgendes Engagement in der Jugendarbeit oder bei anderen Gemeindeaktivitäten die Ausnahme bleibt. Die Beteiligung folgt hier konventionellen Biographiemustern, die jedoch in Spannung zu den Erwartungen vieler kirchlich Engagierter stehen.

---

30 Vgl. zuletzt mit erheblichem sozialwissenschaftlichen Aufwand *Drehsen*, Erosion, 222.

31 Vgl. *Drehsen*, aaO. 205ff, mit Hinweis auf K.G. Bretschneider (1820), F.D.E Schleiermacher (1808), J.H. Wichern (1850) und zahlreiche andere Stimmen. Zur Genese der Wahrnehmung von „Unkirchlichkeit" vgl. auch *Rössler*, Grundriss, 94ff.

32 Die folgende Skizze orientiert sich dazu an *Dahms* jüngeren Versuchen, die „volkskirchliche Mentalität" phänomenologisch zu erhellen, vgl. *Dahm*, Kirche im Kopf der Leute, 451f; *Ders.*, Distanzierte Dreiviertelkirche, 314ff. Ausführlicher zu diesem Mitgliedschaftsmuster s.u. S. 260–286.

33 *Dahm*, Distanzierte Dreiviertelkirche, 316; vgl. Fremde Heimat 1993, 20.

Dies gilt auch für *Dahms* Modelläußerung (D), die auf die ordnungsgemäße, „richtige" Durchführung der Kasualien abhebt. Hochzeiten, Taufen und Beerdigungen, dazu auch die Christvesper sind selbstverständliche Anlässe, „in die Kirche zu gehen"[34]. Dagegen gilt der sonntägliche Gottesdienst den meisten als eine Veranstaltung für die, „die es nötig haben"[35]. Gerät man, vor allem anlässlich einer Taufe, dennoch in den „normalen" Hauptgottesdienst, so hat dies massive wechselseitige Fremdheitserfahrungen zur Folge.

Auch die bei (C) geäußerte typische Erwartung der Seelsorge an Kranken und anderen Bedürftigen gehört zum Kernbestand des „unkirchlichen" Beteiligungsmusters[36]. Auch in lebensgeschichtlichen Krisensituationen richten sich die Erwartungen vor allem, wenn nicht ausschließlich auf das *pastorale* Handeln. Erscheint zum Geburtstagsbesuch „nur" eine ehrenamtliche Beauftragte der Gemeinde, so führt das nicht selten zur Irritation.

Was man von der Kirche erwartet, das ist insgesamt nicht eine bestimmte Gemeinschaftserfahrung, weder im Gottesdienst noch im Gemeindehaus, sondern das ist die zuverlässige und professionelle Erbringung bestimmter religiöser „Dienstleistungen", für die der pastorale „Berufschrist" zuständig ist: Er „weiß, was in den Grenzbereichen des Lebens zu tun ist und wie es zu tun ist"[37].

Viele, wenn nicht die meisten Konflikte in der pastoralen und parochialen Arbeit, entstehen nun bekanntlich durch das Gegenüber einer statistischen Mehrheit der Mitglieder[38], deren Beteiligung dem skizzierten Muster folgt, und verschiedenen Gruppen kirchlich *höher Verbundener*, die ganz andere Erwartungen und Einstellungen zeigen[39]. Zwei typische Bindungsmuster werden bei *Dahm* repräsentiert durch (A), das von ausdrücklichen Glaubenserfahrungen bestimmte Leben in einer „Gemein-

---

34 Eine überzeugende Analyse dieses Beteiligungsverhaltens ist vor allem gelungen bei *Gräb*, LLS, 172ff; bereits klassisch ist die soziologische Analyse von *Matthes*, Volkskirchliche Amtshandlungen. Weiter s.u. S. 272-280.

35 Die damit verbundenen Praxisprobleme sind der Ausgangspunkt bei *Daiber*, Gottesdienst als Mitte; und *Roosen*, Anlass und Interesse.

36 Hier dürfte sich auch das unter (E) Geäußerte einordnen lassen: Ungeachtet der eigenen inneren Distanz wird die Institution unterstützt, damit sie sich Bedürftigen und Depravierten zuwenden kann.

37 *Roosen*, Anlass und Interesse, 13f; vgl. Ders., Kirchengemeinde, 483ff. Zum Ausdruck „religiöse Dienstleistungen" vgl. auch *Dahm*, Dreiviertelkirche, 314ff.

38 *Dahm* spricht schätzungsweise von einer „Dreiviertelkirche"; die EKD-Untersuchung geht für 1992 von „etwa 70%" aus, vgl. Fremde Heimat 1993, 16.

39 Außerdem gehören zu den Mitgliedern auch etwa 8%, die sich „gar nicht" mit der Kirche verbunden fühlen; „eine Mehrheit von ihnen erwägt, früher oder später auszutreten" (Fremde Heimat 1993, 16).

schaft mit Gleichgesinnten", und durch (F), die aktive Beteiligung an kirchen- und gesellschaftspolitischen Reformgruppierungen[40].

Bei aller Unterschiedlichkeit ist die kirchliche Bindung dieser Mitglieder jedenfalls nicht durch Leistungs-, sondern durch *Beteiligungserwartungen* geprägt. Diese Menschen identifizieren sich mit der Kirche, genauer: mit dichten Kommunikationszusammenhängen in Gemeinden oder einzelnen kirchlichen Gruppen. Aus dem Kreis dieser Mitglieder stammen die meisten Ehrenamtlichen und auch viele beruflich in der Kirche Tätige. Indem sie wesentliche Dimensionen ihrer Lebensführung mit der Institution verknüpfen, repräsentieren sie das *„kirchliche Leben"*, demgegenüber das mehrheitliche Verhalten der Mitglieder dann als ein „unkirchliches" Leben erscheint.

Die Frage nach den Bedingungsfaktoren dieser, bei aller nötigen Differenzierung, doch sehr stabilen Polarität von Mitgliedschaftsmustern hat die praktisch-theologische wie die kirchensoziologische Forschung seit ihren Anfängen im 19. Jahrhundert beschäftigt. Dabei hat die Diskussion der letzten fünfundzwanzig Jahre vor allem nach den Bedingungen der stabilen, mehrheitlichen *Unkirchlichkeit* gefragt[41]. Hier ist auf lebensgeschichtliche, vor allem auf familiäre Prägungen hingewiesen worden. Dazu wurde die Bedeutung gesellschaftsstruktureller Veränderungen herausgearbeitet: Ist die Einzelne darauf angewiesen, an mehreren gesellschaftlichen Teilsystemen zugleich zu partizipieren, so wird sie ihre „Bindungsintensitäten lockern und die Normerfüllung gegenüber dem Einzelsystem zeitlich befristen"[42].

Ähnlich wie hinsichtlich der individuellen Entscheidung über Kirchenaustritt und Kircheneintritt (s.o. 2) wird man allerdings im Blick auf das Gegenüber von „kirchlichem" und „unkirchlichem" Beziehungsmuster auch nach dem prägenden Anteil der *Institution* fragen müssen. *H.W. Grosse* hat auf die Doppeldeutigkeit der Bezeichnung „kirchlich Distanzierte" hingewiesen: „Sind es Menschen, die sich von der Kirche distanziert haben, oder sind sie von der Kirche [...] distanziert oder auf Distanz gehalten worden?"[43]

Dabei hat bereits die Praktische Theologie der letzten Jahrhundertwende die These vertreten, es sei nicht zuletzt die *gottesdienstliche* Praxis, die

---

40 Eine wirklichkeitsnahe und zugleich sympathetische Beschreibung dieser „vereinskirchlichen" bzw. „reformkirchlichen" Erwartungsmuster findet sich schon bei *Lange*, Predigen als Beruf, 153–156.

41 Vgl. das Referat der Debatte bei *Feige*, Kirchenmitgliedschaft. Kurze, aber instruktive Überblicke finden sich in Fremde Heimat 1993, 15f; *Schwab*, Religion in der Lebenswelt; *Zimmermann*, Verbundenheit, 103f. Weiter s.u. S. 260–265.

42 *Roosen*, Anlass und Interesse, 10; vgl. *Ders.*, Kirchengemeinde, 464ff.

43 *Grosse*, „Distanzierte Kirchlichkeit", 27; ähnlich fragt *Lindner*, Kirche am Ort, 335, ob die Distanzierten „Fernstehende oder Ferngehaltene" sind; vgl. auch aaO. 334ff.

zu spezifischen Enttäuschungen und einer entsprechenden Zurückhaltung dem „kirchlichen Leben" gegenüber führe[44]. Noch grundsätzlicher hat die religionssoziologische Debatte darauf hingewiesen, dass die kirchliche Institution seit längerem dazu neigt, sich als eine vom gesellschaftlichen Alltag unterschiedene Größe zu verstehen. Mit ihr können die Menschen nur in Kontakt treten, indem sie entweder aus ihrer alltäglichen Lebensführung gelegentlich heraustreten oder das „kirchliche Leben" selbst zu ihrem Alltag machen[45].

4. Zur Methodik der Untersuchung

Der Überblick über das Phänomen der Mitgliedschaft aus der Sicht der kirchlichen Praxis hat dessen reale Vielschichtigkeit vor Augen geführt, und er hat zugleich erkennen lassen, dass jede praktische Wahrnehmung der Mitgliedschaft bereits bestimmte Deutungen impliziert: Der Pluralität der Mitgliedschaftsdimensionen entspricht nicht zuletzt *eine Pluralität der Deutungsperspektiven*. Der Beitrag der Praktischen Theologie zur institutionellen Wahrnehmung und Gestaltung kirchlicher Mitgliedschaft wird dann nicht zuletzt darin bestehen müssen, diese verschiedenen Deutungsperspektiven zu entfalten und nach ihrer Vermittlung zu fragen.

Die vorliegende Arbeit versteht sich in diesem Sinne zunächst als eine kritische Inventur der theoretischen Deutungen, die das Mitgliedschaftsphänomen in der letzten Zeit erfahren hat. Diese Deutungen werden hier in drei Hauptteilen betrachtet, die gleichsam von innen nach außen vorgehen.

Teil A: Zunächst ist die *dogmatische* Interpretation kirchlicher Mitgliedschaft zu rekonstruieren: Welche Implikationen hat das Glaubensgeschehen selbst für die individuelle Beziehung zu derjenigen Institution, die – nach der CA – zu verstehen ist als „Versammlung der Gläubigen", und zugleich als der Ort, an dem Glauben allererst entsteht? Exemplarisch werden drei dogmatische Entwürfe, die die reformatorischen Grundeinsichten in unterschiedlicher Weise auslegen, auf ihre Sicht der kirchlichen Beziehungen befragt. Die skizzierten Praxisprobleme lassen sich dann auf Grundstrukturen des evangelischen Glaubensverständnisses selbst zurückführen (s.u. A.IV.1). Zugleich verweist die Diskussion der dogmatischen Konzepte auf weitere, bereits angeklungene Strukturbedingungen der Mitgliedschaft, nämlich auf ihre gesellschaftliche, ihre lebensgeschichtliche sowie ihre institutionelle Prägung.

---

44 Vgl. die detaillierte Darstellung bei *Drehsen*, Erosion, 208ff; für die Gegenwart vgl. die Hinweise bei *Lindner*, aaO. 335.

45 Zu dieser These vgl. nur *Feige*, Kirchenmitgliedschaft, 99ff. 363ff; *Matthes*, Kirchenmitgliedschaft im Wandel, 149ff; weiter s.u. S. 230-232.

Teil B: Die einführende Skizze hat mehrmals gezeigt, dass die Praxisprobleme der Mitgliedschaft auch in empirischer Hinsicht der Kirche nicht von außen entgegentreten, sondern dass diese Probleme auch als Resultat ihres eigenen Handelns, ihrer eigenen organisatorischen Verfassung verstanden werden müssen. Eine ausdrückliche Gestalt hat diese Handlungsordnung im *Kirchenrecht* gefunden, das als ein spezifisches Organisationsrecht verstanden werden muss (s.u. B.I). Der zweite Teil der Arbeit widmet sich darum der historisch-genetischen wie der systematischen Deutung des geltenden Mitgliedschaftsrechts und konkretisiert dies im Blick auf die schon genannten Praxisprobleme des Kirchenaustritts und der faktisch „gestuften Mitgliedschaft" (s.u. B.V). Aus diesen Interpretationen ergibt sich die Grundstruktur einer zugleich öffentlich verbindlichen und individuelle Freiheit eröffnenden Rechtsbeziehung. Sie kann wiederum im Blick auf die biographischen, die kirchlich-institutionellen sowie die religiösen Aspekte der Mitgliedschaft konkretisiert werden.

Teil C: Der dritte Durchgang nimmt eine Außenperspektive ein und fragt nach den *gesellschaftlichen* Bedingungen und Funktionen der Mitgliedschaft. Ausgangspunkt ist das soziologische Theorem der „strukturellen Individualisierung" (*N. Luhmann, U. Beck*). Die Strukturen der kirchlichen Mitgliedschaft sind allerdings, wie die einschlägigen kirchensoziologischen Arbeiten zeigen, nicht nur von einer „religiösen Individualisierung", sondern zugleich von den sozialen Gegenkräften dieser Entwicklung geprägt. Ihre soziale Funktion besteht vor allem in der Entlastung von den ambivalenten Folgen der gegenwärtigen Verhältnisse. Diese *Transzendenz der Individualisierung* gelingt den kirchlichen Beziehungen auf Grund ihrer eigentümlichen biographischen Struktur sowie auf Grund der spezifischen Organisationsgestalt, auf die sie bezogen sind.

Schließlich wird im kirchensoziologischen Teil C auch auf die spezifischen *Mitgliedschaftsverhältnisse in Ostdeutschland* einzugehen sein.

Die einschlägigen Rechtsordnungen sind durch die Kirchen der ehemaligen DDR nur an wenigen Stellen modifiziert worden; eine Übertragung der EKD-Regelungen erwies sich 1990/91, abgesehen von der Akzeptanz der Kirchensteuer, als relativ unproblematisch. Auch die theologische Deutung der Mitgliedschaft kann eine Geltung für die west- wie die ostdeutsche Situation beanspruchen.

In empirisch-soziologischer Perspektive jedoch ist die Existenz zweier unterschiedlicher Kulturen der Kirchlichkeit schon statistisch nicht zu bestreiten[46]. Diese Differenz ist auf ihre historisch-politischen wie auf ihre gesellschaftlich-kulturellen Hintergründe zu befragen (s.u. C.VI). Auch für Ostdeutschland – vor wie nach 1989 – ist jedoch nachzuweisen, dass

---

46 Vgl. nur *Pollack*, Lage in Deutschland; Fremde Heimat 1997, 243ff.

sich die soziale Funktion der Kirchenmitgliedschaft aus einer institutionell gestützten und lebensgeschichtlich strukturierten Transzendenz der gesellschaftlichen Verhältnisse ergibt.

Die drei Deutungsperspektiven, die in der vorliegenden Arbeit herangezogen werden, finden sich zumeist auch in anderen Versuchen, dem Phänomen der Kirchenmitgliedschaft umfassend gerecht zu werden[47]. Schwierig erscheint allerdings regelmäßig eine *sachliche Vermittlung* der verschiedenen Perspektiven, die weder die theologische Perspektive normativ setzt[48], noch die empirischen Theoreme und Resultate verabsolutiert und ihre theologische Deutung nur ephemer erscheinen lässt[49].

Diese Integration soll hier in praktisch-theologischer Perspektive versucht werden, und zwar auf mehreren, einander ergänzenden Wegen. Zunächst wird in allen Teilen versucht, den Bezug auf die drei skizzierten *Praxisprobleme* zu wahren: In der Erhellung der konkreten Handlungsschwierigkeiten „vor Ort" müssen die Deutungshorizonte ihre Bewährung finden. Sodann wird das oben (2) skizzierte Ensemble von vier *Dispositionsfaktoren* der Mitgliedschaft jeweils neu beleuchtet: Die Strukturen des Glaubens, die sozialen Verhältnisse, die jeweilige lebensgeschichtliche Situation und schließlich das kirchliche Handeln selbst, alle diese Bedingungsfaktoren lassen sich theologisch, rechtlich und soziologisch reformulieren und miteinander in Verbindung bringen (s.u. S. 95–112. 176–189. 257–259. 333–346).

Von besonderer Bedeutung für eine praktisch-theologische Reflexion ist der letztgenannte Aspekt. Es gehört zu den Hauptthesen der vorliegenden Arbeit, dass die eigentümliche Gestalt der kirchlichen Mitgliedschaft tiefgreifend geprägt ist durch das regelmäßige, also institutionelle Handeln der *Kirche selbst*. Zugespitzt: Die kirchliche Bestimmung der Mitgliedschaft ist konstitutiv für ihre individuelle, religiöse wie soziale Bedeutung. Darum bedeutet es keine „ekklesiologische" Engführung[50], wenn die Bindung der Einzelnen nicht nur als eine mitunter schwierige *Bedingung* des kirchlichen Handelns begriffen wird, sondern als sein

---

47 Vgl. die Überblicksartikel *Dahm*, Art. „Kirchenmitgliedschaft" (TRE); und *Link/Mehlhausen*, Art. „Kirchengliedschaft" (EKL); dazu die Überlegungen bei *Lienemann*, Kirchenmitgliedschaft, 222ff; *Planer-Friedrich*, Kirchenmitgliedschaft; *Reuter*, Begriff der Kirche, 48ff, bes. 66ff, aufgenommen bei *Bock*, Fragen, 320.

48 Diese Tendenz zeigt sich bei *Herms* (s.u. A.I), mitunter auch bei *Huber* (s.u. A.II) und bei *Lienemann*, aaO.

49 Dazu tendiert *Dahm*; auch den EKD-Studien wurden wiederholt schwere „Wahrnehmungs- und Theoriedefizite" vorgeworfen, vgl. *Welker*, Kirche ohne Kurs?, 26ff. In diesem Sinne unbefriedigend bleibt auch das Schlusskapitel „Perspektiven kirchlichen Handelns" der neuesten Umfragepräsentation, vgl. Fremde Heimat 1997, 345ff.

50 Vgl. zum Vorwurf der „ekklesiologischen Verengung" der Praktischen Theologie *Otto*, Grundlegung, 23ff. 51ff; differenzierter dagegen *Bloth*, Praktische Theologie, 42ff.

praktisch-theologisch zu verantwortender *Gegenstand*. Die Gestaltung der Mitgliedschaft stellt eine unvertretbar individuelle Entscheidung dar. Es gehört jedoch zu den Aufgaben des kirchlichen Handelns, gezielt auf diese Entscheidungen einzuwirken. Und es gehört zu den Aufgaben der Praktischen Theologie, dieses Mitgliedschaftshandeln der Kirche kritisch wahrzunehmen und konstruktiv zu orientieren.

Alle drei Deutungsperspektiven kommen nun darin überein, dass es der *Gottesdienst* ist, durch den die kirchliche Institution ihre Bindungsstruktur bestimmt. Hier entsteht, zusammen mit dem individuellen Glauben, auch die geistlich konstitutive Beziehung zur Kirche (s.u. S. 110-112); die kirchenrechtliche Normierung der Mitgliedschaft lässt sich im Kern als Beschreibung liturgischer Pflichten und Rechte verstehen (S. 186-189); und schließlich ist es die kulturell tradierte wie die eigene Erfahrung mit Gottesdiensten, die die soziologisch zu erhebende Einstellung zur Kirche wesentlich bestimmt (s.u. S. 345-346). Abschließend werden die Deutungsperspektiven darum *liturgisch vermittelt*: Die praktisch-theologische Auswertung entfaltet die These, dass die kirchliche Verantwortung für die Mitgliedschaft sich in der Gestaltung gottesdienstlicher Vollzüge konzentriert.

Zuletzt seien zwei *terminologische Probleme* bedacht, die ihrerseits sachliche Hintergründe haben.

(a) In der Literatur zur kirchlichen Mitgliedschaft wird des öfteren versucht, diese Sozialbeziehung je nach Deutungshorizont unterschiedlich zu benennen[51]. In theologischer Hinsicht wird dann von „Gliedschaft", in juristischer von „Mitgliedschaft" gesprochen; die empirische Beschreibung des Verhältnisses wird mit „Zugehörigkeit" benannt. In der vorliegenden Arbeit wird Mitgliedschaft zwar als mehrdimensionales und vielförmiges Phänomen beschrieben (s.o. 1), das aber immer durch einen spezifischen Institutionsbezug bestimmt ist. Darum erscheint keine strikte Unterscheidung, sondern nur eine gewisse Differenzierung der Terminologie sinnvoll: „Mitgliedschaft" wird schwerpunktmäßig den institutionell geordneten Bezug bezeichnen und ist darum der übergeordnete Begriff; „Zugehörigkeit" oder „kirchliche Beziehung" nehmen eher die Perspektive des Individuums ein: Hier lässt sich noch weiter unterscheiden zwischen emotionalen Komponenten – „Verbundenheit" oder „Bindung" – und pragmatischen, interaktiven Dimensionen: „Beteiligung", „Engagement".

(b) Auch das kirchliche *Gegenüber der Mitgliedschaft* wird unterschiedlich benannt. Festzuhalten ist zunächst, dass „Kirche" in dieser Arbeit

---

51 Vgl. beispielsweise *Bock*, Fragen, 320; *Link/Mehlhausen*, Art. „Kirchengliedschaft", 1592. 1596; *Winkler*, Wer gehört zur Gemeinde?, 202ff. Besonders reflektiert ist *Lienemann*, Kirchenmitgliedschaft, 222f.

durchgehend eine *sichtbare*, äußerlich erfahrbare Größe meint[52]: Kirchenmitgliedschaft wird als Beziehung zur „ecclesia visibilis" verstanden. Diese Größe wird meistens als „Institution" bezeichnet, um die Stabilität ihrer Handlungsordnungen zu akzentuieren, wie sie etwa im Kirchenrecht zum Ausdruck kommt. Diese „Institution" erscheint als Vorgabe der Mitgliedschaft, während die kirchliche „Gemeinschaft" eher eine Folge individuellen Engagements darstellt. Wird schließlich von kirchlicher „Organisation" gesprochen, so steht die zielbewusste Gestaltung des regelmäßigen Handelns im Vordergrund[53]. Auch hier erscheint jedoch keine scharfe begriffliche Unterscheidung angebracht.

---

[52] Vgl. die umsichtige Diskussion bei *Härle*, Art. „Kirche", 286ff; ihr Ergebnis lautet: „Kirche in diesem Sinne ist leibliche Gemeinschaft (einschließlich aller institutionellen Rahmenbedingungen) von Menschen, die sich (jedenfalls äußerlich) zu Wort und Sakrament halten und sich (jedenfalls äußerlich) zum Glauben bekennen. Seinen Schnittpunkt findet dies alles in der Taufe. Insofern lässt sich die sichtbare Kirche auch zusammenfassend definieren als die Gemeinschaft der Getauften" (aaO. 288; i.O. z.T. hervorgehoben).

[53] In diese Richtung zielt auch *Herms'* Bestimmung von „Organisation"; s.u. S. 38-41.

Teil A

Dogmatische Perspektiven: Die notwendige Sozialbeziehung des Glaubens

Wenn das Phänomen der kirchlichen Mitgliedschaft hier zuerst in dogmatischer Perspektive betrachtet wird, so ist damit nicht beabsichtigt, so etwas wie theologische Normen oder Grenzen für die weiteren Untersuchungen zu formulieren. Die dogmatische Betrachtungen sollen nicht beanspruchen, ein Phänomen der sozialen Wirklichkeit autoritativ und abschließend zu definieren, sondern sie sind vielmehr umgekehrt als *Öffnung eines bestimmten Blickfeldes* zu verstehen. Indem die Wirklichkeit mit den begrifflichen Mitteln der christlichen, insbesondere der reformatorischen Tradition beschrieben wird, soll ein Feld von systematischen Bezügen ausgemessen werden, in das die weiteren Untersuchungsergebnisse sich einordnen und in dem sie sich miteinander ins Gespräch bringen lassen.

Die individuelle Beziehung zur Kirche könnte nun offenbar von der *Ekklesiologie* her in den Blick genommen werden: Was heißt es für die kirchliche Zugehörigkeit der Einzelnen, dass sie sich dem Leib Christi, der „communio sanctorum" zuordnen? Mit diesem Ausgangspunkt gerät die Betrachtung allerdings sehr rasch in die einschlägigen Spannungen von „ecclesia invisibilis/visibilis", von der Kirche als Werk Gottes und als Werk des Menschen, oder von aktuellen und institutionellen Aspekten der Kirche[1]. Dabei wäre die Beziehung dieser strittigen Distinktionen auf den Einzelnen, der zur „Kirche" in Beziehung tritt, immer erst noch herzustellen.

Vergleichsweise unaufwendiger erscheint darum der umgekehrte Weg, auch in dogmatischer Hinsicht von der *Perspektive der Glaubenden* auszugehen und die Leitfrage der folgenden Betrachtung dann so zu formulieren: Welche Bedeutung kommt der kirchlichen Beziehung des Einzelnen für seinen Glauben, für seine Gottesbeziehung zu? Auch die umgekehrte Fragerichtung erscheint fruchtbar: In welchem Licht erscheint jene

---

1 Vgl. nur die Diskussion bei *Huber*, Kirche, 29ff; *Härle*, Art. „Kirche", 286ff; *Kühn*, Kirche.

Sozialbeziehung, wenn sie als Ausdruck einer bestimmten Gottesbeziehung gesehen wird?

Ein dogmatischer Diskussionszusammenhang oder gar eine ausgearbeitete dogmatische Theorie, die auf diese Fragen Bezug nehmen würden, sind gegenwärtig nicht zu erkennen. Das mag daran liegen, dass die Frage der kirchlichen Mitgliedschaft im Grenzgebiet zur Praktischen Theologie verortet wird. Zugleich führt sie aber in derart fundamentale Zusammenhänge der Ekklesiologie, der Fundamentaltheologie und auch der Sozialethik, dass eine Zusammenschau zu diesem Thema höchst voraussetzungsvoll und nur schwer erreichbar erscheint. Auch die folgende Untersuchung kann nicht beanspruchen, eine systematisch-theologisch umfassende Perspektive auf das Phänomen der Mitgliedschaft zu entwickeln. Sie bemüht sich allerdings, die genannten dogmatischen Horizonte im Blick zu behalten.

Methodisch wird hier darum einigermaßen eklektisch vorgegangen: Drei dogmatische Gesamtentwürfe, die sich wenigstens am Rande mit der Mitgliedschaftsfrage befasst haben, werden skizzenhaft rekonstruiert und auf dieses Thema zugespitzt. Der Auswahl liegt das Bemühen zugrunde, möglichst unterschiedliche Positionen der dogmatischen Gegenwartsdebatte einzubeziehen. So ist die „neoliberale" Theologie mit *W. Gräb* ebenso vertreten wie ihr Gegenüber, die ontologische Theorie des Luthertums mit *E. Herms*. Dazu wird der innerlutherischen Debatte mit *W. Huber* ein Vertreter der reformierten, auch stärker an der Barmer Erklärung orientierten Tradition zur Seite gestellt.

Die einzelnen Entwürfe werden jeweils in zwei Durchgängen interpretiert. Zunächst wird die jeweilige Sicht auf das Mitgliedschaftsthema nach der je eigenen Argumentationslogik des Autors systematisch entfaltet. Im Anschluss wird diese Sicht jeweils auf die drei eingangs skizzierten Praxisprobleme zugespitzt. In beiden Durchgängen wird versucht, besonders auf die konkreten *Vollzugsformen* der kirchlichen Beziehung zu achten, die der jeweilige Entwurf exemplarisch hervorhebt.

Die Zusammenfassung dieses Hauptteils rekonstruiert die drei Praxisprobleme, im Sinne der oben formulierten Leitfragen, abschließend als Ausdrucksformen der Struktur des Glaubensgeschehens selbst (s.u. S. 95–101). Von dort aus kann auch die soziale sowie die spezifisch institutionelle Struktur der kirchlichen Beziehung systematisch-theologisch in den Blick genommen werden.

I. Regelmäßige Beteiligung an der organisierten Bildung der Glaubensgewissheit: Eilert Herms

Der jetzt in Tübingen lehrende Systematiker *Eilert Herms* hat die Mitgliedschaft in der Kirche wiederholt zum Gegenstand ausführlicher Reflexion gemacht. Damit kommt das Thema im Kontext eines dogmatischen Systems zu stehen, das sich als „phänomenologische [...] Selbstbesinnung des Glaubens auf Ursprung, Wesen und Bestimmung seiner eigenen Wirklichkeit" versteht[2]. Diese „Wirklichkeit des Glaubens"[3] wird bei *Herms* in drei Hinsichten zum Thema: Zum einen geht es ihm um eine möglichst elementare – und damit konsensfähige – Besinnung auf „Ursprung und Wesen" der Glaubenswirklichkeit; diese *prinzipielle Reflexion* vollzieht er als Auslegung elementarer Texte vor allem reformatorischer Theologie, deren sachlicher Gehalt genauer zur Sprache gebracht werden soll[4]. Zum anderen gehört zur Selbstbesinnung des Glaubens der *phänomenologisch umfassende Durchgang* durch seine vielfältigen sozialen Gestalten und deren geschichtliche Verhältnisse, wie sie sich der teilnehmenden Erfahrung darbieten und sozialwissenschaftlich gedeutet werden können[5]. Und zum Dritten zielen *Herms'* Darlegungen regelmäßig darauf, die theologische Berufspraxis konkret zu orientieren, zu einer *bewussten und gezielten Gestaltung* jener Glaubenswirklichkeit zu ermutigen[6].

Auch das Phänomen der kirchlichen Mitgliedschaft wird von *Herms* in diese dogmatischen Reflexionsperspektiven eingeordnet. In *prinzipieller* Hinsicht ist die Zugehörigkeit zur Kirche Voraussetzung *und* Konse-

---

2 Offenbarung und Glaube, XI. In Anbetracht der Fülle ähnlicher Aussagen in *Herms'* Darlegungen sind die folgenden Nachweise stets exemplarisch zu verstehen.

3 So der Titel eines programmatischen Textes von 1980.

4 Vgl. besonders Auslegung; Bedeutung des Gesetzes; Das Evangelium für das Volk. Ausdrücklich wird dieses Vorgehen verteidigt in Offenbarung und Glauben, IXf.

5 AaO. XI; vgl. zu dieser methodischen Einstellung etwa Beitrag der Dogmatik, 58–61; Kirche und Kirchenverständnis, 68f; „Kirche für andere", 28ff. 38f im Anschluss an *D. Bonhoeffer*. Zur theologischen Rezeption empirischer Wissenschaften vgl. programmatisch: Fähigkeit zu religiöser Kommunikation, 257–261; sodann z.B. Religion und Organisation; Antwort auf Rückfragen; Bedeutung der Kirchen für die Ausbildung sozialer Identität.

6 Vgl. den Titel von *Herms'* erstem Aufsatzband „Theorie für die Praxis – Beiträge zur Theologie" (1982) sowie zuletzt: Kirche für die Welt, XVIIIff. Viele seiner Texte zeigen ein Gefälle von grundsätzlichen und phänomenologischen Erwägungen zu ausdrücklich praktisch-theologischen, nicht selten pastoraltheologischen Hinweisen.

quenz des individuellen Glaubens, seiner Entstehung wie seiner lebensgeschichtlichen Praxis (s.u. 1). In *empirischer* Hinsicht erscheint Kirchenmitgliedschaft als Beteiligung an einer sozialen Organisation, die im Gefüge der neuzeitlichen Gesellschaft einen bestimmten Platz einnimmt (s.u. 2); die Regel der kirchlichen Mitgliedschaft lässt sich dann konkreter als Resultat geistlicher Erfahrung und als Pflicht zu regelmäßiger Unterstützung der Organisation Kirche beschreiben (s.u. 3). *Handlungsorientierende* Ansprüche erhebt *Herms* schließlich, indem er drei Vollzugsgestalten der Mitgliedschaft skizziert; diese lassen sich als Stellungnahme zu den in der Einleitung skizzierten Praxisproblemen rekonstruieren und kritisieren (s.u. 4).

1. Der mehrschichtige Prozess des Glaubens

Die Entstehung des Glaubens beschreibt *Herms*, „Luthers Auslegung des Dritten Artikels" des Apostolikums nachzeichnend, als eine Verinnerlichung der den Einzelnen präsentierten christlichen Tradition (Auslegung, 53ff). Der Glaube konstituiert sich in einer bestimmten „*Ordnung*, derzufolge das äußere Wirken des Geistes, also die Konfrontation mit der predigenden Kirche, die [...] notwendige Bedingung für das innere Wirken des Geistes ist, durch das er uns dies äußerlich begegnende Wort ins Herz legt" (aaO. 54). Die „äußere" Voraussetzung des Glaubensgeschehens ist ein *bestimmter Inhalt*, die „symbolische Darstellung von Ursprung und Bestimmung des Menschseins im Wort vom Kreuz" (Religion und Organisation, 66), die sich liturgisch oder katechetisch formulieren lässt, dem Einzelnen aber vor allem in der Predigt zugänglich wird. Ohne die Weitergabe der äußeren, „objektiven Überlieferungsbestände" (Erfahrbare Kirche, XXIII) und ohne die individuelle Bereitschaft, sich dieser Überlieferung auszusetzen, kann sich das innere Wirken des Geistes nicht vollziehen.

Die Verinnerlichung des äußeren Wortes beschreibt *Herms* als *Erfahrung der Evidenz seiner Wahrheit* (aaO. 58ff). Dass der Inhalt der kirchlichen Predigt den Hörenden als wahr einleuchtet, das ist für sie selbst wie für die Predigenden unverfügbar. In dieser formalen Hinsicht unterscheidet sich die glaubenschaffende Evidenz der Christuspredigt nicht von jeder anderen Evidenz einer sachlichen Mitteilung; sie lässt sich insofern philosophisch als Spezialfall von Erfahrung rekonstruieren[7]. Eigentümlich ist die Evidenz des Predigtwortes nur infolge seines spezifischen *Inhalts*, der die Grundverfassung des Menschen, „Ursprung und Bestimmung" seines Lebens betrifft[8].

---

7 Vgl. Erfahrung, 132ff.
8 Eine prägnante Zusammenfassung findet sich in: Glaube, 472ff.

Diese Evidenzerfahrung vollzieht sich darum in der *Grundschicht der Personalität*, sie entwickelt „einen prägenden Einfluss auf das ‚Herz' des Menschen, auf seine Selbstgewissheit und sein Lebensgefühl"[9]. Die geistgewirkte Gewissheit vom Wahrsein des Evangeliums trifft den Einzelnen auf der fundamentalen Ebene seines „Lebensgefühls", wie *Herms* in Anlehnung an *Schleiermacher* formulieren kann: Sie vollzieht sich als schlechthin passive und unmittelbare Erschlossenheit seiner gesamten Wirklichkeit. In Anlehnung an *Luther* lässt sich von einer Erneuerung der Affekte im „Herzensgrund" sprechen oder von der „Bildung des inneren Menschen, der ‚kardia'"[10].

Wird die Konstitution des Glaubens als ein fundamentales, herzbewegendes Bildungsgeschehen begriffen, so stellt sie, trotz der gelegentlich dramatischen Sprache, offenbar kein einmalig punktuelles Bekehrungsgeschehen dar. Sie wird sich vielmehr als ein *unabschließbarer Prozess* wachsender „Selbstgewissheit" vollziehen, der auf die „Reifung" des Glaubens zielt[11]. Was der Einzelne zur Reifung dieser passiv konstituierten Gewissheit beitragen kann, das ist nicht mehr und nicht weniger als die regelmäßige Hinwendung zu jenem äußeren Wort der predigenden Kirche, an dem sich die innere Evidenz des Glaubens je neu ereignen soll. Vor allem in dieser Einsicht liegt für *Herms* der theologische Sinn der kirchlichen Mitgliedschaft (s.u. 44-45).

Der auf diese Weise entstehende Glauben kann im übrigen als Spezialfall von „Religion" begriffen werden. Denn alle Grundüberzeugungen, die das „Herz" prägen, kommen in formal derselben Weise zustande und haben für die Betroffenen eine ähnlich fundamentale und unbezweifelbare Bedeutung[12].

Religiöse Selbstgewissheit geht nicht in einer passiv-affektiven Bestimmung des Einzelnen auf, sondern sie umfasst stets, wenn auch nicht immer explizit, eine „inhaltlich gefüllte" Gewissheit über die menschliche Existenzverfassung; und diese Gewissheit hat für die Ausrichtung des Handelns Konsequenzen, die nun in der Verantwortung des Menschen liegen. Die Wirklichkeit des individuellen Glaubens erscheint so als ein komplexes, aus Affekt, Kognition und Wollen zusammengesetztes Phänomen. Im Blick auf seine Konstitution ist der Glauben ausschließlich ein *Werk Gottes*; auf seinen Vollzug hin betrachtet, stellt er ein *Werk des Menschen* dar, genauer: die fundamentale Selbstbestimmung der Person, das alle ihre einzelnen Handlungen steuert:

---

9 Die evangelischen Kirchen, 2; vgl. Auslegung, 53. 60f. 74ff. 80ff u.ö.

10 Zitate: Religion und Organisation, 65; Wiedervereinigung, 109; vgl. Auslegung, 77ff; Kirche in der Zeit, 298ff. 311ff u.ö.

11 Vgl. zum Prozess der Reifung „Kirche für andere", 58. 65f; Erneuerung, 208.

12 Kirche und Kirchenverständnis, 76; vgl. Religion, 30f; Religion und Organisation, 66f mit Anm. 30.

In traditioneller Terminologie hat *Herms* den Glauben als „Ganzhingabe" der Existenz an den Willen Gottes bezeichnet und im Rückgriff auf *Luthers* „Sermon von den guten Werken" erläutert[13]: Das Erste Gebot, das die ehrfurchts- wie vertrauensvolle Zuwendung zum Schöpfer fordert, stellt die grundlegende Regel der „Lebensbewegung des Glaubens" dar (Bedeutung des Gesetzes, 9 u.ö.); alle anderen Gebote entfalten lediglich diese Lebensregel und orientieren damit die konkrete Praxis des Glaubens. Der Glaube stellt einen einzigen, in sich differenzierten Lebensakt dar, der sich als *freier, weil einsichtiger Gehorsam* gegenüber den hier formulierten Regeln begreifen lässt. Es ist dann, so lautet die Pointe dieser Argumentation, gerade der Gehorsam des Einzelnen gegenüber dem ihm unverfügbar gewissen Willen Gottes, der ihm ein selbstverantwortetes Handeln in seiner je eigenen Lebenswirklichkeit ermöglicht.

Dieses *unsichtbar* in der Gewissheit des Herzens fundierte, und zugleich *sichtbar* vollzogene Leben des Glaubens wird von *Herms* schließlich konkretisiert als eine bestimmte soziale Lebensform, das „christliche Leben" (nach *Luther*) oder das „christliche Gesamtleben" (nach *Schleiermacher*)[14]. Gehört zum Vollzug der Glaubenswirklichkeit das zielgerichtete Handeln, so ist diese Wirklichkeit vollständig nur als ein Interaktionsphänomen beschrieben. Damit kommt der *sozialstrukturelle Kontext* von Glauben und kirchlicher Beziehung in den Blick.

2. Soziales Handeln als Beteiligung an Organisationen

Aus *Herms'* breit entfalteter „christlicher Gesellschaftslehre" seien im Blick auf die kirchliche Beziehung der Einzelnen drei Aspekte skizziert: die Konzepte der „Handlungsregel" (a), der gesellschaftlichen „Organisation" (b) sowie der „Mitgliedschaft" (c).

(a) Der Begriff des *Handelns* ist für die dogmatische Theorie der Gesellschaft fundamental[15]. Nur durch Handeln kann eine leibhafte Person ihre physische und soziale Umwelt gezielt beeinflussen und sich zu sozialer Erfahrung bringen. Durch ihr Handeln wird demnach die *Person selbst* bestimmt: Nur durch einen *regelmäßig* erwartbaren „Stil" des Handelns, also in der Befolgung „bestimmter situationsinvariant gültiger Regeln bei

---

13 Vgl. zum Folgenden Wiedervereinigung, 86f (Zitat: 86); Bedeutung des Gesetzes, passim.

14 Vgl. etwa Offenbarung und Glaube, VIIff; Kirche in der Zeit, 236ff; Glaube, 460ff.

15 „Handlungen" versteht *Herms* als „eigene Entscheidungen einer Einzelperson, von denen jede den Charakter einer Wahl von leibhaftem Verhalten hat, die selbstbewusst-frei, regelmäßig, folgeträchtig und zielstrebig ist": Gesellschaft gestalten, IXf; vgl. zu den Implikationen *Honecker*, Rezension. Zu *Herms'* Handlungsbegriff vgl. Kirchenrecht, 212ff; Ordnung, 103ff; Antwort auf Rückfragen, 458f; Glaube, 461ff.

der Wahl des Verhaltens"¹⁶, gewinnt die Einzelne für sich selbst und andere eine wahrnehmbare Gestalt.

Die Regeln des Handelns, denen die Person in der Bestimmung ihrer sozialen Wirklichkeit folgt, werden im Unterschied zu den Regeln des Naturgeschehens nicht aus physischer Notwendigkeit befolgt, sondern aus freier Einsicht; es sind Regeln, die ihrerseits durch wählendes Handeln veränderbar sind, weil sie *„für individuelle Freiheit durch individuelle Freiheit gelten"*¹⁷. Der individuelle Gebrauch der Freiheit zu regelmäßigem Handeln vollzieht sich nun, so meint *Herms*, in Abhängigkeit von der jeweiligen religiös-ethischen Grundgewissheit. Oder umgekehrt: Die affektive Prägung des inneren Menschen lässt bestimmte basale Handlungsregeln als richtig, weil der eigenen Bestimmung entsprechend, erscheinen; jene Prägung konkretisiert sich dann als freie, einsichtsvolle und zugleich gehorsame Befolgung dieser Regeln (vgl. Glaube, 467ff).

Für die Regeln gemeinsamen Handelns, die diesem Konstitutionszusammenhang ebenfalls unterliegen, verwendet *Herms*, allgemeinem soziologischen Sprachgebrauch folgend, den Terminus der „Institution". Das soziale Handeln des Einzelnen vollzieht sich wesentlich in der selbstbewussten Beteiligung an verschiedenen Institutionen; und diese Beteiligung wird wiederum durch die jeweilige religiös-ethische Grundüberzeugung gesteuert. Auch die Erfahrbarkeit und Wirkung solcher aufeinander abgestimmten „Handlungsordnungen" beruht, wie bei Personen, auf der Klarheit und Stimmigkeit der jeweiligen Regeln, die von allen Beteiligten befolgt werden müssen¹⁸.

Zentral für *Herms'* christliche Gesellschaftstheorie, die sozialethische Überlegungen *Schleiermachers* aufnimmt, ist die Unterscheidung von vier Grundaufgaben der Gestaltung des Zusammenlebens, die in *je eigenen institutionellen Bereichen* bearbeitet werden¹⁹: die „Gewinnung und Verteilung von Lebensmitteln durch technische und ökonomische Interaktion"; die politische Gestaltung einer verbindlichen Rechtsordnung; die wissenschaftliche Verständigung über die empirischen Regeln des natürlichen und sozialen Geschehens; schließlich die Verständigung über ethisch-orientierende Gewissheiten.

---

16 Ordnung, 103; vgl. Kirchenrecht, 213f; Glaube, 461f.

17 Antwort auf Rückfragen, 459; zur Differenz von sozialen und naturhaften Regeln vgl. Leitung, 81. 83f; Erneuerung, 127-132.

18 Vgl. Religion, 39; Bedeutung des Gesetzes, 8f; Wiedervereinigung, 86f; Erneuerung, 192ff.

19 Vgl. zur Herleitung dieser Auffassung aus einer „Theorie endlicher Inter-subjektivität" (sic) Antwort auf Rückfragen, 459f (Zitat 460); Religion und Organisation, 56. Die Viererschemata begegnen in unterschiedlicher Detailliertheit u.a. in Religion und Organisation, 56ff; Erneuerung, 192ff; Wiedervereinigung, 81f; Kirche in der Zeit, 239ff (das folgende Zitat aaO. 238).

Für das Verständnis kirchlicher Beziehungen ist nun weniger die Plausibilität dieser Unterscheidung von gerade vier „gesellschaftskonstitutiven Leistungsbereichen" von Bedeutung[20] als vielmehr *Herms'* Versuch, der religiösen Kommunikation überhaupt einen eigenen sozialen Ort zuzuweisen: Zum sozialen Handeln des Einzelnen gehört *immer* auch die Beteiligung an Institutionen, die der Bildung und Überlieferung weltanschaulicher, religiös-ethischer Gewissheit dienen.

Gesamtgesellschaftlich stehen die konstitutiven Interaktionsbereiche *Herms* zufolge in einem bestimmten *Fundierungsverhältnis*[21]: Von den politischen Institutionen hängt die verlässliche Regelmäßigkeit jeglicher Interaktion ab; politische, ökonomische wie empirisch-wissenschaftliche Interaktion vollzieht sich aber, im Ganzen wie im Einzelnen, in Abhängigkeit von religiösen Grundüberzeugungen. Darum hat die religiös-ethische Kommunikation für die Integration einer Gesellschaft basale Bedeutung. Es sind die *Institutionen religiöser Bildung*, von deren Funktionieren die individuelle Selbststeuerung und damit auch die „Gerechtigkeit" der Gesellschaft im Ganzen abhängt[22].

Die konstitutive Bedeutung leistungsfähiger religiöser Institutionen bedeutet für *Herms* allerdings nicht, dass diese gesellschaftliche Fundierung durch eine *einzige* Instanz religiöser Kommunikation geleistet werden könne und dürfe. Die Gewissheit des Herzens kann nicht erzwungen, sondern nur unverfügbar, in äußerer und innerer Freiheit zustandekommen. Dieser dogmatischen Einsicht zufolge ist eine *Pluralität religiöser Institutionalisierung* notwendig und wünschenswert, und zwar nicht nur in deren spezifischem Leistungsbereich, sondern mit Konsequenzen für die gesamte Gesellschaft[23]. Aus der Sicht des Glaubens ist eine „multikulturelle" Koexistenz mehrerer „Gesamtlebenszusammenhänge" anzustreben, deren jeweilige „ethisch orientierende Gewissheiten das Verhalten der einzelnen Mitglieder in allen Interaktionsgebieten ihres Alltags steuern; und [die] auf diese Weise [ihren] prägenden Einfluss durch alle aufgabenspezifischen Interaktionsgebiete der Gesamtgesellschaft hindurch" ausüben (Kirche in der Zeit, 255f).

(b) Konstitutiv für das soziale Handeln in gegenwärtigen Gesellschaften ist die Beteiligung an einem bestimmten Typ von Interaktionsordnungen,

---

20 Hier hat *S. Brandt* berechtigte Kritik geübt: Kirche als System, 298. Zitat: Religion und Organisation, 56.

21 Vgl. dazu Erneuerung, 195; Kirche in der Zeit, 239ff; prägnant auch Ausbildung sozialer Identität, 69f.

22 Vgl. Kirche in der Zeit, 298ff; dazu Erneuerung, 200f: „Gerecht sind diejenigen Gestalten gesamtgesellschaftlicher Ordnung, die jedem Einzelnen Erlebnismöglichkeiten, Handlungsmöglichkeiten und damit insgesamt Möglichkeiten der Selbsterfahrung gewähren, an denen und durch die er seiner Bestimmung entgegenreifen kann."

23 Zur theologischen Sicht des gesellschaftlichen Pluralismus' vgl. Kirche in der Zeit, 254ff; Pluralismus; Kirche und Kirchenverständnis, 77f. Zur „Multikulturalität" vgl. etwa: Ausbildung sozialer Identität, 73–75.

nämlich an *Organisationen*, zu denen auch die Kirchen zu rechnen sind (s.u. S. 41-45). Aus der zeitgenössischen Soziologie entnimmt *Herms* drei definierende Merkmale der Organisation:

„(1) Regeln der Mitgliedschaft, welche die Partizipanten über Anwesenheit hinaus miteinander verbinden;
(2) die Fixierung auf spezielle Leistungen in einem der vier Kulturgebiete [...];
(3) eine [...] interne Ausdifferenzierung von Funktionspositionen, die nach leistungsrelevanten Regeln aufeinander bezogen sind."[24]

Die Relevanz der organisierten Interaktion beruht zunächst auf den beiden ersten Merkmalen: Im Unterschied zu informellen sozialen Netzen und Gruppierungen konzentriert sich die Organisation auf ein bestimmtes gesellschaftskonstitutives Grundbedürfnis und bearbeitet dieses nach Handlungsregeln, die relativ unabhängig sind von bestimmten Personen und zufälligen „face-to-face-Kontakten". Die Klarheit ihrer eigenen Interaktionsordnung eröffnet Organisationen, darin vergleichbar mit Einzelpersonen, die Möglichkeit zielorientierter *Selbststeuerung*.

Die selbständige Orientierung der Organisation an ihrem spezifischen Ziel liegt zwar zunächst in der Verantwortung aller Mitglieder. Dennoch wird es immer – dem dritten o.g. Merkmal zufolge – Stellen geben, deren Entscheidungen sich in besonderer Weise auf die gesamte Organisation auswirken und deren Identität im gesamtgesellschaftlichen Kontext sicherstellen[25]. Dies geschieht in der Setzung und Fortschreibung einer verbindlichen Rahmenordnung, nach deren Grundsätzen und Verfahren sich alle einzelnen Entscheidungen innerhalb der Organisation zu vollziehen haben.

Diese verbindliche Rahmensetzung begreift *Herms* als Setzung von Recht[26]: „Den Charakter des Rechts tragen alle Regeln, die mit Sanktionen bewehrt sind. Dadurch wird ihre Befolgung sichergestellt unabhängig davon, ob alle Beteiligten sich über den Sinn ihres Tuns jeweils vollständig verständigt haben oder nicht. [...] Nur das Vorhandensein von sanktionsbewehrten Interaktionsregeln ermöglicht [...] die Entstehung solcher Interaktionsordnungen, denen tatsächlich ein gegenseitiges Verständigtsein der Beteiligten zugrunde liegt, wie z.B. Liebesverhältnisse, Freundschaftsverhältnisse [...], die wissenschaftliche Gemeinschaft; und last but not least: die Glaubensgemeinschaft."

---

24 Religion und Organisation, 57. Vgl. zum Folgenden aaO. 55ff; Bedeutung des Gesetzes, 1-4 (allerdings ohne die Verwendung des Organisationsbegriffs!); Kirche für andere, 5 1 ff; Kirche in der Zeit, 246f.
25 Vgl. Religion und Organisation, 71f; Leitung in der Kirche, 81-84; Lehre im Leben der Kirche, 141-143.
26 Ordnung der Kirche, 111; vgl zum Folgenden aaO. 110ff; Kirchenrecht, 228ff. 251ff; Leitung, 84.

Die basalen sozialen Interaktionsregeln müssen unabhängig von der Einsicht in ihren Sinn befolgt werden, denn nur in diesem *verlässlichen Rahmen* ist anfangsweise Kooperation und allmähliches Wachsen wechselseitiger Verständigung überhaupt möglich. Dass die grundlegenden Kooperationsregeln unter allen Umständen befolgt werden, ist durch Androhung von Sanktionen sicherzustellen: Zum Wesen des Rechts gehört nach *Herms* eine geregelte Ankündigung von Gewalt und auch deren Ausübung (vgl. Kirchenrecht, 224–231).

Diese Überlegungen nötigen zu einer Differenzierung im Begriff der Handlungsregel. Personales Handeln vollzieht sich durch die selbstbewusst-freie Befolgung einer Regel der Verhaltenswahl. Aber diese Regeltreue muss nicht unbedingt auf der Einsicht in deren *inhaltliche Berechtigung* gründen. Sie kann auch lediglich auf der Einsicht beruhen, „dass die Nichtbeachtung einer Regel die für diesen Fall angedrohten Sanktionen zur Folge haben wird" (Leitung, 84).

Faktisch werden die Motive der Regelbefolgung für soziales Handeln sich immer in einem Spektrum bewegen, das von dem bloßen Wissen um Sanktionsdrohung über eingeschliffene Gewohnheit bis zur Anerkennung des jeweiligen sachlichen Gehalts reicht. Freilich stehen diese Motive nicht gleichrangig nebeneinander; alle Interaktionsregeln sind darauf angelegt, aus *inhaltlicher* Einsicht beherzigt zu werden[27]. Gerade für die Interaktion in Organisationen kann jede rechtliche Regelung nur eine – freilich unvermeidbare – „Notordnung" sein (Leitung, 84), die einen Schutz- oder Spielraum bietet für das Reifen innerlich begründeter Regeltreue aller Beteiligten.

(c) Für Organisationen sind„ wie für alle dauerhaften sozialen Systeme, *Regeln der Mitgliedschaft* konstitutiv, „die die Interaktionen auch über leibhafte Anwesenheit hinaus als Partizipanten des Systems verbinden"[28]. Diese Regeln verbürgen eine andauernde, gleichwohl kontingente Zugehörigkeit der Individuen zur Organisation: Die Mitgliedschaft ist nicht unabänderlich, wie bei einer Herkunftsfamilie, sondern beruht stets auf einer „selbstbewusst-freien" und insofern revidierbaren Entscheidung[29].

Zu den Spitzen von *Herms'* Gesellschaftstheorie gehört nun die These, die Selbständigkeit der Einzelnen komme darin zum Ausdruck, dass sie „entscheiden, in welchen verschiedenen Organisationen sie gleichzeitig

---

27 In der Konsequenz betont *Herms*, dass keineswegs allen sozialen Ordnungen ein Rechtscharakter zukommt oder zukommen muss: Kirchenrecht, 256.

28 Religion und Organisation, 55 („über leibhafte Anwesenheit hinaus" i.O. hervorgehoben). Dass in dieser Formulierung „Interaktionen" selbst als „Partizipanten" erscheinen, demonstriert nochmals den engen begrifflichen Zusammenhang, den *Herms* zwischen Handlungen und Personen sieht. – Vgl. zum Folgenden aaO. 58–62. 69f. 74f; Kirche für andere, 51f; Wiedervereinigung, 80.

29 Die Überlegungen zum Rechtscharakter bestimmter Ordnungen haben freilich verdeutlicht, dass diese Entscheidung zur Mitgliedschaft keineswegs nur inhaltlichen Einsichten in die Bedeutung der jeweiligen Regelungen entspringen muss; als Beispiele seien der Besuch der allgemein bildenden Schule oder die Wehrpflicht genannt.

Mitglied sein wollen [...] im Interesse einer optimalen Gestaltung ihres eigenen sozialen Handlungsspielraums; ohne simultane Mitgliedschaft in diversen Organisationen besteht ein solcher überhaupt nicht" (Religion und Organisation, 61). Eine soziale Person, die ihr Handeln eigenverantwortlich steuert, realisiert sich durch Beteiligung an gesellschaftlichen Institutionen und vor allem – im Kontext der modernen Gesellschaft – in einem je *spezifischen Ensemble von Mitgliedschaftsentscheidungen*.

Herms erläutert diese These zum einen im Blick auf die *Ausbildung* sozialer Identität: Eine realistische Sicht des je eigenen sozialen Handlungsspielraums lässt sich, jenseits der familiären Primärerfahrung, nur durch die sukzessive und parallele „Mitgliedschaft in Organisationen wie Schule, Verein, Kirche, Betrieb, Gewerkschaft, Armee, Partei" gewinnen, mittels derer sowohl die „Unterschiedenheit und Eigenart" der Leistungsbereiche anschaulich wird als auch ihr Zusammenspiel (aaO. 60). Zum anderen vollzieht sich auch die *Ausübung* „sozialer Handlungskompetenz" vor allem im Bezug auf Organisationen, indem Personen sich beruflich an deren Selbststeuerung beteiligen und indem sie ihre persönlichen Lebensziele durch die gezielte „Koordination simultaner Mitgliedschaften in diversen Organisationen" verfolgen (aaO. 61f).

3. Kirchliche Mitgliedschaft als geistliche Erfahrung und geregelte Verpflichtung

Auch die soziale Praxis des „christlichen Lebens" vollzieht sich gegenwärtig unter den Bedingungen einer von Organisationen bestimmten Gesellschaft. Auch die Kirchen müssen sich als Organisationen mit ihrem Thema entsprechenden Mitgliedschaftsregeln verstehen, und sie können dies, so meint *Herms*, aus inneren, im Prozess des Glaubens liegenden und insofern dogmatischen Gründen tun. Diese These ist im Blick auf die drei oben genannten Kennzeichen jeder sozialen Organisation zu entfalten.

(a) Die „erfahrbare Kirche" kann zunächst als Organisation begriffen werden, weil sie auf einen spezifischen *gesellschaftskonstitutiven Leistungsbereich* bezogen ist: Sie beteiligt sich an der Aufgabe, religiös-weltanschauliche Überzeugungen zu tradieren, zu reflektieren und zu kommunizieren. „Hier, im Bereich der Bildung des Zentrums der menschlichen Lebens- und Handlungsfähigkeit: der Herzen, wird heute etwas Spezifisches, sonst nirgends Leistbares von den Religionsgemeinschaften und Kirchen erwartet" (Kirche für die Welt, XXI).

Dass die sozial erfahrbare, bestimmten Handlungsregeln folgende Kirche für die „Bildung des Herzens" von konstitutiver Bedeutung ist, lässt sich auch aus *Herms'* fundamentaltheologischer Sicht leicht begründen. Wird die Kirche begriffen als die Gesamtheit aller Interaktionen, die der Überlieferung und Präsentation des „äußeren Wortes" dienen, so ist sie für die Entstehung des Glaubens, die sich als „Verinnerlichung" jenes

Wortes vollzieht, unerlässlich (s.o. S. 34–36). Zugespitzt lässt sich dann sagen: Das „Geschehen des Wortes Gottes hat selbst ekklesialen Charakter"; es ist ein Geschehen, das sich in der Kirche vollzieht und auf ihre Erhaltung zielt[30].

Herms hat dies gelegentlich als „Verklärung" der kirchlichen Gemeinschaftserfahrung beschrieben (vgl. Mk 9, 2ff): So wie die Jünger äußerlich bereits im Kontakt mit Jesus stehen, so befinden sich auch die am kirchlichen Geschehen Beteiligten, die Hörer der Predigt, eben damit schon in einer Verbindung mit ihrem Herrn. Das Offenbarungsgeschehen enthüllt dann nichts anderes, als dass diese äußerliche Situation *selbst* die communio sanctorum darstellt: Die soziale Erfahrung der leibhaften Kirche wird „verklärt" als Erfahrung geistlicher Gemeinschaft. Die Gewissheit des Evangeliums „schließt selbst die Gewissheit des Glaubenden ein, einbezogen zu sein in die – durch Gottes Selbstvergegenwärtigung [...] geschaffene – Wirklichkeit der communio sanctorum". Die Konstitution des Glaubens vollzieht sich in einer „Doppelstruktur" von äußerer und innerer Erfahrung der *Kirche*.

Die Kirche ist den Glaubenden in doppelter Weise vorgegeben: als eine soziale Wirklichkeit und als eine unverfügbare geistliche Erfahrung, die ihm die Bedeutung dieser Wirklichkeit evident macht. Zu der kirchlich induzierten Gewissheit des Glaubens gehört dann auch die Überzeugung, dass jene soziale Wirklichkeit aktiv gepflegt und unterstützt werden muss – eben um die ekklesiale Erfahrung des Wortes verlässlich auf Dauer zu stellen[31]. Diese Verpflichtung lässt sich auch sozialethisch formulieren: Um die Kommunikation der christlichen Überzeugung gesellschaftlich auf Dauer zu stellen, muss die kirchliche Organisation von den Glaubenden bewusst und regelmäßig unterstützt werden.

(b) Auch die Kirche ist auf die *Ausbildung leitender Positionen* angewiesen, um ihrem spezifischen Organisationszweck, der Präsentation des „äußeren Wortes" des Evangeliums, nachzukommen[32] und die entsprechenden Rahmenordnungen zu formulieren. Zwar sind die kirchlichen Interaktionen an einer Grundregel zu orientieren, die nicht von den beteiligten Einzelnen oder gar von gesellschaftlichen Bedürfnissen bestimmt

---

30 Kirche und Kirchenverständnis, 71f mit Anm. 15ff. AaO. 72f auch die Zitate des nächsten Absatzes.

31 Vgl. Religion und Organisation, 62f; Kirche für andere, 45f; Wiedervereinigung, 104, in Kritik an *Troeltsch*: Nach „reformatorischer Einsicht" gehört „in der Wirklichkeit des Glaubens unlöslich" zusammen: „die spezifische – nämlich strikt vom Heiligen Geist durch die leibhafte Evangeliumskommunikation gewirkte – Vorgegebenheit der Gemeinschaft der Glaubenden für jeden einzelnen Glaubenden und die in der – durch dieses, leibhaft-sozial vermittelte Geistwirken begründeten – christlichen Freiheit selbst wesentlich eingeschlossene Verantwortlichkeit jedes Glaubenden [...] für die leibhaft-soziale Wirklichkeit der erfahrbaren Kirche und ihrer Gestalt."

32 Vgl. Religion und Organisation, 71f; Leitung in der Kirche, 81–84; Lehre im Leben der Kirche, 141–143. Die folgenden Zitate: Bedeutung des Gesetzes, 24.

ist, sondern „ausschließlich und strikt" von der inhaltlichen Gewissheit des Glaubens. Aber diese Grundregel muss von den leitenden Instanzen doch jeweils konkretisiert werden in der „Hingabe an die Aufgaben wechselnder geschichtlicher Situationen" und sozialer Verhältnisse. Und weiterhin erfährt die kirchliche Rahmenordnung eine individuelle, je eigener Einsicht folgende Auslegung in den Lebenssituationen der einzelnen Organisationsmitglieder (vgl. Leitung, 83f).

In dieser sukzessiven Individuierung kirchlicher Ordnung spiegelt sich offenbar die Praxisstruktur des christlichen Lebens selbst (s.o. S. 34-36), das seine inhaltliche Orientierung passiv, in der Gewissheit des Glaubens, empfängt und zugleich vor der Aufgabe steht, jene Grundorientierung je neu in freier Wahl situationsspezifischer Handlungsregeln auszulegen.

Aufschlussreich sind weiterhin *Herms'* Erwägungen zum *Rechtscharakter* der kirchlichen Organisationsordnungen. Zwar sind gerade diese Ordnungen darauf angelegt, „möglichst durchgehend als [...] vom Auftrag der Kirche verlangt und ihm dienend, eingesehen" und von allen Beteiligten „befolgt" zu werden (Leitung, 84). Gleichwohl wird auch die kirchliche Leitung „Regeln mit Rechtscharakter (also sanktionsbewehrte Regeln)" zu setzen haben, die allen Einzelentscheidungen einen verbindlichen Rahmen vorgeben. Für die Notwendigkeit eines kirchlichen Organisationsrechts gibt *Herms* zwei einander ergänzende Begründungen.

Zunächst appliziert er seine Definition des Rechts als institutionalisierte Gewaltandrohung zum Schutz vor Übergriffen Einzelner (vgl. Kirchenrecht, 251ff): Das Kirchenrecht dient im Wesentlichen dem Schutz der kirchlichen Organe „vor gewalttätigen Übergriffen aus dem innerkirchlichen Bereich" (aaO. 253), etwa der „Missachtung der partnerschaftlichen Position [...] der Gemeindeversammlung durch einen Amtsträger [oder] eines Amtsträgers durch die Gemeindeversammlung" (251). Rechtliche Regelungen sind dort erforderlich, wo die auf wechselseitiger Einsicht beruhende Interaktion der Glaubenden durch Machtmissbrauch gefährdet erscheint; auch das kirchliche Organisationsrecht stellt insofern nichts anderes dar als den notwendigen Schutzraum zum Wachstum der frei sich einstellenden Glaubensgewissheit.

Weiterhin wird die Notwendigkeit kirchenrechtlicher Regelungen mit dem Hinweis begründet, der einzelne Christ müsse sich als „semper iustus et peccator, lebenslang Gerechter und Sünder zugleich" begreifen, darum habe die Kirche „im Blick auf ihre Mitglieder [...] mit einer unermesslichen Mannigfaltigkeit von Graden der Einsicht und Schwankungen in der Kraft zum Gehorsam zu rechnen" und müsse die Geltung ihrer Grundregeln „unabhängig vom jeweiligen Stand der Einsicht [...] der Betroffenen" und insofern rechtsförmig sicherzustellen (Ordnung, 116). Gerade auf diese Weise, so meint *Herms*, hält die Organisation dem Glauben einen Spielraum offen, in dem er „schwach und angefochten sein *darf* und [...] zugleich wachsen *kann*" (ebd.). Es ist die Einsicht in die Unabschließbarkeit der Herzensbildung, die den – begrenzten – Rechtscharakter der kirchlichen Handlungsordnung begründet.

(3) Der Organisationscharakter der Kirche wird schließlich daran deutlich, dass sich die individuelle Zugehörigkeit zu ihr in Form einer *Mitgliedschaftsregel* formulieren lässt, die – wie bei allen Organisationen – die Einzelnen auch über leibhafte Anwesenheit hinaus im Blick auf einen spezifischen Zweck verbindet:

„Mitglied der Kirche ist, wer durch das Evangelium (das Wort vom Kreuz oder das Wort von der Versöhnung) persönlich getroffen ist und sich aufgrund dessen öffentlich zur Wahrheit des Evangeliums bekennt durch die Übernahme der Pflichten und Inanspruchnahme der Rechte eines Gemeindegliedes." (Religion und Organisation, 64)

Die Implikationen dieser Formulierung lassen sich auf dem Hintergrund von *Herms'* bisher skizzierten fundamental- und gesellschaftstheologischen Einsichten entfalten. Zunächst bringt die Zugehörigkeitsregel die eigentümliche *Mehrschichtigkeit des Glaubens* zum Ausdruck (s.o. S. 34–36). Auch und gerade die Mitgliedschaft in der Kirche beruht auf einem Evidenzerleben der Wahrheit des Evangeliums, das dem Einzelnen als kirchliche Überlieferung präsentiert wird. Diese *passive* Konstitution in der „Grundschicht persönlicher Identität" unterscheidet *Herms* zufolge die kirchliche Mitgliedschaft von organisatorischen Beteiligungen, die sich allein der je eigenen Entscheidung der Individuen verdanken[33]. Gleichwohl umfasst auch die Kirchenmitgliedschaft – im Unterschied zur ebenfalls passiv konstituierten Mitgliedschaft in einer Herkunftsfamilie – ein Moment aktiver Anerkennung. Sie ist nicht allein ein „opus dei", sondern zugleich ein „opus hominum credentium", nämlich die „entschlossene Exekution" der inhaltlichen Gewissheit des Herzens (ebd.), die sich in bestimmten Handlungsregeln für alle Lebensbereiche konkretisiert.

Die Mitgliedschaft in der „erfahrbaren Kirche" stellt für das christliche Leben somit „das Zentrum seiner Identität und seiner gesellschaftsgestaltenden Kraft" dar (Erfahrbare Kirche, XIII); hier gewinnt und erneuert es die religiöse Überzeugung, die sein privates wie berufliches Handeln zielsicher steuern kann. Ohne die regelmäßige Beteiligung an der organisierten Kommunikation des Evangeliums kann sich *Herms* den sozialen Vollzug des Glaubens nicht vorstellen.

Gleichwohl hebt er hervor, dass dieser Vollzug keineswegs in den kirchlichen Beziehungen aufgeht: Das christliche Leben ist „weder auf die Interaktion im kirchlichen Raum beschränkt, noch von ihm umgriffen, noch auch nur auf oder um diese kirchliche Interaktion zentriert"[34]. Die kirchliche Beteiligung ist immer nur ein Teilmoment; erst im Zusammen-

---

[33] Religion und Organisation, 65. Diese Differenz gilt allerdings auch für die Mitgliedschaft in allen anderen religiös-weltanschaulichen Organisationen; vgl. ebd.

[34] Kirche und Kirchenverständnis, 71; vgl. Erfahrbare Kirche, XIII; Wiedervereinigung, 87ff.

hang *aller* individuellen Mitgliedschaftsentscheidungen gewinnt sie ihre gewissheitsbildende Funktion. So gehört die regelmäßige Unterstützung der kirchlichen Organisation zu den elementaren „Pflichten [...] eines Gemeindegliedes" (s.o. S. 44); zugleich gehört dazu aber auch die gezielte Unterstützung anderer Organisationen.

Erst als Organisation kann die kirchliche Interaktionsordnung den gesellschaftsgestaltenden Anspruch des Glaubens zum Ausdruck bringen. Individuell-alltägliches und kirchlich organisiertes Handeln des Glaubens dürfen darum nicht gegeneinander ausgespielt werden, sondern sind als „ein wesentlicher[...] Funktionszusammenhang" festzuhalten[35]: Einerseits kann das „Zeugnis der Gemeinschaft" nur in dem „Lebenszeugnis jedes Einzelnen in seinen konkreten Weltbezügen wirksam werden". Andererseits gewinnt diese individuelle Praxis doch nur so „Deutlichkeit, Kraft und Dauer", dass sie auf die kirchliche Organisation zurückverweist und zurückgreift. Erst die öffentlich erfahrbare Mitgliedschaft in der Kirche kennzeichnet die individuelle Glaubenspraxis als Teilmoment eines spezifisch begründeten und sozial relevanten „Gesamtlebens".

Die fundamentaltheologischen wie die gesellschaftstheoretischen Implikationen von *Herms'* Begriff der Kirchenmitgliedschaft kommen darin überein, dass der Glauben des Einzelnen nicht zu denken ist ohne die selbständige und regelmäßige Beteiligung an der Organisation des „äußeren Wortes". Diese Mitgliedschaft erscheint hier als ein fest umrissenes, einheitlich geregeltes Phänomen. Die Pluralität, in der kirchliche Zugehörigkeit gegenwärtig wahrgenommen wird, die wechselnden Formen der Selbstbestimmung und biographischen Prägung, denen diese Beziehungen faktisch folgen, dies alles scheint in *Herms'* Perspektive zunächst keine Berücksichtigung zu finden. Es dient darum der kritischen Konkretisierung seines dogmatischen Mitgliedschaftskonzepts, wenn es in Beziehung gesetzt wird zu den eingangs skizzierten Praxisproblemen.

4. Zuspitzung: Paradigmatische Vollzugsgestalten der Mitgliedschaft

Im Interesse handlungsorientierender Präzisierung hat *Herms* seinen Begriff der Kirchenmitgliedschaft gelegentlich an exemplarischen Vollzugsgestalten erläutert. Es sind vor allem drei sich ergänzende Handlungsformen, die die Eigenart dieser Mitgliedschaft zum Ausdruck bringen: (a) die Teilnahme am sonntäglichen *Gottesdienst*; (b) die Teilnahme an kirchlichen Institutionen der *Bildung* (c) schließlich die „*Einkehr*" des Erwachsenen in die Institutionen der Kirche, die ihm seelsorgerliche Vergewisse-

---

[35] Kirche für andere, 46. Dort auch die folgenden Zitate.

rung und Orientierung vermitteln[36]. Im Durchgang durch diese drei Vollzugsgestalten lässt sich *Herms'* Stellungnahme zu den Praxisproblemen der Mitgliedschaft rekonstruieren; sie erscheinen hier in der Reihenfolge Disponibilität – Pluralität – Polarität.

(a) Das „Identitäts- und Regenerationszentrum des christlichen Lebens ist der Gottesdienst"[37]; die paradigmatische Form des Mitgliedschaftshandelns ist darum die regelmäßige gottesdienstliche Teilnahme. Deren Wesen definiert *Herms*, in Anknüpfung an *G. Ebeling*, als „regelmäßige Einkehr der Glaubenden in die Ursprungssituation des Glaubens"[38]. Anhand dieser Formel lässt sich die geistliche Fundierung wie die öffentliche Wirkung des paradigmatischen Mitgliedschaftshandelns im Gottesdienst entfalten.

Es ist vor allem die Institution des Gottesdienstes, in der sich die Gewissheit des Glaubens bildet, denn hier wird seine „österliche Ursprungssituation" wiederholt: die „geistliche Selbstvergegenwärtigung des Erhöhten", die die Einzelnen in seine Mahlgemeinschaft und damit in die kirchliche Gemeinschaft einbezieht (Wesen des Gottesdienstes, 322f). Zugleich stellt die Situation des Gottesdienstes den paradigmatischen Ort der Glaubenspraxis dar: Die Glaubenden bezeugen die Wahrheit des Evangeliums von der Präsenz des Erhöhten, indem sie wiederum leibhaft in die Mahlgemeinschaft mit ihm eintreten. Damit wird der liturgische Vollzug zu einem „mimetischen" Hinweis der Glaubenspraxis auf ihren „eigenen Möglichkeitsgrund" (aaO. 324). Durch die Regelmäßigkeit dieser gemeinsamen Einkehr in die „Ursprungssituation des Glaubens" gewinnt der Gottesdienst einen *institutionellen*, öffentlich wahrnehmbaren und wirksamen Charakter.

Die Ordnung des Gottesdienstes gehört für *Herms* in das Zentrum der kirchlichen Organisationsregeln (vgl. Ordnung, 109f). Es verwundert darum nicht, dass sie an dem oben skizzierten *dynamischen Charakter* kirchlicher Regeln teilhat, die dem Einzelnen verbindlich vorgegeben, zugleich jedoch darauf angelegt sind, aus eigener Einsicht befolgt zu werden. So kann *Herms* auf der einen Seite deutlich machen, „dass der Gottesdienst von Haus aus [...] in den Umkreis der pflichtmäßig – und (wie etwa die Schule) unabhängig von Lust und Laune – zu pflegenden öffentli-

---

36 In allen drei Vollzugsgestalten kirchlicher Mitgliedschaft, die *Herms* akzentuiert, spielt der Gottesdienst eine zentrale Rolle. Man kann darum auch von drei einander ergänzenden Perspektiven auf dieses Grundgeschehen kirchlicher Teilnahme sprechen.

37 Kirche für die Welt, XIX; vgl. dazu Die evangelischen Kirchen, 17f; Erneuerung durch die Bibel, 136ff. 210. 226ff; Wesen des Gottesdienstes, 332f. Vgl. auch: Ordnung, 105: Die „Versammlung der Gemeinde um Predigt und Sakrament" ist „die Grund- und Zentralinstitution der gesamten Ordnung der Kirche".

38 Wesen des Gottesdienstes, 320. 321 mit Anm. 7 und 17f. Zu *Ebelings* Gottesdienstverständnis vgl. *Ders.*, Dogmatik III, 361ff; *Ders.*, Grundgeschehen von Kirche; *Ders.*, Notwendigkeit des christlichen Gottesdienstes.

chen Institutionen des christlichen Lebens gehört. Ihn – wie heute oft versucht wird – als Teil eines attraktiven Freizeitangebotes [...] zu inszenieren, ist vom Ansatz her verfehlt"[39]. Die regelmäßige Teilnahme am Gottesdienst stellt für das Mitglied eine geradezu *rechtsförmige* Verpflichtung dar. – Auf der anderen Seite lebt der Gottesdienst jedoch davon, dass er „als eine innerlich anrührende, von Herzen liebenswerte, zuverlässig bergende und *darum* auch treue Zuneigung auslösende Sache erlebt" wird[40].

Wie dies vorzustellen ist – eine pflichtmäßige Ordnung, die zugleich vom Einzelnen affektiv bejaht und sachlich anerkannt wird –, dies kann als Frage nach dem Subjekt der Mitgliedschaftsordnung begriffen werden: Sind Form und Frequenz kirchlicher Beteiligung in die *Disposition des Einzelnen* gestellt, oder kann die kirchliche Organisation ihm dieses Handeln zur Pflicht machen, „unabhängig von Lust und Laune"? *Herms* hat auf diese Frage eine differenzierte Antwort gegeben[41].

„Gottesdienst wird nur vollzogen, indem Einzelne ihn vollziehen. Aber die Regel des Gottesdienstes schließt aus, dass Einzelne ihn einsam vollziehen können; sie müssen ihn [...] gemeinsam vollziehen: eben als Eintreten in die Mahlgemeinschaft mit dem Gekreuzigten als dem Erhöhten. Die Ordnung des Gottesdienstes ist also Resultat einer Interaktion von Individuen, die einer bestimmten Regel gehorchen." (aaO. 336)

Es sind zunächst die Einzelnen, in deren Verantwortung der Vollzug der liturgischen Interaktion fällt; sie sind Subjekte allen kirchlichen Handelns. In dieser Perspektive unterliegt die Mitgliedschaft zunächst individueller Disposition: Ihre Ordnung ist den Einzelnen nicht vorgegeben, sondern entsteht oder „emergiert" (335) allererst aus ihrer selbständigen Befolgung der fundamentalen, in der Gewissheit des Glaubens gegebenen Vollzugsregel. „Eine Ordnung ist etwas grundsätzlich anderes als ein *Angebot* zum Mitmachen [...]. Sie ist das *Resultat* eines Mitmachens" (337). Ihre spezifische Funktion besteht darin, den gemeinsamen und kontinuierlichen Vollzug etwa des Gottesdienstes zu ermöglichen, indem sie einen invarianten Rahmen für die je individuelle Variation der liturgischen Teilnahme formuliert.

Die Möglichkeiten der Institution selbst, diese Rahmenordnung zu verändern, bestimmt *Herms* darum ausgesprochen restriktiv. Im Zusammenhang der Diskussion über die „Erneuerte Agende" wendet er sich nachdrücklich dagegen, dass die den Gottesdienst leitenden Amtsträger dessen Ordnung „einseitig", nach subjektiven Prinzipien, verändern und damit die individuell variierende Be-

---

39 Erneuerung, 228, Anm. 259; vgl. Wesen des Gottesdienstes, 337 mit Anm. 44 (Kritik an der Kategorie des „Angebots").
40 Die evangelischen Kirchen, 16 (Hervorhebung: J.H.).
41 Vgl. Wesen des Gottesdienstes, bes. 336–343. Zitate in den folgenden Absätzen sämtlich aus dieser Passage.

folgung der liturgischen Grundregel einschränken (343; vgl. 340). Wiederum generalisiert: Die Vollzugsformen kirchlicher Mitgliedschaft stehen *nicht* in der Disposition einzelner Amtsträgerinnen oder Gremien, sondern ergeben sich aus dem faktischen *Konsens aller Beteiligten.*

Dieser Konsens kann freilich nicht zufällig oder nach statistischen Prinzipien entstehen. Leitendes Kriterium der wechselseitigen Verständigung über die kirchlichen Ordnungen stellt vielmehr die *Grundregel* dar, die sich ihrerseits aus dem „geistlichen Motiv" der gottesdienstlichen Teilnahme ergibt, also aus der Gewissheit des Glaubens, in dieser Situation dem Erhöhten zu begegnen (aaO. 327f). Nur aus freier und zugleich gehorsamer Einsicht in diese Grundregel kann das Mitgliedschaftshandeln individuell und kollektiv variiert werden. Auf diese Weise erscheint das Beteiligungsverhalten der Einzelnen nun doch auch begrenzt durch die jeweils kodifizierte Ordnung des Gottesdienstes bzw. anderer kirchlicher Interaktionen. Denn diese Ordnungen repräsentierten den *bisherigen Konsens* über die geistliche Auslegung der fundamentalen Mitgliedschaftsregel.

Die Frage nach der Disponibilität der Mitgliedschaft in der Kirche ist nach *Herms* falsch gestellt, wenn nur die Alternativen individueller Freiheit oder organisatorischer Verpflichtung auf eine bestimmte Ordnung bedacht werden. Sowohl der jeweilige Vollzug als auch die institutionelle Fixierung gottesdienstlicher Beteiligung haben vielmehr ihr Kriterium an der Glaubensgewissheit, im Gottesdienst tatsächlich dem Evangelium zu begegnen. Und die Auslegung dieser Gewissheit wird sich dann, wie oben S. 42-43 skizziert, als individuelle, situationsspezifische Konkretisierung vorgegebener Handlungsregeln vollziehen.

Es ist diese Grundfigur einer *individuellen Aneignung objektiver Vorgaben*, aus der sich nach *Herms* sowohl die begrenzte Disponibilität der Mitgliedschaft als auch ihre ebenfalls begrenzte *Pluralität* ergibt.

(b) Den Beitrag der kirchlichen Organisation zur Konstitution personaler Identität und sozialer Handlungsfähigkeit hat Herms als einen spezifischen, auf den „inneren Menschen" bezogenen *Bildungsprozess* bestimmt[42], dem sich die Einzelne durch die Mitgliedschaft in der Kirche unterzieht. Dieser Bildungsprozess steht gegenwärtig vor der Herausforderung eines weltanschaulichen Pluralismus', der als „multikultureller" Pluralismus insgesamt gefördert werden muss und der zugleich eine spezifische organisatorische Gestaltung der Mitgliederbildung verlangt.

---

42 Vgl. Kirche für die Welt, XVIIIf; Kirche in der Zeit, 311ff; Bildung und Ausbildung, 214ff u.ö.

Die gegenwärtige Pluralität religiös-weltanschaulicher Orientierungen hält *Herms*, wie bereits skizziert[43], für einen sachgemäßen Zustand, der der Einsicht des Glaubens in die Unverfügbarkeit jeder identitätsstiftenden Herzensgewissheit entspricht. Er ist konsequent so weiterzuentwickeln, dass die verschiedenen, in je eigenen Institutionen gepflegten religiös-ethischen Gewissheiten das regelmäßige Verhalten ihrer Anhänger in allen sozialen Lebensbereichen steuern.

Im Rahmen eines solchen „konsequenten" weltanschaulichen Pluralismus' hat auch der Bildungsprozess christlicher Herzensgewissheit eine umfassende, nämlich „allgemeinbildende" Gestalt anzunehmen[44].

Herms fordert, im Rahmen einer staatlichen Rahmengesetzgebung, die konsequente weltanschauliche Pluralisierung des *allgemein bildenden Schulwesens*. In einem solchen Rahmen sei für die Kirche „die Pflege, die Weiterentwicklung [bzw.] die Wiedergewinnung desjenigen Ensembles von Bildungsinstitutionen" geboten, „ohne das es keine innerlich prägende traditio evangelii geben kann" (Kirche in der Zeit, 314). Der Wachstumsprozess christlicher Herzensgewissheit könnte sich dann in einem denkbar weiten, jedoch religiös einheitlich ausgerichteten „Institutionengefüge" vollziehen, das die „Parochie mit dem Zentrum Gottesdienst" ebenso umfasst wie die „Familie, samt den stützenden Institutionen der Primärsozialisation (etwa Kindergärten), allgemein bildende Schulen und dann Institutionen für die Begleitung der Erwachsenen [...]" (ebd.).

Unter den Bedingungen weltanschaulicher Pluralität, so lässt sich *Herms'* Programm zusammenfassen, muss die kirchliche Bildungsbemühung um ihre Mitglieder möglichst konsistent und konsequent organisiert werden. Die erfahrbare Kirche muss „die Gestalt eines für alle offenen – und insofern ‚volkskirchlichen' Bildungsraumes" annehmen, der „für jedermann zuverlässig erkennbar, umstandslos zugänglich und wohltuend erfahrbar" ist[45]. Je pluraler die sozialen und situativen Prägungen der Beteiligung sind, umso eher muss diese Beteiligung in der kirchlichen Organisation ein profiliertes und zuverlässig wiedererkennbares Gegenüber haben.

Den Reifungsprozess kirchlicher Beziehungen stellt sich *Herms* darum vor als eine kontinuierliche Begegnung mit den feststehenden Überlieferungen und Institutionen des Glaubens. An deren Objektivität hängt, wie er betont, ihre Leistungskraft für „die Aufnahme und Verarbeitung wachsender Lebenserfahrung"

---

43 S.o. S. 38.
44 Vgl. zum Folgenden: Bildung und Ausbildung, 220; Erneuerung, 224ff; Kirche in der Zeit, 314ff.
45 Wiedervereinigung, 101 (These 5), 106. Vgl. auch Erneuerung, 226: Die kirchliche Institution muss organisiert werden als „der stets offene Möglichkeitsraum eines Universums geistlicher Erfahrungen, dessen Weite unendlich über das hinausgeht, was jeweils im einzelnen Vollzug aktualisiert wird".

in den Bildungsprozess des Glaubens[46]. In der stabilen Invarianz der kirchlichen Organisationsregeln, vor allem der Gottesdienstordnung, soll zum Ausdruck kommen, dass das Evangelium „sich in seiner unerschöpflichen Bedeutungstiefe und Wahrheit von sich aus als die Kraft Gottes selbst zur Geltung bringt, die jedem Einzelnen in seiner unvertretbaren Besonderheit und Individualität die Wahrheit seines Lebens persönlich zu verstehen gibt"[47].

In der Präsentation der objektiven Überlieferung ist das Evangelium also das *Subjekt* eines Bildungsprozesses, der sich aus der Sicht der Einzelnen primär als ein *passives* Evidenzerleben der Wahrheit jener Überlieferung vollzieht, als eine Reihe von spezifischen „Bildungserlebnissen", die sich zu einer je individuellen Wachstumsgeschichte des „inneren Menschen" verbinden[48]. Dieser biographisch plurale Prozess ist auf die freie Anerkennung der kirchlichen Organisationsordnung ausgerichtet; er zielt auf eine eigenständig „erworbene" Mitgliedschaft. Gleichwohl bleibt diese Zugehörigkeit, weil sie auf der passiven Erfahrung des Evangeliums beruht, immer eine „zugeschriebene" Beziehung: „Mit den *erlebnismäßigen* Bindungen an die Institutionen der traditio evangelii lebt und stirbt die Kirchenmitgliedschaft" (Erneuerung 230, Anm. 252).

Die faktische Pluralität kirchlicher Mitgliedschaft, so lässt sich zusammenfassen, erscheint für *Herms* als ein notwendiges, aber doch sekundäres Moment. Sie ist das Resultat der Vielfalt sozialer Situationen, in denen Menschen ihr Leben führen. Auch die Begegnung mit der kirchlichen Überlieferung wird sich darum in einer unendlichen Pluralität individueller Bildungsgeschichten vollziehen. Aber diese Pluralität ist doch dazu bestimmt, in den kirchlichen Interaktionsordnungen eine Gestalt zu gewinnen, die der *Einheit* ihres Gegenstandes entspricht und diesen in der sozialen Öffentlichkeit *konsistent* zum Ausdruck bringt. Eine bleibende, in der Organisation der Kirche *selbst* begründete Pluralität von Vollzugsformen kann für *Herms* nicht zum dogmatischen Begriff der Kirchenmitgliedschaft gehören.

(c) *Herms* hat die „erfahrbare Kirche" nicht nur als Gemeinschaft liturgischer Beteiligung und organisierter Bildung beschrieben, sondern er hat die kirchliche Zugehörigkeit auch noch an einem dritten, „seelsorgerlichen" Vollzugsaspekt erläutert[49]: an der *„Einkehr"* der Erwachsenen aus dem alltäglichen Leben in die kirchlichen Vollzüge:

---

46 Erneuerung, 227; vgl. Kirche für andere, 63ff; Kirche in der Zeit, 311; Kirche für die Welt, XXIII; Weg in die offene Gesellschaft, 246f.
47 AaO. 246; zur „Invarianz" der Gottesdienstordnung vgl. Wesen des Gottesdienstes, 341, dazu oben (a).
48 Vgl. dazu: Die evangelischen Kirchen, 16f; Erneuerung, 226-230.
49 Luther als Seelsorger, 222f u.ö.; Kirche für andere, 57; Kirche in der Zeit, 317.

„Menschen werden den Wunsch haben, bei der Kirche ‚einzukehren'; in der Erwartung, dass sie hier ausruhen, Stärkung und Orientierung erfahren können. Sie möchten ihre Fähigkeit zu verantwortlichem Handeln wiederfinden. Sie erhoffen sich dafür den Aufweis, dass und wie sie ihre persönliche Glaubensüberzeugung von der Natur und Bestimmung des Menschen auch in den Sachzusammenhängen ihres beruflichen und öffentlichens Handelns [...] vertreten können"[50].

Das christliche Leben vollzieht sich demnach in einer bestimmten, irreduziblen Polarität: Der *alltäglichen* Bewährung der christlichen Gewissheit in der persönlichen und beruflichen Lebensführung steht eine regelmäßige Rückkehr in die *kirchlichen* Interaktionsordnungen gegenüber, die den individuellen Glauben entlasten, beheimaten, gemeinschaftlich stützen und orientieren. Wie verhält sich diese Polarität des christlichen Lebens nun zu der *Polarität einer doppelten Beteiligungskultur*, die eingangs als ein zentrales Problem des kirchenpraktischen Umgangs mit Mitgliedschaft skizziert wurde?

Zu dieser Polarität hat *Herms* indirekt Stellung genommen, indem er die plakative Unterscheidung von „Volkskirche und „Freiwilligkeitskirche" kritisiert hat, die die deutsche ekklesiologische Debatte im Gefolge *Troeltschs* und *Bonhoeffers* lange beherrscht habe (vgl. Wiedervereinigung, 103f). *Troeltsch* zufolge sei die Kirche ein vom Staat öffentlich garantiertes Gut, das sämtlichen Staatsbürgern zur Verfügung stehe und ihnen „beliebige Formen der Benutzung und beliebige Formen der persönlichen Distanzierung" erlaube (aaO. 104). Demgegenüber lebe die ‚Sekte' nach *Troeltsch* ausschließlich „von der engagierten Aktivität, dem auf [...] umfassende und uniforme religiöse Normen verpflichteten Handeln ihrer Mitglieder" (ebd.). Mit dieser Gegenüberstellung ist jedoch nach *Herms* die ekklesiologische *Zusammengehörigkeit* einer spezifischen, allerdings nicht staatlich, sondern geistlich gewirkten Vorgegebenheit einerseits und der Verantwortung jedes Glaubenden für die erfahrbare Kirche andererseits verkannt.

Herms bringt die Polarität kirchlicher Beteiligung mit der *Mehrschichtigkeit des Glaubens* selbst in Zusammenhang: Seine Gewissheit entsteht in einer spezifischen Evidenzerfahrung; insofern ist jede kirchliche Mitgliedschaft *zugeschrieben* und setzt eigene Aktivität gerade nicht voraus. Das wäre, so könnte man folgern, das Wahrheitsmoment einer Beteiligungsform, die sich auf die gelegentliche Inanspruchnahme der vorgegebenen kultischen und pädagogischen Institutionen der Kirche beschränkt. Zugleich gehört zur Praxis des Glaubens jedoch die individuelle *Aneignung* der passiv konstituierten Herzensgewissheit, die kognitiv entfaltet und in einem Handeln bewährt werden soll, das die regelmäßige „Einkehr" in die

---

50 Weg in die offene Gesellschaft, 245; vgl. aaO. 245f; Religion und Organisation, 73f; Luther als Seelsorger, 237f; Kirche für andere, 46. 57-59.

kirchliche Organisation einschließt⁵¹. Insofern ist das kirchliche Engagement doch eine notwendige Folge der Glaubensgewissheit.

Von einem regulären, ihrem Wesen entsprechenden Vollzug der kirchlichen Mitgliedschaft kann *Herms* zufolge dann nur bei den knappen 20% der eingetragenen Mitglieder gesprochen werden, die nach dem Befund der großen EKD-Mitgliedschaftsumfragen mindestens einmal im Monat den Gottesdienst besuchen⁵².

Für *Herms* kann also keine Rede davon sein, dass die faktische Polarität zweier Vollzugsformen kirchlicher Mitgliedschaft einen Anhalt hätte im dogmatischen Begriff des Glaubens selbst. Die eigenständige Führung des christlichen Lebens kann nicht gegen eine intensive Beteiligung an der kirchlichen Organisation ausgespielt werden⁵³. Denn zur selbständigen Praxis des Glaubens gehört die regelmäßige „Einkehr" in die Institutionen, in denen der Glaubensgegenstand sich „in seiner unerschöpflichen Bedeutungstiefe und Wahrheit *von sich aus* als die Kraft Gottes *selbst* zur Geltung bringt"⁵⁴. Dass eine Mehrzahl der eingetragenen Kirchenmitglieder sich dieser regelmäßigen Erfahrung verweigert und auf einem Vorrang des je eigenen Handelns zu bestehen scheint, das kann *Herms* dann nur als Verkennung und Verfehlung der Wirklichkeit des Glaubens sehen.

Auf diese Weise allerdings gerät nicht nur die Wirklichkeit faktischer Beteiligung aus dem dogmatischen Blick, sondern diese perspektivische Verengung ist begleitet von einer fragwürdigen Sicht auf weitere Phänomene des gegenwärtigen christlichen und kirchlichen Lebens. Als Grundproblem erscheint *Herms'* Begriff des „freien Gehorsams": Ist die gesamte Praxis des Glaubens in der ihn konstituierenden Gewissheit bereits inhaltlich vorgezeichnet, so besteht der „Vollzug christlicher Freiheit" in „nichts anderem als" der gehorsamen Befolgung der im überlieferten Gesetz, exemplarisch im Dekalog, formulierten „universalen Handlungsregeln" (Wiedervereinigung, 87). Der individuelle Glaube *konstituiert* sich nicht in der Kritik, auch nicht in selbständiger Aneignung, sondern in der

---

51 Darum formuliert *Herms* immer wieder scharfe Kritik an theologischen Positionen, die diese Verpflichtung zur Pflege ausdrücklicher Kirchlichkeit bestreiten. Vgl. etwa Glaube, 476: „Die neoliberale Theorie der ‚neuzeitlichen Welt des Christentums' verkennt und verschweigt, dass diese Welt als Welt schwindender Kirchlichkeit nicht eine Welt des Wandels des Christentums ist, sondern die Welt, in der das Christentum in seiner Selbstabschaffung begriffen ist. Sie selbst wirkt somit als das Programm dieser Selbstaufgabe, dessen Effektivität darin liegt, dass sie es befördert, indem es sie zugleich verleugnet."
52 Vgl. Die evangelischen Kirchen, 15f; zu den Zahlen etwa Fremde Heimat 1997, 121ff. 185f. Weiter s.u. S. 260–262.
53 Vgl. Wiedervereinigung, 83 mit Anm. 4 zu *T. Rendtorff*.
54 Weg in die offene Gesellschaft, 246 (Hervorhebungen: J.H.).

einsichtsvollen *Übernahme* der gegebenen Ordnungen. Der Bildungsprozess, in dem auch kirchliche Bindung entsteht, ist nicht vom Subjekt gesteuert, sondern wesentlich ein passives, von „Erlebnissen" bestimmtes Geschehen.

Zwar liegt *Herms* viel daran, dass „keine Regelung kirchlicher Ordnung als solche [...] identisch [ist] mit [dem] die Gewissen befreienden und bindenden Wort Gottes selbst"; auch die kirchliche Ordnung ist eine menschliche und insofern fallible *Antwort* auf das Wort Gottes (Ordnung, 107). Eine klerikale Bevormundung des Einzelnen will *Herms*, wie er an der Gottesdienstordnung exemplarisch vorgeführt hat, darum vermieden wissen, indem er alle kirchliche Leitung strikt an die gemeinschaftlich „emergierende" Auslegung der Glaubensregel bindet. Dennoch besitzt die überlieferte Ordnung gegenüber dem individuellen Glauben ein zeitliches und sachliches *Vorrecht*: Der Einzelne wird diese Ordnung – in individueller Variation – zunächst aus „freiem Gehorsam" befolgen und sie erst dann, aus eigener Einsicht in das Wort Gottes, gegebenenfalls korrigieren. Für die unverrechenbare Subjektivität des Glaubens, für eine eigenständige Artikulation der Tradition und ihre selbstbewusste Kritik ist in diesem Konzept wenig Raum. Zugespitzt wird man doch sagen können: Die kirchliche Ordnung repräsentiert die Würde des überlieferten Wortes, ja seine sachliche Objektivität auf eine Weise, die die individuelle Aneignung dieses Wortes stets *nachgeordnet* bleiben lässt.

Das Verhältnis des einzelnen Mitglieds zur Kirche ist damit ausgesprochen *eng und zugleich asymmetrisch* gedacht. Nur in der Begegnung mit Gottesdienst und Predigt kann sich der Glauben des Einzelnen bilden; nur im ständigen Kontakt mit der kirchlichen Organisation kann dieser Glauben wachsen, reifen und sich bewähren. Die Mitgliedschaft ist dann auch gegenüber der Organisation im Wesentlichen von *Passivität* geprägt; eine individuelle Auseinandersetzung mit der gegebenen Kirche ist nur im Rahmen der überlieferten Ordnung vorstellbar. Auch eine gemeinschaftliche Selbstorganisation des christlichen Lebens, abseits oder gar gegen die gemeinde- und kirchenleitenden Instanzen, ist nur als Grenzfall denkbar, der alsbald neue Organisationsordnungen auszubilden hätte[55].

Ein Konzept der Mitgliedschaft, das die Einzelnen so eng an die real existierende Kirche bindet, ist schließlich kaum in der Lage, diese Organisation selbst im Namen des individuellen Glaubens zu *kritisieren*. So kann *Herms* zwar die „Verwahrlosung" der vorfindlichen Kirche in herben Worten tadeln[56], aber diese Probleme sind doch nur vom Leitungsamt selbst im Rekurs auf die überlieferten Glaubenszeugnisse zu lösen. Die

---

55 Vgl. *Lindners* Kritik an *Herms'* zu „eng gefasstem Organisationsbegriff", der „die freien Bewegungen abwerten muss" und die christlichen Sozialbeziehungen übersieht, die sich nicht im Rahmen der verfassten Kirche artikulieren: *Lindner*, Kirche am Ort, 44–48, Zitat 47.
56 Vgl. etwa Erneuerung, 227ff; Kirche in der Zeit, 304f. 313ff.

Reaktion der einzelnen Mitglieder darf auch hier wiederum nicht in einer Distanzierung von der erfahrbaren Kirche bestehen, sondern nur in einer intensiveren „Pflege und Erhaltung" und dann wohl auch „Fortschreibung" der entsprechenden Institutionen (vgl. Leitung, 83). Es ist – auch in Grenzfällen – ausschließlich die kirchliche Organisation selbst, die beanspruchen kann, die Regeln ihrer Beteiligung umfassend und verbindlich zu beschreiben.

II. Exemplarische Gestaltung der geschwisterlichen Freiheit des Glaubens: Wolfgang Huber

Wolfgang Huber, der bis 1994 Systematische Theologie in Heidelberg lehrte und seitdem Bischof der Evangelischen Kirche in Berlin-Brandenburg ist, hat seit seiner Habilitation über „Kirche und Öffentlichkeit" (1973) zahlreiche Beiträge „zu einer Theorie der Kirche" vorgelegt[57]. Sie präsentieren sich regelmäßig als Auslegung der Barmer Theologischen Erklärung von 1934, deren dritte These *Huber* als „eine evangelische Definition der Kirche" versteht (Die wirkliche Kirche, 265):

„Die christliche Kirche ist die Gemeinde von Brüdern, in der Jesus Christus in Wort und Sakrament durch den Heiligen Geist als der Herr gegenwärtig handelt. Sie hat mit ihrem Glauben wie mit ihrem Gehorsam, mit ihrer Botschaft wie mit ihrer Ordnung mitten in der Welt der Sünde zu bezeugen, dass sie allein sein Eigentum ist, allein von seinem Trost und von seiner Weisung in Erwartung seiner Erscheinung lebt und leben möchte."[58]

In der Debatte über die „Volkskirche"[59] seit den 70er Jahren wie in der „überwiegend missionskirchlichen Situation"[60] in Ostdeutschland hebt *Huber* an dieser These vor allem drei Aspekte hervor: Begründet ist die Kirche allein durch das göttliche Handeln in Jesus Christus; dieses Handeln ist näherhin als Zusage einer eigentümlichen, in sich kommunikativ verfassten *Freiheit* zu bestimmen (s.u. 1). – Die Eigenart dieser Freiheit muss die Kirche nicht zuletzt in ihrer „Ordnung [...] bezeugen"; die institutionelle, auch rechtlich geordnete *Gestalt der erfahrbaren Kirche* wird damit auch für *Huber* zu einem zentralen Thema (s.u. 2). – Schließlich akzentuiert *Huber* mit Barmen V und VI den sozialen Kontext der Kir-

---

57 Vgl. den Untertitel von: Wahrheit und Existenzform. Anregungen zu einer Theorie der Kirche bei Dietrich Bonhoeffer; dort (passim) auch eine kritische Auseinandersetzung mit *E. Langes* Auffassung der Theorie der Kirche.

58 Vgl. dazu die Ausarbeitung der EKU von 1981: *Burgsmüller*, Kirche als „Gemeinde von Brüdern" (Barmen III), Bd. 2: Votum. Zu diesem Votum hat *Huber* seinerseits eine gewichtige programmatische Vorarbeit geleistet: Die wirkliche Kirche. Die grundlegende Bedeutung von Barmen III hat *Huber* auch unterstrichen in: Volkskirche, 485; Kirche, 118ff; Kirche – wohin, 99. 101; Kirche in der Zeitenwende, 109f.

59 Vgl. Volkskirche; Die wirkliche Kirche; Kirche als Raum; Kirche, 169ff; Kirche der offenen Grenzen.

60 Gestalten und Wirkungen, 280; vgl. Auf dem Weg zu einer missionarischen Kirche, passim.

che: Um die christliche Freiheit wirksam zu bezeugen, müssen ihre Institutionen öffentlich erkennbar, allgemein zugänglich und eigenständig gegenüber dem Staat sowie anderen gesellschaftlichen Verbänden sein (s.u. 3).

1. Kommunikative Beziehungen als Ort der Freiheit des Glaubens

Immer wieder hat *Huber* den „christlichen Freiheitsgedanken" skizziert: Weder der Mensch „selbst noch ein anderer, weder staatliche noch gesellschaftliche Mächte können ihn aus der Hand Gottes reißen", darum gilt: „Freiheit ist die Existenzform des Glaubens", und zwar eine Freiheit, die immer schon *kommunikativ verfasst* ist. Im Geschehen der christlichen Freiheit kommt die Einsicht zum Tragen, „dass gelingendes Leben sich in wechselseitiger Offenheit verwirklicht, in welcher der andere nicht mehr Schranke meiner Selbstverwirklichung, sondern Bereicherung meines Lebens ist. [...] Radikal ist Freiheit dann verstanden, wenn sie in der Unverfügbarkeit der menschlichen Person gründet und auf umfassende Gemeinschaft zielt."[61]

Huber liegt viel daran, die Freiheit des Glaubens nicht einseitig als ein Geschehen radikaler Individualisierung zu verstehen, so dass das Christusgeschehen primär auf die Autonomie des Einzelnen zielen würde. Gegen *F.W. Graf* und andere lutherische Theologen entfaltet *Huber* vielmehr „die These von der Gleichursprünglichkeit von Individualität und Sozialität"[62]: Die Erfahrung der christlichen Freiheit ist immer zugleich die Erfahrung sozialer Beziehungen, in denen diese Freiheit bereits Gestalt gewonnen hat. Der Glauben bildet sich darum an einem bestimmten sozialen Ort: Im Geschehen des *Gottesdienstes* handelt Christus so „durch Wort und Sakrament" (Barmen III), dass er die individuelle Freiheit des Glaubens begründet und zugleich die Grundgestalt der Kirche als einer umfassenden Gemeinschaft konstituiert[63].

Die in Christus zugeeignete Freiheit verlangt nach einer sichtbaren Gestaltung[64]. Das Gefälle von göttlicher Zusage und ihrer Wahrnehmung in verbindlicher Kommunikation konkretisiert sich für *Huber* nicht zuletzt

---

61 Kirche als Raum, 783. 784 im Anschluss an *M. Theunissens* Hegel-Interpretation; vgl. zuletzt: Kirche in der Zeitenwende, 169ff.

62 Konfessorische Freiheit, 672; Kirche in der Zeitenwende, 199; vgl. aaO. 179ff. Vgl. gegen *Graf* auch Öffentliche Kirche, 168f; ein „kulturprogrammatischer Individualismus" wird „exemplarisch" auch an *D. Rössler* kritisiert: Kirche 2000, 117.

63 Vgl. Kirche, 98ff; Kirche in der Zeitenwende, 128ff.

64 Vgl. Gerechtigkeit und Recht, 442: „Die Freiheit des Glaubens ist mit der bürgerlichen Freiheit nicht identisch; sie ist nicht selbstmächtige, sondern responsorische Freiheit. Doch gerade diese Freiheit drängt auf verantwortliche Gestaltung."

in einem Verständnis der *Kirchenmitgliedschaft*, wie es etwa in der altkirchlichen Taufliturgie zum Ausdruck kommt.

„Darin zeigt sich, dass Taufe und eigenverantworteter, nämlich im Bekenntnis ausgesprochener Glaube zusammengehören. [...] Taufe und Bekenntnis müssen also nicht zeitlich unmittelbar aufeinander folgen [...]. Aber sie müssen in der Biographie des Getauften miteinander verknüpft bleiben. [...] Der Mitgliedschaft in der Kirche eignet ein dialogischer Charakter: Sie ist begründet in der göttlichen Anrede an den Menschen; sie wird vollzogen in der Antwort, die der Glaubende durch das Bekenntnis gibt." [65]

Die „dialogische" Beziehung des Einzelnen zu Gott wird unmittelbar als Modell der kirchlichen Mitgliedschaftsbeziehung verstanden: Auch die „Zugehörigkeit zur Kirche" verdankt „sich dem Wirken des Heiligen Geistes" (ebd.); und zu der von diesem Wirken geforderten Antwort gehört eine spezifische Form sozialen Lebens: die „Gemeinde von Brüdern" und Schwestern (Barmen III).

2. Kirchliche Beziehungen zwischen Institutionalität und Institutionskritik

Soll die zugesagte Freiheit des Glaubens auch durch die kirchliche „Ordnung" bezeugt werden (Barmen III), so hat das nach *Huber* zwei Konsequenzen, die in konflikttträchtiger Spannung stehen.

Zum einen muss die theologische Reflexion jener „Ordnung", genauer „der institutionellen Wirklichkeit und der rechtlichen Gestalt der Kirche", zu einem eigenen Thema werden[66]. In Aufnahme von Überlegungen *E. Wolfs* und *H. Dombois'* bestimmt *Huber* die Kirche als eine „Institution", für die – wie für jede Institution – die „strukturelle Einheit von Stiftung und Annahme" konstitutiv ist (Die wirkliche Kirche, 255). Dabei soll der Begriff der Stiftung zunächst festhalten, dass die Ordnung der sichtbaren Kirche ihren Mitgliedern in bestimmter Hinsicht entzogen ist. Ohne dass damit eine bestimmte rechtlich-organisatorische Form festgeschrieben ist[67], verlangt der Stiftungscharakter der Kirche doch eine Gestalt, in der das bleibende Primat des göttlichen Subjekts zum Ausdruck kommt sowie sein universaler Willen, dass (nach 1. Tim 2,4) „alle Menschen Zugang zum Heil [...] haben sollen" (Kirche, 42). Die menschliche „Annahme" der göttlichen Stiftung muss darum zu verlässlichen, auch rechtsförmigen Strukturen führen, „durch welche die ‚äußeren Mittel' von Wort

---

65 Kirche der offenen Grenzen, 506. Zum Verständnis der Taufe vgl. auch Recht im Horizont der Liebe, 240f.
66 Kirche 8; vgl. zum Folgenden aaO. 110ff; ausführlicher: Die wirkliche Kirche, 253ff.
67 Vgl. aaO. 257f; Kirche, 114ff.

und Sakrament den Menschen *auf Dauer* angeboten werden" (aaO. 40): Die Institutionalität der Kirche realisiert sich in der universalen Regelmäßigkeit gottesdienstlichen Feierns.

Wird im Gottesdienst jedoch die Freiheit im Namen Jesu Christi zugesagt, so erscheint die kirchliche Institutionalität zum anderen „unter einem Vorbehalt, für den es bei keiner anderen Institution eine Parallele gibt: unter dem Vorbehalt jener Umkehrung der Sozialbeziehungen, die für die Verkündigung und die Lebenspraxis Jesu kennzeichnend ist"[68]. Die verfasste Kirche ist dann nicht, wie *M. Weber* meinte, als „Herrschaftsverband" zu charakterisieren; ihr eignet vielmehr „ein untilgbarer Zug zu genossenschaftlichen Lebensformen"[69]. Die gottesdienstliche Versammlung, die den Kern der institutionellen Ordnung bildet, hat die „Gemeinde von Brüdern" nach Barmen III zu konkreter, sozialer Anschauung zu bringen: „Von der Gestalt ihrer Gottesdienste ausgehend muss das Leben der Kirche durch Geschwisterlichkeit, Solidarität und Partizipation gekennzeichnet sein." (Gerechtigkeit und Recht, 438)

Im Anschluss an *Ernst Lange* charakterisiert *Huber* die kirchlich verfasste Gestalt der Freiheit als einen „institutionalisierten Konflikt" (Kirche, 43). Das Christusgeschehen verlangt die dauerhafte, auch rechtsförmige Regelung seiner gottesdienstlichen Vergegenwärtigung; und zugleich ist jede institutionelle Verfestigung konfrontiert mit der herrschaftskritischen Botschaft Jesu, die auf eine geschwisterliche Gestaltung der Sozialbeziehungen drängt. Dieses spannungsvolle Verständnis kirchlicher Institutionalisierung kommt nicht zuletzt in den Rechtsformen der *Mitgliedschaft* zum Ausdruck:

„In jeder Kirche verbinden sich Elemente, welche die Vorgegebenheit der Gemeinschaft des Glaubens vor jeder individuellen Entscheidung repräsentieren, mit anderen Elementen, die der Freiheit des Glaubens gegenüber allem anstaltlichen Zwang Ausdruck geben. In der Verbindung dieser Elemente drückt sich aus, dass die Freiheit des Glaubens kommunikative Freiheit ist."[70]

Diese dialektische Bestimmung von Kirchenmitgliedschaft erfährt nun vor allem in *institutionskritischer* Hinsicht seine Konkretisierung. *Huber* sieht auch das Verhältnis des Einzelnen zur kirchlichen Institution vor allem durch die „These von der Unverfügbarkeit der menschlichen Person" geprägt, die „im Gedanken der Menschenrechte Ausdruck gefunden" hat

---

68 Kirche, 118; vgl. auch aaO. 68f; Kirche in der Zeitenwende, 280: Die Kirche „ist eine Institution des Perspektivenwechsels".
69 Kirche, 68. 124; zur Kritik *Webers* vgl. aaO. 119ff; Die wirkliche Kirche, 263ff.
70 Wahrheit und Existenzform, 178 (Hervorhebungen getilgt).

(aaO. 132). Ein theologisch verantwortetes Recht der Mitgliedschaft beinhaltet darum zunächst einen „*Katalog kirchlicher Grundrechte*"[71].

Huber zufolge müssen diese Grundrechte zunächst sicherstellen, dass Ansprüche der verfassten Kirche weder gegen ihre Mitglieder noch gegen ihre Mitarbeiter mit Zwang durchgesetzt werden; auch in der Kirche stellen die Freiheit des Gewissens und die Integrität der Person oberste regulative Prinzipien dar. Das kirchliche „Recht auf Gleichheit" verbietet jede hierarchische Unterscheidung zwischen Amtsträgern und Laien; alle kirchlichen Entscheidungen stehen unter dem Gebot umfassender Partizipation aller jeweils Betroffener. – Die Reichweite und die Implikationen dieser Postulate für die Struktur der Mitgliedschaft sind unten (S. 67) näher zu betrachten.

Als fundamentales Menschenrecht „in der Kirche und gegenüber der Kirche" formuliert *Huber* jedoch vor allem ein allgemeines „Recht auf Zugang zum Glauben"[72]. Die Möglichkeit zu erfahren, „wer Jesus Christus ist", darf weder staatlich bzw. gesellschaftlich eingeschränkt werden noch durch die Kirche selbst, etwa indem sie sich aus der Öffentlichkeit zurückzieht oder die Möglichkeit der Christusbegegnung an den Vollzug der Taufe bindet und damit ihre missionarische Offenheit aufgibt. Auch und gerade als *Institution* ist der Kirche die Entscheidung über Umfang und Gestalt ihrer Mitgliedschaft damit prinzipiell entzogen: Es gehört zu ihrem Stiftungscharakter, zu ihrer Begründung durch ein göttliches Handeln, dass sie „weder über ihre Identität noch über ihre Grenzen verfügt"; allen „umfassenden und abschließenden rechtlichen Regelungen" der Kirchenmitgliedschaft fehlt darum *theologische* Legitimität[73].

Pointiert hat *Huber* die grundrechtliche Struktur der kirchlichen Beziehungen zusammengefasst „als Freiheit (der Kinder Gottes), als Gleichheit (von Schwestern und Brüdern) und als aktive Teilhabe (der Glieder am Leibe Christi)" (Gerechtigkeit und Recht, 437).

Indem Huber die kirchliche Mitgliedschaft in einer klassischen Gestalt neuzeitlichen Grundrechts formuliert, bringt er ihren *bezeugenden Charakter* im Sinne von Barmen III zum Ausdruck: Die kommunikative Frei-

---

71 Kirche, 133ff; ausführlicher: Gerechtigkeit und Recht, 440ff. Zur juristischen Diskussion um die Formulierung kirchlicher Grundrechte s.u. S. 151-156.
72 Kirche, 134; Kirche der offenen Grenzen, 512.
73 Kirche der offenen Grenzen, 507, vgl. aaO. 512f. *Huber* rekurriert hier auf *Bonhoeffers* Einsicht, dass der evangelische Begriff der Kirche, indem er sie von ihrer Mitte, vom Verkündigungsgeschehen her definiert, die Frage nach ihren Grenzen offen lässt (vgl. aaO. 489; Wahrheit und Existenzform, 187f). Diese Frage wird nur virulent angesichts von Grenzziehungen, die der Kirche „von außen entgegentreten" (Kirche der offenen Grenzen, 489) – aber auch dann wird sie nicht von der kirchlichen Institution beantwortet, sondern im Bekenntnis ihrer Mitglieder.

heit des Glaubens, die diese „Ordnung" der kirchlichen Institution stiftet, erhebt eben damit auch Anspruch auf *gesellschaftliche* Relevanz. Es ist nicht zuletzt die eigentümliche Gestalt ihrer *Mitgliedschaft*, in der sich die kirchliche Institution als „offene und öffentliche Kirche" präsentiert[74].

3. Exemplarische Beziehungen in der pluralen Öffentlichkeit

Das Verhältnis von „Kirche und Öffentlichkeit" hat *Huber* seit seiner Habilitation immer wieder thematisiert[75]. Angesichts des fundamentalen „Öffentlichkeitsanspruchs des Evangeliums" (Kirche und Öffentlichkeit, 616ff) darf die christliche Freiheit nicht auf die Bildung individueller Gewissensreligion beschränkt werden. Die Theologie muss vielmehr die gesamtgesellschaftlichen „Gestalten und Wirkungen christlicher Freiheit" wahrnehmen[76] und die kirchlichen Beziehungen in diesem Kontext interpretieren.

Huber hat in den letzten Jahren vor allem die vielschichtige *Pluralität* dieses Kontextes thematisiert[77]. Anhand der Geschichte des Öffentlichkeitsbegriffs skizziert er eine Theorie „pluraler Öffentlichkeiten", die die Vorstellung eines einzigen Mediums gesellschaftlicher Allgemeinheit aufgibt zugunsten einer „Differenzierung zwischen den vier Referenzbereichen von Staat, Wirtschaft, Zivilgesellschaft und kultureller Kommunikation" (Öffentliche Kirche, 167). Das soziale Handeln vollzieht sich dann in pluralen Dimensionen von Öffentlichkeit, die je eigenen Regeln folgen. Und zugleich sind alle jene Bereiche durch interne „Pluralisierungsschübe" (aaO. 168) gekennzeichnet, etwa durch eine Zunahme partizipatorischer Ansprüche im staatlichen Bereich, durch verschärfte ökonomische Konkurrenz, durch eine wachsende Zahl kleinräumiger „Interpretationsgemeinschaften", die sich zudem nicht mehr in einer „kulturell monozentrischen Situation", sondern in multikultureller Vielfalt begegnen (aaO. 171).

Diese Pluralität sozialer Dimensionen, Organisationsformen und Gemeinschaften ist nur zu bewältigen, wenn „eine ungehemmte Individuali-

---

74 Vgl. die Entfaltung dieser Leitformel in: Die wirkliche Kirche, 268ff; Öffentliche Kirche, 175ff; Nicht schwarz sehen, 30f; Kirche – wohin, 102; Kirche 2000, 117f.

75 Vgl. etwa: Religionsfreiheit; Kirche, 141ff (Kap. IV); Öffentliche Kirche; Nicht schwarz sehen; Gestalten und Wirkungen, 284ff; Kirche in der Zeitenwende, 97ff. 293ff u.ö.

76 Vgl. den gleichnamigen Aufsatz von 1995; dieser Text markiert *Hubers* Übergang aus dem Lehramt in das kirchenleitende Bischofsamt. Paradigmatisch ist auch der Titel des sozialethischen Aufsatzbandes von 1985: „Folgen christlicher Freiheit".

77 Vgl. besonders: Öffentliche Kirche; skizzenhaft auch in: Konfessorische Freiheit, 669–671; Kirche wohin, 102f. In vieler Hinsicht knüpft *Huber* hier positiv an *M. Welkers* Überlegungen an; vgl. *Welker*, Kirche im Pluralismus. In kritischer Hinsicht wird die Auseinandersetzung vor allem mit *F. W. Graf* geführt.

sierung der Lebensformen" begrenzt wird; und d.h: Wenn „die Verständigung über die Prinzipien gelingt, die – bei aller Verschiedenheit – gemeinsam respektiert werden können und müssen"[78]. Weil es in dieser Verständigung um die „letzten Grenzen" und Gründe der Pluralität geht, hat sie immer eine „religiöse Dimension". Eben hier sieht *Huber* die öffentliche Aufgabe der Kirche „unter den Bedingungen des Pluralismus":

„Die Deutung [...] des menschlichen Lebens im Licht der Gottesbeziehung, Nächstenliebe und eine Praxis der Gerechtigkeit, die Hinwendung zu den Schwachen und Barmherzigkeit sind grundlegende Dimensionen für die Existenz einer christlichen Kirche wie für verantwortliches Christsein. [...] Die Kirchen kommen nicht umhin, öffentlich geltend zu machen, dass menschliche Lebensformen verarmen, wenn sie diesen drei Aspekten nicht in ihrer Zusammengehörigkeit Raum geben."[79]

Der inhaltliche Beitrag der Kirche zur Gestaltung der pluralen Gesellschaft besteht darin, wiederum den kommunikativen, durch Gerechtigkeit und Solidarität bestimmten Charakter der Freiheit herauszustellen. Und diese spezifische inhaltliche Bestimmung der christlichen Freiheit muss, so meint *Huber*, zunächst an der individuellen Gestalt des „verantwortlichen Christseins" wie an der institutionellen Gestalt der Kirche selbst anschaulich werden. Darum hat *Huber* die Relevanz der *spezifischen Institutionalität* der Kirche für ihr öffentliches Wirken wiederholt zum Thema gemacht und sich dabei in letzter Zeit des Begriffs der „intermediären Institution" bedient:

„Für eine zureichende Ortsbestimmung der Kirche in der Gegenwart ist es ausschlaggebend, dass sie die Dyade von Staat und Kirche hinter sich lässt und ihren Ort im triadischen Verhältnis von Staat, Kirche und Gesellschaft wahrnimmt. Sie muss sich selbst als [...] Element in den vielfältigen kulturellen [...] Verständigungsprozessen dieser Gesellschaft verstehen. Dieser Ortsbestimmung wird weder das Bild von der Kirche als Kontrastgesellschaft noch das Bild von einer funktional integrierten Gesellschaftskirche gerecht. Vielmehr [...] vermittelt [die Kirche] zwischen den Einzelnen und ihren gesellschaftlichen Lebenszusammenhängen; sie vermittelt aber vor allem zwischen den Einzelnen und der geglaubten Wirklichkeit Gottes. In diesem [...] spezifischen Sinn ist die Kirche eine intermediäre Institution."[80]

Huber bestimmt den sozialen Ort der kirchlichen Institution in doppelter Hinsicht. Einerseits ist sie immer schon *eingebettet* in die kulturell-gesell-

---

[78] Öffentliche Kirche, 169; Kirche in der Zeitenwende, 282; dort auch das folgende Zitat.
[79] Kirche in der Zeitenwende, 116f; vgl. auch Öffentliche Kirche, 174f; Kirche 2000, 118f; Gerechtigkeit und Recht, 438.
[80] Kirche in der Zeitenwende, 269; vgl. aaO. 275f; Kirche 2000, 116.

schaftliche Verständigung; sie kann daher der Gesellschaft nicht, in Analogie zum Staat, gleichsam hoheitlich-autoritativ gegenüber treten[81] oder sich als bessere, als „Kontrastgesellschaft" verstehen. Auf der anderen Seite wehrt sich *Huber* aber dagegen, die Kirche auf eine bestimmte soziale Funktion zu beschränken. Zwar ist sie „am stärksten im Bereich kultureller Kommunikation verankert"; zugleich ist sie aber auch in die anderen Dimensionen der pluralen Öffentlichkeit verflochten und hat dort die spezifischen Bestimmungen der kommunikativen Freiheit „intermediär" zu vermitteln[82]. Auf diese Weise erscheint die Kirche nun doch in gewisser Weise als *Gegenüber der Gesellschaft*: Indem sie gegenseitige Achtung, Gerechtigkeit und Solidarität vorlebt und einfordert, stellt sie sich gleichsam über die Parteien; sie formuliert als „Element" der sozialen Pluralität doch einen diese Pluralität begrenzenden Anspruch.

Auch die individuelle Beziehung zur Kirche spiegelt in ihrer oben (S. 56–57) skizzierten „dialogischen Struktur" die doppelte Differenz zu staatlichen wie zu vereinsförmigen Bindungsmustern. Weil Mitgliedschaft in der Kirche das Moment des persönlichen Bekenntnisses impliziert, kann sie nicht „nach dem Modell der Staatsangehörigkeit" konzipiert werden, die jeder eigenen Entscheidung vorausgeht (Kirche der offenen Grenzen, 506). Auch die Annahme gänzlicher „Disponibilität der Kirchenmitgliedschaft" in Analogie zur Beteiligung an anderen sozialen Verbänden führt in die Irre, denn damit würde sie „zu einem Werk des Menschen, das in seine eigene Verfügung gelegt ist" (ebd.), anstatt sich als „Antwort" auf das Wirken Gottes zu verstehen.

Die Eigenart der kirchlichen Institution wird von der Struktur ihrer Mitgliedschaftsbeziehungen allerdings nicht nur formal-negativ, sondern auch inhaltlich-positiv zum Ausdruck gebracht: „Was die Kirche verkündigt und vertritt, wird so weit wirken, wie Menschen in ihrem alltäglichen Leben dafür einstehen". Nur wo „die Konturen einer christlichen Lebensform" erkennbar werden, „die sich an der Gegenwart Christi ausrichtet und zugleich auf die Herausforderungen unserer Zeit antwortet", erscheint die Kirche glaubwürdig (Nicht schwarz sehen, 30). Mit der konkreten *sozialen Form*, in der die Kirchenmitglieder sich auf den Grund ihres Glaubens beziehen, wird zugleich entschieden über die soziale Wirkung der christlichen Freiheit im Ganzen[83].

---

[81] Das staatsanaloge Verständnis der Kirche und ihre daraus resultierende „Privilegierung" gegenüber anderen sozialen Institutionen hat *Huber* schon früh kritisiert; vgl. Öffentlichkeit, 490ff. 634ff; Religionsfreiheit, 293ff; Kirche, 165ff; Öffentliche Kirche, 177ff. Überlegungen zum Verhältnis von „Kirche und Staat" bilden allerdings noch in *Hubers* „Gerechtigkeit und Recht" (1996) den Schlusspunkt der Erörterungen (aaO. 446ff).
[82] Kirche in der Zeitenwende, 281; vgl. ausführlicher: Öffentliche Kirche, 176.
[83] Vgl. Kirche 2000, 116: „In pluralen Öffentlichkeiten kann die Kirche nur erkennbar bleiben, wenn sie über ihr Profil Rechenschaft abgibt."

Deswegen betont *Huber* die Verantwortung der Einzelnen, „einen mündigen Glauben zu entwickeln und von ihm Rechenschaft abzulegen" (Kirche 2000, 118). Vor allem mit den konfessionslosen Menschen in den neuen Bundesländern „muss über gute Gründe des Glaubens geredet werden; damit zugleich findet mit ihnen das Gespräch über gute Gründe dafür statt, Mitglied der Kirche zu sein"[84]. Es sind die kirchlichen Mitgliedschaftsbeziehungen, in denen die soziale Gestalt der christlichen Freiheit primär zur Anschauung kommt. Diese These einer *exemplarischen* Bedeutung der kirchlichen Sozialbeziehungen entnimmt *Huber* einer Lektüre von Barmen III im Lichte der neutestamentlichen Tradition:

„In der christlichen Gemeinde verwirklicht sich schwesterliches und brüderliches Zusammenleben in *exemplarischer* Weise. Christen, wenn sie sich dieser ursprünglichen Perspektive bewusst sind, können gar nicht anders, als die Eindeutigkeit der durch Jesus eröffneten Sozialbeziehungen in der Zweideutigkeit der Welt zur Geltung zu bringen. Eben deshalb trägt der Unterschied zwischen der Ordnung der Gemeinde und den Ordnungen des wirtschaftlichen, gesellschaftlichen und politischen Lebens den Charakter einer problematischen Spannung. [...] Ihr wird die Kirche [...] nur gerecht, wenn sie Formen des Zusammenlebens ausbildet, die auch für verschiedene gesellschaftliche Bereiche exemplarische Kraft und ansteckende Wirkung entfalten können."[85]

Öffentliche Bedeutung erhalten die kirchlichen Beziehungen wiederum dadurch, dass sie die gegebenen Sozialformen sowohl aufnehmen als auch kritisch überbieten[86]. Die kirchliche Mitgliedschaftsordnung erhält dadurch Zeugnisfunktion, dass sie die christliche Freiheit in allen Bereichen des Zusammenlebens deutlicher, eindeutiger als andere Institutionen zum Ausdruck bringt.

Die These, dass den geschwisterlichen Sozialbeziehungen der Gemeinde eine exemplarische Bedeutung zukommt, spiegelt sich in der Struktur von Hubers Ekklesiologie: Die bereits am Anfang dieses Abschnitts genannten drei Aspekte der theologischen Anthropologie – das „Leben in der Wahrheit" durch die Beziehung zu Gott, die „wechselseitige Anerkennung und [die] Zuwendung zu

---

84 Kirche wohin, 101; vgl. Nicht schwarz sehen, 31.
85 Kirche, 125, vgl. aaO. 123. Zum exemplarischen Charakter der kirchlichen Sozialordnung vgl. auch: Gerechtigkeit und Recht, 444f.
86 Im Anschluss an *K. Barth* formuliert *Huber*: „Die Arbeit an der Differenz zwischen Christengemeinde und Bürgergemeinde besteht zum einen darin, dass die Christengemeinde selbst zum Vorschein bringt, was als vollkommener Frieden, als erfüllte Gerechtigkeit, als grenzenlose Gemeinschaft erst noch verheißen ist. Die Arbeit an der Differenz besteht zum anderen darin, dass die christliche Gemeinde eben durch diese ihre eigene Gemeinschaftsgestalt exemplarische Bedeutung für die Ordnung der politischen Gemeinschaft gewinnt. [Dem] wird die Kirche nur gerecht, wenn ihr Verhältnis zur politischen Welt durch beides zugleich bestimmt ist: durch Bejahung und Verneinung [...]" (Recht im Horizont der Liebe, 242f).

den Schwächeren" – stellen nicht nur verbindliche Orientierungen für das individuelle Christsein dar, sondern ebenso für die Gestalt der Kirche – Huber spricht von „sekundären Kennzeichen der Kirche" neben den primären von CA V[87]. Und eben diese drei Aspekte hat auch die kirchliche „Einwirkung auf die Gesellschaft" als fundamentale Dimensionen allen sozialen Lebens zur Geltung zu bringen (aaO. 293), indem die Kirche sich an Bildungsprozessen beteiligt, sich für politische und soziale Gerechtigkeit einsetzt und die „Kultur des Helfens" fördert.

Indem *Huber* die kirchlichen Beziehungen als Vorbild aller gesellschaftlichen Lebensformen begreift, tritt wiederum die *Begrenzung öffentlicher Pluralität* in den Vordergrund. Denn die kirchliche Sozialität zeichnet sich ja dadurch aus, dass sie gebildete Mündigkeit, wechselseitige Anerkennung und Barmherzigkeit in der Form intensiver Gemeinschaft zu leben versucht: „So sehr der Grund der Kirche Gabe Gottes ist, so sehr ist die Gestaltung der Gemeinschaft in der Kirche eine gemeinsame Aufgabe der Glaubenden. Vor allem Anderen, was die Kirche zum Leben der Zivilgesellschaft beiträgt, hat sie zu zeigen, dass Gemeinschaft gerade deshalb gelingen kann, weil sie sich auf eine Wirklichkeit gründet, die größer ist als sie selbst."[88]

Zugespitzt lässt sich sagen: Die kirchlichen Beziehungen beanspruchen insofern eine öffentliche Bedeutung, als sie exemplarisch vorführen, wie soziale Pluralität in *verbindliche Vergemeinschaftung* zu überführen ist.

4. Zuspitzung: Verbindliche Beziehungen als Mitgliedschaftsideal

Abschließend soll auch das Mitgliedschaftskonzept *Hubers* anhand der in der Einführung skizzierten Praxisprobleme profiliert werden.

(a) Die Einstellung zur *Pluralität der Mitgliedschaftsbeziehungen* lässt sich an der folgenden Passage erläutern:

„Im Prozess der Modernisierung hatten auch die Kirchen an der Pluralisierung gesellschaftlicher Lebenslagen und Orientierungen Anteil. [...] Zugleich jedoch ist eine christliche Kirche dadurch ausgezeichnet, dass sie auf eine bestimmte Wahrheit verpflichtet ist. [...]. Dieser Wahrheitsbezug nötigt dazu, der Pluralität in der Kirche nur eine begrenzte und vorläufige Bedeutung zuzuerkennen."[89]

Huber versteht die Pluralität kirchlicher Beziehungen primär als Folge einer gesamtgesellschaftlichen Tendenz. Differenziert sich die Öffentlich-

---

[87] Kirche in der Zeitenwende, 157f; vgl. aaO. 115–117; zum Folgenden auch aaO. 293ff. Ähnlich wird argumentiert in: Nicht schwarz sehen, 30f; Öffentliche Kirche, 174f; Kirche – wohin, 99f; Rechtsethik, 437f.
[88] Kirche in der Zeitenwende, 280; vgl. Gestalten und Wirkungen 283f.
[89] Öffentliche Kirche, 173; vgl. Kirche in der Zeitenwende, 112–114.

keit, so wird sich das auch in der Differenzierung kirchlicher Milieus, ethischer Optionen und gemeindlicher Lebensformen widerspiegeln. Zwar hat diese Pluralität „gerade in der Kirche einen guten Sinn", weil sie die „Begrenztheit menschlicher Wahrheitserkenntnis" zeigt (Kirche in der Zeitenwende, 114). Aber auch in dieser Hinsicht erscheint Vielfalt eher als Ausdruck eines geistlichen Defizits als eines geistlichen Reichtums. Ist die kirchliche Ordnung „auf eine bestimmte Wahrheit verpflichtet", so sind auch die Mitgliedschaftsbeziehungen darauf angelegt, den Pluralismus einzugrenzen und letztlich zu überwinden.

In den 70er und 80er Jahren hat *Huber* diese Tendenz zur Nivellierung kirchlicher Zugehörigkeit mittels des *Begriffs der „Konziliarität"* entfaltet[90]. Unter Rekurs auf ökumenische Debatten entfaltet er den konziliaren Prozess als einen „notwendigen Streit um die Wahrheit" (Kirche, 102), der seine Grundform aus dem gottesdienstlichen Geschehen, besonders aus dem Herrenmahl empfängt und von dort aus das christliche Leben im gesellschaftlichen Alltag prägen will. Das konziliare Beieinander und „Füreinander der Verschiedenen in der Kirche", impliziert „die bruderschaftliche [...], die zugleich solidarische und partizipatorische Struktur der Gemeinde"[91]. Unter den Bedingungen konfliktträchtiger Pluralität zielt Konziliarität auf eine *intensive Gemeinschaft*, die *verbindliche* Entscheidungen trifft und in gesellschaftliche Konflikte friedensstiftend eingreift.

In den letzten Jahren hat *Huber* seltener von „Konziliarität" gesprochen und vor allem die politische Relevanz der Mitgliedschaft zurückhaltender beurteilt[92]. Im Vordergrund der Kirchentheorie steht jetzt eher die Bildung „kohärenter Lebensformen" oder „Interpretationsgemeinschaften"[93]. Die kirchliche Beziehung dient demnach, durch Teilhabe an den Lebensvollzügen der christlichen Gemeinde, primär dem Aufbau einer eigenen religiösen Überzeugung; erst in zweiter Linie kann auch hier die „Verständigung zwischen unterschiedlichen Lebensorientierungen" zum Thema werden[94]. Wiederum erscheint die Pluralität der Mitgliedschaft im Grunde als *Störfaktor*, der innerkirchlich durch gemeinsame Bildungsbemühungen zu überwinden ist[95].

(b) 1983 hat *Huber* den Übergang zur *Disponibilität* der Kirchenmitgliedschaft historisch nachgezeichnet und darauf hingewiesen, „dass der Gedanke einer eigenverantworteten Mitgliedschaft gute theologische

---

90 Vgl. Konziliarität; Kirche, 10. 101ff; Wahrheit und Existenzform, 201.

91 Zitate: Konziliarität, 130 (nach *H.H. Walz*), 132.

92 Vgl. etwa: Meine Hoffnung, 119ff.

93 Zitate: Gestalten und Wirkungen, 280. 283 bzw. Öffentliche Kirche, 170f nach *Ch. Taylor*.

94 Gestalten, 281, als Zitat einer kirchenleitenden Stellungnahme von 1994 zum Bildungsauftrag der Kirche.

95 Vgl. die ekklesiologische Interpretation der Barmer Erklärung in: Gerechtigkeit und Recht, 424-426.

Gründe für sich hat"⁹⁶. Deswegen müsse die Mündigentaufe der Kindertaufe praktisch gleichgestellt werden (aaO. 513). Und unter dem Eindruck der ostdeutschen Konfessionslosigkeit, die ihrerseits traditionalen Charakter angenommen habe, hat er in den letzten Jahren sein Plädoyer für eine selbstbewusste, „aus eigenen guten Gründen" gewählte Kirchenmitgliedschaft erneuert⁹⁷.

Die Selbständigkeit, mit der die Einzelnen ihre kirchliche Beziehung gestalten, wird von *Huber* also zunächst positiv rezipiert. Weil zum Glauben das eigene Bekenntnis gehört, kann die Mitgliedschaft nicht einfach zugeschrieben werden, sondern umfasst konstitutiv ein Moment persönlichen Engagements. Diese Eigenverantwortung der Einzelnen konkretisiert sich nach außen in der Bereitschaft, über den eigenen Glauben „öffentlich Rechenschaft ab[zu]legen"⁹⁸; nach innen impliziert sie das Recht des Mitglieds auf Beteiligung an den Entscheidungen der Gemeinde.

Zu den Phänomenen, die in der Einleitung dieser Arbeit unter dem Stichwort „Disponibilität der Mitgliedschaft" zusammengestellt wurden, stehen *Hubers* Vorstellungen freilich in einer deutlichen Spannung. Ihm geht es kaum um die subjektive Freiheit, das Verhältnis zur Kirche – wie die Beteiligung an anderen Verbänden, Vereinen, lebensweltlichen Gruppen – nach eigenen Kriterien zu gestalten und gegebenenfalls auch zu beenden. Disponibilität der Mitgliedschaft umfasst hier keineswegs die Möglichkeit zum Kirchenaustritt; sie betrifft, gerade umgekehrt, vielmehr die Freiheit zum *Kircheneintritt* sowie zum eigenen *Engagement* nach innen und außen. Dieses Beziehungsideal wird an den beiden Reformvorschlägen deutlich, die *Huber* im Blick auf die Rechtsstellung des Einzelnen gegenüber der Kirche gemacht hat.

Zunächst betreffen die „Differenzierungen im Begriff der Kirchenmitgliedschaft", die *Huber* unter dem Eindruck zunehmender Disponibilität vorgeschlagen hat, die „kirchenrechtliche Stellung der Katechumenen"⁹⁹. Den ungetauften Kindern evangelischer Eltern, vor allem aber den am Leben der Gemeinde interessierten Erwachsenen, die sich noch nicht zur Taufe entschließen können, müssen Möglichkeiten zur rechtsförmigen Teilhabe an der kirchlichen Gemeinschaft eingeräumt werden¹⁰⁰. *Hubers* eher skizzenhafte Vorschläge machen deutlich, dass er vor allem die Interessen einer *intensiven Kirchlichkeit* im Blick hat, die sich am gemeinschaftlichen Leben beteiligen will, ohne die institutionellen Voraussetzungen dafür vorweisen zu können.

---

96 Kirche der offenen Grenzen, 504. 506; vgl. schon Kirche, 121f.
97 Kirche 2000, 116; vgl. aaO. 119; Gestalten und Wirkungen, 279f.
98 Kirche 2000, 115; vgl. aaO. 118; Laien, 20ff.
99 Kirche der offenen Grenzen, 513; vgl. aaO. 492. 493f. 510-514; ähnlich schon: Wahrheit und Existenzform, 177f im Anschluss an *Bonhoeffer*. Vgl. zuletzt: Meine Hoffnung, 57f; Kirche in der Zeitenwende, 246ff.
100 Zur einschlägigen kirchenrechtlichen Debatte s.u. S. 168-171.

Diese Unterscheidung der auf intensiver Beteiligung basierenden *Gemeinschaft* von den Ordnungen der *Institution* prägt auch den von *Huber* vorgelegten Katalog kirchlicher Grundrechte[101].

Diese Rechte sollen zum einen den Zugang zum Glauben sowie die unbehinderte und gleichberechtigte *Teilhabe* sichern: „Partizipation ist ein Grundelement der kirchlichen Ordnung" (Gerechtigkeit und Recht, 443). Zum anderen zielen sie auf den Schutz des Einzelnen; sie sollen die *freie Entfaltung* der je eigenen Gaben und Erfahrungen ermöglichen. Hier geht es allerdings nicht um die Freiheit gegenüber Ansprüchen der kirchlichen Gemeinschaft, sondern um den Schutz von Einzelnen oder christlichen Gruppen vor Bevormundung durch die institutionelle Hierarchie[102]. Die „kirchlichen Grundrechte" betreffen den Status der *Mitarbeitenden* im weitesten Sinne, nicht aber die Stellung des Mitglieds, das den Umfang seiner Beteiligung selbst bestimmen will.[103]

(c) Auch die faktische *Polarität* von „passiver oder distanzierter und aktiver Mitgliedschaft" hat Huber theologisch und juristisch zu begreifen versucht[104]. Die relative Berechtigung eines auf Zuschreibung beruhenden Mitgliedschaftsverhältnisses ergibt sich für ihn aus der „dialogischen Struktur" des Glaubens, derzufolge das erwählende Handeln Gottes der menschlichen Antwort im Bekenntnis vorausgeht (s.o. S. 57). Ekklesiologisch entspricht dem das Verständnis der Institution als „struktureller Einheit von Stiftung und Annahme" (*Dombois*)[105]; die zur Gemeinde Versammelten sind nur „sekundäre Subjekte" der erfahrbaren Kirche. Auch der eher passiven Form der Mitgliedschaft soll ein gewisses theologisches Recht nicht abgestritten werden.

Gleichwohl sind *Hubers* einschlägige Äußerungen durchzogen von einer Kritik an der „Betreuungskirche", der „Service-" oder der „Dienstleis-

---

101 S.o. S. 59, dazu vor allem: Kirche, 130ff; Gerechtigkeit und Recht, 440ff.
102 Vgl. besonders die Ausführungen zum kirchlichen „Recht auf Würde und Integrität der Person" (Gerechtigkeit und Recht, 441f) sowie zum kirchlichen „Recht auf Vereinigungs- und Versammlungsfreiheit" (aaO. 444).
103 Diese Interpretation wird bestätigt durch die Ausführungen von *Hubers* FEST-Kollegen H.-R. *Reuter* zum Thema; vgl. *Reuter*, Rechtsbegriff, 279: „Dass subjektive Rechte in der Kirche vor allem als Konkretionen positiver Freiheit, das heißt der gemeinsamen Darstellung des Leibes Christi, und nicht primär als Gewährleistung von Abwehrrechten im Sinne negativer Freiheit aufzufassen sind, ergibt sich aus dem elementaren Verständnis der evangelischen Freiheit selbst [...]. Die Verankerung subjektiver Rechte in der libertas christiana als positiver Freiheit hat vielmehr zur Folge, dass Grundrechte in der Kirche primär als Kommunikations- und Partizipationsrechte auszugestalten sind."
104 Kirche der offenen Grenzen, 511; vgl. 510f; Meine Hoffnung, 53-56.
105 S.o. S. 57.

tungskirche"[106], und von der Abgrenzung gegenüber einer „volkskirchlichen Mentalität", die lediglich die Versorgung der Mitglieder intendiert[107]: Eben hier werde die Kirche nach dem Modell eines hierarchisch verfassten Herrschaftsverbandes wahrgenommen, der kirchliches Amt und dessen Inanspruchnahme durch die Einzelnen gegenüberstellt (vgl. Kirche, 119ff). Nach *Huber* hingegen zielt die Zusage Gottes auf ihre verbindlich gestaltete Annahme und damit auf das Modell einer genossenschaftlich-partizipativen Gemeinde nach Barmen III[108]. Darum erscheint eine lediglich distanzierte Mitgliedschaft als doch nur als defizitäre Wahrnehmung der Freiheit des Glaubens; theologisch legitim ist sie immer nur als *Übergangsform* zu eigenverantwortlicher Beteiligung[109].

Auch im Hinblick auf die Polarität kirchlicher Beziehungsformen kommt *Huber* also zu einer der liberalen Auffassung entgegengesetzten Sicht. Die verbreitete Beschränkung auf eine gelegentliche Aktivierung der Mitgliedschaft erscheint ihm nicht als Ausdruck persönlicher Freiheit, sondern als ein letztlich unverantwortliches Verharren im Status traditionaler Mitgliedschaft, die sich der Autorität der Kirche ebenso ungefragt unterwirft wie der vormodernen Autorität des Staates. Umgekehrt will er eine intensive Beteiligung keinesfalls als unreflektierte Anpassung an die kirchlichen Normen verstanden wissen, sondern beschreibt sie – etwa mit der Figur der „kirchlichen Grundrechte" – als Partizipation an einer geschwisterlichen Gemeinschaft der Freiheit, die sich gegebenenfalls auch *gegen* die überkommene institutionelle Ordnung wendet.

Obgleich *Huber* ausdrücklich an der institutionellen, auch rechtsförmigen Ordnung der Kirche interessiert ist, zieht es seine Ekklesiologie doch angesichts der Spannung zwischen verfasster Institution und lebendiger, geschwisterlicher Gemeinde deutlich zu dem zweiten Spannungspol (vgl. Kirche, 39–44). Auf diese Weise wird jedoch eine andere, für das neuzeitliche Christentum konstitutive Unterscheidung tendenziell zum Verschwinden gebracht: Eine *Differenz zwischen christlichem und kirchlichem Leben*, die bei *Herms* festgehalten ist, wird von *Huber* programmatisch negiert. Die Gestalt der gottesdienstlich zentrierten Glaubensgemeinschaft bringt nach *Huber* zugleich und umfassend die Konturen der „christli-

---

106 Vgl. Kirche als Raum, 785; Kirche, 9. 106ff. 134; Konziliarität, 132ff; Kirche 2000, 117f.

107 Vgl. nur: Volkskirche; Kirche – wohin, 101. Eine gewisse Relativierung dieser Kritik findet sich in dem jüngsten Texten *Hubers*, vgl. etwa Auf dem Weg zu einer missionarischen Kirche, 470f mit Anm. 16.

108 Vgl. dagegen *Koch*, Die Volkskirche, 174: „Die christliche Kirche' als ‚Gemeinde von Brüdern': was soll das (frage ich) anderes sein als ein ‚Konventikel'?"

109 Vgl. Meine Hoffnung, 54: „Wir rechnen nüchtern mit verschiedenen Verbundenheitsprofilen, und wir versuchen diese Verbundenheitsformen füreinander durchlässig zu machen. [...] Wir müssen [...] uns fragen: Wie können wir es denn erreichen, dass Menschen den Übergang von der einen zur anderen Gruppe tatsächlich vollziehen?"

chen Lebensform" zum Ausdruck, die dann ihrerseits exemplarische Bedeutung für alle gesellschaftlichen Bereiche beansprucht.

Auf der Linie von Barmen III bindet *Huber* die individuelle Glaubenserfahrung ebenso wie deren Gestaltung in den „pluralen Öffentlichkeiten" strikt an die genossenschaftliche Kommunikation der Gemeinde. Dass zur Freiheit des Glaubens auch seine kritische wie konstruktive *Selbstunterscheidung von den kirchlichen Sozialformen* gehören könnte, das gerät dann, ähnlich wie bei *Herms*, leicht aus dem Blick. Ebenso erscheint es aus dieser Perspektive schwer zu akzeptieren, dass die Kirche sich gerade nicht als „societas perfecta", als vorbildliche Ordnung aller Sozialität und allen Rechts, verstehen darf. Auf diese Weise allerdings ist die Vorstellung einer kommunikativ intensivierten und öffentlich-exemplarisch gelebten Mitgliedschaft doch weitgehend dazu verurteilt, ein dogmatisches Programm zu bleiben.

III. Antinomische Selbstdeutung gegenüber der kirchlichen Religionskultur: Wilhelm Gräb

E. Herms und *W. Huber* machen die Kirchenmitgliedschaft zum Thema, indem sie *dogmatische* Erwägungen über Glauben, Kirche und Gesellschaft gelegentlich auf die einschlägigen *praktischen* Probleme zuspitzen. *Wilhelm Gräb*, der seit 1999 in Berlin Praktische Theologie lehrt, hat dieses Argumentationsgefälle zwar biographisch nachvollzogen, zugleich jedoch inhaltlich eigentümlich umgekehrt. 1985 veröffentlichte er mit *D. Korsch* einen Beitrag zur „Verständigung zwischen Systematischer und Praktischer Theologie" am „Leitfaden der Rechtfertigungslehre" (Selbsttätiger Glaube, 5), habilitierte sich 1987 mit „Studien zur prinzipiellen Homiletik in praktischer Absicht" und stellte seinen Habilitationsvortrag unter den programmatischen Titel „Dogmatik als Stück der Praktischen Theologie". Hier skizziert *Gräb* eine praktisch-theologische Verhältnisbestimmung zur Dogmatik, die er seither in zahlreichen Beiträgen fruchtbar gemacht hat:

„Wahrzunehmen ist die gelebte Religion in großer Spannbreite: von der Sehnsucht nach der alles erschütternden Begegnung mit der geheimen Gegenwart des Heiligen bis zur ästhetisierenden Pflege der bürgerlichen Individualitätskultur. [...] Zugleich verlangt [...] die Pluralität religiöser Erwartungsprofile, Verhaltensweisen und Einstellungssyndrome aber auch nach ihrer reflexiven Durchdringung. Und da ist es die Aufgabe der Praktischen Theologie, den Grundsinn derjenigen Praxis zu explizieren, die sich im Spannungsfeld von Kirche und Gesellschaft in höchst vielgestaltiger Weise als religiöse Praxis zur Darstellung bringt bzw. [...] als solche identifiziert und kritisch analysiert werden will. Genau diese Aufgabe dürfte die Praktische Theologie nur so erfüllen können, dass sie dabei selber dogmatisch wird." (Dogmatik, 491)

Angesichts der Pluralität religiöser wie kirchlicher Praxis kann deren theologische Verantwortung nicht mehr durch eine von außen herangetragene Normierung geleistet werden. *Gräb* geht jedoch davon aus, dass die religiöse Praxis in ihrer Pluralität selber auf einen reflexiven Prozess der „theologischen Selbstverständigung" drängt (Predigt, 10f). Um diese Selbstverständigung und damit die Orientierung der Praxis zu ermöglichen, ist das übliche deduktive Argumentationsgefälle praktisch-theologisch umzukehren: Die faktischen Vollzüge insbesondere des kirchlichen Handelns, seine empirischen Bedingungsfaktoren und nicht zuletzt die an jenes Handeln gerichteten Erwartungen sollen insgesamt als Ausdruck eines spezifischen „Grundsinnes" expliziert werden"¹¹⁰. Die Praktische Theologie muss die Wahrnehmung der weit gespannten kirchlichen Praxis *dogmatisch vertiefen* „im Sinne der Rechenschaftsabgabe über den konstitutiven Inhalt der ihrer Praxisreflexion immer schon vorausliegenden, im Lebenszusammenhang des Christentums selbst entstehenden und auf transsubjektive Verbindlichkeit drängenden religiösen Gewissheit"¹¹¹.

Auch die Mitgliedschaft in der Kirche macht *Gräb* so zum Thema, dass er ihre gegenwärtige Vielgestaltigkeit wahrzunehmen und sie als Ausdruck eines bestimmten „konstitutiven Inhalts" religiöser Gewissheit und Praxis zu interpretieren versucht. Eine solche Deutung muss bei der Einsicht ansetzen,

„dass die Menschen im Kontext ihrer Lebenswelt immer schon religiöse Sinndeutungsleistungen selbsttätig erbringen, dabei aber auch auf Deutungsangebote, auf eine stützende Umwelt, auf überlieferte Sprache, auf die Begegnung mit anderen, die etwas von der Religion verstehen, angewiesen sind. Eine solche stützende Umwelt für die Religion der Menschen muss die Kirche heute zu sein versuchen"¹¹².

Gräb nimmt das individuelle Verhältnis zur Kirche in seiner Funktion für die religiöse Selbsttätigkeit in den Blick. Die Entfaltung dieser Sicht muss zunächst auf *Gräbs* Theorie der *Religion* als einer individuellen Erfahrung und Deutungsaktivität eingehen (s.u. 1). Sodann sind die kirchlichen „Deutungsangebote" zu betrachten, auf die jene individuelle Religion sich, *Gräb* zufolge, bis in die Gegenwart angewiesen zeigt, nämlich die *Kasualpraxis* (s.u. 2). Schließlich ist *Gräbs* Programm der *Kirche* als einer Institution zu skizzieren, auf die sich die religiöse Selbsttätigkeit in hilfreicher, lebensdienlicher Weise beziehen könnte (s.u. 3).

1. Religion als biographischer Prozess antinomischer Selbstdeutung

Eine „Praktische Theologie der gelebten Religion", wie sie *Gräb* in den letzten Jahren skizziert, ist angewiesen auf einen hermeneutisch leistungsfähigen Religionsbegriff, der jenes vielgestaltige Lebensphänomen wahrzunehmen sowie kritisch-theologisch zu beurteilen erlaubt und der nicht

---

110 Für die Homiletik fasst *Gräb* dieses Programm in die knappe Formel: „Das kommunikative Geschehen, das die Predigt als menschliche Rede darstellt, gilt es selber als Implikat ihres theologischen Begriffs zum Ausweis zu bringen" (Predigt, 36). Vgl. ähnlich Aussagen in: Selbsttätiger Glaube, 60f. 87-90; Predigt, 11. 35f. 240 u.ö.
111 Dogmatik, 491 ("religiösen Gewissheit" im i.O. hervorgehoben).
112 Lebensgeschichten – Lebensentwürfe – Sinndeutungen, 94. – In diesem Band hat *Gräb* zahlreiche frühere Aufsätze, z.T. in überarbeiteter Form, zusammengestellt. Die Erstfassungen werden in der folgenden Darstellung daher nur gelegentlich herangezogen. Der genannte Band wird im Folgenden zitiert als: *LLS*.

zuletzt die kirchliche Praxis als einen spezifischen Fall christlich-religiöser Praxis zu orientieren vermag[113].

Kennzeichnend für *Gräbs* Verständnis von Religion ist ihre Auffassung als eine bestimmte individuelle *Tätigkeit*, nämlich als Prozess der *Selbstdeutung*, den jedes bewusste Wesen immer schon vollzieht. Im Anschluss vor allem an *Schleiermacher* sieht *Gräb* diesen Prozess darin begründet, „dass unser bewusstes Leben ein sich zu sich verhaltendes Leben ist"[114]. Zur Verfassung des bewussten Lebens gehört die „antinomische Duplizität", dass ich mich als Naturwesen, als objektives Phänomen wahrnehme und zugleich auch als Geistwesen, das sich selbst als jenes Naturwesen „wissend vor sich zu bringen versucht" und sich dabei doch „zugleich unmittelbar immer schon bewusst ist"[115]. „Religion" erscheint als Prozess und als Resultat der Deutung einer „Struktur unseres Selbstverhältnisses, wonach wir aus unmittelbarer Selbstvertrautheit immer schon leben und diese Selbstvertrautheit uns doch materialiter nicht direkt zugänglich ist" (LLS, 66).

Gräb macht dieses Religionsverständnis vor allem an der Struktur moderner *biographischer* Lebensdeutung anschaulich. Als kirchlich-objektives Symbolinventar, das eine Lebensgeschichte einheitlich prägt, erscheint Religion zwar faktisch immer seltener und theoretisch jedenfalls als sekundär. Gegenwärtig ist vielmehr eine „zunehmende Flexibilisierung und Pluralisierung der Bilder, die wir uns von uns und der Geschichte unseres Lebens machen", wahrzunehmen[116]. Jedoch, ich kann mir meine Geschichte nur als eigene zuschreiben, wenn ich sie in der Vielfalt ihrer Umstände, Stationen und Dimensionen als in sich zusammengehörig identifiziere. Diese bewusste Einheit verdankt sich nicht den wechselnden biographischen Prägungen selbst; sie kann aber auch nicht (mehr) als Resultat eigener Konsistenzbemühungen behauptet werden. Die Deutung der eigenen Lebensgeschichte hat insofern eine *unabdingbar religiöse Dimension*, als diese Geschichte – als unabsehbar vielfältige und doch immer zugleich als unmittelbar einheitliche – nur im Bezug auf einen Horizont der Unbedingtheit wahrgenommen werden kann. Religion wird dann faktisch vor allem dort zum Thema, wo die Einheit der Lebensgeschichte fraglich wird:

---

113 Den Bezug zur „gelebten Religion" markiert der Untertitel von LLS; vgl. auch aaO. 24ff. 48ff u.ö.; zur Praktischen Theologie als „Religionshermeneutik" vgl. aaO. 39ff. 86ff. 318ff u.ö. Ausgeführte Überlegungen zum Religionsbegriff finden sich außerdem etwa in: Imperativ; Institution; Gestaltete Religion.

114 Ort religiöser Deutungskultur, 231; zur religionstheoretischen Vertiefung vgl. aaO. 230ff; LLS, 62ff. 81ff.

115 Ort religiöser Deutungskultur, 231 ("antinomische Duplizität" i.O. hervorgehoben).

116 Ort religiöser Deutungskultur, 230f ("Flexibilisierung und Pluralisierung" i.O. hervorgehoben). Zum Folgenden vgl. auch Imperativ, 83ff, LLS, 69ff.

„Immer dann [...] merken wir, dass unser Leben in seine Deutung drängt, wenn es in unserem alltäglichen Leben zu Unterbrechungen, zu Aufstörungen des Gewohnten kommt. Das kann die Erfahrung des Verlusts eines uns lieben Menschen sein, der Verlust des Arbeitsplatzes, eine schwere Krankheit. Das kann das Glück der liebenden Vereinigung mit einem anderen Menschen sein, die Geburt eines Kindes. Das kann bei unserer beruflichen Arbeit geschehen, dass uns ein Werk gelingt, für das wir lange und schwer gearbeitet haben. [...] Immer sind es solche Erfahrungen, die uns zur Deutung dessen veranlassen, was es um unser Leben eigentlich ist, was es ausmacht, worauf es zuläuft, von woher es seinen Wert und seine Würde gewinnt." (LLS, 66)

Der religiöse Prozess der Selbstdeutung hat, genauer betrachtet, einen irreduzibel doppelten Charakter. Zum einen wird die Einzelne in solchen „Unterbrechungen" der Ganzheit ihres je eigenen Lebens ansichtig, sie macht die – in sich höchst ambivalente – „Evidenzerfahrung" unmittelbarer Selbstvertrautheit (Institution, 263), die sich gerade nicht eigener Aktivität verdankt. Zum anderen gehört zum religiösen Prozess „auch die Vielfalt der Deutungen, die oft sogar in Widerspruch zueinander geratenden Auslegungen, in denen diese Erfahrung sich formuliert. Die Religion ist der Ursprung dieser Erfahrung, und sie ist in eins und zugleich der Vorgang des Sich-Erfassens in ihr."[117] Dieses Sich-Erfassen, diese Reflexion qualifiziert die Religion, unbeschadet ihres Erfahrungscharaktes, als eine Tätigkeit des Subjekts, eben als religiöse *Selbst*-Deutung.

Als Reflexions-, als Deutungsgeschehen ist die individuelle Religion offenbar ein *sprachliches* Phänomen; und als solches ist sie notwendig angewiesen auf die kulturell immer schon verfügbaren Symbolisierungen des religiösen Themas. Auch diese Medien, diese Darstellungsformen religiöser Selbstdeutung lassen sich, wie *Gräb* mehrmals unter Rückgriff auf C. *Geertz* erläutert hat, als „Religion" bezeichnen:

„Dem kulturell-sprachlichen Ansatz zufolge ist Religion [...] ein in symbolische Interpretations- und rituelle Verhaltensschemata gefasstes System von Zeichen, das denjenigen, die den Gebrauch dieser Zeichen lernen, eine eigene religiöse Selbstauffassung und Weltauslegung ermöglicht, sie religiöse Erfahrungen machen, selber religiös werden lässt."[118]

Zum kulturellen System der Religion gehören alle „Vorstellungs- [...] und Verhaltensmuster", die der Einzelnen eine Deutung ihres Lebens im Horizont seiner Unbedingtheit ermöglichen (aaO. 70), die sie dazu befähigen, sich die „antinomische Struktur" ihres Daseins bewusst und zugleich erträglich zu machen. In diesen Zusammenhang gehören dann auch die kirchlich tradierten Zeichensysteme: die Texte, Symbole, Riten

---

117 Liturgie des Lebens, 330; vgl. LLS, 66ff zu „Religion 1 und Religion 2".
118 Gestaltete Religion, 72; vgl. zum Folgenden aaO. 70ff; LLS, 57ff.

und Theorien des Christentums. Faktisch jedoch spielt die kirchlich-theologische Gestalt des Christentums nur eine marginale Rolle unter den gegenwärtigen „Codierungen von Religion", unter den vielfältigen kulturellen Kommunikationsmustern, die der individuellen Selbstdeutung heute zu symbolischer Sprache verhelfen[119].

Auch insgesamt liegt *Gräb* einiges daran, die objektiven Bestände der „gegenwärtigen Religionskultur" nicht unmittelbar mit der Religion selbst zu identifizieren. Zwar ist der kommunikative Prozess der individuellen Lebensdeutung auf solche symbolischen Vorgaben angewiesen; ohne den Bezug auf bestimmte kulturelle Formulierungen des Unbedingten wird sich die je eigene Religion nicht bilden können. Diese je eigene Lebensdeutung entspringt jedoch einem „generativen Prozess [...] im individuellen Subjekt", der sich „nicht auf Dauer stellen und institutionell einbinden lässt" (Institution, 263). Der Bezug dieses Prozesses auf seine kulturellen Vorgaben darf darum nicht als einfache Zustimmung zu tradierten oder aktuellen Symbolgestalten der Religion vorgestellt werden, als *Einstimmung* in kommunikativ vorgegebene Religionsformen. Denn die je eigene Deutung biographischer „Unterbrechungen" und „Aufstörungen des Gewohnten" (LLS, 66) wird allererst dadurch zur *religiösen* Deutung, dass sie die unbedingte Selbstvertrautheit des Subjekts *kritisch absetzt* von der Vielfalt der Deutungen, auch der religiösen Deutungen die diesem Subjekt immer schon durch Gewohnheit, Gemeinschaft und Gesellschaft vorgegeben und zugeschrieben sind:

„Die Religion kommt in dieser Sicht einer unaufhörlich arbeitenden Reflexionsmaschine gleich, als Arbeit an dem Selbstverhältnis, das wir sind, gerade und allein in der Unterscheidung von dem, was wir nicht sind" (Institution, 266).

Auch und gerade im Blick auf seine symbolischen, kirchlich wie kulturell vermittelten Vorgaben weist die religiöse Selbstdeutung also einen prinzipiell „antinomischen" Charakter auf. Seine irreduzible Individualität kann der religiöse Prozess nur bewahren, wenn er sich permanent unterscheidet von dem, was „als kultureller Bestand religiöser Praxis manifest wird" (ebd.).

Mit diesem „antinomischen" Religionsverständnis setzt sich *Gräb* zu den geläufigen *funktionalen Theorien* der Religion in ein differenziertes Verhältnis[120]. Sie finden dort seine Zustimmung, wo sie der Religion die „Symbolisierung der großen, lebensgeschichtlichen Kontingenzen" zuweisen (LLS, 58), wo ihre Funktion in der individuellen Bewältigung von Grenz- und Endlichkeitserfahrungen gesehen wird. Aber diese biographische Verarbeitung von Kontingenz vollzieht sich doch nicht, wie namentlich *P.L. Berger* und *Th. Luckmann* gemeint haben, mittels der Einfügung

---

119 Institution, 269; vgl. die skeptischen Urteile in LLS, 29ff. 73ff. 79ff. 88 u.ö.
120 Vgl. zum Folgenden Institution, 255ff. 263f. 266f; LLS, 58ff.

des Einzelnen in einen „heiligen Kosmos", der den sozialen Zusammenhalt der Gesellschaft überhöht. Auch hier eignet der religiösen Symbolisierung vielmehr eine antinomische, die sozialen und religiösen Sinnvorgaben *bestreitende* Struktur. Ihre Funktion kann dann nicht, wie es soziologisch gerne geschieht, in der sozialen Integration oder Sozialisation der Einzelnen gesehen werden. Religion zielt primär nicht auf Vergemeinschaftung, sondern auf die individuelle Emanzipation von normativen Erwartungen; sie macht die Kontingenz des je eignen Lebens zum Thema und hat ihre Funktion darum letztlich in einer immer neuen *Individualisierung* der einzelnen Menschen[121].

Es ist diese antinomische Struktur des religiösen Prozesses, die *Gräb* am deutlichsten in der *christlichen* Religionskultur formuliert sieht[122]. In der christlichen Überlieferung – und urbildlich im Geschick Jesu selbst – ist auf den Begriff gebracht, was für alle Religion zu gelten hat: Zu sich selbst kommt sie allererst in einer permanenten „Destruktion" aller feststehenden Sinnzuschreibungen, die ihre Kraft bezieht aus der Zukunft des Reiches Gottes (Institution, 265). Auch den Zusammenhang von Kreuz und Auferstehung will *Gräb* verstehen als symbolische Codierung der Überzeugung, „dass die sinnwidrigen Züge dieser Welt insgesamt keineswegs eigen sind und in der Durchsetzung der geglaubten, umfassenden Sinnrealität auch überwunden werden" (LLS, 59).

Die theologische Theorie, in der diese kritische, antinomische Struktur der christlichen Religion am klarsten formuliert ist und an der sich die religiöse Praxis der Kirche darum zu orientieren vermag, ist für *Gräb* die reformatorische *Rechtfertigungslehre*. Einschlägige Texte *Luthers* hat er bereits 1985 zusammen mit *D. Korsch* für die Formulierung eines praktisch-theologischen Handlungsbegriffs in Anspruch genommen, der mit der Dialektik von Gesetz und Evangelium operiert[123]. Diese Dialektik lässt sich auch für die theologische Definition der Religion selbst in Anschlag bringen:

Die Struktur des (theologisch verstandenen) *Gesetzes* eignet der Religion insofern, als sie sich als eine dem Subjekt undelegierbar selbst aufgegebene Tätigkeit wahrnimmt. Diese Selbstdeutung tendiert zu einer exklusiven Selbstbegründung, die sich von ihrem transzendenten Grund „abkoppelt" (aaO. 82). Das Gesetz religiöser Selbstdeutung wird durch die

---

121 Vgl. Institution, 259f. Gerade diese religiöse Individualisierung hat freilich, jedenfalls indirekt, positive Konsequenzen für die soziale Handlungsfähigkeit: Erst „vermöge der Freiheit zum *Anderssein-Können*", die die antinomische religiöse Selbstdeutung vermittelt, „werden meine Lebensauffassung und mein Lebensentwurf mit der Komplexität meiner gesellschaftlichen Lebensbedingungen kompatibel" (Ort religiöser Deutungskultur, 231).

122 Vgl. Institution, 264f; LLS 59f.

123 Vgl. Selbsttätiger Glaube, 41f. 49ff. 52f. 81ff; zur folgenden Abbreviatur besonders aaO. 82f; LLS, 99.

punktuelle *Erfahrung der Evidenz des Evangeliums* durchbrochen, durch die Einsicht, vom Geschick Jesu je selbst betroffen und bestimmt zu sein. Diese Erfahrung hat eine „antinomische" Struktur im ursprünglichen Sinn: Sie hebt sich kritisch gegen das Gesetz der Selbstdeutung ab; aber zugleich bleibt sie auf diese Struktur bezogen: Auch das Evangelium ist angewiesen auf eine undelegierbar selbständige Aneignung. Die Selbstdeutung in der Perspektive des Evangeliums wird darum im biographischen Prozess wieder zu einem Gesetz werden, von dem sich die religiöse Deutung, um sich ihres wahren Grundes zu versichern, wiederum mittels des Evangeliums absetzen muss. Die individuelle Aneignung und kritische Abstoßung der Überlieferung des Evangeliums erscheint als unabschließbarer Prozess einer permanenten „Reflexionskehre", „einer unaufhörlich arbeitenden Reflexionsmaschine"[124].

2. Die Kasualien als kirchliche Orte religiöser Deutungskultur

Die christlich-theologische Interpretation bringt die antinomische Struktur der religiösen Selbstdeutung auf den Begriff. Wie dieser Religionsbegriff gegenwärtige Phänomene religiöser, und, vor allem, auch kirchlicher Praxis zu deuten vermag, hat *Gräb* besonders in verschiedenen Arbeiten zur Kasualpraxis vorgeführt[125]. Aus der Perspektive der beteiligten Einzelnen können die Kasualien als Paradigma einer religiösen Praxis interpretiert werden, die auch unter den gesellschaftlichen Bedingungen der Gegenwart die Zugehörigkeit zur Kirche in Anspruch nimmt (a). Darum müssen die kirchlichen Kasualien gestaltet werden als rechtfertigungstheologisch orientierte Unterstützung individuell-religiöser Selbstdeutung (b).

(a) Eine ausdrückliche, gesellschaftsöffentliche Präsenz von Religion lässt sich in der Gegenwart vor allem an den lebens- und jahreszyklischen Übergängen beobachten; und hier ist, angesichts „radikal sinnverwirrender Widerfahrnisse" (LLS, 57), auch das kirchlich tradierte Symbol- und Ritualinventar nach wie vor aktuell. Die kirchlichen Kasualien finden immer noch breite Resonanz, so deutet *Gräb*, weil sie in eben den biographischen Lagen angesiedelt sind, in denen die religiöse Selbstdeutung unausweichlich erscheint.

Wenn Taufeltern umfassenden Schutz angesichts einer ungewissen Zukunft erhoffen, wenn Eltern bei der Konfirmation die „Begleitung und Bewahrung ihres Kindes über die eigenen beschränkten Möglichkeiten hinaus" wünschen, dann

---

124 LLS, 59; Institution, 266. Vgl. die subjektivitätstheologische Entfaltung dieser Argumentationsfigur anhand von E. *Hirschs* Homiletik: Predigt, 150ff, 249f.

125 Vgl. vor allem LLS, 172ff. 203ff. 231ff; dazu: Liturgie des Lebens; Ort religiöser Deutungskultur, 234-237.

bringt sich dabei jeweils die „Ahnung von der Unverfügbarkeit ihres Lebens" zum Ausdruck (Liturgie des Lebens, 329). Ebenso lassen sich auch die Feier des Weihnachtsfestes und das Ritual der Bestattung als Antwort auf den Wunsch nach Vergewisserung in elementarer lebensgeschichtlicher Fraglichkeit verstehen; und eben darin besteht die „humane Attraktivität" der kirchlichen Riten (LLS, 210, vgl. 95f).

Gräb macht darauf aufmerksam, dass die Kasualien das „Recht der Subjektivität" zum Ausdruck bringen[126]. Indem sie jeweils einzelne Menschen in den Mittelpunkt stellen, wird gegen „den gesellschaftlichen Trend, der das Individuum fortschreitend zur austauschbaren Ware herabsetzt", die je besondere Lebensgeschichte zum Thema (aaO. 199). Insofern begrüßt *Gräb* die „Tendenz hin zu einer gesteigerten Individualisierung der Amtshandlungen" (198): Kasualgespräch, seelsorgerliche Begleitung und biographienahe Predigt erhalten immer größeres Gewicht, weil die Kasualien zu einem der wenigen sozialen Orte geworden sind, an denen die Individuen „des eigenen Rechts ihres nun gerade so und nicht anders verlaufenden Lebens" versichert werden (194).

Dass die individuelle Lebensgeschichte gerade in der prekären Situation eines großen Übergangs nicht privat und unbeachtet bleibt, dafür steht zunächst das Ritual der *familiären* Feier. Hier wird die jeweilige Biographie als Geschichte eines Lebens in Gemeinschaft thematisch, das „begrüßt, bejaht, gefeiert" und dessen Verlust „beklagt und betrauert wird" (195).

„Nun drängt die familiäre Veranlassung jedoch in die Kirche. Darin wird man ohne Frage das Interesse an einer öffentlichkeitswirksamen Verstärkung der sozialen Anerkennung des familiären Ereignisses sehen müssen." Darüber hinaus „wird man jedoch auch auf die bewusste Erwartung rechnen müssen, dass die kirchliche Handlung als *kirchliche* wahrgenommen wird. [...] Dies geschieht in dem Bewusstsein, dass die Kirche Gründe hat für die Anerkennung individuellen Lebens, die mit diesem Leben und den sozialen Bezügen, in denen es steht bzw. gestanden hat, gerade nicht vollständig zusammenfallen. [...] Der Kasus drängt in die Kirche, weil er seine familiäre Veranlassung selber schon übersteigt." (LLS, 195f)

Die Teilnahme an einer spezifisch *kirchlichen* Handlung bringt die eigentlich *religiöse* Dimension der kasuellen Selbstdeutung zum Ausdruck: die Suche nach einer antinomischen Sinnzuschreibung, die anderes und mehr enthält als das, was das Subjekt und seine soziale Gemeinschaft immer schon von sich wissen. Die Familienfeier „drängt in die Kirche", weil die alltäglichen Selbstdeutungen hier nicht als ausreichend erscheinen. Die

---

[126] Vgl. LLS, 197ff. 245ff. Die Seitenangaben in den folgenden Absätze ebenfalls aus LLS.

Überlieferung und das Ritual der Kirche stehen für einen biographischen Sinnhorizont, der nicht bedingt ist durch „die antagonistischen Verhältnisse in Familie und Gesellschaft, die das Gelingen des Lebens" in Frage stellen (LLS, 199).

Weil die Kirche jenen unbedingten Sinngrund vertritt, darum gehört zur Wahrnehmung der Kasualien das Thema der „Zugehörigkeit zur Kirche" unmittelbar hinzu. Insbesondere „mit der Taufe und der Konfirmation wird das Bewusstsein der Kirchenzugehörigkeit etabliert" (LLS, 193). So geht es im Taufbegehren nicht zuletzt um die Zugehörigkeit zu einer Institution, die das Gottesverhältnis für die gesamte Dauer der Biographie verbürgt und zugänglich macht[127]. Und die Konfirmation stellt mit dem sie vorbereitenden Unterricht „jenes kirchliche Zugehörigkeitsgefühl auf Dauer, das eine meist unspezifische, aber generelle Übereinstimmung mit der Kirche als Institution meint" (LLS, 193). Auch die Teilnahme an anderen Kasualien lässt sich als Ausdruck dieser generellen Übereinstimmung mit der *kirchlich* geprägten Religionskultur verstehen.

Zur Phänomenologie der Kasualien gehört allerdings auch, wie *Gräb* in den letzten Jahren betont, dass sie unter den moderngesellschaftlichen Bedingungen vielfältige *Konkurrenz* bekommen haben[128]. Verliert die „Normalbiographie" ihre Selbstverständlichkeit, steht auch die individuelle und familiäre Begehung ihrer Übergänge immer mehr zur Disposition, so „drängt" der Kasus offenbar nicht mehr gleichsam von sich aus „in die Kirche", sondern steht Alternativen gegenüber, die oft attraktiver erscheinen: „die humanplausible Wertorientierung der nachsozialistischen Jugendfeiern; die persönliche, das Leben des Verstorbenen würdigende Ansprache des freien Bestattungsredners" (LLS, 183). Diese Pluralisierung des Umgangs mit den „großen Transzendenzen" hat *Gräb* veranlasst, seine Interpretation der Kasualien zuzuspitzen:

„Der kasualpraktische Ritus ist die aktive Begehung lebensgeschichtlicher Transzendenzerfahrung durch die rituellen Subjekte. Er ist eine solche aktive, entscheidungsbewusste Begehung gerade dann, wenn stimmt, dass die Kasualien zu Stationen am Weg des Lebens geworden sind, die oft keineswegs notwendigerweise sein müssen [...]. Gewählt werden sie um der sinndeutenden Verständigung über die jeweils eigene Lebens- und Familiengeschichte willen. Und gewählt wird der kirchliche Ritus, solange den betroffenen Subjekten deutlich ist, dass die Kirche für die religiöse Dimension solcher Sinndeutungsaktivität einsteht und diese biographienah auszulegen in der Lage ist" (Sinnarbeit, 230).

Indem die Teilnahme an der kirchlichen Kasualpraxis ihre soziale und biographische Selbstverständlichkeit verliert, wird sie noch deutlicher als

---

127 Vgl. LLS, 183. 205. 209.
128 Vgl. etwa Ort religiöser Deutungskultur, 236; LLS, 44. 57ff. 87ff, insbesondere aaO. 182ff.

eine spezifische *Religionspraxis* erkennbar: Sie stellt einen Akt der biographischen Selbstdeutung dar, der von den Betroffenen selbständig, selbstbewusst und in der Auseinandersetzung mit einer Mehrzahl religionskultureller Deutungsangebote[129] vollzogen wird. Damit haben die kirchlichen Kasualien „den Charakter von institutionellen Vorgaben angenommen, von denen man im Projekt des eigenen Lebens Gebrauch machen kann, es aber nicht muss. Wenn man von ihnen Gebrauch macht, dann aus bewusster Entscheidung, auch für die explizite Wahrnehmung der mit ihnen verbundenen Kirchenmitgliedschaft" (LLS, 184).

(b) Von diesem Verständnis der kirchlichen Kasualien als einem bestimmten, institutionell fundierten Deutungangebot muss nun auch die praktisch-theologisch verantwortete *Gestaltung* der Kasualpraxis ausgehen. Sie wird daher nicht darauf aus sein können, die Einzelnen (wieder) einstimmen zu lassen in einen immer schon feststehenden, umfassenden religiösen Sinnzusammenhang. „D.h., es darf die religiöse Deutung der Lebensgeschichte weder *präskriptiv* dekretiert, noch darf sie als die einzig mögliche, alle anderen Aspekte des eigenen Selbstseins formierende, deklariert werden"[130]. Auf diese Weise würde der antinomische Charakter des religiösen Deutens verfehlt. Die Kirche muss ihre symbolischen Traditionen vielmehr verflüssigen, sie „freigeben" als Material je eigener biographischer Selbstvergewisserung[131]. Das kasualpraktische Deutungsangebot muss auf eine reflexive Aneignung zielen, in der die Beteiligten sich ihrer *Individualität* gewiss werden können.

So muss etwa die *Taufe* ausdrücklich in ihrem theologischen „Grundsinn" zur Darstellung kommen (LLS, 209), nämlich als eine „ein für alle mal gültige Identitätszuschreibung, die den Einzelnen nicht als Produkt seiner natürlichen und gesellschaftlichen Verhältnisse, sondern in der von Gott am Kreuz Jesu gewirkten Freiheit von allen endlichen Bedingungsfaktoren menschlichen Lebens und damit auch von allen Verderbens- und Todesmächten identifiziert" (aaO. 211).

---

129 Die zahlreichen gesellschaftlichen Möglichkeiten, alltägliche wie biographische Transzendenzen des je eigenen Lebens zu „begehen", benennt *Gräb* mit V. Turner als „liminoide Phänomene" (LLS, 184ff). Diese Schwellen-Gestalten lassen sich im Kulturbetrieb finden, im Sport, in Hobbys und im Tourismus. In jedem Fall geht es um ein Geschehen von religiöser Dimension: um die „imaginativen Möglichkeiten des Andersseins", um den Aufbau von „Antistrukturen zur alltagsweltlichen Sozialstruktur", um den befristeten „Übergang in eine andere symbolische Ordnung" (aaO. 186. 185, vgl. 138f). Auch die liminoiden Riten zeigen eine „antinomische Grundstruktur", und sie vermitteln diese nicht selten eindrücklicher als die gewohnte kirchliche Kasualpraxis.

130 Ort religiöser Deutungskultur, 235. Ein solches praktisch-theologisches Verständnis hat *Gräb* unter dem Stichwort „Kasualpraxis als Praxis der Verkündigung" referiert und kritisiert; vgl. LLS, 176ff.

131 Vgl. LLS, 96: Die Kirche muss „das ihr eigene, symbolisch, rituell und reflexiv ausgearbeitete Deutungsangebot zum aktiven Mitvollzug, zur freien situationsbezogenen Aneignung und Umformung durch die beteiligten Menschen freigeben".

Die kirchliche Deutung der lebensgeschichtlichen Transzendenzen zielt auf eine „*antinomische*" *Selbstdeutung* der Beteiligten, auf die Realisierung ihrer Freiheit von allen vorgegebenen, das Leben einschränkenden und bedrohenden Zuschreibungen und Selbstdeutungen. Theologisch lässt sich die kirchliche Kasualpraxis dann gestalten als „eine Form der Aneignung des christlichen Rechtfertigungsglaubens. Es ist die im Gang eines Lebens unhintergehbare Deutung dieses Lebens, die Rechtfertigung der Geschichte dieses Lebens aus einem Grund, den es nicht selber bereitstellen muss, der ihm vielmehr – als ein ihm selber transzendenter Grund – zugesprochen wird"[132]. Diese ausdrücklich christliche Deutung soll die religiöse Deutungsarbeit der Einzelnen nicht beschränken oder normieren, sondern soll diese tiefer greifend und damit tragfähiger über sich selbst verständigen[133].

Die inhaltliche Pointe, die mit der christlichen Fundierung religiöser Selbstdeutung einhergeht, hat *Gräb* vor allem am Symbol des Kreuzes festgemacht. „Dass der Sinn einer Lebensgeschichte nicht ihrem Glücken zugeschrieben werden muss, dass ihr unverlierbarer Wert überhaupt nicht in ihren Erfahrungen und Leistungen gesehen werden muss, [...] dafür steht das Zeichen des Kreuzes" (Sinnarbeit, 239f). Der inhaltliche Gewinn einer christlich vertieften Deutung besteht darin, dass sie vor einer Verklärung und damit vor einer verkürzten Wahrnehmung dieser Biographie bewahrt. Ein an der Rechtfertigung orientiertes Kasualangebot kann Versagungen und schuldhaftes Versagen in einer Lebensgeschichte benennen und im Kreuz Jesu aufgehoben wissen. „Es ist das Zeichen dafür, unbedingt von Gott begleitet zu sein, dass nichts von seiner Liebe trennen kann, nicht ein verfehltes Leben, nicht der Tod" (aaO. 240).

In der ausdrücklichen Orientierung der kirchlichen Kasualpraxis am Kreuz Jesu liegt die besondere, die evangelische Signatur ihres religionskulturellen Deutungsangebotes. Nur wenn es der Kirche gelingt, so meint *Gräb*, diese spezifische Signatur deutlicher zu machen als bisher, werden die Menschen auch weiter und vielleicht wieder intensiver ihre Zugehörigkeit zur kirchlichen Institution wahrnehmen und weitergeben. Auch und gerade diese Zugehörigkeit erfordert freilich eine Interpretation, in der ihre Strittigkeit ebenso wahrgenommen wird wie die in ihr liegenden religiösen Chancen.

---

132 Imperativ, 89. Auch im Ganzen begreift *Gräb* die „Kasualpraxis als Kommunikation von Rechtfertigungsglauben": LLS, 200ff, vgl. 245ff.
133 Vgl. LLS 97ff. 198ff; Ort religiöser Deutungskultur, 235f; Sinnarbeit, 239f.

3. Beziehungen zur Kirche zwischen Aneignung und Abstoßung

Gräbs praktisch-theologische Argumentation geht von einer Hermeneutik der *religiösen* Praxis aus und zielt auf die kritische Orientierung des *kirchlichen* Handelns. Darum macht sie immer wieder die kirchliche Institution selbst zum Thema. Dies geschieht in historischer Rückfrage nach den ekklesiologischen Einsichten von *Schleiermacher*, *Troeltsch* und *K. Barth*[134]; und es geschieht in systematischen Betrachtungen[135]. Nicht immer lässt sich dabei eine stimmige Sicht auf das Phänomen der Kirche und ihrer Mitgliedschaft erkennen.

Aus den bisher skizzierten Einsichten ergibt sich allerdings zunächst eine klare Funktionszuweisung der kirchlichen Institution (von „Organisation" spricht *Gräb* selten und ohne Betonung): Sie soll ein „Ort religiöser Deutungskultur" sein[136]. Die Kirche soll in der Öffentlichkeit die spezifischen Symbole des Rechtfertigungsglaubens so präsent halten, dass sie für die individuellen religiösen Selbstdeutungsprozesse als eine „stützende Umwelt" (LLS, 94) verfügbar sind.

Für die Individuen selbst ist es dann die zumindest kasuell realisierte Mitgliedschaft in der Kirche, die ihnen den Anschluss an die Kultur des Rechtfertigungsglaubens verbürgt. Allerdings: Jede institutionalisierte Beziehung des Individuums auf die kulturelle Tradition des Christentums steht für *Gräb* unter den Bedingungen der „antinomischen" Grundstruktur der Religion. Auch die Zugehörigkeit zur Kirche kann sich nur in einem dialektischen, unabschließbaren Prozess von *Abstoßung und Aneignung* vollziehen.

Im Anschluss an *Troeltsch* insistiert *Gräb* immer wieder darauf hin, dass Kirche und individuelle Religion in der Neuzeit auseinander getreten, ja gefallen sind[137]. Das lässt sich historisch an der Entstehung eines bürgerlichen „freien Christentums" studieren, dessen religiöse Selbständigkeit sich in der unablässigen kritischen Auseinandersetzung mit der kirchlich-dogmatischen Überlieferung bildete. Und in der Gegenwart lässt sich die Dialektik von Kirchenprägung und Kirchenkritik etwa in zahlreichen Autobiographien wahrnehmen: Zu einer eigenständigen Lebensführung sehen sich die jeweiligen Autoren genau dadurch befähigt, dass sie sich von den übermächtigen religiösen Institutionen ihrer Kind-

---

134 Vgl. Aktion und Kommunikation; Sichtbare Darstellung; Karl Barths Ekklesiologie; Liberale Theologie.
135 Vgl. vor allem: Ort religiöser Deutungskultur, I und IV; Gestaltete Religion, 78ff; LLS 45ff. 79ff.
136 Vgl. Ort religiöser Deutungskultur, 233ff; Sinnarbeit, 219f. 230f; LLS 79ff. 328.
137 Vgl. zum Folgenden die durchweg zustimmenden *Troeltsch*-Referate in: Ort religiöser Deutungskultur, 223ff; Liberale Theologie, 129ff; LLS, 79ff; dazu LLS, 26ff. 44f. 86ff u.ö.

heit emanzipiert haben; so bleiben sie auf jede Form von Kirchlichkeit nur noch kritisch bezogen[138].

Dieses letzlich negative Verhältnis zur kirchlichen Institution erklärt *Gräb*, wie oben (1) skizziert, mit *Schleiermacher* aus dem antinomischen Wesen der Religion selbst: Nur „in der kritischen Destruktion ihrer kulturellen Bestände" kann die individuelle Religion zu eigenem Ausdruck finden (Institution, 265). Darum kann sich auch die religiöse Gemeinschaft eigentlich nur „gegen das rechtlich verfasste, gesellschaftlich organisierte Kirchentum" bilden[139]. Konstruktiv gewendet, ergibt sich aus diesen Überlegungen „ein im Grunde kirchenloses Projekt religiöser Gemeinschaftsbildung, die Vorstellung einer Religion ohne Institution" (aaO. 133). Mit erkennbarer Sympathie skizziert *Gräb* das ekklesiologische Modell *Schleiermachers*, wie es vor allem in den „Reden" entwickelt wird: Aus der selbständigen Aktivität der Einzelnen, die ihre religiösen Einsichten und Deutungen einander frei, gleichberechtigt und wechselseitig kommunizieren, entspringt eine vom religiösen „Gemeingeist" konstituierte soziale Gemeinschaft, ein exemplarischer „sozialer Ort freier Kommunikation", stets unterschieden von den Vorgaben der etablierten Amtskirchen[140].

Mit *Troeltsch* ist *Gräb* der Meinung, „dass diesem Verständnis von Kirche als einer sich auf dem Gruppenengagement und der individuellen Deutungsaktivität religiösen Erlebens aufbauenden Religionsgesellschaft, starke, in die Zukunft weisende Kräfte gehören" (Liberale Theologie, 133). Dazu findet er diese kommunitäre Ekklesiologie auch in der Theologie *K. Barths*: Die „sichtbare Darstellung der Versöhnung", die der Kirche nach *Barth* aufgetragen ist, kann sich immer nur als eine „vorläufige Darstellung" verstehen, die kritisch gegen jede klerikale Selbsterhaltung steht[141]. Auch *Barth* kann sich nach *Gräb* die wahre Kirche theologisch, von der Kreuzesoffenbarung her, nur als Krise des real existierenden Kirchentums vorstellen, in dauernder Abstoßung von allen „ihren objektiven, real-geschichtlichen Manifestationen, [...] ihren sakramentalen Institutionen und gesellschaftlichen Organisationen" (Barths Ekklesiologie, 45).

Gleichwohl jedoch muss die Kirche für *Barth* „sichtbare Darstellung" bleiben, muss sie auch für *Schleiermacher* einen geschichtlichen Wirkungszusammenhang bilden, der sich wahrnehmen und gestalten lässt[142]. Die individuelle Religion ist auf die empirische Kirche nicht nur negativ, sondern „antinomisch" bezogen: Sie muss auf ihre kirchliche Objektivierung

---

138 Vgl. Imperativ, 83ff; Ort religiöser Deutungskultur, 227ff.
139 Liberale Theologie, 135; vgl. Sichtbare Darstellung, 238ff. 248f (zu *K. Barth*); Institution, 261f.
140 Vgl. Sichtbare Darstellung, 238ff (Zitate: 237); Aktion und Kommunikation, 251. 253. 260; Liberale Theologie, 132f.
141 Sichtbare Darstellung, 255f; vgl. auch: Barths Ekklesiologie, 40-42. 45f.
142 Vgl. nur Sichtbare Darstellung, 240ff; Liberale Theologie, 134ff.

doch immer wieder zurückgreifen, um sich selbst zum Ausdruck zu bringen. Auch diese *konstruktive* Beziehung lässt sich an der kasuellen Form kirchlicher Mitgliedschaft demonstrieren, die bewusst auf die biographische Zugehörigkeit zur empirisch wahrnehmbaren Institution bezogen bleibt.

Wie muss sich eine Kirche organisieren und präsentieren, die den religiös tätigen Menschen eine konstruktive, kontinuierliche und nachhaltig prägende Aneignung der christlichen Deutungsangebote ermöglicht und die sich eben damit als Gemeinschaft des Glaubens aufbaut und regeneriert? Ein wirkungskräftiger Ort religiöser Deutungskultur wird die Kirche, *Gräb* zufolge, jedenfalls nur als eine *öffentliche* Größe sein können. Gerade die Institution der „Volkskirche" hält den „Anspruch auf die gesellschaftliche Allgemeinheit des Christentums heute" präsent[143]. In ihren Kasualien, aber auch in ihrer Beteiligung am öffentlichen Unterricht, in ihren Gebäuden und in ihrer medialen Präsenz bringt die Volkskirche zum Ausdruck, dass „das Christuszeugnis alle Menschen angeht" (Sinnarbeit, 219) und die Aneignung des Evangeliums darum an keine Bedingungen geknüpft ist. Um für die Einzelnen tatsächlich bedingungslos präsent zu sein, muss die Kirche – hier nimmt *Gräb* nochmals *Schleiermacher* auf und wendet ihn kritisch gegen *Barth* – sich bewusst als ein *gesellschaftlicher*, allgemein zugänglicher Kommunikationszusammenhang organisieren[144].

Die konkrete Praxisgestalt, an der sich öffentliche Präsenz und gesellschaftliche Wirkung der Kirche vornehmlich entscheiden, ist auch für *Gräb* der Gottesdienst[145]. Wer die „Religion als kulturelles System" sucht, „der muss sonntagmorgens die Exkursion in einen Gottesdienst machen"; denn hier findet sich die besonders „wirksame Inszenierung einer Kultur christlich-religiöser Selbstdeutung". Auch die Kasualien tragen insbesondere als gottesdienstliche Feiern zur „Öffentlichkeit der kirchlichen Religionskultur" bei[146].

Wird die Kirche als allgemein zugänglicher „Ort religiöser Deutungskultur" begriffen, so hat dies auch Folgen für die *dogmatische* Fassung des Verhältnisses von Kirche und Mitgliedschaft[147]. Zwar macht der Rekurs auf die individuelle religiöse Selbsttätigkeit einen Begriff der Kirche obsolet, der mit der Figur der „Heilsanstalt" ihre Unabhängigkeit von menschlicher, kirchengründender Praxis behauptet. Zugleich will *Gräb* aber dar-

---

143 Liberale Theologie, 127f; vgl. aaO. 134-136.
144 Vgl. Sichtbare Darstellung, 242ff (zu *Schleiermacher*). 248ff (zu *Barth*); Barths Ekklesiologie, 44. 46; Liberale Theologie, 147 mit Anm. 54.
145 Vgl. Liturgie, 319f; LLS, 93ff. 122ff. 140f. 274ff u.ö.; Gestaltete Religion, 76ff. Die beiden Zitate aaO. 76; LLS, 140.
146 Vgl. Sinnarbeit, 219ff; LLS, 181ff.
147 Vgl. zum Folgenden: Liberale Theologie, 136-140.

an festhalten, dass man die kirchliche Institution „nicht durch die Leistung der Individuen begründet und erhalten sehen kann" (Liberale Theologie, 139). Dazu verweist er auf den konstitutiv passiven Charakter der religiösen Selbsttätigkeit, die „sich auch noch in der Freiheit ihres eigenen Tuns nicht als in sich selber, sondern in einer bestimmten Gotteserfahrung gegründet" weiß (aaO. 140).

Es ist diese *Gotteserfahrung*, die der individuellen Religion von der kirchlichen Institution vermittelt werden muss; insofern bleibt diese den Einzelnen historisch und systematisch vorgeordnet. Weil es die organisierte Kirche ist, die für eine verlässliche Zugänglichkeit des Evangeliums steht, darum erscheint sie für die subjektive Religion als „normativ-substanzielle Basis ihrer Individualisierung", als eine „den Individuen in ihrer religiösen Selbstdeutung immer schon vorgeschaltete, weil diese als gehaltvoll allererst ermöglichende Tradierungsinstitution" (Liberale Theologie, 134).

Die ekklesiologische Einsicht, dass die empirische Kirche den fundamentalen Tradierungszusammenhang des Glaubens repräsentiert, bedeutet für die konkrete *Gestaltung* der Mitgliedschaftsbeziehungen zunächst eine Präzisierung ihres Gegenstandes: Es sind primär nicht ethische Überzeugungen oder spezielle Gesellungsformen, mit denen die Kirche Bedeutung für die individuelle Religion gewinnt, sondern bestimmte überlieferte Symbole, Riten und Textzusammenhänge. Indem die kirchliche Organisation diese Traditionen zur individuellen Aneignung freigibt, und damit die je eigene Erfahrung lebensgeschichtlicher Rechtfertigung ermöglicht, legt sie die Basis für eine kontinuierliche kirchliche Beziehung der Einzelnen.

Dogmatisch erscheint die Kirche damit, wie *Gräb* schon 1985 knapp formuliert hat, als die „Gestalt der bereits ergriffenen Zustimmung zum bestimmten Bestimmungsgrund von Freiheit, Jesus Christus" (Selbsttätiger Glaube, 85): Als Gegenüber für die individuelle Religion kann die Kirche nur dann fungieren, wenn sie mehr repräsentiert als die objektive Präsenz der christlichen Tradition. In der Begegnung mit der Kirche kann Rechtfertigungsglauben nur darum entstehen, weil diese Institution auch immer schon die *tatsächliche* Aneignung jener Freiheitserfahrung präsent macht.

Auch dieser gleichsam personal vorbildhafte Charakter der Kirche lässt sich an der Realität kirchlicher Mitgliedschaftsbeziehungen aufweisen. Zu ihrer Beschreibung gehört nicht zuletzt der Verweis auf „die Subjektivität derer, die, in der tätigen Erfahrung ihres eigenen Dabeiseins, versuchen, auf bestimmte Weise Kirche zu sein bzw. zu werden: Lebendige Glieder am Leibe Christi, somit Menschen, die aus Gottes Freispruch leben [...]" (LLS, 90). Nicht immer, aber gelegentlich vollzieht sich der religiöschristliche Selbstdeutungsprozess als eine intensive kirchliche Beteiligung. Die biblische Beschreibung der christlichen Gemeinschaft wird von Einzelnen als konstitutives Element ihrer Selbstdeutung angeeignet; die Mitgliedschaft in einer konkreten Kirche gehört dann unmittelbar zur Gestaltung der je eigenen Religion dazu.

Allerdings, diese dogmatisch bestimmte Wahrnehmung der Kirche aus der Perspektive eines subjektiven Engagements kann *Gräb* zufolge doch keinesfalls für das Ganze der Institution stehen. Denn auf diese Weise blieben die Menschen „außen vor, die von ihrer organisatorischen Mitgliedschaft zur Kirche nur gelegentlich Gebrauch machen, diejenigen, die keinen Zugang zum kerngemeindlichen Milieu finden, diejenigen, die die ethisch-religiöse Eindeutigkeit, die bestimmte Gruppierungen in der Kirche einklagen, als die ihren anzusehen sich nicht in der Lage finden" (LLS, 91). Würde die empirische Kirche nur als Gemeinschaft der religiös Engagierten verstanden, nur als Resultat einer immer schon vollzogenen Aneignung des tradierten Rechtfertigungsglaubens, so bliebe das *dialektische* Moment der kirchlichen Zugehörigkeit unbeachtet. Zu dieser Beziehung gehört, aus theologischen Gründen, auch das bleibende Gegenüber des Einzelnen zur Institution.

Dieser Dialektik, derzufolge das Individuum sich die christliche Tradition aneignen und sich von deren institutioneller Darstellung doch zugleich kritisch absetzen muss, kann die Kirche nur so Rechnung tragen, dass sie die antinomische Struktur der Religion *in sich selbst abbildet*. Auch in ihrer eigenen institutionellen Gestalt muss die Kirche deutlich machen, dass die christliche Religion nicht mit ihren kulturell-kirchlichen Vorgaben zusammenfällt. In diesem Sinne interpretiert *Gräb* die Formeln von CA V so, „dass das kirchliche Handeln seinen eigenen, in der Instrumentalisierung von Wort und Sakrament betätigten Vollzug selber in der Differenz [...] zu seinem ihn wahrmachenden Bestimmungsgrund weiß" (Selbsttätiger Glaube, 86). Das kirchliche Handeln muss selber *antinomisch strukturiert* sein, indem es „die Struktur des Rechtfertigungsglaubens mit ihrer Unterscheidung und Bezogenheit von eigenaktivem Vollzug und fremdkonstitutivem Grund der Glaubenswirklichkeit" zum Ausdruck bringt (aaO. 87). Etwas konkreter: Die Kirche muss die Vorgaben religiöser Selbstdeutung bereitstellen, nämlich die überlieferten Symbole und Riten des Christentums, aber sie muss zugleich festhalten, dass die individuelle und soziale Aneignung dieser Überlieferung jene institutionellen Vorgaben immer auch hinter sich lassen wird.

Die antinomische Struktur des kirchlichen Handelns hat *Gräb* etwa im Blick auf die pastorale, „exponierte religiöse Subjektivität" skizziert (vgl. LLS, 326ff). Hier wird herausgestellt, „dass der religiöse Beruf nicht durch theologische oder amtskirchliche Festschreibungen schon fixiert ist auf die Art, in der er [...] auszufüllen ist, sondern auf seine persönliche [...] Durchgestaltung wartet" (aaO. 327f). Die pastorale Arbeit wird „den Kreis formeller Amtstätigkeiten" daher „immer auch überschreiten" (328). Die Pfarrerin kann die Kirche nur so vertreten, dass sie nicht einfach einstimmt in die institutionellen Vorgaben, sondern sich zu ihnen in ein erkennbar subjektives – und insofern kritische Distanz einschließendes – Verhältnis setzt. „So ist der protestantische Pfarrer das Muster desjenigen Selbstverhältnisses zur Kirche, das jeder nur auf die ihm eigene Weise und damit in der offenen Entwicklung seiner Lebensgeschichte haben kann" (aaO. 329).

Freilich, wie das derart dialektisch verstandene „Selbstverhältnis" aller Mitglieder zur Kirche konkret vorzustellen ist, das hat *Gräb* bislang nicht entfaltet. Ein Ansatzpunkt könnte die *prozessuale*, lebensgeschichtlich unabschließbare Struktur individuell-religiöser Selbstdeutung sein. Auch im Blick auf die Mitgliedschaftsbeziehung könnte es dann deren *biographische Erstreckung* sein, in der die Dialektik von Aneignung und Abstoßung zum Ausdruck kommt: Die Partizipation an der kirchlich institutionalisierten Deutungskultur bleibt darin ein Moment je eigener religiöser Selbstdeutung, dass sie sich nicht ein für allemal auf bestimmte Beteiligungsmuster festlegen lässt. Die antinomische Struktur der Kirchenmitgliedschaft käme dann in derjenigen *lebensgeschichtlichen Variabilität* zum Ausdruck, die die gegenwärtigen kirchlichen Verhältnisse realiter kennzeichnet.

4. Zuspitzung: Das Programm der volkskirchlichen Mitgliedschaft

Auch dieses religionshermeneutische Konzept der Kirchenmitgliedschaft soll abschließend mit Bezug auf die eingangs skizzierten Praxisprobleme kritisch konturiert werden. *Gräb* selbst hat seine Sicht der kirchlichen Beziehungen unter Rekurs auf den Begriff der Volkskirche als der „Kirche durch das ‚Volk'" zusammengefasst[148]:

Der Begriff der Volkskirche „bezeichnet nun vor allem die entscheidende Differenz zwischen der durch die organisierte Kirche objektiv vorgebenen und praktizierten religiösen Deutungskultur und dem Gebrauch, den die Einzelnen ganz oder teilweise oder gar nicht davon machen. [...] Die Gottesdienste der Kirche, ihr Unterricht, ihre Seelsorge, kirchliche Sitte und kirchlicher Brauch werden als eine institutionell vorgegebene, überlieferte Fremdzuschreibung an die eigene Identität angesehen, die nicht mehr quasi selbstverständlich übernommen, sondern bestenfalls in einem selbstreflexiven Prozess und damit immer auf individuell modifizierte bzw. gruppenspezifische Weise angeeignet werden."

Diese Passage ist insofern typisch für *Gräbs* Argumentationsweise, als sie auf mehreren Ebenen gelesen werden kann. Sie gibt sich als eine *Deskrip-*

---

148 *Gräb* bezieht sich, nicht ohne Kritik, auf *Hubers* Zusammenstellung möglicher Verständnisse von „Volkskirche"; vgl. *Huber*, Volkskirche, und *Gräb*, Liberale Theologie, 127 mit Anm. 1; das folgende Zitat aaO. 128.

tion der faktischen kirchlichen Verhältnisse, und zugleich lässt die Deskription weitgreifende theoretische Perspektiven erkennen: Die Mitgliedschaftsverhältnisse verweisen auf *sozio-historische* Bedingungen, die einer „quasi selbstverständlichen" Übernahme kirchlicher Vorgaben entgegenstehen; und diese Verhältnisse verlangen weiterhin nach einer *religionstheoretischen* Interpretation des „selbstreflexiven Prozesses" der Aneignung institutioneller Deutungskultur. Diese religionstheoretische Interpretation ist sodann *rechtfertigungstheologisch* zu vertiefen und kann schließlich auch für ein *Gestaltungsprogramm* der kirchlichen Beziehungen in Anspruch genommen werden.

Diese Argumentationsebenen sind durchgehend zu bedenken, wenn die zitierte Passage im Folgenden entfaltet wird als eine pointierte Stellungnahme zu den drei Praxisproblemen der *Disponibilität* kirchlicher Mitgliedschaft (a), ihrer mehrdimensionalen *Pluralität* (b) sowie der stabilen *Polarität* zweier Beteiligungsstrukturen (c).

(a) Zur volkskirchlichen Struktur der Mitgliedschaft gehört zunächst, dass der „Gebrauch" kirchlich-religiöser Deutungsvorgaben nur nach Maßgabe einer unvertretbar subjektiven Reflexion erfolgt. *Gräb* zufolge kommt darin die „Autonomieanmutung der Menschen in religiösen Dingen" zum Ausdruck, die zur Signatur der Neuzeit gehört[149]. Insbesondere an der Kasualpraxis wird deutlich, wie weit dieses Bewusstsein individueller Wahlfreiheit auch in religiös-ritueller Hinsicht bereits zur gesellschaftlichen Normalität geworden ist. Wenn man von der *kirchlichen* Ritualkultur „Gebrauch macht, dann aus bewusster Entscheidung, auch für die explizite Wahrnehmung der mit ihnen verbundenen Kirchenmitgliedschaft" (Sinnarbeit, 224). Auch die Mitgliedschaft, die kasuell wahrgenommen und familiär weitergegeben wird, ist zum Gegenstand *individueller Disposition* geworden.

Die zunehmende Autonomie der Mitgliedschaftspraxis bringt, *Gräb* zufolge, bei aller gesellschaftlichen Bedingtheit doch auch das *Wesen der Religion* selbst zum Ausdruck. Die individuelle Religion wird von *Gräb* ja ganz anders bestimmt als von *Herms*: Die fundamental passive Evidenzerfahrung des äußeren, kirchlich präsentierten Wortes impliziert gerade nicht eine bestimmte inhaltliche und institutionelle *Bindung* des dadurch entstehenden Glaubens. Jene basale Evidenzerfahrung konstituiert den subjektiven Glauben, *Gräb* zufolge, vielmehr in einer kritischen Selbstunterscheidung von allen externen „Deutungsangeboten".

Auch für *Gräb* geht es im Vollzug des Glaubens „um Erfahrungen, die ich schließlich nicht selbst hervorrufen kann, weil es in ihnen zuletzt um neues Leben durch das Sterben hindurch geht" (Liturgie des Lebens, 332). Aber diese geistliche Grenze individueller Autonomie ist doch nur

---

[149] LLS, 89; vgl. aaO. 92ff u.ö.

im je eigenen *Vollzug* der religiösen Selbstdeutung zugänglich. Dass die kirchliche Beziehung des Glaubens eine Erfahrung unbedingter Annahme, die Freiheit von allen Handlungszwängen des „Gesetzes" impliziert, das kann dem Einzelnen nicht in der Bestreitung seiner „Autonomieanmutung" gegenüber der Kirche plausibel werden, sondern nur in ihrem konsequenten Vollzug.

Allerdings: Eine solche Auslegung blendet bestimmte Züge der kirchlichen Mitgliedschaftspraxis tendenziell aus. Gerade unter volkskirchlichen Bedingungen wird die Beziehung zur Kirche den Einzelnen doch zunächst zugeschrieben; sie erscheint im Regelfall als eine *biographische Vorgabe*, zu der man sich erst in zweiter Linie aktiv verhält. Zur kirchlichen Mitgliedschaftsbeziehung gehört immer auch ein Moment lebensgeschichtlicher Regression; das zeigt sich gerade dort, wo dieser kirchliche Ursprung inzwischen zur „fremden Heimat" geworden ist.

Auch gesellschaftstheoretisch lässt sich bezweifeln, dass die Einzelne immer und in jeder Hinsicht als Disponent ihrer Biographie verstanden werden kann. Jedenfalls darf die Individualisierungsthese nicht so verstanden werden, dass der Einfluss von institutionellen Zuschreibungen auf das Individuum insgesamt zurückgegangen wäre; verändert hat sich im Wesentlichen die Wirkungsweise dieser Vorgaben[150]. Religionstheoretisch wie theologisch wäre dann zu fragen, ob die subjektkonstitutive Erfahrung des Evangeliums tatsächlich alle „gesetzlichen" Bedingtheiten dieses Subjekts zum Verschwinden bringt oder in dessen Disposition stellt. Wird auf diese Weise nicht die Verbindlichkeit des Gesetzes, auch und gerade für den Glaubenden, unterschätzt? Insgesamt lässt sich sagen: Die unbestreitbar „selbstreflexive", individuell disponible Gestaltung kirchlicher Mitgliedschaft schließt weder theoretisch noch faktisch aus, dass diese Beziehung vielfältigen und vor allem unhintergehbaren Bedingungen unterliegt.

(b) In den volkskirchlichen Mitgliedschaftsverhältnisse der Gegenwart machen die Einzelnen, so meint *Gräb* in der eingangs zitierten Passage, von den kirchlichen Deutungsangeboten „ganz oder teilweise oder gar nicht Gebrauch". Aus der Sicht der Kirche zeigt sich dies in der *Pluralität* von Erwartungs- und Beteiligungsmustern, mit der die Kasualpraxis, aber auch die liturgische Praxis im Ganzen konfrontiert ist. Wiederum kann dieses Phänomen zunächst gesellschaftstheoretisch gedeutet werden: als Ausdruck der moderngesellschaftlichen Pluralisierung, die die Einzelnen keineswegs nur in religiöser Hinsicht dazu nötigt, sich zwischen verschiedenen, untereinander konkurrierenden „Deutungsangeboten und Vergemeinschaftungsformen" zu entscheiden (LLS, 89). Diese Pluralität ist biographisch und darin religiös zu verarbeiten:

---

150 S. dazu unten S. 199–205.

„Ich muss mich unter höchst unterschiedlichen Anforderungen und Umweltbedingungen, und d.h. eben zugleich im Modus hochgradiger Binnendifferenzierung als ein immer wieder anderer, mit mir identisch vorstellen können. Dann erst, vermöge der Freiheit zum *Anderssein-Können* [...], werden meine Lebensauffassung und mein Lebensentwurf mit der Komplexität meiner gesellschaftlichen Lebensbedingungen kompatibel." (Ort religiöser Deutungskultur, 231)

Auch die Pluralität biographischer Beziehungs- und Deutungsanforderungen deutet *Gräb* nicht nur gesellschaftlich, sondern vor allem mittels seines transzendentalen *Religionsbegriffs*. Die gegenwärtige Vielfalt individueller Lebensentwürfe macht nur „unübersehbar" (ebd.), dass die Einzelne sich unvertretbar selbst zu deuten hat, indem sie sich, „vermöge der Freiheit zum Anderssein-Können", immer wieder produktiv unterscheidet von allen sozialen Vorgaben. Religion fungiert dann nicht als sozialintegrativer Prozess, so hat *Gräb* betont, sondern erfüllt vielmehr eine „Individualisierungsfunktion"[151]. Sie stellt diejenige Selbstdeutungspraxis dar, durch die das Subjekt sich allererst als Individuum wahrnimmt und artikuliert.

Religion pluralisiert, indem sie individualisiert – das gilt nach *Gräb* nun vor allem für die *christliche* Religion. Ihre antinomische Tiefenstruktur zielt auf eine Konfrontation mit der Geschichte Jesu, in der sich das Subjekt als unbedingt von Gott geschaffen und darum von allen „natürlich-biologischen oder geschichtlich-soziologischen Zuschreibungen" unterschieden erfährt[152]. Christlichen Glauben gibt es darum immer nur im Plural; in der Begegnung mit der Person Jesu wird man zur eigenständigen, ihrer Besonderheit gewissen Person.

Gewiss vermittelt die Kirche dann auch „das Bewusstsein der Grenze" dieser Individualität: „Sie lässt die eigene Freiheit an der des anderen ihre Grenze finden." (LLS, 98) Aber primär ist doch die im Glauben ergriffene Freiheit zum individuellen Selbst-Sein, das den anderen allererst als einen anderen erkennen lässt. Die Pluralität, die der Glauben stiftet, ist die Voraussetzung der kirchlichen Gemeinschaft.

Wiederum wird die Pointe dieser Sicht deutlicher im Vergleich mit *Herms* und *Huber*. Beide insistieren darauf, dass die Erfahrung des Glaubens gleichursprünglich ist mit der Einweisung in eine verbindliche Gemeinschaft; die evangelische Erfahrung integriert die Einzelnen unmittelbar in die Gemeinde. Ihre Individualität ist damit nicht negiert, aber doch relativiert durch die Einheit der Organisation bzw. des Bekenntnisses. Die empirische Pluralität kirchlicher Beziehungen erscheint dann als ein sekundäres Phänomen. – Demgegenüber deutet *Gräb* die Vielfalt kirchlicher Beziehungen als legitimen Ausdruck der *Eigenart des Evangeliums*

---

[151] Vgl. nochmals: Institution, 259f; LLS, 197ff; weiter s.o. S. 74.
[152] Ort religiöser Deutungskultur, 236; vgl. aaO. 235f. 237f; Selbsttätiger Glaube, 46ff; Sinnarbeit, 239f.

selbst, das nur individuell und zugleich institutionskritisch angeeignet werden kann. Von daher plädiert *Gräb* für eine konsequente Pluralisierung kirchlicher Mitgliedschaft: Es gehört zur Offenheit der Volkskirche, „den Pluralismus in sich selbst nicht nur zuzulassen, sondern zu fördern" (LLS, 89).

Allerdings, mit einer solchen Interpretation wird die *Einheit* der kirchlichen Institution zum Problem. Wo liegt, angesichts der religionstheoretischen Ablehnung aller vorab gesetzten Geltungsansprüche der gemeinsame Bezugspunkt der kirchlichen Beziehungen? Wie sind sie überhaupt noch als *kirchliche* Sozialverhältnisse identifizierbar? Verliert auf diese Weise, so hat *Gräb* selbst in einer Paraphrase dialektisch-theologischer Einwände gegen die liberale Theologie gefragt, nicht „die Kirche ihre eigene, im biblischen Evangelium gründende Identität"[153]?

Auch *Gräb* sieht die innere Einheit der Mitgliedschaftsbeziehungen gewährleistet in ihrem gemeinsamen Bezug auf die von der Kirche präsentierte *biblische Tradition*. Allerdings bringt sich diese Tradition nicht unvermittelt und objektiv zur Geltung, sondern immer nur in der individuellen – und insofern wieder pluralen – Aneignung durch die einzelnen Glaubenden. Wo die Grenzen legitimer Bezugnahme auf die christliche Überlieferung liegen, das lässt sich darum nicht einfach festlegen. Einen „die kirchliche Identität wahrenden Umgang mit unterschiedlichen Glaubensauffassungen und Frömmigkeitsstilen" vermag vielmehr nur ein zwar historisch-methodisch kontrollierter, aber eben inhaltlich offener Verständigungsprozess über das „Wesen des Christentums" zu gewährleisten[154]. Nur im kommunikativen Durchgang durch die „Erfahrungssubjektivität" der Mitglieder lässt sich kirchliche Identität erzielen; ein institutionell-objektives Widerlager der pluralen Kirchlichkeit jedoch ist von *Gräbs* subjektivistischem Religionsbegriff aus nicht denkbar. Das *inhaltlich* Gemeinsame kirchlicher Beziehungen kann, als „Glaubenslehre", vielmehr nichts anderes sein als „eine von der biblischen und kirchlichen Überlieferung auf geschmackvolle Weise Gebrauch machende Selbstverständigung menschlicher Lebenserfahrung" (aaO. 146).

Problematisch, weil wiederum die Realität der Phänomene verfehlend, wird diese Sicht kirchlicher Mitgliedschaft zumindest dort, wo sie auch die *institutionelle* Einheit der Kirche nicht zu formulieren vermag. Wie *Gräbs* Erwägungen zur Kasualpraxis oder zum protestantischen Pfarramt zeigen[155], kommen die institutionellen Vorgaben selbst für die kirchlichen Handlungsträger nur als Material individueller „Durchgestaltung" in Betracht. Es ist nicht die verlässliche Kontinuität, die *Gräb* an den empirisch-kirchlichen Vorgaben interessiert, sondern lediglich ihre Funktion

---

153 Liberale Theologie, 141; vgl. aaO. 141–146; dazu: Sichtbare Darstellung, 250ff.
154 Liberale Theologie, 143–145; Zitat: 144. Vgl. auch LLS, 45ff.
155 S.o. S. 76–80 bzw. S. 85.

als Gegenstand je unterschiedlicher Aneignung und vor allem kritischer Überschreitung. Wird die christliche Religion so verstanden, dass sie allererst „in der Destruktion ihrer kulturellen Bestände" zu sich selbst kommt (Institution, 265), so kann auch die individuelle Beziehung zur Kirche nicht als ein diachron kontinuierlicher oder synchron korrespondierender Zusammenhang erscheinen. Die Einzelnen, die sich in je eigener Weise den kirchlichen Deutungsangeboten zuwenden, können in *Gräbs* Perspektive eigentlich keine institutionell oder strukturell vermittelte *Beziehung zueinander* eingehen.

Als ein eigentümliches soziales Phänomen, als Komplex spezifischer Sozialbeziehungen, bleibt die Kirche für *Gräb* denn auch nur Postulat. Die „Religionskompetenz am Ort der Kirche", ihre Eignung als Ort „religiöser Deutungskultur" – das kann nur im Modus der Zukunft, des Programms erscheinen[156]. Die inhaltliche Selbstverständigung der faktischen Pluralität kirchlicher Mitgliedschaft steht ihr stets unabschließbar bevor; und auch eine organisatorische Einbindung wird ihr von *Gräb* konsequent verweigert.

(c) Zur Phänomenologie kirchlicher Mitgliedschaft gehört schließlich das Nebeneinander zweier Muster einer stabilen Kirchlichkeit und einer ebenso stabilen Unkirchlichkeit. In der eingangs (S. 86) zitierten Passage hat *Gräb* diese Polarität wahrgenommen, indem er den Begriff der Volkskirche bezieht auf die „Differenz zwischen der durch die organisierte Kirche objektiv vorgegebenen und praktizierten religiösen Deutungskultur und dem Gebrauch, den die Einzelnen ganz oder teilweise oder gar nicht davon machen". Zur gegenwärtigen kirchlichen Kultur gehört eine von der Organisation „praktizierte", und d.h. doch von Personen vollzogene Deutungskultur, sowie eine Vielzahl einzelner Menschen, die ihre religiöse Selbstdeutung im selektiven *Gegenüber* zu dieser organisierten Praxis vollziehen. Allerdings interpretiert *Gräb* diese beiden Formen kirchlicher Beziehung in sehr unterschiedlicher Weise.

Ihm liegt vor allem daran, diejenigen kirchlichen Beziehungen theologisch zu deuten, die den organisatorischen Bestand eben nur „teilweise oder gar nicht" in Gebrauch nehmen. Die dezidiert selektive Mitgliedschaft, die etwa die Kasualien nur nach Maßgabe ihrer Brauchbarkeit für „das Projekt des eigenen Lebens" in Anspruch nimmt (Sinnarbeit, 224), versteht er als Ausdruck einer selbständigen religiösen „Sinnarbeit". Deren Tiefenstruktur hat er religionstheoretisch als prozessuale Antinomie von Individuum und Institution bestimmt; theologisch entspricht dem die Dialektik von biographischem Gesetz und lebensgeschichtlich unverfügbarem Evangelium. Rechtfertigungstheologisch plausibel wird für *Gräb*

---

156 Vgl. Ort religiöser Deutungskultur, 235ff; LLS, 89ff, aaO. 94: Es „schwebt nun eine solche Kirche vor [...]". Auch alle anderen kirchenpraktischen Ausführungen in LLS haben kaum deskriptiven, sondern einen stets „Herausforderungen" oder „Anforderungen" postulierenden Charakter; vgl. 45ff. 116ff. 318ff u.ö.

also vor allem diejenige Form kirchlicher Beziehung, die sich in kritischer Distanz zu allen institutionellen Zumutungen hält.

Auch die andere Beteiligungsform, in der sich die Einzelnen in ein dauerndes und verbindliches Verhältnis zur kirchlichen Institution setzen, hat *Gräb* theologisch, vor allem *ekklesiologisch* stark gemacht. Im Anschluss an *K. Barths* Ekklesiologie hält er fest: Das „Faktum" der wahren, aus dem Wort Gottes existierenden Kirche gibt es „doch nur für die, die sich kraft des Hl. Geistes im lebendigen Selbstverhältnis zu ihm bzw. als es selber vorfinden [...], denen es zur evidenten, unleugbaren Tatsache ihres eigenen Bewusstseins geworden ist"[157]. Ganz ähnlich versteht er die Sicht *Schleiermachers* auf die Kirche „so, dass sie als der sichtbare [...] Kommunikationszusammenhang derer erscheint, die kraft des Heiligen Geistes in die Lebensgemeinschaft mit der Person Jesu und damit in die Teilhabe an seinem erlösenden und versöhnenden Tun sich hineingestellt wissen" (Sichtbare Darstellung, 239). Zum theologischen Begriff der Kirche gehört unabdingbar eine reale Gemeinschaft von Personen, die sich selbst nicht im Gegenüber, sondern in einer prinzipiellen *Identifikation* mit dem kirchlichen Leben verstehen. Und gegen *Barth* hält *Gräb* fest, dass diese Identifikation sich gerade in einem kontinuierlichen, gesellschaftlich wirksamen Geschehen manifestiert (Aktion und Kommunikation, 260). Bewusste und bejahte Kirchlichkeit erscheint ekklesiologisch unverzichtbar.

Umso mehr fällt jedoch auf, dass *Gräb* die *empirischen* Phänomene solcher bejahten Kirchlichkeit immer wieder relativiert mit dem Hinweis auf die vielen Menschen, die bei einem solchen Verständnis von Mitgliedschaft „außen vor" bleiben, weil sie einen selektiven Gebrauch kirchlicher Vorgaben praktizieren (vgl. LLS, 91). Dass es neben der gelegentlichen auch eine dauernde, alltägliche und durchaus kommunikative Form kirchlicher Beziehung faktisch gibt, das macht *Gräb* nur en passant zum Thema. Zwar soll die Kirche nach *Gräb* ein empirischer „Ort zur Verarbeitung unserer prekären Sozialbeziehungen sein"; sie soll soziale Beziehungen vermitteln und neue Gemeinschaft ermöglichen (LLS, 96). Aber selbst in dieser Hinsicht ist sie doch vornehmlich „diejenige Institution, die Einzelne und Gruppen in ihrem Recht auf Selbstbestimmung anerkennt", die den „Einzelfall" sieht und die „Absolutsetzung jeder Form der [...] Gruppenbildung" zu verhindern hat (aaO. 97). Das Phänomen stabiler, auch gruppenförmiger Kirchlichkeit, die faktische Suche nach verbindlicher religiöser, ja kirchlicher Gemeinschaft – dies scheint sich gegen *Gräbs* deutenden Zugriff nachhaltig zu sperren.

Aufschlussreich ist die Perspektive auf den *Gottesdienst*: Im Unterschied zu *Herms* und *Huber* stellt für *Gräb* der Kasualgottesdienst das Paradigma kirchlicher Beteiligung als individueller Religionspraxis dar. Auch der sonntägliche

---

[157] Aktion und Kommunikation, 253f; vgl. aaO. 251. 260; Sichtbare Darstellung, 252.

Gottesdienst ist darum räumlich und dramatisch „so zu gestalten, dass deutlich wird: Es kommt hier entscheidend auf die einzelnen Menschen an" (Gottesdienste, 182). Nicht gemeinschaftliche Kirchlichkeit, sondern individuelle Unkirchlichkeit stellt den Ausgangspunkt liturgischer Überlegungen dar.

Die Ursachen dieser einseitigen Wahrnehmung können zunächst in dem skizzierten *Religionsbegriff* gesehen werden: Der strikte Bezug auf die individuierenden Selbstdeutungsprozesse lässt alle kommunikativen Verhältnisse als sekundäre und höchst ambivalente Instanzen erscheinen[158]; soziale Beziehungen sind eher Material der religiösen Selbsttätigkeit, als dass sie formenden Einfluss hätten. *Gräb* bestimmt die Dialektik der Religion eher als kritischen denn als konstruktiven Prozess: Es ist die fortwährende *Destruktion* aller religiösen Bestände, in der das Subjekt zu sich – und eben noch nicht zum anderen – kommt. Es ist eine Kontinuität der Kritik, nicht aber eine Kontinuität der Aneignung und Verständigung, die die Religion kennzeichnet.

Diese asymmetrische Sicht religiöser Antinomie findet ihre Fortsetzung in *Gräbs* rechtfertigungstheologischem Entwurf. Auch hier ist es lediglich das Gesetz, das für Kontinuität und soziale Identität steht. Das Evangelium ereignet sich hingegen unvermittelt; es unterbricht die biographischen und sozialen Festlegungen und kann darum seinerseits nicht auf einen übergreifenden Sinnzusammenhang zurückgeführt werden[159]. Seine subjektive Aneignung muss immer neu gegen das Gesetz der eigenen Biographie vollzogen werden; eine kommunikative Kontinuität der Glaubenserfahrung lässt sich so nicht denken. Wie die institutionelle Faktizität kirchlicher Gemeinschaft dann theologisch zu begreifen ist, das hat *Gräb* bislang im Unklaren gelassen.

Das Schema der antinomischen Dialektik von Gesetz und Evangelium scheint für eine Wahrnehmung der Doppelkultur kirchlicher Beziehungen jedenfalls noch nicht hinreichend ausgearbeitet. Denn dieses Schema stellt die kirchliche Institution sowie die Menschen, die sich zu ihr in ein positives und aktives „Selbstverhältnis" gesetzt haben, immer schon auf die Seite des Gesetzes bzw. der religionskulturellen Vorgaben, die es kritisch zu überwinden gilt. Dass auch und gerade das Evangelium strukturbildend ist, wie *Herms* herausgestellt hat, lässt sich aus dieser Perspektive nicht nachvollziehen. Damit aber bleibt theologisch ungeklärt, wie die Er-

---

158 Zwar haben *Gräb* und *Korsch* im Blick auf den Glaubensvollzug betont, „dass sich der Aufbau dieser so bestimmten Subjektivität nur als Aufbau von Intersubjektivität ereignen kann" (Selbsttätiger Glaube, 82) und dass mit dem Grundvollzug des Glaubens „unmittelbar kommunikatives Handeln verknüpft" ist (aaO. 83) – aber es bleibt doch dabei: „Der Zielpunkt der Bestimmung [durch das Wort Gottes, J.H.] ist also die Subjektwerdung des individuellen Menschen" (aaO. 82).

159 Vgl. die Kritik am rechtfertigungstheologischen Konzept von *Härle* und *Herms* in: Selbsttätiger Glaube, 48.

fahrung des Glaubens sich umzusetzen vermag in eine stabile, lebensprägende Beziehung zur Kirche. Die Bindung an eine Institution, die mehr ist als eine freischwebende Gemeinschaft religiös Gleichgestimmter und die auch mehr ist als das Material individuierender Abgrenzung, dies ist mit einer subjektivitätstheoretisch reformulierten Rechtfertigungslehre schwer zu erfassen.

Weil diese dogmatische Theorie die Kirche nur immer im Moment ihrer kommunikativen Verflüssigung und Überwindung beschreibt, darum bleibt sie, so lässt sich zusammenfassen, hinter ihrem selbstgestellten Anspruch zurück: Die Phänomene einer Mitgliedschaft, die sich als selbstbestimmt begreift und zugleich vielfach bedingt ist (s.o. 1), die eine große Vielfalt aufweist und sich zugleich im Gegenüber zu einer bestimmten Organisation konstituiert (s.o. 2), die schließlich sowohl in der Form individueller Unkirchlichkeit wie gemeinschaftsförmiger Kirchlichkeit erscheint – alle diese Phänomene der Zugehörigkeit zur Kirche lassen sich mit einem Ansatz bei der religiösen Antinomie, wie *Gräb* ihn entfaltet hat, noch nicht zureichend über sich selbst verständigen.

IV. Resultate: Theologische Strukturen der kirchlichen Beziehung

1. Die Begründung der Praxisprobleme in der Struktur des Glaubens

Die untersuchten Konzepte stimmen darin überein, dass die Zugehörigkeit zur Kirche in systematisch-theologischer Perspektive zunächst als *Implikat des Glaubens selbst* zu betrachten ist: Es sind die komplexen Strukturen der individuellen Gottesbeziehung, die in der theologischen Bestimmung der kirchlichen Beziehung zum Ausdruck kommen. Deren in der Einführung skizierte Praxisprobleme sind daher im Licht des eigenartigen Glaubensgeschehens wahrzunehmen.

(a) Die vielschichtige *Pluralität* kirchlicher Beteiligungsmuster wird von den drei betrachteten Autoren zunächst in Beziehung gesetzt zu den gegenwärtigen gesellschaftlichen Verhältnissen. In der vielfältigen Mitgliedschaft kommen die Prozesse funktionaler Differenzierung, lebensweltlicher Pluralisierung und struktureller Individualisierung[160] zum Ausdruck. Gleichwohl zeigt die jeweils unterschiedliche Beurteilung dieser sozialen Bedingungen, dass es die Struktur des Glaubens selbst ist, die das Recht, freilich auch die Grenze jener Pluralität im Raum der Kirche bestimmt.

Huber konzediert, dass die gesellschaftliche Pluralisierung sich durchaus im Einklang mit der christlichen Glaubensfreiheit befindet; in den konziliaren Verständigungsprozessen wird die Vielfalt kirchlicher Beziehungen zunächst als Ausdruck der Lebendigkeit des Geistes wahrgenommen. Diese Vielfalt ist aber durch den Rekurs auf die eine Wahrheit des Glaubens zu begrenzen; um der Klarheit des öffentlichen Zeugnisses willen stehen am Ende stets individuell verbindliche Entscheidungen der Gemeinde (s.o. S. 64-65). Die Pluralität kirchlicher Zugehörigkeit wird pneumatologisch nur akzeptiert, um christologisch überwunden zu werden[161].

Auch *Herms* deutet die soziale und weltanschauliche Pluralität der Gegenwart positiv; für ihn bringt sie die Unverfügbarkeit religiös-ethischer Grundüberzeugungen zum Ausdruck. In der regelmäßigen Begegnung mit den „objektiven Überlieferungsbeständen" des Glaubens wird sich jedoch eine stabile Interaktionsordnung herausbilden, die auch das indivi-

---
160 Für eine präzisere Bestimmung dieser Schlagworte vgl. unten S. 194-196.
161 Die gleiche, im Grunde ambivalente Position findet sich bei *Welker*, Kirche zwischen pluralistischer Kultur und Pluralismus des Geistes; dazu die Kritik von *Graf*, Akzeptierte Endlichkeit, 123f.

duelle Beteiligungsverhalten normiert (s.o. S. 50-54). Weil die kirchlichen Strukturen selbst den spezifischen Inhalt der Glaubensgewissheit zum Ausdruck bringen, kann die Vielfalt der Mitgliedschaft nur dort ein Recht beanspruchen, wo sie dieses organisierte Zeugnis nicht stört, sondern situationsspezifisch-individuell konkretisiert.

Noch grundsätzlicher hat *Gräb* die neuzeitliche Pluralisierung der Lebensverhältnisse begrüßt als Resultat einer subjektiven „Autonomieanmutung" (LLS, 89), die der rechtfertigungstheologisch-antinomischen Grundstruktur des Glaubens entspricht. Weil die christliche Religion selbst auf Individualisierung zielt, darum kann man an der Kirche gar nicht anders beteiligt sein als in je eigener subjektiver Aneignung (s.o. S. 81-86). Pluralität der Mitgliedschaft erscheint dann nicht als Problem, sondern als wünschenswerte Folge des kirchlichen Handelns.

Die Vielfalt subjektiver Zugehörigkeitsformen muss theologisch jedenfalls so interpretiert werden, dass sie, unbeschadet ihrer sozialen Bedingtheit, dem kirchlichen Handeln nicht als eine äußere Bedingung erscheint, die nur hinzunehmen und kritisch zu begrenzen wäre. *Herms'* und insbesondere *Gräbs* Überlegungen machen deutlich, dass die kirchliche Beziehungsvielfalt ihren inneren Grund vielmehr im Geschehen des Glaubens selbst hat. Zielt der Glauben auf die Bildung eines freien Subjekts, dann wird sich auch das Verhältnis der Glaubenden zur kirchlichen Institution in je individuellen Beteiligungsweisen vollziehen.

Werden die pluralen Phänomene der Mitgliedschaftsbeziehung auf die individualisierende Wirkung des Glaubens selbst zurückgeführt, dann kommt auch die *dimensionale Vielfalt* dieser Beziehung eher zu ihrem Recht. Glauben umfasst stets mehrere anthropologische Ebenen[162]: Er stellt eine affektive Gewissheit dar, und er enthält stets auch kognitive und pragmatische Komponenten. Auch die Zugehörigkeit zur Kirche darf dann nicht auf eine Dimension beschränkt werden. Die kirchliche Beziehung umfasst gewiss beobachtbare Beteiligung und Unterstützung. Alle Autoren heben hier die Bedeutung *gottesdienstlicher* Teilnahme hervor (s.u. S. 110-112). Ist die kirchliche Zugehörigkeit ein Implikat des Glaubens, so realisiert sie sich jedoch auch in inhaltlichen Überzeugungen, die nicht zuletzt den Sinn dieser Zugehörigkeit und ihr Verhältnis zu anderen sozialen Bindungen umfassen (s.u. S. 102-104). Und ebenso gehören zur Mitgliedschaft affektive Bindungen, die tief in die individuelle Lebensgeschichte eingelassen sind.

Dass die dogmatische Bewertung der Mitgliedschaftspluralität allerdings so unterschiedlich ausfällt, liegt vor allem daran daran, dass die kirchliche Beziehung nicht einfach die Vielfalt des individuellen Glaubens repräsentiert, sondern die Begegnung mit seinem *konstitutiven Grund*, dem Evan-

---

162 Das hat vor allem *Herms* herausgestellt, s.o. S. 34-36; eine instruktive Entfaltung dieses Gedankens findet sich bei *Härle*, Dogmatik, 55-69.

gelium. Strittig ist die Frage, ob die Vielfalt subjektiver Zugänge durch das Evangelium gesteigert wird, wie *Gräb* behauptet, oder ob das Evangelium jene Vielfalt strukturiert, ja reguliert (*Herms*) und kommunikativ vermittelt (*Huber*). Beide Deutungen haben offenbar Anhalt an der *Mitgliedschaftspraxis selbst*, die sich einerseits in einer Vielfalt individuell-autonomer Beziehungen präsentiert und andererseits intensive, gemeinschaftsbezogene Kommunikationsformen kennt. Damit ist die Frage nach der theologischen Interpretation der *Polarität* der Beteiligungsformen gestellt.

(b) Alle betrachteten Autoren haben zur Erläuterung dieser faktischen Polarität auf die fundamentale *Doppelstruktur des Glaubens* hingewiesen: Der Glaube verdankt sich einem passiven Erleben der Evidenz des Evangeliums; zugleich stellt er einen Handlungsvollzug dar, der alle anderen Handlungen des Individuums fundiert und prägt. Vor allem *Herms* hat diese Doppelschichtigkeit auch auf die kirchliche Beteiligung bezogen (s.o. S. 41–45): Die den Glauben konstituierende Erfahrung ist eine *Erfahrung* der schon vorgegebenen Kirche, ihrer Symbole und ihrer gottesdienstlichen Gemeinschaft – und damit auch der eigenen Mitgliedschaft. Andererseits gehört zu den Vollzügen, die von der Glaubenserfahrung bestimmt sind, auch die regelmäßige Beteiligung an der kirchlichen Organisation sowie ihre *aktive* Unterstützung.

Ähnlich dürfte *Hubers* Begriff der „kommunikativen Freiheit des Glaubens" zu verstehen sein (s.o. S. 56–57): Die Erfahrung der Glaubensfreiheit verdankt sich stets einer kirchlich-gottesdienstlichen Kommunikation; und sie zielt ihrerseits nicht zuletzt auf die Gestaltung dieser kommunikativen Verhältnisse[163]. Auch die Kirchenmitgliedschaft erscheint theologisch als eine Beziehung, die weder allein in einer passiven Gestimmtheit noch ausschließlich in den aktiven Vollzügen konkreter Beteiligung aufgeht[164].

Von dieser Doppelschichtigkeit der Mitgliedschaft scheint sich nun ohne weiteres eine Beziehung zur faktischen Doppelung kirchlicher Beteiligungsmuster herstellen zu lassen. So hat *Huber* diese Polarität zurückgeführt auf die „dialogische Struktur" der kirchlichen Beziehung, die sich dem Handeln Gottes in der Taufe verdankt und zugleich auf ein je eige-

---

163 Es ist wohl nicht überflüssig, darauf hinzuweisen, dass auch *Gräb* die notwendige Kirchlichkeit der Glaubenserfahrung *und* des Glaubenshandelns wahrgenommen hat; vgl. etwa seine Interpretation der Taufe als eine auch seitens der Betroffenen auf Kirchenmitgliedschaft zielende Amtshandlung (LLS, 192f, 205) oder seine Auslegung der „Handlungsmuster des Glaubens" anhand von *Luthers* Auslegung des Dekalogs, derzufolge das kirchenbezogene Handeln des Glaubens an erster Stelle der „guten Werke" steht (vgl. *Gräb/Korsch*, Selbsttätiger Glaube, 53ff).

164 *U. Kühn* spricht von einem „Zirkel" zwischen der Wirkung des Heiligen Geistes und dem Gehorsam der kirchlich Handelnden, an die sich der Geist gebunden hat: *Kühn*, Bedeutung der empirischen Kirche, 137. 141.

nes Bekenntnis angelegt ist[165]. Eine nur gelegentliche Wahrnehmung des mit der Taufe gegebenen kirchlichen Status' realisiert dann vornehmlich die zugeschriebene Qualität der Glaubensfreiheit. Dem Vollsinn dieser Gottesbeziehung, die eine Realisierung der Freiheit einschließt, entspricht allerdings nur eine verbindliche Beteiligung am Leben der Gemeinde[166].

Die Schwierigkeiten einer solchen theologischen Deutung der Mitgliedschaftspolarität werden schon daran deutlich, wie *Hubers* Argumentation von *Herms* zugespitzt wird (s.o. S. 50–54). Ist in der passiven Konstitution des Glaubens bereits die aktive Einstimmung in die Institutionen des kirchlichen Lebens eingeschlossen, so meint *Herms*, dann kann eine Form der Mitgliedschaft, die vornehmlich eigenen, biographisch bedingten Interessen folgt, nicht als eine mögliche, wenn auch defizitäre Variante der Glaubenspraxis gelten, sondern nur als eine illegitime Fehlform.

Hubers Versuch, die Polarität der Mitgliedschaftsmuster auf die Dialogik von passiver Freiheitserfahrung und aktivem menschlichem Bekenntnis zurückzuführen, erscheint erst recht für *Gräb* problematisch, der genau umgekehrt argumentiert (s.o. S. 87–88. 91–94): Für ihn ist es nicht die passive Erfahrung des Glaubens, sondern gerade die aktive, je eigene *Aneignung* dieser Erfahrung, die zu einer distanziert-autonomen Mitgliedschaftspraxis geradezu führen muss[167]. So kommt *Gräb* dann freilich zu einer Abwertung aller intensiveren Beteiligung: Tendenziell erscheint sie ihm als Ausdruck einer allzu fraglosen Zustimmung, die das „antinomische", institutionskritische Moment des Rechtfertigungsglaubens verdrängt.

Der dogmatische Hinweis auf die Doppelstruktur des Glaubens scheint für das Verständnis der Polarität kirchlicher Mitgliedschaft nicht hinreichend zu sein. Entscheidend ist vielmehr die Frage, auf welche Weise die – unbestritten kirchlich geprägte – Bildung des Glaubens ein bestimmtes *Handeln gegenüber der Kirche* beinhaltet: Impliziert die Erfahrung des Evangeliums eine Beziehung, die den Regeln dieser Organisation „einsichtsvoll gehorcht" (*Herms*), oder impliziert sie eine Beziehung,

---

165 Vgl. *Huber*, Kirche der offenen Grenzen, 506; Wahrheit und Existenzform, 178; weiter s.o. S. 58–59. *Hubers* Argumentation ist aufgenommen und vertieft bei *Reuter*, Begriff der Kirche, 66–69.

166 Ähnlich postuliert *Härle* „für die Struktur der Kirche, dass sie Raum bieten muss dafür, dass das Evangelium so verkündigt werden kann, [...] dass es an keine menschlichen *Vorbedingungen* gebunden ist; andererseits [muss] die Kirche Raum bieten [...] für das menschliche *Bekenntnis* zum Glauben, mit dem Menschen in Wort und Tat auf das Evangelium antworten" (*Härle*, Dogmatik, 597f).

167 Auf dieser Linie hat insbesondere *F.W. Graf* eine „empirische Ekklesiologie" gefordert, die „dem prinzipiellen Eigenrecht des Individuums Geltung zu verschaffen" und sich darum als höchst institutionskritische „Konflikttheorie" zu konstituieren habe: *Graf*, Innerlichkeit und Institution, 393; vgl. *Ders.*, Faszination der geschlossenen Kirche.

die sich von jenen Regeln kritisch absetzen muss (*Gräb*)[168]? Die systematisch-theologische Deutung der Polarität faktischer Mitgliedschaft muss nach der subjektiven Einstellung zur kirchlichen Institution fragen, die in der Erfahrung des Glaubens immer schon mitgesetzt ist.

Huber gibt hier faktisch eine doppelte Antwort (s.o. S. 57-60): Die Freiheit des Glaubens ist kommunikativ und führt darum in die geschwisterlich strukturierte Gemeinde. Zugleich jedoch setzt diese Freiheitserfahrung die Einzelnen in ein kritisches Verhältnis zu allen institutionellen Vorgaben; auch und gerade die kirchlichen Beziehungen sind daher grundrechtlich zu schützen. Allerdings kann auch *Huber* nicht recht klären, wie die konkrete Gestalt dieser Sozialbeziehungen sowohl die organisatorische Qualität der Kirche (*Herms*) als auch die individuelle Autonomie der Mitglieder gegenüber der kirchlichen Gemeinschaft (*Gräb*) zu berücksichtigen vermag[169].

Soll die faktische Polarität der Mitgliedschaftsbeziehungen dogmatisch nicht nach der einen oder der anderen Seite abgewertet, sondern *als* Polarität verstanden werden, so dürfte es sinnvoll sein, die von *Herms* und *Gräb* benannten Aspekte weniger als fundierende und eher als limitierende Bestimmungen aufzufassen. Die Gestalt der kirchlichen Beziehung darf demnach *weder* von vornehrein und vollständig durch die Institution „geregelt" werden, weil dies die Freiheit des Glaubens auch gegenüber der Kirche bedroht; *noch* kann diese Freiheit ausschließlich kritisch-distanzierte Autonomie gegenüber der Institution beanspruchen, weil dies die kirchlich-regelhafte Prägung des Glaubens selbst in Abrede stellen würde. Auf diese Weise stößt die dogmatische Deutung der faktischen Mitgliedschaftspraxis schließlich auf die Frage nach dem bestimmenden *Subjekt* dieser Praxis, nach ihrer *Disponibilität*.

(c) Die praktische Erfahrung, dass das Verhältnis der Menschen zur kirchlichen Institution von dieser selbst nicht mehr ohne Weiteres zu normieren ist, wird durch die drei betrachteten Entwürfe bestätigt und präzisiert. Auch in dogmatischer Hinsicht stellt die Beziehung zur Kirche ein „dialogisches" Verhältnis dar (*Huber*), das auf freier Zustimmung der Einzelnen zu den Regeln (*Herms*) oder den Deutungsangeboten (*Gräb*) der Kirche beruht. Ob und wie eine solche Beziehung aufgenommen wird, das entscheidet sich im Wesentlichen in der individuellen Lebensführung.

---

168 Hinter dieser Alternative stehen tiefgreifende Unterschiede in der Verhältnisbestimmung von „Gesetz" und „Evangelium", die sich auf die Verhältnisbestimmung des Glaubens zum *kirchlich* repräsentierten Gesetz auswirken: Bewirkt der Glauben an das Evangelium die Erfüllung des vorgegebenen Gesetzes, oder muss er dieses Gesetz überschreiten, um seine individuelle „Selbsttätigkeit" zu realisieren? Die obige Argumentation folgt der Vermutung, dass diese dogmatischen Differenzen ihrerseits wesentlich geprägt sind von bestimmten *Erfahrungen* mit der kirchlichen Institution selbst.

169 Dieser Frage nach der spezifischen Struktur der kirchlichen Sozialität ist unten (S. 105-110) weiter nachzugehen.

Auf die Frage, wie diese Gestaltung der Mitgliedschaft durch die Einzelnen theologisch genauer zu verstehen ist, geben die Autoren unterschiedliche Auskünfte:

Huber und *Gräb* sind sich darin einig, dass das Bestimmungsrecht des Individuums über seine Kirchenbeziehung in der Konsequenz des Glaubens selbst liegt. Zu der vom Evangelium eröffneten Freiheit gehört es auch, das Verhältnis zur kirchlichen Institution eigenständig zu gestalten. Dabei legt *Huber* das Gewicht auf die Freiheit, das kirchliche Engagement in je eigener Weise zu *intensivieren*. Dagegen versteht *Gräb* den Glauben vor allem als Freiheit zur *Distanzierung*.

Einen dogmatischen Zugang findet *Gräb* – wenigstens im Ansatz – damit auch zum Phänomen des *Kirchenaustritts*: Die vom Glauben eröffnete Freiheit kann im Extrem auch die gänzlich kritische Abkehr von der kirchlichen Institution einschließen, wenn diese nur noch als Repräsentant des Gesetzes und nicht mehr als Tradent des Evangeliums erscheint. Die „antinomische" Diskontinuität der durchschnittlichen kirchlichen Verhältnisse impliziert die Möglichkeit eines Abbruchs auch der rechtsförmigen Beziehung; zugleich wird damit dessen Reversibilität festgehalten.

Es dürften nicht zuletzt *Erfahrungen* mit der empirischen Kirche sein, die im Hintergrund dieser unterschiedlichen Optionen stehen. Während *Huber* die Gemeinschaften, in denen die Freiheit des Glaubens Gestalt gewinnen kann, durchaus als real gegeben sieht und die Gestaltung der Mitgliedschaft darauf positiv beziehen kann, nimmt *Gräb* die Kirche vor allem als eine institutionell erstarrte Größe wahr, die allenfalls als Ausgangspunkt, nicht aber als Ziel jener Mitgliedschaftspraxis fungieren kann.

Das bei *Huber* wie bei *Gräb* vorausgesetzte Gegenüber von institutionell-kirchlichen Vorgaben und individueller Freiheit der Beteiligung wird von *Herms* theologisch relativiert[170]. Am Beispiel des Gottesdienstes weist er darauf hin, dass die Regeln der kirchlichen Interaktion im Grunde weder von den Amtsträgern noch von den einzelnen Beteiligten zu bestimmen sind. Sie ergeben sich vielmehr aus der *affektiven Fundamentalerfahrung* des Glaubens selbst: Durch deren Gehalt und gottesdienstlichen Ort liegen die Formen kirchlicher Mitgliedschaft in wesentlichen Grundzügen immer schon fest, auch wenn sie realiter in je individuellen Variationen befolgt werden und die Organisation auf diese variierenden Vollzüge mit Anpassungen ihrer Ordnung zu reagieren hat[171]. Der Ansatz beim Regelbegriff erlaubt es *Herms*, den individuellen und institutionellen *Spielraum* des Mitgliedschaftsvollzugs zu beschreiben, seine doppelseitige Disponibilität, und zugleich deren geistliche Grenzen zu markieren.

---

170 Vgl. *Herms*, Wesen des Gottesdienstes, 326ff. 334ff; s.o. S. 46–48.
171 In diesem systematischen Rahmen dürften dann sowohl individuelle Intensivierung der Beteiligung als auch partielle Zurückhaltung denkbar sein.

Zwar kann man *Herms'* konkretes Verständnis der Mitgliedschaftsregel durchaus kritisch sehen: Es ist nicht ohne Weiteres einsichtig, dass nur ein *wöchentlicher* Rhythmus liturgischer Beteiligung die Christusgemeinschaft angemessen zur Darstellung bringt. Dennoch wird hier zu Recht auf die Grenzen der Vorstellung hingewiesen, über die Formen kirchlicher Beteiligung sei von den Einzelnen – oder von der Organisation – frei zu entscheiden. Die Disponibilität der Mitgliedschaft unterliegt offenbar auch Regeln, die für *alle* Beteiligten *unverfügbar* sind. *Herms* findet diese Vorgaben vor allem im objektiven Gehalt der Glaubensgewissheit. Auch für *Huber* bestimmt die „kommunikative Verfassung" der Glaubenserfahrung zugleich die Art und Weise, in der die Glaubenden sich an einer geschwisterlichen Gemeinschaft beteiligen werden. Und bei aller inhaltlichen Differenz impliziert auch *Gräbs* Ansatz bei der „antinomischen" Struktur des Rechtfertigungsglaubens eine entsprechend antinomische Gestalt der kirchlichen Beziehung.

Wird die individuelle und organisatorische Disposition der Kirchenmitgliedschaft also durch die Eigentümlichkeit des Glaubens selbst konstituiert und limitiert, so hat dies zwei Konsequenzen: Zum einen ist dann nicht nur die Bildung des Glaubens, sondern auch die Gestalt der Mitgliedschaft im Grunde *unverfügbar*. Das kirchliche Handeln stellt die notwendigen Voraussetzungen bereit, an denen – „ubi et quando visum est Deo" (CA V) – der Glauben als kirchliche Erfahrung entstehen kann. *Ob* der Glauben entsteht, und ebenso ob seine kirchliche Beziehungen auch aktiv wahrgenommen werden, das ist dem Einfluss der Institution entzogen. Gerade eine *Praktische* Theologie der Kirchenmitgliedschaft wird diese geistliche Grenze ihres Themas zu beachten haben[172].

Zum anderen müssen auch die Instanzen, die die jeweilige Kirchlichkeit *innerhalb* ihres geistlichen Spielraums bestimmen, theologisch interpretiert werden. Nach einhelliger Auffassung ist es zunächst das Subjekt selbst, das seine sozialen, auch seine kirchlichen Beziehungen in der Freiheit des Glaubens gestaltet. Diese *soziale Struktur* der Mitgliedschaft, ihr Ort in anderen biographischen und gesellschaftlichen Bezügen ist zur Struktur des Glaubens in Relation zu setzen (s.u. 2). Zugleich wird die individuelle Stellung zur Kirche jedoch offenbar nachhaltig geprägt durch die Erfahrung dieser Institution selbst. Es ist dieser *ekklesiale* Charakter des Glaubens, dessen nähere Bestimmung sich zwischen *Herms*, *Huber* und *Gräb* als besonders strittig erwiesen hat (s.u. 3).

---

172 Weiteres s.u. S. 377–380.

2. Die soziale Struktur des Glaubens und der Mitgliedschaft

Wird die Struktur der kirchlichen Mitgliedschaft als Ausdruck fundamentaler Strukturen des Glauben selbst gedeutet, dann kommt die *Prozessualität* dieser Beziehung in den Blick. Wenn sich Form und Intensität einer kirchlichen Beziehung im Laufe der Zeit verändern, wenn an verschiedenen biographischen Stationen unterschiedliche Bindungsdimensionen in den Vordergrund treten, so verweist dies auch auf den dynamischen Charakter des Glaubensgeschehens: Hier treiben Erleben und Handeln, Gewissheit und Zweifel, Erfahrung der Freiheit des Evangeliums und seiner gesetzlichen Verkehrung sich lebenslang gegenseitig voran. Die Kirchenmitgliedschaft weist darum aus genuin theologischen Gründen eine biographisch variable Struktur auf, die allerdings unterschiedlich gedeutet wird.

Herms begreift den Prozess der Mitgliedschaft als ein lebenslanges Geschehen der *Bildung* (s.o. S. 48–54): In der regelmäßigen Teilnahme an den Vollzügen der kirchlichen Organisation vertieft sich die individuelle Glaubensgewissheit und konkretisiert sich in einer bestimmten Lebensführung. Die Dynamik der Mitgliedschaftsbeziehung vollzieht sich wesentlich im Kontext allmählicher geistlicher „Reifung".

Auch für *Gräb* ist die Zugehörigkeit zur Kirche biographisch strukturiert (s.o. S. 76–80). Es sind ja die Brüche und Wendepunkte der Lebensgeschichte, anlässlich derer die individuelle Selbstdeutung ihre kirchliche Zugehörigkeit in den Blick nimmt. Die biographische Dynamik der Mitgliedschaft besteht dann allerdings nicht in einem kontinuierlichen Reifen im Rahmen institutioneller Objektivität, sondern in je neuen, vielfältig gebrochenen und jedenfalls höchst aktiven Auseinandersetzungen.

Offenbar kann das Verhältnis von lebensgeschichtlicher *Erfahrung* und *Entscheidung* im Blick auf die Mitgliedschaft sehr unterschiedlich bestimmt werden. Diese Differenz lässt sich zunächst wiederum zurückführen auf ein unterschiedliches Verständnis der *Doppelstruktur des Glaubens*: Wird der Glauben als ein Handeln in „freiem Gehorsam" verstanden, das sich aus der Gewissheit der objektiven Wahrheit des Evangeliums ergibt, so wird sich auch die individuelle Geschichte der Kirchenmitgliedschaft im Wesentlichen als ein emotional und kognitiv einstimmendes Handeln vollziehen. Erscheint der Glauben hingegen als Resultat einer individuellen Aneignung des Evangeliums, die das bisher geltende Gesetz der Lebensdeutung zugleich voraussetzt und transzendiert, dann muss sich auch die kirchliche Beziehung als permanente Auseinandersetzung mit ihrer eigenen institutionellen Vergangenheit darstellen.

Die Differenzen im Verständnis der biographischen Struktur von Kirchenmitgliedschaft verdanken sich allerdings auch unterschiedlichen Einschätzungen des

Biographischen selbst[173]. Das Phänomen der „Lebensgeschichte" kann ja offenbar in zwei Richtungen akzentuiert werden, nämlich vornehmlich als *Lebenserfahrung*, als Wahrnehmung ihrer Vorgaben und immer schon gefallenen Entscheidungen, oder als *Lebensführung*, als undelegierbar eigene Gestaltungsaufgabe, die die bisherige Erfahrung immer wieder überschreiten muss. Glauben und kirchliche Mitgliedschaft können vor allem als Unterstützung jener retrospektiven Deutung begriffen, aber auch in eine Beziehung zur konstruktiven Lebensführung gesetzt werden.

Die betrachteten Autoren sind sich allerdings einig, dass die kirchliche Mitgliedschaft – wiederum aus genuin theologischen Gründen – jedenfalls auch die individuelle Lebens*führung* tangiert. Sie vollzieht sich stets im Kontext des gesamten sozialen Handelns, mit dem die Einzelne sich in der Gesellschaft positioniert. Zur dogmatischen Interpretation der sozialen Struktur kirchlicher Mitgliedschaft gehört darum auch die Frage nach ihrem Verhältnis zu den *anderen sozialen Bezügen und Bindungen* der Individuen.

Allgemeine Zustimmung dürfte hier zunächst *Hubers* Formulierung finden, „dass die zugesagte Freiheit des Glaubens, die wahrgenommene Freiheit des Gewissens sowie die verfasste Gestalt der Freiheit in Kirche, Gesellschaft und Staat in einem unauflöslichen Zusammenhang gesehen werden" müssen[174].

Diesen „unauflöslichen Zusammenhang" deutet *Huber* – im Anschluss an Barmen II und III – freilich im Sinne einer *exemplarischen* Bedeutung der kirchlichen Sozialbeziehungen: Deren Struktur bringt die Freiheit des Glaubens auf eine Weise zum Ausdruck, die für sämtliche gesellschaftlichen Ordnungen als Maßstab zu gelten hat[175]. Die kirchliche Mitgliedschaft wird so zur Grundlage einer geradezu gegengesellschaftlichen, mit anderen Sozialformen vor allem kritisch vermittelten, Vergemeinschaftung. Indem kirchliche und sonstige Sozialbeziehungen programmatisch parallelisiert werden, tritt faktisch vor allem die *Differenz* zwischen Kirche und Gesellschaft in den Vordergrund.

Diese Differenz haben auch *Herms* und *Gräb* in einer anderen, den realen Verhältnissen wohl eher entsprechenden Weise geltend gemacht, indem sie die kirchliche Mitgliedschaft systematisch von anderen Sozialbeziehungen *unterscheiden*. Für *Herms* ist die Mitgliedschaft in einer kirchlichen Organisation allenfalls formal mit anderen organisatorischen Bindungen vergleichbar; sie stellt jedoch nicht deren Vorbild oder indivi-

---

173 Vgl. dazu nur *Härle/Preul*, Lebenserfahrung; *Sparn*, Wer schreibt meine Lebensgeschichte?

174 *Huber*, Gestalten und Wirkungen, 279; vgl. *Ders.*, Zeitenwende, 163ff.

175 S.o. S. 60–64. Dass *Huber* hier eine breite reformierte Tradition aufnimmt, zeigen die Entwürfe von *Gollwitzer*, Vortrupp des Lebens; *Moltmann*, Kirche in der Kraft des Geistes; vgl. auch *Gestrich*, Christsein, 21ff.

duell strukturierendes Zentrum dar[176]. Denn während sich die Person zu anderen institutionellen Bindungen und organisatorischen Mitgliedschaften aktiv wählend verhält, beruht die kirchliche Zugehörigkeit wesentlich auf dem passiven Erlebnis der Glaubensgewissheit, die jenes aktive Wählen fundiert und steuert.

Noch radikaler unterscheidet *Gräb* den Gebrauch der kirchlichen Mitgliedschaft von allen übrigen Sozialbeziehungen, die er – im Kontext seiner antinomischen Anthropologie – vornehmlich als soziale Zuschreibungen wahrnimmt, die den Einzelnen immer schon auf eine bestimmte Identität festlegen. Gegenüber der tendenziell passiven Erfahrung des Sozialen gewinnt die Auseinandersetzung mit den kirchlich-institutionellen Angeboten einen geradezu aktiven Charakter. Es ist der „selbsttätige Glaube", der sich in der kirchlichen Beziehung realisiert[177] und der das Subjekt zugleich in eine kritische Differenz zu allen sozial vorgegebenen Bindungen versetzt. Inwiefern jedoch auch der konstruktive, das Subjekt neu konstituierende Charakter kirchlicher Zugehörigkeit sich auf dessen soziales Handeln im Ganzen auswirkt, das hat *Gräb* bislang nicht expliziert.

Bei aller unterschiedlichen Akzentuierung stimmen *Herms* und *Gräb* darin überein, die Differenz zwischen kirchlichen und den übrigen sozialen Beziehungen in Verbindung zu bringen mit dem Gegenüber von Individuum und Gesellschaft. Ihre theologische Bedeutung gewinnt die kirchliche Mitgliedschaft nicht zuletzt dadurch, dass sie den Einzelnen unter den anspruchsvollen gesellschaftlichen Bedingungen der Gegenwart eine Lebensführung ermöglicht, die ihrem Glauben entspricht. Eben diese Funktion weist auch *Huber* der Zugehörigkeit zur Kirche zu, insofern diese als eine „intermediäre Institution" den Menschen dabei helfen soll, „den Ort des persönlichen Lebens in übergreifenden Zusammenhängen zu verstehen und daraus Konsequenzen zu ziehen"[178].

Die kirchliche Beziehung geht demnach nicht in den Verhältnissen des „persönlichen Lebens", in familiären und anderen lebensweltlichen Sozialbeziehungen auf; und sie entspricht auch nicht ohne Weiteres dem Muster formal-organisationsförmiger Bindung. Ihre eigentümliche soziale Gestalt verdankt jene Mitgliedschaft offenbar dem Bezug auf die *kirchliche* Institution, die ihrerseits weder als geschwisterliche Gemeinschaft noch als funktional spezialisierte Organisation hinreichend beschrieben ist.

---

176 Vgl. *Herms*, Kirche und Kirchenverständnis, 71: „Das christliche Leben [ist] weder auf die Interaktion im kirchlichen Rahmen beschränkt, noch von ihm umgriffen, noch auch nur auf oder um diese kirchliche Interaktion zentriert."
177 Vgl. *Gräb/Korsch*, Selbsttätiger Glaube, bes. 54–58. 88f; weiter s.o. S. 76–80.
178 *Huber*, Kirche 2000, 116; vgl. *Ders.*, Zeitenwende, 267ff.

3. Die institutionelle Struktur des Glaubens und der Mitgliedschaft

In dogmatischer Perspektive ist die Beziehung zur Kirche nicht nur zu deuten als Ausdruck der individuellen Gottesbeziehung; und sie ist auch nicht nur im Verhältnis zu sonstigen sozialen Beziehungen zu verstehen. Über diese Bestimmungsinstanzen hinaus erscheint die kirchliche Beziehung vielmehr geprägt von der spezifischen sozialen Gestalt der Kirche selbst, die ihrerseits nicht nur empirisch, sondern auch theologisch zu beschreiben ist[179].

Zunächst ergeben sich aus der Struktur des Glaubens zwei Grenzbestimmungen der Rede von einer institutionellen Prägung der Mitgliedschaft[180].

Zum einen resultiert aus der Eigenart des Glaubens als einer spezifischen *Erfahrung von Freiheit* die Einsicht, dass die kirchliche Institution die Art und Weise, in der die Einzelnen Beziehungen zu ihr aufnehmen, nicht selbst normieren kann. *T. Rendtorff* hat diese reformatorische Einsicht so pointiert:

„Die Freiheit darf auf der Ebene des kirchlichen Lebensvollzugs an keine Leistungen gebunden werden, die wie Glaubenssubstitute fungieren. [...] Insgesamt lässt sich aus dem Zusammenhang von Freiheit und Institution [der] Schluss ziehen [...]: Der Preis der Freiheit ist der Mangel an Eindeutigkeit. Das heißt, zwischen den elementaren theologischen Begründungen der Freiheit in der iustificatio einerseits und den lebenspraktischen Gestalten von Kirchentum und Christlichkeit andererseits obwaltet kein Verhältnis systematischer Deduktion, und jede Behauptung in diese Richtung ist schon unreformatorisch." (*Rendtorff*, Institution der Freiheit, 20)

Dass von der kirchlichen Institution „keine absolute Macht über die Folgen der Verkündigung des Evangeliums beansprucht wird" (*Rendtorff*, aaO. 21), auch nicht im Blick auf die Kirchlichkeit der Glaubenden, das wird auch von den betrachteten Konzepten festgehalten: *Gräb* insistiert in diesem Sinne auf der Autonomie des Glaubens gegenüber seinen „religionskulturellen" Vorgaben. Auch *Huber* hält daran fest, dass die Konstitution der Mitgliedschaft jeder juristischen Fixierung durch die Institution entzogen ist. Und selbst *Herms*, der die kirchliche Organisation sehr stark macht, unterscheidet doch zwischen deren konstitutiver Mitgliedschaftsregel und der frei zustandekommenden Einsicht in diese Regel, die darum nur in individueller Variation befolgt wird (s.o. S. 46-48). Ist die

---
179 Zur gegenwärtigen ekklesiologischen Debatte vgl. etwa *Härle*, Art. „Kirche"; *Kühn*, Kirche; *Leuenberger Kirchengemeinschaft*, Die Kirche Jesu Christi; *Mechels/Weinrich*, Die Kirche im Wort; *Pannenberg*, Systematische Theologie, Bd. 3, bes. 115-154; *Reuter*, Begriff der Kirche; *Welker*, Kirche im Pluralismus.
180 S. auch die Kriterien, die oben S. 99 formuliert wurden.

Freiheit des Glaubens menschlich unverfügbar, dann kann auch die kirchliche Beziehung *nicht in die Regie* der Institution genommen werden.

Zum anderen wird damit allerdings nicht ausgeschlossen, dass die Entstehung des Glaubens sich *im Kontext* der kirchlichen Institution vollzieht. Insbesondere *Herms* hat darauf hingewiesen, dass das Geschehen des Wortes Gottes jedenfalls in diesem Sinne einen „ekklesialen Charakter" hat[181]. Die kirchliche Mitgliedschaft stellt eine *notwendige Bedingung* der Glaubensfreiheit dar. Dabei resultiert nun aus der Form, in der der Glauben im Kontext der kirchlichen Institution entsteht, zugleich die Art und Weise, in der er wiederum mit der Kirche in Kontakt treten wird. Dieser innere *Zusammenhang von kirchlicher Erfahrung und kirchlicher Beziehungsweise* wird von den betrachteten Autoren näherhin unterschiedlich beschrieben.

Für *Huber* ist es die „kommunikative Gestalt der christlichen Freiheit", die zwischen kirchlicher Erfahrung und Beteiligung vermittelt. Da der Glauben, ihm zufolge, stets mit der Wahrnehmung einer geschwisterlichen Sozialgestalt verbunden ist, darum wird der Einzelne auch von den „Kommunikations- und Partizipationsrechten" Gebrauch machen, die ihm die Kirche grundrechtlich zu gewähren hat[182]. – Diese gleichsam kommunitäre Fassung der Mitgliedschaftsbeziehung ist allerdings praktisch unzureichend, weil sie die Phänomene selektiver Kirchlichkeit nur als defizitäres Verhalten wahrnehmen kann. Und in der Theorie tendiert sie zu einer Einschränkung der Freiheit, soweit sie die kirchlichen Beteiligung normativ an eine Form intensiver Gemeinschaft bindet, die keineswegs notwendig zur Entstehung des Glaubens gehört.

Von *Gräb* wird der Zusammenhang von kirchlicher Erfahrung und Beteiligung denn auch nicht durch eine sozialintegrative Wirkung des Glaubens begründet, sondern im Gegenteil durch seine „antinomische" Struktur. In der Auseinandersetzung mit der kirchlichen Überlieferung wird ein Subjekt konstituiert, das sich von allen seinen „natürlichen" Vorgaben reflexiv unterscheidet. Darum wird die Einzelne sich den Institutionen der kirchlichen Überlieferung eben in denjenigen lebensgeschichtlichen Situationen kasuell wieder zuwenden, in denen ihre sozialen Routinen tiefgreifend in Frage stehen (s.o. S. 76–80).

---

181 Vgl. *Herms*, Kirche und Kirchenverständnis, 72; weiter s.o. S. 41–42. In diesem Sinne ist nach *Pannenberg*, Systematische Theologie, Bd. 3, 119, auch CA VII zu interpretieren: „Jesus Christus begegnet den Glaubenden in der Kirche. Wort und Sakrament werden *in der Kirche* gelehrt und dargereicht, und nur in der Kirche werden sie ‚rein' gelehrt und ‚stiftungsgemäß' empfangen, obwohl nicht umgekehrt die Tatsache kirchlicher Autorisierung von Wortverkündigung und Sakramentsverwaltung schon eine Garantie für ihre Evangeliumsgemäßheit darstellt."

182 So argumentiert, *Huber* aufnehmend, *Reuter*, Rechtsbegriff, 279; weiter s.o. S. 65–67.

Auch für *Gräb* impliziert diese antinomische Bewegung durchaus intensive Kommunikation und insofern kirchliche Gemeinschaft (s.o. S. 82-86). Er versteht diese gruppenförmige Kirchlichkeit jedoch nicht als Voraussetzung des Glaubens oder, wie *Huber* meint, als seine „gleichursprüngliche" Realisierungsform; denn zunächst ist der Glauben immer ein individueller Lebensvollzug. Intensive Gemeinschaftserfahrung erscheint vielmehr als eine unmittelbare *Folge* eines Glaubens, der auf wechselseitige Mitteilung drängt. Diese kirchliche Gemeinschaft hat freilich einen *transitorischen* Charakter: Dort, wo sie verbindliche Strukturen ausbildet, muss sich das Individuum wiederum antinomisch von ihr absetzen. – Damit ist freilich auch die Schwäche dieses Konzepts benannt: Praktisch werden hier die verbindlicheren Formen der kirchlichen Beteiligung vernachlässigt, und grundsätzlich vermag die antinomische Fassung der Mitgliedschaft deren faktische biographische *Kontinuität* nicht zu klären.

Für *Herms* beinhaltet die Glaubenserfahrung selbst die Erfahrung eines institutionellen Zusammenhangs: Der Glaubende bejaht die kirchlichen Institutionen des „äußeren Wortes", weil er sie im Gottesdienst als Voraussetzung seiner eigenen Entstehung wahrnimmt (s.o. S. 46-48). *Herms* stimmt insofern mit *Huber* überein, als dass die Freiheitserfahrung des Glaubens zugleich die Erfahrung einer bestimmten Verbindlichkeit beinhaltet. Aber diese Verbindlichkeit besteht für *Herms* nicht in den kommunitären Strukturen kirchlicher *Gruppen*, sondern in den institutionellen Strukturen des kirchlichen *Handelns*.

Mit *Gräb* trifft sich *Herms* darum in der Skepsis gegenüber den Zumutungen einer Gruppenkultur, gegenüber „einem drängelnden Bemühen um ‚persönliche Kontakte'"[183]. Die Nötigung, sich der Kirche zuzuwenden, resultiert für *Herms* nicht aus der Intensität bestimmter Gemeinschaftserfahrungen, sondern – wiederum wie bei *Gräb* – aus den Erfahrungen der alltäglichen Lebensführung. Die für den Glauben notwendige Sozialbeziehung besteht dann nicht in der Mitgestaltung kirchlicher Gemeinschaft, wie *Huber* und *Gräb* meinen, sondern zunächst in der regelmäßigen „Einkehr" in das bestehende institutionelle Gefüge. – Hier liegt allerdings auch die Problematik von *Herms'* Ansatz: Werden kirchliche Erfahrung und Beteiligung im Wesentlichen vermittelt durch eine affirmative Haltung gegenüber dem Regelwerk des äußeren Wortes, so gerät praktisch jede Abweichung von der Mitgliedschaftsregel in den Verdacht der Illegitimität. In der Theorie entspricht dem eine Tendenz, die Freiheit des Glaubens vorab auf die Erfüllung des kodifizierten göttlichen Willens einzuschränken und damit um ihre kritische Eigenständigkeit zu bringen.

---

[183] *Herms*, Weg in die offene Gesellschaft, 246.

Aus diesem resümierend kritischen Durchgang ergeben sich nun im Blick auf die institutionelle Prägung der Mitgliedschaft vier *dogmatische Grenzbestimmungen*.

(a) Aus dem inneren Zusammenhang von besonderer kirchlicher Erfahrung und konsequenter kirchlicher Beteiligung des Einzelnen ergibt sich jedenfalls eine produktive *Differenz zu allen anderen sozialen Beziehungen*. Darum ist *Gräb* und *Herms* darin zuzustimmen, dass sich die Notwendigkeit regelmäßiger kirchlicher Beziehungen vor allem aus den problematischen Erfahrungen in der alltäglichen Lebensführung ergibt. Dabei kann mit *Gräb* die entlastende, weil alle sozialen Zuschreibungen transzendierende Erfahrung des Glaubens betont werden. Es kann aber auch mit *Herms* auf ihre fundamental vergewissernde und insofern handlungsorientierende Wirkung verwiesen werden. In jedem Fall ist es die eigentümliche kirchliche Beziehung, in der die eigentümlich a-soziale Dimension des Glaubens zum Ausdruck kommt[184].

(b) Allerdings erscheint es nicht sinnvoll, diesen antiinstitutionellen Impetus der kirchlichen Erfahrung ohne Weiteres auch auf die kirchlichen Institutionen selbst zu beziehen. Die Erfahrung des Glaubens umfasst stets auch ein Moment der kritischen Auseinandersetzung mit der Kirche[185]; dieses Moment ist jedoch nicht zu verabsolutieren. Vielmehr wird von allen betrachteten Entwürfen unterstrichen, dass die Mitgliedschaftsbeziehung auf ein *institutionelles Gegenüber* angewiesen ist: *Gräb* fragt nach den religionskulturellen Beständen, auf die eine religiöse Selbstdeutung angewiesen ist. Nach *Huber* bringt der Stiftungscharakter der kirchlichen Institution die Unverfügbarkeit des göttlichen Handelns zum Ausdruck und ist darum in ihrem Kern auch rechtlich zu sichern[186]. Und für *Herms* können die Mitgliedschaftsregeln der Kirche überindividuelle, auch rechtsförmige Geltung beanspruchen, weil sie der verlässlichen Erfahrung des Glaubens dienen.

Insgesamt ist festzuhalten, dass die regelmäßige Gestalt kirchliche Mitgliedschaft nicht allein der aktuellen Glaubenseinsicht der Individuen entspringt, sondern an immer schon geordneten Vollzügen ausgerichtet ist. Diese Einsicht impliziert, dass zur Mitgliedschaft auch die *Unterstützung* dieser Vollzüge gehört: Da der Glauben sich einer Erfahrung verdankt, die institutionellen Charakter hat, wird seine kirchliche Beziehung jedenfalls Handlungsweisen umfassen, die den Bestand dieser institutionellen Vollzüge sichern[187]. – Die Umrisse dieser ihrerseits institutionellen Beteiligung lassen sich durch zwei weitere Abgrenzungen näher bestimmen.

---

184 Zur Entfaltung dieses Gedankens s.o. S. 103–104.

185 Für dieses Moment steht auch *Hubers* Formulierung der Mitgliedschaft in grundrechtlichen Kategorien.

186 Vgl. *Huber*, Die wirkliche Kirche, 256ff; *Ders.*, Rechtsethik, 430ff.

187 Im Blick auf die Kennzeichen (notae) der sichtbaren Kirche nach CA VII formuliert *U. Kühn* die grundsätzliche Einsicht, „dass es sich bei diesen ‚notae' durchge-

(c) Zunächst muss die verbreitete These vom gemeinschaftlichen Charakter des Glaubens präziser gefasst werden[188]. Die Auseinandersetzung mit *Huber* hat gezeigt, wie die Annahme einer „Gleichursprünglichkeit" von Freiheit und Gemeinschaft des Glaubens diese Freiheit kommunitaristisch einschränkt. So ist mit *Gräb* zu sagen, dass die Erfahrung einer intensiven „Kommunikationsgemeinschaft"[189] eine mögliche, vielleicht sogar zwingende Konsequenz aus der Glaubenserfahrung sein wird. Eine solche Gruppenerfahrung kann aber nicht als notwendige Voraussetzung des Glaubens gelten, der sich vielmehr den nicht eo ipso gruppenförmigen Institutionen der Verkündigung verdankt. Infolgedessen kann die Beteiligung an Gruppierungen auch nicht als unabdingbare, sondern nur als eine mögliche Form des regelmäßigen Engagements gelten[190].

(d) Die zur Mitgliedschaft gehörende regelmäßige Unterstützung kirchlicher Institutionen darf nun allerdings, wie die Auseinandersetzung mit *Herms* gezeigt hat, auch nicht lediglich als „gehorsame" Befolgung einer immer schon festliegenden Mitgliedschaftsregel verstanden werden. Trotz aller theologischen Absicherungen räumt ein solches Verständnis der empirischen Organisation eine Bestimmungsmacht über die individuelle Beteiligung ein, die weder der praktischen Erfahrung noch der theologischen Einsicht entspricht. Denn die Entstehung des Glaubens ist, was ihren kirchlichen Kontext betrifft, nach CA IV und V nur auf die „amtlichen" Institutionen von Wort und Sakrament angewiesen. Was es heißt, zu diesen Institutionen „regelmäßig" zurückzukehren und sie ebenso „regelmäßig" zu unterstützen, das kann von der Kirche selbst nicht abschließend und einheitlich festgelegt werden.

Theologisch positiv gewendet ist die für die Freiheit des Glaubens notwendige Sozialbeziehung durch eine irreduzible Polarität zweier Instanzen gekennzeichnet. Auf der einen Seite resultiert der Glauben aus der Konfrontation mit immer schon gegebenen Institutionen des kirchlichen Handelns (s.o. (a)), die ausdrücklich als organisatorische, nicht als kommunitäre Handlungsvollzüge zu kennzeichnen sind (s.o. (c)). Auf der anderen Seite vollziehen sich die kirchliche Erfahrung sowie die daraus re-

---

hend um Faktoren handelt, in denen Menschen handelnd, gestaltend, leidend am Werk sind; Faktoren also, die menschlichen Entscheidungen unterworfen sind. Sofern nun diese ‚notae' für die Kirche als geistliches Ereignis konstitutiv sind, muss man schlussfolgern: Hier sind bestimmte Handlungen [...] von Menschen konstitutiv für das Kirchesein von Kirche [...]. Nur wo Menschen gehorsam handeln, ist Kirche." (*Kühn*, Bedeutung der empirischen Kirche, 136)

188 Vgl. den groß angelegten Überblick bei *Schwöbel*, Kirche als Communio.

189 Vgl. *Schwöbel*, aaO. 42f; weiter vgl. *Gräb*, Aktion und Kommunikation; dazu s.o. S. 82–83.

190 Noch einmal zugespitzt: Die Formel von der Kirche als „Gemeinde von Brüdern, in der Jesus Christus in Wort und Sakrament [...] gegenwärtig handelt" (Barmen III), kann als eine in ihrer polemischen Abgrenzung notwendige, aber *nicht* als eine hinreichende Bestimmung kirchlicher Beziehungen bezeichnet werden.

sultierende Beteiligung nur in einer individuellen Aneignung dieser Vorgaben, die sowohl Affirmation als auch Kritik einschließen wird (s.o. (d)). Es ist diese irreduzible *Spannung von institutionellen Vorgaben und individuellen Aneignungsprozessen*, die von den betrachteten Autoren im Blick auf die kirchliche Mitgliedschaft zwar unterschiedlich ausgelegt, aber doch durchgehend zur Geltung gebracht wird[191].

4. Die gottesdienstliche Struktur der Mitgliedschaft

Es erscheint ausgesprochen bemerkenswert, dass alle drei Entwürfe die Spannung von Institutionalität und Individualität, die den Vollzug der kirchlichen Mitgliedschaft konstituiert, in ihrer konkreten Struktur vor allem am Paradigma des Gottesdienstes entwickeln: Für *Herms* konzentriert sich die regelmäßige Interaktion, in der der Glaube sich bildet und reift, in der Beteiligung an den „Institutionen der öffentlichen Evangeliumsverkündigung"[192]. Es ist vor allem die wöchentliche Teilnahme am Gottesdienst, in der die Einzelnen ihre Mitgliedschaft ausüben und bezeugen. Ähnlich entwickelt auch *Huber* die zugleich freiheitliche und kommunikative Gestalt der Mitgliedschaft anhand ihres Vollzugs „im Geschehen gottesdienstlicher Zusammenkünfte"[193]. Schließlich hat auch *Gräb* das Wechselspiel zwischen individueller „Autonomieanmutung" und institutionellen „Deutungsangeboten"[194] vor allem anhand der Kasualpraxis entfaltet, in deren Zentrum wiederum liturgisch-rituelle Vollzüge stehen.

Nach einhelliger Meinung zählt also der Gottesdienst zu den theologisch konstitutiven Relationen der Mitgliedschaft: Hierher gehören die fundamentalen Erfahrungen des Glaubens, in denen er sich bildet, wahr-

---

191 Die ekklesiologisch grundlegende Bedeutung dieser Spannung sei nur mit zwei weiteren Hinweisen belegt. Zum einen kann sie als unmittelbarer Ausdruck der von *Huber* und *Reuter* pointierten Grundspannung „zwischen Institutionalität und Aktualität" der Kirche begriffen werden; vgl. *Reuter*, Begriff der Kirche, 28ff; dazu *Huber*, Kirche, 39ff u.ö. – Zum anderen leitet *Pannenberg* seine Erwägungen zum Thema „Die Gemeinschaft des Einzelnen mit Jesus Christus und die Kirche als Gemeinschaft der Glaubenden" mit den folgenden Fragen ein: „Wird die Kirche durch den Zusammenschluss der gläubigen Individuen gebildet? Ist nicht vielmehr umgekehrt der Glaube des Einzelnen als immer schon durch die Kirche vermittelt zu denken, so dass der Kirche die Priorität vor den einzelnen Christen zukäme? Was aber wäre die Kirche, wenn nicht Gemeinschaft der an Jesus Christus glaubenden Einzelnen? Die Kirche kann offenbar nicht in jeder Hinsicht als dem individuellen Glauben vorangehend gedacht werden. Anderseits wäre es aber auch verfehlt, die Gemeinschaft der Kirche als etwas sekundär zum Glauben des einzelnen Christen Hinzutretendes zu denken." (*Pannenberg*, Systematische Theologie, Bd. 3, 115)
192 *Herms*, Religion und Organisation, 63; s.o. S. 46–48.
193 *Huber*, Kirche, 98; vgl. aaO. 98–110 u.ö.; s.o. S. 58–60.
194 *Gräb*, LLS, 89. 92 u.ö.; s.o. S. 76–80.

nimmt und in seiner Eigentümlichkeit reflektiert. Darum sind es vor allem die liturgischen Vollzüge, denen sich das Mitglied mit Regelmäßigkeit zuwenden und die es aktiv unterstützen wird. Dieser liturgische Bezug markiert zweifellos die eigentlich praktisch-theologische Dimension des Mitgliedschaftsthemas: Bilden sich die Strukturen kirchlicher Beteiligung vor allem in der *liturgischen Biographie* der Einzelnen, dann dürfte es die Gestaltung dieser Vollzüge sein, mit der das kirchliche Handeln am ehesten auf die jeweiligen Mitgliedschaftsentscheidungen Einfluss zu nehmen vermag. Die Gesamtauswertung der vorliegenden Untersuchungen wird sich darum am Paradigma des Gottesdienstes orientieren. Und an jenem Geschehen lassen sich auch die *dogmatischen* Einsichten zur Struktur der Mitgliedschaft zusammenfassen und anschaulich machen[195].

Zunächst ist das gottesdienstliche Geschehen, stärker als viele andere kirchliche Vollzüge, von anderen lebensweltlichen bzw. organisationsförmigen Interaktionen in der Gesellschaft deutlich unterschieden. Zwar ist der Gottesdienst nicht denkbar ohne implizite und ausdrückliche Bezüge auf die soziale Erfahrung seiner Teilnehmerinnen und Teilnehmer. Seine eigentümliche Bedeutung entfaltet er jedoch in eben der *produktiven Differenz zur alltäglichen Lebensführung*, die für die Mitgliedschaftsbeziehung im Ganzen theologisch unerlässlich erscheint (s.o. S. 108).

P. Cornehl hat den institutionellen Charakter des Gottesdienstes so zugespitzt: „Die Existenz des Gottesdienstes ist vorgegeben. Sie konstituiert sich nicht durch die Versammlung der Gläubigen, sondern wird vom Amt getragen. Alle Aktivität geht im Gottesdienst vom Amt in Richtung Gemeinde." (Teilnahme am Gottesdienst, 38) Diese Sätze beschreiben nicht nur das theologische Selbstverständnis jedenfalls des lutherischen Gottesdienstes, sondern sie bringen auch die Perspektive der liturgisch Teilnehmenden selbst zum Ausdruck. Was vom Gottesdienst erinnert wird und weiter wirkt, das sind vor allem feststehende Vollzüge, rituelle Funktionen und Rollen, die sich in der Figur des Gottesdienstleiters konzentrieren. Auf diese *institutionellen* liturgischen Vorgaben sind kirchliche Erfahrung und Beteiligung im Kern bezogen (s.o. S. 108).

Zum Gottesdienst gehört gewiss mehr als ein organisiertes Amt; er ist immer auch ein Ort wechselseitiger und vielschichtiger Kommunikation der Gemeinde. Gleichwohl ist nicht jeder Gottesdienst, auch nicht jeder Kasualgottesdienst, von denjenigen Erfahrungen geprägt, die sich mit der Vorstellung einer geschwisterlichen Gemeinschaft des Glaubens verbinden. Eine solche intensive Kommunikationserfahrung mag das Ziel liturgischen Handelns sein und mag, wo sie geschieht, die kirchliche Bindung in hohem Maße prägen. Eine solche Konstellation stellt jedoch keine not-

---

195 Die hier vorausgesetzte Vorstellung ‚des' Gottesdienstes wird in der Auswertung der vorliegenden Arbeit näher entfaltet und begründet; vgl. vorläufig nur *Bieritz*, Im Blickpunkt: Gottesdienst; *Cornehl*, Art. „Evangelischer Gottesdienst"; *Preul*, Was ist ein lutherischer Gottesdienst?

wendige Voraussetzung für das Geschehen des Gottesdienstes dar. Auch aus der Sicht der Einzelnen zielt die gottesdienstliche Beteiligung durchaus nicht immer auf die Erfahrung besonders intensiver und verbindlicher Gemeinschaft. Gerade diese weit gefächerte liturgische Erwartungshaltung erscheint dogmatisch sachgemäß (s.o. S. 109).

Dass die kirchliche Mitgliedschaft sich andererseits auch nicht nur als eng begrenzte Variation einer einheitlichen Beteiligungsregel verstehen lässt (s.o. S. 109), das kommt besonders in der Vielfalt gottesdienstlicher Vollzüge zum Ausdruck. Eine „regelmäßige" Beteiligung kann sich, wie *Cornehl* gezeigt hat[196], auf die sonntäglichen Hauptgottesdienste beziehen, aber auch auf Kasualgottesdienste, die aus familiärer Veranlassung besucht werden. Auch gibt es weitere ausgeprägte „Kirchgangsregeln" (aaO. 21), etwa mit Bezug auf Jahresfeste oder besondere kulturelle Angebote. Bedeutsam erscheint, dass es die Institution selbst ist, die den Einzelnen eine Mehrzahl liturgischer Beteiligungsformen anbietet: Sowohl *Herms'* Konzentration auf den sonntäglichen Mahlgottesdienst als auch *Gräbs* Paradigma der gelegentlichen Kasualteilnahme finden ihr – begrenztes – Recht in der kirchlichen Realität. Das Postulat einer einheitlich verbindlichen Regel der Mitgliedschaft erfährt auch am gottesdienstlichen *Handeln* der Kirche eher eine Widerlegung als eine Bestätigung.

Auch und gerade das gottesdienstliche Geschehen ist darum durch das *Wechselspiel* institutioneller, ja „amtlicher" Vorgaben und eigenständiger, individuell sehr unterschiedlicher Umgangsweisen mit diesen Vorgaben bestimmt. Dieses Wechselspiel ist von *Herms* als eine „Darbietung des Objektiven" durch die Trägerinnen und Träger des Amtes verstanden worden, in der sich der Gegenstand der Überlieferung selbst „den Einzelnen zu erleben gibt"[197]. Für *Gräb* setzt hingegen das Gelingen des Gottesdienstes die Freigabe der Tradition zur je eigenen Anverwandlung voraus. Bei aller unterschiedlicher Akzentsetzung besteht offenbar darin Übereinstimmung, dass die kirchliche Überlieferung auf eine individuelle Aneignung und Verarbeitung durch die den Gottesdienst *leitenden* Personen angewiesen ist. Diese produktive Einstellung zu den liturgischen Formen kann als Musterbeispiel der dogmatischen Struktur kirchlicher Mitgliedschaft im Ganzen gelten. Indem nicht nur die Amtspersonen der Kirche, sondern alle ihre Mitglieder einen individuell verantworteten Gebrauch von den kirchlich-institutionellen Vorgaben machen, gewinnt diejenige spezifische Sozialbeziehung Kontur, die für die Freiheit des Glaubens bleibend notwendig ist.

---

196 *Cornehl*, Teilnahme am Gottesdienst, 20ff; weiter s.u. S. 254–256 sowie S. 350–352.

197 *Herms*, Kirche für andere, 63f; vgl. aaO. 63–74; *Ders.*, Weg in die offene Gesellschaft, 246.

Teil B

Kirchenrechtliche Perspektiven:
Der öffentliche Status einer persönlichen Bindung

Die kirchenrechtlichen Regelungen zur Mitgliedschaft geben Auskunft darüber, wie die verfasste Kirche selbst die Beziehung zu ihren Gliedern bestimmt. Die kirchliche Institution, die sich selbst im Wesentlichen rechtsförmig ordnet, beschreibt auch ihre Zugehörigkeitsbeziehungen vor allem mit den Mitteln des Rechts. Was auf diese Weise zur Sprache kommt, das sind dann zunächst „die feststellbaren, institutionellen Merkmale der Kirchenmitgliedschaft" (*Nuyken*, Kirchengesetz, 325). Freilich gelten diese äußeren Regelungen als notwendige „Rahmenbedingungen", die dem inneren, geistlichen Leben der Kirche „dienen" wollen[1]. Damit prägt die kirchenrechtliche, institutionell-objektive Regelung der Mitgliedschaft auch ihre subjektiven Vollzüge in tiefgreifender Weise.

Obgleich die kirchenrechtlichen Regelungen der Mitgliedschaft mithin für eine Gesamtdeutung dieses Phänomens von beträchtlicher Relevanz sind, haben sie in der praktisch-theologischen Diskussion bislang wenig Aufmerksamkeit erfahren[2]. Wird diese Dimension der Kirchenmitgliedschaft überhaupt zum theologischen Thema gemacht, so findet sich zumeist die Auskunft, dass „die theol. Würdigung und Aufarbeitung der gegenwärtigen Probleme [...] noch längst nicht abgeschlossen [ist]"[3].

Diese Zurückhaltung dürfte damit zusammenhängen, dass das Verhältnis des Kirchenrechts und seiner Theorie zur Theologie im Allgemeinen und zur Praktischen Theologie im Besonderen faktisch nur schwach

---

[1] Zum Kirchenrecht als „Rahmenbedingung" des kirchlichen Handelns vgl. *Burgsmüller*, Rechtliche Bindungen; *Härle*, Einführender Bericht; *Herms*, Abschließender Bericht. Zum dienenden Charakter des Kirchenrechts vgl. *Barth*, Ordnung, 781ff; weiter s.u. S. 121-122.

[2] Zu den Ausnahmen gehören *Daiber*, Religion, 64ff; *Huber*, Kirche der offenen Grenzen, dazu zahlreiche andere Texte *Hubers*, zuletzt: Gerechtigkeit und Recht, 436ff; *Lohff/Mohaupt*, 18ff; *Plathow*, Lehre und Ordnung; *Winkler*, Gemeinde. Auch in anderen Arbeiten hat *E. Winkler* an die kirchenrechtlichen Rahmenbedingungen der Praxis erinnert; vgl. zuletzt *Winkler*, Praktische Theologie, 29ff.

[3] *Mehlhausen*, Art. „Kirchengliedschaft", 1595; vgl. ähnlich *v. Campenhausen*, Problem der Rechtsgestalt, 65; *Dahm*, Art. „Kirchenmitgliedschaft", 643.

entwickelt ist[4]. Erst in den letzten Jahren deuten sich hier Veränderungen an, vor allem durch intensive Kooperationen von Theologen und Kirchenjuristen[5].

Das folgende Kapitel (B.I) wird sich darum zunächst der „rechtstheologischen" Theoriebildung im Ganzen widmen; in diesen Horizont ist dann das Recht der Mitgliedschaft hineinzustellen.

Sodann orientiert sich die Untersuchung durchgehend an drei Perspektiven. Durch historische und systematische Rekonstruktion werden wesentliche *Strukturen* des geltenden Mitgliedschaftsrechts aufgezeigt. Zugleich wird durchgehend nach dem Bezug dieser Rechtsstrukturen auf das *kirchliche Leben*, auf die sozialen Verhältnisse in der erfahrbaren Kirche selbst gefragt. Strukturelle und praktische Aspekte werden schließlich immer wieder zusammengeführt in Versuchen einer *theologischen Deutung* der mitgliedschaftlichen Regelungen. Die Zusammenfassung (VI) greift dazu auf die oben, in A.IV entwickelten Perspektiven zurück.

---

4 Ausnahmen bilden hier lediglich *Bloth*, Praktische Theologie, 122-134; *Otto*, Grundlegung, 160-179.

5 Vgl. die Resultate der interdisziplinären Projektgruppe „Rechtliche Rahmenbedingungen kirchlicher Praxis" in ZEvKR 28/1983 (*Burgsmüller, Härle, Schwarz, Stein*) und ZEvKR 30/1985 (*Herms*) sowie seit kurzem *Rau/Reuter/Schlaich*, Das Recht der Kirche, Bd. I-III. Das Recht der Kirchenmitgliedschaft ist hier von *Wendt*, Rechtsstellung, bearbeitet worden; innovative Einflüsse des interdisziplinären Gesprächs sind allerdings kaum zu erkennen.

I. Problemhorizonte der Theorie des Kirchenrechts

Die Bestimmungen zur Kirchenmitgliedschaft stellen einen kleinen, eher randständigen Teil des geltenden evangelischen Kirchenrechts dar; auch in seiner Theorie findet das Thema relativ geringe Beachtung. Dennoch fällt auf, dass das Recht der Mitgliedschaft nicht selten zur Veranschaulichung kirchenjuristischer Grundprobleme herangezogen wird; dieses Sachgebiet bringt offenbar konstitutive Rechtsstrukturen zum Ausdruck[6]. Im Folgenden werden daher einige Einsichten und Kontroversen der „rechtstheologischen" Grundsatzdebatte skizziert, um den allgemeinen Horizont für die Interpretation des Mitgliedschaftsrechts zu erhellen. Umgekehrt kann diese Interpretation dann auch zur Klärung kirchenrechtlicher Grundfragen beitragen (s.u. S. 157-159. 177-178. 181-184).

1. Die Mehrschichtigkeit des Kirchenrechts

D. Pirson hat 1982 gefragt, „inwieweit im positiven kirchlichen Recht Rechtssätze enthalten sind, die Rechte und Pflichten der einzelnen Kirchenglieder begründen oder ausgestalten und inwieweit überhaupt die Beziehungen [...] zwischen der Kirche und ihren Gliedern Gegenstand rechtlicher Regelung sind" (Geltungsbereich, 120). Seine Bestandsaufnahme ergibt zunächst, dass sich einschlägige Rechtssätze in ganz unterschiedlichen Normkomplexen finden, so etwa im kirchlichen Verfassungsrecht, in „den Vorschriften, die der Bildung kirchlicher Vertretungsorgane dienen" (aaO. 121), im Amtshandlungs- und Gottesdienstrecht, in Benutzungsvorschriften für kirchliche Einrichtungen und schließlich im Dienstrecht. Diese verschiedenen Rechtsquellen wirken inhaltlich wie im Blick auf Rechtsform und Verbindlichkeit ausgesprochen *heterogen* (aaO. 117). Bereits in formaler Hinsicht erscheint das Recht der Kirchenmitgliedschaft exemplarisch: Von „dem" Kirchenrecht und seiner Eigenart

---

6 Vgl. etwa *Honecker*, Art. „Kirchenrecht", 740: „So wird gerade im Recht der Kirchenmitgliedschaft das Zusammenspiel theologischer, partikularkirchenrechtlicher und staatsrechtlicher Überlegungen deutlich"; vgl. aaO. 737; weiterhin *v. Campenhausen*, Problem der Rechtsgestalt, 60ff; *Huber*, Gerechtigkeit und Recht, 431ff; *Obermayer*, Aufgabe einer evangelischen Kirchenverfassung, 609ff.

kann nur gesprochen werden, wenn zugleich die außerordentliche Divergenz der einzelnen Regelungen und Regelungsformen gesehen wird[7].

In einem Überblicksartikel fordert *M. Honecker*, „drei Ebenen oder Schichten des Kirchenrechts" deutlicher als bisher zu unterscheiden: „Auf der staatlichen, politischen Ebene geht es um das Staatskirchenrecht (z.B. Körperschaftsstatus der Kirche, staatliches Kirchensteuerrecht, staatlicher Religionsunterricht [...] usw.). Sodann gibt es ein innerkirchliches Verbandsrecht (z.B. Besoldungs- und Dienstrecht, Disziplinarrecht usw.). [...] Das eigentlich geistliche Recht im strengen Wortsinne ist Verkündigungs-, Gottesdienst- und Sakramentsrecht."[8]

In solchen Einteilungen kommt zum Ausdruck, dass die erfahrbare Kirche selbst in sehr verschiedenen Bezügen steht. Als „Körperschaft des öffentlichen Rechts" kooperiert sie mit dem Staat; als „Verband" ist sie eine gesellschaftliche Assoziation unter anderen; schließlich lebt sie von der Mitteilung des Glaubens in Wort und Sakrament. Diesen Bezügen entsprechen unterschiedliche Regelungsgehalte; sie implizieren aber vor allem unterschiedliche „Geltungsmodalitäten"[9]: Während das „geistliche Recht", das in großer Nähe „zum Zentrum kirchlichen Geschehens" steht[10], sich aus der Einsicht des Glaubens legitimiert, werden die staatskirchenrechtlichen Komplexe nach juristisch allgemeiner Maßgabe zur Geltung gebracht, einschließlich eventueller Zwangsmaßnahmen.

Die gegenwärtigen kirchenrechtlichen Grundsatzdebatten zeichnen sich nicht zuletzt dadurch aus, dass innerhalb des heterogenen Rechtsstoffes je unterschiedliche Schwerpunkte gesetzt werden: „Das" Kirchenrecht kann von seinen „geistlichen" Teilen aus gedeutet werden – dann lässt sich die These vertreten, es sei „nach seinem Geltungsgrund, nach seinem Gehalt, nach seiner Geltungsweise und nach seinen Grenzen" ein ganz eigenständiges und einzigartiges Recht[11]. Umgekehrt kann das Kirchenrecht im Ganzen als Organisationsrecht des kirchlichen Verbandes gekennzeichnet werden, prinzipiell vergleichbar mit den spezifischen Regelungen anderer gesellschaftlicher Organisationen[12]. Diese Spannung verweist auf die elementare Frage, mit welchen Mitteln und Konsequen-

---

7 Das betonen *Burgsmüller*, Rechtliche Rahmenbedingungen, 127f; *Schlaich*, Kirchenrecht und Kirche, 344ff. 361ff; *Stein*, Kirchenrecht, 30ff.
8 *Honecker*, Art. „Kirchenrecht", 734f; Hervorhebungen getilgt. Ähnliche, wenn auch im Detail abweichende Einteilungen finden sich etwa bei *v. Campenhausen*, Kirchenrecht; *Grundmann/Schlaich*, Art. „Kirchenrecht", 1655f; *Obermayer*, Kirchenverfassung, 602ff; *Stein*, Kirchenrecht, 32f.
9 *Robbers*, Grundsatzfragen, 239; vgl. *Schlaich*, Kirchenrecht und Kirche, 345f.
10 *v. Campenhausen*, Kirchenverständnis, 37.
11 *Heckel*, Zur zeitlichen Begrenzung, 144; zur Kritik vgl. *Reuter*, Begriff des Rechts, 28off.
12 So pointiert etwa *Pirson*, Geltungsbereich, 117ff; *Härle*, Einführender Bericht, 124; vgl. auch *Schlaich*, Kirchenrecht und Kirche, 345.

zen die erfahrbare Kirche sich in der gesellschaftlichen Ordnung als eine eigenständige Größe behaupten kann. Diese Frage ist zunächst im Blick auf das Verhältnis des kirchlichen Rechts zum staatlichen Recht (s.u. I.2) sowie zum geistlichen Grund der Kirche (I.3) zu entfalten.

2. Der Bezug zum „weltlichen" Recht

Schon die gängige Bezeichnung der kirchlichen Satzungen und Vorschriften als „Kirchenrecht" markiert die Nähe zum gesamtgesellschaftlichen Institut des „Rechts". Historisch verdankt sich dieser Bezug der jahrhundertelang intensiven Verbindung von staatlicher und kirchlicher Ordnung. Ungeachtet der formalen Auflösung dieser Verbindung seit 1918/19 handelt die Kirche bis heute weithin *„zwar eigenständig, aber rechtsförmlich*, also durchaus nach dem Muster weltlichen Rechts"; sie hat auch im Einzelnen zahlreiche Strukturen und Inhalte des allgemeinen Rechts beibehalten oder neu übernommen[13].

Der phänomenologische Befund, dass kirchliches und staatliches Recht in vieler Hinsicht parallel laufen, erlaubt durchaus gegensätzliche Deutungen. So kann die kirchliche Rechtsordnung durch eine „dem weltlich-politischen Gemeinwesen vorgegebene und unverfügbare, spezifisch legitimierte *Eigenrechtsmacht*" begründet werden[14]; sie stellt dann im Grunde eine der staatlichen Ordnung *konkurrierende* Größe dar. Diese Auffassung ist zwar nur von der klassischen römisch-katholischen Kirchenrechtslehre konsequent verfochten worden; eine Tendenz, den materialen Einfluss des staatlichen Rechts gering zu achten, zeigen jedoch auch zahlreiche evangelische Autoren.

Die Auffassung von der weitreichenden Eigenständigkeit des kirchlichen Rechts ist im Nachkriegsprotestantismus vor allem durch die These eines „*doppelten Rechtsbegriffs*" konkretisiert worden[15]. Danach ist das Recht der Kirche, als „Recht der Liebe" (*J. Heckel*) oder als „Recht der Gnade" (*H. Dombois*), von dem auf äußerlichem Zwang beruhenden und auf lediglich formale Gerechtigkeit zielenden „weltlichen" Recht „toto coelo" (*J. Heckel*) unterschieden. Ihren phänomenologischen Anhalt hat diese These an der Existenz eines „geistlichen"

---

13 *Schlaich*, Kirchenrecht und Kirche, 344 (Hervorhebungen i.O.) Prominentes Beispiel ist das Dienstrecht, das – selbst in der Rechtsordnung der DDR-Kirchen – den Status des „kirchlichen Beamten" kennt und sich bekanntlich bis ins Detail an das staatliche Beamtenrecht anlehnt.

14 *Schlaich*, Kirchenrecht und Kirche, 341, der seinerseits eine These von *Hollerbach* aus dem Jahr 1969 zitiert (Anm. 20). Zur Diskussion vgl. auch *Pirson*, Geltungsbereich, 124-126; *Reuter*, Rechtsbegriff, 281f.

15 Vgl. vor allem die Arbeiten von *Johannes Heckel*; dazu die Überblicke bei *v. Campenhausen*, Kirchenrecht, 14ff; *Schlaich*, Grundlagendiskussion, 241-244; *Reuter*, Rechtsbegriff, 247ff.

Rechts des Gottesdienstes. Diese Normen sind von zentraler Bedeutung für das kirchliche Selbstverständnis; zugleich haben sie im allgemeinen Recht offenbar keine Parallele.

Aus theoretischen, vor allem aber aus praktischen Gründen hat sich diese Auffassung jedoch nicht durchgesetzt; „der monistische Rechtsbegriff ist heute ganz herrschend" (*Robbers*, Grundsatzfragen, 237). Die Beziehungen der Kirche zum Staat, aber auch zu anderen gesellschaftlichen Organisationen erfordern in der Praxis ein gemeinsames Verständnis des Rechtsinstituts; die Hauptmasse des Kirchenrechts besteht denn auch, wenn es nicht gleich als Staatskirchenrecht erscheint, aus Regelungen, „wie sie für jeden körperschaftlichen Verband unverzichtbar sind" (*Pirson*, Geltungsbereich, 121). Das kirchliche Recht wird darum heute als ein *Teilbereich des gesamtgesellschaftlichen Rechtssystems* verstanden, mit dem die Kirche „ihre Angelegenheiten selbständig innerhalb der Schranken des für alle geltenden Gesetzes" ordnet (Art. 137 (3) WRV i.V.m. Art. 140 GG). Daraus kann dann gelegentlich auch gefolgert werden: „Alle Gesetze, die Organe der Kirche betreffen, müssen inhaltlich widerspruchslos als Elemente des staatlichen Rechtssystems interpretierbar sein"[16]. Kirchliches Recht kann jedenfalls insofern nicht als Liebes- oder Gnadenrecht gelten, als es, wie jedes „weltliche" Recht, auch die *Androhung von Sanktionen* impliziert: Auch im kirchlichen Bereich können Rechtsverletzungen nicht folgenlos bleiben[17].

Wird die kirchliche Ordnung in das gesellschaftliche Rechtssystem eingeordnet, so muss seine *inhaltliche* Eigenart offenbar anders bestimmt werden. W. *Huber* hat dies in die Frage gekleidet, aus welchen Gründen „bestimmte Regelungen aus anderen gesellschaftlichen Bereichen [...] übernommen werden und an welchen Stellen um der Aufgaben der Kirche willen davon abweichende Regeln notwendig sind" (Gerechtigkeit und Recht, 430f). Material ist diese Frage in den letzten Jahren anhand der *Grund- und Menschenrechte* diskutiert worden[18]: Lassen sich spezifische „Menschen- und Christenrechte" formulieren, die nur im Bereich

---

16 *Herms*, Kirchenrecht, 253, vgl. auch die Fortsetzung des Zitats: „und sie besitzen ihren *Rechts*charakter, d.h. ihr Bewehrtsein mit der Möglichkeit von Sanktionen, auch nur, sofern auf Grund ihrer im Rahmen des gesellschaftseinheitlichen Rechtsinstituts der Souverän zum Einschreiten veranlasst werden kann." Dagegen behauptet *Pirson*, „dass kirchliches Recht seiner besonderen Ausrichtung wegen, die für staatliche Organe nicht nachvollziehbar ist, von diesen auf seine Gültigkeit hin nicht beurteilt und nicht zuverlässig ausgelegt und angewendet werden kann" (Geltungsbereich, 126).

17 So *Hübner*, Die theologische Relevanz, 543; gegen *Stein*, Kirchenrecht, 11; vgl. auch *Herms*, Abschließender Bericht, 268f; *Preul*, Kirchentheorie, 227; kritisch *Huber*, Gerechtigkeit und Recht, 422.

18 Vgl. *Robbers*, Grundsatzfragen, 239f; *Obermayer*, Kirchenverfassung, 609ff; *Ehnes*, Grundrechte in der Kirche; *Huber*, Gerechtigkeit und Recht, 431ff; *Ders.*, Grundrechte in der Kirche, und die dort angegebene Literatur. Weiter s.u. S. 151-156.

der Kirche Geltung haben und die, als Verfassungsrechte, auch die Eigenart der kirchlichen Rechtsordnung zu markieren vermögen?

Der „weltliche" Außenbezug des kirchlichen Rechts ist weder als kritische Entgegensetzung noch als organisationsspezifische Präzisierung des allgemeinen Rechts hinreichend gekennzeichnet. Angesichts des mehrschichtigen kirchenrechtlichen Bestandes sind Regelungen aus anderen Rechtsbereichen weder pauschal zu verwerfen noch unbesehen zu übernehmen. Die „Transformation" allgemeiner in kirchliche Rechtssätze (*Huber*) erscheint vielmehr als eine theologisch-hermeneutische Aufgabe, die je neu zu vollziehen ist. Eben dies ist das Thema der „Rechtstheologie".

3. Probleme der „Rechtstheologie"

Ausgangspunkt auch noch der gegenwärtigen Bemühungen um eine theologische Deutung des Kirchenrechts ist die III. Barmer These, nach der die Kirche, „in der Jesus Christus [...] gegenwärtig handelt", ihrerseits „mit ihrer Botschaft wie mit ihrer Ordnung" zu bezeugen hat, „dass sie allein sein Eigentum ist, allein von seinem Trost und von seiner Weisung [...] lebt". Daher darf die Gestaltung von kirchlicher Botschaft und Ordnung nicht den „jeweils herrschenden weltanschaulichen und politischen Überzeugungen überlassen" werden. Diese exklusiv christologische Begründung der kirchlichen Ordnung hatte historisch einen polemischen, institutions- wie staatskritischen Sinn; zugleich formulierte sie aber ein theologisches Konstruktionsprinzip des Kirchenrechts, das grundsätzliche Bedeutung beanspruchte.

Mit eben diesem Anspruch kamen nach 1945 „rechtstheologische" Grundlagenentwürfe zu breiter Wirkung[19]. Der bezeugende Charakter des Kirchenrechts lässt sich, so haben *J. Heckel*, *E. Wolf* und *H. Dombois* mit ganz unterschiedlichen Argumenten behauptet, nur durch dessen inhaltliche und formale Ausrichtung am „ius divinum" realisieren[20]. Theologische Legitimität und kirchliche Geltung kann dem Recht nur in der Bindung an „biblische Weisungen" (*Wolf*) und in der Begründung aus den gottesdienstlichen Grundvollzügen zukommen.

Der theologische Anspruch auf *exklusive* Begründung des Kirchenrechts hat sich allerdings nicht durchhalten lassen. Dieser Anspruch lebt zunächst von einer dogmatischen Entgegensetzung von Kirche und „Welt"

---

19 Vgl. die Überblicke bei *Grundmann/Schlaich*, Art. „Kirchenrecht"; *Schwarz*, Rechtstheologie.
20 Zum „ius divinum" vgl. *Bock*, Begriff der Kirche, 129ff; *Dreier*, Göttliches und menschliches Recht; *Honecker*, Art. „Kirchenrecht", 735ff; Ders., Kirchenrechtliche Aufgaben, 405ff; *Reuter*, Rechtsbegriff, 268ff.

bzw. Gesellschaft, die weder theologisch noch phänomenologisch haltbar erscheint. Die erfahrbare Kirche kann nur als ein Teil der Welt gesehen werden, „ein Recht höherer Ordnung für die Kirche kommt nicht in Betracht" (*Rössler*, Grundriss, 316). Und faktisch spiegelt die kirchenrechtliche Entwicklung immer auch allgemeinrechtliche, politische und soziale Veränderungen. „In die Gestalt kirchlichen Rechts fließen auch andere Motive ein als diejenigen, die sich aus dem Begriff der Kirche ableiten lassen." (*Huber*, Gerechtigkeit und Recht, 429f)

Die von der „Rechtstheologie" der Nachkriegszeit geforderte Bindung an ein „ius divinum" oder gar an konkrete „biblische Weisungen" hat ihre orientierende Kraft außerdem in dem Maße verloren, in dem die konkrete Formulierung solcher „überpositiver" Normen theologisch immer fragwürdiger wurde[21]. Angesichts des Pluralismus' in Kirche, Wissenschaft und Gesellschaft lässt sich eine absolute Verbindlichkeit kirchenrechtlicher Vorgaben, wie sie mit dem Begriff des „ius divinum" intendiert ist, im Grunde nur für das Wort Gottes selbst behaupten; dieses hat aber gerade keinen rechtlichen Charakter. Auch die Autoren, die den Begriff der „biblischen Weisung" weiter verwenden, beschränken den materialen Gehalt solcher Vorgaben auf die Gewährleistung der Evangeliumsverkündigung in Wort und Sakrament – und damit auf nichts anderes als den Auftrag der Kirche selbst[22].

Aus den genannten Gründen wird der kirchenrechtliche Bezug auf den Auftrag der Kirche inzwischen nurmehr als ein Kriterium unter anderen verstanden. So spricht W. *Huber* vom „Maßstab der Auftragsgemäßheit", K. *Schlaich* von der „geistlichen Ausrichtung des Kirchenrechts" und G. *Robbers* von seiner „theologisch zu erweisenden Bindung"[23]. Was diese Bindung des Kirchenrechts inhaltlich im Einzelnen besagt, ist damit jedoch noch nicht gesagt. Anhand dreier gängiger rechtstheologischer Postulate sei diese Offenheit der Debatte näher skizziert.

E. *Wolf* hat die Formel „*bekennendes Kirchenrecht*" geprägt, die auch in *Barths* Dogmatik Aufnahme fand[24]. Nun kann „Bekenntnis" historische Formulierungen bezeichnen oder einen aktuellen, situationsbezogenen Vollzug, wie ihn die Barmer Erklärung verkörpert; „Bekennen" kann die

---

21 Vgl. die Skepsis angesichts des theologischen Pluralismus' bei *Honecker*, Kirchenrechtliche Aufgaben, bes. 405ff; *Schlaich*, Kirchenrecht und Kirche, 352f; jeweils mit weiteren Belegen. Zuversichtlicher ist trotz gleicher Sicht der Lage *Dreier*, Göttliches und menschliches Recht, bes. 305. – Zum „überpositiven Recht" in Staat und Kirche vgl. *Obermayer*, Kirchenverfassung, 600f. 603.

22 Vgl. etwa *Heckel*, Zur zeitlichen Begrenzung, 146–149; *Obermayer*, Kirchenverfassung, 603; *Stein*, Kirchenrecht, 24ff.

23 Vgl. *Huber*, Gerechtigkeit und Recht, 431; *Schlaich*, Kirchenrecht und Kirche, 339; *Robbers*, Grundsatzfragen, 238.

24 Vgl. *Barth*, Ordnung, 792ff; vgl. die Rezeption bei *v. Campenhausen*, Problem der Rechtsgestalt, 56ff; *Honecker*, Art. „Kirchenrecht", 732f.

Differenz zu anderen Kirchen herausstellen oder umgekehrt die gemeinsame Bindung an den einen Herrn. Der rechtstheologische Konsens besteht dann lediglich darin, die kirchenrechtlichen Normen in irgendeiner Weise auf den *darstellenden* Charakter des kirchlichen Handelns zu beziehen[25]. Diese Forderung ist für die einen schon dadurch eingelöst, dass das positive Kirchenrecht dem kirchlichen Auftrag nicht widerspricht[26]; andere erwarten eine ausdrücklich „antwortende" Struktur: „Kirchliche Gesetze von Gewicht können in Präambeln und im Gesetzestext sagen, inwiefern und womit sie zur Auferbauung der christlichen Gemeinde beitragen wollen."[27]

Rechtstheologischer Konsens besteht weiterhin in der Kennzeichnung des Kirchenrechts als „*liturgischen Rechts*": Die den Gottesdienst, die Verkündigung und die Sakramentsverwaltung betreffenden Regeln bilden den spezifischen Kern des gesamten kirchlichen Rechtsstoffs[28]. Auch der Bezug von Gottesdienst und Kirchenrecht wird allerdings sehr unterschiedlich bestimmt: H. *Dombois* begreift den Gottesdienst selbst als Rechtsgeschehen und nimmt Verkündigung und Sakramentsvollzug unmittelbar als exklusiven kirchenrechtlichen Geltungsgrund in Anspruch[29]. Die Rechtsordnung, die das gottesdienstliche Handeln selbst regelt, wäre demnach zu den *normativen Voraussetzungen* des liturgischen Vollzugs zu zählen. Für andere Autoren erschöpft sich der liturgische Bezug des Kirchenrechts in der Gewährleistung eines verlässlichen Freiraums für die gerade nicht rechtlich zu regelnden Vollzüge der Verkündigung[30]. Die „geistlichen" Regelungen erscheinen dann nicht als konstitutive, sondern lediglich als *limitative Bedingung* des Gottesdienstes.

Diese Zurückhaltung normativer Ansprüche markiert schließlich auch eine dritte rechtstheologische Formel: der „*dienende Charakter*" der Kir-

---

25 Vgl. *v. Campenhausen*, Kirchenverständnis, 36f; *Härle*, Einführender Bericht, 123f.

26 Vgl. etwa *Rössler*, Grundriss, 317.

27 *Schlaich*, Grundlagendiskussion, 253; vgl. *Burgsmüller*, Kirche als „Gemeinde von Brüdern", 65ff; *Huber*, Gerechtigkeit und Recht, 431.

28 Vgl. etwa *Stein*, Kirchenrecht, 28; mit ganz anderer Argumentation auch *Herms*, Ordnung der Kirche, 105ff. M. *Heckel* geht so weit, für diese spezifischen Gehalte „des göttlichen ministerium divini", des Sakramente, Predigt, auch der Buße und des Bannes", ein „unmittelbares Vollzugsrecht" zu behaupten, das in seiner „göttlichen" Qualität „der menschlichen Gestaltung und Verfügung durch die Gemeinde und die kirchlichen Organe" gänzlich entzogen ist (*Heckel*, Zur zeitlichen Begrenzung, 148).

29 Vgl. *Dombois*, Ökumenisches Kirchenrecht; dazu *Honecker*, Kirchenrechtliche Aufgaben, 391. Auch K. *Barth* lässt das Kirchenrecht aus dem Geschehen des Gottesdienstes erwachsen, vgl. Ordnung, 800ff; *Ammer*, Ordnung, 246f.

30 Vgl. *Herms*, Abschließender Bericht, 272f; *Ders.*, Ordnung der Kirche, 111ff; weiter s.o. S. 39-40. 43. Vgl. auch *Honecker*, Art. „Kirchenrecht", 743: „Evangelisches Kirchenrecht sichert und erhält den irdischen Freiraum für das unverfügbare Geschehen der Gnade."

chenrechts³¹. Nahezu einhellig herrscht inzwischen die Ansicht, dass „Botschaft und Ordnung" nach Barmen III nicht gleichzustellen sind³², die Rechtsgestaltung „kann nicht für die unsichtbare Kirche bürgen", sondern nur als eine notwendige Folgewirkung kirchlicher Institutionalität begriffen werden³³.

Wiederum sind charakteristische Unterschiede in der Deutung dieses Dienstcharakters zu notieren: Er kann *formal* verstanden werden, als strikte Nachordnung aller Ordnungsfragen gegenüber den Inhalten der Verkündigung und des Glaubens³⁴. Dazu wird betont, dass das Kirchenrecht nur Grenzen markieren kann. „Damit gewinnt die ‚christliche Sitte' neben dem Kirchenrecht erhöhte und schon durch ihre Existenz zeugnisartige Bedeutung."³⁵

Von hieraus ergibt sich ein Zugang zur faktischen Mehrschichtigkeit des kirchenrechtlichen Bestandes: Das „dienende" Kirchenrecht zielt nicht auf Vollständigkeit, sondern lediglich auf die jeweils nötige, begrenzte Regelung einzelner Ordnungsprobleme.

Andererseits kann der dienende Charakter des Kirchenrechts, nach Barmen IV, als ein *inhaltlich* qualifizierendes Moment begriffen werden. Die kirchliche Ordnung beschreibt dann ein Handeln, das auf eigene Ansprüche möglichst verzichtet; innerkirchlich begründet sie die „christokratische Bruderschaft" der Gemeinde (*E. Wolff*)³⁶. Praktisch wird dies, so bemerkt *v. Campenhausen* nicht ohne Süffisanz, „in geflissentlicher Betonung der Gleichheit und in der Ablehnung formaler Über- und Unterordnung und qualitativer Rang- und Standesunterschiede"³⁷. Wiederum schreibt eine solche Deutung dem Kirchenrecht eine *konstitutive Funktion* im Leben der Kirche zu.

---

31 Vgl. *Ammer*, Ordnung, 247f; *v. Campenhausen*, Kirchenverständnis, 38; *Stein*, Kirchenrecht, 29.

32 Vgl. *Schlaichs* Kritik (Kirchenrecht und Kirche, 350) an *Schröers* Formulierungen in dessen Einführung zum Votum der EKU (*Burgsmüller*, Kirche als „Gemeinde von Brüdern", 27).

33 *Rössler*, Grundriss, 317; vgl. *Honecker*, Art. „Kirchenrecht", 735: „Deshalb ist das Kirchenrecht nicht konstitutiv für das Sein der Kirche, aber es ist *konsekutiv*, eine Folge der geschichtlichen Gestaltwerdung der Kirche. Die kirchlichen Ordnungen [...] tragen somit Antwortcharakter."

34 Exemplarisch sind die Äußerungen bei *v. Campenhausen*, Problem der Rechtsgestalt, 67ff.

35 *Härle*, Einführender Bericht, 124; vgl. auch *Herms*, Kirchenrecht, 254: „Der ‚Rechtsgewinn des Glaubens' liegt in der Unterscheidung von rechtlicher und sittlicher Ordnung und in der Tendenz zur Beschränkung des Rechts [...]."

36 Zur „diakonischen" Qualität des Kirchenrechts in diesem Sinne vgl. etwa *Ammer*, Ordnung, 249f; *Stein*, Kirchenrecht, 28.

37 *V. Campenhausen*, Kirchenverständnis, 38; vgl. die Ausführungen in *Burgsmüller*, Kirche als „Gemeinde von Brüdern", 66f. 87ff.

Diese Durchsicht einiger rechtstheologischer Deutungsperspektiven macht *K. Schlaichs* These plausibel, dass die Grundlagenproblematik des Kirchenrechts zurückverweist auf Differenzen im *Verständnis der Kirche selbst*[38]. Erscheint die Kirche vornehmlich als soziale *Organisation*, so ist auch ihre rechtliche Ordnung als ein Instrument der organisierten Verkündigung zu interpretieren, das mit dieser nicht zu verwechseln ist, sondern ihr – im Rahmen des allgemeinen Rechtsinstituts – den notwendigen sanktionsbewehrten Schutz bietet. Umgekehrt gründet die Betonung einer kirchenrechtlichen Zeugnis- und Bekenntnisfunktion auf einer Sicht der Kirche als bruderschaftlicher, verbindlich geordneter *Gemeinschaft*, „toto coelo" unterschieden von allen anderen sozialen Organisationen.

Die skizzierten Spannungen in der Deutung des Kirchenrechts verweisen also auf rechtstheoretische wie auf ekklesiologische Differenzen; und zugleich sind sie in der faktischen, eingangs skizzierten Mehrschichtigkeit des positiven Kirchenrechts selbst begründet. Die Frage nach der *inneren Einheit* des kirchlichen Rechts[39] lässt sich offenbar, wie die rechtstheologischen Durchgänge gezeigt haben, weder durch Rekurs auf das allgemeine Rechtsinstitut noch durch exklusiv theologische Formeln hinreichend beantworten, sondern nur im Bezug auf die *faktische Praxis*, der sich die heterogene Gesamtheit des Kirchenrechts verdankt.

4. Kirchenrecht und kirchliches Leben

Auch die praktische Bedeutung der kirchenrechtlichen Normen, ihr Verhältnis zum kirchlichen Leben kann sehr unterschiedlich bestimmt werden. Die „Grundlagenentwürfe" der 50er Jahre tendieren dazu, das *Gesamtgefüge des christlichen Lebens* zum Thema des Kirchenrechts zu machen; die kirchliche Ordnung beschreibt, als personales „Dienstrecht" (*Barth*) oder als „Gnadenrecht" (*Dombois*), das Leben der Christen in der Kirche *und* in der „Welt". Ihr sachliches Zentrum ist das „geistliche" Recht des Gottesdienstes und der Lebensordnungen; das Staatskirchenrecht hingegen markiert nur die Grenze dieses kirchlichen Lebens im weitesten Sinne.

Ein derart *integrativ* verstandenes Kirchenrecht steht freilich in der Gefahr, die theologisch wie juristisch fundamentale Differenz von innerer Glaubensüberzeugung und äußerer Verhaltensnorm zu ignorieren. Erscheinen die parakletisch und paränetisch orientierten Lebensordnungen

---

38 Vgl. *Schlaich*, Kirchenrecht und Kirche, bes. 346ff; *Ders.*, Grundlagendiskussion, 241ff; vgl. auch *Bock*, Begriff der Kirche; *v. Campenhausen*, Problem der Rechtsgestalt; *Härle*, Einführender Bericht, 124f; *Reuter*, Begriff der Kirche, 30ff.
39 Vgl. etwa *Herms*, Kirchenrecht, 254ff; *Honecker*, Art. „Kirchenrecht"; 734f; *Schlaich*, Grundlagendiskussion, 252f.

als kirchenrechtlicher Kernbestand, so wird tendenziell „eine spezifisch christliche Sondermoral als Gesetz der Lebensführung" proklamiert[40].

Eine entgegengesetzte Position haben *E. Herms* und andere Mitglieder einer kirchenrechtlichen Projektgruppe vertreten[41]. Danach sind die Lebensordnungen gerade kein Bestandteil des kirchlichen Rechts, sondern sie bringen die von diesem Recht strikt zu unterscheidende kirchliche *Sitte* zum Ausdruck. Denn das Kirchenrecht gewinnt seine praktische Bedeutung allein dadurch, dass es „die Interaktion auch der Christen untereinander faktisch vor gewalttätigen Übergriffen schützt" (*Herms*, Kirchenrecht, 253). In diesem Sinne bietet das Staatskirchenrecht den kirchlichen Interaktionen einen Schutz gegen private und öffentliche Übergriffe; auch das Recht des Gottesdienstes umschreibt dann nicht mehr als den institutionellen Rahmen für die unverfügbar geistlichen Interaktionen des Glaubens. Das sachliche Zentrum des Kirchenrechts ist demzufolge jedoch die Schicht seiner „verbandsrechtlichen" Regelungen; es stellt insgesamt gerade kein personales, sondern das „*Verfahrensrecht*" der kirchlichen Organisation dar (*Härle*, Einführender Bericht, 124).

Paradigmatisch für die Verhältnisbestimmung von Kirchenrecht und kirchlicher Praxis ist nun nicht zuletzt die jeweilige *Rechtsstellung des einzelnen Mitglieds*. Umfasst das Kirchenrecht alle christlichen Lebensvollzüge, so geht es hier, auf der Linie von Barmen II und III, nicht zuletzt darum, „in welcher Weise die Gemeinde als solche ihre gemeinsame Sache und deren Hoheit in ihrem Verhältnis zu ihren einzelnen Gliedern wahrzunehmen, in welchem Sinn sie gegenüber den einzelnen Christen sowohl im Blick auf die diesen anvertrauten besonderen Funktionen, als auch im Blick auf ihre christliche Existenz im Allgemeinen, Disziplin, Aufsicht und Zucht zu üben hat"[42]. In dieser Perspektive formuliert das Kirchenrecht die *Verpflichtung* sämtlicher Mitglieder zur „disziplinierten" Beteiligung am kirchlichen Leben.

Wird das Kirchenrecht dagegen als Verfahrensrecht verstanden, so ist seine „Aufsicht und Zucht" auf diejenigen Christen beschränkt, die aktiv am organisierten Handeln der Kirche teilnehmen. Nicht das gesamte christliche Leben, und auch nicht das Leben der Christen in der Kirche ist dann rechtlich zu regeln, sondern lediglich das kirchliche Handeln[43]. Das kirchliche „Dienstrecht" *nimmt* die Glaubenden nicht zuerst in Dienst,

---

40 *Honecker*, Art. „Kirchenrecht", 743. Zur Deutung der Lebensordnungen s.u. S. 144–145.

41 Vgl. zum Folgenden *Härle*, Einführender Bericht, 122ff; *Herms*, Kirchenrecht, 253ff; *Ders.*, Abschließender Bericht, 271f. 274f; *Preul*, Kirchentheorie, 227. 233.

42 *Barth*, Ordnung, 767; vgl. auch *Schlaich*, Kirchenrecht und Kirche, 367: „Das *Kirchenrecht der Gemeinde von Schwestern und Brüdern* hat darauf hinzuweisen, was es von seinen Gliedern erwartet."

43 Vgl. *Pirson*, Geltungsbereich, 119f.

sondern lässt ihnen die Dienste der rechtlich geordneten Organisation *zugute* kommen.

Im Verständnis der kirchlichen Mitgliedschaft, so lässt sich resümieren, kommen die kirchenrechtlichen Grundlagenprobleme exemplarisch zum Ausdruck. Umgekehrt kann dann gerade von einer genaueren Untersuchung dieses Rechtsgebiets Aufschluss über die praktische Bedeutung des Kirchenrechts im Ganzen erwartet werden: Inwiefern es als Personen- oder als Organisationsrecht sachgemäß bestimmt ist, das zeigt sich nicht zuletzt darin, in welchem Umfang das geltende Mitgliedschaftsrecht mittels dieser und anderer grundlagentheoretischer Kategorien zu erschließen ist.

Für eine solche detaillierte Interpretation lassen sich der skizzierten Grundlagendebatte schließlich nicht nur inhaltliche, sondern auch *methodische* Hinweise entnehmen. Denn jene Debatte macht deutlich, dass zum kirchlichen Recht mehr gehört als der jeweilige positive Bestand an ausformulierten Rechtssätzen. Zum einen können diese Rechtssätze offenbar nur verstanden und ausgelegt werden im Rekurs auf übergreifende, juristisch wie theologisch entfaltete *Gesamtdeutungen*. Und zum anderen haben Gesamtdeutungen wie einzelne Regeln des Kirchenrechtes ihr Kriterium in den *praktischen Konfliktfällen* des kirchliche Lebens, die sie befrieden sollen und in deren Folge sie auch weiter entwickelt werden[44].

Die kirchenrechtlich konstitutive Bedeutung pragmatischer *und* theoretischer Kontexte soll in der folgenden Interpretation des Mitgliedschaftsrechts berücksichtigt werden. Beide Aspekte bestimmen bereits die *historische* Entwicklung dieses Rechts (s.u. II), und sie prägen auch die gegenwärtige *materiale Rechtslage* (s.u. III): In den gängigen Varianten ihrer *Gesamtdeutung* spiegelt sich die skizzierte rechtstheologische Debatte (s.u. IV); und es sind bestimmte *Konflikte in der Praxis*, in denen dieses Recht gegenwärtig konkretisiert, gedeutet und weiter entwickelt wird (s.u. V).

---

44 Eindrückliche Belege bei *Honecker*, Kirchenrechtliche Aufgaben; *Stein*, Rechtstheologische Vorbemerkungen; *Schlaich*, Grundlagendiskussion, 254f; *Till*, Theologie.

II. Zur Geschichte des Mitgliedschaftsrechts

Das Verhältnis der Einzelnen zur kirchlichen Institution ist weder in den reformatorischen Kirchenordnungen noch in den Kirchenverfassungen des folgenden Jahrhunderts ausdrücklich zum Thema geworden[45]. Die Rechtsgeschichte der Mitgliedschaft erscheint darum nicht als Entwicklung eines immer schon gegebenen Sachverhalts; sie ist vielmehr nur aus gegenwärtiger Sicht zu rekonstruieren und muss dabei berücksichtigen, „dass im überkommenen kirchlichen Mitgliedschaftsrecht Elemente Eingang gefunden haben, die nicht Ausdruck einer bewusst auf den kirchlichen Auftrag bezogenen Rechtsgestaltung sind" (*Pirson*, Mitgliedschaft, 140).

Der Grund für das anfängliche Ausbleiben einschlägiger kirchenrechtlicher Reflexion liegt in der mittelalterlichen, auch von der Reformation geteilten Überzeugung, „die Zugehörigkeit zur Kirche sei ein von der öffentlichen Ordnung vorausgesetztes Verhältnis, das für den normalen Rechtsstatus des Reichsangehörigen kennzeichnend sei" (*Pirson*, aaO. 142). Im mittelalterlichen Reich fallen staatliche und kirchliche Herrschaftsordnung für den Einzelnen faktisch zusammen, auch wenn weltliche und geistliche Gewalt in der politischen Theorie getrennt werden[46]. Die Zugehörigkeit zur Kirche erscheint als integraler Bestandteil „der allgemeinen Gewaltunterworfenheit des Einzelnen"[47]; sie kann ebenso wenig persönlich entschieden werden wie die Zugehörigkeit zu einem bestimmten Stand oder politischen „Regiment". Jede Art individueller „Mitgliedschaft", besser „Gliedschaft", trägt rein *passiven Charakter*: Man ist „untertan der Obrigkeit".

Die Einheit der öffentlichen Rechtsordnung im Blick auf den Einzelnen hat sich bekanntlich spätestens mit der Reformation mannigfaltig *ausdifferenziert*; und im Verlauf dieses verfassungs- wie geistesgeschichtlich komplexen Prozesses ist auch die Kirchenmitgliedschaft immer mehr zu einem eigenständigen, freilich selten zusammenhängend behandelten juristischen Thema geworden. Die Heterogenität der geltenden Regelungen, die von vielen Kirchenjuristen beklagt wird, kann als Ausdruck der

---

45 Vgl. *Pirson*, Mitgliedschaft, 141ff; *Smend*, Problem des Mitgliedschaftsrechts, 45ff. Zum Ganzen vgl. auch *Maurer*, Mitgliedschaftsrecht, 495ff; *Pirson*, Wurzeln, 39ff. Besonders lucide ist die Darstellung bei *v. Campenhausen*, Volkskirche, 89–97.

46 Die als Regelfall vorausgesetzte Einheit von „Mitgliedschaft" im Reich und in der Kirche wird auch durch den rechtlich defizitären Sonderstatus der Juden belegt, vgl. *Pirson*, Mitgliedschaft, 143.

47 V. *Campenhausen*, Volkskirche, 90; vgl. *Maurer*, Mitgliedschaftsrecht, 495–499.

Vielschichtigkeit jener gesellschaftlichen Differenzierung verstanden werden, in dem die Elemente des gegenwärtigen Rechts sich ungleichzeitig und z.T. unabhängig voneinander entwickelt haben. In einer eher systematischen als historischen Typisierung lassen sich im Blick auf das Mitgliedschaftsthema drei einander überlagernde Differenzierungsformen unterscheiden.

1. Kirchliche Pluralisierung

Im Gefolge der Reformation zerfiel die theoretisch geschlossene, religiös begründete Rechtsordnung des Reiches endgültig; und ebenso die rechtliche Einheit der katholischen Kirche. Einen gewissen Abschluss jenes nicht zuletzt politischen Differenzierungsprozesses markieren die Bestimmungen des Westfälischen Friedens zum „ius reformandi exercitium religionis"[48]. Danach stand die Zugehörigkeit zu einer bestimmten Religion auf der Ebene des Reiches nicht mehr ohne Weiteres fest, es herrschte „Parität". Eine Wahlmöglichkeit zwischen den zugelassenen „Bekenntnissen" (nicht Kirchen!) hatten freilich nur die Reichsstände, also die Territorien und Herrschaftsverbände; innerhalb jeder politisch-staatlichen Einheit galt weiterhin, bis zum Beginn des 19. Jahrhunderts, der Grundsatz „cuius regio eius religio". Die jeweiligen Landeskirchen blieben „für die Rechtsordnung des Landes die Repräsentation der einen heiligen Kirche"[49].

Trotz der Pluralität kirchlicher Organisation blieb der kirchenrechtliche Status des Einzelnen darum zunächst unverändert passiv; er richtete sich nun nach dem Bekenntnis des Landesherrn und erschien weiterhin als Bestandteil der öffentlichen Ordnung[50]. Der – immer häufigere – Grenzfall nicht dem Landesbekenntnis zugetaner Christen wurde lange nach einem „Regel-Ausnahme-Verfahren" geordnet: Zwar wurden Andersgläubige geduldet und als Glieder der Rechtsgemeinschaft behandelt, aber doch mit einem vielfach eingeschränkten Status. Geregelt wurde, so *Pirson*, zunächst nur die individuelle „Kirchennichtmitgliedschaft" (aaO. 145).

Angesichts zunehmender konfessioneller Pluralität ließ sich die Vorstellung eines territorial einheitlichen Bekenntnisses allerdings immer weniger halten. Zunächst statuierte Preußen mit dem Wöllnerschen Religionsedikt von 1788 die Parität dreier „Hauptkonfessionen"; mit dem Reichdeputationshauptschluss

---
48 Vgl. *v. Campenhausen*, aaO. 90ff; zum Folgenden auch *Pirson*, Mitgliedschaft, 144f; *Smend*, Problem des Mitgliedschaftsrechts, 46.
49 *Pirson*, Mitgliedschaft, 144; zum Ganzen vgl. *Mehlhausen*, Landeskirche.
50 In dem lange weitergeführten Institut des allgemeinen „Pfarrzwangs" kommt diese Rechtslage deutlich zum Ausdruck; vgl. *Meyer*, Bemerkungen, 229f.

(1803) und der Deutschen Bundes-Akte (1815) akzeptierten auch die anderen Territorialstaaten den Grundsatz: „Die Verschiedenheit der christlichen Religionsparteien kann [...] keinen Unterschied in dem Genusse der bürgerlichen und politischen Rechte begründen."[51]

Diese Regelung dokumentiert, wie aus der konfessionell-kirchlichen Pluralisierung allmählich die Unterscheidung von kirchlicher und politischer Herrschaft resultierte (s.u. S. 130-133); sie ermöglichte jedoch kirchenrechtlich nicht mehr als einen staatlich tolerierten *Kirchenübertritt* zwischen den anerkannten Konfessionen. Die begrenzte religiöse Wahlfreiheit, die Reichsstände und Territorialfürsten seit langem besaßen, wurde nun zu einem verbrieften Recht des Einzelnen. Eben deswegen wurde seine kirchliche Stellung allerdings eher als individuelle Zugehörigkeit zu einem objektiven „Bekenntnis" verstanden, weniger als „Mitgliedschaft" in einer Korporation von Personen[52].

2. Individuelle Gewissensfreiheit und kollegiale Konstitution

Bedeutsam für die Entwicklung eines Rechts individueller Kirchenmitgliedschaft ist weiterhin das Auseinandertreten von öffentlicher Ordnung und privater Lebensführung gewesen. Auch diese Unterscheidung war schon in der Reformation angelegt, wurde aber als religiöse erst im Pietismus und als rechtliche erst in der Aufklärung formuliert. Im 18. Jahrhundert wird die „Freiheit des Gewissens" zum zentralen Begriff kirchenrechtlicher Reflexion[53]: Die Befugnisse des Staates – und auch der Staats- bzw. Landeskirche – finden ihre Grenze in der nicht erzwingbaren subjektiven Überzeugung. Zur religiösen Wahlfreiheit gehört nach der Aufklärung auch die Option einer privat oder familiär ausgeübten Religion in *innerer* Distanz zur staatlichen Normierung; davon blieben gesetzliche Pflichten, auch bezüglich der öffentlichen Religion, freilich unberührt[54].

Die Beschränkung der staatlichen Ordnung „auf innerweltliche Zwecke" ließ eine bürgerlich-rechtlich anerkannte, weil politisch unbedenkliche Religionslosigkeit schon zum Ende des 18. Jahrhunderts denkbar erscheinen[55]. Eine solche *negative* Religionsfreiheit wurde allerdings erst in der Mitte des 19. Jahrhunderts

---

51 Art. 16 der Bundes-Akte; zit. nach *Mehlhausen*, Geschichte, 205, vgl. aaO. 203ff; *Huber*, Kirchensteuer, 134f.

52 Vgl. *Smend*, Problem des Mitgliedschaftsrechts, 46.

53 Vgl. *Pirson*, Wurzeln, 40f; *Schlaich*, Anstalt und Verein, 180ff; vgl. zum Ganzen *Schlaich*, Kollegialtheorie.

54 Vgl. *Schlaich*, Anstalt und Verein, 190ff; *Smend*, Problem des Mitgliedschaftsrechts, 46; *Pirson*, Wurzeln, 41.

55 *Pirson*, ebd.; vgl. *Feige*, Art. „Kirchenaustritte", 531.

kodifiziert: 1847 erließ Preußen ein erstes Gesetz zum Kirchenaustritt[56]; 1849 sprach der Frankfurter Reichsverfassungsentwurf den Deutschen die „volle Glaubens- und Gewissensfreiheit" zu und erklärte, der Genuss der staatsbürgerlichen Rechte dürfe nicht von einem religiösen Bekenntnis abhängig gemacht werden[57]. Diese Bestimmungen fanden seit 1848 Eingang in die Verfassungen Preußens und anderer deutscher Staaten.

Den theoretischen Hintergrund dieser Entwicklung bildete, neben dem weltanschaulichen und politischen Liberalismus, die ältere staatskirchenrechtliche Konzeption des *Kollegialismus*[58]. Auch sie gründete auf dem aufklärerischen Prinzip des souveränen Individuums und der Vorstellung einer durch wechselseitige Verträge konstituierten Sozialordnung. In Analogie zu weltlichen Vereinen, „Kollegien", wurde auch die Kirche als eine „Religionsgesellschaft" gefasst, als Resultat freier Übereinkunft der Glaubenden über ein bestimmtes, als „Kollegialsatzung" verstandenes Bekenntnis. Die Kollegialisten des 18. Jahrhunderts vollzogen damit eine „Umdeutung der Landeskirchen in Bekennergemeinschaften" (*Pirson*, Mitgliedschaft, 150). Mit dieser Fiktion einer freiwilligen religiösen Assoziation zielte man auf eine „treuhänderische" Bestimmung der Kirchengewalt des Landesherrn, die sich nicht mehr unmittelbar aus seiner territorialen Souveränität ergeben sollte.

Der Kollegialismus war also im Grunde staatsrechtlich interessiert, aber er verlieh doch auch den Christen einen je *individuellen* Status[59]. Zwar wurde der Eintritt in die Kirche gerade nicht vereinsrechtlich geregelt, sondern weiterhin durch Taufe und Konfirmation, und insofern passiv vollzogen. Innerhalb der Kirche allerdings wurden Mitwirkungsrechte der Gemeinden wie der Einzelnen ausgebaut und vom staatlichen Recht unterschieden. So finden sich die ersten ausdrücklichen Mitgliedschaftsregelungen im Zusammenhang mit der Festlegung ortsgemeindlicher Wahlverfahren in den Kirchenverfassungen des 19. Jahrhunderts[60]: Das individuelle *Recht auf Beteiligung* an der kirchlichen Willensbildung wird zu einem eigenständigen Thema[61].

---

56 Vgl. *v. Campenhausen*, Volkskirche, 93; weiter s.u. S. 131.
57 Zit. nach *Mehlhausen*, Geschichte, 244; vgl. aaO. 243ff.
58 Vgl. zum Folgenden *Schlaich*, Kollegialtheorie; *Ders.*, Anstalt und Verein; Überblick bei *Ris*, Der „kirchliche Konstitutionalismus", 38ff.
59 Vgl. *Schlaich*, Anstalt und Verein, 181: „Die Gewissensfreiheit ist das Zeichen der wahren Religion. [...] Eine Wesensverschiedenheit des Gewissensbegriffs in Staat und Kirche ist bei den Kollegialisten nicht erkennbar. Es ist derselbe autonome radikale Individualismus, der sich in allen Bereichen und Institutionen [...] aufdrängt."
60 Vgl. *Pirson*, Mitgliedschaft, 147 mit Anm. 15.
61 Kritisch dazu *Pirson*, aaO. 148; *Smend*, Problem des Mitgliedschaftsrechts, 46ff: „heteronome Verfälschung durch säkulare Motive, Begriffe und Rechtsformen".

Folgenreich war vor allem die Stärkung des *presbyterial-synodalen Elements* der Kirchenverfassung. Die vielfältigen Mitwirkungsrechte, die sich in den kleinen, weitgehend autonom verwalteten protestantischen Gemeinden des katholischen Rheinlands entfaltet hatten, wurden in der mühsam durchgesetzten Rheinisch-Westfälischen Kirchenordnung von 1835 zum Bestandteil des preußischen Verfassungsrechts[62]; seit der zweiten Hälfte des Jahrhunderts beteiligten auch andere Kirchenprovinzen und Landeskirchen Laien am Kirchenregiment.

Die kirchenrechtliche Stärkung der Einzelnen erfolgte nicht unabhängig von den allgemein-politischen Entwicklungen. Jene Verstärkung „demokratischer" Elemente zielte, ungeachtet ihrer staatskritischen Wurzeln in den „Gemeinden unter dem Kreuz", seitens der staatlichen (!) Kirchenverwaltung auch auf die „Befriedigung politischer Forderungen", und im Ganzen auf eine Angleichung an die entstehende kommunale Verwaltungsgliederung[63]. In der Kirchenordnung wurden mögliche staatliche Beteiligungsformen erprobt; streckenweise wurde „auf dem Felde kirchenverfassungsrechtlicher, aber auch allgemein ekklesiologischer Fragen geradezu stellvertretend gestritten [...], anstelle einer nicht erlaubten politisch-parlamentarischen Debatte über die politische Staatsform". Auch das Individualrecht der Kirchenmitgliedschaft dokumentierte die allmählich veränderte Stellung des Einzelnen gegenüber den Vorgaben der staatlichen Herrschaftsordnung.

3. Auseinandertreten von Staat und Kirche

Die Herausbildung eines Rechts der Kirchenmitgliedschaft im 18. und 19. Jahrhundert kann als Ausdruck der engen Verbindung von Staat und Kirche gegenüber einer sich verselbständigenden „Gesellschaft" freier Individuen gesehen werden. Zugleich jedoch dokumentiert jene Rechtsentwicklung das allmähliche *Auseinandertreten* von staatlicher und kirchlicher Rechtsordnung[64]. Bereits die staatskirchenrechtlichen Theorien des Episkopal- und des Territorialsystems lassen sich als Versuche verstehen, Zusammenhang wie Unterscheidung von weltlicher und kirchlicher Gewalt der Landesfürsten zu formulieren[65]. Und speziell der Kollegialismus reagierte auf die Pluralität kirchlicher Bekenntnisse, indem er theoretisch

---

62 Vgl. zur Rheinisch-Westfälischen Kirchenordnung *Mehlhausen*, Geschichte, 228ff; zur Entwicklung im Ganzen aaO. 237ff.

63 *Smend*, Problem des Mitgliedschaftsrechts, 47f, mit sehr kritischen Untertönen; positiver wird die Entwicklung gesehen bei *Mehlhausen*, Geschichte, 268ff. Das folgende Zitat bei *Mehlhausen*, aaO. 269.

64 Vgl. zum Ganzen *Link*, Entwicklung des Verhältnisses; *Pirson*, Wurzeln, 13ff.

65 Vgl. die Überblicke bei *v. Campenhausen*, Staatskirchenrecht, 19ff; *Honecker*, Art. „Kirchenrecht", 728ff; *Ris*, Der „kirchliche Konstituionalismus", 23–48.

zwischen der Zugehörigkeit zum politischen Herrschaftsverband und zu einer kirchlichen „societas aequalis" unterschied.

Die Konsequenz einer eigenständigen, vom staatlichen Recht unabhängigen kirchlichen Mitgliedschaft ist jedoch erst viel später gezogen worden. Die Verzögerung resultierte aus der Überzeugung, die öffentliche Ordnung bedürfe einer positiven religiösen Fundierung[66], aber auch aus der kirchlichen Verantwortung für die Führung der Personenstandsregister. Bis zur Mitte des 19. Jahrhunderts waren die Kirchen so mit öffentlichen Funktionen ausgestattet, dass kirchliche und staatliche Zugriffe der Obrigkeit aus der Sicht der Einzelnen kaum unterscheidbar schienen.

Erst die preußische Einrichtung eines Zivilstandsregisters (1847) bahnte darum den Weg zur rechtlichen Zulassung eines *Kirchenaustritts*, der nicht zugleich Auswanderung bedeutete[67]. Seit 1873/74 existierte in Preußen, erheblich später auch in anderen Bundesstaaten, ein staatliches Kirchenaustrittsgesetz, dessen Grundzüge noch heute Geltung haben (s.u. S. 141). Im Kontext des Kulturkampfes zielte diese Gesetzgebung ausdrücklich auf eine individuelle Religionsfreiheit, die nun vom Staat *gegenüber* der kirchlichen Institution zu schützen war. Die strengen Formvorschriften des Kirchenaustritts, etwa Gebühren und verlängerte Steuerpflicht, wirkten gleichwohl höchst restriktiv; immer noch „blieb der Dissident [...] eine irreguläre Erscheinung"[68].

Organisatorisch kam die beginnende Loslösung vom Staat in der Einrichtung einer separaten *Kirchenverwaltung* zum Ausdruck, wie sie bereits der Kollegialismus gefordert hatte. In Preußen wurde 1850, mit der Einrichtung des Evangelischen Oberkirchenrates, die ministerielle Aufsicht über die Kirchen beendet; der EOK war nur dem König selbst als Summepiscopus verantwortlich[69]. Auch die Kirchenverfassung im Ganzen erfuhr einen systematischen Ausbau.

Diese verfassungspraktische Dimension des Auseinandertretens von Staat und Kirche steht in engem Zusammenhang mit der Einführung der *Kirchensteuer*[70]. Bereits um 1800 begann die allmähliche Ersetzung der kircheneigenen Subsistenzwirtschaft, der kommunalen Umlagen und der staatlichen Dotationen durch eine mitgliedschaftsbezogene Steuer. Innerkirchlich setzte dies den Aufbau selbständiger körperschaftlicher Vertretungsorgane voraus; staatskirchen-

---

66 Vgl. *Schlaich*, aaO. 191f, mit Anmerkungen; *Pirson*, Wurzeln, 40ff.
67 Zum Folgenden vgl. *Feige*, Art. „Kirchenaustritte", 531; *Huber*, Kirchensteuer, 135f.
68 *V. Campenhausen*, Volkskirche, 93. Fortsetzung des Zitats: „Seine getauften Kinder unter vierzehn Jahren wurden von seinem Kirchenaustritt nicht berührt, sondern sie erhielten Religionsunterricht [...], bis sie mit vierzehn Jahren selbst urteilen und eventuell aus der Kirche austreten mochten."
69 Vgl. *v. Campenhausen*, Staatskirchenrecht, 23ff. 37f; *Heun*, Konsistorium, 485ff; *Pirson*, Wurzeln, 31ff; zu den Details auch *Mehlhausen*, Geschichte, 263f.
70 Vgl. zum Folgenden vor allem *Huber*, Kirchensteuer; dazu *v. Campenhausen*, Staatskirchenrecht, 256ff; *Meyer*, Bemerkungen, 230f.

rechtlich wurde eine klare, justiziable Definition kirchlicher Zugehörigkeit in Unterscheidung vom staatlichen Personenrecht erforderlich.

Der Übergang zum modernen Kirchensteuersystem, der erst um 1910 vollendet war, stellte einen wesentlichen Schritt der kirchlich-organisatorischen Lösung vom Staat dar. Zugleich vollzog sich damit eine entscheidende Neuerung im kirchlichen Recht der Mitgliedschaft selbst, das nun nicht mehr nur spezifische Teilhaberechte, sondern zum ersten Mal auch eigene, kirchenspezifische Pflichten formulierte. Mit der Steuerpflicht hing auch der Aufbau eines kircheneigenen Meldewesens zusammen, weiterhin die ausdrückliche Erwartung der Kindertaufe, der Konfirmation und der Beteiligung an Amtshandlungen sowie schließlich die Beschränkung dieser Handlungen auf den Kreis der rechtlich nachweisbaren Mitgliedschaft[71].

Den vorläufigen Endpunkt kirchlicher Lösung aus der staatlichen Herrschaftsordnung bildete 1918/19 das Erlöschen des landesherrlichen Summepiskopats und des staatlichen Kirchenregiments, zusammengefasst in dem bis heute geltenden Grundsatz: „Es besteht keine Staatskirche." (Art 137 (1) WRV; vgl. Art. 140 GG) Auch die Regelung der Kirchenmitgliedschaft wurde damit zu einer „eigenen Angelegenheit" der Kirchen. Ihr Status als „Körperschaften des öffentlichen Rechts" (Art. 137 (5f) WRV) erlaubte es ihnen jedoch auch hinsichtlich des Mitgliedschaftsrechts, überkommene „Privilegien" wie die eigene Steuerhoheit oder Besonderheiten bei Ein- und Austritt beizubehalten[72]. Auch auf diesem Feld schien der erreichte Stand ausdrücklicher Kodifizierung auch unter völlig veränderten staatskirchenrechtlichen Bedingungen hinreichend „tragfähig"[73].

Schließlich haben auch die Konflikte von Staat und Kirche während der nationalsozialistischen Diktatur eine bedeutsame, nun ausschließlich innerkirchliche Weiterentwicklung des Mitgliedschaftsrechts induziert. In den Bekenntnissynoden seit 1934 dokumentierte sich eine veränderte Stellung der „Gemeinde" und darin nicht zuletzt eine *aktive Wahrnehmung* der kirchlichen Mitgliedschaft. In der Konsequenz dieser Erfahrung des „Kirchenkampfes" wurde alsbald eine „viel grundsätzlichere und allgemeinere [...] Inpflichtnahme der Kirchenglieder" formuliert[74]. So zeigen

---

71 Vgl. die knappen Bemerkungen bei *Meyer*, aaO. 231.

72 Vgl. als Überblick *v. Campenhausen*, Staatskirchenrecht, 139ff. 287ff. Im Unterschied zu den vereinsrechtlich organisierten „Religionsgesellschaften" erkennt der Staat die kirchliche Taufe als rechtswirksame Eintrittserklärung an; zum Austritt s.u. 164-168.

73 Vgl. zur „Tragfähigkeit" der Kirchenverfassungen des frühen 20. Jahrhunderts in der Revolution von 1918/19 *v. Campenhausen*, Staatskirchenrecht, 37ff; *Mehlhausen*, Geschichte, 271.

74 *Smend*, Problem des Mitgliedschaftsrechts, 49-51.

die Kirchenverfassungen und Lebensordnungen nach dem Krieg ein an den Leitwerten „Gehorsam" und „Gemeinschaft" orientiertes Bild der kirchlichen Beziehungen[75]. Die kirchenrechtliche Emanzipation von der staatlichen Gewalt, wie sie in Barmen III und IV auf den Begriff gebracht war, führte gerade nicht zu einer Stärkung individuell-emanzipativer Momente; vielmehr sah sich die Kirche genötigt, ihre Mitglieder nun ihrerseits in die *rechtliche Pflicht* einer tätigen Unterstützung, ja einer intensiven Mitarbeit zu nehmen.

4. Rechtsentwicklung zwischen staatlicher Ordnung, individueller Emanzipation und organisatorischer Differenzierung

Die vorstehende historische Skizze illustriert *D. Pirsons* These, dass „im überkommenen kirchlichen Mitgliedschaftsrecht" zahlreiche „Elemente Eingang gefunden haben, die nicht Ausdruck einer bewusst auf den kirchlichen Auftrag bezogenen Rechtsgestaltung sind" (Mitgliedschaft, 140). Das geltende Recht der Kirchenmitgliedschaft entzieht sich dem Postulat einer „geistlichen Ausrichtung" (*K. Schlaich*); es ist nicht Resultat eines theologischen Gestaltungswillens, sondern seine Elemente sind ungleichzeitig und aus sehr unterschiedlichen Motiven entstanden. Erscheint das Mitgliedschaftsrecht darum in den meisten rechtstheologischen Stellungnahmen als problematisch und veränderungsbedürftig[76], so soll es hier, im Interesse eines genaueren Verständnisses, zunächst gerade auf die *empirischen*, die nicht „auf den kirchlichen Auftrag bezogenen" *Gestaltungsfaktoren* befragt werden. Denn es ist vor allem die bleibende Wirkung jener nicht-theologischen Aspekte des Mitgliedschaftsrechts, die theologisch zu verantworten ist.

(a) *A. v. Campenhausen* hat nachdrücklich darauf hingewiesen, dass die „Besonderheit des kirchlichen Mitgliedschaftsrechts in Deutschland" vor allem darin seine Wurzel habe, „dass die Kirchen in der Vergangenheit ein Teil der allgemeinen öffentlichen Ordnung waren, der jedermann unterworfen war" (Volkskirche, 89). Auch dort, wo sich ein eigenständig kirchliches Mitgliedschaftsrecht gerade infolge der allmählichen Differenzierung und Milderung jener individuellen „Unterworfenheit" herausgebildet hat, ist dieser Entwicklungsprozess doch durchgehend und bis ins Detail von den Vorgaben der jeweiligen staatlichen Herrschaftsordnung bestimmt gewesen, vom landesherrlichen Absolutismus bis zu den aktu-

---

[75] Vgl. *Burgsmüller*, Rechtliche Bindungen, 132ff; *Plathow*, Art. „Lebensordnungen", 576; im Übrigen s.u. S. 144–145.
[76] Vgl. etwa *v. Campenhausen*, Volkskirche, 89ff; Ders., Problem der Rechtsgestalt, 60ff; *Maurer*, Mitgliedschaftsrecht, 495ff; *Smend*, Problem des Mitgliedschaftsrechts, 42ff; *Stein*, Kirchengliedschaft, 49ff.

ellen Entscheidungen des Bundesverfassungsgerichts[77]. Zugespitzt lässt sich sagen: Ausweislich seiner Entstehungsgeschichte eignet dem Recht der Kirchenmitgliedschaft stets ein *herrschaftliches* Moment.

(b) Zahlreiche Elemente des Mitgliedschaftsrechts bringen die geschichtlich zunehmende Selbständigkeit der Einzelnen gegenüber den vorgegebenen gesellschaftlichen Instanzen zum Ausdruck. Das gilt sowohl die vom Staat gesetzten äußeren Grenzen der kirchlichen Ansprüche, vor allem im Recht des individuellen Kirchenaustritts, wie auch ihre innere Relativierung durch Teilhabe- und Mitwirkungsrechte. Auch der Begriff der „Gewissensfreiheit" steht bis in die Gegenwart für die Begrenzung kirchlich-institutioneller wie staatlicher Ansprüche[78]. Das *Recht der religiösen Subjektivität* begrenzt die Macht kirchlicher Instanzen, seitdem die Aufklärung eine „private Religion" legitimiert hat; und es richtet sich, seit dem Entwurf des Kollegialismus, auch gegen *staatliche* Ansprüche auf die individuelle Religion. Insofern eignet dem Recht der kirchlichen Mitgliedschaft, neben seinem obrigkeitlichen Grundzug, auch eine *herrschaftskritische* Tendenz.

(c) Das gesamte Recht der Kirchenmitgliedschaft, darauf hat *D. Pirson* mehrmals hingewiesen, muss schließlich als juristischer Bewältigungsversuch der *innerkirchlichen Partikularität* begriffen werden[79]. Es waren ja nicht zuletzt die Prozesse konfessioneller Spaltung und Konkurrenz, die die Territorialstaaten zur Begründung eines individuellen Rechts des Kirchenübertritts und dann auch des Kirchenaustritts nötigten. Dem Auseinandergehen von staatlicher und kirchlicher Rechtsordnung ging offenbar eine Pluralisierung der Mitgliedschaft voraus, die sich primär der innerkirchlichen Differenzierung verdankte. Dieser Primat kirchenorganisatorischer Pluralität kommt auch im Phänomen der Kirchensteuer zum Ausdruck: Es waren die Verhältnisse konfessioneller Mischung, die es politisch sinnvoller erscheinen ließen, den Finanzbedarf der Kirchen durch deren Mitglieder selbst zu decken, als immer komplexere Zuweisungsregeln zu entwickeln[80].

Dass die innere Differenzierung der kirchlichen Organisation zu den prägenden Entstehungsfaktoren des Mitgliedschaftsrechts gehört, das zeigt sich auch in gleichsam vertikaler Hinsicht. Im Wechselspiel mit der politischen Differenzierung entstand seit der Reformation eine zunehmend komplexe kirchliche Binnengliederung. Innerhalb der Landeskirchen umfasste sie schon bald eine Mehr-

---

77 Vgl. *Meyer*, Bemerkungen, 231; *Wendt*, Kirchenmitgliedschaft, 619f; *Engelhardt*, Gedanken, 145.
78 Vgl. etwa die Debatte zur Bedeutung der Grundrechte in der Kirche, s.u. S. 151–156.
79 Vgl. *Pirson*, Universalität, bes. 58ff. 152ff; *Ders.*, Mitgliedschaft, 144f. 149ff.
80 Vgl. nochmals *v. Campenhausen*, Staatskirchenrecht, 256f; *Huber*, Kirchensteuer, 137ff, schildert „Preußen als Beispiel", wo die Lage durch das Nebeneinander mehrerer evangelischer Landeskirchen noch einmal kompliziert wurde.

zahl von Kirchenprovinzen, -regionen, -bezirken u.ä. und vor allem eine Vielzahl von einzelnen Kirchengemeinden, die seit dem Allgemeinen Preußischen Landrecht (1794) als juristisch eigenständige Körperschaften galten[81].

Mitgliedschaftsrechtlich kommt diese vertikale Differenzierung derart zum Ausdruck, dass die meisten individuellen *Beteiligungsrechte* sich gleichsam von unten, von den örtlichen Presbyterien etc. nach oben herausgebildet haben; hier markiert die synodale Bischofswahl den Abschluss der Entwicklung[82]. Auch die Inpflichtnahme der Einzelnen, wie sie die Lebensordnungen beschreiben, bezieht sich vornehmlich in der Gemeinschaft der örtlichen Gemeinde. Die meisten *staatskirchenrechtlichen* Bestimmungen zur Mitgliedschaft sind dagegen im Blick auf Landeskirchen und Kirchenprovinzen entstanden; das gilt für das Austrittsrecht wie für die Entwicklung einer einheitlichen Kirchensteuer. Im Anschluss daran hat auch das kirchliche Melderecht eine zunehmende Zentralisierung erfahren.

Die kirchliche Organisationsgeschichte, mit ihren gegenläufigen Tendenzen lokaler Verselbständigung und übergreifender Zusammenschlüsse, kann ebenfalls als konstitutive Entwicklungsbedingung des Mitgliedschaftsrechts gelten. Auch insgesamt lässt sich dieses Recht, ausweislich seiner Geschichte, zwar nicht ohne den durchgehenden Bezug auf die öffentlich-politischen Verhältnisse sowie die relative Selbstbestimmung der Individuen deuten. Vor allem aber ist es zu interpretieren im Blick auf die Vielfalt der kirchlichen Organisationsgestalt selbst. Die politischen wie die individuell-emanzipativen Tendenzen haben auf die Kodifizierung der Mitgliedschaft nicht einfach von außen, sondern stets im Wechselspiel mit der jeweiligen Struktur der erfahrbaren Kirche eingewirkt. Jene Kodifizierung ist darum theologisch nicht zuletzt als ein spezifisches *Organisationsrecht* zu würdigen.

---

81 Vgl. *v. Campenhausen*, Staatskirchenrecht, 24.
82 Vgl. *Mehlhausen*, Geschichte, 271.

III. Quellen und Gegenstände des geltenden Rechts

Angesichts der skizzierten Rechtsgeschichte erscheint es nicht verwunderlich, dass die Rechtsstellung des Einzelnen gegenüber der Institution in allen drei Schichten des kirchenrechtlichen Gesamtbestandes (s.o. S. 116) geregelt wird: Die Mitgliedschaft und ihre Folgen im öffentlich-rechtlichen Bereich sind Gegenstand staatskirchenrechtlicher, bis in das Grundgesetz reichender Regelungen; zum Verbandsrecht gehört das Mitgliedschaftsgesetz der EKD sowie landeskirchliche Regelungen, die nicht selten Kirchenverfassungsrang haben; schließlich tangieren zahlreiche Aspekte, etwa das Recht der Taufe oder die Zugangsregelungen zum Abendmahl und zu den Amtshandlungen, auch das im engeren Sinne „geistliche Recht".

Die meisten Darstellungen der geltenden Rechtslage gehen thematisch vor und stellen für die einzelnen Gegenstände, etwa Kircheneintritt und -austritt oder die Rechte und Pflichten der Mitglieder, die einschlägigen Regelungen und Probleme aus allen kirchenrechtlichen Schichten zusammen[83]. Die strukturelle Heterogenität des geltenden Rechts wird freilich deutlicher, wenn die einschlägigen Rechtsquellen, mit ihrer Genese, je einzeln vorgeführt werden.

1. Das Kirchenmitgliedschaftsgesetz der EKD

Das „Kirchengesetz über die Kirchenmitgliedschaft, das kirchliche Meldewesen und den Schutz der Daten der Kirchenmitglieder" (zitiert als: KMG) wurde 1976 von der Synode der EKD beschlossen, trat 1978 in Kraft und ist seither nicht verändert worden[84]. Es löste eine thematisch enger gefasste gliedkirchliche „Vereinbarung über die Kirchenmitgliedschaft" von 1970 ab und wurde in der Folge in alle landeskirchlichen Rechtskorpora übernommen[85], wo es eine Fülle einzelner Regelungen er-

---

83 Vgl. etwa folgende Darstellungen: v. *Campenhausen*, Staatskirchenrecht, 162-169; *Ders.*, Die staatskirchenrechtliche Bedeutung; *Engelhardt*, Kirchensteuer, 59ff; *Grethlein u.a.*, Kirchenrecht in Bayern, 175-195; *Link*, Art. „Kirchengliedschaft"; *Wendt*, Rechtsstellung.

84 Amtsblatt der EKD 1976, 389f. Abdruck bei *Nuyken*, Kirchengesetz, 337ff, und in den landeskirchlichen Rechtssammlungen. Das Gesetz gilt seit 1991 auch für die östlichen Gliedkirchen der EKD; vgl. *Wendt*, Rechtsstellung, 22 (Anm. 3).

85 Vgl. *Wendt*, Vereinbarung über das Mitgliedschaftsrecht; zur Übernahme vgl. z.B. das „Kirchengesetz zur Übernahme des Kirchengesetzes der Evangelischen Kirche

setzte oder ergänzte⁸⁶. Insbesondere die Bestimmungen des KMG zur Mitgliedschaftsdefinition und zum Zuzug evangelischer Christen in das Gebiet einer Landeskirche haben auch Eingang in die meisten gliedkirchlichen Grundordnungen u.ä. gefunden.

Die Ablösung des „erschreckenden Wirrwarrs" landeskirchlicher Regelungen⁸⁷ war durch die Diskussion seit dem Ende des Weltkriegs vorbereitet⁸⁸. Den unmittelbaren Anlass einer Kodifikation auf der Ebene der EKD bildeten jedoch einige Urteile des Bundesverfassungsgerichts vom Dezember 1965, die die rechtliche Fortgeltung der kirchlichen Mitgliedschaft bei einem Umzug in eine andere, bekenntnisverschiedene Landeskirche u.a. mit dem Argument bestritten, die Mitgliedschaft sei nach geltendem kirchlichen Recht offenbar jeweils auf das Gebiet einer Landeskirche begrenzt. Die Kirche, in die der individuelle Umzug hineinführt, habe daher nicht das Recht, „jemanden, der in ihr Gebiet eintritt, einseitig ohne Rücksicht auf seinen Willen sich einzugliedern"⁸⁹. Damit stand man vor der Aufgabe, das Gewohnheitsrecht der sog. „Möbelwagenkonversion" staatskirchenrechtlich eindeutig zu kodifizieren.

Diese zunächst marginal wirkende Einzelfrage gewann ihre praktische Brisanz durch die Sorge um die Rechtsgrundlage der *Kirchensteuer* und damit um die verläßliche Finanzierung der gerade in den 60er Jahren wachsenden kirchlichen Organisation. Und auch in theoretischer Perspektive dokumentiert das scheinbare Randproblem die prekäre Verschränkung nicht-theologischer Entwicklungsfaktoren, denen sich das Mitgliedschaftsrecht verdankt (s.o. S. 133-135) Die Frage nach der rechtlichen Beurteilung eines gliedkirchenübergreifenden Wohnsitzwechsels kann ja nur entstehen, weil die evangelische Kirche in Deutschland sich – im Gegensatz zur römisch-katholischen – in organisatorischer *Pluralität* darstellt. Diese partikularkirchliche Struktur wird zum existenzgefährdenden Problem, weil sie auf eine zunehmende biographische, soziale

---

in Deutschland über die Kirchenmitgliedschaft" der Evangelischen Kirche im Rheinland, von 1977.

86 Zur Fortgeltung spezifisch landeskirchlicher Regelungen vgl. exemplarisch die bayrische Diskussion in *Grethlein u.a.*, Kirchenrecht in Bayern, 177-179. 186f; *Rausch*, Erfassung Zuziehender, 350 und passim.

87 *Erik Wolf*, zitiert nach *Dahm*, Art. „Kirchenmitgliedschaft", 645.

88 Vgl. die bei *Meinhold*, Problem, 22-113, gesammelten Beiträge; dazu *Maurer*, Mitgliedschaftsrecht (1955); *Brunotte u.a.*, Personalitätsprinzip (1959); *v. Campenhausen*, Volkskirche (1966).

89 Zitiert nach *Wendt*, Vereinbarung über das Mitgliedschaftsrecht, 222; vgl. zu den Urteilen und der kirchenrechtlichen Reaktion *Engelhardt*, Kirchensteuer, 81ff; *Link*, Fragen des kirchlichen Mitgliedschaftsrechts, 194f. 198ff; *Meyer*, Bemerkungen, 231f, mit genauen Nachweisen in Anm. 24. Ein knapper Überblick auch bei *Niemeier*, Rechtsprechung, 228f. Zur Vorgeschichte der Vereinbarung von 1970 vgl. *Wendt*, aaO. 222ff, des EKD-Gesetzes auch *Nuyken*, Kirchengesetz, 325-327.

und darum auch geographische *Selbstbestimmung der Einzelnen* trifft[90]. Wenn schließlich das Verfassungsgericht die herrschende kirchliche Auffassung, die Mitgliedschaft sei „auf das deutsche evangelische Landeskirchentum im Ganzen" bezogen[91], nicht mehr zu eigen machte, so verweist das auf tiefgreifende Verschiebungen im *Verhältnis von staatlicher und kirchlicher Rechtsordnung*. Der im KMG dokumentierte Anspruch der Kirche, trotz dieser Veränderungen dem Einzelnen gegenüber als eine einheitliche, steuerrechtlich bindende und insofern hoheitliche Institution aufzutreten[92], stellt insofern den konsequenten Abschluss der oben skizzierten Rechtsgeschichte dar.

Das KMG umfasst im Wesentlichen vier Gegenstände, nämlich eine allgemeine Bestimmung der kirchlichen Mitgliedschaft (§§ 1-2), relativ detaillierte Regelungen über ihren Erwerb und Verlust (§§ 6-13), summarische Angaben über die sich aus der Mitgliedschaft ergebenden Rechte und Pflichten des Einzelnen (§§ 3-5. 16) und schließlich Vorschriften hinsichtlich des Umgang mit den persönlichen Daten der Kirchenmitglieder (§§ 14-15. 17-19).

Grundsätzlich wird die Kirchenmitgliedschaft durch drei Merkmale bestimmt[93]. Konstitutiv ist die *Taufe*; innerhalb der weltweiten Taufgemeinschaft wird die *territoriale* Grenze der Mitgliedschaft durch den Wohnsitz „im Bereich einer Gliedkirche der Evangelischen Kirche in Deutschland" gesetzt; ihre *konfessionelle* Grenze markiert die Kennzeichnung „evangelisch", die nicht zuletzt ausgetretene Getaufte ausschließen soll[94]. Festzuhalten ist, dass die Mitgliedschaft nur durch objektive Tatbestände begründet wird, nicht durch bestimmte individuelle Aktivitäten oder Ein-

---

90 S. dazu ausführlicher unten S. 196-199.
91 Diese Auffassung hat *R. Smend* schon 1957 mit einer scharfsinnigen systematischen Argumentation sowie mit dem historischen Hinweis begründet, die Landeskirchen hätten unter eben dieser Voraussetzung „in ihrem Bereich den ungeheuren Flüchtlingsstrom aufgenommen und erfolgreich eingegliedert" (Problem des Mitgliedschaftsrechts, 53ff, Zitate: 54)
92 Vgl. *v. Campenhausen*, Staatskirchenrecht, 259f, zum Unterschied von Steuern und Mitgliedsbeiträgen.
93 § 1 (1) KMG; vgl. die Entfaltungen bei *Engelhardt*, Gedanken, 145ff; *Stein*, Kirchengliedschaft, 53ff.
94 Vgl. die Erläuterung bei *Nuyken*, Kirchengesetz, 327f. *Huber* weist auf die Analogie dieser drei Begründungskriterien zu den traditionellen römisch-katholischen Bestimmungen hin (Kirche der offenen Grenzen, 496f. 508f). Auf den traditionellen Terminus des „Bekenntnisses" (vgl. noch die gliedkirchliche „Vereinbarung", Abschnitt I, zit. bei *Wendt*, Vereinbarung über das Mitgliedschaftsrecht, 231f) ist angesichts der zahlreichen historischen wie rechtssystematischen Probleme verzichtet worden; er wird in der Literatur allerdings weiter verwendet; vgl. etwa *Engelhardt*, aaO. 149ff; *Rausch*, Erfassung Zuziehender, 351ff.

stellungen: „Das Kirchenmitgliedschaftsrecht zählt jeden Getauften ‚dazu'"[95].

Die Mitgliedschaft bezieht sich auf eine lokale Gemeinde, sie besteht aber ebenso zur Gliedkirche und, dadurch vermittelt, zur Evangelischen Kirche in Deutschland (§ 1 (2) und § 2 KMG). Auf diese Weise wird der vertikalen Gliederung der kirchlichen Organisation ausdrücklich Rechnung getragen.

Die Regelungen über *Erwerb und Verlust der Mitgliedschaft* beschäftigen sich, dem Anlass des Gesetzes entsprechend, vor allem mit den aus anderen Kirchen und aus dem Ausland „zuziehenden Evangelischen". Hier wird im Regelfall von einer automatischen „Fortsetzung" der Mitgliedschaft ausgegangen (§ 8), die nur in einigen Fällen ausdrücklich erklärt werden muss (§ 9). Angesichts der inhaltlichen Pluralität der Landeskirchen wird die individuelle Bekenntnisfreiheit durch die zeitlich befristete Möglichkeit eines sog. „votum negativum", der Anzeige einer anderweitigen Mitgliedschaft, gesichert[96]. Geregelt wird auch die Beendigung der Mitgliedschaft: durch Übertritt, durch Fortzug aus dem Geltungsbereich oder aber „mit dem Wirksamwerden der nach staatlichem Recht zulässigen Austrittserklärung" (§ 10; s.u. V.2).

Die *Rechte und Pflichten* der Kirchenmitglieder werden im KMG nur sehr knapp umschrieben. An konkreten Rechten nennt § 3 die Inanspruchnahme der kirchlichen „Dienste der Verkündigung, der Seelsorge und der Diakonie", die Zulassung zum Abendmahl sowie die Mitwirkung bei Wahlen etc.. Umgekehrt wird von den Mitgliedern die Beteiligung am kirchlichen Leben erwartet, was die Übernahme von Diensten sowie Spendenbereitschaft impliziert (§ 4 (1)). Die Knappheit der inhaltlichen Ausführungen begründet *Nuyken* mit den „bestehenden Ordnungen der Gliedkirchen", in denen die Rechte wie die Pflichten der Mitglieder weiter entfaltet seien: Die Formulierungen des KMG sind exemplarisch zu verstehen[97].

Zu den genannten, als Erwartungen formulierten Pflichten der Mitglieder treten erheblich verbindlichere Rechtssätze, die sich auf die Kirchensteuer sowie die Weitergabe persönlicher Daten beziehen[98]. Mit für die Steuerer-

---

95 *Meyer*, Bemerkungen, 227; vgl. aaO. 226. Darin besteht für *Meyer* der „volkskirchliche" Charakter des Mitgliedschaftsrechts.
96 Vgl. *Wendt*, Vereinbarung über das Mitgliedschaftsrecht, 228ff; *v. Campenhausen*, Volkskirche, 106ff. Zum Ganzen s.u. S. 160-164.
97 *Nuyken*, Kirchengesetz, 329; weiter s.u. 142-144.
98 Die Erwartungen werden in § 4 (1) KMG mit „sollen" umschrieben; die Normen zur Kirchensteuer etc. (§ 4 (2); § 5; § 16 KMG) formulieren „sind verpflichtet". Eine ganz ähnliche sprachliche Differenzierung findet sich z.B. auch in Art. 14 der Kirchenordnung der Evang. Kirche im Rheinland: „(1) Die Gemeindeglieder tragen die Mitverantwortung für das Leben und den Dienst der Kirchengemeinde. [...] (5) Die Gemeindeglieder sollen Dienste, die ihnen die Kirchengemeinde überträgt, willig und

hebung relevanten Gegenständen, etwa dem kirchlichen Meldewesen oder dem Datenschutz, befassen sich auch die meisten weiteren Abschnitte des KMG[99].

Die quantitative Gewichtsverteilung, aber auch die Formulierung im Einzelnen bestätigen W. *Bocks* Urteil, das Mitgliedschaftsgesetz sei deutlich „auf die kirchliche Entscheidung für die Möglichkeit des staatlichen Kirchensteuereinzugs abgestimmt" (Fragen, 325). Die im engeren Sinne geistlichen Gehalte der Kirchenmitgliedschaft werden nur angedeutet; das KMG zeichnet sich durch eine angesichts seiner Bedeutung geradezu verblüffende rechtstheologische Kargheit aus[100]. Ausführlich und präzise geregelt sind dagegen Rechtsbeziehungen, in denen die Kirche als eine hoheitliche Instanz erscheint, die Anspruch auf Steuern und entsprechende Datenübermittlung hat. Das KMG gehört zum kirchlichen Verbandsrecht, aber es ist doch über weite Teile *staatsrechtlich strukturiert*[101].

2. Staatliche Regelungen

Die staatlichen Gesetze und Verordnungen, die die kirchliche Mitgliedschaft betreffen, lassen sich durchgehend zurückführen auf das *Grundrecht der „Religionsfreiheit"*, wie es in Art. 4 des Grundgesetzes formuliert ist. Dabei wird üblicherweise unterschieden zwischen dem Recht der „negativen" Religionsfreiheit, das den Einzelnen vor religiösem Zwang und kirchlicher Vereinnahmung schützen soll, und dem Recht auf „positive" Religionsfreiheit, das die Religionsausübung auch in der Öffentlichkeit gewährleistet und damit auch „die Freiheit der Kirchen und Religionsgesellschaften selbst"[102]. Diesem doppelten Ziel dienen auch verschiedene Einzelregelungen zur Mitgliedschaftsthematik.

---

sorgfältig ausüben." Der nächste Satz hingegen lautet: „Sie haben die Pflicht, durch ihre Abgaben und Opfer den Dienst der gesamten Kirche mitzutragen und zu fördern."

99 §§ 14–19. Die eben genannten, in besonderer Weise verpflichtenden Rechtssätze zur Kirchenmitgliedschaft bilden in ganz ähnlicher Form auch den *gesamten* Inhalt der „Anordnungen über das kirchliche Meldewesen", die die Diözesen der röm.-katholischen Kirche 1978 erlassen haben; vgl. *Becker u.a.*, Kirche und Staat, 125–127.

100 Vgl. dagegen *Schlaichs* Forderung: „Kirchliche Gesetze von Gewicht können in Präambeln und im Gesetzestext sagen, inwiefern und womit sie zur Auferbauung der christlichen Gemeinde beitragen wollen." (Grundlagendiskussion, 253)

101 Vgl. *Link*, Art. „Kirchengliedschaft", 1601: Das KMG formuliert seitens der kirchlichen Ordnung vor allem diejenigen „Anknüpfungspunkte des staatl. Rechts", welche „in erster Linie für Kirchensteuer- und Kirchgeldpflicht, darüber hinaus aber auch für die Abmeldungspflicht beim Religionsunterricht, [...] hinsichtl. der Militär- und Anstaltsseelsorge, Lehrämtern an Theol. Fakultäten u.a.m." von Bedeutung sind.

102 *V. Campenhausen*, Staat und Kirche, 29; vgl. aaO. 26ff; *Ders.*, Staatskirchenrecht, 6off.

Nach dem „*Gesetz über die religiöse Kindererziehung*", das seit 1921 nahezu unverändert gilt, geht das Recht auf negative und positive Religionsfreiheit, also auch auf die kirchliche Zugehörigkeit, stufenweise von den Eltern auf das Kind über[103]. Eine Tendenz zur Betonung des jeweiligen ‚status quo' und damit der positiven Religionsfreiheit des Kindes ist erkennbar.

Der Sicherung negativer Religionsfreiheit dient vor allem die Gesetzgebung zu den „bürgerlichen Wirkungen des Austritts aus einer Kirche oder Religionsgemeinschaft". Sämtliche Bundesländer regeln, unter diesem oder ähnlichen Titeln und mit geringen inhaltlichen Abweichungen, dass die Austrittswilligen diesen Schritt vor dem Amtsgericht, dem Standesamt oder ähnlichen Behörden erklären müssen[104]. „Nicht überall ist das Kirchenaustrittsverfahren gebührenfrei. Meist sehen die Gesetze die Benachrichtigung der betreffenden Religionsgemeinschaft [...] vor."

Rechtliche Ausgestaltungen der *positiven Religionsfreiheit*, die die einzelnen Kirchenmitglieder betreffen, finden sich bereits im Grundgesetz. Hier ist zum einen der Status des Religionsunterrichts als ordentliches Lehrfach zu nennen (Art. 7); zum anderen die Gewährleistung von Gottesdienst und Seelsorge „im Heer, in Krankenhäusern, Strafanstalten oder sonstigen öffentlichen Anstalten"[105]. Die Ausübung eines religiösen bzw. kirchlichen Bekenntnisses wird auch dort eröffnet, wo andere individuelle Freiheiten z.T. erheblich eingeschränkt sind.

Von erheblicher Bedeutung ist schließlich das umfangreiche *staatliche Recht der Kirchensteuer*, die den „Religionsgesellschaften, welche Körperschaften öffentlichen Rechts sind", schon in der Weimarer Verfassung ermöglicht wurde[106]. Auch dieses Recht lässt sich als eine Gewährleistung positiver Religionsfreiheit verstehen, die die finanzielle Unabhängigkeit der kirchlichen Organisation sichern soll.

---

103 Text etwa bei *Becker u.a.*, Kirche und Staat, 119f.

104 Vgl. die Zusammenstellung einzelner Landesgesetze, mit im Einzelnen unterschiedlichem Titel, in *Becker u.a.*, Kirche und Staat, 127-139; eine erschöpfende, auch die neuen Bundesländer umfassende Übersicht bei *v. Campenhausen*, Austritt, 783-785; dort aaO. 779f auch eine inhaltliche Zusammenfassung der Bestimmungen; das folgende Zitat aaO. 780. Im Übrigen s.u. S. 164-165.

105 Art. 141 WRV i.V.m. Art. 140 GG. Vgl. dazu *v. Campenhausen*, Staatskirchenrecht, 238ff bzw. 221ff, sowie die einschlägigen Artikel in *Listl/Pirson*, Handbuch des Staatskirchenrechts.

106 Art. Art. 137 (6) WRV i.V.m. Art. 140 GG. Vgl. zum Kirchensteuerrecht nur *v. Campenhausen*, Staatskirchenrecht, 256-287; *Engelhardt*, Kirchensteuer; *Kirchhof*, Kirchensteuer; *Link*, Art. „Kirchensteuer"; *Meyer*, Kirchensteuerrecht. Exemplarische Gesetze und Verordnungen bei *Becker u.a.*, Kirche und Staat, 140-168.

Analog zu anderen Steuergesetzen regeln die einschlägigen Landesgesetze u.a. die Steuerarten[107], die Steuergläubiger sowie die Steuerschuldner; hier sind vergleichsweise komplexe Regeln für konfessionsverschiedene Ehen erforderlich. Bedeutsam ist auch die Norm, dass die Steuerpflicht eines ausgetretenen Mitglieds spätestens einen Monat nach dem Austritt endet; längere Fristen, die im 19. Jahrhundert noch fast zwei Jahre, seit 1920 immerhin maximal ein Jahr betrugen, sind erst 1977 vom Verfassungsgericht verworfen worden[108].

Kirchliches und staatliches Recht greifen in der Steuergesetzgebung so eng und detailliert ineinander wie auf kaum einem anderen staatskirchenrechtlichen Feld. Der Steuersatz und verschiedene andere Einzelheiten werden von korrespondierenden kirchlichen Gesetzen festgelegt. Auch das kirchliche und staatliche Meldewesen, einschließlich des Datenschutzes, ist aufeinander abgestimmt. Der Regelfall der Kirchensteuer als Zuschlag zu einer staatlichen Steuer hat außerdem dazu geführt, dass auch Einzug und Verteilung den staatlichen Finanzämtern übertragen werden.

Zum öffentlichen Charakter der Kirchensteuer gehört es schließlich, dass der entsprechende Steuerbescheid vor staatlichen Gerichten anfechtbar ist. Die auf diese Weise zustande gekommenen Entscheidungen (vgl. *Niemeier*, Rechtsprechung) bilden inzwischen bei weitem den Hauptteil der gerichtsnotorischen Auseinandersetzungen um das kirchliche Mitgliedschaftsrecht.

Auch im Bereich staatsrechtlicher Regelungen liegt der Sinn des *Rechts* der kirchlichen Mitgliedschaft offenbar zuvörderst darin, eine finanzielle Unterstützung der Kirche zu gewährleisten, die – mehr als Vereinsbeiträge oder Spenden – unabhängig bleibt von der aktuellen Einstellung der Individuen.

3. Landeskirchliche „Ordnungen"

Die Regelungen des KMG intendieren vor allem staatsrechtliche Anschlussfähigkeit; sie definieren darum vor allem die *äußeren Grenzen* der Mitgliedschaft und beschreiben ihre *materialen Gehalte* nur sehr summarisch. Die landeskirchliche Gesetzgebung, der damit die genauere Normierung individueller Mitgliedschaftsrechte und -pflichten überlassen bleibt, behandelt diese Themen nicht nur inhaltlich divergent, sondern wiederum auch auf sehr unterschiedlichen rechtlichen Ebenen[109].

---

107 Bemerkenswert erscheint, dass hier auch ein „Kirchgeld", das nicht als Zuschlag zur Lohn- bzw. Einkommensteuer erhoben wird, als staatlich einzutreibende Steuer gilt; vgl. etwa das Kirchensteuergesetz in NRW, § 4 (1) 4.
108 Vgl. *Feige*, Art. „Kirchenaustritte", 530.
109 Vgl. *Bock*, Fragen, 322; *Burgsmüller*, Rechtliche Bindungen, 127ff; *Frost*, Gliedschaft, 243f; *Pirson*, Geltungsbereich, 120ff.

Auf der Ebene von *Kirchenverfassungen u.ä.* wird die Stellung der Gemeindeglieder meist eher deklaratorisch beschrieben, mit Begriffen wie „Zeugnis", „Gemeinschaft" und „Dienst"[110]: Die Mitglieder sollen das Evangelium in Familie, Beruf und Öffentlichkeit bezeugen, sie sollen regelmäßig am Leben der Gemeinde teilnehmen und nach Möglichkeit Aufgaben übernehmen. Zu diesen „Pflichten", die eher als Erwartungen formuliert sind[111], treten ebenso allgemeine „Rechte": die Teilnahme an Gottesdienst und Abendmahl, Seelsorge und Diakonie, der Anspruch auf Bildung und geistliche Unterweisung. Viele dieser Rechte sind allerdings gerade nicht an die formale Mitgliedschaft gebunden.

Von grundlegendem Rang sind auch die Bestimmungen über die individuelle *Beteiligung an der Gemeindeleitung*. Dabei sind die aktiven Wahl- und Beteiligungsrechte lediglich an die Konfirmation – bzw. die Erwachsenentaufe – geknüpft sowie nach Alter gestuft. Das passive Wahlrecht wird jedoch darüber hinaus nicht selten abhängig gemacht von intensiverer Teilnahme am gemeindlichen Leben[112]. Die verantwortliche Mitwirkung an der „Gestaltung des kirchlichen Lebens" (§ 3 (2) KMG) ist an mehr gebunden als die objektiv feststellbare Mitgliedschaft; sie setzt ein subjektives, seinerseits verpflichtendes Engagement für die kirchliche Institution voraus.

Inhaltliche Bestimmungen der Mitgliedschaft finden sich vor allem in den sog. *„Lebensordnungen"*, die mitunter in die Grundordnungen integriert sind, meistens aber eine eigentümliche, relativ junge Gattung kirchlichen Rechts bilden[113]. Die „Lebensordnungen in unserem heutigen Verständnis sind Resultat der Aufhebung der Staatskirche und des Bemühens, der kirchlichen Sitte nun in der veränderten Gestalt einen festen Rahmen zu geben"[114]. Während die institutionelle Ordnung der Kirche dem Umbruch von 1918/19 im Wesentlichen gewachsen erschien, wurde im Blick auf das Verhältnis zu den Mitgliedern das Bedürfnis empfunden, ausdrückliche Regelungen zu formulieren. In Gehalt und Gestus lassen sie sich als Versuch lesen, die oben skizzierten Differenzierungen von öf-

---

110 Vgl. die instruktiven Hinweise zur kirchenrechtlichen Karriere dieser Dreier-Formel bei *Bloth*, Praktische Theologie, 126ff. Textbeispiele: Kirchenordnung Rheinland, Art. 14; Grundordnung Berlin-Brandenburg, Art. 12 und 13.

111 Vgl. *Pirson*, Geltungsbereich, 120f.

112 Vgl. etwa KO Rheinland, Art. 84 (1): „durch gewissenhafte Erfüllung der Pflichten evangelischer Gemeindeglieder als treue Glieder der Gemeinde bewährt"; zum Ganzen vgl. *Pirson*, aaO. 121; *Wendt*, Rechtsstellung, 37f.

113 Einen Teil der Kirchenordnung bilden die Lebensordnung im Rheinland (vgl. aaO. Art. 15-66) und Westfalen; vgl. *Burgsmüller*, Rechtliche Bindungen, 131. Zur unterschiedlichen „rechtlichen Qualität" und Verbindlichkeit der landeskirchlichen Lebensordnungen vgl. den Überblick bei *Plathow*, Art. „Lebensordnungen", 578.

114 *Schultze*, Lebensordnungen, 4; vgl. *Burgsmüller*, Rechtliche Bindungen, 132ff; *Plathow*, Art. „Lebensordnungen", 576.

fentlichem, kirchlichem und individuellem Leben der Mitglieder zu begrenzen[115].

Die *Themen* der Lebensordnungen sind seit 80 Jahren in etwa gleich geblieben; sie bilden eine recht bunte Liste. „Die Lebensordnung stellt sich als Gottesdienst-, Sakraments- und Kasualordnung dar; sie regelt die Kirchenmitgliedschaft, gibt Richtlinien für die christliche Erziehung und die Dienste in Gemeinde, Kirche und Gesellschaft; sie prägt die kirchliche Familiensitte."[116] Die Ordnungen gehen dabei zumeist biographisch vor, setzen also mit der Taufe – mitunter auch mit Gottesdienstordnungen – ein, handeln über Erziehung, Konfirmation etc., Seelsorge, Beteiligung am Gemeindeleben, Übernahme kirchlicher Dienste; gegen Ende erscheint die kirchliche Bestattung. Dazu finden sich Regelungen zu Austritt und Wiederaufnahme sowie oft auch ein eigener Abschnitt zur „Zucht" in Gemeinde und Kirche.

Die *Intention*, mit dem diese vielfältigen Gegenstände präsentiert werden, hat sich freilich seit den 20er Jahren mehrmals verändert[117]. Überwiegt zunächst eine Tendenz zur Ahndung kirchlicher „Pflichtverletzungen", ja zur Kirchenzucht, so verstehen sich die Ordnungen seit den 30er Jahren auch als „aus tiefstem christlichen Verständnis gewonnene seelsorgerliche Mahnung"[118]. In den Texten des Kirchenkampfes werden die bindenden und abgrenzenden Regelungen verschärft; zugleich ist der parakletische Zug intensiviert: „Eine brüderliche Gemeinschaft will ihre Glieder stärken und festigen"[119]. Auch die Lebensordnungen der 50er Jahre verstehen sich als „Aufruf zu freudigem Gehorsam". Programmatisch formuliert die EKU-Ordnung von 1955:

---

115 Vgl. zur kirchenrechtlichen Problematik der Lebensordnungen im Ganzen *Bloth*, Praktische Theologie, 128ff; *Bürgel*, Auftrag und Aufgabe; *Burgsmüller*, Rechtliche Bindungen; *Ders.*, Eine neue Generation; *Herms*, Abschließender Bericht, 273ff; *Maurer*, Lebensordnungen; *Plathow*, Lehre und Ordnung (dazu die kritische Rezension von *G. Wendt* in ZEvKR 30/1985, 243–251); *Ders.*, Rahmenbedingungen; *Ders.*, Art. „Lebensordnungen"; *Schmidt-Rost*, Amtshandlungen; *Schultze*, Lebensordnungen; *Stempin*, Ordnung; *v. Tiling*, Erfahrungen mit der Lebensordnung; *Wendt*, Rechtsstellung, 32ff; *Winter*, Lebensordnung.
116 *Plathow*, Art. „Lebensordnung", 575; aaO. 576f auch Überblicke über die Gehalte der Ordnungen der EKU und der VELKD aus den 50er Jahren. Als Beispiel wird im Folgenden vor allem die Rheinische Kirchenordnung (Art. 15ff) sowie die neue Ordnung des kirchlichen Lebens der EKU von 1999 (zit.: EKU-Lebensordnung) herangezogen. Weiteres Material zur aktuellen Rechtslage bei *Burgsmüller*, Rechtliche Bindungen, 136–146.
117 Vgl. die Skizzen bei *Burgsmüller*, Rechtliche Bindungen, 132ff; *Schultze*, Lebensordnungen, 4ff; *Winter*, Lebensordnung.
118 Zitate nach *Burgsmüller*, aaO. 132f.
119 Vgl. *Burgsmüller*, aaO. 133–136; Zitat aaO. 135.

„Gegenüber einem falschen Verständnis der evangelischen Freiheit in unseren Gemeinden mahnt diese Ordnung zu einem zuchtvollen Leben und Wandel. Angesichts der Schwachheit und Willkür des Einzelnen hält uns die Ordnung in der brüderlichen Gemeinschaft der ganzen Kirche."[120]

Von dieser misstrauischen Haltung gegenüber der „Willkür des Einzelnen" wenden sich die Neufassungen einzelner Lebensordnungs-Abschnitte seit den späten 60er Jahren ab, indem sie einzelne Bestimmungen sowie die normativen Ansprüche im Ganzen erheblich abmildern. Hier findet sich gelegentlich auch schon eine aufschlussreiche Gliederung, die die in den 90er Jahren vorgelegten Ordnungen durchgehend bestimmt: Wahrnehmung der (gegenwärtigen) Situation – biblisch-theologische Orientierung – Richtlinien (und Regelungen). Aus der autoritativen Ordnung ist ein „Netzwerk der Orientierung" geworden, das gemeindliche Verständigung ermutigen, Entscheidungskriterien anbieten und „angesichts der Vielfalt der Situationen den Reichtum und die Kraft christliche Lebensformen zur Geltung bringen" will[121]. Exemplarisch sind die Unterschiede zwischen den Regelungen der seit längerem geltenden Rheinischen Kirchenordnung zur *Taufe* und den entsprechenden Abschnitten aus der neuen Lebensordnung der EKU[122].

1999 ist die theologische Beschreibung der Taufe erheblich ausführlicher geworden; gegenüber der Rede vom „lebenslangen Anspruch Gottes auf Glaube und Gehorsam des Täuflings" (KO Rheinland, Art. 31 (2)) tritt die göttliche Heilszusage in den Vordergrund (EKU-Lebensordnung, 31). Die Kindertaufe erscheint nicht mehr als Normalfall; ausdrücklich werden Taufe und Taufvorbereitung in verschiedenen Lebensaltern in den Blick genommen. Bei erwachsenen Taufbewerbern darf die Unterweisung „nicht durch überfordernde Ansprüche davon abschrecken, Gottes Zusage für sich in Anspruch zu nehmen" (EKU-Lebensordnung, Art 13 (4)). Auch die Patenschaft wird offener und einladender geregelt; freilich bleibt die Mitgliedschaft in einer christlichen Kirche Bedingung, zumal die neue Ordnung auch ausdrücklich den Fall bedenkt, dass beide „Eltern nicht der evangelischen Kirche angehören" (Art. 18 (2)). Neu sind schließlich Hinweise zur kirchlichen Verantwortung für (noch) nicht getaufte Kinder (Art. 17).

---

120 Die beiden letzten Zitate stammen aus dem „Vorspruch" der Ordnung des kirchlichen Lebens der EKU von 1955; vgl. auch *Plathow*, Art. „Lebensordnungen", 577.
121 Zitate aus dem Entwurf VELKD-Leitlinien 1997, 4, sowie aus EKU-Lebensordnung, 20. Zur Entwicklung seit den 50er Jahren vgl. *Burgsmüller*, Eine neue Generation; *Schultze*, Lebensordnungen, 3f; *v. Tiling*, Erfahrungen mit der Lebensordnung. Zur Diskussion um die neuesten Ordnungen vgl. *Stempin*, Ordnung.
122 KO Rheinland, Art. 31–39b; EKU-Lebensordnung, 29–37. Vgl. zu einschlägigen Regelungen in anderen Lebensordnungen sowie zum Hintergrund *Burgsmüller*, Rechtliche Bindungen, 136–140. Sehr aufschlussreich sind auch die Vorschriften über die Aufnahme bzw. Wiederaufnahme in die Kirche; dazu s.u. S. 171–175.

Auch die anderen Abschnitte der neuen Ordnungen sind dadurch gekennzeichnet, dass sie ausdrücklich die pluralen Lebensläufe und Einstellungen der Menschen berücksichtigen, die sich in ein Verhältnis zur Kirche setzen. Die Kirche ihrerseits bestimmt dieses Verhältnis weniger durch Ordnung und hoheitliche "Gewährung" als vielmehr durch „Leitlinien" zur „situationsbezogenen und biographischen Aneignung (Entwurf VELKD-Leitlinien, 4). Eben diese Grundhaltung zeigt sich auch gegenüber den Pfarrer/innen, denen nun erheblich mehr Entscheidungsspielraum offen steht[123].

Mit diesen Tendenzen verschärft sich freilich das rechtstheologische Problem der Lebensordnungen, nämlich die Frage nach ihrer *Verbindlichkeit*[124]. Je mehr sie als „Richtlinien", ja als Empfehlung und „Einladung" formuliert sind, je mehr sie die binnenkirchliche Verständigung anleiten, aber nicht normieren wollen, desto undeutlicher wird ihr Verhältnis zum sonstigen kirchlichen und erst recht zum staatlichen Recht. Diese Unsicherheit spiegelt sich auch in gängigen Charakterisierungen wie „Liebesordnung" (*Maurer* u.a.), „parakletische Ordnung" (*Plathow* u.a.), „Anleitung zum Erkennen des Grundkonsens" (*Schultze*).

Man wird diese systematische Unsicherheit nicht zuletzt zurückführen müssen auf die Mehrschichtigkeit der Lebensordnungen selbst, die ihrerseits zurückgeht auf die *Pluralität ihrer Adressaten*. Im Blick auf die einzelnen *Mitglieder* wird das Recht der Kirchenmitgliedschaft, wie die Lebensordnungen es neuerdings formulieren, immer stärker zu einem „geistlichen" Recht, das seelsorgerliche Offenheit gegenüber der biographischen Vielfalt zum Ausdruck bringt. Zugleich werden jedoch, auch in den neuesten Ordnungen, die *Amtsträger* und die ganze organisierte Kirche durchaus verbindlich an bestimmte Kriterien und Handlungsformen gebunden. Wiederum erweist sich das Mitgliedschaftsrecht als Spiegel der organisatorischen Komplexität der Kirche im Ganzen.

---

123 Vgl. die Zusammenfassung von Entwicklungstendenzen bei *Burgsmüller*, Rechtliche Bindungen, 159f; *Schultze*, Lebensordnungen, 7–10, mit Hinweis auf Erfahrungen in der DDR.

124 Vgl. zur Debatte etwa die konträren Positionen bei *Herms*, Abschließender Bericht, 274f, und *Schlaich*, Grundlagendiskussion, 367f; vermittelnd *v. Tiling*, Erfahrungen mit der Lebensordnung, 352ff. Weiteres s.o. S. 123–124.

IV. Systematische Deutungen des Mitgliedschaftsrechts

Die außerordentliche, formale wie inhaltliche Heterogenität des Rechts der Kirchenmitgliedschaft hat immer wieder zu Gesamtdeutungen herausgefordert, in denen sich die oben (S. 117-123) skizzierten Grundlagendebatten spiegeln: Auch die mitgliedschaftsrechtlichen Gesamtdeutungen ziehen regelmäßig sowohl juristische als auch theologische Argumente heran; und sie stellen ebenfalls je eine bestimmte Regelungsschicht in den Vordergrund. Der Blick auf drei typische Deutungsvarianten (1.-3.) soll den eigenen Vorschlag plausibel machen, das geltende Mitgliedschaftsrecht vor allem als Ausdruck eines – wiederum in sich spannungsvollen – *Kirchenverständnisses* zu deuten (4.): Dieses Rechtsgebiet erhält seine Komplexität dadurch, dass es unterschiedliche Perspektiven auf die eine erfahrbare Kirche verbindet, zu der die Einzelnen in Beziehung gesetzt werden[125].

1. Recht der Volkskirche

In einem programmatischen Aufsatz über „Mitgliedschaft in der Volkskirche" hat *A. v.Campenhausen* die Modellierung dieses Verhältnisses nach dem Vorbild der Staatsbürgerschaft ausdrücklich verteidigt, und zwar auch mit genuin theologischen Argumenten. Ihm zufolge entspricht die *zugeschriebene*, in der Regel nicht aktiv erworbene Kirchenmitgliedschaft reformatorischen Grundeinsichten: „Die Mitgliedschaft in der Kirche Christi ist [...] insofern rein passiv, als sie nur dem empfangenden Glauben geschenkt wird." (Volkskirche, 94) Ebensowenig wie die Gottesbeziehung kann die Beziehung zur Kirche als Resultat eigener Tätigkeit gedacht werden. Indem vor allem das staatskirchliche Mitgliedschaftsrecht die Kindertaufe zur Regel macht, bringt es den *Vorrang der göttlichen Zusage* vor der menschlichen Antwort zum Ausdruck. Auf der gleichen Linie deutet *C. Meyer* die volkskirchliche Mitgliedschaft: Sie berge

---

[125] Damit wird ein kirchenrechtlicher Interpretationsvorschlag von *K. Schlaich* (Kirchenrecht und Kirche, 346ff) auf das Gebiet des Mitgliedschaftsrechts zugespitzt.

„den Einzelnen in einem Raum, in dem die Gnade schon vor seinem Glauben wirksam ist"[126].

Zum „volkskirchlichen Denken", das sich im geltenden Mitgliedschaftsrecht dokumentiert, gehört nach *v. Campenhausen* weiterhin die Überzeugung, „dass alle Evangelischen ihr zugehören, wenn sie nicht austreten" (aaO. 100). Die Annahme einer selbstverständlichen Mitgliedschaft setzt „noch immer fast jeden Menschen in verschiedenen Lebensabschnitten mit der Kirche in Beziehung [...]. Diese Begegnungen enthalten zumindest die Möglichkeit, die evangelische Botschaft anzubieten" (aaO. 107). Gerade das gleichsam öffentliche Mitgliedschaftsrecht ist für eine Vielfalt von konventionellen und zugleich eigenständigen Zugangsmöglichkeiten *offen*. Die Zugehörigkeit zur Kirche wird nicht von subjektiven Anstrengungen abhängig gemacht, sondern lediglich von äußerlichen, eben rechtsförmigen Merkmalen, die dann nach je eigener Situation zu aktivieren sind.

Ganz ähnlich argumentiert das Votum der VELKD von 1977, wenn es alle Forderungen zurückweist, „die Grenzen der Kirche klarer und strenger zu handhaben" und damit „bestimmte Christenmenschen aus der Kirche auszuschließen" (*Lohff/Mohaupt*, Volkskirche, 31). Aus rechtfertigungstheologischen Gründen steht das „Angebot von Wort und Sakrament" allen Menschen offen (aaO. 30); wo diese Menschen sich selbst als Glieder der Kirche sehen wollen, darf die Kirche keine rechtlichen Hindernisse errichten. Die offene Selbstverständlichkeit des Mitgliedschaftsrechts entspricht der *Weite des Evangeliums*, „das die von Menschen gern gezogenen Grenzen immer wieder überschreitet" (aaO. 31).

In einer stärker rechtstheologisch geprägten Argumentation hat auch *D. Pirson* die hoheitliche Grundstruktur des Mitgliedschaftsrechts unterstrichen[127]. Die gesamte kirchliche Rechtsordnung gewinnt ihre Eigenständigkeit durch die strikte Ausrichtung auf den Auftrag der Kirche; auch das Mitgliedschaftsrecht ist von dieser „objektiven Zwecksetzung" aus zu interpretieren (*Pirson*, Mitgliedschaft, 153). In dieser Perspektive erscheint das Kirchenmitglied zunächst als *passiver Adressat* des kirchlichen Handelns. Das Kirchenrecht vermittelt dem Einzelnen, wie *Pirson* recht harsch formuliert, „nicht die Eigenschaft eines Rechtsträgers, sondern in erster Linie die Eigenschaft als Objekt kirchlicher Betreuung" (aaO. 156). Auch historisch ist das Mitgliedschaftsrecht nicht als Reflex wachsender individueller Eigenständigkeit zu verstehen;[128] es dient vielmehr ange-

---

126 *Meyer*, Bemerkungen, 226, in Aufnahme von Formulierungen *G. Wingrens*. *Meyer* bezieht sich ebd. auch positiv auf die ekklesiologische Studie der VELKD: *Lohff/Mohaupt*, Volkskirche.

127 Vgl. *Pirson*, Mitgliedschaft, 149ff; *Ders.*, Geltungsbereich, 119f. 129ff.

128 Daher verfallen die kollegialistischen bzw. die vereinsrechtlichen Begründungen des Mitgliedschaftsrechts heftiger Kritik; vgl. *Pirson*, aaO. 146ff.

sichts der nachreformatorischen Pluralität nur dazu, „den personellen Wirkungsbereich der verfassten Kirche zu bezeichnen" und von dem Zuständigkeitsbereich anderer Partikularkirchen abzugrenzen (aaO. 155). „Für den einzelnen Getauften bedeutet Kirchenmitgliedschaft" dann zunächst nur dies, „dass er in dieser Kirche Gelegenheit zur Teilnahme am kirchlichen Leben und die Möglichkeit kirchlicher Betreuung hat. Der angemessene und weniger missverständliche Terminus für dieses Rechtsverhältnis wäre Kirchenzugehörigkeit" (aaO. 154).

Was in der „objektiven" Ausrichtung des Mitgliedschaftsrechts zum Ausdruck kommt, ist nichts anderes als die *asymmetrische Struktur* des kirchlichen Auftrags selbst, gegenüber dem die Einzelnen stets Empfangende bleiben; nur sekundär kommen sie als mitwirkende und dann zu Loyalität und Disziplin verpflichtete Subjekte in den Blick[129]. Eine selbständige, aktiv Einfluss nehmende Stellung darf ihnen nur begrenzt eingeräumt werden, „weil das Handeln der kirchlichen Gemeinschaft eben nicht als ein vom einzelnen Mitglied der Gemeinschaft autorisiertes Handeln zu begreifen ist" (*Pirson*, Mitgliedschaft, 148). Auch hier bietet das VELKD-Votum eine interessante Parallele, wenn es den Sinn der „kirchlichen Ordnungen" nicht zuletzt darin sieht, dass die Kirche „vor dem Geltungswillen einzelner Gruppen oder theologischer Schulen geschützt" werden soll (*Lohff/Mohaupt*, Volkskirche, 19). In der hoheitlichen Grundstruktur des Rechts der Mitgliedschaft kommt nicht nur die *unverfügbare Zusage* des Evangeliums zum Ausdruck, sondern ebenso der *unverfügbare Anspruch*, den das Evangelium für die Kirche wie für den Einzelnen darstellt.

2. Ordnung der Dienstgemeinschaft

Die bis ins Detail den staatlichen Regelungen entsprechenden Strukturen des Mitgliedschaftsrechts sind immer wieder kritisiert worden, weil sie die Eigenart kirchlicher Beziehungen nicht hinreichend zum Ausdruck brächten. Diese Kritik wird ebenfalls theologisch, aber auch mit bürgerlich-rechtlichen Argumenten begründet.

R. Smend fasst zahlreiche Beiträge der 50er Jahre zusammen, wenn er zunächst die im 19. Jahrhundert entstandenen Rechtselemente kritisiert: Sie seien, einschließlich der presbyterial-synodalen Mitwirkung, bewusst der zeitgenössischen Rationalisierung staatlicher Administration nachempfunden und lieferten das Mitgliedschaftsverhältnis der „formalen Verwaltungsautorität" sowie einer inhaltlich-geistlich ganz „ungebundenen persönlichen Willkür" aus[130]. Erst im Kirchenkampf der 30er Jahre sei es

---

129 Vgl. *Pirson*, Geltungsbereich, 130ff.
130 *Smend*, Problem des Mitgliedschaftsrechts, 48, vgl. 46ff.

dagegen zur Kodifizierung eines „echt kirchlichen Kerns" von Mitgliedschaftsbestimmungen gekommen, die das starre, nur nach Äußerlichkeiten fragende Bekenntnisprinzip durch eine umfassende persönliche „Inpflichtnahme" des Einzelnen ersetzen (aaO. 47. 50). Aus der Auftragsgebundenheit des Mitgliedschaftsrechts zieht *Smend* also ganz andere Folgerungen als *Pirson*: Es sind nicht objektive Zuweisungen, die als normatives Zentrum dieses Rechts zu gelten haben, sondern vielmehr die nach 1945 formulierten Lebensordnungen. Ihre Konzentration auf das Postulat „lebendige Mitverantwortung" erscheint exemplarisch für die gegenwärtige „Rechtslage, die nicht den Religionsuntertan vergangener Zeiten will, sondern das aktiv dienende Kirchenglied" (aaO. 53).

Aufgrund einer rechtstheologisch-historischen Untersuchung des Mitgliedschaftsrechts kommt A. *Stein* zu ähnlichen Ergebnissen. Hier „stehen *zwei Grundlinien*, eine der missionarischen Offenheit und einladenden Öffnung und eine andere Grundlinie der Geschlossenheit einer ihr Eigenleben ordnenden Gemeinde, sich komplementär gegenüber"[131]. Dieser zweite, „auf Sammlung, Zusage und Verantwortung ausgerichtete Grundzug" findet *Steins* besondere Aufmerksamkeit. Zwar ist die Taufe der Grund der Mitgliedschaft; hinzutreten „müsste aber eine bewusste und sichtbare Selbstzuordnung und Annahme in der Gemeinde" (aaO. 59, 58). Nur in einer selbstverantwortlichen Betätigung des Einzelnen wird der volle Sinn des Mitgliedschaftsrechts realisiert.

G. *Wendt* findet den theologischen Grund dieser Deutung in der *Taufe selbst*: „Aufgrund der Taufe ist jeder Christ zu Zeugnis und Dienst in der Gemeinde und in der Welt bevollmächtigt und verpflichtet."[132] Diese Bevollmächtigung begründet die weitgehenden Mitwirkungsrechte, die die geltenden Kirchenordnungen dem Einzelnen einräumen, und sie zielt auf die „aktive Gemeindegliedschaft der Getauften" (aaO. 25). Die „subjektiven Rechte und Pflichten", wie sie im KMG angedeutet und in den landeskirchlichen Ordnungen entfaltet sind, dienen nicht der Verfolgung und Sicherung individueller Interessen, sondern stellen alle Mitglieder in die Solidarität einer kirchlichen „Dienstgemeinschaft"[133].

Die Kritik einer hoheitlich-objektiven Deutung des Mitgliedschaftsrechts muss sich nicht auf eine Akzentuierung der innerkirchlichen, theologisch-inhaltlichen Bestimmungen beschränken. Auch die staatskirchenrechtliche Normierung der Mitgliedschaft, die sich auf seine äußerlich feststellbaren Bedingungen beschränkt[134], kann anders gedeutet werden als in einem objektiv-formalen Sinn. *H. Engelhardt* sieht kirchliche und

---

131 *Stein*, Kirchengliedschaft, 58 (Hervorhebung i.O.).
132 *Wendt*, Rechtsstellung, 24; vgl. aaO. 24-27.
133 AaO. 27. Ähnlich argumentiert das Votum der EKU zu Barmen III, vgl. *Burgsmüller*, Kirche als „Gemeinde von Brüdern", 65. 67f.
134 Vgl. die streng juristische Definition der Mitgliedschaft bei *Engelhardt*, Einige Gedanken, 142f; ähnlich *Nuyken*, Kirchengesetz, 325.

staatliche „Rechtskreise" gerade im Blick auf die Mitgliedschaft deutlich unterschieden (Einige Gedanken, 144): Im Gegensatz zur Zwangsmitgliedschaft in Gebietskörperschaften, berufsständischen Kammern und anderen hoheitlichen Institutionen gehört zur Kirchenmitgliedschaft notwendig eine „eigene Initiative" (aaO. 155), die ausdrückliche „Äußerung des Willens" zu Taufe und Mitgliedschaft[135]. Die „juristische Außenseite" der Kirchenmitgliedschaft ist darum durchaus „mit der Vereinsmitgliedschaft vergleichbar" (aaO. 143).

Auch diese strikt juristische Argumentation versteht die kirchliche Mitgliedschaft als verbindliche Dokumentation einer persönlichen Überzeugung. Juristische und theologische Deutung kommen demnach darin überein, dass das Mitgliedschaftsrecht nicht hoheitlich bzw. körperschaftlich zu verstehen ist, sondern als Regelung eines *Gemeinschaftsverhältnisses*, das durch spezifische, bewusst bejahte Überzeugungen gekennzeichnet ist.

3. Inbegriff der kirchlichen Grundrechte

Das Verhältnis von staatlicher und kirchlicher Rechtsordnung ist in den letzten Jahrzehnten immer wieder an der Frage der Grund- und Menschenrechte diskutiert worden[136]. Die Kirche ist zwar den verfassungsmäßigen Grundrechten insofern unterworfen, als ihr Handeln sich „in den Schranken der für alle geltenden Gesetze" zu bewegen hat (Art. 140 GG); und in diesem Rahmen nimmt sie auch immer schon *bestimmte* Grundrechte in Anspruch. Erhebt die Grundrechtstradition aber den *allgemeinen* Anspruch, „sittliche und überpositive Grundsätze für die Ordnung einer Rechtsgemeinschaft [...] zu verkörpern" (*Pirson*, Grundrechte, 385), so ergibt sich die Frage, ob die Eigenständigkeit der kirchlichen „Rechtsgemeinschaft" sich auch in der Formulierung eines Katalogs eigener, speziell in der Kirche geltender Grundrechte niederschlagen sollte[137].

---

135 AaO. 147. Von daher kritisiert *Engelhardt* namentlich die Regelung des EKD-Gesetzes, derzufolge die landeskirchliche Mitgliedschaft durch die Erklärung gegenüber einer staatlichen Meldebehörde begründet oder angenommen werde (vgl. *Engelhardt*, aaO. 156f); so auch *Obermayer*, Der automatische Erwerb, 79-81. Vgl. dazu u. S. 161-162.

136 Überblicke über die Diskussion zuletzt bei *Bürgel*, Auftrag und Aufgabe, 27f; *Ehnes*, Grundrechte; *Huber*, Gerechtigkeit und Recht, 431-444; *Robbers*, Grundsatzfragen, 234f. 239f. Bedeutsam sind nicht zuletzt die frühen Beiträge von *Maurer*, Mitgliedschaftsrecht; *Pirson*, Grundrechte; *Ders.*, Innerkirchliche Grundrechte.

137 Vgl. zum Problem *Huber*, Gerechtigkeit und Recht, 437: „Die Aufmerksamkeit für die Rechtsstellung des Einzelnen gegenüber den kirchlichen Institutionen ist [...] angesichts paralleler Entwicklungen im staatlichen Bereich gewachsen. Dennoch muss die Formulierung und Ausgestaltung von kirchlichen Grundrechten sich an dem Geschehen orientieren, das die Kirche konstituiert." – Terminologisch werden im Fol-

Ein solches Ansinnen wird auf der einen Seite strikt abgelehnt: „Der Gedanke, die Rechte des einzelnen Kirchenglieds in einem Katalog von Grundrechten zu sichern, ist völlig der christlichen Kirche fremd. Das Glied der Kirche steht im Dienst."[138] Auf der anderen Seite hat es in letzter Zeit verschiedene Versuche gegeben, das *gesamte* kirchliche Mitgliedschaftsrecht als Entfaltung kirchlicher Grundrechte zu interpretieren. W. *Bock* hat diese Deutung prägnant zusammengefasst:

Der Mitgliedschaftsstatus des Einzelnen „lässt sich als Inbegriff der Christen- und Menschenrechte in der Kirche [...] fassen, und zwar auf der Grundlage der aus der Grundrechtstheorie bekannten Unterscheidung von Freiheits-, Gleichheits- und Teilhaberechten. *Freiheit* zielt auf das Recht des Zugangs zum Glauben; sie umfasst das Recht zum Kircheneintritt mit Taufabsicht und die Gewissensfreiheit in Glaubensdingen. Unter diesem Aspekt kann auch das evangelische Kirchenrecht den Kirchenaustritt als Inanspruchnahme eines Freiheitsraumes anerkennen. *Gleichheit* wirkt sich in erster Linie als gleiches Recht auf Bezeugung des Evangeliums aus und darin, dass *kirchliche Ämter* im Priestertum aller Gläubigen wurzeln und aufgrund einer Berufung aus der Gemeinschaft heraus vergeben werden. *Teilhabe* umfasst die Teilnahme am Abendmahl, die Patenschaft und die Lebensbegleitung durch Kirche und Gemeinde an wegweisenden Lebensstationen; nicht zuletzt beinhaltet sie die Mitwirkung an der kirchlichen Willens- und Rechtsbildung sowie an der Konstituierung der kirchlichen Ämter."[139]

Die folgende Interpretation dieses Katalogs sieht von denjenigen Rechten ab, die – wie Kircheneintritt oder kirchliche Lebensbegleitung – allen Menschen zustehen sollen, und konzentriert sich auf die im strikten Sinne *kirchlichen*, das Verhältnis zwischen dem *Mitglied* und der kirchlichen Organisation betreffenden Grundrechte. Diese lassen sich im Wesentlichen in Freiheitsrechte und Teilhaberechte unterteilen; die innerkirchlichen Gleichheitsrechte, die *Bock* vornehmlich auf die kirchlichen Ämter bezieht, sind selbst als Ausfluss bestimmter Teilhaberechte zu verstehen.

Die mitgliedschaftlichen *Freiheitsrechte*, die *Bock* auf Glaubens- und Gewissensfreiheit konzentriert, werden andernorts breiter entfaltet. W. *Stolz*, auf den auch der Grundrechtskatalog der neuen Reformierten Kir-

---

genden, dem überwiegenden Teil der einschlägigen Literatur folgend, Menschen- und Grundrechte nicht näher unterschieden. Im Blick auf die kirchliche *Institution* liegt die Rede von „Grundrechten" allerdings näher.

138 *U. Scheuner* (1967), zitiert nach *Wendt*, Rechtsstellung, 40.

139 *Bock*, Fragen, 322 (Hervorhebungen i.O.); vgl. auch die Grundrechtskataloge bei *Ehnes*, Bedeutung des Grundgesetzes; *Huber*, Gerechtigkeit und Recht, 44off. Als positives Kirchenrecht erscheinen solche Grundrechte erstmals in der neuen Verfassung der Evangelisch-Reformierten Kirche in Bayern und Nordwestdeutschland von 1988; vgl. dazu die Untersuchungen von *Obermayer*, Kirchenverfassung; *Stolz*, Menschenrechte, besonders 253. Die einschlägigen Artikel werden zitiert bei *Bürgel*, Auftrag und Aufgabe, 27

chenverfassung zurückgeht, nennt u.a. den Schutz der Würde des Einzelnen, das Verbot von Zwang im Blick auf die Mitgliedschaft und die individuellen Überzeugungen sowie das Verbot der Diskriminierung aufgrund der Herkunft, des Geschlechts etc.¹⁴⁰ In deutlicher Anlehnung an die allgemeinrechtliche Tradition werde hier individuelle *Abwehrrechte* gegenüber einer potenziell bedrohlichen kirchlichen Organisation formuliert¹⁴¹.

Gegen die kirchliche Formulierung von Freiheits- oder Abwehrrechten sind verschiedene *Bedenken* geäußert worden¹⁴². Zum einen wird eingewandt, hier würden lediglich die staatlichen Garantien wiederholt, was unnötig sei. Wird demgegenüber auf besondere Gefährdungen des Einzelnen in der Kirche hingewiesen, etwa im Blick auf Gewissensdruck und subtile Diskriminierung, so wird zum zweiten bemerkt, dass die kirchliche Freiheit des Gewissens oder der individuellen Entfaltung beschränkt sei durch den besonderen Auftrag der Kirche: Die Ausgestaltung von Abwehrrechten findet ihre klare Grenze am „dienenden" Charakter des Kirchenrechts¹⁴³.

Unter dieser Prämisse hat *D. Pirson* jene Rechte instrumentell bestimmt: „Grundrechte in der Kirche gewährleisten, dass die einzelnen Kirchenglieder ihre potenzielle Fähigkeit als Medium des Heiligen Geistes nicht verlieren."¹⁴⁴ Die kirchlichen Freiheitsrechte sollen „den Zugang der [...] Kirchenglieder zum Verkündigungshandeln der Kirche sowie ihre Partizipation am kirchlichen Auftrag" gewährleisten (aaO. 553). Auch eine solche Sicherung wendet sich gegen die kirchliche Organisation, sieht ihr die Mitglieder gefährdendes Potential aber eher in der Unfähigkeit, auf die „differenzierten Voraussetzungen an Intellektualität, Sensibilität, Vorbildung und sozialer Zuordnung" der einzelnen Mitglieder einzugehen (*Pirson*, Grundrechte, 374). Die kirchlichen Grundrechte dienen weniger der Abwehr gegenüber institutioneller Bevormundung als vielmehr der individuellen *Beteiligung* an der kirchlichen Institution¹⁴⁵.

---

140 *Stolz*, aaO. 250f. 254-257; vgl. auch die Formulierungen bei *Huber*, aaO. 441-443; *Ehnes*, Bedeutung des Grundgesetzes, 389. 394ff.

141 Vgl. die von *Ehnes*, Grundrechte, 553f, zitierten Warnungen *Pirsons* vor „den typischen Erscheinungsformen einer unpersönlichen Bürokratie", die „monopolartig" über die Finanzen und die Sachmittel des kirchlichen Handelns verfüge.

142 Vgl. vor allem *Starck*, Schwierigkeiten, 246. 249; *Robbers*, Grundsatzfragen, 240; sehr grundsätzlich *Heckel*, Freiheit.

143 Eine „Durchsetzung der oder des Einzelnen ohne Rücksicht auf den Auftrag der Kirche [...] widerspräche der Freiheit des Glaubens selbst" (*Huber*, Gerechtigkeit und Recht, 442). Vgl. dazu auch *Pirson*, Grundrechte, 371. 375ff; noch kritischer *Stolz*, Menschenrechte, 252: „Ein Grundrecht auf Glaubensfreiheit kann es in der ihrem Herrn gehorsamen Kirche Jesu Christi nicht geben, will sie sich nicht selbst aufgeben."

144 Zitiert nach *Ehnes*, Grundrechte, 554; aaO. 552f auch Belege für das Folgende.

145 Für diese Interpretation spricht, dass die ‚klassischen' Grundrechte der Meinungsfreiheit und der Versammlungsfreiheit zumeist im Blick auf *Gruppen* in der Kirche diskutiert werden; vgl. etwa *Pirson*, Grundrechte, 378ff; *Ehnes*, Grundrechte, 556ff;

Bezüglich dieser zweiten Gruppe spezifisch kirchlicher Grundrechte ist zu unterscheiden zwischen Normen, die die Einzelnen als „Objekte" des kirchlichen Handelns sehen, und solchen Normen, die eigenverantwortliche Subjekte in den Blick nehmen. Die letztere Perspektive wird von dem oben zitierten Passus vor allem dort eingenommen, wo *Bock* von der „Mitwirkung an der kirchlichen Willens- und Rechtsbildung sowie an der Konstituierung der kirchlichen Ämter" spricht. Theologisch wird dies mit dem Hinweis auf das allgemeine Priestertum der Glaubenden begründet[146]. Dadurch sollte aber nicht verdunkelt werden, dass ein solches Verständnis der Mitgliedschaftsrechte vor allem zurückverweist auf die Veränderung der *gesellschaftlichen* Sicht des Individuums. Wie der Staat, so wird auch die Kirche als eine „res publica" wahrgenommen, die der Mitgestaltung durch die einzelnen Bürger offen zu stehen hat. Insofern kann man hier vielleicht von einem *„bürgerrechtlichen"* Verständnis der Kirchenmitgliedschaft sprechen.

Die andere Version der Teilhaberechte kodifiziert keine aktiven, „kirchenbürgerlichen" Beteiligungsrechte, sondern den Anspruch auf Zugang zu den kirchlichen Handlungen, also eher passive *Teilnahme*-Rechte. Nach *Bocks* Zusammenfassung handelt es sich um die Teilnahme am Abendmahl sowie „die Lebensbegleitung durch Kirche und Gemeinde an wegweisenden Lebensstationen". Auf dieser Linie hat *W. Maurer* bereits 1955 individuelle Ansprüche wie das Recht auf „Einführung in die Schrift", allgemeiner: auf christliche Bildung, sowie auf Seelsorge und Absolution, aus dem lutherischen Verständnis der Gemeinde als „communio sanctorum" entwickelt[147]. Die weitestgehende Formulierung solcher Beteiligungsrechte stammt von *W. Stolz*; danach „hat jeder Mensch das Recht auf Teilhabe am Gottesdienst und am ganzen Leben der Gemeinde"[148].

Huber, Gerechtigkeit und Recht, 442-444. Den Gruppen geht es vor allem um eine rechtlich gesicherte Beteiligung an der innerkirchlichen Meinungsbildung sowie an der Finanzierung des kirchlichen Handelns. In ähnliche Richtung weist die Beobachtung, dass viele Grundrechte vor allem im Blick auf die *Mitarbeiter* der Kirche formuliert und diskutiert werden; vgl. nur *Stolz*, Menschenrechte, 225; *Ehnes*, Bedeutung des Grundgesetzes, 401ff; *Ders.*, Grundrechte, 559ff; dagegen *Huber*, Gerechtigkeit und Recht, 439, Anm. 71. Gerade für diese Personengruppe geht es zwar um eine Abwehr der Macht des kirchlichen Arbeitgebers, aber zugleich um das Recht der Beteiligung an der Zielbestimmung des kirchlichen Handelns.

146 Vgl. *Wendt*, Rechtsstellung, 43f, mit weiteren Hinweisen.

147 Vgl. *Maurer*, Mitgliedschaftsrecht, 511ff; als „opinio communis" aufgenommen bei *Link*, Art. „Kirchengliedschaft", 1600.

148 *Stolz*, Menschenrechte, 253; eine ähnliche Formulierung hat Eingang in die neue Reformierte Kirchenordnung von 1988 gefunden, vgl. das Zitat bei *Wendt*, Rechtsstellung, 43. Vgl. auch das von *Huber* als erstes, für alle Menschen geltend formulierte „Recht auf Zugang zum Glauben" (Gerechtigkeit und Recht, 441). Interessanterweise wird dieses Recht von *Bock* (Fragen, 322) als ein *Freiheits*-Recht formuliert

Auch gegenüber dieser Interpretation sind Einwände erhoben worden. Zum einen wird *juristisch* gefragt, ob die Formulierung von Beteiligungsansprüchen als Grundrechte nicht den Umfang dieses Begriffs sprengt, der doch ursprünglich auf die subjektiven *Abwehr*-Rechte gegenüber dem Staat bezogen war¹⁴⁹. Zum anderen wird der Vorwurf „einer zu weit gehenden Verrechtlichung ekklesiologisch-theologisch interpretierter Grundelemente der Gemeinde" formuliert¹⁵⁰: Kann eine Amtshandlung, auch eine Taufe, noch aus *geistlichen* Gründen versagt oder aufgeschoben werden, wenn ein grundrechtlicher Anspruch auf Teilhabe „am ganzen Leben der Gemeinde" besteht, der gegebenenfalls auch verwaltungsrechtlich einklagbar ist? Beide Einwände haben die Vertreter der grundrechtlichen Mitgliedschaftsinterpretation zu Präzisierungen bewogen.

Zum Verständnis „grundrechtlicher" Normierungen hat *Ehnes* darauf hingewiesen, dass auch die im Grundgesetz normierten Grundrechte einen „Doppelcharakter" besitzen: Sie stellen subjektive Abwehrrechte dar, gelten aber auch als „objektive, staatlicherseits von Amts wegen zu berücksichtigende Elemente der Rechtsordnung"¹⁵¹. Mit ähnlicher Intention unterscheidet *Huber* eine „protektive", „die Stellung der Einzelperson gegen die Macht von Institutionen" sichernde Funktion der Grundrechte von ihrer „produktiven" Funktion, die auf die verfassungrechtliche Gestaltung der Institution selber zielt¹⁵².

Diese „objektive" Interpretation des Grundrechtsbegriffs erlaubt es nach *Ehnes* weiterhin, „aus Grundrechten originäre Teilhaberechte im Sinne von Leistungsrechten bis hin zu einklagbaren Leistungsansprüchen zu entwickeln" (Grundrechte, 547); diese Entwicklung hat vor allem das staatliche Sozialrecht nachhaltig beeinflusst. In diesem Sinne kann auch

---

– hier zeigt sich nochmals die Unklarheit, ob kirchliche Grundrechte für alle Menschen gelten oder auf Kirchenmitglieder konzentriert werden.

149 Vgl. *Starck*, Schwierigkeiten, 244f.

150 *Wendt*, Rechtsstellung, 43; vgl. auch *Grethlein u.a.*, Kirchenrecht in Bayern, 190, Anm. 10.

151 *Ehnes*, Grundrechte, 546f; vgl. schon *Pirson*, Grundrechte, 377: „Selbst bei Einräumung von Freiheitsrechten [...] scheint die objektiv-rechtliche Wirkung das Wesentliche an entsprechenden Verbürgungen im kirchlichen Recht zu sein." Vgl. auch *Ders.*, zitiert nach *Ehnes*, aaO. 554: „Das Grundrechtselement in der kirchlichen Rechtsordnung äußert sich – im Unterschied zu Situationen in der staatlichen Rechtsordnung – in viel stärkerem Maße in objektiv rechtlichen Anforderungen an das Verfassungsrecht und in Teilhaberechten."

152 *Huber*, Gerechtigkeit und Recht, 438f; auch *Huber* weist darauf hin, dass diese produktive Funktion im Bereich der Kirche in den Vordergrund tritt (vgl. aaO. 436. 438); er ordnet den einzelnen von ihm formulierten Grundrechten darum jeweils bestimmte Grundstrukturen kirchlicher Ordnung zu (vgl. aaO. 441, Anm. 76). Vgl. auch *Wendt*, Rechtsstellung, 43: „Positiv zu vermerken ist, dass die Erörterung kirchlicher Grundrechte die für alle Bereiche der Kirchenordnung maßgebliche [...] Relevanz des biblisch-theologischen Kirchenverständnisses [...] in der durch die Taufe bestimmten Sozialgestalt der Gemeinschaft von Schwestern und Brüdern verstärkt."

das betreuende oder versorgende Handeln der Kirche als Grundrecht auf (passive) Teilnahme, ja als kirchliches *Leistungsrecht* gegenüber dem Einzelnen verstanden werden.

Diese Zuspitzung zieht den oben zitierten Vorwurf einer Verrechtlichung geistlich-theologischer Handlungsstrukturen natürlich in besonderem Maße auf sich. Gegenüber der Sorge, die Spendung des Sakraments und vor allem die Gewährung von Amtshandlungen könnten als juristisch einklagbares Recht verstanden werden, betonen die Vertreter einer grundrechtlichen Interpretation der Mitgliedschaft ebenfalls deren objektive, *verfassungsrechtliche* Funktion. Nach *Huber* zielt etwa das Recht auf Zugang zum Glauben letztlich auf die „missionarische Struktur" sowie auf die „genossenschaftliche Struktur kirchlicher Ordnung"[153]. Damit stehen auch die individuellen „Leistungsansprüche" unter dem Vorbehalt, den das Stichwort „Dienstrecht" anzeigt: Auch auf kirchliche Beteiligung wie auf Betreuung oder Begleitung hat das Mitglied nur insoweit ein „Grundrecht", als diese „normativen Vorkehrungen dem kirchlichen Auftrag dienlich erscheinen" (*Pirson*, Grundrechte, 385).

Auch eine Deutung des Mitgliedschaftsrechts als Inbegriffs kirchlicher Grundrechte bleibt also an dessen „dienender", instrumentaler Ausrichtung orientiert. Freilich erscheint die kirchliche Organisation hier in einem eigentümlichen Licht. Formulieren Grundrechte im allgemeinen die Ansprüche des Individuums auf Freiheit und Teilhabe, ja Leistung gegenüber und u.U. auch gegen den Staat, so verrät die Kodifizierung *kirchlicher* Grundrechte offenbar die Auffassung, auch die kirchliche Institution könne den geistlichen Ansprüchen des Einzelnen gegebenenfalls im Wege stehen. Die grundrechtliche Deutung der Mittgliedschaft stellt insofern eine Radikalisierung der genossenschaftlichen, vereinsrechtlichen Deutung dar. Wird die kirchliche Ordnung hier von je neuer, verbindlicher *Gemeinschaftsbildung* her kritisch korrigiert (s.o. IV.2), so sind es nun die *einzelnen* Mitglieder der Kirche, ihre geistlichen Ansprüche auf passive Teilhabe und aktive Beteiligung, die die auftragsgemäße Ordnung der Kirche allererst konstituieren. Wie die kirchliche Sozialgestalt angemessen zu kodifizieren ist, das kann dann nicht von der Organisation her bestimmt werden, sondern immer nur im Blick auf „Grundrechte" der Glaubenden, die sich nicht selten gegen die kirchliche Organisation zu wenden scheinen.

---

[153] *Huber*, Gerechtigkeit und Recht, 441. 443; vgl. *Stolz*, Menschenrechte, 251. Dem stimmt auch der sonst so kritische *Starck* zu (Schwierigkeiten, 249): „Grundrechte des Christen in der Kirche sind auf den rechten Glauben gerichtet."

4. Kirchliche Beziehungen zwischen theologischen und juristischen Positionen

Die vorgestellten Gesamtdeutungen stellen die rechtlichen Beziehungen zwischen den Einzelnen und der erfahrbaren Kirche in einen doppelten Horizont. Auf der einen Seite werden *theologische* Argumentationsfiguren herangezogen, wenn durchgehend nach der Bedeutung des Mitgliedschaftsrechtes für die Vermittlung des Glaubens an die Christinnen und Christen gefragt wird. In dieser Perspektive kann die Unverfügbarkeit des Evangeliums für die Einzelnen wie für die kirchliche Gemeinschaft betont werden; der Schwerpunkt kann auf der individuellen Aneignung des Glaubens liegen oder auf der persönlichen Verpflichtung, die dieser Glauben impliziert. Die Grunddifferenzen von lutherischer und reformierter Theologie, die bereits in der systematisch-theologischen Reflexion erkennbar wurden (s.o. S. 98–99), kommen auch in der Deutung des Rechts der Mitgliedschaft präzise zum Ausdruck.

Auf der anderen Seite greifen die skizzierten Gesamtdeutungen sämtlich auf gängige Modelle des *gesamtgesellschaftlichen* Rechtssystems zurück. Bereits diese Beobachtung kann davor warnen, lediglich die staatskirchenrechtlichen Schichten des Mitgliedschaftsrechts als „säkular" oder von der „weltlichen Vernunft" geprägt zu deuten und die innerkirchlichen Normen davon positiv oder negativ abzuheben: Auch die vor allem in den Lebensordnungen fassbare kirchliche „Dienstgemeinschaft" kann in den Kategorien des Vereinsrechts (*Engelhardt*) oder sogar des Arbeits- und Sozialrechts gedeutet werden.

Ebenso demonstriert die kirchliche Grundrechtsdebatte, dass das *gesamte* kirchliche Mitgliedschaftsrecht im Horizont staatlichen Rechts gedeutet werden kann. Denn in der allgemeinen Grundrechtsdebatte erscheint das Gegenüber dieser Rechte, der Staat selbst, keineswegs nur in einer einzigen Perspektive: Er kann als übermächtige Zwangsinstitution gelten, gegenüber der individuelle Schutz- und Freiheitsrechte zu kodifizieren sind; er kann als soziale Leistungsinstanz erscheinen, deren Inanspruchnahme den Bürgerinnen und Bürgern grundrechtlich zu sichern ist; und er ist auch als Raum demokratischer Beteiligung zu verstehen, den die Grundrechte für alle zugänglich halten sollen. Die kirchliche Rezeption und Transformation grundrechtlicher Kategorien drängt dem Mitgliedschaftsrecht keineswegs ein bestimmtes Verständnis individueller Beziehungen zur Institution auf; auch hier bilden sich vielmehr, ähnlich wie bei den theologischen Interpretamenten, verschiedene juristische Grundpositionen ab.

Bereits in der allgemeinen Betrachtung des Kirchenrechts ist darauf hingewiesen worden, dass dessen faktische Mehrschichtigkeit nicht auf theologische oder auf allgemeinrechtliche Prinzipien zurückgeführt werden kann, sondern die Komplexität des kirchlichen Lebens selbst zum Ausdruck bringt (s.o. S. 123–124. Diese Einsicht kann auch die Deutung des Mitgliedschaftsrechts leiten: Die inhaltliche und rechtssystematische Vielfalt, die gerade dieses Rechtsgebiet kennzeichnet, verdankt sich der realen *Vielfalt möglicher kirchlicher Beziehungen*. Diese These ist nun für deren beiden Grundformen zu entfalten, die im Verlauf der Darstellung immer wieder hervorgetreten sind und die vorläufig als öffentlich-rechtliches bzw. als vereinsrechtliches Beziehungsmodell bezeichnet seien. In beiden Grundmodellen reflektieren sich bestimmte *Erfahrungen mit der Kirche*, die dann ihrerseits theologisch wie juristisch gedeutet werden können.

Auf der einen Seite kann Mitgliedschaft als zugeschriebener Status erscheinen; die Kirche steht den Einzelnen als objektiv vorgegebene, biographisch unverfügbare Instanz *gegenüber*. Eine solche *institutionelle* Beziehung ist von Kontinuität und Verlässlichkeit geprägt, sie enthält jedoch wenig eigene Gestaltungsmöglichkeiten. Die kirchliche Organisation wird in Analogie zu staatlichen und anderen öffentlichen Instanzen erfahren. Die kirchlichen Ansprüche an die Einzelnen stehen ebenso fest wie die regelmäßigen Leistungen, die von der Kirche zu erwarten sind.

Theologisch kann dieses Modell kirchlicher Beziehungen als Ausdruck der Unverfügbarkeit des Evangeliums gedeutet werden; in der verlässlichen Präsenz der Kirche repräsentiert sich die Treue und Verlässlichkeit Gottes selbst. Das öffentlich-rechtliche Mitgliedschaftsrecht dient dem kirchlichen Auftrag, den Einzelnen einen Zugang zum „extra nos" des göttlichen Wortes zu eröffnen. *Juristisch* ist die Anlehnung an hoheitsrechtliche Strukturen unverkennbar; ihnen gegenüber sind dann kirchliche Grundrechte als Abwehr- wie als Leistungsrechte zu formulieren. .

Auf der anderen Seite kann die Beziehung zur Kirche auch durch individuelle Aktivität zustande kommen. Die Kirche erscheint als eine *Gemeinschaft*, für die man sich aufgrund persönlicher Überzeugungen entschieden hat. Mitgliedschaft ist dann ein erworbener und biographisch disponibler Status; er stellt einen Raum selbstverantwortlicher Beteiligung dar. Was in der Gemeinde gilt, ergibt sich allererst aus dem gemeinsamen Handeln der Einzelnen. Diese Form der Beziehung kann als Chance zur eigenen Entfaltung erlebt werden; sie kann freilich auch zur drückenden Verpflichtung werden.

Die *juristische* Kodifizierung dieses Modells kann sich an das Vereinsrecht anlehnen; sie kann aber auch, wie schon die Geschichte des Kollegialismus zeigt, in den Kategorien des Staatsrecht formuliert werden. Kirchliches Engagement erscheint dann in Analogie zur individuellen Partizipation an der staatlichen Willensbildung; und es bedarf jeweils einer grundrechtlichen Sicherung dieser Beteiligung für alle Bürger bzw. Mitglieder. Umgekehrt vermögen die staatlichen (!) Grundrechte die Kirchenmitglieder vor möglichen Teilnahmezwängen zu schützen, die die kirchliche Gemeinschaftserfahrung beinhaltet. Die Regelung des Kirchenaustritts ist dafür prominentes Beispiel.

Theologisch verweist die kommunitäre Erfahrung der Kirche auf die Notwendigkeit einer subjektiven Aneignung des Evangeliums; in anderer

Perspektive kommt hier die Berufung aller Getauften zur eigenständigen Bezeugung des Glaubens zum Ausdruck. Das Mitgliedschaftsrecht erscheint dann als *Dienstrecht* im allgemein gängigen Sinn: Es soll die aktive Beteiligung aller Mitglieder am kirchlichen Handeln sicherstellen, gleichsam ihren Status als „Mitarbeiter des Glaubens"; und es soll zugleich verbürgen, dass diese engagierte Beteiligung nicht als fremder, äußerer Zwang der Organisation erfahren wird.

Bringt das Mitgliedschaftsrecht die reale Vielfalt kirchlicher Beziehungsmöglichkeiten zum Ausdruck, so wird schließlich auch die Notwendigkeit seiner „eigenständigen" Formulierung ersichtlich. Gerade dieser Regelungskomplex kann als Recht der spezifischen *Organisation* verstanden werden, die für den Einzelnen sowohl das Gegenüber als auch die Gemeinschaft des Glaubens repräsentiert. Für die Regelung ihrer Organisationsbeziehungen kann sich die Kirche darum weder am staatlichen Hoheits- noch am Vereinsrecht ausschließlich orientieren. Umgekehrt bedarf sie aber rechtlicher Regelungen aus verschiedenen Bereichen, um ihre theologisch begründete Vielfalt zu sichern. Die *irreduzible Komplexität* des geltenden Mitgliedschaftsrechts steht dafür ein, dass die Kirche mehr ist als ein objektives Gegenüber der Einzelnen *und* auch mehr ist als das Resultat ihres gemeinschaftlichen Engagements.

Aus dieser theologisch zu begründenden Mehrschichtigkeit des Mitgliedschaftsrechts ergeben sich nicht nur theoretische Deutungsaufgaben, sondern auch zahlreiche praktische Gestaltungsprobleme. Im Durchgang durch einige aktuelle Fragestellungen lässt sich die juristisch wie theologisch „eigenständige" Struktur der kirchlichen Rechtsbeziehungen noch genauer herausarbeiten.

V. Exemplarische Einzelfragen

1. Verfahren bei „zuziehenden Evangelischen"

Das Kirchenmitgliedschaftsgesetz der EKD von 1976 (KMG) hatte seinen Anlass in einigen bundesgerichtlichen Urteilen, die die gewohnheitsrechtliche Fortgeltung der Mitgliedschaft bei einem Umzug in eine andere, bekenntnisverschiedene Landeskirche bestritten hatten (s.o. S. 137-138). In dieser Problematik bündeln sich zentrale Aspekte des Mitgliedschaftsrechts: Wie gehen die evangelischen Kirchen mit ihrer räumlichen und inhaltlichen *Pluralität* um, und zwar angesichts der Selbstbindung an das *staatliche* Melde- und Steuerrecht einerseits und angesichts der wachsenden *individuellen* Selbstbestimmung andererseits, wie sie sich in geographischer Mobilität dokumentiert? Die rechtstechnisch zentralen Normierungen des KMG betreffen darum die Verfahren bei einem Wohnsitzwechsel, der das Gebiet einer Landeskirche überschreitet[154]; und die bis heute strittige Auslegung dieser Normierungen macht die Struktur des Mitgliedschaftsrechts im Ganzen deutlich.

Nach § 8 (1) KMG „setzt sich die Kirchenmitgliedschaft" in den eben genannten Fällen „in der Gliedkirche des neuen Wohnorts fort". Diese gleichsam automatische Fortgeltung der Mitgliedschaft[155] impliziert eine bemerkenswerte *Relativierung der Bekenntnisdifferenzen*, die zwischen den Landeskirchen ansonsten bis in die Gegenwart so gerne betont werden. Im Blick auf ihre Mitglieder jedenfalls erkennen die EKD-Mitgliedskirchen ihren Bekenntnisstand wechselseitig und umstandslos als „evangelisch" (KMG § 1 (1)) an[156]. Die Möglichkeit eines „votum negativum" innerhalb eines Jahres beschreibt den *Ausnahme*-Fall, dass das Mitglied

---

154 Vgl. zum Folgenden vor allem *Engelhardt*, Einige Gedanken; *Meyer*, Zuziehende; *Ders.*, Rechtsprechung BFH 1995; *Obermayer*, Automatischer Erwerb; besonders gründlich *Rausch*, Erfassung Zuziehender.

155 Die Formulierung „automatisch" findet sich zuerst bei *Obermayer*, Automatischer Erwerb, 80f.

156 Deutlich formuliert *Meyer*, Zuziehende, 314f, die Pointe der Regelungen von 1970 und 1976: „Sämtliche Gliedkichen sind [...] von der ausschlaggebenden Bedeutung der Bekenntnisverwandtschaft zugunsten territorialer Tatbestandsmerkmale abgerückt." *V. Campenhausen* hat darauf hingewiesen, dass diese weitreichenden Implikationen des Mitgliedschaftsrechts in der Leuenberger Konkordie von 1974 ihre theologische Bestätigung und europaweite Ausweitung erfahren haben; vgl. *v. Campenhausen*, Partikularität.

dieser automatischen Zuschreibung des Bekenntnisstandes nicht zustimmt.

§ 9 (1) KMG weitet diese Normierung der Mitgliedschaftsmobilität mit bestimmten Modifikationen aus auf „zuziehende Evangelische, die keiner Gliedkirche angehören". Gedacht ist an Angehörige von selbständigen evangelischen Kirchen in Deutschland sowie ausdrücklich an Mitglieder einer evangelischen Kirche im Ausland. Auch diese Personen „erwerben die Kirchenmitgliedschaft" ohne förmlichen (Wieder-) Eintritt oder Übertritt; von ihnen wird allerdings eine „Erklärung gegenüber der nach kirchlichem Recht zuständigen Stelle" erwartet (ebd.). Diese Erklärung soll offenbar nicht eine förmliche Begründung der Mitgliedschaft darstellen, sondern in Analogie zu den intergliedkirchlichen Umzügen nur ausdrücklich *bestätigen*, dass der oder die Betreffende sich zum „evangelischen" Bekenntnis der deutschen Landeskirchen gehörig sieht.

Zu erheblichen Auseinandersetzungen hat nun der Abschnitt (3) dieses Paragraphen geführt, der auch die „Angaben gegenüber der staatlichen Meldebehörde" als „Erklärung" im eben skizzierten Sinn „gelten" lässt. Damit ist zweifellos der Regelfall erfasst, dass nämlich eine „zuziehende" Person sich bei der staatlichen Anmeldung als „evangelisch" artikuliert und dann auch in der staatlichen Steuererfassung entsprechend registriert wird. Dass diese ebenfalls recht „automatische" Erfassung zu Problemen führen kann, lässt das Gesetz selbst erkennen, indem es auch für dieses Verfahren das „votum negativum" ermöglicht.

In der Praxis haben solche Probleme die kirchlichen und staatlichen Gerichte wiederholt beschäftigt[157]. Angehörige von Freikirchen, selbständigen Kirchen und evangelischen Kirchen im Ausland haben dabei im Nachhinein bestritten, dass sie mit der Meldeangabe „evangelisch" eine Mitgliedschaft in einer Landeskirche sowie die entsprechende Steuerpflicht hätten erklären wollen[158]. In der begleitenden kirchenrechtlichen Diskussionen ist das skizzierte Verfahren nach § 9 KMG vor allem in zweierlei Hinsicht kritisiert worden.

---

157 Vgl. *Niemeier*, Rechtsprechung, 225 ff; konkrete Fälle diskutieren etwa *Engelhardt*, Einige Gedanken, 150 f. 156 f; *Meyer*, Zuziehende; *Ders.*, Rechtsprechung BFH 1995.

158 Vergleichbare Schwierigkeiten können sich im Übrigen auch ergeben bei der „Erfassung" von Kindern, die nicht im Bereich der EKD getauft wurden, also von gleichsam biographisch zuwandernden oder „zugeführten" Mitgliedern. Auch hier reichen die staatlich erhebbaren Merkmale des Wohnorts sowie des ursprünglichen „Bekenntnisstandes" nicht in jedem Fall aus, um die landeskirchliche Mitgliedschaft zweifelsfrei zu begründen; vgl. die Erörterung bei *Engelhardt*, Einige Gedanken, 150 f, zu freikirchlich getauften Kindern. Zu Kindern, die in der römisch-katholischen Kirche getauft, dann aber „im evangelisch-lutherischen Glauben erzogen" wurden, vgl. *Grethlein u.a.*, Kirchenrecht in Bayern, 187.

Zum einen wird die kirchliche Auswertung der Angaben, die die Zuziehenden gegenüber der *staatlichen* Meldebehörde machen, im Sinne einer „Erklärung" zum Erwerb der Mitgliedschaft angegriffen. Denn diese Angaben könnten nur als Auskünfte über bestehende Verhältnisse gelten, also allenfalls eine bereits bestehende Kirchenmitgliedschaft „erkennbar" machen; sie könnten jedoch nicht, wie KMG § 9 (3) voraussetze, mit einer Willenserklärung gleichgesetzt werden, die die Mitgliedschaft neu „entstehen" lasse[159]. Die entsprechende Regelung sei verfassungswidrig, weil bei der Begründung der Mitgliedschaft eine Mitwirkung staatlicher Stellen prinzipiell unzulässig sei: „Der Staat kann der Kirche keine Mitglieder aufdrängen."[160] Vielmehr müsse in allen Zweifelsfällen eine *ausdrückliche und bewusste Willenserklärung* der Betroffenen vorliegen[161].

Zum anderen wird die kirchenrechtliche, von staatlichen Gerichten übernommene Praxis kritisiert, die Kirchenmitgliedschaft in den skizzierten Fällen auf dem Weg eines *inhaltlichen Vergleichs* zwischen dem Bekenntnis der Herkunftskirche und dem „evangelischen" Bekenntnis in den EKD-Kirchen zu ermitteln[162]. Diese Feststellung müsse sich entweder auf klare Rechtsgrundlagen in Form zwischenkirchlicher Vereinbarungen stützen[163], oder sie sei ausschließlich Sache des einzelnen Christen, der eben eine entsprechende, ausdrückliche Erklärung abgeben müsse.

Ob diese Einwände gegen das geltende Mitgliedschaftsrecht und seine gängige, jüngst noch einmal bestätigte Auslegung[164] im Einzelnen stichhaltig sind, ist hier nicht zu entscheiden. Von praktisch-theologischem Interesse sind jene Auseinandersetzungen vielmehr als Illustration *elementarer Strukturen* der staatskirchenrechtlichen Mitgliedschaftsdeutung.

Bedenkt man, dass es fast ausschließlich Prozesse um die Steuerpflichtigkeit einzelner Mitglieder waren, derentwegen jene Rechtsprobleme in den letzten Jahren erörtert wurden, so zeigt dies wiederum, dass das geltende öffentlich-rechtliche Mitgliedschaftsrecht vor allem auf die *Sicherung der ökonomischen Grundlagen* des Landeskirchentums zielt[165]. Es ist die

---

159 *Engelhardt*, Einige Gedanken, 157; vgl. *Rausch*, Erfassung Zuziehender, 383ff.

160 *Engelhardt*, aaO. 144; der Vorwurf der Verfassungswidrigkeit bei *Obermayer*, Automatischer Erwerb, 8of.

161 Das ist die Hauptthese *Engelhardts*; vgl. besonders *Ders.*, Einige Gedanken, 147. 156ff.

162 Vgl. vor allem die harsche Kritik an staatlicher, aber auch einseitig kirchlicher Feststellung der Bekenntnisverwandtschaft, die im Grunde die alte und äußerst problematische Praxis des Preußischen OVG aufnehme, bei *Engelhardt*, aaO. 151; *Ders.*, Zuzug aus dem Ausland, 240f; dagegen *Meyer*, Rechtsprechung BFH 1995, 358 und *Rausch*, Erfassung Zuziehender, 358ff.

163 Vgl. *Obermayer*, Automatischer Erwerb, 79f.

164 Vgl. das Urteil des Bundesverwaltungsgerichtes vom 12.4.1991 (ZEvKR 36/1991, 403–408) sowie das Urteil des Bundesfinanzhofes vom 18.1.1995 (*Meyer*, Rechtsprechung BFH 1995).

165 Vgl. *Engelhardt*, Einige Gedanken, 145: „Wohl nicht zufällig ist die rechtliche Regelung der Kirchenmitgliedschaft gerade in Ländern besonders ausgebildet und ausgefeilt, wo es eine Kirchensteuer gibt [...]."

kirchliche Selbstbindung an die staatliche Finanzverwaltung, die jene höchst formalen, im Normalfall gerade nicht auf ausdrücklicher individueller Zustimmung beruhenden Regelungen allererst erforderlich macht.

Die durchgängige Versicherung, die „Regelung des Mitgliedschaftsrechts einschließlich der Voraussetzungen und Formen für Eintritt, Austritt und Ausschluss" werde von den Kirchen selbständig „nach ihrem jeweiligen theologischen Selbstverständnis" verantwortet[166], bedarf dann offenbar der Relativierung. Diese Selbständigkeit gilt für die Begründung der Kirchenmitgliedschaft in der Taufe, nicht jedoch ohne Weiteres für deren objektive *Feststellung* und deren – auch innerkirchliche – Folgen. Die Feststellung einer rechtsförmigen Mitgliedschaft in einer Gliedkirche der EKD involviert offenbar regelmäßig auch *staatliche* Stellen, darunter mitunter den Instanzenzug staatlicher Gerichte.

Im Horizont des staatlichen Rechts erscheinen die skizzierten Auseinandersetzungen als Ausdruck einer Spannung zwischen zwei Aspekten des *Grundrechts auf Religionsfreiheit*. Die Kritiker des geltenden Verfahrens weisen darauf hin, dass mit dem „votum negativum" als Ausnahmeregelung faktisch „dem Einzelnen die Last der ausdrücklichen Geltendmachung seiner negativen religiösen Vereinigungsfreiheit gegenüber einseitiger Inanspruchnahme durch die Kirche" aufgebürdet werde (*Engelhardt*, Einige Gedanken, 158). Andererseits lassen sich diese Regelungen als Ausdruck der positiven Religionsfreiheit deuten, die nicht nur die individuelle, sondern auch die korporative Religionsausübung schützen will, also das kirchliche „Selbstbestimmungsrecht" (*Meyer*, Zuziehende, 321). Obgleich die staatsrechtlichen Normierungen kirchlicher Mitgliedschaft insgesamt, wie oben gezeigt wurde, ursprünglich eine Ausgestaltung jener negativen, den Einzelnen schützenden Religionsfreiheit darstellen, dokumentieren die kritisierten Regelungen doch für die Gegenwart die umgekehrte Tendenz, nämlich eine ausgesprochen starke Stellung der kirchlichen „Körperschaften" gegenüber dem individuellen religiösen Selbstverständnis.

Indem das KMG die melderechtliche „Erfassung" auch bei individueller Mobilität zum Regelfall macht, stellt es das Interesse der Kirche an einer reibungslosen Finanzverwaltung im Zweifel vor das subjektive „Bekenntnis" der einzelnen Mitglieder. Nicht deren ausdrückliche Willenserklärung soll die Mitgliedschaft nach einem Wohnsitzwechsel neu begründen[167]; dies zu fordern hieße der herrschenden Auffassung zufolge vielmehr, „dem Kirchenmitgliedschaftsrecht vereinsrechtliche Kategorien aufzudrängen" (*Meyer*, Zuziehende, 321). Im Blick auf die „Erfassung" der Mitgliedschaft optiert jenes Recht offensichtlich für *hoheitsrechtliche*

---

[166] So zuletzt wieder *v. Campenhausen*, Entwicklungstendenzen, 132.

[167] Dagegen nun auch ausdrücklich das Urteil des BFH (*Meyer*, Rechtssprechung BFH 1995, 356f). Vgl. bereits *Pirsons* klare Ablehnung der These, „dass einer irgendwie gearteten Willensentscheidung für die Mitgliedsqualität ausschlaggebende Bedeutung zukommt" (*Pirson*, Mitgliedschaft, 151).

Kategorien: Auch unter den Bedingungen indivdueller Mobilität wird die Kirchenmitgliedschaft als ein *zugeschriebener* Status verstanden, der im Regelfall unabhängig von eigener Aktivität besteht und festgestellt werden kann.

2. Innerkirchlicher Umgang mit Kirchenaustritten

Grundstrukturen des Mitgliedschaftsrechts treten auch dort hervor, wo es um die rechtliche Bewertung des Kirchenaustritts geht.

Historisch kommt in der Regelung des Kirchenaustritts zunächst die *negative Religionsfreiheit* zum Ausdruck: Kein Bürger sollte gegen seinen Willen einer Religionsgemeinschaft zugerechnet und zu entsprechenden Leistungen verpflichtet werden (s.o. S. 131). Freilich war dieses individuelle Abwehrrecht zunächst vielfältig eingeschränkt, etwa durch Gebühren sowie lange Antrags- und „Reuefristen": Der Austritt betraf nicht nur die kirchliche, sondern auch die staatliche Ordnung, die die Religionszugehörigkeit der Bürger, bis über 1918 hinaus, als wünschenswerten Normalfall betrachtete. Bedeutsam war außerdem die staatliche Einführung der Kirchensteuer, die selbst als Realisierung *positiver,* kollektiver Religionsfreiheit gelten kann (s.o. S. 131-132). Das Recht des Kirchenaustritts impliziert seitdem nicht zuletzt eine Begrenzung der *staatlichen* Macht gegenüber dem Einzelnen, der sich zur Kirchensteuer ebenso gezwungen sieht wie zu anderen Steuerleistungen.

Heute stehen seitens des *Staatskirchenrechts* weniger die grundrechtlichen Implikationen des Kirchenaustritts im Vordergrund als vielmehr seine Bedeutung für die bürgerlichen Rechte und Pflichten der Individuen[168]. In mehreren höchstrichterlichen Urteilen ist darum der Zeitpunkt der Wirkung des Kirchenaustritts verhandelt worden; seit 1976 ist die verwaltungstechnisch begründete „Nachbesteuerung" auf wenige Wochen nach dem Austritt beschränkt.

Die *kirchliche* Beurteilung des Austritts erscheint dagegen komplizierter. Einerseits „endet" auch nach § 10 (3) KMG die Mitgliedschaft „mit dem Wirksamwerden der nach staatlichem Recht zulässigen Austrittserklärung"; ähnliche Formulierungen finden sich in den meisten landeskirchlichen Ordnungen. Der staatlich beurkundete Austritt lässt auch kirchlich sämtliche rechtsförmigen Beziehungen zwischen den Einzelnen und der

---

168 Vgl. zu den Rechtsfragen des Kirchenaustritts *v. Campenhausen*, Kircheneintritt – Kirchenaustritt, 110-119; *Ders.,* Austritt; *Engelhardt,* Austritt; *Ders.,* Einige Gedanken, 153ff; *Link,* Art. „Kirchengliedschaft", 1598-1600; *Meyer,* Bemerkungen, 236-238; vgl. auch die einzelnen Bemerkungen bei *Pirson,* Mitgliedschaft, 156f.

Institution erlöschen[169]. Andererseits wird allgemein betont, dass „nach herkömmlichem evangelischen Kirchenrecht ein Austritt nicht zulässig ist. Denn [...] die durch die Taufe erworbene Teilhabe an der Kirche Jesu Christi [kann] nicht durch einseitigen Willensakt des Getauften beseitigt werden."[170] In innerkirchlicher Hinsicht kann von einem „Grundrecht auf Glaubensfreiheit" kaum die Rede sein; vielmehr findet die individuelle Selbstbestimmung der Mitgliedschaft hier ihre Grenze im Handeln Gottes[171]. Die kirchlichen Lebensordnungen betonen darum eine bleibende Verantwortung für die Ausgetretenen[172].

Exemplarisch verdeutlicht das Austrittsrecht die „Mehrschichtigkeit des Kirchenbegriffs und der Kirchenmitgliedschaft"[173]. Dies wurde dort zum praktischen Problem, wo einzelne Kirchenmitglieder die staatskirchenrechtlichen Folgen der Mitgliedschaft, insbesondere die Steuerpflicht, ablehnten und zugleich die geistliche Mitgliedschaft „in der Kirche Jesu Christi" weiterhin für sich in Anspruch nahmen.

In diesem Sinne wurden, vor allem in den 70er Jahren, nicht selten sogenannte modifizierte, vielfältig kommentierte Erklärungen des Kirchenaustritts abgegeben. Auch anlässlich der Einführung des staatlichen Kirchensteuereinzugs in den neuen Bundesländern 1990/91 sind einzelne Mitglieder aus den dortigen Landeskirchen, insbesondere aus der Evangelischen Kirche der Kirchenprovinz Sachsen, ausgetreten und haben gleichzeitig erklärt, der Kirche im theologischen Sinne weiter angehören zu wollen[174].

Alle diese Aktionen zielten auf eine Kritik an der engen *staatskirchenrechtlichen Bindung* der Kirche: Indem die kirchliche Ordnung die konkrete

---

169 Vgl. *Frost*, Gliedschaft, 244f; *v. Campenhausen*, Kircheneintritt – Kirchenaustritt, 117, mit weiteren Nachweisen.

170 *Nuyken*, Kirchengesetz 333; vgl. auch *Link*, Art. „Kirchengliedschaft", 1599: „Der Kirchenaustritt hat daher keinerlei konstitutive Bedeutung für die Zugehörigkeit zur geistl. Kirche. [...] Es ist daher theolog. zumindest ungenau, wenn § 10 MitglG die K[irchenmitgliedschaft] mit dem Austritt als beendet ansieht." *A. Stein* (Rechtstheologische Vorbemerkungen, 241) zitiert dazu ein Diktum von *Erik Wolf*: „Die Kirche kann und darf diesen Austritt weder erlauben noch anerkennen."

171 Vgl. recht brüsk auch *v. Campenhausen*, Kircheneintritt – Kirchenaustritt, 119 mit Hinweisen auf *Smend, J. Heckel* u.a.

172 Vgl. etwa EKU-Lebensordnung, 53 (Art. 37): „Der Kirchenaustritt kann die Verheißung des Evangeliums nicht aufheben, die in der Taufe sichtbaren Ausdruck gefunden hat. [...] Für die Gemeinde besteht die Pflicht, Ausgetretenen nachzugehen, sie zu informieren, für sie zu beten und sie immer wieder auch zur Rückkehr in die Kirche einzuladen."

173 *V. Campenhausen*, aaO. 115; vgl. zum Folgenden aaO. 115ff; *Ders.*, Staatskirchenrecht, 176ff; *Link*, Art. „Kirchengliedschaft", 1599f; zuletzt *Winter*, Bemerkungen, 9–12.

174 Vgl. *Bock*, Fragen, 332ff; Minderheit mit Zukunft, 11f; *Konsistorium der KPS*, Gesichtspunkte, 1f.

Gestaltung der kirchlichen Mitgliedschaft an einer zentralen Stelle, nämlich beim Steuereinzug, dem Staat überlasse, präsentiere sie sich selbst als eine staatsanaloge, hoheitliche Instanz[175]. Zugespitzt könnte man sagen, dass diese Erklärungen ein *subjektives Recht der positiven Religionsfreiheit* gegen den Zwangsverbund von Staat und Kirche in Anspruch nehmen wollten.

Sowohl auf staatlicher wie auf kirchlicher Seite ist auf diese Konkretisierung der theoretischen Mehrdeutigkeit des Kirchenaustritts zunächst mit aufschlussreicher Unsicherheit reagiert worden.

Zahlreiche *staatliche* Gerichte erkannten jene Erklärungen in den 70er Jahren an, weil sie nicht mehr zum Ausdruck zu bringen schienen als die geltende staatskirchenrechtliche Lage, dass „mit dem Austritt nicht automatisch eine über diese staatsbürgerl. Wirkungen hinausgehende Beendigung rechtstheol. K[irchenmitgliedschaft] eintritt"[176]. Allerdings wurde eben deswegen die staatliche *Protokollierung* dieser Zusätze mehr und mehr abgelehnt; sie erscheinen ja aus staatlicher Sicht bedeutungslos. Um die Kompetenzgrenze zwischen Staat und Kirche eindeutig zu wahren, erklären die neueren Austrittsgesetze alle „Vorbehalte, Bedingungen und Zusätze" in der Austrittserklärung für unzulässig[177].

Kirchlicherseits sind die entsprechenden Erklärungen sowohl in den 70er Jahren als auch wieder nach 1990 sehr kontrovers diskutiert worden. Zumeist wurde die subjektive Trennung zwischen der Gliedschaft in der Gemeinschaft des Glaubens und der rechtlichen Mitgliedschaft in einer empirischen Kirchenorganisation kritisiert: Wer sich von dieser rechtlich-materiellen Solidargemeinschaft lossage, könne auch die Teilhabe an jener geistlichen Gemeinschaft nicht mehr von sich aus reklamieren[178]. Dieser Sicht zufolge ist es auch an der Grenze der rechtlich geordneten Kirche gerade nicht das Individuum, das über die Modalitäten seines Kirchenverhältnisses bestimmt, sondern die kirchliche Organisation selbst.

In den Kirchen der neuen Bundesländer ist die Kritik am hoheitsrechtlichen Verfahren des Kirchenaustritts mit mehr Verständnis aufgenommen worden[179]. Hier wurden die „gewissensmäßigen Gründe" gegen die

---

175 Daher haben die gleichen kirchlichen Kreise sich auch deutlich gegen die Militärseelsorge und gegen den Religionsunterricht an staatlichen Schulen ausgesprochen.

176 *Link*, Art. „Kirchengliedschaft", 1599; ähnlich positiv „aus staatskirchenrechtlichem Blickwinkel" auch *v. Campenhausen*, Kircheneintritt – Kirchenaustritt, 116.

177 *Link*, aaO. 1600; vgl. z.B. das Kirchenaustrittsgesetz von NRW, vom 26.5.1981, § 3 (4); vgl. *Becker u.a.*, Kirche und Staat, 131.

178 Vgl. *v. Campenhausen*, Kircheneintritt – Kirchenaustritt, 118f, mit kritischem Hinweis auf die bekannte Trennung von „Rechtskirche" und „Liebeskirche" bei *Rudolf Sohm*.

179 Vgl. *Konsistorium der KPS*, Gesichtspunkte, 1f, und Minderheit mit Zukunft, 12: Die „derzeitige Regelung des Kirchenaustritts ist veränderungsbedürftig".

staatliche Prägung der Kirchenmitgliedschaft gesehen[180]; daher suchte man zunächst nach individuellen Wegen, die „Zahlung eines Gemeindebeitrags in Höhe der Kirchensteuer, jedoch abgekoppelt vom staatlichen Steuereinzug" zu ermöglichen (Minderheit mit Zukunft, 20). Auf diese Weise sollte der individuellen Selbstbestimmung gegenüber der kirchlichen Rechtsgemeinschaft ein weiterer Raum eröffnet werden.

Es ist dann allerdings bald, nicht zuletzt von kirchlichen Gerichten, darauf hingewiesen worden, dass hier das geltende Mitgliedschaftsrecht missachtet werde und daher eine kirchenrechtlich allgemeingültige Lösung zu finden sei. In der folgenden Diskussion hat W. *Bock* das grundlegende Dilemma formuliert:

„Bindet sich die Kirche im Rahmen ihrer Selbstbestimmung an die rechtsstaatliche Formbestimmtheit eines staatlich vermittelten Steuereinzugsverfahrens, so widerspräche dem die Berufung auf das Selbstbestimmungsrecht für die entgegengesetzte Entscheidung, für die Eröffnung eines innerkirchlichen Verfahrens, das – konsequent zu Ende gedacht – die erste Entscheidung für das überkommene Finanzierungssystem grundsätzlich in Frage stellt." (*Bock*, Fragen, 335)

Die Entscheidung für ein bestimmtes, rechtsstaatlich geformtes Modell der Mitgliedschaft ist demnach erst sekundär ein Problem des Staats-Kirchen-Verhältnisses. Das Grundgesetz hat den Kirchen, unter dem Begriff der „Körperschaft des öffentlichen Rechts", ein außerordentlich hohes Maß an *organisatorischer Selbstbestimmung* eingeräumt. Dass der Staat, genauer: die staatliche Finanzverwaltung, bei der positiven Gestaltung der Mitgliedschaft prägend eingreift, das ist dann das Resultat innerkirchlicher „Selbstbindung" (*Bock*, aaO. 334).

Der restriktive Umgang mit der Selbstbestimmung der Mitglieder entspringt darum nicht einfach dem Beharren auf einer materiellen Unterstützungspflicht der Einzelnen für die Kirche, wie *v. Campenhausen* und andere meinen: Diese Pflicht wird auch durch die geistlich modifizierten Kirchenaustritte gerade nicht bestritten. Umgekehrt entspringt jene „Selbstbindung" des innerkirchlichen Austrittsrechts an die staatlichen Regelungen allerdings auch nicht einer generellen Option für eine staatsnahe Kirche, wie Kritiker vornehmlich in den neuen Bundesländern vermuten. Es ist nicht der Staat, der die Kirchen zu dieser Begrenzung individueller Mitgliedschaftsdefinition nötigt. Jene „Selbstbindung" stellt eine ausschließlich innerkirchliche Entscheidung dar, die freilich weniger theologisch als vielmehr ökonomisch begründet ist, nämlich in der Sorge um die finanzielle Sicherung des eigenen organisatorischen Bestandes.

Für diese These spricht schließlich auch die Beobachtung, dass die Kirche dort, wo es nicht um die staatskirchenrechtlichen Folgen des Aus-

---

180 Minderheit mit Zukunft, 11; vgl. das Zitat aus der Entscheidung des Verwaltungsgericht der KPS bei *Bock*, aaO. 333.

tritts geht, mit diesem Schritt erheblich flexibler umgeht. Paradigmatisch erscheint der Wandel im Recht der *Amtshandlungen*. Während die Kasual- und Lebensordnungen der Nachkriegszeit die Trauung oder die Bestattung Ausgetretener kategorisch ausschlossen, eröffnen die neuen Regelungen hier einen relativ weiten Spielraum, den sie durch eine Reihe von Hinsichten und Kriterien zu strukturieren suchen[181]. Der Satz, der „Kirchenaustritt kann die Verheißung des Evangeliums nicht aufheben, die in der Taufe sichtbaren Ausdruck gefunden hat", wird auch kirchenrechtlich inzwischen ernster genommen[182]. Auf der Ebene unmittelbarer pastoraler oder gemeindlicher Kontakte fällt es der Kirche offenbar leichter, das individuelle Selbstbestimmungsrecht im Blick auf die Mitgliedschaft zu respektieren[183]. Die Frage nach der organisatorischen Qualität der Kirche und deren empirisch-ökonomischem Bestand tritt hier deutlich in den Hintergrund.

3. Rechtsformen der Annäherung

Dass die verschiedenen Ebenen der kirchlichen Organisation wie die entsprechenden „Schichten" des Mitgliedschaftsrechts sehr unterschiedlich mit der individuellen Autonomie gegenüber der Kirche umgehen, das zeigen auch die Diskussionen über Sinn und Form einer „gestuften Mitgliedschaft", die seit dem Beitritt der ostdeutschen Kirchen zur EKD verstärkt geführt wurden[184].

A. Steins Skizze eines „Rechts auf Mitteilhabe am geistlichen Leben der Gemeinde für alle, die [dazu] ernstlich selbst Verbindung suchen", unterscheidet mehre-

---

181 Vgl. etwa EKU-Lebensordnung, 72f (Art. 60). 78f (Art. 68). Eine solche offene Perspektive hat in kirchenrechtlicher Sicht zuerst skizziert: *Stein*, Rechtstheologische Vorbemerkungen (1977), 241f.
182 EKU-Lebensordnung, 53 (Art. 38 (1)); vgl. *Wendt*, Rechtsstellung, 35f: „Die seelsorgerlich-missionarische Dimension des Amtshandlungsrechts [...], die [...] Spannung zwischen der durch die Taufe bewirkten Eingliederung in die Gemeinde als Leib Christi und der durch Kirchenaustritt zu beendenden Mitgliedschaft in einer Partikularkirche, grenzen die kirchliche Gemeinschaft [...] im Einzelfall anders ab, als es das geltende Mitgliedschaftsrecht generell bestimmt." Zum Ganzen vgl. *Hermelink*, Gefangen in der Geschichte.
183 Noch weiter geht *Winter*, Bemerkungen, 12, der sich auch „eine vorsichtige Lockerung des Verbots zur Einstellung und Beschäftigung von Mitarbeitern und Mitarbeiterinnen, die aus der Kirche ausgetreten sind", vorstellen kann.
184 Vgl. die frühen Hinweise bei *Liermann*, Mitgliedschaft, 37ff; ausführlicher dann zuerst *Stein*, Kirchengliedschaft, 50f. 59ff; sodann *Arnoldshainer Konferenz*, Ordnung „Kirchenmitgliedschaft", 234f; *Bock*, Fragen, 327-332; *Denecke*, Gemeindegliedschaft; EKU-Lebensordnung, 46. 49. 54; *Huber*, Kirche der offenen Grenzen, 492ff. 497. 510ff; *Ders.*, Hoffnung, 57-59; *Winkler*, Tore zum Leben, 72ff; *Winter*, Bemerkungen, 12f.

re „Fallgruppen" (Kirchengliedschaft, 59f); darunter die relativ unproblematische Gruppe vorübergehend anwesender Glieder anderer evangelischer Kirchen, etwa Studierender, sowie bereits zur Taufe entschlossene *Katechumenen*, für deren vorläufigen, gleichwohl geordneten Rechtsstatus es altkirchliche Vorbilder gibt. Hier erscheint es vergleichsweise einfach, bestimmte „Teilnahmeberechtigungen zu beschreiben, z.B. das Recht auf Teilhabe am gottesdienstlichen Leben, an der kirchlichen Unterweisung und auf Inanspruchnahme kirchlicher Einrichtungen"[185]. *Steins* Augenmerk gilt allerdings vor allem noch ungetauften Menschen, die als „Suchende, Fragende und Sympathisierende in das Umfeld christlicher Gemeinde kommen" und die durch „Teilnahme und Mitarbeit an Gruppen und Veranstaltungen" eine „Mitzugehörigkeit" zur Gemeinde dokumentieren (Kirchengliedschaft, 59f). Ihre Taufbereitschaft wäre hier erst als „Abschluss einer vielleicht noch längeren Entwicklung" zu erwarten (ebd.).

Eben dieser Gruppe hat sich die kirchenrechtliche Aufmerksamkeit in den letzten Jahren verstärkt zugewandt. Denn zu den prägenden Erfahrungen der ostdeutschen Landeskirchen gehört die Beteiligung von Einzelnen, die der Kirche biographisch fernstanden und eher zufällig persönliche Kontakte zu einer Gruppe oder einer Gemeinde gefunden hatten. Der Gesetzentwurf zur Mitgliedschaft des DDR-Kirchenbundes hat darum Anfang der 80er Jahre die „Mitwirkungsmöglichkeiten" von „Ungetauften in der Kirchengemeinde" ausdrücklich thematisiert[186]. In dieser Tradition hält die neue Lebensordnung der EKU von 1999 fest:

„Viele Menschen, die der Kirche nicht mehr angehören oder noch nicht auf dem Weg zur Taufe sind, stehen der Botschaft [...] der Kirche dennoch positiv gegenüber und sind vielfach auch bereit, in Kirchengemeinden [...] oder an Projekten mitzuarbeiten. Die Gemeinde wird offen sie für alle, die sich gastweise am kirchlichen Leben beteiligen wollen. Die Kirchenmitgliedschaft bleibt zwar ein Ziel, darf aber nicht Bedingung für geeignete Formen der Mitarbeit sein." Auch „bestimmte Rechte der Beratung und Mitwirkung" sollen den „mitarbeitenden Gästen" eingeräumt werden[187].

Diesen Versuche, die Vielfalt biographischer Annäherung an die Kirche rechtlich zu würdigen, ist vor allem zweierlei gemeinsam. Zum einen kommen die suchenden und fragenden „Gäste" hier stets als „Mitarbeitende" oder „Mitwirkende" in den Blick; ein das kirchliche Leben ledig-

---

185 *Arnoldshainer Konferenz*, Ordnung „Kirchenmitgliedschaft", 234 (Art. III. 1). Zum historischen Katechumenenstatus vgl. etwa *Huber*, Kirche der offenen Grenzen, 492ff. Ein eigener, rechtsförmiger Mitgliedschaftsstatus wird hier von den meisten Kirchenjuristen für überflüssig gehalten; vgl. *Bock*, Fragen, 328f.
186 Zitiert bei *Bock*, Fragen, 329. *Bock* selbst schließt sich diesen Vorschlägen an, will freilich die Unterschiede einer solchen „Anwartschaft" oder „Angehörigkeit" zum vollgültigen Mitgliedschaftsstatus betonen (aaO. 330f).
187 EKU-Lebensordnung, 49. 54. Ein wenig abfällig spricht *Bürgel*, Auftrag und Aufgabe, 26, von „Menschen, die das Bedürfnis nach einer ‚Schnupperkirche' haben".

lich genießender Gast erscheint kaum vorstellbar. Wer sich der Kirche nicht auf dem „normalen", durch Kindertaufe und christlich-kirchliche Bildungsgeschichte geprägten Wege nähert, tut dies den genannten Texten zufolge jedenfalls *aktiv*, durch selbstbewusstes Suchen und engagierte Beteiligung am Leben einer Gemeinde oder einer „kirchlichen Einrichtung". Zum anderen beziehen sich alle genannten Teilhabemöglichkeiten auf lokale, *überschaubare Zusammenhänge*. Wer sich der Kirche „gastweise" nähert, bezieht sich stets auf persönliche Kontakte und spezifische Erfahrungen an einem konkreten Ort.

Im Kontext der Hamburger „Citykirchen" hat *A. Denecke* auf eine weitere Form individueller Annäherung aufmerksam gemacht, die „untreuen Kirchennahen"[188]. Er meint Menschen, die „der Institution Volkskirche durch Austritt untreu geworden sind", sich aber einer bestimmten, ihren Glaubensvorstellungen entsprechenden Gemeinde wieder zuwenden und dort auch kontinuierlich engagieren (aaO. 651). Ihre individuelle Biographie schließt jedoch kirchlich so „leidvolle Erfahrungen" ein, dass sie zur rechtlich verfassten „Groß-Kirche" auf Abstand bleiben wollen. *Denecke* meint, „es gibt sehr viel mehr Menschen dieser Gruppe als wir [...] uns als offizielle Kirchenvertreter eingestehen wollen" (ebd.).

Bei dieser Gruppe der ausgetretenen „Kirchennahen" – oder besser: Gemeindenahen – lässt sich der lebensweltlich-konkrete Charakter der Wiederannäherung an die Kirche besonders deutlich ausmachen. *Denecke* umreißt einen Status der „Gemeindegliedschaft", eine „persönlich gewählte Mitgliedschaft in einer konkreten Einzelgemeinde, ohne Rechte und Pflichten in der Groß-Kirche, aber [...] gebunden und ausgezeichnet durch bestimmte geistliche Rechte und Pflichten" (aaO. 652); zu diesen Rechten zählt er die Gewährung des Abendmahles und der Amtshandlungen wie die verbindliche Mitarbeit in der Organisation der Gemeinde; die „weltlichen Rechte" des Wahlrechts und des Patenamtes (!) bleiben der „volkskirchlichen Mitgliedschaft" vorbehalten. Auch *Denecke* betont die Beschränkung der Gemeindegliedschaft auf eine bestimmte Zeitspanne (3 bis 5 Jahre). Er versteht sie als „Volkskirchen-Katechumenat" (aaO. 653), ist es doch nicht der christliche Glaube, an den die Betreffenden allmählich wieder herangeführt werden sollen, sondern eben die kirchliche Großorganisation.

Deneckes Überlegungen machen die implizite Tendenz ausdrücklich, die alle rechtlichen Formulierungsvorschläge einer individuellen Annäherung an die verfasste Kirche kennzeichnet. Die herkömmliche, biographisch zugewachsene und öffentlich-rechtlich verfasste Mitgliedschaft

---

[188] *Denecke*, Gemeindegliedschaft, hier 651, in Anspielung an die Formel der dritten EKD-Mitgliedschaftsuntersuchung von den „treuen Kirchenfernen", vgl. Fremde Heimat 1993, 15ff.

wird ergänzt, zeitweise sogar ersetzt, durch eine *vereinsrechtlich* strukturierte Form der Zugehörigkeit, die den Einzelnen ein höheres Maß an Selbstbestimmung eröffnet. Diese Zugehörigkeitsform ist an konkrete Gemeinden, Projekte oder gar Personen gebunden; und sie impliziert stets eigenständiges und dauerndes Engagement. Auf diese Weise wird die rechtliche Beziehung zur Kirche für eine Vielfalt von Varianten geöffnet, verliert aber zugleich an organisatorischer Reichweite und Kontinuität. Alle Vorschläge sehen eben darum eine inhaltliche und zeitliche Begrenzung des Gaststatus' vor; die aktiv-individuelle „Gemeindegliedschaft" soll ausdrücklich auf den (Wieder-) Erwerb der öffentlich-rechtlichen Kirchen-Mitgliedschaft zielen.

Das kirchenrechtliche Nebeneinander dieser beiden Grundmodelle spiegelt sich im Übrigen auch dort, wo bereits das geltende Recht eine faktischen Stufung der Mitgliedschaft markiert[189]. Auch hier begegnet einerseits eine Abfolge von Rechten, die an Altergrenzen gebunden sind – etwa bestimmte Teilnahme- und Wahlrechte – und die den Einzelnen insofern ohne ihr eigenes Zutun, Schritt für Schritt zuwachsen. Andererseits ist die Zulassung zum Patenamt meist an die Konfirmation gebunden; und die Wahl zum Presbyter/Kirchenältesten wird ausdrücklich von einer intensiven ortsgemeindlichen Beteiligung abhängig gemacht[190]. Die aktive Mitgliedschaft wird so anspruchsvoller gefasst: Sie ist nicht ein Status, den man – wie die staatsbürgerlichen Rechte und Pflichten – allmählich mittels biographischer Automatik erwirbt, sondern sie beruht auf bewusster Entscheidung zu kirchlichem Engagement.

4. Verfahren der Wiederaufnahme

Sowohl die Regelungen zum Kirchenaustritt wie auch zu einer individuellen (Wieder-) Annäherung lassen *zwei Ebenen der kirchlichen Organisation* hervortreten, die Rechte und Pflichten der kirchlichen Bindung ganz unterschiedlich bestimmen.

Wird die Mitgliedschaft als Resultat lebensgeschichtlicher Individualität und Selbständigkeit wahrgenommen, so tritt die Bindung an eine *lokale*

---

189 Vgl. *Frost*, Gliedschaft, 244 und die Darstellung bei *Stein*, Kirchengliedschaft, 54f; zu den einzelnen Regelungen s. auch oben S. 141. 142-144.

190 Vgl. Kirchenordnung Rheinland Art. 84 (1): „Das Presbyteramt kann nur solchen Gemeindegliedern übertragen werden, die sich durch gewissenhafte Erfüllung der Pflichten evangelischer Gemeindeglieder als treue Glieder der Gemeinde bewährt haben, einen guten Ruf in der Gemeinde besitzen und mindestens 21 Jahre alt sind." Etwas vorsichtiger formuliert die Grundordnung Berlin-Brandenburg von 1994 in Art. 30 (2): „Zu Ältesten können Gemeindeglieder gewählt oder berufen werden, die [...] am Leben der Gemeinde teilnehmen, sich zu Wort und Sakrament halten und bereit sind, über die innere und äußere Lage der Gemeinde Kenntnis und Urteil zu gewinnen."

Gemeinde oder Einrichtung in den Vordergrund. Hier kann eine „Gemeindegliedschaft" vereinbart werden, die auf die Situation der Einzelnen zugeschnitten ist; umgekehrt ist der Austritt aus der Kirche auf dieser Ebene eher Anlass zu seelsorgerlichem Nachgehen als zum Abbruch geregelter Beziehungen. Das Verhältnis zur kirchlichen Großorganisation, auch in der Dimension finanzieller Verpflichtung, tritt in dieser Perspektive in den Hintergrund. Eine solche personal-partizipatorische Mitgliedschaft wird darum eher in den Lebensordnungen u.ä. geregelt als im Staatskirchenrecht.

Auf dieser Ebene hingegen erscheint die Kirche als eine landeskirchliche *„Körperschaft öffentlichen Rechts"*. Die Mitgliedschaft ist analog zur Staatsbürgerschaft geordnet; sie umfasst zahlreiche Beteiligungsrechte, aber auch eindeutige Steuerpflichten. Auf individuelle Formen der Annäherung wie der Austrittsentscheidung reagiert diese Organisationsebene erheblich spröder. Ob die Einzelnen jedoch an gemeindlichen Veranstaltungen teilnehmen, und wie intensiv sie sich auf die gemeinschaftlichen Lebensformen einlassen, das muss aus dieser Perspektive gerade nicht geregelt werden, sondern bleibt dem individuellen Ermessen anheim gestellt. In der Konsequenz dieses Modells ist in den letzten Jahren die Mitgliedschaft in einer anderen als der Wohngemeinde kirchenrechtlich allgemein erleichtert worden, ohne dass zu der neuen Gemeinde intensivere Bindungen aufgenommen werden müssen[191].

Der Selbstbestimmung kirchlicher Mitgliedschaft wird demnach von *beiden* Beziehungsmodellen Rechnung getragen. Beide Typen schließen aber auch gewisse Einschränkungen individueller Teilnahmefreiheit ein. Diese „Kehrseiten" der jeweiligen Mitgliedschaftsform lassen sich insbesondere an einem letzten kirchenrechtlichen Praxisfeld studieren, nämlich an den Änderungen, die das Verfahren des Wiedereintritts oder der Wiederaufnahme in den letzten Jahren erfahren hat[192].

---

191 Vgl. dazu *Meyer*, Bemerkungen, 243ff; einschlägige Regelungen aus jüngerer Zeit z.B. in der Kirchenordnung Rheinland, Art. 13 (3) und im rheinischen Gemeindezugehörigkeitsgesetz; Grundordnung Berlin-Brandenburg, Art. 10; vgl. auch KMG § 12. Die eher gemeindekirchlich orientierte neue EKU-Lebensordnung verlangt dagegen „besondere Vorausetzungen" für einen solchen Wechsel; vgl. aaO. 50 (Art 32 (1)).

192 Diese Diskussion wurde zu Beginn der 80er Jahre öffentlich, als anlässlich des Deutschen Evangelischen Kirchentags in Hamburg eine zentrale Wiedereintrittsstelle eröffnet wurde. *Meyer*, Bemerkungen, 246ff hat dann die Regelungen auch anderer Kirchen gesammelt, kritisch kommentiert und weiterführend reflektiert. Den derzeit letzten kirchenrechtlichen Stand dokumentiert die neue EKU-Lebensordnung, 53f (Art. 39); vgl. dazu *Bürgel*, Auftrag und Aufgabe, 28. Im Herbst 1997, hat die Evangelische Kirche in Berlin-Brandenburg einschlägige Bestimmungen der Grundordnung geändert (Art. 11 in der Fassung vom 15. 11. 1997) und in der Folge, im Mai 1998, ebenfalls gesamtkirchliche Wiedereintrittsstellen eingerichtet; das publizistische Echo war in Zustimmung und Ablehnung erheblich.

Die älteren landeskirchlichen Ordnungen haben Bedingungen und Verfahren der Wiederaufnahme recht restriktiv geregelt. In der Lebensordnung der EKU von 1955 etwa heißt es: Der Antragsteller hat „den Ernst seines Begehrens durch Teilnahme am Leben der Gemeinde, vor allem an ihrem Gottesdienst, zu beweisen und empfängt einen Unterricht. Der Gemeindekirchenrat [...] entscheidet frühestens nach drei Monaten über die Wiederaufnahme. Sie erfolgt in einem Abendmahlsgottesdienst oder in einer besonderen gottesdienstlichen Handlung."[193]

Diese Bestimmungen bringen offenbar das Modell der „Gemeindegliedschaft" zum Ausdruck, und sie verdeutlichen zugleich dessen Probleme. Auch hier soll sich der individuelle Anschluss an die Kirche gleichsam von unten vollziehen, durch engagierte und kontinuierliche Partizipation am *Leben der Ortsgemeinde*. Wiederaufnahme bzw. – bei Katechumenen – die Taufe schließen einen längeren religiös-kirchlichen Entwicklungsprozess ab; und dieser Abschluss wird vor dem Forum der Gemeinde, im Gottesdienst, öffentlich gemacht. Im normativen Kontext der Lebensordnung allerdings erscheint dieses Modell weniger als Ausdruck der Selbstbestimmung, sondern eher als von der Kirche einseitig verfügte Zugangsbedingung, die den inneren „Ernst" des Einzelnen „zu beweisen" hat. Die individuelle Autonomie gegenüber der Kirche kommt hier nur als *Selbstbestimmung zu erhöhtem Engagement* in den Blick. Wer diese normative Vorgabe nicht akzeptiert, wer also nicht regelmäßig an den Versammlungen der kirchlichen Gemeinschaft vor Ort teilnimmt, wird kein „ordentliches" Mitglied werden.

C. Meyer hat diese Kodifikationen mit dem Hinweis kritisiert, „dass man in der Volkskirche nicht prüfen darf, ob der Einzelne, der die Wiederaufnahme begehrt, eine Stütze der Kerngemeinde wäre" (Bemerkungen, 248). Vielmehr müsse auch das Wiederaufnahmerecht „die Regel und Praxis der evangelischen Kirche widerspiegeln, dass niemand, der zur Kirche gehören will und diesen Willen erkennbar macht, von der Kirche zurückgewiesen wird" (aaO. 249). Dementsprechend plädiert *Meyer* für möglichst unkomplizierte, vielfältige und eher seelsorgerlich als liturgisch geprägte Formen: „Aufnahmen sollten ebenso anlässlich von Kasualien in der Familie des Ausgetretenen wie in der Zurückgezogenheit des Amtszimmers möglich sein" (aaO. 248); sie sollten möglichst ausschließlich in der Verantwortung des Pfarrers liegen, der nicht notwendig der ortsgemeindlich Zuständige zu sein habe.

Die neueren rechtlichen und praktischen Regelungen haben diese Vorschläge konkretisiert. In den zentralen Wiedereintrittsstellen, die in Berlin und in anderen Großstädten durch eigene Faltblätter und auch durch Zeitungsanzeigen auf sich aufmerksam machen, wird dieser Schritt durch persönliche Gespräche mit „erfahrene[n] Theologen und Theologinnen"

---

193 Ordnung des kirchlichen Lebens, Art. 80 (1).

vorbereitet und vollzogen¹⁹⁴. Er ist damit aus dem Kontext einer konkreten Gemeinde herausgenommen; auch die Teilnahme am Abendmahlsgottesdienst erscheint nicht mehr als Bedingung, sondern lediglich als „angemessener Ausdruck" des Wiedereintritts¹⁹⁵.

Die neuen Wiedereintrittsregelungen können als Versuch verstanden werden, unter den Bedingungen individueller Autonomie und biographischer Mobilität das herkömmliche, *öffentlich-rechtliche Strukturmodell* der Mitgliedschaft aufrechtzuerhalten. Auch bei diesen Regelungen steht die objektive Rechtsbeziehung zur kirchlichen Organisation fest: Dass der Wiedereintritt auf Vollmitgliedschaft und Steuerpflicht im Sinne des KMG zielt, steht nicht zur Debatte. Der individuellen Disposition ausdrücklich anheim gestellt ist dagegen die konkrete, subjektive Ausfüllung dieses Rahmenstatus'. Dies gilt schon für den Akt des Wiedereintritts, der im Kontext ganz unterschiedlicher kirchlicher Sozialgestalten vollzogen werden kann; und dies gilt auch für das weitere Mitgliederverhalten: Hier sind alle möglichen „Stufen der Wahrnehmung, Intensivität und Identifikation" rechtens (*Meyer*, Bemerkungen, 248).

Schließlich sei auf eine bemerkenswerte Konsequenz des öffentlich-rechtlichen Mitgliedschaftsmodells hingewiesen. Nach herrschender staatskirchenrechtlicher Auffassung bedarf der Wiedereintritt eben deswegen keiner besonderen, von der Kirche vorzuschreibenden Form, weil die Kirchenmitgliedschaft nicht vereins- und satzungsrechtlich zu regeln, sondern als objektiver Status auch von der Kirche im Grunde nur *festzustellen* ist. Daraus kann der Schluss gezogen werden, dass es für diesen Schritt überhaupt *keiner ausdrücklichen Willenserklärung bedarf*. In diesem Sinne hat 1978 ein staatliches Gericht festgestellt: „Eine ausdrückliche oder gar förmliche Erklärung, der Kirche wieder angehören zu wollen, ist weder nach kirchlichem noch nach staatlichem Recht erforderlich. Es genügt vielmehr schlüssiges Verhalten."¹⁹⁶ Wer sich, wie im damals verhandelten Fall, auf der Steuererklärung als „evangelisch" bezeichnet oder für sich oder Angehörige Amtshandlungen begehrt, kann darum von der Kirchenorganisation als Mitglied erfasst (!) werden, auch wenn kein förmlicher Wiedereintritt erfolgt ist und die Betreffenden sich subjektiv

---

194 So das Informationsblatt „Wir laden Sie ein. Wie man in die Evangelische Kirche aufgenommen wird" der Evang. Kirche in Berlin-Brandenburg vom Mai 1998. Eine Anzeige mit dem Text „Kircheneintritt? Ja! Info [Telefon Nummer] Evangelische Kirche in Berlin-Brandenburg" erschien beispielsweise in der Sonntagsausgabe (!) des Berliner Tagesspiegels vom 7. Juni 1998, auf der ersten Seite des Lokal-Teils.

195 EKU-Lebensordnung 54 (Art. 39 (3)); vgl. aaO. 53 (Art. 39 (2)): „Über Anträge auf Wiederaufnahme [...] entscheidet der Gemeindekirchenrat [...] oder eine durch die Landeskirche eingerichtete oder anerkannte besondere Eintrittsstelle."

196 *Meyer*, Rechtsprechung VG Braunschweig 1978; vgl. *Ders.*, Bemerkungen, 248f.

gar nicht als Kirchenmitglieder verstehen. Auch in diesem Falle impliziert das öffentlich-rechtliche Strukturmodell, dass nicht subjektive Überzeugungen, sondern allein objektiv-äußerliche Tatbestände und Handlungsweisen den Mitgliedschaftsstatus bestimmen.

VI. Resultate: Äußere Einheit und innere Pluralität

H. Liermann hat 1955 einen Grundsatzartikel über die „kirchliche Mitgliedschaft nach geltendem evangelischen Kirchenrecht" mit der bilderreichen Feststellung eingeleitet, „dass der kirchlichen Mitgliedschaft ihrem Wesen nach etwas Amphibisches eigen ist. Auf der einen Seite ist sie vom Sakrament der Taufe nicht zu trennen und ragt so in eine höhere, metajuristische Sphäre hinein. Auf der anderen Seite berührt sie mit aller Erdenschwere, welche den finanziellen Dingen anhaftet, das kirchliche Steuerrecht."[197]

Diese amphibische, doppelgeformte Struktur der kirchlichen Rechtsbeziehungen hat sich in der vorstehenden Untersuchung bestätigt; zugleich haben sich *Liermanns* Gegenüberstellungen verfeinern lassen: Es ist nicht nur die Spannung von geistlichen und irdischen Elementen, die das geltende Mitgliedschaftsrecht kompliziert. Sondern dieses Recht ist auch durch weitere *theologische* Polaritäten – etwa zwischen Taufe, Glauben und Bekenntnis – geprägt sowie durch das *innerjuristische* Nebeneinander hoheits- und vereinsrechtlicher Figuren. Dazu ist die enorme Bedeutung der empirischen kirchlichen Organisation deutlich geworden: Sie ist es ja, die von der Taufe wie vom Steuerrecht unmittelbar tangiert ist; und die Ausdifferenzierung verschiedener organisatorischer Ebenen macht die Vielfalt kirchlicher Beziehungen, die sich im Mitgliedschaftsrecht abbildet, allererst möglich.

Allerdings, auch Amphibien haben eine durchaus bestimmte Gestalt; ihre doppelte funktionelle Ausrichtung kommt doch *einem* Lebewesen zugute. Auch die Struktur der kirchlichen Rechtsbeziehungen soll darum im Resümee daraufhin befragt werden, worin der innere *Zusammenhang* ihrer verschiedenen „amphibischen" Züge besteht. Dabei ist zunächst zurückzugreifen auf die historische wie systematische Einsicht, dass das Kirchenrecht die Mitgliedschaftsbeziehung in die Horizonte des staatlichen Rechts, der individuellen Selbstbestimmung und der kirchlichen Organisationsgestalt stellt (s.u. 1–3). Sodann ist, in Aufnahme der in dogmatisch entwickelten Perspektiven (s.o. S. 95–112), nach der Bedeutung des Mitgliedschaftsrechts für den Glauben der Einzelnen zu fragen (4) sowie nach den konkreten, pragmatischen Formen dieser Rechtsbeziehung, die ihr Paradigma im Gottesdienst findet (5).

---

197 *Liermann*, Mitgliedschaft, 22; auch zitiert bei *Winter*, Bemerkungen, 7.

1. Der staatsrechtliche Horizont der Kirchenmitgliedschaft

Dem Recht der Kirchenmitgliedschaft zufolge ist diese Beziehung keine reine Privatangelegenheit und auch nicht nur die Sache bestimmter Gruppen. Vielmehr beansprucht diese Beziehung allgemeine, öffentliche Relevanz, und zwar schon dadurch, dass sie mittels der „gesellschaftseinheitlichen Metainstitution Recht" formuliert ist[198]. Diese Eigenart, und die besondere Nähe zum staatlichen Recht, ist historisch darin begründet, dass das eigenständig kirchliche Mitgliedschaftsrecht sich erst im Zuge der Ausdifferenzierung öffentlicher Ordnung entwickelt hat (s.o. S. 130-133); staatliche und kirchliche Regeln greifen bis heute ineinander, um sowohl den Charakter der Kirche als einer öffentlichen Institution als auch die individuelle Selbstbestimmung gegenüber dieser Institution zu gewährleisten.

Nach dem Wegfall staatlicher Kirchenordnung (1918/19) entstanden *kirchliche Lebensordnungen*, die das Mitgliedschaftsverhältnis inhaltlich präziser und zugleich anspruchsvoller definieren. Dabei erscheint es bemerkenswert, wie auch hier (verwaltungs-) rechtliche Figuren begegnen; noch die neuesten Beispiele einer „dritten Generation von Lebensordnungen" beinhalten ausdrücklich „Richtlinien und Regelungen"[199]. Auf diese Weise wird am objektiv erkennbaren Charakter der kirchlichen Beziehungen festgehalten.

Das Staatskirchenrecht, aber auch die einschlägigen innerkirchlichen Regelungen sind darum zunächst nicht an innerer Beteiligung und persönlichem Engagement interessiert, sondern ausschließlich an dem nachprüfbaren Status und dem regelmäßig-öffentlichen Verhalten des Individuums. Die *rechtliche* Beschreibung der Mitgliedschaft kann lediglich äußere Grenzen regeln[200]; deren subjektive Ausfüllung muss sie, aus prinzipiellen Gründen, dem einzelnen Mitglied überlassen.

Diese „amphibische" Struktur einer Festlegung äußerer Grenzen, die zugleich individuellen Gestaltungsraum eröffnen, charakterisiert auch die spezifisch *staatsrechtlichen* Schichten der Mitgliedschaftsnormen (s.o. S. 140-142). Mittels des Kirchenaustrittsgesetzes und ähnlicher Bestimmungen markiert der Staat die durch das Grundrecht der negativen Religionsfreiheit gesetzten Grenzen. Zugleich werden den Kirchen, im Sinne der

---

198 *Herms*, Kirchenrecht, 249. 250 u.ö.; vgl. zum öffentlichen Charakter der Kirchenmitgliedschaft etwa *Meyer*, Bemerkungen, 233ff („Religionsausübung"); *v. Campenhausen*, Staatskirchenrechliche Bedeutung, 755ff.
199 Vgl. *Bürgel*, Auftrag und Aufgabe, 20. 30; *Burgsmüller*, Eine neue Generation.
200 Vgl. *Bock*, Fragen, 320: „*Kirchenmitgliedschaft* ist [...] ein rechtlich geprägter Begriff [...]. Kirche wird so unter dem Aspekt ihrer äußeren Grenzen betrachtet." In der Tendenz ähnlich auch *Huber*, Kirche der offenen Grenzen, 489f (zu *Bonhoeffer*). 507ff.

positiven oder kollektiven Religionsfreiheit, sehr umfassende Gestaltungsmöglichkeiten eingeräumt[201].

Die durchgehende Orientierung des Mitgliedschaftsrechts an der allgemeinen Rechtsordnung kann dann gerade nicht mehr auf konkrete staatliche Interessen oder gar direkte politische Eingriffe zurückgeführt werden[202], sondern ist allein von den Kirchen selbst zu verantworten. Insbesondere die Regelungen zur melderechtlichen „Erfassung" umziehender Mitglieder (s.o. S. 162-163) und zu den innerkirchlichen Folgen des Kirchenaustritts und -eintritts (s.o. S. 167-168; 173-175) lassen erkennen, wie sehr der kirchlichen Organisation daran gelegen ist, die überkommene Struktur der Mitgliedschaft auch unter den Bedingungen sozialer Differenzierung und individueller Autonomie festzuhalten.

Für diese öffentlich-rechtliche „Selbstbindung" haben die vorstehenden Untersuchungen eine Reihe respektabler theologischer Gründe aufgezeigt, die unten (S. 184-186) noch einmal zu benennen sind. Von erheblicher Bedeutung, das zeigt schon die historische Betrachtung, dürfte jedoch auch das Interesse an der reibungslosen *Refinanzierung der kirchlichen Organisation* sein[203]: Die gegenwärtige Rechtsform der Mitgliedschaft ermöglicht den Kirchen eine Besteuerung ihrer Mitglieder, die unabhängig bleibt von deren vielfältigen und wandelbaren subjektiven Einstellungen. Wiederum erweist sich das kirchliche Mitgliedschaftsrecht als Organisations-Recht par excellence.

2. Kirchenrechtliche Perspektiven auf die Lebensgeschichte

Besonders klar zeigen sich die Eigenarten der beiden Rechtsmodelle von Mitgliedschaft daran, wie sie jene Beziehung mit der individuellen Lebensgeschichte verknüpfen. Das betrifft die jeweilige Regelung des Erwerbs der Mitgliedschaft, den Umgang mit biographischen Veränderungen sowie die generelle Perspektive, in der die Lebensgeschichte jeweils erscheint.

---

201 „Kirchen sind nicht weniger autonom als andere Verbände der Gesellschaft, im Gegenteil, ihre Selbstbestimmungsrechte gehen zum Teil deutlich über die anderer Organisationen hinaus." (*Daiber*, Religion, 74; vgl. auch aaO. 67f). Zu den beiden Aspekten von „Religionsfreiheit" vgl. *v. Campenhausen*, Staatskirchenrecht, 60ff.

202 Das lässt sich bei anderen staatskirchenrechtlichen Materien so nicht sagen; das generöse Recht des Religionsunterrichts etwa ist durchaus im staatlichen Interesse an der sittlichen Bildung der Bürger/innen begründet, vgl. nur *v. Campenhausen*, Staat und Kirche, 76.

203 Zur Geschichte des kirchlichen Interesses an einem eigenen Besteuerungsrecht vgl. *v. Campenhausen*, Staatskirchenrecht, 258; *Huber*, Kirchensteuer, 145ff; weiter s.o. S. 131-132.

Im *öffentlich-rechtlichen* Modell ergibt sich die Mitgliedschaft im Regelfall passiv, durch die familiäre Herkunft und die Entscheidung der Eltern zur Säuglingstaufe. Auch die Mündigentaufe oder der Wiedereintritt in die Kirche werden von den geltenden Ordnungen weniger als Ausdruck je eigener innerer Überzeugung betrachtet, sondern als Übernahme immer schon feststehender Rechte und Pflichten; besondere Formvorschriften treten darum ganz in den Hintergrund (s.o. S. 173-175). Auch die Erweiterung von Rechten verdankt sich nicht besonderen Erklärungen oder Aktivitäten des Einzelnen, sondern resultiert aus dem Erreichen von Altersgrenzen oder dem Eintreten anderer objektiver Merkmale – so zieht etwa eine Berufstätigkeit automatisch die Kirchensteuerpflicht nach sich. Dem entspricht weiterhin, dass der Mitgliedschaftsstatus durch eigene lebensgeschichtliche Entscheidungen, im Blick auf Wohnort, Beruf oder Familienverhältnisse, im Grunde nicht berührt wird; es ist eben diese *Resistenz* der Mitgliedschaft gegenüber allen Formen biographischer Mobilität, auf die das einschlägige EKD-Gesetz zielt (s.o. S. 137-138).

Von Interesse sind hier also nur die *objektiven* Eigenschaften und Handlungsweisen des Individuums; es erscheint ausdrücklich als ein „Objekt kirchlicher Betreuung"[204] und statistisch-steuerrechtlicher Erfassung (s.o. S. 160-164). Die Einzelne ist eingeladen, an den Wendepunkten ihrer Lebensgeschichte die Amtshandlungen in Anspruch zu nehmen; die Individualität dieser Geschichte scheint für die öffentlich-rechtliche Mitgliedschaftsbeziehung aber keine weitere Bedeutung zu haben.

Ganz anders wird die individuelle Biographie vom *vereinsrechtlichen* Mitgliedschaftsmodell wahrgenommen. Hier wird durchgehend mit bewussten und ausdrücklichen Willensentscheidungen des Einzelnen gerechnet. So ist der Erwerb der Mitgliedschaft nicht denkbar ohne ein persönliches Begehren der Zugehörigkeit: Das gilt für das Verständnis der Taufe[205], für die älteren, restriktiven Vorschriften zum Wiedereintritt (s.o. S. 173) wie für die neueren Überlegungen zur gastweisen Mitarbeit in einer Gemeinde (s.o. S. 168-171). Auch die Fortsetzung der Mitgliedschaft nach einem Ortswechsel kann nicht allein durch implizite melderechtliche Vorgänge begründet werden (s.o. S. 161-162). Weil sich die kirchliche Beziehung durch regelmäßiges, aktives Engagement konstituiert, ist sie von biographischen Veränderungen, in sozialer wie in geographischer Hinsicht, stets betroffen. Dabei stellen Umgemeindungsoptionen und andere Dispensregelungen sicher, dass der Ort des eigenen Engagements auch weiterhin selbstbestimmt zu wählen ist.

---

204 *Pirson*, Mitgliedschaft, 156; weiteres s.o. S. 147-149.
205 Im Blick auf die Kinder- wie die Mündigentaufe resümiert *Engelhardt*, Einige Gedanken, 147: „Ohne die Äußerung des Willens getauft zu werden, das Taufbegehren, kann die Taufe jedenfalls nicht die (rechtliche) Mitgliedschaft in der Kirche begründen."

Ausschlaggebend für das individuelle Verhältnis zur Kirche sind dieser Sicht zufolge nicht objektive biographische Merkmale, sondern ein subjektives Bekenntnis, je besondere Überzeugungen, die in der Dynamik der jeweiligen Lebensgeschichte sichtbar werden. Die kirchliche Beziehung wird vom Einzelnen darum eigenständig gestaltet; in aktiver Mitarbeit und in der „kirchenbürgerlichen" Beteiligung an der Willensbildung der Gemeinde erscheint er primär als *Subjekt* kirchlichen Handelns in einer bestimmten biographischen Situation.

Es ist nun entscheidend zu sehen, dass das geltende kirchliche Mitgliedschaftsrecht diese beiden Modelle biographischer Verhältnisbestimmung nicht als sich ausschließende Gegensätze konstruiert. Vielmehr stellt die öffentlich-rechtliche Bezugnahme auf die Lebensgeschichte einen Rahmen bereit, den die Einzelne in sehr unterschiedlicher Weise mit subjektiven Beteiligungsakten ausfüllen kann, und den sie gegebenenfalls, durch ein „votum negativum" oder andere ausdrückliche Erklärungen, auch selbst verändern kann. In den geltenden Ordnungen sind die intensiv-engagierten Beziehungsformen nicht als Pflichten, sondern als wünschenswerte Zielgrößen und z.T. auch als Angebote formuliert[206]. Auch die kirchenrechtliche Bezugnahme auf die individuelle Biographie folgt dem Schema einer Kombination von äußerer, formaler Einheitlichkeit und vielfältigen Möglichkeiten subjektiv-situativer Ausgestaltung.

Damit formuliert das Mitgliedschaftsrecht diese Beziehungen in charakteristisch doppelter Weise. Zum einen gehört die Kirchenmitgliedschaft zu den *basalen Vorgaben* der Biographie. Wie die Staatsbürgerschaft, aber auch wie die familiäre und lokale Herkunft unterliegt sie zunächst nicht subjektiver Disposition, sondern wird der Person immer schon zugeschrieben. Das gilt auch im Falle der Mündigentaufe: Ist diese erst einmal vollzogen, so stellt sie aus der Sicht des Kirchenrechts ebenso wie die Säuglingstaufe ein objektives, durch den Betreffenden nicht mehr zu veränderndes Herkunftsmerkmal dar.

Zum anderen stellt das Mitgliedschaftsrecht es der Einzelnen frei, mit diesen Herkunftsvorgaben selbständig, nach eigenem Ermessen umzugehen. Auch die je eigene Geschichte mit der Kirche erscheint nicht als Resultat objektiver Vorgaben, sondern als Ort subjektiver Verantwortung für die je eigene Lebensführung. Die Rechtsform der Kirchenmitgliedschaft stellt keine Einschränkung biographischer Selbstbestimmung dar, sondern erweist sich als exemplarischer Fall ihrer konkreten Ausübung.

---

206 Als exemplarisch können die Formulierungen in §§ 3 und 4 KMG gelten, vgl. *Nuyken*, Kirchengesetz, 329; weiter s.o. S. 136–140.

3. Kirche als hoheitliche Organisation pluralen Bekennens

Schon die Betrachtung systematischer Gesamtdeutungen des Mitgliedschaftsrechts hat deutlich gemacht, dass die theologische und juristische Formulierung unterschiedlicher Beziehungsmodelle bedingt ist durch die Mehrschichigkeit der kirchlichen Organisation selbst (s.o. S. 157-159). Zum einen kann diese Organisation theologisch als Ausdruck des Gegenübers von objektivem Wort und subjektivem Glauben begriffen werden; sie kann dann juristisch als Körperschaft des öffentlichen Rechts verfasst sein und als Bestandteil der öffentlichen Ordnung erscheinen. Ihren Mitgliedern tritt die Kirche immer auch als *hoheitliche Instanz* gegenüber, die Pflichtleistungen einfordert und zugleich ihrerseits bestimmte Leistungen, „Dienste", zuverlässig und unabhängig von individuellen Besonderheiten zur Verfügung stellt.

Zum anderen kann die erfahrbare Kirche theologisch als Gemeinschaft der Glaubenden beschrieben werden, als Ort individuellen Engagements und kollektiver Bezeugung des Evangeliums. In den landeskirchlichen Ordnungen finden sich dazu vereinsrechtliche Rechtsfiguren, die die subjektiven Voraussetzungen, Rechte und Pflichten der Mitgliedschaft detailliert benennen. Hier erscheint die Kirche als *Überzeugungsgemeinschaft*.

Die Zusammengehörigkeit dieser beiden Sozialformen wird zwar durch die zahlreichen wechselseitigen Verweisungszusammenhänge der einschlägigen Ordnungen faktisch vorausgesetzt. Angesichts ihrer mehrfach skizzierten Differenzen, die ja auch in der Praxis des kirchlichen Handelns immer wieder zu Spannungen und Konflikten führen, drängt sich aber die Frage nach der *inneren Einheit* dieser Mitgliedschaftsnormen auf: Welche Strukturen der kirchlichen Organisation verbürgen den Zusammenhang jener unterschiedlichen Rechtsbeziehungen?

Schon staatskirchenrechtlich legt die geltende Ordnung Wert darauf, dass die kirchliche Bindung verschiedene *Organisationsebenen* „zugleich" umfasst: „Durch seine Mitgliedschaft in einer Kirchengemeinde und in einer Gliedkirche gehört das Kirchenmitglied zugleich der Evangelischen Kirche in Deutschland an." (§ 2 (2) KMG)[207]. Die beiden idealtypischen Rechtsmodelle unterscheiden sich nicht zuletzt darin, für welchen jener organisatorischen Ebenen sie Geltung beanspruchen. Der öffentlich-rechtliche Mitgliedschaftsstatus bezieht sich primär auf die „Gliedkirche" (vgl. § 1 (1) KMG), die das Mitglied „erfasst", ihm flächendeckende Dienste anbietet und Steuern von ihm fordert; dazu vermerkt das KMG: Alle „sich daraus ergebenden Rechte und Pflichten gelten im Gesamtbereich

---

[207] Die landeskirchlichen Regelungen fasst *Frost*, Gliedschaft, 241, ebenso zusammen: „Jedes Gemeindeglied ist zugleich Glied einer Landeskirche, wie andererseits auch keine Gliedschaft in der Landeskirche ohne gleichzeitige Gemeindegliedschaft rechtlich möglich ist."

der Evangelischen Kirche in Deutschland" (§ 2 (3)). Demgegenüber konzentriert sich die vereinsrechtliche Mitgliedschaftsform auf die Ebene lokaler Organisationseinheiten: Dienstgruppen, Orts-, Personal- und Funktionsgemeinden, situationsspezifische Handlungsformen. Hier finden Engagement und Mitverantwortung der Einzelnen ihre rechtlich geregelte Form.

Kirchenpraktisch werden die beiden Mitgliedschaftsmodelle also zunächst durch den Zusammenhang mehrerer organisatorischer Ebenen verbunden[208]. Dabei bilden die übergeordneten Ebenen jeweils den Rahmen, innerhalb dessen sich eine territoriale und inhaltliche Pluralität von Beziehungsformen ausbilden kann. Diese mitgliedschaftsrechtliche *Grundstruktur äußerer Einheit und innerer Vielfalt* beruht also zunächst auf der vertikalen Gliederung der kirchlichen Organisation selbst. Zugleich jedoch findet sie sich auf deren beiden zentralen Ebenen: Sowohl die Rechtsgestalt der Landeskirche wie die der Kirchengemeinde implizieren ihrerseits eine „amphibische" Gestalt kirchlicher Rechtsbeziehungen.

Bereits von ihren Anfängen her eignet der *„Landeskirche"* sowohl eine öffentlich-rechtliche als auch eine inhaltliche, bekenntnisbestimmte Dimension[209], ist sie doch ursprünglich „die in einem Territorium allein anerkannte, im Grundsatz alle Landesangehörigen umfassende öffentliche Kirchenorganisation" (*Mehlhausen*, aaO. 429), die zugleich das besondere Bekenntnis des Landesherrn repräsentiert. Die kollegialistische Kirchenrechtstheorie interpretierte diese territorial gebundene Organisationsform dann ausdrücklich vereinsrechtlich (s.o. S. 129): Die Zugehörigkeit zu einer Landeskirche erscheint begründet in der Bindung des Einzelnen an das Bekenntnis seiner Kirche.

Die Geschichte des Mitgliedschaftsrechts zeigt, wie diese – ohnehin eher programmatische – Einheit von objektiv-territorialer und subjektiv-inhaltlicher Bestimmtheit der Landeskirchen infolge zunehmender sozialer Mobilität problematisch wurde (s.o. S. 127–128; 130–131). Die Kirchenunionen des 19. Jahrhunderts lassen sich dann als Versuch verstehen, angesichts der Vielfalt regionaler und individueller Bekenntnisstände dennoch eine inhaltlich bestimmte Einheit der kirchlichen Organisation zu erhalten[210]. Aber auch die Landeskirche selbst erwies sich im Kontext der zeitgenössischen gesellschaftlichen Umwälzungen als eine Rechtsform, der „eine über die innerkirchlichen Aufgaben im engeren Sinne hinausge-

---

208 Vgl. etwa Grundordnung Berlin-Brandenburg, Art. 1 (3): „Die Evangelische Kirche in Berlin-Brandenburg ist die Gesamtheit der zu ihr gehörenden Kirchengemeinden und Kirchenkreise. Sie leitet sich selbst im Rahmen gesamtkirchlicher Ordnung."

209 Vgl. zum Folgenden den Überblick bei *Mehlhausen*, Landeskirche, bes. 429ff.

210 Vgl. zu den kirchenrechtlichen Implikationen der Unionen des 19. Jahrhunderts den Überblick bei *Mehlhausen*, Geschichte, 214ff.

hende Integrationsfunktion" zuwuchs[211]: Im Rahmen eines allgemeinen, eher verfahrensrechtlichen Konsenses ermöglichte sie es, ganz unterschiedliche subjektive „Bekenntnisse" zu gestalten.

Auch das Mitgliedschaftsrecht ist darum auf der landeskirchlichen Ebene von einer doppelten Tendenz bestimmt. Auf der einen Seite waren es nach 1918 gerade die Landeskirchen, die die staatlichen Strukturen der Mitgliedschaftsbeziehung übernahmen; mittels hoheitlich-objektiver Bestimmungen versuchten sie ihre organisatorische Integrität unter den Bedingungen sozialer Differenzierung zu sichern. Auf der anderen Seite waren es auch die Landeskirchen, nicht etwa einzelne Gemeinden, die die Lebensordnungen entwickelten und damit einer vereinsrechtlichen Interpretation der Mitgliedschaft Vorschub leisteten, die sich auf den konkreten Bekenntnisstand der jeweiligen Gliedkirche berufen konnte.

So ist es gerade der landeskirchliche Bezug der Mitgliedschaftsbeziehung, die ihre objektiv-einheitlichen und subjektiv-vielfältigen Elemente beieinander hält. Denn während die Landeskirche als territoriale Organisations *nach innen* eine Pluralität individueller Bekenntnisformen eröffnet, repräsentiert sie als bekenntnisgebundene Rechtsgemeinschaft zugleich *nach außen*, im Rahmen der Evangelischen Kirche in Deutschland, die Prägung der kirchlichen Beziehungen durch eine je besondere inhaltliche Tradition, die nicht ohne Weiteres im „Unitarismus der Volkskirche" aufgeht (*Mehlhausen*, Landeskirche, 432).

In ähnlicher Weise bietet auch die *Organisation der Kirchengemeinde* Anknüpfungspunkte für beide rechtlichen Deutungen der Mitgliedschaft. Auf der einen Seite verdankt sich historisch gerade die Parochie der allgemeinen Etablierung einer staatlich-kirchlichen Herrschaftsordnung[212]; dementsprechend beziehen sich die hoheitlich geregelten Partizipationsformen zunächst auf die Gemeinde: auf ihren Unterricht, ihre Amtshandlungen und ihre seelsorgerlich-diakonischen „Dienste". Auf der anderen Seite kann die Gemeinde aber auch, im Anschluss an Barmen III, als exemplarische Verwirklichung christlicher Überzeugungsgemeinschaft gelten (s.o. 144-145).

Indem das Mitgliedschaftsrecht, so lässt sich zusammenfassen, die Beziehungen zur Kirche in doppelter, „amphibischer" Weise formuliert, wird auch die kirchliche Organisationsgestalt selbst als „amphibische" Größe qualifiziert: Sie ist – als rechtlich verfasste Körperschaft – zugleich objektives Gegenüber der Einzelnen und Resultat ihres subjektiven Handelns aus gemeinsamen Überzeugungen. Das innere Verhältnis dieser bei-

---

211 *Mehlhausen*, Landeskirche, 431 mit Hinweis auf die politische Sprengkraft der konfessionellen Pluralität, auf die Spannung konsistorialer und synodaler Verfassungsprinzipien sowie auf die Notwendigkeit, in den wachsenden deutschen Staaten unterschiedliche lokale Traditionen zum Ausgleich zu bringen.
212 Vgl. nur *Holtz*, Parochie; *Landau*, Art. „Kirchenverfassungen", 136ff.

den Qualifikationen lässt sich schließlich daran verdeutlichen, wie nicht nur die einzelnen Mitglieder, sondern auch die *kirchliche Organisation selbst* durch das geltende Mitgliedschaftsrecht gebunden wird.

Während dieses Recht die Mitglieder im Wesentlichen auf diejenigen Handlungsweisen verpflichtet, welche den Bestand der organisatorischen Einheit der Kirche gewährleisten, wird umgekehrt diese Organisation vor allem auf die *Sicherung der inneren Freiheit* der Mitglieder festgelegt: Indem das Mitgliedschaftsrecht primär objektive Zugangsbedingungen formuliert, bringt es den Grundsatz zum Ausdruck, „dass niemand, der zur Kirche gehören will und diesen Willen erkennbar macht, von der Kirche zurückgewiesen wird" (*Meyer*, Bemerkungen, 249). Das geltende Recht sichert die Mitglieder vor der Zumutung, bestimmte innere Überzeugungen vorweisen zu müssen; und es verpflichtet die Organisation darauf, eine größtmögliche Pluralität an subjektiven Zugängen offen zu halten, durch die innere Ausdifferenzierung unterschiedlicher Bezugsebenen wie durch die Gewährleistung, dass die Einzelnen sich in je ihrer Weise, also frei am kirchlichen Leben beteiligen können. Insofern kann das Mitgliedschaftsrecht tatsächlich als *Inbegriff der kirchlichen Grundrechte* verstanden werden.

4. Das Mitgliedschaftsrecht als Ausdruck der Gottesbeziehung

Das kirchliche Mitgliedschaftsrecht kann und will nichts anderes regeln als die äußeren, objektiv feststellbaren Beziehungen „zu einer rechtlich verfassten Glaubensgemeinschaft"[213]. Zugleich steht das evangelische Kirchenrecht im Ganzen freilich unter dem Anspruch, „bekennendes Recht" zu sein und die inhaltliche Bindung der Organisation an die Grundeinsichten des Glaubens deutlich zu machen (s.o. S. 120-121). Im Anschluss an Barmen III kann dann gefragt werden, wie nicht nur die „Botschaft" der Kirche, sondern auch ihre „Ordnung" der Mitgliedschaft das Handeln Gottes sowie die menschliche Antwort „bezeugt": Auf welche Weise qualifiziert das Mitgliedschaftsrecht, als Recht der individuellen Beziehung zur *Kirche*, zugleich die individuelle Beziehung zu *Gott*?

Die Skizze systematischer Deutungen hat gezeigt, wie die kirchliche Beziehungsregelung als Ausdruck theologischer Grundeinsichten verstanden werden kann (s.o. S. 157-159): Im Gegenüber zum Individuum repräsentiert die verfasste Kirche die unverfügbare Objektivität des äußeren Wortes, den unbedingt geltenden Zuspruch des Evangeliums wie seinen unbedingten Anspruch. Und umgekehrt repräsentiert die Kirche als Gemeinschaft, an deren Handeln die Einzelnen teilhaben können, die sub-

---

213 So wird Kirchenmitgliedschaft definiert bei *Engelhardt*, Einige Gedanken, 142; ähnlich *Nuyken*, Kirchengesetz, 325; *Bock*, Fragen, 320.

jektive Aneignung des göttlichen Wortes; die kirchlichen Partizipationsrechte stehen dafür ein, dass das Handeln Gottes individuelle Eigentätigkeit nicht aus-, sondern einschließt. Diese Deutungen sind nun zu ergänzen durch eine theologische Interpretation des *Rechtscharakters* der Mitgliedschaft.

Zunächst wird damit unterstrichen, dass die Gottesbeziehung nicht allein durch personale Beziehungen, durch Interaktionen zwischen Einzelnen und Gruppen vermittelt wird. Das Recht der Mitgliedschaft qualifiziert die Beziehungen zur Gemeinschaft des Glaubens vielmehr als objektiv geregelte, als *organisierte* Beziehungen. Die Gottesbeziehung geht nicht auf in den Zufälligkeiten und Grenzen ausschließlich personaler Kommunikation.

Es ist die rechtliche Gestalt der kirchlichen Mitgliedschaft, die eine *dauernde Präsenz des Glaubens* in der individuellen Lebensgeschichte verbürgt. Die Beziehung zu Gott wird nicht nur durch einzelne Personen repräsentiert, die im Laufe einer Lebensgeschichte an Prägekraft verlieren können, sondern durch eine rechtlich geordnete Körperschaft, deren „Dienste" unabhängig von der individuellen Situation zugänglich bleiben (vgl. § 3 KMG).

Indem die individuelle Gottesbeziehung an eine spezifische Rechtsbeziehung gebunden wird, ist weiterhin ihr *leiblicher, materieller Charakter* unterstrichen. Ausweislich des Mitgliedschaftsrechts kann das Verhältnis zum Grund wie zur Gemeinschaft des Glaubens nicht auf eine rein innerliche Bestimmtheit reduziert werden, sondern umfasst „mit aller Erdenschwere, welche den finanziellen Dingen anhaftet"[214], auch wechselseitige objektive Leistungen. Der individuellen Verpflichtung zur Kirchensteuer entspricht umgekehrt die institutionelle Verpflichtung liturgischer, seelsorgerlicher und diakonischer Präsenz. Zugespitzt: Erfüllt der Einzelne seine objektiven Rechtspflichten gegenüber der kirchlichen Organisation, dann kann sie ihm die Zusage des Evangeliums in seine spezifische lebensgeschichtliche Situation nicht verweigern.

Die rechtliche Form der Mitgliedschaft bestimmt die leibliche Dimension der Gottesbeziehung auch dadurch näher, dass sie an anderen öffentlichen Rechtsbeziehungen orientiert wird. Auf diese Weise wird der öffentliche, ja der *politische* Charakter des Gottesverhältnisses unterstrichen. Glauben ist demzufolge keine Angelegenheit allein des Herzens und des Freundeskreises, sondern beansprucht objektive, öffentliche Wirkung. Ein Verständnis der Kirchenmitgliedschaft, das den rechtlich-materialen Charakter dieses Verhältnisses vernachlässigt, läuft Gefahr, auch den Glauben selbst auf den Raum intern verbindlicher, aber sozial marginalisierter Gruppen zu beschränken.

---

214 *Liermann*, Mitgliedschaft, 22, s.o. das einleitende Zitat S. 176.

Die rechtliche Qualität der kirchlichen Mitgliedschaft markiert schließlich auch die theologische Grenze kirchlichen Handelns. Die kirchenrechtliche Arbeitsgruppe um *E. Herms* hat auf den konstitutiven Unterschied hingewiesen zwischen rechtlichen Ordnungen, die „unabhängig von der persönlichen [...] Willensbestimmtheit der Handelnden Befolgung" verlangen und darum Nichtbefolgung sanktionieren, und „sittlichen Handlungsordnungen", deren Befolgung sich den weltanschaulichen Überzeugungen der Beteiligten verdankt[215]. Diese „sittliche" Qualität der Mitgliedschaft kann vom kirchlichen Organisationsrecht nicht geregelt werden; die Begründung der Gottesbeziehung in der Erfahrung des Glaubens geht in ihren objektiven Folgen für die Einzelnen, die Kirche und die Öffentlichkeit nicht auf. Indem sich das Recht mit der Normierung äußerlich feststellbarer und durchsetzbarer Aspekte begnügt, bezeugt es „das sachliche Zentralanliegen des reformatorischen Christentums – die richtige Unterscheidung ‚zwischen dem, was Gott kann, und dem, was wir können'"[216].

Diese innere Grenze des Mitgliedschaftsrechts reflektiert die theologische Einsicht der Reformation, dass das individuelle Gottesverhältnis in seinem Kern für die kirchliche Organisation nicht verfügbar ist. Dem Organisationsrecht kommt allerdings die Aufgabe zu, den Freiraum dieses Gottesverhältnisses vor den Normierungsansprüchen Einzelner wie kirchlicher Gruppen zu schützen. Auch die theologische Deutung des Mitgliedschaftsrechts akzentuiert seine „amphibische" Funktion einer Gewährleistung äußerer Einheit, die eine Vielfalt individueller Glaubensformen ermöglicht[217].

5. Die liturgische Mitte der Rechtsbeziehungen

Die eigenartige Struktur der kirchlichen Rechtsbeziehungen ist in diesem Resümee aus der Sicht des staatlichen Rechts betrachtet worden; und ebenso wurden ihre kirchenorganisatorischen, individuell-biographischen und zuletzt theologischen Horizonte betrachtet. Abschließend ist nun

---

215 *Herms*, Abschließender Bericht, 268; vgl. aaO. 268f. 275 (hier kritisch zur Rechtsqualität der Lebensordnung).

216 *Herms*, aaO. 275; im Original hervorgehoben. Das Zitat im Zitat stammt von M. *Luther*, WA 18, 614.

217 Vgl. *Herms*, aaO. 272; ähnlich *Lohff/Mohaupt*, Volkskirche, 18f. Allerdings ist gegen das Votum festzuhalten, dass jedenfalls im Blick auf die kirchliche Mitgliedschaft „die Ordnungen" sehr wohl „selbst mit dem Anspruch belastet werden, die Einheit der Kirche zu gewährleisten" (aaO. 19). Die äußerliche Einheit der kirchlichen Organisation, die *als solche* bereits theologische Bedeutung hat, kann tatsächlich nur „gewährleistet" werden mittels einer rechtlich klaren Ordnung, die u.a. die Mitgliedschaftsbeziehung regelt.

nach den *Interaktionsformen* zu fragen, in denen sich jene Rechtsbeziehungen konkret vollziehen. Auch hier geben die beiden Modelle einer öffentlich-rechtlich und einer vereinsrechtlich verfassten Mitgliedschaft zunächst unterschiedliche Auskunft.

Die öffentlich-rechtliche Perspektive stellt Interaktionsmuster in den Vordergrund, die aus dem Bereich des Staatsbürgerrechts bekannt und vor allem als *wechselseitige Verpflichtungen* zu fassen sind. Der ‚Kirchenbürger' ist „verpflichtet, den Dienst der Kirche durch Leistung gesetzlich geordneter [...] Abgaben mitzutragen" und der Kirche auch seine persönlichen Daten, soweit sie organisationsrelevant erscheinen, zugänglich zu machen[218]. Weiterhin wird vom Mitglied, in keineswegs zufälliger Analogie zur Schulpflicht, die Teilnahme am Religionsunterricht und am „konfirmierenden Handeln" der Kirche erwartet[219]. Umgekehrt verpflichtet sich die Kirche selbst zur Bereitstellung entsprechender Bildungsmöglichkeiten und zum voraussetzungslosen Angebot der kirchlichen Amtshandlungen. In allen diesen Interaktionsformen konstituiert sich Kirchenmitgliedschaft im *Gegenüber* zu einer gleichsam hoheitlichen Instanz.

Das vereinsrechtliche Regelungsmodell stellt dagegen zunächst das Recht auf *aktive Teilhabe* in den Vordergrund. Dazu gehört die Beteiligung am demokratischen Willensbildungsprozess der Organisation; dazu gehört aber vor allem das Recht, die je eigenen Überzeugungen durch das innere und äußere Engagement in einer lokalen kirchlichen Gemeinschaft zu bilden. Eben dieses Engagement erscheint als Pflicht gegenüber der Organisation: Die Mitglieder „sollen sich am kirchlichen Leben beteiligen, kirchliche Ämter und Dienste übernehmen und zu Spenden bereit sein" (§ 4 (1) KMG).

Die rechtsförmige Erwartung, dass kirchliche „Dienste" übernommen werden, macht das Recht der Mitgliedschaft zum integralen Teil eines Kirchenrechts, das „regelmäßig eine Handlungsanweisung an kirchliche Mitarbeiter" darstellt (*Stein*, Zeugnischarakter, 164). Das Mitgliedschaftsrecht erscheint als Teil eines kirchlichen „Dienstrechts" (s.o. S. 121-122), in dem zwischen der Verpflichtung der Mitglieder und dem Reglement der Mitarbeit nurmehr ein gradueller Unterschied besteht.

Auch die öffentlich-rechtliche Mitgliedschaftsregelung lässt sich freilich als Konsequenz eines kirchlichen „Dienstrechts" begreifen. Hier sind allerdings nicht die einzelnen Mitglieder zu Diensten verpflichtet, sondern primär die kirchliche Organisation selbst, die bestimmte „Dienste" zuverlässig anzubieten hat. Auf diese Dienste haben die Mitglieder, so ist zugespitzt worden, einen geradezu grundrechtlichen Leistungsanspruch (s.o.

---

218 § 4 (2) KMG; entsprechend ausführlich fallen die Vorschriften zu Melderecht und Datenschutz aus; vgl. *Meyer*, Bemerkungen, 233-236 mit weiteren Literaturverweisen.

219 Vgl. etwa Kirchenordnung Rheinland, Artikel 14 (3): Die Gemeindeglieder „sorgen dafür, dass [...] ihre Kinder getauft, christlich erzogen und konfirmiert und ihre verstorbenen Angehörigen kirchlich bestattet werden."

S. 155–156). Offenbar kann die Formel des „kirchlichen Dienstrechts" sowohl *arbeitsrechtlich* als auch *leistungsrechtlich* ausgelegt werden; eben auf diese Weise repräsentiert die Formel, auf der Ebene der kirchenrechtlichen Theorie, den inneren Zusammenhang der beiden Mitgliedschaftsmodelle.

Auf der Ebene des kirchlichen Lebens selbst realisiert sich dieser Zusammenhang durch die eigentümlich *„amphibische" Gestalt zentraler Interaktionsformen*. So können sich beispielsweise die ökonomischen Beziehungen auf die Erfüllung der gesetzlichen Steuerpflicht beschränken; sie können aber ohne Weiteres auch intensiviert werden in den zahlreichen Formen persönlicher Spendenaktivität. Ebenso kann sich die Teilhabe an der kirchlichen Bildungsarbeit auf das religions- und konfirmandenunterrichtliche Minimum beschränken; zugleich können die pädagogischen Handlungsfelder der Kirche, nicht nur in der Erwachsenenbildung, zum Ort eines intensiven Engagements der Einzelnen werden.

Paradigmatisch für diese amphibische Gestalt mitgliedschaftlicher Interaktionsformen dürfte nun das *Geschehen des Gottesdienstes* sein. Dafür spricht zunächst die Beobachtung, dass die Mitgliedschaftsmodelle sich nicht zuletzt in ihrer liturgischen Wahrnehmung unterscheiden: Im öffentlich-rechtlichen Verständnis der Mitgliedschaft treten die Kasualgottesdienste als integraler Teil des Angebots kirchlicher „Dienste" hervor; das vereinsrechtliche Verständnis konzentriert sich dagegen auf die Sammlung der Einzelnen im sonntäglichen Predigt- und Mahlgottesdienst[220].

Wenn, einer anderen rechtstheologischen Grundformel zufolge, das gesamte Kirchenrecht als „liturgisches Recht" zu begreifen ist[221], so muss sich allerdings auch der innere *Zusammenhang* des Mitgliedschaftsrechts am Geschehen des Gottesdienstes zeigen. Auch das liturgische Geschehen muss jenen „amphibischen Charakter" aufweisen, der die kirchlichen Rechtsbeziehungen im Ganzen kennzeichnet[222].

Indem der Sonntagsgottesdienst regelmäßig, unabhängig von Zahl und Situation der Teilnehmer veranstaltet wird, bringt er zunächst die hoheitliche Grundstruktur kirchlicher Beziehungen zum Ausdruck: „Die Existenz des Gottesdienstes ist vorgegeben. Sie konstituiert sich nicht durch die Versammlung der Gläubigen, sondern wird vom Amt getragen."[223] Wer am Gottesdienst teilnimmt, ordnet sich in ein Geschehen ein, das

---

220 Noch in der neuen Lebensordnung der EKU scheint Gottesdienst zunächst nur am Sonntag stattzufinden (aaO. 21–28).

221 S.o. S. 121; dazu vor allem *Barth*, Ordnung, 785ff.

222 Ausführlichere Überlegungen zur Relevanz des Gottesdienstes für die Kirchenmitgliedschaft werden in der „Praktisch-theologischen Auswertung" der vorliegenden Arbeit angestellt.

223 *Cornehl*, Teilnahme am Gottesdienst, 38, mit Verweis auf *Trutz Rendtorff*.

seitens der Einzelnen keine spezifischen Einstellungen oder Handlungen voraussetzt.

Dass Gottesdienst immer schon öffentlich veranstaltet wird, bevor sich die Mitglieder zu ihm verhalten, das konstituiert für die Einzelnen umgekehrt die Möglichkeit, sich in sehr vielfältiger Weise zu ihm in Beziehung zu setzen: vom gelegentlichen Besuch des Weihnachtsgottesdienstes bis zur regelmäßigen Mitverantwortung für seinen Ablauf, von der äußerlichen Präsenz bis zur intensiven inneren Beteiligung. Gerade der feste rituelle und thematische Rahmen der Kasualgottesdienste eröffnet für alle Beteiligten eine Fülle von lebensgeschichtlichen Partizipationsmöglichkeiten.

Im Kontext des staatlichen Rechts veranstaltet die kirchliche Organisation öffentliche Gottesdienste nach ihren eigenen Ordnungen; und damit eröffnet sie ihren Mitgliedern eine Vielfalt von Gestaltungsmöglichkeiten. In dieser liturgischen Mitte der kirchlichen Rechtsbeziehungen wird deutlich, dass die beiden skizzierten Beteiligungsmodelle nicht mehr als idealtypische Ausprägungen darstellen, zwischen denen *zahlreiche Übergänge* möglich sind. Die „amphibische" Mehrschichtigkeit, in der das geltende Mitgliedschaftsrecht die individuellen Pflichten und Rechte gegenüber der Kirche formuliert, bringt den liturgisch realisierten Zusammenhang von äußerer Einheit und innerer Vielfalt zu einem juristisch wie theologisch angemessenen Ausdruck.

Teil C

Kirchensoziologische Perspektiven: Organisierte Zugänge zum Jenseits der Individualisierung

Eine soziologische Betrachtung der kirchlichen Beziehungen fragt nach den gesellschaftlichen *Bedingungen*, denen die verschiedenen Dimensionen sowie die unterschiedlichen Muster der Mitgliedschaft unterliegen. Zugleich fragt sie umgekehrt, welche sozialen *Folgen* sich hier ausmachen lassen: Wie wird die gesellschaftliche Orientierung und Handlungsfähigkeit des Einzelnen durch seine Beziehung zur kirchlichen Institution geprägt?

Mit dieser empirischen Perspektive wird ein wissenschaftstheoretisch ausgesprochen kompliziertes Forschungsfeld betreten. Denn in die Soziologie der kirchlichen Bindung spielen nicht nur *allgemeine Deutungen* der gegenwärtigen Gesellschaftsstruktur hinein, sondern zugleich die aktuellen Debatten der *Religionssoziologie*[1], insofern die Kirchenmitgliedschaft als soziale Bindung an eine religiöse Institution begriffen werden muss. Je nachdem, wie die soziologische Definition von „Religion" ausfällt und wie ihre gegenwärtige gesellschaftliche Relevanz eingeschätzt wird, erfährt auch die *kirchlich* institutionalisierte Religion eine sehr unterschiedliche Bewertung[2].

Angesichts der Interferenzen von Allgemein-, Religions- und Kirchensoziologie betrachtet die folgende Untersuchung das Phänomen der Kirchenmitgliedschaft in zwei Schritten, nämlich in einem eher theoretischen (C.I/II) und in einem eher empirischen Durchgang (C.III–VI).

Zunächst wird mit dem *Theorem der „Individualisierung"* ein allgemeiner soziologischer Deutungsrahmen skizziert, der sich auch in der gegen-

---

1 Zur religionssoziologischen Debatte vgl. *Bergmann/Hahn*, Religion und Kultur; *Daiber*, Religion; *Ebertz*, Religionssoziologie; *Gabriel*, Religiöse Individualisierung; *Höllinger*, Volksreligion; *Kaufmann*, Religion; *Kippenberg*, Art. „Religionssoziologie"; *Tyrell*, Religionssoziologie.
2 Zur neueren Kirchensoziologie vgl. *Ebertz*, Gegenwind; *Feige u. a.*, Erfahrungen mit Kirche; *Kaufmann*, Religion begreifen; *I. Lukatis*, Empirische Kirchen- und Religionssoziologie; *Zulehner*, Art. „Kirchensoziologie".

wärtigen Religionssoziologie großer Beliebtheit erfreut. Besondere Aufmerksamkeit wird dabei der Frage nach den Bedingungen und individuellen Folgen von organisatorischen Bindungen gewidmet: Was bedeutet „Individualisierung" für die soziale Struktur von *Mitgliedschaftsbeziehungen* (s.u. S. 193-210)? In diesem Theorierahmen lässt sich dann die gegenwärtig kontroverse religions- und kirchensoziologische Gesprächslage rekonstruieren – wiederum mit einer Zuspitzung auf die Deutung organisatorischer Bindungen der Religion (s.u. S. 211-236). Bedeutsam ist die herrschende These einer „religiösen Individualisierung" und einer damit verbundenen *De-Institutionalisierung* religiöser Überzeugungen und Verhaltensweisen.

In einem zweiten Schritt ist diese These anhand der empirischen Forschungen zur Kirchenmitgliedschaft aus den letzten Jahrzehnten zu überprüfen. In einem sekundäranalytischen Überblick wird zunächst versucht, die Fülle des Materials nach erkennbaren Dimensionen und Mustern der Beteiligung zu strukturieren (s.u. S. 237-259). Sodann werden aufschlussreiche Teilaspekte des Mitgliedschaftsphänomens rekonstruiert und kritisch auf die These einer „religiösen Individualisierung" bezogen: das verbreitete Bindungsmuster der „treuen Kirchenfernen" (s.u. S. 260-286) sowie das Phänomen des Kirchenaustritts (S. 287-304). Auch die Mitgliedschaftsverhältnisse in Ostdeutschland sind hier zu betrachten (s.u. S. 305-332).

Abschließend werden die gesellschaftsstrukturellen, individuell-lebensgeschichtlichen und institutionellen Rahmenbedingungen der Mitgliedschaft zusammengefasst (s.u. S. 333-346). Dabei zeigt sich die soziale Funktion dieser spezifischen Bindung: Sie organisiert einen Zugang zu lebensgeschichtlichen Erfahrungen und Handlungsmöglichkeiten, die sich der strukturellen „Individualisierung" entziehen. Auf diese Weise vermag die kirchliche Mitgliedschaft die Einzelnen – auf Dauer oder gelegentlich – von den ambivalenten Folgen jenes Prozesses zu entlasten.

I. „Individualisierung" als soziologischer Deutungsrahmen für Mitgliedschaft

Wird das Phänomen der Kirchenmitgliedschaft aus soziologischer Perspektive betrachtet, so bietet sich als Ausgangspunkt das seit den 80er Jahren diskutierte Theorem der „Individualisierung" an. Die Renaissance der (deutschsprachigen) *Religionssoziologie* seit Anfang der 90er Jahre ist eng verknüpft mit dem Versuch, das klassische Paradigma der „Säkularisierung" durch die These einer „religiösen Individualisierung" zu ersetzen[3]. Auf dieses Konzept greifen auch die neueren *kirchensoziologischen* Untersuchungen explizit zurück[4]. Dazu erlaubt das Individualisierungstheorem eine soziologisch gehaltvollere Beschreibung von *Mitgliedschaft* in Organisationen. Unter dem Stichwort „Inklusion" versammeln sich hier Einsichten, die in der kirchlichen Diskussion bislang zu wenig Beachtung gefunden haben.

In dem Versuch, „eine erste Zwischenbilanz der Individualisierungsdiskussion zu ziehen", hat *M. Junge* auf die problematische Mehrdeutigkeit ihres Zentralbegriffs hingewiesen[5]. Er schlägt vor, „Individualisierung" nur als einen, nämlich den subjektbezogenen Teilaspekt des umfassenden Geschehens der „Modernisierung" zu verstehen. Dieses Geschehen umfasst – nach *Loo/Reijen*, Modernisierung – zunächst *kulturelle* Prozesse der Rationalisierung und sodann *gesellschaftsstrukturelle* Prozesse der Differenzierung. Erst in einem letzten, tertiären „Modernisierungsschub", der die BRD in den 60er Jahren erreichte, ist das veränderte Verhältnis der *Einzelnen* zur Gesellschaft so in den Vordergrund getreten, dass nun der gesamte Modernisierungsprozess als „Individualisierung" diskutiert werden kann[6].

---

3 Zu diesem Perspektivenwechsel vgl. etwa *Drehsen*, Religion; *Ebertz*, Religionssoziologie, 273ff. 286ff; *Feige*, Schicksal; *Gabriel*, Einleitung; *Ders.*, Religion und Gesellschaft; *Kaufmann*, Religion, bes. 73ff. 213ff. 263ff; *Nassehi*, Religion; *Pollack*, Individualisierung. Ausführlich zur „religiösen Individualisierung" s.u. S. 217-225.

4 Vgl. etwa Fremde Heimat 1997, 32ff; *Krüggeler*, Individualisierung; *Krüggeler/Voll*, Individualisierung; *Roosen*, Kirchengemeinde, 475ff.

5 *Junge*, Individualisierungsprozesse, 727; vgl. 731ff; dazu in typischer Doppelsinnigkeit schon *Beck*, Risikogesellschaft, 205: „,Individualisierung' – ein überbedeutungsvoller, missverständlicher, vielleicht sogar ein Unbegriff, der aber auf etwas verweist, das wichtig ist."

6 Einen Überblick über die Debatte geben auch *Beck*, „Individualisierungsdebatte"; *Beck/Beck-Gernsheim*, Riskante Freiheiten; *Ebers*, Individualisierung; *Wohlrab-Sahr*, Institutionalisierung.

Aus dieser begrifflichen Klärung ergibt sich, dass hier zunächst die strukturellen Voraussetzungen der „Individualisierung" darzustellen sind. Besondere Bedeutung kommt den funktionalen und vertikalen Differenzierungsprozessen der Gesellschaft zu (1). Dabei lehnt sich die Skizze vor allem an *N. Luhmann* an, der die einschlägigen Strukturveränderungen in den Rahmen einer allgemeinen soziologischen Theorie gestellt hat. Unter vorläufiger Vernachlässigung der kulturellen Modernisierung[7] wird sodann das Theorem der „Individualisierung" im engeren Sinne umrissen (2) sowie auf die Veränderungen zugespitzt, die sich für das Verhältnis des Individuums zu den gesellschaftlichen Institutionen (3) sowie für seine Mitgliedschaft, seine „Inklusion" in soziale Organisationen ergeben (4).

1. Gesellschaftsstrukturelle Perspektive: Differenzierung und Pluralisierung

Zu den Grundthesen der Soziologie gehört seit *E. Durkheim*, dass die Modernität der Gesellschaft auf ihrer funktionalen Differenzierung beruht. Demnach werden die verschiedenen Leistungen gesellschaftlicher Kommunikation – etwa Produktion von Lebensmitteln, politische Ordnung, Traditionsvermittlung, Bearbeitung gesundheitlicher Probleme u.a.m. – nicht (mehr) in einer Vielzahl gleicher kleiner Einheiten integriert; und sie werden auch kaum mehr auf bestimmte hierarchische Schichten aufgeteilt. Mit der Moderne entstehen verschiedene soziale Funktionsbereiche, die jeweils ein bestimmtes gesellschaftliches Grundproblem bearbeiten. Funktionale Differenzierung beruht auf einer konsequenten *Arbeitsteilung*[8]: Die verschiedenen Aufgaben werden vornehmlich dort erledigt, wo spezialisiertes Wissen und entsprechende Fähigkeiten zur Verfügung stehen. Da diese arbeitsteilige Spezialisierung im Prinzip unendlich verfeinerbar ist, weist die moderne Gesellschaft eine stetig steigende Komplexität auf.

Die gesellschaftlichen Funktionssyteme verdanken ihre Leistungsfähigkeit dem Gebrauch je spezifischer Interaktionsformen. Sie müssen aus funktionalen Gründen „eigengesetzlich" operieren (*M. Weber*) und treten erst sekundär miteinander in Beziehung. Die gesellschaftliche Kommunikation der Moderne folgt keiner einheitlichen Logik, und sie bildet darum auch keine einheitliche Gesamtdeutung, keine allgemein verbindliche „Weltanschauung" mehr aus. Angesichts dieser *kulturellen Pluralisierung*, die gleichsam die semantische Rückseite struktureller Differenzierung

---

7 Kulturelle Modernisierung skizziert *Junge* als „Domestizierung der inneren und äußeren Natur" nach *N. Elias* sowie als kulturelle Rationalisierung, die zur „Entlassung des Individuums in eine Pluralität von Weltauffassungen" führt (734). Diese *semantischen* Aspekte des Modernisierungsprozesses lassen sich in der vorliegenden Arbeit auf die Frage nach der Individualisierung der Religion und der Kirchlichkeit konzentrieren; dazu s.u. S. 217–233.
8 Vgl. etwa *Brock/Junge*, Theorie gesellschaftlicher Modernisierung; *Stichweh*, Inklusion, 261.

darstellt, wird die Einheit der Gesellschaft, die Integration ihrer Interaktionsbereiche und -formen immer mehr zum Problem[9].

Auch das „Religionssystem" (*Luhmann*) unterliegt den Mechanismen funktionaler Differenzierung. Auch hier lassen sich spezifische Bezugsprobleme benennen, die mit eigentümlichen Medien und Strukturen der Kommunikation bearbeitet werden. Eine viel beachtete Zusammenfassung der Diskussion nennt sechs Bezugsprobleme: „(1) Identitätsstiftung, (2) Handlungsführung im Außeralltäglichen, (3) Kontingenzbewältigung, (4) Sozialintegration, (5) Kosmisierung, (6) Weltdistanzierung"[10]. Bereits hier wird deutlich, dass das moderne Religionssystem – in der Perspektive der Soziologie – vor dem eigentümlichen Problem steht, dass sein Gegenstand in verschiedener Hinsicht die Gesellschaft *im Ganzen* betrifft und dass dieser Gegenstand dennoch in einem eigenen Funktionssystem bearbeitet werden muss, das strukturell und kulturell von anderen Bereichen strikt unterschieden, ja *isoliert* ist. Die Frage nach der gesellschaftlichen *Relevanz* der Religion und nach den sozialen Formen ihrer Verwirklichung ist darum zum Grundproblem der Religionssoziologie geworden[11].

Die strukturelle Differenzierung der Gesellschaft umfasst nicht nur die Ausbildung spezialisierter Funktionssysteme, sondern dazu eine gleichsam *vertikale* Dimension: Auch ihre Interaktionsebenen treten auseinander. Face-to face-Kontakte folgen offenbar einer anderen Kommunikationslogik als das soziale Geschehen in Kleingruppen, in „Szenen", in Organisationen und schließlich in der Gesamtgesellschaft[12].

Von entscheidender Bedeutung für die moderne Gesellschaftsstruktur ist *Luhmann* zufolge, dass sich zwischen die unmittelbar-personalen Interaktionssysteme und die prinzipiell anonyme Gesamtgesellschaft eine dritte Ebene der *formalen Organisationen* geschoben hat. Dieser Typ sozialer Systeme ist zur zielorientierten Selbststeuerung befähigt, indem bestimmte Strukturen der Kommunikation mit bestimmten Bedingungen der Mitgliedschaft verknüpft werden: Organisationen können sich ihre Mitglieder gleichsam aussuchen, und sie sind, ist die Mitgliedschaftsentscheidung erst einmal gefallen, in der Bearbeitung ihrer Bezugsprobleme relativ unabhängig von der wechselnden Motivlage der Einzelnen[13].

---

9 Vgl. den Überblick bei *Nassehi*, Religion, 46f.
10 *Kaufmann*, Religion, 84ff; weiter s.u. S. 285.
11 Vgl. etwa die Überblicke bei *Ebertz*, Religionssoziologie; *Gabriel*, Einleitung; *Pollack*, Religiöse Chiffrierung, 5–24; *Stolz*, Komplementarität.
12 Vgl. *Ebertz*, Gegenwind, 98f; zum Folgenden besonders *Luhmann*, Interaktion; Ders., Organisation.
13 Vgl. die Zusammenfassung bei *Pollack*, Bindungsfähigkeit, 75: „Anhand von Eintritts- und Austrittsentscheidungen können Organisationen über ihren Zweck, ihr Programm, ihre Struktur und ihr Personal entscheiden wie umgekehrt die Aufnahme in Organisationen oder die Entlassung aus ihnen auch Grundlage von individuellen Handlungsentscheidungen sein kann. Die in modernen Organisationen vorgenommene Unterscheidung und Verknüpfung von individuellen und organisationsspezifischen

Wirkungsgeschichtlich bedeutsam war die Entwicklung *ökonomischer* Organisationsformen, die die Prinzipien zweckrationaler, nicht mehr traditionell, kommunitär oder personal gesteuerter Interaktion am klarsten ausgebildet haben. Inzwischen werden die Leistungen *aller* gesellschaftlichen Funktionsbereiche vor allem in den jeweils „zuständigen" Organisationen erbracht: in Betrieben, in Parteien und Ministerien, in Schulen und Krankenhäusern.

Funktionale und vertikale Differenzierung der Gesellschaft bedingen sich gegenseitig: Die Konzentration sozialkonstitutiver Kommunikationsleistungen in spezialisierten Organisationen ermöglicht die sukzessive Trennung der gesellschaftlichen Funktionsbereiche; zugleich werden deren Leistungen von der lebensweltlichen Ebene personaler Interaktion abgehoben.

Zusätzlich erhöht wird die strukturelle Komplexität der Gesamtgesellschaft schließlich dadurch, dass in den meisten Funktionsbereichen eine Mehrzahl von Organisationen miteinander in Konkurrenz tritt. Auch hier ist die wirtschaftliche Organisation des „Unternehmens" paradigmatisch. In der Moderne unterliegen aber auch das politische, das medizinische und nicht zuletzt das religiöse Funktionssystem einer fortschreitenden *inneren* Differenzierung und Pluralisierung.

2. Subjektive Perspektive: Ambivalenz der biographischen Freisetzung

Die „moderne" Umstellung der Gesellschaftsstruktur auf funktionale Differenzierung hat für die Einzelnen tiefgreifende Folgen. In dem Maße, in dem diese Folgen für *alle* Gesellschaftsglieder relevant und den Beteiligten selbst auch immer mehr *bewusst* werden, treten sie als Phänomene der strukturellen „Individualisierung" in den Vordergrund des soziologischen Interesses. Durchgängig wird dabei die *Ambivalenz* dieser Phänomene betont, das Ineinander von Entlastung und Belastung, von vermehrter Freiheit und neuen Zwängen für das Individuum.

Luhmann hat die individuellen Folgen der funktionalen Differenzierung als Umstellung „von Inklusionsindividualität auf Exklusionsindividualität" bezeichnet (*Luhmann*, Individuum, 160). Vormoderne Gesellschaften definieren den Einzelnen durch seine fraglose *Zugehörigkeit* zu einer bestimmten Familiengruppe, einem bestimmten Stand oder einer Schicht; eben dadurch sind seine Identität und Handlungsmöglichkeiten bestimmt. Unter den Bedingungen funktionaler Differenzierung hingegen gilt: „Die Einzelperson kann nicht mehr einem und nur einem gesellschaftlichen Teilsystem angehören" (aaO. 158). Sie kann sich zwar, etwa beruflich, vor allem in einem bestimmten System engagieren; aber sie

---

Entscheidungen sichert sowohl die Bewahrung der Autonomie von Individuum und Organisation als auch die Möglichkeit der wechselseitigen Einflussnahme."

muss sich doch immer zugleich auch auf die anderen Funktionssysteme beziehen. Individualität wird nicht durch ein Teilsystem garantiert und auch nicht durch deren Summe. Das Individuum findet sich vielmehr im *exklusiven Gegenüber* zu sämtlichen Teilsystemen vor. Es definiert sich als „das ausgeschlossene Dritte gesellschaftlicher Differenzen" (*Nassehi*, Religion, 50) und muss seine sozialen Bezüge und Handlungsräume allererst selbst herstellen[14].

Historisch ist die „Exklusionsindividualität" zunächst auf das bürgerliche Milieu begrenzt gewesen: Hier waren es bereits im 18. Jahrhundert nicht mehr die Vorgaben einer bestimmten familiären und lokalen *Herkunft*, die das gesellschaftliche Ergehen des Einzelnen bestimmten, sondern seine eigenen Bildungs- und Produktions-*Leistungen*. Für die Mehrheit der Bevölkerung blieb noch in der Epoche der Industrialisierung die Zugehörigkeit zu einer bestimmten Gemeinschaft lebensbestimmend. Obgleich der soziale Handlungsspielraum immer stärker von der eigenen Arbeitsleistung bestimmt wurde, war die Lebensführung doch an die Vorgaben eines bestimmten Milieus gebunden. Diese Milieus hatten z.T. traditionalen, bäuerlichen oder ständischen Charakter; z.T. haben sie sich im Zuge der Industrialisierung allererst als „Klassenkulturen" neu entwickelt.

In Westdeutschland haben ökonomische und gesellschaftspolitische Entwicklungen nach 1945 Veränderungen herbeigeführt, die zuerst von *U. Beck* unter das Stichwort der „Individualisierung" subsumiert wurden (Risikogesellschaft, 121ff): Trotz fortbestehender Ungleichheiten haben sich Einkommen, soziale Sicherheit und Bildungsniveau in einer Art „Fahrstuhl-Effekt" (aaO. 124) für alle Beteiligten so erhöht, dass die Einbindung in vorgegebene Milieus ihre lebensentscheidende Bedeutung verlor. „Individualisierung" bedeutet zunächst das *Allgemeinwerden der bürgerlichen Emanzipation* für alle Schichten der Wohlstandsgesellschaft.

Die „Freisetzung" der Individuen „aus historisch vorgegebenen Sozialformen und -bindungen im Sinne traditionaler Herrschafts- und Versorgungszusammenhänge" (*Beck*, Risikogesellschaft, 206), die mit dem westdeutschen Modernisierungsschub der 60er Jahre einherging, kann im Anschluss an *M. Walzer* als eine *Steigerung individueller Mobilität* in geografischer, vertikal-sozialer, familiärer und politisch-weltanschaulicher Hinsicht beschrieben werden[15]: Die Men-

---

14 Vgl. *Luhmann*, Individuum, 215: „Dem Individuum wird jetzt zugemutet, sich durch Bezug auf seine Individualität zu identifizieren, und das kann nur heißen: durch Bezug auf das, was es von allen anderen unterscheidet. Selbstbeobachtungen und Selbstbeschreibungen können sich jetzt nicht mehr, oder allenfalls äußerlich, an soziale Positionen, Zugehörigkeiten, Inklusionen halten."
15 Vgl. den Rekurs auf *Walzer* bei *Gabriel*, Herausforderungen, 57ff, sowie bei *Roosen*, Kirchengemeinde, 477f; zum Thema auch *Beck*, Risikogesellschaft, 125ff.

schen der „entfalteten Moderne" erscheinen als Wanderarbeiter, Aufsteigerinnen, potentielle Singles und Wechselwähler.

Es sind also keineswegs nur die materiellen Herkunftsbedingungen, die im Wohlfahrtsstaat ihre Bedeutung für die Einzelnen verlieren, sondern ebenso deren soziale und normative Bindungen. Auch die Fragen moralischer Orientierung und religiöser Sinndeutung sind nicht mehr durch Partizipation an einer bestimmten kulturellen Tradition prinzipiell immer schon geklärt, sondern sie erscheinen als Probleme einer je individuellen, ihrerseits „mobilen" Lebensdeutung[16].

Die Einzelnen sehen sich demnach einer *Fülle von Optionen* gegenüber, die ihnen die Gesellschaft in materialer, sozialer und kultureller Hinsicht zur Verfügung stellt. *Luhmann* spricht von einer „Privatisierung des Entscheidens"[17]: Die Individuen können die Entscheidung darüber, wie sie ihr Leben im Einzelnen und im Ganzen führen wollen, an keine andere Instanz delegieren, weder an familiäre oder traditionale Gemeinschaften noch an funktionale Organisationen. Die „Exklusionsindividualität" ist eine allgemeine, und eine allgemein wahrgenommene soziale Grundtatsache geworden.

U. Beck hat diese Grundstruktur der „Individualisierung" auf viel zitierte Formeln gebracht: „Die Anteile der prinzipiell entscheidungsverschlossenen Lebensmöglichkeiten nehmen ab, und die Anteile der entscheidungsoffenen, selbst herzustellenden Biographie nehmen zu. [...] Die Entscheidungen über Ausbildung, Beruf, Arbeitsplatz, Wohnort, Ehepartner, Kinderzahl usw. [...] können nicht nur, sondern müssen getroffen werden. [...] In der individualisierten Gesellschaft muss der einzelne entsprechend bei Strafe seiner permanenten Benachteiligung lernen, sich selbst als Handlungszentrum, als Planungsbüro in bezug auf seinen eigenen Lebenslauf, seine Fähigkeiten, Orientierungen, Partnerschaften usw. zu begreifen." (Risikogesellschaft, 216. 217)

Unter den Bedingungen der Individualisierung tritt die *Biographie* in den Vordergrund[18]. Es ist die je eigene Lebensführung, die zum Gegenstand der nicht delegierbaren Entscheidungen des Individuums wird. Mit seiner Exklusion aus vorgegebenen Verhältnissen ist es darauf verwiesen, seine soziale Identität bewusst und geplant als eine je besondere biographische Identität „herzustellen". Auf diese Weise wird Biographie „selbstreflexiv" (*Beck*, aaO. 216).

---

16 Vgl. zur „kulturellen Pluralisierung" die Überblicke bei *Ebertz*, Gegenwind, 107ff; *Gabriel*, Christentum 1994, 77ff. Klassisch ist *Berger*, Zwang zur Häresie.

17 *Luhmann*, Funktion der Religion, 237.

18 Zur „Biographisierung" der sozialen Identität vgl. grundlegend *Kohli*, Institutionalisierung des Lebenslaufs; *Ders.*, Normalbiographie; weiterhin *Beck*, Risikogesellschaft, 211ff; *Beck/Beck-Gernsheim*, Nicht Autonomie; *Dies.*, Riskante Freiheiten, 191ff; *Berger/Hradil*, Lebenslagen.

Die zitierte Passage lässt auch die *Ambivalenz* des Individualisierungsprozesses erkennen. Die bürgerliche Zumutung, sich selbst, relativ unabhängig von biographischen Vorgaben eine gesellschaftliche Position zu schaffen, ist zur allgemeinen, unentrinnbaren Zumutung geworden. Die zunächst politisch gemeinte Rede von der „Risikogesellschaft" erhält einen individuellen Sinn: „Für den Einzelnen sind die ihn determinierenden institutionellen Lagen nicht mehr nur Ereignisse und Verhältnisse, die über ihn hereinbrechen, sondern mindestens *auch Konsequenzen der von ihm selbst getroffenen Entscheidungen* [...]. In der individualisierten Gesellschaft [...] entstehen auch qualitativ neue Formen des persönlichen Risikos: Es kommen, was zusätzlich belastend ist, auch neue Formen der ‚Schuldzuweisung' auf."[19]

Was früher als „Schicksalsschlag" gelten konnte, beispielsweise Krankheit, Arbeitsplatzverlust oder Scheidung, wird nun auch als Konsequenz eigenen Versagens interpretiert. Wird die Einzelne zum Handlungszentrum der eigenen Biographie, so muss sie sich auch das Scheitern von Lebensentwürfen, eine „Biographiehavarie" (*Bieritz*), selber zuschreiben[20]. Allgemeiner: Die Freiheit der biographischen Gestaltung ist schon dadurch begrenzt, dass sich die Einzelne als abhängig von eigenen, früher getroffenen Entscheidungen erfährt: Die Wahl einer Berufsausbildung determiniert die Chancen auf dem Arbeitsmarkt und damit Konsum- und Mobilitätschancen auf lange Sicht; ebenso beschränkt die Selbstfestlegung auf ein bestimmtes Familienmodell nachhaltig die beruflichen und sozialen Möglichkeiten gerade von Frauen[21].

3. Institutionelle Perspektive: „Bastelbiographie" und „Karriere"

Schon bei *Beck* findet sich die Warnung, „Individualisierung" einseitig als Selbstbestimmung der Einzelnen zu interpretieren[22] und deren Ambivalenz zu unterschlagen. Die spezifische Belastung, die jener Befreiung entspricht, besteht nicht allein in der ungeschützten Abhängigkeit von den Folgen *eigener* biographischer Entscheidungen. Darüber hinaus unterliegt

---

19 *Beck*, Risikogesellschaft, 218 (Hervorhebung i.O.).
20 Vgl. *Bieritz*, Gegengifte; dazu auch *Beck/Beck-Gernsheim*, Nicht Autonomie, 179; *Gabriel*, Herausforderungen, 61f.
21 Vgl. *Beck/Beck-Gernsheim*, Riskante Freiheiten, 115ff (Abschnitt II); *Wohlrab-Sahr*, Umgang.
22 Vgl. *Beck*, Risikogesellschaft, 207: „Viele assoziieren mit ‚Individualisierung' Individuation gleich Personwerdung gleich Einmaligkeit gleich Emanzipation. Das mag zutreffen. Vielleicht aber auch das Gegenteil." Nachdrücklich erinnert *M. Krüggeler* daran, „dass mit einer Theorie struktureller Individualisierung nicht eindimensional eine Art ‚Befreiung' im Sinne subjektiver Autonomie oder der völligen Unabhängigkeit individueller Lebensführung von sozialen Vorgaben ausgesagt ist" (*Krüggeler*, Ein weites Feld, 216f; vgl. *Ders*., Individualisierung, 14–20).

der individuelle Lebenslauf, *Beck* zufolge, vielfältiger institutioneller Prägung, ja einer strikten *sozialen* Determination: „An die Stelle *traditionaler* Bindungen und Sozialformen (soziale Klasse, Kleinfamilie) treten *sekundäre* Instanzen und Institutionen, die den Lebenslauf des Einzelnen prägen und ihn gegenläufig zu der individuellen Verfügung, die sich als Bewusstseinsform durchsetzt, zum Spielball von Moden, Verhältnissen, Konjunkturen und Märkten machen."[23]

Die Vorstellung einer weitgehend autonomen, von allen sozialen Vorgaben emanzipierten und in Erfolg wie Scheitern nur sich selbst verantwortlichen Lebensführung mag als subjektive Selbsteinschätzung verbreitet sein; in einer objektiven, soziologischen Perspektive erscheint sie ausgesprochen illusionär. Stattdessen sind Mechanismen einer sozialen „Re-Integration" der Individuen auszumachen, von denen hier zwei Aspekte skizziert seien.

(a) Zunächst weist *Beck* auf die tiefgreifende Abhängigkeit des Einzelnen von sozialen Institutionen hin, vor allem von den anonymen Strukturen der Arbeits- und Konsummärkte sowie deren staatlicher Gestaltung. Nun ist die Einzelne von den Entwicklungen ihres berufsspezifischen Arbeitsmarktes, von der Preisentwicklung für bestimmte Dienstleistungen oder von den Konsummöglichkeiten abhängig, die sich an ihrem Wohnort nach Regeln ergeben, auf die sie keinen Einfluss hat. „Individualisierungen liefern die Menschen an eine *Außensteuerung und -standardisierung* aus, die die Nischen ständischer und familiärer Subkulturen noch nicht kannten."[24]

Weil sich der Zugang zum Arbeitsmarkt nach der individuellen Qualifikation regelt, gehört auch das *Bildungssystem* zu den „sekundären Instanzen", die die einzelne Biographie tiefgreifend prägen. Dazu kommen zahlreiche *wohlfahrtsstaatliche* Regelungen. Immer gilt: „Mit institutionellen Festlegungen und Eingriffen werden zugleich (implizit) Festlegungen und Eingriffe im menschlichen Lebenslauf vollzogen" (*Beck*, Risikogesellschaft, 212). Eine Änderung der Wohnungspolitik oder der Strategie eines Großunternehmens wird die Handlungsmöglichkeiten zahlreicher Individuen direkt und nachhaltig betreffen. Eben diejenigen Prozesse, die

---

23 *Beck*, Risikogesellschaft, 211 (Hervorhebung i.O.); vgl. aaO. 209ff; weiterhin nur *Beck/Beck-Gernsheim*, Nicht Autonomie; *Feige*, Schicksal, 98; *Keupp*, Ambivalenzen; *Wohlrab-Sahr*, Umgang, 219ff.

24 *Beck*, Risikogesellschaft, 212 (Hervorhebung i.O.); vgl. aaO. 210ff. 119f. Ausführlich zeigt *Beck* (aaO. 213ff), wie sich diese Außensteuerung in einer – zunächst überraschenden – wachsenden *Standardisierung* verbreiteter Produkte, Moden, öffentlicher Gesprächsthemen und individueller Lebensstile dokumentiert. Weitere Beschreibungen dieser Außensteuerung etwa bei *Feige*, Schicksal, 96ff.

die „Freisetzung" der Einzelnen allererst ermöglichen, „re-integrieren" sie zugleich in ein Netz höchst wirkungsvoller struktureller Zwänge"[25].

Diese Einsicht erfordert eine Präzisierung der These, „Individualisierung" bedeute eine „Privatisierung des Entscheidens" im Blick auf die großen und kleinen Optionen der je eigenen Biographie. In einer Diskussion mit *G. Burkart* haben *U. Beck* und *E. Beck-Gernsheim* darauf hingewiesen, dass von einer freien und wohlüberlegten „Entscheidung" des Einzelnen, etwa für eine Ausbildung, für Elternschaft, für ein bestimmtes Lebenskonzept gerade heutzutage nur selten die Rede sein könne. „Individualisierung meint Wahl unter Restriktionen, z.B. unter institutionellen Vorgaben, ökonomischen Zwängen, persönlichen Abhängigkeiten" (Nicht Autonomie, 182). Im Unterschied zu „früheren Zeiten" werden aber auch biographische Ereignisse, für die es gar keine aktuelle Alternative gibt, als individuelle Entscheidungen *behandelt*. Als Beispiele werden etwa frühe/späte Eheschließung und Elternschaft diskutiert[26].

Unter den Bedingungen der zahlreichen institutionellen Zwänge muss „Individualisierung" weder eine Zunahme objektiver Entscheidungsmöglichkeiten noch subjektiv-bewusster Entscheidungen bedeuten, sondern lediglich „einen veränderten *Zurechnungsmechanismus*" (*Wohlrab-Sahr*, Umgang, 222).

Insbesondere im Blick auf Lebensläufe von Frauen, deren massenhafte Freisetzung aus vorgeprägten Mustern noch jüngeren Datums ist, erscheint strukturelle Individualisierung als „Verlagerung der Zurechnung von Lebensereignissen auf die einzelne Akteurin, die im Hinblick auf ihr biographisches Arrangement nicht mehr erfolgreich einen Konsens unterstellen kann" (ebd.). Auch und gerade die „traditionelle" Rolle der Hausfrau und Mutter gilt inzwischen – nicht nur bei hoch gebildeten Frauen – als eine individuelle „Entscheidung" der Betreffenden, selbst wenn es im konkreten Fall keine anderen Optionen gegeben haben mag.

Ungeachtet ihrer psychischen, ökonomischen und staatlichen „Restriktionen" erscheint die Lebensführung unhintergehbar als Aufgabe der Einzelnen selbst. Dafür hat sich der Ausdruck „*Bastelbiographie*" verbreitet: In der „entfalteten Moderne" müssen die einzelnen Personen „das Skript ihrer Biographie selber entwerfen, zusammenbasteln, zusammenflicken, angesichts höchst komplexer, oft widersprüchlicher Entscheidungsfakto-

---

25 Nachdrücklich bestreitet auch *Pollack*, Individualisierung, 62, „dass die gesellschaftlichen Institutionen an Bedeutung verlieren und im Prozess der Modernisierung erodieren. Individualisierung und Ausbau der rechtlichen, ökonomischen, politischen und kulturellen Institutionen sind vielmehr parallel laufende Prozesse, die in einem wechselseitigen Steigerungsverhältnis zueinander stehen."
26 Vgl. *Beck/Beck-Gernsheim*, Nicht Autonomie; *Berger/Hradil*, Lebenslagen; *Burkart*, Individualisierung; *Wohlrab-Sahr*, Institutionalisierung.

ren"²⁷. Auch mit diesem Bild wird zunächst auf die individuelle *Verantwortung* abgehoben: Nicht nur in hervorgehobenen Momenten hat man selbst über den eigenen Lebenslauf zu entscheiden, sondern dies gehört, eben wie das „Basteln" und „Flicken", zu den alltäglichen Daueraufgaben. Langfristige Festlegungen sind möglich, aber sie verdichten sich im Regelfall nicht (mehr) zu einer systematischen und konsequenten Biographie-„Konstruktion". Die „Bastelexistenz" (*Hitzler*) vollzieht sich in kleinen, oft nur ad hoc bedachten oder intuitiv vollzogenen Schritten.

Das Bild verweist weiterhin auf die große Bedeutung materialer *Vorgaben*: Die Bastelbiographie besteht aus standardisierten „Bauteilen", ja nicht selten aus bereits vorgefertigen biographischen „Bausätzen", die das Ausbildungssystem oder der lokale Arbeitsmarkt vorgeben. Das Leben der Einzelnen erscheint als beständiger Versuch, komplexe Probleme in knapper Zeit und mit recht sperrigen Materialien zu bewältigen. Im Blick auf den eigenen Lebenslauf entsteht ein eigentümliches *Bewusstsein des Provisorischen*, das beglückend, aber auch bedrohlich sein kann.

(b) Während die institutionelle Determination der Biographie von *Beck* vornehmlich sozialpolitisch gefasst wird, kann sie im Rekurs auf *Luhmann* auch als integraler Bestandteil der moderngesellschaftlichen Umstrukturierung selbst begriffen werden²⁸. Dann erscheint die Individualisierung nicht nur als *Resultat* der Ersetzung traditionaler durch spezifisch zielorientierte Kommunikation; sie ist vielmehr zugleich zentrale *Möglichkeitsbedingung* dieser evolutionären Umstellung: „Nur wenn die Vermittlung zwischen den einzelnen Teilsystemen den Individuen aufgebürdet und nicht schon wieder im Detail institutionell geregelt wird, ist eine weitgehende funktionale Ausdifferenzierung gesellschaftlicher Teilsysteme möglich."²⁹

Unter den Bedingungen je „eigengesetzlich" operierender Funktionsbereiche kann deren Integration nicht mehr durch ein strukturelles oder weltanschauliches, etwa „zivilreligiöses" Arrangement mit gesamtgesellschaftlicher Geltung gewährleistet werden. Vielmehr treffen die funktionsspezifischen Interaktionsformen nurmehr in der Lebensführung des Individuums selbst aufeinander. Nur dort können die ausdifferenzierten sozialen Ansprüche zum Ausgleich gebracht werden: „Biographie ist – in Anknüpfung an N. Luhmann formuliert – die Summe der Teilrationalitäten, und keineswegs deren Umwelt" (*Beck*, Risikogesellschaft, 219).

---

27 *Beck/Beck-Gernsheim*, Nicht Autonomie, 183 (Hervorhebung der Verben i.O. getilgt); vgl. exemplarisch zum Folgenden auch *Hitzler/Honer*, Bastelexistenz, mit weiteren Verweisen.

28 Vgl. zum Folgenden *Luhmann*, Individuum; dazu *Kneer/Nassehi*, Einführung, 160ff; *Krüggeler/Voll*, Individualisierung, 19ff; *Nassehi*, Religion; *Wohlrab-Sahr*, Institutionalisierung.

29 *Krüggeler/Voll*, Individualisierung, 24f.

Die gesellschaftsintegrative Bedeutung der individuellen Biographie kommt realiter in bestimmten Strukturen zum Ausdruck, für die *M. Kohli* den Begriff der *„Institutionalisierung des Lebenslaufs"* geprägt hat[30].

Das Zusammenwirken zentraler Funktionsbereiche, etwa des Bildungssystems, des Arbeitsmarktes, der Gesundheitsfürsorge, ergibt demnach eine Art vorgebener und erwartbarer „Normalbiographie". Dabei ist „die Erwerbsarbeit der strukturelle Kern [...], an den sich die übrigen sozialen Systeme anlagern und auf den sie zugeschnitten sind" (*Kohli*, Institutionalisierung und Individualisierung, 222).

Auch die biographische Form einer „Institutionalisierung von Individualität" (aaO. 221) ist durch *strukturelle Ambivalenz* gekennzeichnet: Zwar gewährt die erwerbsorientierte „Normalbiographie" den Einzelnen ein historisch unvergleichliches Maß an materieller Sicherheit über eine lange Zeitspanne; zugleich ist diese institutionell vermittelte Stabilität aber nunmehr an dauernde eigene Anstrengungen gebunden. Es sind vor allem die erfolgreiche Absolvierung des Bildungssystems und die kontinuierliche Erbringung einer marktfähigen Arbeitsleistung, von denen die Einbindung in einen regelhaften sozialen Lebenslauf abhängt.

Der Druck, der nun auf der Gestaltung des eigenen Lebens lastet, ist nicht zuletzt Ausdruck der gesamtgesellschaftlichen Schwierigkeit, die verschiedenen Funktionssysteme im Zusammenhang zu halten. Und darum wird die biographische Vergesellschaftung des Individuums nun eben dort prekär, wo sich die Teilsysteme nicht einmal auf der Ebene des Individuums zu einer konsistenten Biographie verbinden lassen. Dann ergeben sich Effekte einer gegenläufigen „De-Institutionalisierung"[31]: Nun nehmen auch in der „Normalbiographie" die Anteile konventioneller, durch Bildungsabschluss und Tarifvertrag geregelter Verlaufsmuster ab und die Anteile subjektiver Entscheidungsnotwendigkeiten nochmals zu.

Auch dies lässt sich vor allem in weiblichen Biographien beobachten[32]. Hier zeigt sich nicht nur eine außerordentliche Pluralisierung von Lebensentwürfen

---

30 Vgl. etwa *Kohli*, Institutionalisierung des Lebenslaufs; *Ders.*, Normalbiographie; *Ders.*, Institutionalisierung und Individualisierung; dazu *Beck*, Risikogesellschaft, 211ff. – Damit ist nicht zuletzt auf die dynamische Struktur sozialer Identität hingewiesen: „Ihre als ‚Identität' behandelte Einheit erzeugen Individuen immer weniger in der Sachdimension und in der Sozialdimension, sondern in der Zeitdimension: Biographische Perspektiven [...] sind der Ort, an dem *exkludierte* ganze Personen ihre Individualität mit den und gegen die Ansprüche gesellschaftlicher Funktionszentren in Form institutionalisierter Lebensläufe [...] ausbilden." (*Nassehi*, Religion, 50)
31 Vgl. etwa *Kohli*, Institutionalisierung und Individualisierung, 226ff; *Wohlrab-Sahr*, Umgang, 220ff.
32 Vgl. *Wohlrab-Sahr*, aaO.; *Beck/Beck-Gernsheim*, Riskante Freiheiten, 115ff (Abschnitt II); *Gabriel*, Herausforderungen, 62.

und -mustern, sondern hier häufen sich auch *biographische Dilemmata*: Regelmäßig lassen sich familiäre und berufliche Ansprüche phasenweise nicht zur Deckung bringen, und zwar eben deswegen, weil die entsprechenden gesellschaftlichen Institutionen – Kindergärten, Schulen etc. auf der einen, Arbeitsmarkt und Sozialversicherungssysteme auf der anderen Seite – nicht aufeinander abgestimmt sind.

Die von *Beck* und anderen notierte „Selbstreflexivität" moderner Biographien ist – zusammengefasst – primär nicht Ausdruck individueller Emanzipation, sondern viel eher Resultat ihrer komplexen Determination durch die „strukturell entkoppelten" sozialen Institutionen[33].

Auch dieser prinzipiell argumentierenden Lagebeschreibung der individualisierten Einzelnen entspricht eine bestimmte biographische Selbstwahrnehmung, die *Luhmann* im Bild der „*Karriere*" zusammenfasst[34]. Dieser ursprünglich berufsbezogene Begriff wird inzwischen auch auf Bildungsgänge, auf therapeutische wie auf kriminelle (!) Verlaufsmuster angewandt, weil er Individualität „in die asymmetrische Irreversiblität der Zeit versetzen kann" und dabei „abgestimmt [ist] auf das, was als Sozialstruktur der Gesellschaft ohnehin gegeben ist" (*Luhmann*, aaO. 236). Die Lebensform der „Karriere" erscheint unvermeidlich – auch dort, wo man sich für eine „Null-Karriere" entscheidet, ist dies doch eine *eigene* biographische Entscheidung (aaO. 235). In der Sprache der Systemtheorie begreift *Luhmann* das semantische Muster der „Karriere" als eine „autopoietische" Struktur:

> „Die Karriere besteht aus Ereignissen, die nur dadurch, dass sie die Karriere positiv oder negativ fördern und weitere Ereignisse dieser Art ermöglichen, zur Karriere gehören. [...] Von jedem Ereignis aus wird die Vorgeschichte zur notwendigen Voraussetzung, die anschließbare Zukunft zur Folge. Die Gesamtkarriere ist demnach eine durch und durch kontingente Struktur. Dies gilt auch insofern, als sie selbst allein nie ausreicht, um ihren eigenen Fortgang zu sichern. Es müssen externe und interne Faktoren hinzukommen, vor allem Glück (in der Form begünstigender Konstellationen) und Leistung. Deren Zusammenhang aber begründet die Karriere [Subj.! J.H.] selbst. Insofern ist die Karriere die unerlässliche Voraussetzung auch für das, was in ihr nicht berechnet und nicht sicher bewirkt werden kann [...]." (*Luhmann*, aaO. 233f)

Wird das eigene Leben in der Form einer „Karriere" wahrgenommen, so ist wiederum das Moment der biographischen *Verantwortung* betont, und zwar in gesteigerter Form: Nicht nur *in* der Karriere sind eigene Leistungen zu erbringen, sondern auch die *für* die Karriere jeweils günstigen Ge-

---

33 *Wohlrab-Sahr*, Umgang, 221; vgl. *Beck*, Risikogesellschaft, 216; *Beck/Beck-Gernsheim*, Nicht Autonomie; *Giddens*, Konsequenzen; *Keupp*, Ambivalenzen; *Luhmann*, Individuum, 222ff.

34 Vgl. zum Folgenden *Luhmann*, Individuum, 231–236.

legenheiten müssen von der Einzelnen selbst erkannt und ergriffen werden. Zugleich legt *Luhmanns* Karriere-Begriff nochmals die *strukturellen Zwänge* offen, unter denen die biographische Selbstverantwortung steht: Zwar muss sich die Einzelne ihren Karriereerfolg selbst zurechnen, aber zugleich sind ihre aktuellen Möglichkeiten doch immer gesellschaftlich begrenzt. Dabei haben besonders die beruflichen Entscheidungen eine überaus hohe, und zugleich in ihrer Konsequenz unsichere Bedeutung.

Auch im biographischen Wahrnehmungsmuster der „Karriere" erscheint Individualisierung weniger als Freiheit und mehr als Zwang. Dieser Gestaltungszwang betrifft nun nicht zum wenigsten die Frage, welche Mitgliedschaften in den formalen Organisationen, die für die moderne Gesellschaft typisch sind, der je eigenen „Karriere" dienlich sein könnten.

4. Organisatorische Perspektive: Bedingungen und Muster der „Inklusion"

In seiner kritischen Analyse des Individualisierungstheorems hat *M. Junge* gezeigt, dass viele Unschärfen der Debatte aus verschiedenen *Bestimmungen von „Institution"* resultieren[35].

Bei *U. Beck* selbst arbeitet *Junge* drei verschiedene Verwendungsweisen des Begriffs heraus. Zu Ersten erscheint „Institution" als Inbegriff der Verhältnisse, in denen „vorgebene Ordnungs-, Orientierungs- und Kontrollmuster" die individuelle Lage determinierten (*Junge*, aaO. 739). Aus dieser Art starrer „Institutionengefüge" sieht sich die Person in der entfalteten Moderne unwiderruflich *freigesetzt*. Zum Zweiten findet sich bei *Beck*, und ebenso bei *Kohli* u.a., die Rede von „institutionenabhängigen Individuallagen" (Risikogesellschaft, 210 u.ö.). Die hier gemeinten „Institutionen" des Arbeitsmarktes und anderer großflächiger Steuerungsmechanismen entfalten ihre re-integrierende Wirkung, im Gegensatz zu den traditionalen Ordnungsinstanzen, als *anonyme Strukturvorgaben* individueller Entscheidungen. Zum Dritten kann *Beck* auch von einer Individualisierung oder Subjektivierung der Institutionen sprechen[36]: Zur biographischen Selbstverantwortung in der Moderne gehört die je selbständige *Beteiligung an der Konstitution* relativ stabiler Handlungszusammenhänge. *Beck* selbst denkt vor allem an die Netzwerke der neuen sozialen Bewegungen – man könnte, im Anschluss an *Berger/Luckmann*, aber auch die gesamte „gesellschaftliche Konstruktion sozialer Wirklichkeit" als Resultat individuell reflektierter Eigentätigkeit begreifen.

---

35 *Junge*, Individualisierungsprozesse, 737ff. Auch die vorliegende Rekonstruktion des Individualisierungstheorems hat „Institution" ganz unspezifisch verwendet, während der Begriff der „Organisation" strikter gefasst ist (s.o. S. 195-196 und weiter den nächsten Absatz).
36 Vgl. *Beck*, Die Erfindung des Politischen; *Beck/Beck-Gernsheim*, Riskante Freiheiten, 59f. 447ff.

Zunächst ist somit festzuhalten, dass Individualisierung nicht einlinig als Abbau von Institutionen verstanden werden darf. In vieler Hinsicht sind die modernen Individuen stärker als „früher" mit der Macht institutioneller Strukturen konfrontiert[37]. Um zu mehr Präzision zu kommen, seien diejenigen Institutionen, die sich allererst individuell-bewusster Gestaltung verdanken, gesondert betrachtet. Sie können, mit *Luhmann*, als „*Organisationen*" bezeichnet werden, denn gerade die Herausbildung solcher zielorientierter, selbststeuerungsfähiger Sozialsysteme ist als ein charakteristischer Grundzug moderner Gesellschaftsstruktur zu begreifen (s.o. S. 195–196).

Zu dieser Struktur gehört, auch dies wurde bereits angedeutet, eine interne Pluralisierung der verschiedenen Teilbereiche. Die funktionale Differenzierung steht in einem gegenseitigen Bedingungsverhältnis zur Entstehung einer *Pluralität* von Organisationen in jedem Funktionsbereich. Um das wirkungsmächtigste Beispiel zu nehmen: Erst die Ausbildung mehrerer, konkurrierender Wirtschaftsorganisationen erlaubt die Ausdifferenzierung eines eigenen institutionellen Bereichs der Ökonomie.

Aus der Sicht der Organisationen ergibt sich damit eine spezifische Form des Wettbewerbs. Die organisatorische Konkurrenz um die Durchsetzung bestimmter Kommunikationsprogramme in einem institutionellen Teilbereich, also etwa die Konkurrenz verschiedener Wirtschaftsbetriebe, politischer Parteien oder medizinischer Hochschulen, vollzieht sich vor allem als Konkurrenz um die Mitgliedschaft von Individuen, denn diese können in der Regel nur je einer bereichsspezifischen Organisation beitreten und sich damit deren Zwecke zu eigen machen. Ein Hauptproblem der „individualisierten Institutionen" (*Beck*), die ihre soziale Wirksamkeit allererst dem reflektierten Inklusionsinteresse der Einzelnen verdanken, ist darum ihre jeweilige „Bindungsfähigkeit"[38].

Aus der Sicht der Einzelnen stellen sich die Verhältnisse noch einmal komplexer dar, weil hier zwischen institutioneller und organisatorischer Inklusion zu unterscheiden ist. Drei Aspekte seien benannt:

Zum Ersten bedeutet die moderne Umstellung „von Inklusionsindividualität auf Exklusionsindividualität" (*Luhmann*), dass eine Totalinklusion in eine bestimmte Schicht, ein Milieu oder eine Gruppe nicht mehr möglich ist. Es kann nicht mehr die – wie auch immer geartete – Mitgliedschaft in einer bestimmten „Institution" (in der ersten oben skizzierten Bedeutung) sein, die die soziale Identität des Individuums begründet. Erst recht ist die vollständige, gewissermaßen exklusive Inklusion in nur eine *Organisation* nicht möglich, weil deren spezialisierter Zweck per definitio-

---

37 Vgl. *Pollack*, Individualisierung, 62; ähnlich *Krüggeler*, Individualisierung, 14ff.
38 Vgl. *Dubach*, Bindungsfähigkeit; *Luhmann*, Individuum, 169ff; *Stichweh*, Inklusion.

nem nicht das Ganze der sozialen Bedürfnisse des Mitglieds umfassen kann.

Zum Zweiten impliziert die prominente Rolle des Individuums für die gesamtgesellschaftliche Integration (s.o. S. 202-204) jedoch „die volle Inklusion aller Personen als mögliche Teilnehmer in alle Funktionsbereiche" (*Pollack*, Individualisierung, 62). Treten die „eigengesetzlichen" sozialen Leistungsbereiche vornehmlich in der individuellen Lebensführung miteinander in Kontakt, so muss die traditionale Totalinklusion der Einzelperson durch eine „Multiinklusion in verschiedene Teilsysteme" ersetzt werden (*Nassehi*, Religion, 49). Die sinnhafte Identität eines eigenen Lebens baut sich allererst auf durch die sukzessive Wahl und *Kombination* von Inklusionsangeboten in möglichst vielen, idealiter in allen gesellschaftlichen Funktionsbereichen[39]. Für die moderne Gesellschaft ist tendenziell eine *institutionelle Integrativität* des persönlichen Inklusionsmusters charakteristisch.

Ganz anders stellen sich zum Dritten die Verhältnisse bei der individuellen Inklusion in *Organisationen* dar. Der oder die Einzelne sehen sich mit einer Fülle verschiedener Angebote von Mitgliedschaften konfrontiert, die funktionsspezifisch und -übergreifend konkurrieren. So kann, ja muss die Person beispielsweise zwischen verschiedene Ausbildungsstätten wählen, und sie muss sich gegebenenfalls ebenso entscheiden, ob sie sich in verbindlicher, mitgliedschaftsförmiger Weise eher einer politischen Organisation oder einer Selbsthilfegruppe zuwendet. Während institutionelle Inklusionen vielfach kombiniert werden müssen, um die soziale Identität zu bilden, unterliegen die formal-organisatorischen Inklusionen stärkeren Restriktionen. Sie verpflichten die Einzelnen viel rigider auf bestimmte Zwecke und Handlungsprogramme, und stellen damit immer neu vor die Frage, ob und wie die jeweiligen organisationsspezifischen Anforderungen in einer konsistenten Biographie zu integrieren sind.

Aus den Bedingungen individueller Inklusion ergibt sich, dass die Entscheidungen über institutionelle Zugehörigkeiten und organisatorische Mitgliedschaften geradezu zwangsläufig dem *Kriterium individueller Nützlichkeit* unterliegen. Je mehr die soziale Identität in die eigene Verantwortung fällt, und je bewusster dies den Einzelnen wird, um so mehr stellen Mitgliedschaftsentscheidungen die am ehesten relevanten Karriereereignisse dar. In der entfalteten Moderne hat jeder selbst zu fragen, was die Mitgliedschaft in bestimmten Organisationen der Bildung, der Wirtschaft und anderer Bereiche für die Steigerung seinern Lebensmöglichkeiten aktuell und vor allem biographisch-langfristig austrägt[40].

---

39 Vgl. *Pollack*, Individualisierung, 63, mit dem Hinweis auf *G. Simmel*; dazu *Luhmann*, Individuum, 160f.
40 Vgl. dazu *Dubach*, Loyalität, 43ff; *EKHN (Hg.)*; Person und Institution, 19.

Weil die Organisation von ihren Mitgliedern keine totale, die gesamte Lebensführung umfassende Identifikation verlangen kann, bietet sich für eine Beschreibung organisatorischer Inklusionsmuster das soziologische Konzept der „Rolle" an: Die Entscheidung für eine Mitgliedschaft lässt sich beschreiben als Übernahme einer bestimmten *Mitgliedschafts-Rolle*, die durch Struktur und Programm der Organisation präformiert ist, und die die Einzelnen je nach eigenen Möglichkeiten und Überzeugungen ausgestalten. Im Anschluss an R. *Stichweh* und andere lassen sich diverse Grundformen der Mitgliedschaftsrolle unterscheiden[41].

„Zentrale gesellschaftliche Handlungsprobleme wurden nach Weber bereits relativ früh dadurch vorangetrieben, dass aus ihrer Bearbeitung ein ‚Beruf' gemacht wurde. Denn nur der Beruf ermöglichte ausgewählten Personen eine kontinuierliche und methodische Konzentration auf dieses Handlungsproblem."[42]

Auch zur Ausdifferenzierung formaler Organisationen gehört zunächst der Rollentyp der *beruflichen* Mitgliedschaft. Die Intensität, mit der diese Berufsrolle auf die Biographie zurückwirkt, ist durchaus unterschiedlich[43]: Sie kann – wie beim klassischen Beamtentum – in die Nähe der Totalinklusion führen, sie kann aber auch – etwa bei Ungelernten oder bei der Zeitarbeit – die Lebensführung nur recht äußerlich tangieren.

Stichweh hat darauf aufmerksam gemacht, dass die berufliche Mitgliedschaftsrolle, in der sich die Leistungen und Ressourcen einer Organisation konzentrieren, nicht die einzige Form der Inklusion sein kann. Sollen möglichst viele Menschen an den Leistungen verschiedener Funktionsbereiche und der in ihnen tätigen Organisationen Anteil haben, so müssen offenbar „zusätzlich zu den systemdefinierenden Leistungsrollen Publikumsrollen entstehen, die die Inklusion der Gesamtbevölkerung in das jeweilige Sozialsystem über komplementär zu den Leistungsrollen definierte Formen der Partizipation sichern"[44]. *Stichweh* stellt vor allem drei Typen dieser Komplementärrollen heraus; sie sind sämtlich auch für die kirchliche Inklusion von Interesse.

---

41 Vgl. zum Folgenden *Stichweh*, Inklusion; dazu *Brock/Junge*, Theorie gesellschaftlicher Modernisierung, 172ff; *Brose u.a.*, Organisationen, Personen und Biographien; *Luhmann*, Funktion der Religion, 234ff; *Ders.*, Individuum, 169ff.
42 *Brock/Junge*, Theorie gesellschaftlicher Modernisierung, 172.
43 Vgl. zum Folgenden *Brose u.a.*, Organisationen, Personen und Biographien, 258ff.
44 *Stichweh*, Inklusion, 261 (Hervorhebungen i.O. getilgt). Vgl. auch *Luhmann*, Funktion der Religion, 236f; *Pollack*, Individualisierung, 62: „Zugang zu allen Funktionsbereichen der Gesellschaft kann der Einzelne jedoch nicht in seiner Berufsrolle, sondern nur in den Komplementärrollen zu seiner beruflichen Arbeit erlangen, in seiner Rolle als Konsument, Wähler, Rechtssuchender, Patient, Schüler usw."

Eine erste Form der komplementären Mitgliedschaft tritt zur jeweiligen Organisation über *hoch standardisierte Medien* in Beziehung[45]. Als Beispiele nennt *Stichweh* ökonomische und politische Funktionssysteme. Wer sich hier nicht-beruflich beteiligt, tut dies in Formen der Wahl unter relativ wenigen Optionen. Die Organisation ist dann eher an der Quantität der jeweiligen Wahlentscheidungen interessiert. Die individuellen Überzeugungen und Motive des Publikums sind nur insofern relevant, als sie das jeweilige Votum beeinflussen könnten.

Sind die nicht-beruflichen Beziehungen zur Organisation durch individuellere Kommunikationsmedien bestimmt, so spricht *Stichweh* von einer Mitgliedschaftrolle der „professionellen Betreuung". Beispiele sind „das Gesundheitssystem, das Erziehungssystem, Recht und Religion" (aaO. 268). In den entsprechenden Organisationen treten professionelle Leistungsträger einer begrenzten Zahl von Klienten gegenüber; Leistungen werden in personalen, meist „face-to-face" ablaufenden Interaktionen erbracht. Der Standardisierung sind hier enge Grenzen gesetzt; *qualitative* Aspekte sind nicht nur für die berufliche, sondern auch für die Klientenrolle konstitutiv.

Eine dritte, komplexere Form komplementärer Inklusion begegnet schließlich dort, wo „von ein und derselben Person im Wechsel oder gleichzeitig die Übernahme beider Rollen", also sowohl Leistungs- als auch Publikumsverhalten verlangt wird (aaO. 272). Nach *Stichweh* begegnet diese *interaktive* Beteiligungsform etwa „in einigen protestantischen Denominationen"; er denkt offenbar an freikirchliche Organisationsformen. Vor allem aber sieht *Stichweh* diese interaktive Inklusion bei den modernen Formen der Intimbeziehung verwirklicht, die von beiden Partnern sowohl Handlungs- als auch Erlebnisorientierung in reziproker Verschränkung verlangen. Auf der Ebene formaler Organisation setzt eine vergleichbar „intime" Inklusionsform offenbar eine hohe Sozial- *und* Sachkompetenz aller Beteiligter voraus – zu denken wäre beispielsweise an Selbsthilfeprojekte und andere stabile Formen der neuen sozialen Bewegungen.

Freilich sind solche interaktiv inkludierenden Sozialformen, bei denen ein „Publikum" im strengen Sinne nicht mehr vorgesehen ist, kaum mehr allgemein zugänglich. Der Begriff der organisatorischen Mitgliedschaftsrolle kommt hier an eine Grenze, und es fällt auf, dass dies gerade bei denjenigen Gemeinschaftsformen der Fall ist, welche – als „zivilgesellschaftliche Assoziationen" (*Habermas*) oder als „intermediäre Organisationen" (*Huber*) – als besonders typisch für die entfaltete Moderne gelten.

---

45 *Stichweh* bezieht sich auf *A.O. Hirschmans* Unterscheidung von „voice" und „exit" (aaO. 270f); die Optionen des Publikums sind demnach eingeschränkt auf bestimmte standardisierte Wahlakte oder die Verweigerung weiterer Beteiligung.

Auf diese Weise kommt nochmals die der „Individualisierung" inhärente Ambivalenz in den Blick: Die aus traditionalen Zusammenhängen freigesetzten Einzelnen sind dazu genötigt, nicht nur ihre Biographie selbst zu gestalten, sondern in ihren jeweiligen Inklusionsentscheidungen tragen sie zugleich Sorge für ein bestimmtes organisatorisches Gesamtgefüge. Dieses differenzierte Gefüge ermöglicht allererst individuelle Wahlfreiheit; zugleich aber wird sie damit durch zahlreiche Exklusions- und Inklusionszumutungen eingeschränkt. Stehen die Individuen in der Moderne vor diesem Dilemma einer *wechselseitigen und widersprüchlichen Steigerung von Individualisierungs- und Inklusionsansprüchen,* so wird die Frage brisant, welchen spezifischen biographischen Nutzen ihnen die Inklusion in die *kirchlichen* Organisationen versprechen kann.

II. „Religiöse Individualisierung" als Deutungsrahmen für Kirchenmitgliedschaft

Im folgenden Kapitel ist der Stand der soziologischen Forschung zur kirchlichen Inklusion zu umreissen. Den Ausgangspunkt bildet *Andreas Feiges* Arbeit „Kirchenmitgliedschaft in der Bundesrepublik Deutschland", die den Forschungsstand von 1990 theoretisch wie empirisch umfassend dargestellt hat (1). Als (religions-) soziologische Rahmenkategorie hat bereits *Feige* das „Individuum" benannt; und in den letzten zehn Jahren ist die These einer „religiösen Individualisierung" vor allem von römisch-katholischer Seite breit ausgearbeitet worden (2). Dieses gegenwärtig dominante Paradigma der Mitgliedschaftsforschung lässt sich weiter konturieren anhand der Einwände, die dagegen aus empirischer und theoretischer Sicht erhoben worden sind (3 und 4). Auf diese Weise ergeben sich Hinsichten für die Reflexion ausgewählter kirchensoziologischer Forschungsfelder (5).

1. Die kirchensoziologische Entdeckung des Individuums

(a) Indem *Feige* „zentrale Perspektiven empirischer Forschungsarbeiten im problemgeschichtlichen Kontext der deutschen Religions- und Kirchensoziologie" nachzeichnet[46], wird zunächst die *Fülle des Materials* deutlich, das seit fast 50 Jahren über die „Gegenseitigkeitsbeziehungen zwischen der Institution Kirche und ihren Mitgliedern" (aaO. 14) zusammengetragen wurde. *Feige* verweist auf die zahlreichen kleineren Arbeiten, die vor allem in den 50er Jahren nach Ausmaß und Bedingungen individueller „Kirchlichkeit" gefragt haben; er referiert Ansätze und Ergebnisse der „großkirchlichen Auftragsforschung" zur Mitgliedschaft seit Anfang der 70er Jahre; und er zeigt, wie die Forschungsschwerpunkte „Jugend und Kirche" sowie „Evangelische Kirchentage" in den 80er Jahren das Spektrum der Einsichten erweitert haben. Implizit wird auf diese Weise deutlich, dass die empirische Forschung sich größtenteils auf die

---

46 So der Untertitel von *Feige*, Kirchenmitgliedschaft. Weitere neuere Forschungsüberblicke bei *Daiber*, Religion, 22-25; *Ebertz*, Gegenwind; *I. Lukatis*, Empirische Kirchen- und Religionssoziologie in Deutschland (1982 und 1990); *Pollack*, Lage in Deutschland, 587-589.

Mitgliedschaft der beiden Großkirchen bezogen hat[47] und dass auch die theoretische Reflexion sich – positiv oder kritisch – an Mustern orientierte, die von der kirchlichen Organisation selbst formuliert wurden.

Gleichwohl weist *Feige* nach, dass die soziologische Mitgliedschaftsforschung, auch die viel gescholtene „Kirchensoziologie" der 50er und 60er Jahre, sich stets in einem allgemeineren Rahmen *religionssoziologischer Theoriebildung* artikuliert hat[48]. Hier ordnen sich die einzelnen Beiträge zwei Paradigmen zu, die bis in die Gegenwart unterschiedliche Forschungsansätze und -ergebnisse bedingen. Auf der einen Seite gehen zahlreiche, nicht nur ältere Untersuchungen von einer *Säkularisierungsvorstellung* aus, derzufolge die Bedeutung des Christentums in der modernen Gesellschaft immer mehr schwinde[49] – Kirche und Religion erscheinen in einer fundamentalen Spannung zu den Grundtendenzen der Moderne. Im Horizont dieses Paradigmas wurden seit den 50er Jahren die abnehmende kirchliche Partizipation sowie der „Verfall" christlicher Werte im gesellschaftlichen Bewusstsein zu erklären versucht[50].

Im Anschluss an *Matthes, Rendtorff* und andere kritisiert *Feige* an dieser Forschungstradition, sie nehme „eine historisch *bestimmte* Formgestalt des organisierten (Christlich-) Religiösen undiskutiert zum Ausgangspunkt" und erschöpfe „sich daher zwangsläufig in den Kategorien des Defizits" (aaO. 233). Würde „Religion" auf kirchlich vorformulierte Wissens- und Verhaltensbestände reduziert, so verschwänden die *gesellschaftsstrukturellen* „Möglichkeitsbedingungen" der Mitgliedschaft aus dem Blick[51] – und damit auch die *individuelle* Möglichkeit, sich auf ganz andere Weise zur Kirche in Beziehung zu setzen, als es deren Organisationsnorm vorsieht.

Auf der anderen Seite rekonstruiert – und affirmiert – *Feige* ein Forschungsparadigma, das nicht von der theologischen Differenz-, sondern von der soziologischen *Differenzierungsthese* ausgeht. Die EKD-Umfragen von 1972 und 1982 kommen mit neueren Studien zur Kirchlichkeit von Jugendlichen darin überein, „dass beide, Institution und Mitglied, [als]

---

47 Vgl. *Daiber*, Religion, 22, der auf die Finanzierung durch die Kirchen und auf die theologische Herkunft der meisten kirchensoziologischen Forscher hinweist.

48 Vgl. *Feige*, Kirchenmitgliedschaft, 26ff, mit einer ausführlichen Würdigung der Kritik *Th. Luckmanns* von 1960 (aaO. 77ff).

49 Zur Säkularisierungsdebatte vgl. zusammenfassend *Conze u.a.*, Säkularisation; *Schrey*, Säkularisierung; zuletzt etwa *Luckmann*, Säkularisierung; *Matthes*, Nadelöhr; *Tyrell*, Religionssoziologie, 444f; *Voll*, Beten in der Mördergrube, 215ff.

50 Für die Gegenwart verweist *Feige* (Kirchenmitgliedschaft, 248ff) vor allem auf die Arbeiten aus dem Allensbacher Instituts für Demoskopie; so etwa *Köcher*, Religiös in einer säkularisierten Welt?; *Dies.*, Kirche und Religion in Ost und West; *Schmidtchen*, Was den Deutschen heilig ist. Vgl. aber auch die unten S. 225–228 referierten Arbeiten von *D. Pollack*.

51 Vgl. *Feige*, Kirchenmitgliedschaft, 165ff. 248ff. 349 u.ö.; Zitate 233 und 235 (im Anschluss an *Luckmann*).

Elemente eines übergreifenden soziokulturellen Zusammenhanges" zu verstehen sind[52]. Immer ausdrücklicher verweisen die empirischen Resultate zur kirchlichen Mitgliedschaft, *Feige* zufolge, dann auf einen Wandel des Verhältnisses von Kirche, Religion und Gesellschaft, der nicht einfach als Verlust und Verfall zu interpretieren ist.

Indem *Feige* die jüngeren Forschungen zur Mitgliedschaft ausdrücklich in einen *religions*-soziologischen Kontext stellt, grenzt er sich nach zwei Seiten ab. Zum einen bestreitet er eine *kirchlich-theologische* Domestizierung der individuellen Inklusionsbedingungen und -muster. Vielmehr ist „die *dynamische Beidseitigkeit* in der Relation ‚Kirche' und ‚Mitglied'" zu beachten (aaO. 348) und darum verstärkt nach den subjektiven Mitgliedschaftsmotiven und *deren* sozialer Bedingtheit zu fragen. Zum anderen wendet sich *Feige* gegen einen *soziologischen* Religionsbegriff, der von der organisatorischen Gestalt der christlichen Religion absieht und die kirchliche Inklusion der Einzelnen darum systematisch vernachlässigt[53]. Wird Kirchenmitgliedschaft dagegen als gesellschaftlich nach wie vor bedeutsame Form der Religionsausübung begriffen, so können die einschlägigen empirischen Einsichten zur Deutung gegenwärtiger Institutionalisierungs- und Inklusionsprozesse beitragen: Die Kirchensoziologie besitzt eine „zeitdiagnostische" Funktion von „allgemein-soziologischer Relevanz"[54].

Der „übergreifende soziokulturelle Zusammenhang", der von der empirischen Kirchenmitgliedschaftsforschung in Anspruch zu nehmen und der von ihr zugleich präziser zu deuten ist, wird von *Feige* anhand der „für Institution und Mitglied geltenden Kategorie der ‚Individualität'" skizziert (aaO. 14f; vgl. 366): Ohne auf das Theorem der „Individualisierung" Bezug zu nehmen[55], weist er auf die strukturbildende Dominanz der „Individualitäts"-Kategorie in der gegenwärtigen *Gesellschaft* hin. Und zugleich macht er auf ihren christlich-theologischen Ursprung aufmerksam: In Sonderheit die protestantische *Kirche* habe jenes Inklusionsmuster mit hervorgebracht, „das ihr heute [...] zugrunde liegt: das Mitgliedschaftsverhältnis unter der Bedingung der Individualität" (aaO. 15). Die Spannung „zwischen dem auf seine Singularität und Autonomie dringenden Individuum und der auf individualitätsneutrale *soziale* Geltung insistierenden Institution" kommt aus inhaltlichen Gründen in der kirchlichen Inklusion mit besonderer Schärfe zum Ausdruck (366). Diese Inklusion ist

---

52 *Feige*, Kirchenmitgliedschaft, 14; vgl. im Einzelnen aaO. 200ff. 243ff. 260ff. 329ff und das Resümee 366f.
53 Vgl. aaO. 18f. 91. 106. 237f u.ö. Dieses Argument wendet sich nicht zuletzt gegen *Luckmanns* These einer Privatisierung und Verflüssigung der Religion.
54 *Feige*, Kirchenmitgliedschaft, 13; zur Religionssoziologie als „Zeitdiagnose" vgl. *Drehsen*, Religion, 142ff; *Gräb*, Institution und Individuum.
55 Vgl. lediglich aaO. 351f (Referat eines *Kaufmann*-Textes). Auf die Fruchtbarkeit dieser soziologischen Denkfigur für seine Argumentation ist *Feige* offenbar erst später aufmerksam geworden; vgl. *Feige*, Schicksal (1994).

darum nicht (mehr) organisatorisch zu normieren, sondern erscheint als eine komplexe und prekäre „Gegenseitigkeitsbeziehung" (aaO. 14).

(b) *Feiges* Versuch einer soziologischen Einbettung der Mitgliedschaftsforschung erweist sich auch im Blick auf die *seit 1990 erschienenen Beiträge* zum Thema als tragfähig, auch wenn er, was die Wahrnehmung der kirchlichen Inklusion betrifft, rückblickend als zu optimistisch erscheint.

Unter den einschlägigen empirischen Forschungsarbeiten der letzten Jahre ragt – sowohl nach Umfang des Materials wie nach Intensität seiner theoretischen Bearbeitung – die Repräsentativumfrage „Jede(r) ein Sonderfall? Religion in der Schweiz" von 1992 heraus[56]. Sie hat sich schon in der Anlage der Untersuchung auf das Theorem der „strukturellen Individualisierung" bezogen; von dort wird auch die Bindung an die Kirche thematisiert. Paradigmatisch für die Forschungslage ist die Kommentierung des Materials in zwei Bänden von 1996 und 1997.

Der erste Band thematisiert die „religiöse Individualisierung" und will fragen, „was es für die einzelnen Menschen, für religiöse Gemeinschaften und Kirchen wie für die kulturelle Landschaft in der Schweiz bedeutet, wenn eine Vielfalt religiöser Vorgaben jetzt von einzelnen Menschen eigenständig verarbeitet werden muss"[57]. An das umfangreiche empirische Material werden *religionssoziologische* Fragen gestellt, die vom Individuum ausgehen und unter anderem auch nach seiner kirchlichen Inklusion fragen – faktisch tun dies aber im genannten Band ausdrücklich nur zwei oder drei Texte.

Die gleichen Tendenzen lassen sich in anderen Arbeiten der letzten Jahre beobachten: In dem Maße, in dem das Theorem der „religiösen Individualisierung" zum leitenden Forschungsparadigma geworden ist[58], wird die Frage nach den kirchlichen Beziehungen der Einzelnen marginal. Das gilt für viele empirische Untersuchungen[59], und das gilt auch für die theoretischen Arbeiten zur Religionssoziologie, die seit 1990 noch einmal ver-

---

[56] *Dubach/Campiche*, Sonderfall; die zugrunde liegende Umfrage fand 1988/89 als landesweite Repräsentativumfrage mit 1315 Interviews statt.

[57] *Krüggeler/Stolz*, Ein jedes Herz, 7. Der Untertitel „Religiöse Individualisierung als Herausforderung *für die Kirche*" (Hervorhebung J.H.) schränkt die Fragestellung der Beiträge in irreführender Weise ein.

[58] Vgl. die Überblicke bei *Ebertz*, Religionssoziologie; *Gabriel*, Einleitung in *Ders.*, Religiöse Individualisierung; *Ders.*, Religion und Gesellschaft; *Tyrell*, Religionssoziologie.

[59] Vgl. etwa *Barz*, Jugend und Religion; *Fechtner/Haspel*, Religion; *Fischer/Schöll*, Lebenspraxis und Religion; *Hartmann*, Religiöse Selbstthematisierung; *Henkys/Schweiter*, Atheismus – Religion – Indifferenz; die Arbeiten von *Keckes/Wolf*; *A. Klein*, Die herausgeforderten Kirchen; *Krüggeler*, Ein weites Feld; *Pickel*, Dimensionen religiöser Überzeugungen; *Schwab*, Geschlossene Konzeption; *Wohlrab-Sahr*, Biographie und Religion.

mehrt publiziert worden sind[60]. Durch die Verabschiedung des Säkularisierungsparadigmas gewinnen die Untersuchungen zwar an soziologischer Stringenz, auch für das Verständnis von „Individualisierung" im Ganzen[61]. Entgegen *Feiges* Erwartung wird die Frage, wie das moderne Individuum „eine Vielfalt religiöser Vorgaben" und Traditionen „eigenständig verarbeitet", jedoch nur selten anhand seines Bezuges zur *kirchlichen* Organisation verhandelt[62]. Diese Verabschiedung der Mitgliedschaftsfrage resultiert, wie gleich zu zeigen ist, aus den Grundthesen zur „religiösen Individualisierung" selbst (s.u. S. 222-225).

Der zweite Kommentarband der Sonderfall-Studie reflektiert die Umfrageresultate hinsichtlich „der sozialen Gestalt der Kirchen von morgen"; hier sind nun mehrere Aufsätze ausdrücklich der Mitgliedschaftsfrage gewidmet[63].

Dieser Band ist für die kirchensoziologische Forschungslage[64] in zweierlei Hinsicht paradigmatisch. Zum einen scheint diese Diskussion inzwischen rein innerkirchlich stattzufinden. Als Autoren beteiligen sich nur Theologen[65]; und diese führen am Schweizer Material bereits bekannte Interpretationsmuster vor. Die Betrachtung kirchlicher Mitgliedschaft scheint gegenwärtig keine religions- oder gar kultursoziologischen Impulse auszulösen. Auch hier waren die Hoffnungen *Feiges* zu optimistisch.

Zum anderen scheinen die Beiträge zur Sonderfall-Studie jedoch *Feiges* These zu bestätigen, dass auch die kirchliche Inklusion eher aus der Perspektive des Individuums und seiner gesellschaftlichen Prägung zu betrachten ist. Dagegen kommt die Kirche selbst in den Schweizer Beiträ-

---

60 Vgl. etwa *Berger/Luckmann*, Modernität; *Bergmann u.a.*, Religion und Kultur; *Drehsen*, Volkskirche; *Gabriel*, Religiöse Individualisierung; *Höhn*, Krise der Immanenz; *Kaufmann*, Religion und Modernität; *Luckmann*, Privatisierung; *Luhmann*, Medium der Religion; *Nassehi*, Religion und Biographie. Bereits 1986 schrieb *D. Rössler*: „Das Religionsthema hat Konjunktur. Seit mehreren Jahrzehnten schon ist das Interesse an der Religion in einem kaum noch überschaubaren Maße gewachsen. [...] Es ist heute ganz anders von ihr die Rede als vor 30 Jahren." (*Rössler*, Grundriss, 75; in der ersten Auflage S. 65)
61 Vgl. bes. die Arbeiten von *Gabriel* und *Kaufmann*.
62 Zu den Ausnahmen gehören weiterhin die Arbeiten von *Daiber*, *Matthes* und *Pollack* (s. dazu unten S. 225-233); außerdem *Ebertz*, Gegenwind; *Fechtner/Haspel*, Religion, 189ff; *Höllinger*, Volksreligion.
63 Zitat aus dem Untertitel von *Dubach/Lienemann*, Aussicht auf Zukunft; vgl. auch das Vorwort, aaO. 7-10.
64 Außer dem genannten Band sind an größeren *kirchen*soziologischen Arbeiten zu nennen: *Daiber*, Religion; *Ebertz*, Gegenwind; Fremde Heimat Kirche; *Hartmann/Pollack*, Gegen den Strom; *Kaufmann/Zingerle*, Vaticanum II; *Lindner*, Kirche am Ort, 320ff; *Pollack*, Lage in Deutschland; *Roosen*, Kirchengemeinde, 417-523 (Kapitel VI).
65 Das gilt auch für die gesamte Mitgliedschaftsforschung der 90er Jahre; die – unten besonders zu beachtenden – Ausnahmen in der neueren Debatte sind *J. Matthes* und *D. Pollack*.

gen kaum mehr als prägende Instanz in den Blick. Unter den Bedingungen „struktureller Individualisierung" bleibt ihr nur die Möglichkeit, eine „Optimierung" der eigenen „Handlungsfähigkeit" anzustreben, um – vielleicht – wieder zu einer für die Mitgliedschaft relevanten Instanz zu werden[66]. Diese *Depotenzierung der kirchlichen Organisation* prägt auch die meisten anderen Arbeiten zum Thema[67].

Auch die dritte EKD-Mitgliedschaftserhebung von 1992, die bei weitem umfangreichste kirchensoziologische Untersuchung der letzten Jahre, hat ihre Resultate 1993/1997 unter einem Motto veröffentlicht, das nicht mehr die kirchliche, sondern die individuelle Perspektive akzentuiert: „Fremde Heimat Kirche". An den methodischen Veränderungen, die diese Studie gegenüber ihren Vorgängern von 1972 und 1982 vorgenommen hat (vgl. Fremde Heimat 1997, 30ff), zeigen sich exemplarisch die Konsequenzen dieses Paradigmenwechsels.

Die Orientierung am Individualisierungstheorem (aaO. 32f) hat dazu geführt, dem Phänomen der „distanzierten" Kirchenmitgliedschaft noch einmal größere Aufmerksamkeit zu widmen: Welche subjektiven, zugleich gesellschaftlich vermittelten Gründe gibt es für die Einzelnen, an der kirchlichen Bindung auch gegen die ausdrücklichen Vorgaben der Organisation festzuhalten[68]?

Die Aufmerksamkeit für die diffusen und differenten individuellen Bindungsmotive hat den verstärkten Einsatz *qualitativer Verfahren* zur Folge: Die EKD-Gruppe hat eine Reihe von „Erzählinterviews" durchgeführt, um „Religiosität und Kirchlichkeit der volkskirchlich geprägten Mehrheit in ihrem *Selbstverständnis* zu erhellen"[69].

Auch in anderen Mitgliedschaftsuntersuchungen aus jüngerer Zeit werden offene Interviews, Gruppendiskussionen und weitere qualitative Methoden verwendet[70]. Mit dieser Wendung, die einen allgemeinen Trend empirischer Soziologie reflektiert, soll offenbar auch methodisch das von *Feige* formulierte Postulat eingelöst werden, die *Autonomie des Einzelnen* im Blick auf seine kirchliche Mitgliedschaft stärker zu respektieren.

---

66 Vgl. die Überschrift des Abschnitts IV von *Dubach/Lienemann*, Aussicht auf Zukunft.

67 Bemerkenswerte Ausnahmen sind *Cornehl*, Teilnahme am Gottesdienst; *Daiber*, Gruppenbildung; *Ders.*, Tradierung; *Lindner*, Kirche am Ort, 320ff; *Pollack*, Lage in Deutschland; *Ders.*, Gottesdienst; *Rau*, Das Alltägliche.

68 Zum „distanzierten" Mitgliedschaftsmuster s.u. S. 260–286.

69 Fremde Heimat 1997, 50; vgl. aaO. 50–64 und dazu *Schwab*, Religion in der Lebenswelt.

70 Vgl. die Texte in *Wohlrab-Sahr*, Biographie und Religion; 155ff (II. und III.); *Gabriel*, Religiöse Individualisierung, 103ff (II.); dazu *Barz*, Jugend und Religion; *Fechtner/Haspel*, Religion, 28ff; *Gebhardt*, Stabile Milieus; *Hartmann/Pollack*, Gegen den Strom; *Schmied*, Kirchenaustritt; *Schwab*, Familienreligiosität.

2. Das Theorem der „religiösen Individualisierung"

Mit der Akzentuierung des Individuums, das seine Beziehung zur Kirche selbstbewusst gestaltet, hat sich die empirische Forschung zur Kirchenmitgliedschaft seit den 70er Jahren wieder stärker an religionssoziologische Fragestellungen angeschlossen. Seit Beginn der 90er Jahre vollzieht sich die Reflexion der kirchlichen Mitgliedschaft vor allem im Horizont des Theorems einer „religiösen Individualisierung". Dieses Paradigma, das vornehmlich von römisch-katholischen Religionssoziologen ausgearbeitet wurde, spitzt die soziologische Individualisierungsdebatte auf die gegenwärtige religiöse und kirchliche Lage in Deutschland zu[71]. Im Anschluss an die oben vorgelegte Skizze jener Debatte (S. 196-199) lassen sich vier Grundzüge des Theorems herausarbeiten. Wiederum zielt die Darstellung auf die Frage nach der kirchlich-organisatorischen Inklusion (d).

(a) Die *Emanzipation* aus institutionellen Bindungen betrifft nicht zuletzt deren religiöse Dimension[72]. Die traditionalen Sozialmilieus, die das Widerlager des modernen Individualisierungsprozesses bilden, zeichnen sich durch die große Bedeutung religiöser Überzeugungen und Vollzüge aus, die die Einzelnen auf Dauer in die jeweilige Gruppe oder Schicht einzubinden vermochten[73]. Mit der Freisetzung aus solchen umfassenden Lebenswelten verlieren explizit-rituelle Vollzüge ebenso ihren alltäglichen Charakter wie die kirchliche Beteiligung. Die weltanschaulichen Überzeugungen, für die die Kirche steht, büßen ihren verpflichtenden Charakter für die Einzelnen ein.

Die moderne „De-Institutionalisierung" der christlichen Religion[74] manifestiert sich den genannten Autoren zufolge vor allem in einer *Auflösung konfessioneller*

---

71 Einschlägige Texte, auch für die Frage nach der *kirchlichen* Individualisierung: *Dubach*, Bindungsfähigkeit; *Ders.*, Nachwort; *Ebertz*, Erosion; *Ders.*, Gegenwind; *Feige*, Schicksal; *Gabriel*, Christentum 1994; *Ders.*, Herausforderungen; *Ders.*, Religion und Gesellschaft; *Höhn*, „Religiöse Virtuosen"; *Krüggeler*, Inseln; *Ders.*, Ein weites Feld; *Ders.*, Individualisierung; *Krüggeler/Voll*, Individualisierung; *Luckmann*, Privatisierung; *Roosen*, Kirchengemeinde, 475ff.

72 „Religiöse Individualisierung kommt in einer ersten Dimension als Freisetzung aus überkommenen religiösen Bindungen zum Ausdruck. In die Freisetzungsprozesse im Umbruch zur entfalteten Moderne ist die christliche Tradition an vorderster Stelle einbezogen. Die Freisetzung vollzieht sich gerade in und an Sozialbeziehungen, die für die kirchlich-christliche Tradition seit dem 19. Jahrhundert eine prominente Bedeutung erhalten haben." (*Gabriel*, Christentum 1994, 79)

73 Als Paradigma einer solchen religiös verpflichtenden Institutionalisierung erscheint der Verbands-Katholizismus in der Schweiz (vgl. *Krüggeler/Voll*, Individualisierung, 34ff) und in Deutschland (*Gabriel/Kaufmann*, Zur Soziologie des Katholizismus, 201ff; *Pollack*, Individualisierung, 64-68).

74 Vgl. *Dubach*, Bindungsfähigkeit, 300ff; *Ebertz*, Religionssoziologie, 291ff mit weiteren Hinweisen.

Prägungen. Die Freisetzung aus religiös geprägten Familien-, Schul- und Nachbarschaftsverhältnissen führt, wie sich etwa an Autobiographien nachweisen lässt, seit Jahrzehnten zu einer „Erosion der konfessionellen Biographie"[75]. In der Folge haben sich die konfessionellen Differenzen im Blick auf die religiöse Alltagspraxis und auf Glaubensüberzeugungen verringert. Auch im Blick auf politische und ethische Einstellungen oder auf Präferenzen der privaten Lebensführung lassen sich kaum mehr spezifische Prägungen ausmachen.

Auch das Phänomen, „dass Unterschiede in der Religiosität nicht (mehr) Gegebenheiten wie Wohnort, soziale Schicht, Ausbildung, Geschlecht zugeschrieben werden können", wird als Resultat jener Freisetzung begriffen[76]. Die individuelle Lebensführung erscheint nicht nur in geographischer und beruflicher Hinsicht immer mobiler, sondern auch im Blick auf religiöse Orientierung und Verhaltensweisen. Die Religion wird zur *Privatangelegenheit*[77].

(b) *U. Beck* und andere haben die Verantwortung für die je eigene Lebensführung beschrieben: Der Einzelne hat sich in der entfalteten Moderne „selbst als Handlungszentrum, als Planungsbüro in bezug auf seinen eigenen Lebenslauf, seine Fähigkeiten, Orientierungen, Partnerschaften usw. zu begreifen"[78]. Dieser „Autozentrierung" entspricht es, den Vertretern einer „religiösen Individualisierung" zufolge, „dass die *persönliche Auswahl* aus den traditionellen Religionsbeständen [...] zum durchgehenden Charakteristikum der modernen Sozialform des Religiösen geworden ist"[79]. Auch im Blick auf ihre religiösen Überzeugungen und Bindungen sind die Individuen als autonome Handlungszentren zu verstehen. Diese Entwicklung wird theologisch positiv bewertet:

„Der Individualisierungsprozess in Bezug auf die Religion weist [...] auch die Dimension religiöser Subjektivierung auf. [...] Mit besonderer Nachdrücklichkeit kommt in der religiösen Dimension ein Menschenbild zum Ausdruck, das allen Menschen Personcharakter, Individualität, Selbstwert und Autonomie zu-

---

75 Vgl. *Ebertz*, Erosion, der von der wachsenden „Indifferenz", „Irrelevanz", „Inkohärenz", „Inkonsistenz" und „Inpermanenz" konfessioneller Bezugssysteme in der Sozialisation spricht (aaO. 167. 169. 170); zum Folgenden vgl. außerdem *Dubach/Campiche*, Sonderfall, 257ff; *Ebertz*, Gegenwind, 19-33; *Krüggeler*, Inseln, 114ff.

76 *Dubach*, Nachwort, 301; vgl. *Gabriel*, Christentum 1994, 80; *Voll*, Beten in der Mördergrube, 216ff.

77 *A. Dubach* hat dies in einer Kurzformel zusammengefasst: „Von institutionell festgelegter und vorgegebener, kollektiv-verbindlicher, konfessionell-kirchlich verfasster zu individualisierter, entscheidungsoffener, selbstreflexiver, pluriformer Religiosität" (Nachwort, 313).

78 *Beck*, Risikogesellschaft, 217; vgl. zum Ganzen oben S. 198: Subjektive Perspektive.

79 *Ebertz*, Religionssoziologie, 286 (Hervorhebung J.H.); vgl. zum Folgenden *Dubach*, Nachwort, 302ff; *Feige*, Schicksal; *Gabriel*, Christentum 1994, 8off; *Luckmann*, Privatisierung.

spricht. Heute schließt der Anspruch, sein Leben individuell zu gestalten, in seinem Selbstwert anerkannt zu sein und als autonomes Handlungszentrum Entfaltung zu finden, die religiöse Dimension an bevorzugter Stelle ein."[80]

Näherhin umfasst die „religiöse Subjektivierung", nach einer Unterscheidung von *M. Krüggeler*, zwei sich wechselseitig bedingende Aspekte: eine „Verschiebung im *Geltungsbereich* der Religion ‚zugunsten' des Individuums" sowie eine Verschiebung im religiösen „*Gegenstandsbereich*"[81]. Zum einen: Schließt der „Anspruch, sein Leben individuell zu gestalten", auch die religiöse Überzeugung ein, so kann diese eo ipso auch nur für dieses Individuum *gelten*.

Zum anderen wird die Religion auch *inhaltlich* auf individuelle Probleme fokussiert. Auch diese thematische Verschiebung zu einer „Sakralisierung des Subjekts"[82] resultiert aus der Zunahme biographischer Eigenverantwortung: Gefragt sind nun religiöse Sinn- und Orientierungsmuster, die dem Einzelnen bei der Lebensgestaltung hilfreich sein können. Religion wird zur individuellen Sinnsuche, die der *Vergewisserung des eigenen Ichs* zu dienen hat. So kann, wie *Kaufmann* pointiert, „Selbstreferenz" in „Selbstreverenz" umschlagen. Die theologische Beurteilung *dieser* Verschiebung fällt daher erheblich distanzierter aus[83].

Werden Wahlkriterien wie Themen der Religion an der individuellen Selbsterfahrung festgemacht, so kann die These der „religiösen Individualisierung" auch Anschluss an die Diskussion um eine „Erlebnisgesellschaft" finden[84]: Unter den Bedingungen materialer Sättigung und sozialer Nivellierung sind es die immer neuen Stimulierungen der Subjektivität, auf denen die Selbstvergewisserung der

---

80 *Gabriel*, Christentum 1994, 80f. Bereits vor Jahren hat *P.L. Berger* herausgearbeitet, dass die Einzelnen unter den Bedingungen umfassender kultureller Pluralisierung unausweichlich vor die Entscheidung gestellt werden, wie sie mit der religiösen Überlieferung umgehen wollen: Sie sind zur eigenständigen Wahl, zur „Häresie" gezwungen (vgl. *P.L. Berger*, Zwang zur Häresie; zuletzt *Ders.*, Pluralistische Angebote). *Bergers* Argumentation hatte ihre Pointe in der These, dass dieser religiöse Wahlzwang als Konsequenz eines liberalen Protestantismus begriffen und begrüßt werden kann. Unter Rückgriff auf das Stichwort „Individualisierung" wurde diese These zuletzt positiv rezipiert in *EKHN*, Person und Institution, 25ff.

81 *Krüggeler*, Ein weites Feld, 231f; vgl. *Drehsen*, Religion, 140: „Es sind [...] vorrangig Fragen, Probleme und Themen der Führung des je eigenen Lebens, die die Art und Weise der individuellen Auswahlprozesse [...] bestimmen und zumindest die Kriterien der subjektiven Wahl abgeben."

82 *Luckmann*, Privatisierung, 27; vgl. *Drehsen*, Religion, 141: „Sakralisierung menschlichen Identitätsverlangens"; außerdem *Dubach*, Loyalität, 40ff; *Gabriel*, Herausforderungen, 66ff.

83 Vgl. *Kaufmann*, Selbstreferenz; *Höhn*, „Religiöse Virtuosen", 65–68; *Wiederkehr*, Individualisierung, 106ff.

84 Vgl. den Überblick bei *Ebertz*, Religionssoziologie, 289f; *Höhn*, „Religiöse Virtuosen", 61ff; *Roosen*, Kirchengemeinde, 506ff; *Schulze*, Entgrenzung.

Einzelnen beruht. Zu dieser Innenorientierung kann dann auch eine situativ flexible, „passagere Religiosität" (*H.-J. Höhn*) beitragen[85].

(c) Mit dem plakativen Titel „Jede(r) ein Sonderfall?" haben die Bearbeiter der Schweizer Umfrage auf den von ihnen erhobenen Stand der *religiösen Pluralisierung* hingewiesen. Diese Vielfalt betrifft den individuellen Bezug auf die christliche Tradition; er betrifft das Auseinandertreten gesellschaftliche, institutioneller und individueller Ebenen religiöser Artikulation; und er betrifft die Vielfalt religiöser Stellungnahmen zum Prozess der Modernisierung im Ganzen[86]. Am Ende dieser Entwicklung stünde – derzeit noch mit Fragezeichen – ein vollkommen *diffuses Spektrum* individueller Religionsausprägung.

Dem entspricht bei den Individuen selbst nach verbreiteter Auffassung die Tendenz zur *„religiösen Bricolage"*[87], zur subjektiv gesteuerten Zusammenstellung von Sinnmustern unterschiedlichster Tradition: Die meisten Menschen verschließen sich „exklusiven" Bindungen und lassen sich einem „inklusiven" Typ religiöser Überzeugung zuordnen, der abgeblasste christliche Elemente ebenso enthält wie Vorstellungen aus östlichen Religionen oder allgemeine Transzendenzbezüge.

Während die Beschreibung dieses Phänomens als „Synkretismus" religionstheoretisch wie forschungspraktisch in die Irre führen kann[88], bleibt das Bild der „Bricolage" näher bei der Selbstwahrnehmung und spitzt die Kennzeichen der „Bastelbiographie" (s.o. I.3) auf die religiöse Orientierung zu: Religiöse Bricolage vollzieht sich als unprätentiöse, stets provisorische Kombination von je individuell-situativ passenden Sinnangeboten[89]. Die begrenzte Reichweite dieser religiösen Muster wird in Kauf genommen, weil den Einzelnen der rasche Wandel der äußeren wie inneren Bedingungen ihrer Sinnsuche bewusst ist: Die plural verfasste „Bastelreligiosität" wird immer auch „passagere Religiosität" sein[90].

---

85 *Höhn*, „Religiöse Virtuosen", 64; vgl. *Ders.*, Passagen und Passanten.
86 *Gabriel*, Christentum 1994, 85; vgl. aaO. 85–90; dazu *Ebertz*, Gegenwind, 107ff mit weiteren Nachweisen; *Krüggeler*, Inseln, 122ff; *Wiederkehr*, Individualisierung, 114ff. Zur religiösen Ebenendifferenzierung vgl. *Rössler*, Grundriss, 90ff; weitere Differenzierungsdimensionen nennt *Drehsen*, Religion, 137ff (4.).
87 Vgl. etwa *Drehsen*, Anverwandlung des Fremden; *Dubach*, Nachwort, 304ff; *Gabriel*, Herausforderungen, 66f; *Krüggeler*, Inseln, 108ff.
88 Vgl. die Kritik bei *Matthes*, Was ist anders, 25; dazu unten S. 228–229. Zum Synkretismus vgl. *Drehsen*, Anverwandlung des Fremden; *Drehsen/Sparn*, Im Schmelztiegel der Religionen; *Ebertz*, Religionssoziologie, 299f.
89 Vgl. *Luckmanns* Bild der „religiösen Flickerlteppichnäherei"; zitiert nach Fremde Heimat 1993, 34.
90 *Höhn*, „Religiöse Virtuosen", 62f. Zu den religiösen Konsequenzen des permanenten Wandels als Kennzeichen der Moderne vgl. *Kaufmann*, Religion und Modernität, 19ff. 35ff. 257ff.

Zu den Pointen der Individualisierungsthese nach *Beck* gehört der Nachweis, dass die subjektive Erfahrung von Wahlfreiheit ihre Kehrseite in der *re-standardisierenden* Wirksamkeit anonymer Institutionen besitzt (s.o. I.3). Auch in religiöser Hinsicht macht *Gabriel* einen „Homogenisierungseffekt" aus, der „die konfessionellen und religiös-sozialen Unterschiede" einebnet in das Gleichmaß einer „allgemeinen, diffusen Christlichkeit und synkretistischen Religiosität"[91]. Ungeachtet aller Individualität sind die religiösen „Sonderfälle" gekennzeichnet durch den Verzicht auf dauernde Festlegung, durch eine Depotenzierung religiöser Verhaltensnormen und explizit religiöser Sprache, und insgesamt durch die Einschätzung, dass Religion und Kirche eher zu den unwichtigen Themen des Lebens gehören.

Auch diese „massenkulturelle" Sozialform der Religion (*Luckmann*) verdankt sich nach der Auffassung der genannten Autoren gesellschaftlichen *Hintergrundmechanismen*. Die Privatisierung des Religiösen reagiert demnach auf die soziale Dominanz ökonomisch-technischer Interaktionsmuster. Das Unbestimmt-Provisorische der durchschnittlichen Religion reflektiert die Nötigung, sich offen zu halten für die rasch wechselnden sozialen Anforderungen. Die, wenn man so will, *homogene Pluralität* der individualisierten Religion erscheint als präziser Ausdruck der ambivalenten Situation des Individuums in der „entfalteten Moderne".

In ein solches *modernisierungstheoretisches Modell der Religionssoziologie* lassen sich die Formen diffuser Religiosität einordnen, und ebenso die residualen Formen organisierter Kirchlichkeit (s.u. (d)), die sich der sozialen Dynamik der Gegenwart in traditionalen Nischen entziehen. In dieses Modell religiöser Modernitätsverarbeitung lassen sich aber auch die *„religionsproduktiven Tendenzen"* einzeichnen, die innerhalb, vor allem aber außerhalb des Christentums ausgemacht werden[92].

Fundamentalistische wie prophetisch-kritische Aufbrüche der traditionellen Religion erscheinen, bei allen inhaltlichen Unterschieden, jeweils als Resultat individueller Opposition gegen den kulturellen Hauptstrom der Moderne. Die Entscheidung für eine exklusive religiöse Orientierung, die sich sozial in der Bindung an verbindliche Gruppennormen realisiert, eröffnet den Einzelnen die Möglichkeit, sich den widersprüchlichen Zumutungen der ausdifferenzierten Gesellschaft zu entziehen. Auch dieser subjektive Ausstieg aus der Beliebigkeit kann sich jedoch den skizzierten Bedingungen nicht entziehen: Auch exklusive, gegenwartskritische Religionsausübung erscheint soziologisch als Resultat je eigener Entscheidung; auch sie bildet eine Form religiöser „Karriere", die die moderne Autonomie der Orientierung in Anspruch nimmt.

---

91 *Gabriel*, Christentum 1994, 80; vgl. auch *Dubach*, Nachwort, 301ff; *Krüggeler*, Individualisierung, 26; *Luckmann*, Die „massenkulturelle" Sozialform.
92 Vgl. zum Folgenden *Gabriel*, Christentum 1992, 157ff; *Höhn*, GegenMythen; *Kaufmann*, Religion und Modernität, 238ff. 271ff.

Die plurale Religiosität der Gegenwart lässt sich damit für die genannten Autoren auf das *einheitliche* „soziale Muster religiöser Individualisierung" zurückführen, das *Dubach* skizziert hat: „Religiosität verändert sich von exklusiver, kirchlich geprägter zu inklusiver, diffuser, synkretistisch gefärbter Religiosität, in der die Einzelnen ihre religiöse Orientierung aus verschiedenen kirchlichen wie nichtkirchlichen Quellen beziehen. [...] Aus dem Angebot objektiv bereitstehender Sinndeutungsmuster wird angenommen, was für die subjektive Lebensführung aufgrund der eigenen [...] Situation wichtig und nützlich ist."[93]

(d) „Religion boomt – die Kirchen leeren sich"[94]: In diese einprägsame Formel lässt sich die allgemeine Einschätzung der religiösen Gegenwartslage fassen. Während institutionell gebundene Religiosität abzunehmen scheint, werden dies- und jenseits der christlichen Tradition zahlreiche „religiöse Bewegungen" ausgemacht. Die Theoretiker der „religiösen Individualisierung" schließen sich dieser Sichtweise an, wenn sie auch die kirchlich-organisatorischen Bezüge der Individuen unter den Aspekten der Emanzipation, der Subjektivierung und der Pluralisierung beschreiben.

Dass sich „die Kirchen leeren", kann als unmittelbare Konsequenz der religiösen *Freisetzung* begriffen werden: Schwindet der soziale Einfluss traditionaler, religiös bestimmter Milieus, so werden Häufigkeit und Regelmäßigkeit des Kirchgangs ebenso zurückgehen wie die Frequenz anderer organisatorischer Kontakte. Dabei betonen die Autoren jedoch weniger den quantitativen Rückgang als vielmehr den *qualitativen Wandel*, den „Perspektivwechsel" im Verhältnis zur Kirche[95]: Diese Bindung erscheint nicht mehr als Integral fragloser institutioneller Verankerung der Einzelnen. Religiöse Emanzipation führt alle kirchlichen Kontaktformen in die Krise, die nur gewohnheitsmäßig begründet sind.

Wer sich unter den Bedingungen religiöser Individualisierung zur Kirche hält, tut dies vielmehr aus freien Stücken. Gerade das Verhältnis zur organisierten Religion erfährt eine durchgehende *Subjektivierung*. Gerade diese Inklusion ist nach Geltungsgrund und Gehalt ganz auf die Bedürfnisse des Individuums hin strukturiert: „Kirchenbindung nimmt ihren prinzipiellen Ausgang bei der Ich-Erfahrung [...]. Es sind die seelischen Erfahrungen im eigenen Leben, welche die Art und Weise der individuellen Beziehung zur Kirche weitgehend steuern und bestimmen oder doch die Kriterien des Verhaltens geben. [...] Damit erhält die

---

93 *Dubach*, Nachwort, 305; das Zitat am Anfang des Absatzes aus *Krüggeler*, Ein weites Feld, 223.

94 Fremde Heimat 1993, 7ff. Die Studie zitiert diese Formel freilich nicht zustimmend, sondern nur als plakativen Ausgangspunkt einer Argumentation, die sich um die *Widerlegung* jener These bemüht.

95 Exemplarisch ist *Dubach*, Loyalität, 37f. 41ff; vgl. schon *Feige*, Kirchenmitgliedschaft, 372f. 375ff.

Beziehung zur Kirche einen stark voluntaristischen, pragmatischen, persönlich subjektiven Charakter." (*Dubach*, Nachwort, 309)

Hervorzuheben ist hier der Hinweis auf den freiwilligen Charakter kirchlicher Inklusion: Zur religiösen Subjektivierung gehört auch die Möglichkeit, auf jede organisatorische Bindung zu *verzichten* – eine Möglichkeit, die in den Funktionsbereichen der Bildung, der Wirtschaft und der Politik nicht besteht. Der Freisetzung aus der institutionellen Religion entspricht keineswegs eine gesellschaftlich geförderte Re-Integration in religiöse Organisationen.

Gleichwohl kann auch die radikale Subjektivierung kirchlicher Inklusion als *Resultat gesellschaftlicher Strukturen* verstanden werden, wie sie besonders gründlich R. *Roosen* aufgewiesen hat[96]: Das moderne Individuum steht verschiedenen Subsystemen sowie konkurrierenden ethischen Entwürfen gegenüber (aaO. 487ff) und hat zudem verschiedene biographische Stadien mit je eigentümlichen Anforderungen zu bewältigen (aaO. 495ff). Angesichts dieser „Zerrissenheit" (aaO. 464ff) steht religiöse Inklusion unter dem *Kriterium unmittelbaren biographischen Nutzens* (473f. 481ff); es herrscht „Präsentismus" (494). Aus sozialstrukturellen Gründen entsteht, so *Roosen*, eine „Fast-food-Religiosität", die sich dem Anspruch kontinuierlicher Auseinandersetzung mit den kirchlichen Kommunikationsformen verweigern muss (484f). Jede kirchliche Bindung erscheint durchgehend *pragmatisiert*[97].

Die Subjektivierung und Pragmatisierung kirchlicher Inklusion hat nun Folgen für die kirchliche Institution selbst: *Kaufmann*, *Gabriel* und andere haben die *Erhöhung des kirchlichen Organisationsgrades* beschrieben[98]. Wieder wird an die Theorie funktionaler Differenzierung angeknüpft: Die spezifische Institutionalisierung einer gesellschaftlichen Leistung impliziert die Entstehung formaler, zweckrationaler Organisationen, die nach individuellen Nützlichkeitskriterien in Anspruch genommen werden. Auch die Kirchen bilden demnach, um trotz der Auflösung religiös verbindlicher Milieus noch sozial präsent zu sein, ein schärferes Profil aus, sie formalisieren ihre interne Struktur und ihre externen Zugangsbedingungen.

---

96 *Roosen*, Kirchengemeinde, Kap. VI, 455ff; vgl. auch *Dubach*, Loyalität, 40ff; *Kaufmann*, Religion und Modernität, 249ff.

97 Vgl. *Dubach*, Nachwort, 308: „Die Kirche interessiert im Blick auf den Nutzen, den sie subjektiv den Einzelnen tatsächlich oder vermeintlich bringt. [...] Das Verhältnis zur Kirche wird in der gleichen Perspektive thematisiert wie die Beziehung zu anderen Organisationen in unserer Gesellschaft auch."

98 Vgl. *Kaufmann*, Kirche begreifen; *Ders.*, Religion und Modernität, 25ff. 267ff; *Gabriel*, Organisation als Strukturprinzip; dazu *Daiber*, Religion, 174ff; *Dubach*, Loyalität, 42ff; *Ebertz*, Religionssoziologie, 295f; *Luhmann*, Ausdifferenzierung der Religion.

Dieser Wandel von sozial selbstverständlicher zu formal organisierter Kirchlichkeit beginnt, nach *Gabriel* und *Kaufmann*, bereits mit der mittelalterlichen Verrechtlichung der katholischen Hierarchie[99]. Unter modernen Bedingungen hat er sich enorm verstärkt. Denn nun stehen die Kirchen nicht nur untereinander in Konkurrenz, sondern müssen ihre Mitgliedschaft vor allem gegen die Optionen gänzlich unorganisierter Religiosität und religiöser Indifferenz „mobilisieren" (*Dubach*, Bindungsfähigkeit, 135f. 143f).

Gegenwärtig stehen die Individuen nicht allein einer Vielzahl von Sinndeutungen gegenüber, sondern zugleich einer wachsenden *Pluralität von kirchlichen – und nichtkirchlichen – Inklusionsangeboten*[100]. Dabei verstärken sich individuelle und organisatorische Pluralisierungen gegenseitig: Mit dem „Einbau" immer neuer Beteiligungselemente versuchen die Kirchen, mit der religiösen Individualisierung Schritt zu halten – zugleich eröffnen sich damit immer neue Möglichkeiten, von ihren Strukturen eigenständigen Gebrauch zu machen. So ergibt sich gegenwärtig ein „Spektrum von kontinuierender Anknüpfung an kirchlich institutionalisierte (konfessionelle) Religion über eine ‚Entgrenzung' des Kirchenbezuges zugunsten individuell-religiöser Autonomie bis hin zum Rückgriff auf nichtchristliche religiöse Praktiken, der sich einer Einordnung nach dem Schema ‚Nähe und Distanz zur Kirche' verweigert" (*Krüggeler*, Ein weites Feld, 223).

Aus der externen und internen Pluralisierung religiöser Inklusion ergibt sich für die genannten Autoren ein spezifisches „organisationsstrategisches Dilemma"[101]: Je deutlicher die Kirche sich auf subjektiv-pragmatische Bindungsmuster einstellt und ihre formal-organisatorischen Züge verstärkt, desto mehr droht der Mitgliedschaftsbeziehung der Verlust ihres spezifisch religiösen Gehalts: „Religion – so lässt sich zusammenfassen – ist auf Sozialbeziehungen angewiesen, in denen es um mehr als spezifische Beiträge, Dienstleistungen oder sonstige Ressourcen von Personen geht; um mehr als um einen Tausch von Leistung und Gegenleistung; um mehr als um eine Interaktion zwischen Rollenträgern [...]. Religion impliziert vielmehr Sozialbeziehungen mit dem Interesse am anderen als Person." (*Gabriel*, Organisation als Strukturprinzip, 26)

In der These eines strukturellen Widerspruchs zwischen gesellschaftlich präformierten und religiös normierten Inklusionsmustern erscheinen die zentralen Annahmen der „religiösen Individualisierung" – die Subjektivie-

---

99 Vgl. *Gabriel*, Organisation als Strukturprinzip, 20f; *Kaufmann.*, Kirche begreifen, 100ff.

100 Einen erschöpfenden Überblick gibt zuletzt *Ebertz*, Gegenwind, 98ff. 116ff; zum Folgenden vgl. auch Ders., Religionssoziologie, 294ff.

101 Vgl. zum Folgenden *Dubach*, Bindungsfähigkeit, 166ff; Ders., Loyalität, 47ff; *Gabriel*, Organisation als Strukturprinzip; *Kaufmann*, Religion und Modernität, 267ff; *Krüggeler/Voll*, Individualisierung, 46.

rung, Pluralisierung und Pragmatisierung religiöser Kommunikation – gebündelt. In der Zuspitzung wird zugleich offenkundig, dass diese Auffassung gegenwärtiger kirchlicher Inklusion ein bestimmtes *Religionsverständnis* impliziert sowie eine bestimmte Sicht des *faktischen Aufbaus* religiös-kirchlicher Bindungen. Eben diese religionstheoretischen wie empirischen Implikationen sind jedoch in der Debatte um die „religiöse Individualisierung" nicht unbestritten geblieben.

3. Empirische Einwände: Das Gewicht der Tradition

Gegen die Auffassung, die kirchliche Inklusion der Gegenwart verdanke sich im Wesentlichen pragmatisch motivierten, autonom gefällten und jederzeit revidierbaren Entscheidungen, haben vor allem *D. Pollack* und *K.-F. Daiber*, in jüngster Zeit auch *W. Vögele* und *M. Vester* Einspruch erhoben. Sie weisen auf transindividuelle Bedingungen und „transsubjektive Muster" der Mitgliedschaft hin, die sich empirisch ausmachen lassen[102].

In einer sorgfältigen Analyse belegt *Pollack* zunächst den bleibenden Einfluss *sozialstruktureller Merkmale*[103]. Die Intensität kirchlicher Bindung korreliert nicht nur mit Lebensalter und Geschlecht, sondern nach wie vor auch mit Bildungsgrad und Beschäftigung: Ältere Frauen mit mittlerer Bildung in traditionellen Berufen entsprechen der kirchlichen Mitgliedschaftserwartung erheblich häufiger als Personen, deren Leben stark von ökonomisch-kulturellen Modernisierungsprozessen geprägt ist. Darüber hinaus wird die große Bedeutung *familiärer Tradition* betont[104]: Konfessionszugehörigkeit, Muster kirchlicher Beteiligung und das Gewicht religiöser Orientierung für die Lebensführung werden mit bemerkenswerter Konstanz über Generationen hinweg weitergegeben. Das biographisch erworbene Inklusionsmuster kann sich abschwächen, wird aber nur selten durch eine organisatorische Alternative ersetzt.

---

102 *Daiber*, Gruppenbildung, 91f. Vgl. dazu *Ders.*, Einführung in *Ders.*, Religion und Konfession; *Ders.*, Religion, 172ff; *Ders.*, Tradierung; *Pollack*, Lage in Deutschland; *Ders.*, Individualisierung; *Ders.*, Bindungsfähigkeit; *Vögele/Vester*, Kirche und die Milieus. Während *Vögele/Vester* eigene Daten benutzen, beziehen sich *Pollack*, Bindungsfähigkeit, 62ff, und *Daiber*, Tradierung, 92ff, auf die Schweizer Studie. Weitere Daten entnehmen die Autoren vor allem den folgenden Untersuchungen: ALLBUS-Umfragen 1991, 1992 und 1994; *Daiber*, Religion und Konfession; Fremde Heimat 1993; *Keckes/Wolf*, Religion; *Terwey*, Zur aktuellen Situation.

103 *Pollack*, Bindungsfähigkeit, 62ff; *Ders.*, Individualisierung, 69ff; ähnlich auch *Keckes/Wolf*, Christliche Religiosität: Ergebnisse, 506ff.

104 *Pollack*, Lage in Deutschland, 604ff; *Ders.*, Individualisierung, 71ff; *Daiber*, Tradierung, 88f; vgl. auch *Schwab*, Familienreligiosität; *Wolf*, Religiöse Sozialisation. S. auch unten S. 265–272.

Auch konfessionsstatistische Detailerhebungen widersprechen der Vorstellung einer Nivellierung und Flexibilisierung. Regionale Differenzen im bikonfessionellen Kräfteverhältnis, aber auch im Grad rechtlicher und ritueller Kirchlichkeit bleiben offenbar stabil. Lokale Traditionen der kirchlichen Orientierung prägen die individuelle Inklusion sogar stärker als der jeweilige „Modernisierungsgrad" der Gemeinden[105].

Daiber stellt diese Ergebnisse in einen kultursoziologischen Rahmen (Tradierung, 87ff): Der Prozess kultureller Globalisierung schließt nicht aus, sondern gerade ein, dass auf lokaler und regionaler Ebene spezifische Muster der Orientierung und des Handelns bestehen bleiben, ja sich sogar verstärken, bis hin zu „fundamentalistischen" Tendenzen. Religiöse Bindungen sind auch Ausdruck solcher „Lokalkulturen", die biographisch primär und darum tiefgreifend wirken.

Die Autoren plädieren daher für eine analytische Differenzierung. Während die gängige „Fixierung auf Formen kognitiver religiöser Sozialisation" eher diffuse, „synkretistische" Verhältnisse sichtbar macht, ist die „Fortdauer christlich-konfessioneller Kultur" auf der Ebene der Verhaltensformen, der Beteiligungsstrukturen und der öffentlichen Symbolisierung von Transzendenz mit Händen zu greifen[106]. Und selbst für die Ebene individueller Sprache dürfte gelten: „Religiöse Semantiken können nicht frei gewählt werden, sondern sind kulturspezifisch und damit überindividuell. Möglich sind Adaptionen, Interpretationen, auch Negationen, aber schwerlich wirkliche Alternativen." (*Daiber*, Gruppenbildung, 89)

Sind die semantischen wie die strukturellen Aspekte kirchlicher Inklusion nicht in dem Maße plural nivelliert, wie es die These „religiöser Individualisierung" nahe legt, so steht für *Daiber* und *Pollack* auch die korrespondierende Behauptung in Frage, die Kirchenmitgliedschaft sei Resultat bewusster Entscheidung.

Dagegen sprechen wiederum die Umfragedaten. Im Blick auf die Erwartungen an die Kirche sowie die Gründe für die eigene Mitgliedschaft ist das „Verhältnis der Kirchenmitglieder zur Kirche mehr als früher durch Konventionalität und Gewohnheit bestimmt"[107]. Ausdrücklich inhaltliche Deutungen der eigenen Bindung finden sich dagegen immer seltener. *Daiber* erinnert daran, dass die organisierte Religion für die meisten als selbstverständliches Symbol der kulturellen Überlieferung erscheint, nicht aber als Anlass, sich bewusst und verbindlich auf ihre spezifischen Sozialformen einzulassen[108].

---

105 *Pollack*, Bindungsfähigkeit, 65 mit Verweis auf *Voll*, Beten in der Mördergrube; vgl. *Daiber*, Einführung.
106 *Daiber*, Gruppenbildung, 90f; vgl. *Pollack*, Bindungsfähigkeit, 65f.
107 *Pollack*, Individualisierung, 77; vgl. Ders., Lage in Deutschland, 600–602.
108 Vgl. *Daiber*, Religion, 178ff; Ders., Tradierung, 92ff.

Wird die kirchliche Inklusion nun doch in solchen Formen intensiver, gruppenförmiger Beteiligung gestaltet, so verweist dieses minderheitliche Verhalten gerade nicht auf allgemein individualisierende, sondern auf sehr spezielle soziale Randbedingungen. Eine bewusst bejahte Mitgliedschaft ist vor allem bei höher Gebildeten, bei Großstädtern und bei Jugendlichen anzutreffen[109]. Diese „Wahlreligiosität" scheint zudem auf kulturellen Mustern zu beruhen, die eine längere Geschichte haben – *Daiber* verweist auf die „Elitereligiositäten" der Ordensfrömmigkeit, des Pietismus und der frühbürgerlichen Vereinskultur (Gruppenbildung, 92–95).

Daibers und *Pollacks* Einwände lassen sich in der These zusammenfassen, dass die gegenwärtige Gestalt kirchlicher Mitgliedschaft eher von der bleibenden *Bedeutung traditionaler und integrativer Sozialstrukturen* geprägt ist als von einer individuellen „Freisetzung" aus solchen Vorgaben[110].

Auch *Vögele* und *Vester* insistieren in ihren jüngsten Studien über „Kirche und die Milieus der Gesellschaft" darauf, dass die „habituellen Normen", zu denen auch die kirchliche Einstellung zählt, „im Zusammenleben der Familien, Freunde und Milieus [entstehen]", lange bevor sie zum Gegenstand eigener Entscheidung werden[111].

Die kirchlichen Inklusionsformen bringen offenbar anderes zum Ausdruck als die moderne „Exklusionsindividualität" (*Luhmann*), als den zwischen den sozialen Funktionssystemen „strukturell zerrissenen Menschen" (*Roosen*). Die kirchliche Bindung ist nicht allein in Analogie zu formal-organisatorischen Inklusionen zu begreifen. Vielmehr hat die Kirche, wie ihre bleibende Präsenz in der kulturellen Lebenswelt zeigt, die vertikale Differenzierung der modernen Gesellschaft nicht vollständig mitvollzogen (*Pollack*, Bindungsfähigkeit, 73ff).

Die individuelle Mitgliedschaftsentscheidung wird dann weniger von der *Organisation* der Kirche beeinflusst; ihr scheint eine stringente Verknüpfung spezifischer Zwecke und bestimmter Mitgliedschaftsregeln gerade nicht zu gelingen[112]. Prägend für die Struktur der Mitgliedschaft ist

---

109 *Pollack*, Individualisierung, 71. 77 (Anm. 21); *Ders.*, Bindungsfähigkeit, 63f; vgl. auch *Vögele/Vester*, Kirche und die Milieus, 84f.

110 *Pollack* sieht die religiösen Entwicklungen durch „Modernisierungsverzüge [...] gekennzeichnet" (Bindungsfähigkeit, 61) und betont insgesamt ein „Spannungsverhältnis zwischen Religion und Moderne" (aaO. 73), das er bei den Individualisierungstheoretikern zu wenig berücksichtigt sieht; vgl. auch *Ders.*, Individualisierung, 83f; *Ders.*, Säkularisierungstheorem, 117ff. *Daiber* sieht das Verhältnis von kirchlicher Religion und Moderne differenzierter; vgl. *Daiber*, Religion, 13f. 172ff.

111 *Vögele/Vester*, Kirche und die Milieus, 54; vgl. die Kritik an der Individualisierungsthese aaO. 17ff. 51ff.

112 Vgl. *Pollack*, Bindungsfähigkeit, 75ff – damit wird die zuerst von *Luhmann*, Organisierbarkeit, entwickelte Argumentation aufgenommen; vgl. dann *Luhmann*, Funktion der Religion, 280ff. 293ff.

die Kirche selbst vielmehr als Teil der *kulturellen* Traditionen, die die soziale Kommunikation und Inklusion auch in der Gegenwart prägen. Auf diese kulturelle Bestimmung der Kirchlichkeit, in der die Institution selbst eine gewichtige Rolle spielt, hat *J. Matthes* immer wieder aufmerksam gemacht.

4. Theoretische Einwände: Das Gewicht der Institution

Für die Interpreten der „religiösen Individualisierung" scheint recht klar, was unter „Religion", „religiösen Bindungen" und dann auch „religiöser Inklusion" zu verstehen ist. Methodologische Zweifel finden sich in den einschlägigen Texten selten[113]. Eine solche *religionstheoretische Unbekümmertheit* der Religionssoziologie ist von *J. Matthes* und anderen seit dreißig Jahren, damals noch gegenüber der Säkularisierungsthese, kritisiert worden[114]. In den letzten Jahren hat *Matthes* seine Einwände erneuert[115]: Auch die gegenwärtige Forschung verwende „Religion" und „Kirchlichkeit" auf eine Weise, die eher die Vorurteile der Forschenden verrate als gegenwärtige Phänomene erhelle. Erst wenn „Religion" nicht als objektiver Tatbestand, sondern als ein „kulturelles Konzept" begriffen werde, das bestimmten gesellschaftlichen Diskursen entstamme, sei die notorische „Unbestimmtheit" religiöser Äußerungen und Bindungen angemessen zu reflektieren (*Matthes*, Auf der Suche, 131).

Einen solchen wissenssoziologischen Religionsbegriff hat *Matthes* im Blick auf die religionssoziologische Forschung umrissen (a) und auf die Mitgliedschaftsuntersuchungen zugespitzt (b). Gelegentlich hat er daraus Konsequenzen für die kirchensoziologische Methodik gezogen (c).

(a) *Matthes* entnimmt den komparativen Studien, die er vor allem in Südostasien, in Indien und China durchgeführt hat, zunächst die Einsicht, dass der sozialwissenschaftliche Begriff der Religion nicht der Selbstwahrnehmung der in Asien verbreiteten „Religionen" entspricht. Es führt zu tiefgreifenden Verständigungsproblemen, wenn „Religion" als „eine eige-

---

113 Eher für als gegen diese These spricht *Nassehi*, Religion und Biographie. Selbst die sorgfältigen Überlegungen von *Krüggeler*, Ein weites Feld, stellen sich dem Problem des Religionsbegriffs nur am Rande (aaO. 219). Anders lediglich *Feige*, Soziale Topographie, der – in wenig befriedigender Weise – auf *Matthes* zurückgreift (aaO. 53ff; vgl. auch *Ders.*, Kirchenmitgliedschaft, 363ff).

114 Vgl. die Darstellung der Positionen in *Feige*, Kirchenmitgliedschaft, 85–102.

115 *Religions*soziologisch argumentieren vor allem *Matthes*, Wie erforscht man; *Ders.*, Auf der Suche; *Ders.*, Was ist anders. *Kirchen*soziologische Zuspitzungen finden sich in den Kommentaren zur EKD-Mitgliedschaftsforschung: *Matthes*, Volkskirchliche Amtshandlungen, 83ff; *Ders.*, Unbestimmtheit; *Ders.*, Mitgliedschaftsstudien. Eine Zusammenfassung der Argumentation gibt *Matthes*, Nadelöhr.

ne und eigenartige Gefühls-, Denk- und Handlungswelt" begriffen wird (Was ist anders, 23). In anderen „Religionen" ist offenbar die Mischung verschiedener Vorstellungen, institutioneller Bindungen und sozialer Bezüge in einer Weise „normal", die die Forschungsfrage nach *der* Religion als Vorurteil entlarvt. *Matthes* kann von daher behaupten, eine semantische und strukturelle Bestimmtheit der außerchristlichen „Religionen" werde von der Religionswissenschaft allererst *erzeugt*, um interkulturelle Fremdheitserfahrungen zu bewältigen[116].

Eine ähnliche Fremdheitserfahrung sieht *Matthes* auch hinter den soziologischen Bemühungen um die religiöse Lage in Deutschland bzw. Westeuropa. Auch hier wird „Religion" als ein nicht-alltägliches und im Wesentlichen traditionelles Phänomen konzipiert, das in der „modernen" Lebenswelt der Forscher selbst eigentlich nicht mehr vorkommt (Auf der Suche, 134f). Auch hier stellen die meisten Forschungsergebnisse eine „petitio principii" dar, wenn sie die Randständigkeit des Religiösen im allgemeinen Bewusstsein und den Rückgang aller „bestimmten" Äußerungen von Religion konstatieren (Wie erforscht man, 126). Die „Residuen" religiösen Lebens, etwa in den „fundamentalistischen" Bewegungen, erscheinen dieser Forschung eo ipso als vor- oder doch antimoderne Erscheinungen.

Matthes beobachtet weiterhin, dass eine solche Sicht „religiöser" Bindungen auch von der kirchlichen Theologie geteilt wird[117]. Auch die amtskirchliche Institution und ihr kerngemeindliches Umfeld erscheinen vom sozialen Alltag geschieden, während die dort, im Alltag zu vermutende Religion als eine fremde, tendenziell „unsichtbare" (*Luckmann*) und eigentümlich beliebige „Religiosität" wahrgenommen wird[118]. Soziologische und theologische Religionsforschung stimmen auch darin überein, dass Kirche und Christentum, indem sie sozial randständig werden, nur Objekte, ja Opfer eines Modernisierungsprozesses sind, „der außerhalb von Religion und Kirche entsteht und abläuft" (Nadelöhr, 34).

Diese perspektivische Übereinstimmung führt *Matthes* auf die Verwendung eines kulturell selbstverständlichen, aber gleichwohl höchst voraussetzungsvollen Begriffs von „Religion" zurück, der sich „der christen-

---

116 Vgl. *Matthes*, Wie erforscht man, 133f; *Ders.*, Was ist anders, 19. 27f; Mitgliedschaftsstudien, 151f. Auf ähnliche Probleme verweist auch *Stolz*, Komplementarität, 162 u.ö.

117 *Matthes*, Wie erforscht man, 127; Auf der Suche, 133-136. Schärfer ist das von *Matthes* zitierte Résumée eines japanischen Forschers, der „den Eindruck einer unheiligen Allianz zwischen den Kirchenführern und Theologen einerseits und den überwiegend ja agnostischen Sozialwissenschaftlern andererseits" gewonnen hat: *Matthes*, Mitgliedschaftsstudien, 153.

118 *Matthes* zufolge wurde *Luckmanns* Konzept der „unsichtbaren Religion" von der Theologie rezipiert als „Rettungsanker für das ständige eigene Bestreben, das ‚Unbestimmte' doch noch irgendwie ‚fassbar', ‚sichtbar' zu machen – aber auch als Rettungsanker dafür, dass dies nicht recht gelingen will" (Auf der Suche, 133).

tumsgeschichtlichen Überlieferung verdank[t], genauer: der okzidentalen Kulturgeschichte seit der Reformation"[119].

Matthes verweist auf die aufklärerische Verwendung von „Religion" als Chiffre für die bleibenden Gemeinsamkeiten des konfessionell gespaltenen Christentums. „Religion" umfasste dann bald auch andere „religiöse" Formen und wurde zum Signum aufgeklärter Toleranz. Vor allem aber markierte „Religion" den Anspruch „einer (zunächst vornehmlich) protestantischen Laienschaft gegenüber der institutionellen Verfasstheit von ,Kirche'", ein je selbstbestimmtes Gottesverhältnis leben zu können (aaO. 20).

In jedem Fall definieren sich „religiöse" Äußerungen von Anfang an in kritischer Abgrenzung zu den kirchlichen Sozialformen des Christentums, und diese „asymmetrische Bestimmtheits-Unbestimmtheits-Relation" bleibt auch dort erhalten, wo die kirchliche Institution ihrerseits die Definitionsmacht über „Religion" für sich reklamiert (Auf der Suche, 132).

Die strukturellen Polaritäten, die der Religionsbegriff aufbewahrt, wurzeln nach *Matthes* allerdings in einer christlichen Tradition, die weit hinter die Reformation zurückgeht[120]. Es sei vor allem die christliche „Scheidung dieser von einer anderen Welt", aus der eine soziale Isolierung des Glaubens resultiert: Das Gottesverhältnis des Einzelnen und auch die kirchliche Gemeinschaft sind von allen Bindungen des gesellschaftlichen Alltags theologisch strikt geschieden. Es ist die kirchliche Institution, die in dieser Welt das Jenseits vertritt. So wird das *asymmetrische Gegenüber von Institution und Individuum* zum Strukturprinzip einer christlich geprägten kulturellen Überlieferung.

Auch die Soziologie, insbesondere die Soziologie der Religion bleibt *Matthes* zufolge in der asymmetrischen Polarität von kirchlicher Institution und „religiösem" Individuum befangen[121]. Dies gilt, wenn sie – mit der Säkularisierungsthese – diese „Religiosität" von der Bestimmtheit kirchlicher Theologie aus in den Blick nimmt, und ebenso, wenn sie stattdessen nach der „unsichtbaren Religion" der Einzelnen sucht, die sich doch ebenfalls nur im Gegenüber zur Institution als unsichtbar, unbestimmt und fremd ausnimmt. Diese konzeptionelle Befangenheit im Überlieferungshorizont des Christentums lässt sich nicht zuletzt an den Mitgliedschaftsbefragungen zeigen.

---

119 *Matthes*, Was ist anders, 19; vgl. zum Folgenden aaO. 19-21; *Ders.*, Auf der Suche, 131-133; *Ders.*, Wie erforscht man, 129f. 131f.
120 Vgl. *Matthes*, Nadelöhr, 34f (dort auch die folgenden Zitate); dazu *Ders.*, Mitgliedschaftsstudien, 148f – hier erscheint die dichotomische Struktur der christlichen Kultur im Spiegel asiatischer Gesprächsbeiträge.
121 Vgl. *Matthes*, Wie erforscht man, 131ff; *Ders.*, Auf der Suche, 135f. 139.

(b) *Matthes* macht zunächst auf die Implikationen der Tatsache aufmerksam, *dass* die Kirche die individuellen Bindungen in der Form groß angelegter Umfragen erkundet[122]: Offenbar ist die gesellschaftliche Wirklichkeit der christlichen „Religion" für die Institution nicht in Gänze zugänglich. D.h., der soziale Alltag der individuellen „Religion" ist offenbar ganz anders als der institutionelle Alltag des kirchlichen Lebens. Schon im methodischen Ansatz erweisen sich „Religion" wie „kirchliche Bindung" als *problemanzeigende Begriffe*, als Hinweis auf eine interne Polarität, die seitens des institutionellen Poles aufgeklärt werden soll.

Dass die EKD-Studien die Verbreitung einer „unbestimmten" Mitgliedschaftsform aufgewiesen haben, ist dann als Reflex dieser asymmetrischen Fragestellung selbst zu interpretieren. Das gilt schon in methodischer Hinsicht, insofern das soziologische Frage/Antwort-Schema die Befragten zu isolierten Objekten macht, die sich nicht eigenständig artikulieren dürfen[123]. Vor allem aber verweist die soziologische Wahrnehmung einer „unbestimmten" Mitgliedschaft auf eine *kirchliche* Fremdheitserfahrung, die in der Organisationsform der christlichen Religion selbst begründet ist.

„Indem das Institut der Amtskirche [...] zu einer Lebenswelt eigener Art wird, in der das ‚Christliche' in seiner Bestimmtheit zur beherrschenden Dimension aller Lebensvollzüge für die die Amtskirche Betreibenden wird, schrumpft zugleich deren Wahrnehmungsfähigkeit für die Vielzahl und Vielfalt der außerhalb der amtskirchlich geprägten Lebenswelt existierenden [...] Lebenswelten. Dieser Umstand verschärft sich gerade, wenn – wie in der protestantischen Überlieferung – jener Vielzahl und Vielfalt von Lebenswelten im Prinzip ein eigenes Recht auf's Christliche eingeräumt wird [...]." (*Matthes*, Unbestimmtheit, 155)

Gerade eine *evangelische* Kirche muss in den Lebenswelten ihrer Mitglieder christliche „Religion" vermuten. Zugleich jedoch steht sie vor dem Problem, diese „Religion" mit den ihr eigenen Mitteln nicht „bestimmen" zu können. Diese Fremdheit gegenüber der individuellen „Religion" kommt in den Umfragen besonders klar zum Ausdruck, aber sie ist doch, *Matthes* zufolge, charakteristisch für die institutionelle Wahrnehmung der Mitglieder im Ganzen. Das kirchliche Handeln macht hier eine Distanzerfahrung, die es durch die religiös begründete Absonderung vom vielfältigen sozialen Leben im Grunde selbst produziert hat[124].

---

122 Vgl. *Matthes*, Unbestimmtheit, 157-159; Ders., Mitgliedschaftsstudien, 145-147.
123 Vgl. zu dieser Kritik *Matthes*, Volkskirchliche Amtshandlungen, 85ff; Unbestimmtheit, 157-159; Ders., Mitgliedschaftsstudien, 146f.
124 Diese These hat *Matthes* schon 1964 historisch und systematisch entfaltet; vgl. Ders., Emigration der Kirche.

Auf diese Weise rücken die kirchlichen Definitionen des Christlichen, aus der Sicht der *Einzelnen*, ihrerseits „in den Status der Unbestimmtheit" (Unbestimmtheit, 154). Die institutionellen Erwartungen werden auf der Seite des durchschnittlichen Mitglieds zwar „irgendwie" anerkannt, zugleich aber sind jene Ansprüche „in ihrer inneren Logik und Konsistenz in der je eigenen lebensweltlichen Optik weder durchschaubar noch in die eigenen Lebenszusammenhänge übertragbar" (aaO. 156). So hat das Individuum den seinerseits ambivalenten Eindruck, zwar „christlich" oder „religiös" zu sein, aber doch nicht in der Weise, die „eigentlich" angemessen wäre[125].

Matthes beurteilt diese „wechselseitige Perspektivenbestätigung" höchst kritisch: Weil die Bestimmung des Christlichen der kirchlichen Institution überlassen ist, „wird die religiöse Selbstauslegung [...] im Alltagsleben ausgetrocknet; die religiöse Phantasie der Menschen stirbt ab". Die „religiöse Kompetenz" der Einzelnen wird kirchlich „vernichtet"[126].

Nicht ohne Dramatik wird auf diese Weise die große Bedeutung herausgestellt, die der *kirchlichen Institution* für die gesellschaftliche Bestimmung von „Religion" zukommt: Nicht nur der „amtskirchliche" Alltag der hoch Verbundenen, sondern auch der gesellschaftliche Alltag der einzelnen Mitglieder, *und* dessen soziologische Wahrnehmung, sind geprägt von der kulturell tief verwurzelten Überzeugung, das eigentlich und eindeutig Christliche werde durch die kirchlichen Normen definiert.

(c) Jeder reflektierten Nachfrage nach „Religion" und nach kirchlicher Bindung schreibt *Matthes* die Forderung ins Stammbuch, die eigene Leitbegrifflichkeit wie deren methodische Umsetzung sorgfältig zu bedenken – ohne jedoch zu meinen, man könne den Wahrnehmungsmustern der westlichen Kultur auf irgendeine Weise entgehen[127]. Gerade im Blick auf das Thema „Religion" ist die asymmetrische Polarität von Institution und Individuum so tief in die soziale Wirklichkeit eingelagert, dass sie von keiner Seite – auch nicht von der Kirche selbst! – übersprungen werden kann.

Für eine empirische Überprüfung der These von der „religiösen Individualisierung" gibt *Matthes* vor allem zwei Aspekte zu bedenken. Zum einen ist konsequenter die *Perspektive der Individuen selbst* zu berücksichtigen. Das „religiöse Feld" muss allererst als lebensweltliches Phänomen wahrgenommen werden, ehe es sekundären Interpretationen unterzogen wird (Unbestimmtheit, 160f). Forschungspraktisch bedeutet dies, durchaus im Trend (s.o. S. 216), eine Aufwertung qualitativer Verfahren.

---

125 Vgl. *Matthes*, Wie erforscht man, 132f; *Ders.*, Auf der Suche, 133f. 137.

126 *Ders.*, Mitgliedschaftsstudien, 149. 152 (Zitate asiatischer Religionswissenschaftler). Eine systematische Missachtung individueller Kompetenz sieht *Matthes* auch in der mangelnden Aufmerksamkeit der EKD-Studien für „religiöse Beziehungen unter den Kirchengliedern selbst" (Unbestimmtheit, 156).

127 Vgl. *Matthes*, Wie erforscht man, 131ff; *Ders.*, Unbestimmtheit, 159ff.

Matthes warnt allerdings davor, bei solchen Rekonstruktionen außer Acht zu lassen, dass auch die sozial verbreitete Auffassung von kirchlich-religiöser Bindung immer schon institutionell präformiert ist.

Zum anderen wendet sich *Matthes* gegen die Auffassung, diese Bindungen seien von der Kirche selbst nicht mehr zu beeinflussen. Ist „Religion" in der gegenwärtigen Kultur nach wie vor institutionell definiert – und zwar auch dann, wenn man sich von der Institution kritisch abgrenzt –, so sollte das Feld religiöser Inklusion nicht unter Absehung von deren *faktischer kirchlicher Bestimmung* betrachtet werden[128].

Matthes' Frage „Was ist es im Einzelnen, das auf der amtskirchlichen Seite die Bedingungen dafür setzt, die Lebenswelt der Kirchenmitglieder als so ‚fremd' zu erfahren?"[129], ist dann zuzuspitzen: Was ist es *auf der Seite der kirchlichen Organisation selbst,* das die gegenwärtige Kirchenmitgliedschaft so ‚pluralisiert' und ‚pragmatisch subjektiviert' erscheinen lässt? Im Kontext von *Matthes'* Kultursoziologie dürften es weniger einzelne Inhalte oder bewusste kirchliche Handlungsstrategien sein, die das Muster religiöser Inklusion prägen, als vielmehr basale kirchliche Strukturen, in denen sich die „Bestimmtheit" des christlichen Glaubens niedergeschlagen hat. Wie diese *institutionelle Bestimmung individueller Mitgliedschaft* sich gegenwärtig vollzieht, das bedarf offenbar genauerer Aufklärung.

5. Zwischenbilanz: Die soziologische Bedeutung der kirchlichen Mitgliedschaft

A. Feiges Inventur der Mitgliedschaftsforschung zielte systematisch darauf, die empirische Arbeit wieder deutlicher in einen *religions- und kultursoziologischen Rahmen* zu stellen (s.o. S. 212–213). Damit verband er die Erwartung, eine theoretisch aufgeklärte Betrachtung der kirchlichen Inklusion könne auch insgesamt „aufschlussreiche Einsichten in Prozesse kultureller Identitätsbildung des Einzelnen wie der Gesellschaft vermitteln" (Kirchenmitgliedschaft, 367). Diese These einer wechselseitigen Erhellung von kirchlicher Mitgliedschaftsforschung einerseits und ihrem allgemeinen Deutungsrahmen andererseits hat sich im Argumentationsgang der Kapitel I und II bestätigt.

So ergeben sich aus der allgemeinen Theorie der „Individualisierung" wichtige Hinweise für das gegenwärtige Mitgliedschaftsverhältnis zu Institutionen bzw. Organisationen (s.o. S. 206–210). Und im Deutungshori-

---

128 In ganz ähnlicher Weise formuliert *F.-X. Kaufmann* seinen religionssoziologischen Ansatz: „Ich behandle das Christentum [...] nicht als eine bloß passive Größe, deren Zukunftschancen allein von den gesellschaftlichen Entwicklungen abhängig sind." (Religion und Modernität, 239)

129 *Matthes*, Mitgliedschaftsstudien, 156.

zont einer „religiösen Individualisierung", mit den Aspekten der Freisetzung, Pluralisierung und Subjektivierung, scheint inzwischen auch die kirchliche Inklusion nach der Maßgabe unmittelbaren Nutzens für die je individuelle Lebensführung gestaltet zu werden. Der „passageren Religiosität" (*Höhn*) entspricht die unverbindlich-distanzierte kirchliche Beteiligung (s.o. S. 217–225).

Die These einer „Individualisierung" aller religiös-organisatorischen Bindungen wirkt jedoch schon im Horizont jenes allgemeinsoziologischen Theorems unterbestimmt. So wird die *Ambivalenz* von Freiheit und Zwang zur biographischen Selbstverantwortung zwar in ihren „religionsproduktiven" Folgen bedacht[130] – die kirchliche Inklusion jedoch erscheint nur als Gegenstand individueller Wahlfreiheit, scheinbar unbeeinflusst von den Mechanismen der „Institutionalisierung des Lebenslaufs".

Auch eine genauere Wahrnehmung der kirchlichen Bindungen selbst weckt Zweifel an ihrer gängigen Deutung (s.o. S. 225–233). In empirischer wie in religionstheoretischer Sicht wird die Mitgliedschaft von familiär und kulturell *vorgegebenen* Mustern geprägt, die nicht zuletzt die spezifische Struktur der kirchlichen Institution spiegeln. Die Abblendung dieser kulturellen und institutionellen Einflüsse erscheint als eine interessengeleitete Selbsttäuschung des „modernen" Forscher-Individuums[131].

Die soziologische Frage nach den sozialen Bedingungen der kirchlichen Mitgliedschaft erscheint mithin durchaus offen. Im Sinne von *Feiges* These, dass sich empirische Forschung und religions- bzw. kultursoziologische Deutungshorizonte gegenseitig erhellen, sollen darum in den folgenden Kapiteln wichtige empirische Aspekte der Kirchenmitgliedschaft in einen kritischen Bezug gesetzt werden zu den leitenden Thesen des allgemeinen wie des religiösen Individualisierungs-Paradigmas.

Die gängige Leitthese einer *umfassenden „Pluralisierung"* der kirchlichen Inklusion kann geprüft und korrigiert werden mittels eines Überblicks über die gegenwärtige Mitgliedschaftsforschung im Ganzen (s.u. S. 237–259): Welche Dimensionen und Muster lässt die empirische Analyse erkennen; und auf welche Bedingungen ist die strukturierte Vielfalt der Kirchenbindung zurückzuführen?

Die Leitthese einer *durchgehenden Subjektivierung* kirchlicher Inklusion kann sich besonders auf die Verbreitung eines „distanzierten" Mitgliedschaftsmusters stützen, demzufolge die Einzelnen nicht mehr den von der Organisation formulierten Beteiligungsnormen folgen, sondern sich jeweils neu und selbständig dafür entscheiden, wie sie ihre Mitgliedschaft in Anspruch nehmen. Eine Analyse dieses Bindungsmusters kann klären, inwiefern das Individuum tatsächlich als Gestaltungssubjekt und zugleich als primäres Thema erscheint (s.u. S. 260–286).

---

130 Vgl. etwa *Gabriel*, Christentum 1994, 81f. 90ff; *Krüggeler*, Individualisierung, 14ff.

131 Vgl. *Pollack*, Individualisierung, 85: „Die Individualisierungsthese könnte man dann – polemisch zugespitzt – als eine Art enttäuschungssichere Selbsttäuschung der Moderne über ihre eigenen Modernisierungsschranken interpretieren."

Auch und gerade die kirchliche Mitgliedschaft wird, der verbreiteten Ansicht zufolge, nach dem Kriterium unmittelbaren Nutzens für die eigene Lebensführung gestaltet und gegebenenfalls auch beendet. Diese These einer *biographischen Pragmatisierung* kann im Blick auf den Austritt aus der Kirche geprüft werden (s.u. S. 287-304): Resultiert diese Entscheidung vornehmlich aus pragmatischen Kosten-Nutzen-Erwägungen? Und welche soziale Erfahrungen und biographischen Prägungen fließen hier ein?

Schließlich gehören zur Phänomenologie der kirchlichen Mitgliedschaft in Deutschland auch die eigentümlichen *Verhältnisse in Ostdeutschland* (s.u. S. 305-332). Sie sind einerseits geprägt durch die Kirchen- und Gesellschaftsgeschichte der DDR. Andererseits unterliegen sie, und zwar nicht erst seit 1989, ebenfalls den Differenzierungs- und Individualisierungsprozessen, die an der westlichen Sozialstruktur herausgearbeitet wurden. Die Betrachtung des ostdeutschen Kirchenmitgliedschaftsprofils dient einer weiteren Präzisierung des skizzierten religionssoziologischen Rahmens. Zugleich lässt sich fragen, inwiefern die gängige Annahme einer in den neuen Ländern schon fortgeschrittenen „Säkularisierung" zu belegen ist.

Methodisch haben die folgenden, einander ergänzenden Einzelstudien die von *Matthes* formulierte Einsicht zu berücksichtigen, dass die sozialwissenschaftliche Erforschung religiöser Einstellungen und Verhaltensweisen unvermeidlich geprägt ist von einer kulturell tief verwurzelten, tendenziell asymmetrischen Polarität von Individuum und Institution (s.o. S. 230-233). Im Folgenden sind darum jeweils *beide Spannungspole* zu berücksichtigen und zu konfrontieren: Zum einen ist den einschlägigen Bemühungen um ein phänomenologisch-rekonstruktives Erfassen *gelebter* Kirchlichkeit zu folgen; zum anderen sind die kulturellen *Prägungen* dieser Kirchlichkeit wie ihrer empirischen Erforschung zu thematisieren, zu denen nicht zuletzt die kirchliche Institution selbst gehört[132].

Werden die Phänomene kirchlicher Bindung nicht allein als Resultat präsentisch-subjektiver Autonomie begriffen, sondern als Ausdruck einer bestimmten *Institutionalisierung* des Lebenslaufs, so verspricht die genauere Differenzierung der sozialen Bedingungen jener Inklusion schließlich, ganz wie *Feige* es vermutet hat, Einsichten von soziologisch allgemeinerer Relevanz. In den Strukturen kirchlicher Mitgliedschaft kommt, wie zu zeigen sein wird, die *Ambivalenz* der gesellschaftlichen Entwicklung für das Individuum selbst zu einem sehr genauen Ausdruck (S. 333-337). Und darüber hinaus legt diese spezifische Inklusionsstruktur eine *Präzisierung des allgemeinen Individualisierungstheorems* nahe: Zum Aufbau einer sozialen Identität gehören in der Gegenwart nicht nur die vorgängige Prägung durch einen eigentümlichen kulturell-lebensweltlichen Kontext, so-

---

132 Vgl. auch *Voll*, Beten in der Mördergrube, 222: „Als wichtigster kultureller Bedingungsfaktor wirkt die Gestalt der Religion selber. Dies gilt nicht nur für ihre Semantik oder Dogmatik, sondern mindestens ebenso für die Form ihrer Organisation und für deren Verbindung zu anderen Subsystemen."

wie die selbst verantwortete Inklusion in ein Gefüge funktionsdifferenzierter Organisationen. Sondern zur lebensgeschichtlichen Selbstbestimmung gehört auch die Bindung an bestimmte *„intermediäre" Institutionen*, die zwischen „Lebenswelt und System" vermitteln und damit diese beiden sozialen Ebenen zugleich relativieren (s.u. S. 335–337). Eine solche Instanz, die die Aporien struktureller Individualisierung aufnimmt *und* zu transzendieren vermag, stellt nicht zuletzt die Kirche dar.

III. Pluralisierung? Dimensionen und Typen kirchlicher Bindung

Im Horizont der strukturellen Differenzierungs- und kulturellen Pluralisierungsprozesse sind, so die gängige These, auch die religiösen Einstellungen und Bindungen nicht mehr kirchlich-institutionell zu kontrollieren, sondern erscheinen tiefgreifend relativiert und pluralisiert:

„Jede religiöse Überzeugung muss heute [...] durch das Nadelöhr individueller Aneignung und Reflexion gezwängt werden, weil unter der Bedingung der Pluralität kultureller Muster und Lebensformen alles in einen offenen Horizont von Möglichkeiten gestellt wird. [...] Jede Glaubensäußerung, jedes Zugehörigkeitswissen, jede Gottesdienstteilnahme gerät tendenziell unter die Bedingungen [...] kultureller Pluralität [...]."[133]

Die These einer *fundamentalen Pluralisierung* nicht zuletzt der kirchlichen „Zugehörigkeit" und „Teilnahme" soll im folgenden Kapitel mittels eines Überblicks über die einschlägige empirische Forschung überprüft werden[134]. Dabei geht die Darstellung von der einfachen, aber nicht selbstverständlichen Einsicht aus, dass sich die kirchliche Inklusion in verschiedenen Kommunikationsmedien vollzieht. Wenn *Dressler* „Glaubensäußerungen", „Zugehörigkeitswissen" und „Gottesdienstteilnahme" nennt, so verwendet er eine Unterscheidung, nach der das gesamte empirische Material geordnet werden kann: Zur kirchlichen Bindung gehören der kognitive Bereich religiöser Überzeugungen (III.1), sodann die affektive Verbundenheit mit der Kirche und ihre spezifischen Motive (III.2), schließ-

---

133 *Dressler*, Identitäten, 241. Umfassend wird diese These entfaltet in *Ebertz*, Gegenwind, vgl. aaO. 116: Die „typischen Prozesse der strukturellen, der kulturellen und der individuellen Pluralisierung sind nicht nur außerhalb der Kirchen bestimmend [...]." Sondern diese „Trias der Moderne hat sich immer weiter auch in die kirchlichen Binnenbereiche hineingedehnt. Besonders verbreitet ist jene Sicht in den Untersuchungen zur Religiosität Jugendlicher; vgl. etwa *Barz*, Jugend und Religion; *Drehsen*, Nullbock, 59ff; *Feige*, Religionspflicht, 81ff. 87f.

134 Dabei werden die kirchensoziologischen Forschungen zur Situation in Ostdeutschland zunächst ausgeklammert, weil die sozialstrukturellen Bedingungen einer fortgeschrittenen Individualisierung, von denen hier ausgegangen wird, in Ostdeutschland bis 1989 nicht gegeben waren und dieser Umstand natürlich auch noch die Gegenwart prägt. Abschnitt VI (S. 305–332) wird dann der Frage nachgehen, ob und warum sich vergleichbare Grundstrukturen der kirchlichen Inklusion auch in Ostdeutschland auffinden lassen.

lich die faktischen Interaktionen mit der kirchlichen Organisation, nicht zuletzt im Gottesdienst (III.3).

Die deutlichen Formen und stabilen Muster, die sich empirisch auf allen diesen Ebenen ausmachen lassen, sprechen gegen die Vorstellung einer schrankenlosen Pluralisierung kirchlicher Beziehungen. Im Anschluss an die soziologische Annahme einer subjektiv kaum realisierten, aber umso wirksameren *Re-Institutionalisierung* der biographischen Gestaltungsfreiheit ist darum auch für die kirchliche Inklusion zu fragen: Welche sozialen und institutionellen Strukturbedingungen sind es, die die Mitgliedschaft noch vor dem „Nadelöhr individueller Aneignung und Reflexion" (*Dressler*) in bestimmten Mustern prägen (III.4)?

1. Religiöse Überzeugungen

Die Frage „Was glauben die Deutschen?" (*W. Harenberg*) beschäftigt die kirchensoziologische Forschung seit ihren Anfängen[135]. Dabei werden zum einen Fragen zu bestimmten Glaubensaussagen gestellt, etwa zur Bedeutung Jesu, zur Auferstehung oder zur normativen Akzeptanz der Bibel[136]. Hier wird regelmäßig „unter den Kirchenmitgliedern eine massive Erosion der ursprünglich christlich-jüdischen Glaubensinhalte" festgestellt. Je „dogmatischer, absoluter eine Glaubensaussage klingt, mit desto mehr Ablehnung muss sie [...] rechnen"[137]. – Werden darum zum anderen offenere Einstellungs-Fragen etwa nach dem Gottesverständnis oder nach der Bedeutung des Todes gestellt[138], so ergibt sich ein komplementäres Bild. Bevorzugt werden Formulierungen, die einen weiten Deutungsspielraum lassen: „Ich habe meine eigene Weltanschauung, in der auch Elemente des christlichen Glaubens enthalten sind" – diese Vorgabe er-

---

135 Vgl. zu den Anfängen *Feige*, Kirchenmitgliedschaft, 61ff; *Lindloge*, Glauben. Von den jüngsten einschlägigen Arbeiten sind zu nennen: *Campiche*, Aufbau; Fremde Heimat 1993, Kap. 1 und 2; Fremde Heimat 1997, 132ff. 170ff; *Daiber*, Religion, 41–62; *Grabner/Pollack*, Sinnfrage und Gottesgewissheit; *Höllinger*, Volksreligion, 86ff; *Jagodzinski/Dobbelaere*, Wandel kirchlicher Religiosität; *Jörns*, Gesichter Gottes; *Keckes/Wolf*, Konfession; *Krüggeler*, Inseln; *Pickel*, Dimensionen religiöser Überzeugungen; die Analysen von *Terwey*. Gründliche, freilich jeweils einseitige Auswertungen finden sich bei *Ebertz*, Gegenwind, 120ff; *Pollack*, Lage in Deutschland, 593ff; *Roosen*, Kirchengemeinde, 426–434.

136 Der ausführlichste Fragenkatalog bei *Keckes/Wolf*, Christliche Religiosität: Ergebnisse, 513f.

137 Zitate: *Roosen*, Kirchengemeinde, 428; Fremde Heimat 1993, 13.

138 Vgl. etwa *Grabner/Pollack*, Sinnfrage und Gottesgewissheit; *Dubach/Campiche*, Sonderfall, 337 und die Diskussion aaO. 100ff; Fremde Heimat 1993, 14; *Jörns*, Gesichter Gottes, 69ff; *Höllinger*, Volksreligion, 88f, 90ff.

fährt durchgehend hohe Zustimmung[139]. – Ähnlich fällt die Reaktion zu einem dritten Typus von Einstellungsfragen aus, die global nach der „inhaltlichen Übereinstimmung mit der Kirche" fragen oder noch allgemeiner nach der religiösen Selbsteinschätzung[140]: Hier werden die mittleren Skalenwerte bevorzugt; eine Festlegung auf eindeutige inhaltliche Stellungnahmen ist selten.

Gegen alle diese Fragen nach der individuellen religiösen Einstellung lassen sich die von *Matthes* formulierten *methodischen Bedenken* erheben (s.o. S. 228–233): Da die meisten Vorgaben der Sprache des institutionalisierten Christentums entstammen, wird hier im Grunde nicht mehr gemessen als die individuelle Akzeptanz einer immer schon kirchlich „bestimmten" Religion[141]. Das regelmäßige Resultat einer hohen Korrelation zwischen häufigem Kirchgang und ausgeprägter (christlich-) religiöser Einstellung[142] erscheint dann als eine petitio principii.

Weiterhin ist die hinter diesen Fragen stehende Überzeugung zu kritisieren, „ein guter Christ sei dadurch definiert, dass er klare und zweifelsfreie Antworten für alle geistigen Fragen parat habe" (*Rendtorff*, Was können wir tun, 208). Die verbreitete Bevorzugung offener Formulierungen ist vielmehr umgekehrt zu deuten als „Ausdruck der Reflexivität [...], die sich bei kognitiven Fragen religiös-theologischer Natur allemal einstellt" (ebd.).

Die Zurückhaltung gegenüber einer eindeutigen religiösen Semantik lässt sich, positiv gewendet, als Reflex einer „Subjektivierung" der Tradition verstehen, als Hinweis darauf, „dass ehemals strukturell verankerte Interpretationsmuster des Glaubens in den Einzelnen ‚hineingewandert' sind" (*Lindloge*, Glauben, 307). Gesellschaftsstrukturell gedeutet, verträgt sich offenbar auch in weltanschaulicher Hinsicht eine institutionell-totale Verpflichtung nicht mehr mit der Nötigung zur „Multiinklusion" (*Nassehi*). Dafür spricht die Biographieabhängigkeit der religiösen Einstellungen: Die Zustimmung zur kirchlichen Semantik steigt, subjektiv wie statistisch, mit dem Alter der Befragten an und häufig auch im Zusammen-

---

139 Fremde Heimat 1993, 13; Fremde Heimat 1997, 134f. In die gleiche Richtung weist in der Schweizer Befragung das Übergewicht „inklusiver" Typen religiöser Orientierung (76%) gegenüber denjenigen, die „exklusiv" christliche oder neureligiöse Schlüsselsätze bejahen, vgl. *Krüggeler*, Individualisierung, 25ff.

140 Vgl. zur Übereinstimmung mit der Kirche die Diskussion bei *Feige*, Kirchenmitgliedschaft, 204–206; *Dubach*, Bindungsfähigkeit, 144ff („normativ-soziale Bindung"); zur subjektiven Religiosität *Pickel*, Dimensionen religiöser Überzeugungen, 524; *Roosen*, Kirchengemeinde, 437.

141 Dies bejahen ausdrücklich *Kecskes/Wolf*, Christliche Religiosität: Ergebnisse, 495. Kritik äußert vor allem *Feige*, Kirchenmitgliedschaft, 248ff. 295ff u.ö.; vgl. auch *Gabriel*, Einleitung, 10f.

142 Z.B. *Jagodzinski/Dobbelaere*, Wandel kirchlicher Religiosität, 85ff.

hang mit einer Familiengründung¹⁴³. Umgekehrt neigen höher Gebildete stärker zur selbstbestimmten, auch inhaltlich entschiedenen Aneignung religiöser Tradition¹⁴⁴.

Die Umfrageergebnisse zur religiös-inhaltlichen Distanzierung können freilich auch, im Sinne *Matthes'*, als Ausdruck *institutioneller* Prägung verstanden werden. Demnach resultieren sie aus einer seit langem wirkenden kirchlichen Erziehung zur reflexiven Eigenständigkeit des Glaubens, wie sie besonders für die protestantische Tradition kennzeichnend ist¹⁴⁵. Dafür spricht die Beobachtung, dass protestantisch Sozialisierte eher als Katholiken zu einer selbstbestimmten Formulierung religiöser Überzeugung neigen¹⁴⁶.

Näheren Aufschluss über die Bedingungen des religiösen Deutungspluralismus' geben die Versuche, es nicht beim Nachweis abnehmender inhaltlicher „Entschiedenheit" zu belassen, sondern die Vielfalt individueller Einstellungen zu einer „Typologie religiöser Orientierung" zusammenzufassen¹⁴⁷. Mittels statistischer „Faktorenanalysen" werden Einzelergebnisse zu einer kleinen Zahl *übergreifender Einstellungsmuster* verdichtet, denen sich die individuellen Antwortkombinationen dann mit einer gewissen Wahrscheinlichkeit zuordnen lassen.

Exemplarisch sei die Analyse von *M. Krüggeler* genannt, die sich auf die Fragen der Schweizer Sonderfall-Studie nach der Einstellung zu einer „höheren Macht", zur „Bedeutung des Todes" sowie zur „Zukunft der Menschheit" bezieht¹⁴⁸. Er macht fünf Typen religiöser Orientierung aus: „exklusive Christen" (7% der Befragten), „allgemein-religiöse Christen" (25%), „religiöse Humanisten" (51%), „Neureligiöse" (12%) sowie „Humanisten ohne Religion" (4%). Entscheidend für die Zuordnung ist die immanente bzw. christlich-transzenden-

---

143 Vgl. die bei *Roosen*, Kirchengemeinde, 430f zitierte Literatur; dazu Fremde Heimat 1997, 132ff.

144 Vgl. *Daiber*, Religion, 43ff; Fremde Heimat 1997, 170ff; *Lindloge*, Glauben, 288f; *Pollack*, Bindungsfähigkeit, 63f.

145 „Die evangelischen Christen scheinen in erheblichem Umfang von der Interpretationskompetenz Gebrauch zu machen, die ihnen in den vergangenen Jahrhunderten theologisch, kirchlich und nicht zuletzt auch staatsrechtlich zugesprochen worden ist. Allerdings machen sie nicht im kirchenoffiziellen Sinne von ihr Gebrauch." (*Roosen*, Kirchengemeinde, 429)

146 Vgl. *Daiber*, Religion, 124ff; *Krüggeler*, Inseln, 114ff; *Lindloge*, Glauben, 289ff.

147 *Krüggeler*, Inseln, 122. Vgl. außer *Krüggelers* Analysen (s. im Anschluss) *Daiber*, Religion, 48-51; *Grabner/Pollack*, Sinnfrage und Gottesgewissheit; *Kecskes/Wolf*, Konfession; *Jörns*, Gesichter Gottes, 56ff; *Pickel*, Dimensionen religiöser Überzeugungen, 527ff. Viele Autoren orientieren sich an den verschiedenen Faktoren sowie an den daraus resultierenden fünf „Mustern" religiöser Überzeugung, die von den Niederländern *Felling/Peters u.a.*, Religion im Vergleich, konzipiert wurden.

148 *Krüggeler*, Inseln, 100f, zur Fragestellung; vgl. dazu *Dubach/Campiche*, Sonderfall, 336f. Zu den Ergebnissen vgl. *Krüggeler*, aaO. 108ff. Methodik und Resultate sind zusammengefasst bei *Voll/Krüggeler*, Funktion und Substanz.

te Deutung des Todes durch die Einzelnen, vor allem aber der Grad „ihrer Verwendung der christlich-religiösen Semantik. Somit lassen sich die Typen religiöser Orientierung auch als Stufen der Distanz zum kirchlich-christlichen Glauben markieren" (*Krüggeler*, Inseln, 111).

Der Eindruck, dass „die christliche Semantik nach wie vor als die prägende Vorgabe zur Formulierung religiöser Orientierungen betrachtet werden" muss, ergibt sich auch aus anderen Umfragen[149]. Die institutionell „bestimmte" Religion erscheint auch dort, wo man sich selektiv oder dezidiert von ihr absetzt, als Deutungsrahmen der eigenen Überzeugungen. Diese Einsicht wird auch von den neueren qualitativen Untersuchungen bestätigt[150].

Paradigmatisch ist zum einen *A. Schölls* Versuch, „religiöse Deutungsmuster" auf ihre Funktion für die Orientierungsprobleme Jugendlicher zu untersuchen. Dabei erhebt er, nicht ohne Wertung, einerseits Formen einer „simulativ-instrumentellen Aneignung von Sinn", in der vorgegebene Weltbilder regressiv zur „bloßen Selbststabilisierung" eingesetzt werden[151]. Andererseits arbeitet er „okkasionell-reflexive" Aneignungsformen heraus, in denen die tradierten Sinnvorgaben in einer „schwebenden Offenheit" gehalten werden, um den Anforderungen der jeweiligen Situation gerecht zu werden. Auch *Schöll* geht von der unhintergehbaren Subjektivierung religiöser Überzeugungen aus; aber diese sind doch verankert in typischen *Problemen der jeweiligen Biographie*[152].

An lebensgeschichtlichen Interviews mit Managern, die der Ambivalenz moderner Funktionsdifferenzierung besonders ausgesetzt sind, arbeitet auch *K. Hartmann* die Bedeutung von subjektiver Religiosität als „biographischer Ressource" heraus[153]. Die religiöse Einstellung kann als rigider „Schutz gegen das Chaos interner und externer Forderungen" wirken (aaO. 148); sie kann aber auch einer „biographischen Selbststeuerung" dienen, die berufsbedingte Anforderungen flexibel relativiert (aaO. 149). *Hartmann* verweist dazu auf institutionelle Hintergründe: Es sind nicht zuletzt die lebensgeschichtlichen *Erfahrungen mit der Kirche*, die zu einem konventionell-angepassten bzw. einem reflektiert-distanzierten Verständnis von Religion führen.

---

149 *Krüggeler*, Inseln, 122. Der strukturierende Bezug auf die kirchliche Semantik ist besonders augenfällig bei *Jörns*, Gesichter Gottes, 56-95; *Pickel*, Dimensionen religiöser Überzeugungen, 527ff.
150 Vgl. *Fechtner/Haspel*, Religion, 48ff. 162ff u.ö.; Fremde Heimat 1997, 68ff. 147ff. 191ff; *Klein*, Biographieforschung; *Knoblauch u.a.*, Religiöse Konversion; *Schwab*, Familienreligiosität; *Wohlrab-Sahr*, Biographie und Religion. Zu *Schöll* und *Hartmann* s.u.
151 *Schöll*, Ich glaube nicht, 229; die folgenden Zitate aaO. 241. 234. Vgl. *Ders.*, Einfach das Leben.
152 Vgl. *Schöll*, Ich glaube nicht, 227ff; dazu *Fechtner/Haspel*, Religion, 48ff; *Gabriel*, Religiöse Individualisierung, 150ff u.ö.
153 *Hartmann*, Selbstthematisierung, 148; vgl. *Ders.*, Religion.

Bemerkenswert ist schließlich, dass es weder der quantitativ-statistischen noch der qualitativen Forschung gelingt, spezifische „Einrichtungen und Sozialformen zur Vermittlung, Abstützung und Mobilisierung religiöser Orientierungen" des „inklusiven" Typs zu identifizieren (*Krüggeler*, Inseln, 123). Stehen zur Plausibilisierung auch dieser reflexiven Einstellungsmuster keine anderen als die *kirchlichen* Institutionen zur Verfügung, dann erscheint die gängige Rede von „unbestimmten" (*Krüggeler*), „in der Schwebe" bleibenden Sinndeutungen (*Schöll*) doch als Kaschierung ihrer Prägung durch die durchaus bestimmten kirchlichen Vorgaben. Anders gesagt: Auch der „individualisierte" Umgang mit traditionellen religiösen Inhalten kann als eine Form *semantischer Inklusion in die Kirche* begriffen werden, die durch die kircheneigene Semantik selbst allerdings nicht erfasst wird[154].

2. Kirchliche Einstellungen

Die Frage nach der *affektiven* Bindungsdimension, nach dem individuellen „Gefühl der Verbundenheit mit der evangelischen Kirche" markiert seit der ersten EKD-Umfrage „ein leitendes Interesse der gesamten Untersuchung"[155]. Drei Resultate seien hervorgehoben.

Zum Ersten kann von einer religiösen „De-Institutionalisierung" (s.o. S. 217-218) in emotionaler Hinsicht *nicht* die Rede sein. 1992 fühlten sich „der Kirche mehr Menschen verbunden als bei den Befragungen 1972 und 1982"[156]; auch die Taufbereitschaft hat zugenommen[157]. Offenbar ist das Kirchenverhältnis, wie schon 1974 vermutet wurde, weniger durch „Nützlichkeitserwägungen und theoretische Zustimmung" fundiert, sondern stellt eine „persönliche Beziehung, ein Gefühl der Zugehörigkeit, des Einbezogenseins" dar (*Hild*, Wie stabil, 185).

Auch diese emotionale Dimension ist allerdings, zum Zweiten, *biographisch geprägt*. Zwischen der eigenen kirchlichen Verbundenheit und der-

---

154 Vgl. auch *Fechtner/Haspel*, Religion, 67ff. 208ff.

155 *Feige*, Kirchenmitgliedschaft, 206; vgl. aaO. 206ff. Weiter vgl. *Hild*, Wie stabil, 184ff; *Hanselmann u.a.*, Was wird, 149ff; Fremde Heimat 1993, 7f (erste Frage!); Fremde Heimat 1997, 92-95. 221ff.

156 Fremde Heimat 1993, 7; „sehr" oder „ziemlich" mit der Kirche verbunden fühlten sich 1972 37%, 1992 39%, der Anteil der „kaum" oder „überhaupt nicht" Verbundenen ging von 32% auf 26% zurück.

157 AaO. 10. Dies bezieht sich im Längsschnitt seit 1972 allerdings auch auf Mitglieder, die inzwischen ausgetreten sind; vgl. *Grethlein*, Rezension, 198f. Undeutlich sind auch die Ergebnisse zur „Austrittsneigung": Sie hat zwar nicht zugenommen, die fraglose Selbstverständlichkeit der Kirchenmitgliedschaft ist jedoch „im Laufe der letzten 20 Jahre um 10 Prozentpunkte zurückgegangen" und gilt jetzt nur noch für 57% (Fremde Heimat 1993, 8; Tabelle aaO. 9). Eine skeptische Sicht der Phänomene bei *Lindner*, Kirche am Ort 2000, 61-63.

jenigen der Eltern zeigen sich „hoch signifikante Zusammenhänge". Offenbar lehnt sich „das Grundgefühl gegenüber der Kirche" eng „an die Orientierungen im Elternhaus" an[158]. Bedeutsam ist ebenso das eigene Leben mit Kindern: Es sind – auch berufstätige – Mütter, die sich am meisten mit der Kirche verbunden sehen; dagegen weisen voll erwerbstätige Männer ohne Kinder die geringsten Bindungswerte auf.

Schließlich folgen auch die Angaben zum Verbundenheitsgefühl dem Trend, „sich mit seiner eigenen Meinung lieber in einem Mittelfeld an[zusiedeln], in dem die Interpretationsspielräume gewahrt bleiben" (Fremde Heimat 1993, 7). Umfassende, auch emotional exklusive Ansprüche der Institution gehen ins Leere, das zeigt auch die relativ geringe Bedeutung, die Religion und Kirche im Alltag zugeschrieben wird[159]. „Kirchenmitgliedschaft ist für die meisten mehr ein selbstverständlich akzeptierter lebensweltlicher Hintergrund als ein werttransformierender und verhaltenssteuernder Faktor." (*Pollack*, Bindungsfähigkeit, 68)

Konturierter wird die individuelle Einstellung zur Kirche anhand der *Mitgliedschaftsmotive*, die die EKD wie die Schweizer Untersuchung erfragt haben[160]. Werden die „Items", die häufig übereinstimmend genannt wurden, mittels „Faktorenanalyse" kombiniert und gewichtet, so ergeben sich „Motivationsdimensionen", die *statistisch* relativ unabhängig sind – auch wenn sie individuell durchaus kombiniert werden. Von den fünf Dimensionen, die *A. Dubach* analytisch unterschieden hat, seien hier vier skizziert, ergänzt durch Ergebnisse der EKD-Untersuchung[161].

(a) 87% der Schweizer Befragten haben der Aussage zugestimmt: „Ich bin Mitglied dieser Kirche, weil ich so aufgewachsen bin". Keine andere Begründung erfährt – auch in der EKD-Studie – eine höhere Zustimmung[162]. In der Perspektive der Mitglieder hat die kirchliche Zugehörig-

---

158 Fremde Heimat 1997, 92. Dieses Ergebnis bildet eine eindrückliche Ergänzung zu *Pollacks* Nachweis der biographischen Prägekraft konfessioneller Sozialisation (*Pollack*, Lage in Deutschland, 604ff); vgl. zur Bedeutung der religiösen Erziehung für die Kirchlichkeit auch *Pittkowski/Volz*, Konfession, 100f. Zum Folgenden vgl. Fremde Heimat 1997, 221–223.
159 Vgl. etwa *Kirchenamt der EKD*, Christsein gestalten, 23ff; *Lukatis/Lukatis*, Protestanten, Katholiken, 24f; *Roosen*, Kirchengemeinde, 442f mit weiteren Nachweisen.
160 Grundauswertungen in Fremde Heimat 1993, 16f; *Dubach/Campiche*, Sonderfall, 348 (mit anderen Antwortvorgaben!).
161 Vgl. zum Folgenden *Dubach*, Bindungsfähigkeit, 148–159; dazu Fremde Heimat 1997, 114–118. 177–182. Bereits 1975 hat *K.-W. Dahm* den instruktiven Versuch gemacht, verschiedene Motive der „Verbundenheit mit der Volkskirche" zu unterscheiden, ohne allerdings auf Überlagerungen und innere Zusammenhänge zu achten.
162 *Dubach*, Bindungsfähigkeit, 149. 154. Alle Angaben beziehen sich bei *Dubach* auf Mitglieder *aller* christlichen Kirchen. In der EKD wurde die Aussage „Ich bin in der Kirche, weil meine Eltern auch in der Kirche sind bzw. waren" von 51% der Befragten bejaht (6/7 auf einer 7stufigen Skala); diese Rate betrug 1972 34% (Fremde Heimat 1993, 17). – Zu dem entsprechenden „Faktor" gehört auch die Betonung der Kasualien, die auf Rang 3 der Mitgliedschaftsgründe steht, und das Item „weil sich das so

keit primär einen traditionell-lebensweltlichen Charakter. Infolge der verbreiteten Kindertaufe erscheint sie zunächst als biographische Vorgabe, „als ein Moment der eigenen sozialen Herkunft [...], unabhängig von Ziel und Zweck der Kirche" (*Dubach*, aaO. 154).

Diese konventionelle Motivation hat in den letzten Jahren an Bedeutung gewonnen. Dabei sind es vornehmlich die „Kleinen Leute", Menschen mit Volks- oder Hauptschulabschluss, die die Kirchenmitgliedschaft in den „Traditionszusammenhang Familie" einordnen[163]. Wer sein Leben als „abhängig, eingeschränkt, gefährdet" erlebt (aaO. 163), für die oder den gehört die kirchliche Bindung zu den fraglosen Vorgaben der Lebenswelt.

Nach einer weiteren Kreuzauswertung gehören für die Jüngeren, die die Konventionalität ihrer Zugehörigkeit hervorheben, Bibellektüre oder die bewusste Orientierung an Jesu Botschaft kaum zum „Evangelisch-Sein". Die vor allem biographisch verankerte Mitgliedschaft geht ausdrücklich einher mit einer „geringeren Verbindlichkeit darüber hinausreichender, klar definierter Normvorgaben"[164].

(b) Die Distanz zu den „bestimmten" Ansprüchen der Organisation bildet bei *Dubach* ein zweites Einstellungsbündel. Mehr als 75% aller Befragten meinen: „Man muss nicht an Veranstaltungen der Kirche teilnehmen, um Mitglied zu sein"[165]. *Dubach* interpretiert diese „*selbstbestimmte Kirchenbindung*" im bekannten Rahmen: „Die je subjektive Eigenlogik der Person – ihre biographisch erworbenen Wahrnehmungsmuster [...] und Wertorientierungen – bestimmt ihr Verhalten der Kirche gegenüber", nicht jedoch „eine dem Selbst externe Instanz" (aaO. 156).

Es kann bezweifelt werden, ob jenes Item tatsächlich eine selbstbestimmte „Eigenlogik" zum Ausdruck bringt. Deutlich ist lediglich, dass die Individuen ihre Mitgliedschaft dezidiert *anders verstehen* als von der kirchlichen Organisation formuliert. Dem entspricht der geringe Stellenwert engagierter Beteiligung: Die „Gemeinschaft" in der Kirche oder gar

---

gehört" (ebd.). Diesem stimmen allerdings nur 28% der Befragten zu; es steht auf dem 10. von 16 Plätzen. Die Konventionalität von Mitgliedschaft gehört nicht zu ihren ausdrücklichen Motiven.

163 Fremde Heimat 1997, 179–181; Zitat 181. Die Bezeichnung „Kleine Leute" entspricht, so argumentieren die Autoren, durchaus dem *Selbstgefühl* der weniger Gebildeten (aaO. 163f).

164 AaO. 117. Vgl. zum konventionellen Einstellungsmuster die Ausführungen bei *Roosen*, Kirchengemeinde, 440–443, die auch ALLBUS-Daten heranziehen; dazu *Terwey*, Pluralismus, 120ff.

165 *Dubach*, Bindungsfähigkeit, 149: Protestanten bejahen zu 79%; Katholiken zu 70%; zur Auswertung vgl. aaO. 155ff. Noch höher ist, gerade unter dem Schweizer Protestanten (91%), die Zustimmung zur zweiten Auskunft dieses Faktors: „Ich kann auch ohne Kirche an Gott glauben" (ebd.).

die Möglichkeit „sinnvoller Mitarbeit" werden nur von einer Minderheit als Zugehörigkeitsmotiv genannt[166].

(c) Zum Muster der „*normativ-sozialen Bindung*" gehört das Item „Die Kirche vertritt Werte, die mir persönlich wichtig sind", sodann der Wunsch nach kirchlicher Beteiligung an der Kindererziehung und weiter die Betonung der Gemeinschaft (*Dubach*, aaO. 149-152). Alle diese Motive deuten auf eine „Verinnerlichung des kirchlichen Sinn- und Wertesystems" – obgleich mit diesem Motivationsfaktor auch die Vorgabe korreliert, „mit vielem, was die Kirche sagt, nicht einverstanden" zu sein. Ein kritische Selektion der institutionellen Normen erscheint auch den „innerlich" überzeugten Mitgliedern als konstitutives Element und keineswegs als Destabilisierung ihrer kirchlichen Zugehörigkeit.

Zur Verbreitung dieses Einstellungsmusters stellt *Dubach* mit resignativem Unterton fest, „dass die Kirchen bei 45% ihrer Mitglieder soziale Zugehörigkeit aufgrund innerer Übereinstimmung mit ihr zu erzeugen vermögen. Im Blick auf alle anderen gelingt es den Kirchen nicht (14%) oder nur zum Teil (37%), die erforderlichen Voraussetzungen [...] zu schaffen, dass sie die Kirche als Ausdruck und Erfüllung eines fundamentalen Teils ihres Selbst zu sehen vermögen." (aaO. 151)

Abgesehen von dem methodischen Problem, die skalierten Antworten auf insgesamt sechs Items zu einer einzigen Prozentangabe zu komprimieren, scheint diese Schlussfolgerung auch inhaltlich voreilig. „Innere Übereinstimmung" liegt, wie die Auskünfte zur Verbundenheit zeigen, ja nicht nur dort vor, wo die kirchlichen Werte als „fundamentaler Teil" des Selbst erscheinen.

Das Konstrukt der „normativ-sozialen Bindung" erfordert eine genauere Analyse. Dafür erscheint es bedeutsam, dass sich die einschlägigen Begründungen im Rahmen der EKD-Untersuchungn in zwei distinkten Faktoren bündeln ließen (Fremde Heimat 1997, 114f. 118).

Zu einem statistischen Faktor gehört die Begründung der Mitgliedschaft durch das sozialdiakonische Engagement der Kirche, ihre Beantwortung der Sinnfrage und die Bedeutung der Gemeinschaft. Alle diese Items haben gegenüber früheren Befragungen an Priorität verloren. Obwohl der soziale wie der religiöse „Dienst am Menschen" bei den Erwartungen an die Kirche nach wie vor im

---

[166] Laut *Dubach*, Bindungsfähigkeit, 149, erhält die Aussage „Die Kirche ist eine Gemeinschaft, die ich nötig habe" mit 38% bei den Protestanten eine der geringsten Zustimmungsraten; auch in der EKD liegt die Auskunft „Ich bin in der Kirche, weil ich die Gemeinschaft brauche" mit 17% auf dem vorletzten Platz (Fremde Heimat 1993, 17). Das Motiv „Möglichkeit zu sinnvoller Mitarbeit" belegt mit 15% Zustimmung den letzten Platz (Fremde Heimat 1993, ebd.); bei *Dubach* wird es gar nicht genannt.

Vordergrund steht[167], vermag er die *eigene* Mitgliedschaft offenbar nicht mehr so sehr zu tragen. „Religion für sich" und „Religion für andere" treten auseinander.

Recht anders erscheint die „innere" Bindung an die Kirche im Blick auf diejenigen Mitgliedschaftsmotive, die „an subjektive Befindlichkeiten (innerer Halt, Beschäftigung mit dem Tod, Trost und Hilfe erleben) anknüpfen" (aaO. 114). Diese Vorgaben erhielten 1992 sämtlich mehr Zustimmung als 1982 und 1972. Auch hier liegt eine „normativ-soziale Bindung" vor; sie ist aber eher passiv, von der Erwartung seelsorgerlicher Hilfe „in schweren Stunden" geprägt (ebd.).

(d) Die Möglichkeit, die „Leistungen" der Kirche immer dann, „wenn man sie einmal nötig haben wird", in Anspruch nehmen zu können, bildet auch nach *Dubach* ein eigenes Motivationsfeld der Mitgliedschaft[168]. Zu dieser *„Bindung aus Eigeninteresse"* – sie erhält von über 75% der Befragten mindestens mittlere Zustimmung – gehört insbesondere der Verweis auf die Kasualien, der auch in den deutschen Umfragen einen sehr hohem Stellenwert einnimmt.

Auch im Blick auf die kirchlichen Einstellungen – so lässt sich zusammenfassen – greifen die gängigen religionssoziologischen Thesen zu kurz. Zwar sind die Auskünfte der Mitglieder über ihre affektive Haltung wie über ihre Zugehörigkeitsmotive mehrheitlich von Distanznahme gegenüber exklusiven Bindungsansprüchen geprägt. Die Auflösung kirchlich verbindlicher Lebenswelten hat aber keineswegs eine diffuse, unstrukturierte Pluralität hinterlassen, sondern insgesamt erstaunlich stabile und differenzierte Einstellungsmuster. Die Haltung zur Kirche lässt sich nicht durch Rekurs auf wenige Motive der Verbundenheit beschreiben. Dazu gehört vielmehr die Bejahung biographischer Vorgaben, die selektive Akzeptanz organisatorischer Normen und *zugleich* eine situative Beteiligung je nach persönlichem Bedürfnis.

Die Pluralität gegenwärtiger Kirchlichkeit ergibt sich dann im Wesentlichen aus der individuellen Variation eines in sich differenzierten *Grundmodells,* nämlich dem „gesellschaftlich üblichen Muster von Grundakzeptation, fallweiser Inanspruchnahme und spezialisierter Delegation gelebt" (*Lindner,* Kirche am Ort, 330).

Die kirchliche Mitgliedschaft zeichnet sich somit durch eine *Kombination* der von *Stichweh* genannten Muster organisatorischer Inklusion aus (s.o. S. 208-210): Über eine biographisch vermittelte „Grundakzeptation"

---

167 Vgl. Fremde Heimat 1993, 27. Die Schweizer Resultate interpretiert *Bovay,* Religion und Gesellschaft, bes. 189ff. Die folgenden Zitate aaO. 201ff.
168 Der Aussage „Ich bleibe Mitglied der Kirche, weil man nie sagen kann, ob man die Kirche nicht einmal nötig haben wird" wird von knapp 50% der Befragten bejaht; auf die Kasualien verweisen etwas über 50% (*Dubach,* Bindungsfähigkeit, 149; vgl. 152f).

(*Lindner*), die sich in der Kirchensteuer ausdrückt, sind alle Mitglieder in quantitativ-standardisierter Weise mit der Organisation verbunden. Eben diese formale Inklusion ermöglicht eine „fallweise Inanspruchnahme" des Klientenstatus' und damit die Realisierung des qualitativ-personalen Bindungsmusters. Und schließlich gehört zur kirchlichen Inklusion auch die Möglichkeit, anspruchsvoll interaktive Beziehungen zur Organisation aufzunehmen und sich damit in das Feld beruflich „spezialisierter" Mitgliedschaft zu begeben.

Der Blick auf *Stichwehs* Typenbildung macht deutlich, dass eine angemessene Beschreibung organisatorischer Inklusion nach den Strukturen der praktischen Beteiligung zu fragen hat. Die kirchlichen Inklusionsmuster sind, über ihre kognitiven und motivationalen Dimensionen hinaus, wesentlich als Formen *leiblicher Teilnahme* am „kirchlichen Leben" zu beschreiben.

3. Kirchliche Beteiligung

Die konkreten Formen des sozialen Kontaktes mit der kirchlichen Institution sind in der letzten Zeit bereits mit den Mitteln der *quantitativen* Soziologie genauer erfasst worden.

So hat F. Höllinger die Resultate zweier internationaler Umfragen von 1990/91 analysiert[169] und dabei fünf erhebbare „Dimensionen der Kirchlichkeit" unterschieden, nämlich die rechtliche Mitgliedschaft, Aussagen zur christlichen Glaubensüberzeugung (s.o. S. 238-239), die der Kirche zugeschriebene Bedeutung für Probleme der Lebensführung, die Einstellung zu den Passageriten (Taufe, Hochzeit, Beerdigung) sowie schließlich die „religiöse Praxis", die durch die Häufigkeit des Gottesdienstbesuchs sowie des privaten Gebets gemessen wird. Eine statistische Analyse der kumulierten Daten ergibt „Korrelationen", die Kausalbeziehungen zwischen den Dimensionen vermuten lassen. *Höllingers* Untersuchung ergibt, dass „das Gesamtgefüge der kirchlichen Religiosität stärker durch die Verhaltensebene, d.h. durch die religiöse Praxis bestimmt ist als durch die Glaubensdimension oder durch die Einstellung zur Kirche" (aaO. 95).

Die jeweilige Eigenart individueller Kirchlichkeit kommt vor allem im privaten sowie im öffentlichen, im Gottesdienstbesuch kumulierenden, *praktischen Handeln* zur Darstellung.

Die Konturen dieser Praxis werden von anderen Untersuchungen mit weiter differenzierten Indikatoren erfasst. So operationalisieren *Keckes/Wolf* das „christ-

---

169 Vgl. *Höllinger*, Volksreligion, 15f: Vorstellung des „World-Value-Survey" aus 42 Ländern (1990/91; vgl. auch *Jagodzinki/Dobbelaere*, Wandel kirchlicher Religiosität) und der Umfrage des International Social Survey Programme (ISSP) über Religion in 15 Ländern (1991). Zum Folgenden vgl. *Höllinger*, aaO. 95f.

liche Verhalten" mit der Kasualbeteiligung, ebenfalls mit Kirchgangs- und Gebetshäufigkeit und darüber hinaus mit Abendmahlsbesuch, Frequenz der Bibellektüre und der Lektüre des Gemeindebriefes, sowie mit der Teilnahme an Kirchenvorstandswahlen[170]. Die statistische Analyse ergibt zunächst, dass die Haltung zu den Kasualien einen unabhängigen Faktor ausmacht; das entsprechende Beteiligungsmuster muss mit dem Kontakt zum Gemeindeleben nicht zusammenhängen. Bei dem zweiten Faktor erweist sich wiederum der Gottesdienstbesuch als aussagekräftigste Einzelvariable: Mit der Frequenz des Kirchgangs korrelieren individuelle wie organisationsbezogene religiöse Praxis am stärksten[171].

Auch die EKD-Mitgliedschaftsstudien haben die Praxis der kirchlichen Mitgliedschaft detailliert erhoben[172]. Einen Schwerpunkt der Untersuchung bilden die Fragen nach den biographischen Kontakten: Kasualien, Konfirmanden- und Religionsunterricht, Christenlehre u.ä.. Allen Analysen zufolge ist diese Dimension eigenständig gegenüber anderen inhaltlichen und pragmatischen Bindungsaspekten. Sie soll daher auch in der vorliegenden Arbeit gesondert betrachtet werden (s.u. S. 260–286).

Die EKD-Erhebungen haben sodann ebenfalls nach Gottesdienstbesuch und nach der Beteiligung bzw. Mitarbeit am Gemeindeleben gefragt. Darüber hinaus wurde zum einen die Wahrnehmung der Kirche in den Medien erhoben, also die öffentliche Dimension der Mitgliedschaft in den Blick genommen. Zum anderen sind die persönlichen Begegnungen der Mitglieder mit ihrer Pfarrerin, ihrem Pfarrer ausführlich zum Thema gemacht worden. Regelmäßig wurde hier deutlich, wie stark die subjektive wie die objektive Bindung durch diese pastoralen Kontakte geprägt ist[173].

In der jüngsten Umfrage wurden die Einzelnen erstmals nach der *Häufigkeit* verschiedener kirchlicher Kontaktformen gefragt. Auch hier steht der Gottesdienstbesuch an erster Stelle, gefolgt von Kontakten durch Gemeindebrief, Schaukasten oder die Massenmedien; dicht auf folgen persönliche Begegnungen[174].

Zusammenfassend lässt sich sagen: Die *liturgischen* und die *persönlichen, gesprächsförmigen* Interaktionen, die im Zentrum der kirchlich formulier-

---

170 *Keckes/Wolf*, Christliche Religiosität: Ergebnisse, 497; zum Folgenden vgl. aaO. 499–502.

171 Der hohe Aussagewert des Gottesdienstbesuches ergibt sich auch aus anderen Untersuchungen; vgl. etwa *Campiche*, Aufbau, 77ff; *Pickel*, Dimensionen religiöser Überzeugungen, 521ff; *Pollack*, Gottesdienst.

172 Vgl. *Hild*, Wie stabil, 45ff; *Hanselmann*, Was wird, 94ff. 170ff; Fremde Heimat 1997, 121ff.

173 Vgl. zuerst *Hild*, Wie stabil, 275ff; *P. Krusche*, Pfarrer in der Schlüsselrolle.

174 Vgl. Fremde Heimat 1997, 122: 44% der westdeutschen Befragten gaben an, in den letzten vier Wochen im Gottesdienst gewesen zu sein; 43% nannten für diesen Zeitraum Gemeindebrief u.ä., 39% Berichte in den Massenmedien; „persönliche Kontakte und Gespräche" hatten danach 35%.

ten Beteiligungsnormen stehen, sind auch in der Sicht der empirischen Sozialforschung, wie aus der Perspektive der Mitglieder selbst, für die jeweilige Gestalt der kirchlichen Inklusion besonders bedeutsam.

Um die Konturen dieser pragmatischen Beteiligungsdimension genauer zu erfassen, seien nun einige Typologien und Klassifikationen betrachtet, die angesichts der evidenten Pluralität jener Mitgliedschaftsdimension in der letzten Zeit entworfen wurden[175]. Dabei wird die soziologische Frage im Vordergrund stehen, auf welche *strukturellen Bedingungen* die Einteilungen jeweils zurückgeführt werden[176].

(a) Im Anschluss an die kultursoziologische Theorie der Lebensstile sind in jüngster Zeit auch die individuellen Kontakte zur Kirche nach verschiedenen „Milieus" klassifiziert worden. Dabei orientiert sich *E. Hauschildt* an *G. Schulze* und beschreibt phänomenologisch fünf „Milieus in der Kirche" (Milieus, 397ff). Eine Arbeitsgruppe um *M. Vesper* unterscheidet, in der Auswertung umfangreicher eigener Daten, acht bis neun „kirchliche Zielgruppen im Sozialen Raum"[177].

Charakteristisch ist ein mehrstufiges Vorgehen. In umfangreichen quantitativen Erhebungen werden die klassischen sozialstatistischen Daten wie Alter, Bildung, Familienstand und Urbanität ergänzt durch Fragen nach dem „Lebensstil", wie er sich u.a. in bevorzugten Gesellungs- und Veranstaltungsformen, in ästhetischen und alltagsethischen Urteilen ausdrückt. Die distinkten Milieus, die sich auf diese Weise abgrenzen lassen, können dann in einem zweiten Schritt wiederum repräsentativ befragt werden nach kirchlichen Einstellungen und Erwartungen sowie nach bevorzugten Kommunikationsformen mit der Kirche. Dazu kommen qualitative Gruppendiskussionen, die diese kirchlichen Beteiligungsstile konkreter konturieren.

Auch die Pluralität kirchlicher Beteiligungsformen lässt sich, diesen Untersuchungen zufolge, präzise in einen „Sozialen Raum" einzeichnen, der „vertikal" durch materielle und soziale Möglichkeiten, „horizontal" durch die jeweilige Bedeutung von Autorität und „temporal" durch Generationenunterschiede strukturiert ist (aaO., 55ff). Neu gegenüber den klassischen Einteilungen ist vor allem der Hinweis auf die *Tendenzen wechsel-*

---

175 Ein guter Überblick bei *Lindner*, Kirche am Ort 2000, 70-72. Zur Unterscheidung von idealtypischer und klassifikatorischer Beschreibung sozialer Phänomene vgl. *Höllinger*, Volksreligion, 81 mit Verweis auf *M. Weber*, *O. Schwemmer* u.a. Ihm zufolge „besteht zwischen aussagekräftigen empirisch-induktiv gewonnenen Klassifikationen und theoretisch fundierten Typologien ein fließender Übergang".
176 Die instruktive Auswertung der einschlägigen Umfragen durch *Seiler*, Formen der Mitgliedschaft, stützt sich vornehmlich auf sozial- und religions*psychologische* Begründungen und wird daher hier nicht weiter berücksichtigt.
177 *Vögele/Vester*, Kirche und die Milieus, 75. Diese Arbeiten sind stärker an *P. Bourdieus* Analysen orientiert.

seitiger Abgrenzung zwischen den verschiedenen kirchlichen Milieus. Zahlreiche kirchliche Konflikte lassen sich, *Hauschildt* zufolge, auf die Dramatik von Milieukonflikten zurückführen (aaO. 402f).

(b) In einer Auswertung der Schweizer Befragung arbeitet A. *Dubach* im Blick auf die Einstellung zur Kirche vier „Typen der Kirchenbindung heraus", die er mittels einer statistischen „Cluster-Analyse" gewinnt und sodann gesellschaftsstrukturell interpretiert (*Dubach*, Bindungsfähigkeit, 159-166).

Dubach unterscheidet vier Typen: den normativ gebundenen *„Anhänger"*, den ein „ausgeprägtes Zugehörigkeitsgefühl" auszeichnet (aaO. 161); den Mischtyp *„Anhänger/Kunde"* der die Kirche sowohl als bedeutsame Gemeinschaft wie als Organisation wichtiger Funktionen erfährt; den Typ des *„Kunden"*, dessen „Beziehung zur Kirche auf Leistung und Gegenleistung beruht" (163); schließlich den *„rein rechnerischen"* Mitgliedschaftstyp, der am Kontakt mit der Kirche kaum interessiert erscheint, hier ist die Austrittsbereitschaft hoch. Signifikant ist wiederum die Beteiligung am Gottesdienst: Während von den Anhängern und den „Mischtypen" jeweils etwa zwei Drittel „regelmäßige" oder „gelegentliche" Kirchgänger sind, sinkt dieser Anteil für Kunden und nominelle Mitglieder auf 12% bzw. 7% (aaO. 165).

Auch *Dubach* führt seine Klassifikation zunächst auf soziale Bedingungen zurück: Je jünger, höher gebildet, urbaner und auch beruflich moderner orientiert die Befragten sind, um so eher werden sie zu den beiden letzten Typen gehören. Soziologisch aufschlussreicher ist die Zuordnung der kirchlichen Bindungstypen zu zwei allgemeinen *Inklusionsformen* (aaO. 160ff): Auch zu anderen sozialen Organisationen kann die Einzelne im Verhältnis hoch verbundener, intensiv partizipierender „Anhängerschaft" stehen – oder in einem „Kundschafts"-Verhältnis, das durch das Prinzip von „Leistung und Gegenleistung" im Blick auf materielle, aber auch soziale Werte bestimmt ist[178]. Demnach ist die kirchliche Bindung nicht zuletzt dadurch ausgezeichnet, dass sie *beide* gängigen Inklusionsformen annehmen kann.

Was diese allgemeine organisationssoziologische Deutung allerdings nicht erklären kann, das ist der statistisch eigenständige Mischtyp „Anhänger/Kunde". Immerhin 23% der Befragten halten den Glauben, die kirchliche Gemeinschaft und ihre Werte für wichtig und betonen *zugleich*, dass man nicht an den kirchlichen Veranstaltungen teilnehmen

---

178 *Dubach*, aaO. 163; vgl. aaO. 145f. 152f zum Konzept des „sozialen Austauschs", der im Gegensatz zum ökonomischen Austausch „auf unspezifischen Verpflichtungen über künftige Gegenleistungen" und insofern auch einen basalen „Vertrauen in die sozialen Beziehungen der Beteiligten" beruhe (aaO. 153). Dieses Konzept, das auch von *Ebertz* aufgenommen worden ist (Kirchenmitgliedschaft, 135ff; Gegenwind, 89-91), wird leider als *soziologisches* Konzept weder von *Dubach* noch von *Ebertz* ausgearbeitet; vgl. allerdings *Schmied*, Kirchenaustritt, 7ff.

müsse. Auch die Kasualien wird ebenso hoch geschätzt wie von den „Kunden"[179]. Diese eigentümliche *Kombination* der beiden gängigen Inklusionsformen könnte Ausdruck einer traditional-lebensweltlichen Bindung sein[180]; sie dürfte aber auch auf spezifische *kirchliche* Strukturen zurückgehen.

(c) Von eben diesen organisatorischen Prägefaktoren der Mitgliedschaft geht die in der Praktischen Theologie am meisten verbreitete Typologie kirchlicher „Bezugsgruppen" aus, die von *E. Lange* eingeführt wurde[181].

Lange unterscheidet drei „Bedürfnisprofile": eine *volkskirchliche* Handlungserwartung, die sich, bei Bedarf, auf die „religiöse Dimension bürgerlicher Existenz" der Mitglieder bezieht; sodann einen *vereinskirchlicher* Zuwendungsanspruch, der sich aus gesellschaftlich bedingten „Defiziten und Frustrationen" der Einzelnen speist[182]; und schließlich eine *„reformkirchliche Mutation"*, die in gesellschaftlichen Konflikten „Partei ergreifen muss" und dafür pastorale Unterstützung erwartet.

Lange skizziert diese drei Beteiligungsstrukturen als selbstverständliche, durch lange Erfahrung der Betroffenen gedeckte Erwartungen an das *pastorale* Handeln. Geht man von dieser zentralen Handlungsform der kirchlichen Institution aus, so ergibt sich offenbar durchaus keine einlinignormative „Bestimmung" (*Matthes*) der Mitgliedschaft. Vielmehr ist es, so kann man *Lange* interpretieren, die Struktur des kirchlichen Handelns selbst, die den Mitgliedern eine *Mehrzahl* von Kommunikationsformen eröffnet und faktisch garantiert.

Die organisatorischen Strukturbedingungen der kirchlichen Beteiligung haben, *Lange* zufolge, ihren Grund nicht zuletzt in der *Eigenart der christlichen Überlieferung*. In seinen pastoraltheologischen Erwägungen macht er deutlich, dass die christliche Tradition sowohl eine Bürgschaft für die Vergangenheit wie für die Zukunft enthält, dass sie Trost für das „Ensemble der Opfer", Stärkung für die Mühen des bürgerlichen Alltags, aber auch Orientierung für die von der Gesellschaft „Beunruhigten" zu geben hat[183]. Es ist der spezifische Gehalt des Christentums, der die Pluralität kirchlicher Inklusion begründet und legitimiert.

Langes Typologie kann freilich auch, wie *Rössler* angedeutet hat, als Konsequenz aus dem „Differenzierungsprozess der neuzeitlichen Gesell-

---

179 Vgl. die Angaben bei *Dubach*, aaO. 160, Schaubild 4.4.; dazu aaO. 162.

180 Dafür spricht der hohe Anteil älterer und bildungsschwächerer Menschen; vgl. *Dubach*, ebd.

181 *Lange*, Schwierigkeit, 152-155; Zitate dort. Vgl. schon Ders., Pfarrer, 120ff; vgl. auch die Aufnahme von *Langes* Beschreibungen bei *Rössler*, Grundriss, 507-509.

182 Berühmt geworden ist die Formel vom „Ensemble der Opfer" (*Lange*, Chancen des Alltags, 295ff).

183 Vgl. *Lange*, Schwierigkeit, 156ff; Ders., Chancen des Alltags, 295ff; Zitate aaO. 295 und 300.

schaft" begriffen werden, „der stets auch ein Legitimationsprozess ihrer verschiedenen neuen und zunächst marginalen [...] Gruppierungen ist" (Grundriss, 509). In sozialevolutionärer Sicht markiert jene Typologie verschiedene Reaktionsmuster auf die Ausdifferenzierung eines besonderen „kirchlichen Lebens": Das organisierte Christentum kann nun, in bestimmten Lebenssituationen, als zuständiges Funktionssystem in Anspruch genommen werden; es kann, insbesondere für die „Opfer" des Modernisierungsprozesses, nach wie vor als traditional-umfassende Lebenswelt erscheinen; und das kirchliche Leben kann schließlich von „marginalen Gruppierungen" auch für die kritische Veränderung – und so für die weitere Differenzierung – der sozialen Strukturen in Anspruch genommen werden.

W. *Lück* hat die Folgen dieser Ausdifferenzierung für die parochiale Organisation skizziert[184]: Im Zuge der gesamtgesellschaftlichen Spezialisierung haben die öffentlichen Institutionen des Gottesdienstes, des Pfarramtes und der entsprechenden Gebäude ihrerseits den Charakter funktional spezialisierter Einrichtungen angenommen. Mit der Unterscheidung zwischen öffentlicher und familiärer Kommunikation erhält auch die Institution des „Pfarrhauses" eigenständige Bedeutung. Der allgemeine Wandel der Familien- wie der Vereinskultur hat schließlich – nicht zuletzt in der Etablierung des „Gemeindehauses" – die Verkirchlichung ursprünglich selbstorganisierter Sozialformen des Christentums zur Folge gehabt.

Volks-, vereins-, gruppen- und kulturkirchliche Teilnahmeprofile erscheinen, wenn sie soziohistorisch analysiert werden, als präziser Reflex gesamtgesellschaftlicher und *zugleich* kirchlich-organisatorischer Differenzierungsprozesse.

(d) Ohne sich ausdrücklich auf *Lange* zu beziehen, kommt auch der römisch-katholische Pastoralsoziologe *K. Gabriel* zu einer inhaltlich wie strukturell vergleichbaren Typologie der kirchlichen Inklusion[185].

Im gegenwärtigen deutschen Katholizismus unterscheidet *Gabriel* fünf „Sektoren", von denen drei der Einteilung *Langes* entsprechen (aaO. 179ff): einen *explizit-interaktiven* Sektor, der sich nach dem Verfall des katholischen Vereinswesens an die Pfarrgemeinde angelagert hat, er besteht vor allem aus älteren Mitgliedern; ein Sektor „*diffuser Katholizität"* in dem die Mehrheit der jüngeren Mitglieder sich über Religionsunterricht, Diakonie und familiär genutzte Kasualien an der kirchlichen Organisation beteiligt; schließlich ein Sektor christlicher „*Bewegungen".* Gabriel erweitert die Typologie durch einen Sektor *beruflich-formaler* Bindung an die Kirche, in dem die traditional-konventionelle Kontrolle der

---

184 *Lück*, Kirchengemeinde, 18ff; vgl. das Referat bei *Roosen*, Kirchengemeinde, 139-143; zur Sache aaO. 60-87.
185 Vgl. vor allem *Gabriel*, Christentum 1992. Daraus, wenn nicht anders vermerkt, sämtliche Zitate des folgenden Abschnittes (d).

Mitgliedschaft durch organisatorische Disziplinierung ersetzt ist; und er beschreibt einen *fundamentalistischen* Sektor, der durch Teile der zentralen Hierarchie gestützt wird.

Über *Lange* hinaus kann *Gabriel* einen eigenen Sektor beruflich-formaler Inklusion herausarbeiten, weil er die Ausdifferenzierung kirchlicher Bindung als „Annäherung an das Strukturmuster flächendeckender Großorganisationen" begreift[186]. Die Entstehung einer formal, nicht selten bürokratisch organisierten Kernstruktur führt, diesem Muster zufolge, zu einer Differenzierung zwischen einer explikativ-interaktiven und einer vergleichsweise distanzierten Form organisatorischer Inklusion.

Geradezu paradigmatisch lässt sich dieses Muster an der römisch-katholischen Ausbildung einer Hierarchie professionell arbeitender Geistlicher ablesen[187]: Erst in der Folge dieser kirchlichen Organisierung bildet sich neben einer interaktiven Mitgliedschaft, die „exemplarisch die Sinnbezüge der Handlungssphäre [realisiert]", eine weitere Beteiligungsform, die durchaus hohe Erwartungen an die gesellschaftliche Präsenz der Kirche hat, sich aber einer eigenen Aktivität in dieser Organisation verschließt (aaO. 153f). Die Erhöhung des formal-beruflichen Organisationsgrades der Kirchen verstärkt die Tendenz der Mitglieder, die ausdrückliche Artikulation des Christlichen im Regelfall an eben diese Organisation zu delegieren.

Diese organisationssoziologisch-genetische Deutung erklärt eine Struktur kirchlicher Beteiligung, die berufliche, interaktive und diffus-distanzierte Formen umfasst, und sie erklärt auch das Auftreten der beiden anderen „Sektoren". Sowohl fundamentalistische Strömungen wie reformkirchliche „Bewegungen" lassen sich als Ausdruck der Kritik an den gesellschaftlichen Modernisierungsprozessen auffassen; und beide versuchen, wenn auch mit unterschiedlichem Erfolg, die kirchliche Großorganisation für ihre Ziele in Anspruch zu nehmen[188]. Die verschiedenen Formen intensiver Vergemeinschaftung, die das Christentum ausgebildet hat, bleiben auch dann auf die Strukturen und Leistungen der Organisation bezogen, wenn sie dieser Organisation ausdrücklich kritisch gegenüberstehen.

---

186 *Gabriel*, Christentum 1992, 153; vgl. zum Folgenden auch aaO. 187f. *Gabriel* folgt hier weitgehend *Luhmann*, Organisierbarkeit. Die oben skizzierte Argumentation findet sich in Ansätzen auch bei *Kaufmann*, Kirche begreifen, 136ff; *Ders.*, Religion und Modernität, 25–28. 267f.

187 Vgl. *Gabriel*, Organisation als Strukturprinzip, 19ff.

188 Auch andere kirchensoziologische Ansätze verstehen die „fundamentalistische" Bewegung als Teil der reformkirchlichen Beteiligungsvariante: *Dahm*, Dreiviertelkirche, 311f, fasst die „evangelikal oder pietistisch ausgerichteten Gemeindeglieder" ebenso unter die Minderheit der „Engagierten" wie die „betont gesellschaftskritisch-sozialethisch" orientierten Mitglieder; vgl. ähnlich *Lindner*, Kirche am Ort, 323f.

Auch *Gabriel* führt die „Restrukturierung" kirchlicher Beteiligung nicht allein auf soziale Differenzierungsprozesse zurück, sondern verweist, ähnlich wie *Lange*, auf deren *religiös-inhaltlichen* Gründe[189]: Der universalisierende Grundzug des Christentums hat die Bildung einer kirchlichen Organisation, die die traditional begrenzten Lebenswelten transzendiert und relativiert, ebenso begünstigt wie die religiös-engagierte Kritik an den Folgen der gesellschaftlichen Modernisierung.

(e) *Gabriels*, aber auch *Dubachs* und andere gängige Typologien verbinden religiös-inhaltliche und motivationale Aspekte so mit der pragmatischen Dimension, dass oft nicht klar wird, welche *spezifischen* kirchlichen Interaktionsformen zu einem bestimmten Sektor der Beteiligung gehören. Dagegen hat *P. Cornehl* eine Klassifikation vorgelegt, die sich strikt auf beobachtbare Verhaltensweisen beschränkt: Anhand der zweiten EKD-Mitgliedschaftsumfrage hat er versucht, die plurale „Logik des Kirchgangs" zu rekonstruieren.

Die Umfrage hatte für die Frage „Gehen Sie persönlich zur Kirche?" neben der Verneinung fünf Antwortmöglichkeiten vorgegeben. Diese Items interpretiert *Cornehl*, unter Rekurs auf die jeweiligen Zustimmungsraten sowie auf Spezialstichproben und anderes Material, als Ausdruck distinkter „Kirchgangsgewohnheiten"[190]: „*Nichtkirchgänger*", die ihren eigenen Angaben wie der Statistik zufolge doch gelegentlich zu Kasualien sowie zum Weihnachtsgottesdienst gehen; „*Kirchgang im Rhythmus des Alltags*", mindestens einmal im Monat; ein „*kulturelles*" Beteiligungsmuster, das sich, je nach Anlass, mehrmals im Jahr, und zwar auch an „normalen Sonntagen" realisiert; Gottesdienstbesuch im kirchlichen „*Festkreis des Jahres*" sowie zu familiären Anlässen; schließlich eine *lebenszyklische*, auf die Kasualien beschränkte Beteiligung.

Im Vergleich mit *Langes* und *Gabriels* Typologien ist das volkskirchlich-distanzierte Beteiligungsmusters differenziert: *Cornehl* kann zeigen, dass unterschieden werden muss zwischen einem strikt am familiär-persönlichen Anlass orientierten Kirchgang – dazu gehört der Heiligabendgottesdienst (aaO. 28) – und einer Beteiligungsform, die auch gesellschaftlich etablierte Jahresfeste wie Ostern und Erntedank als gottesdienstliche Anlässe wahrnimmt. Dazu sind auch die „Nichtkirchgänger" als eine Variante des volkskirchlichen Spektrums zu begreifen.

Außerdem geht *Cornehl* über die bislang genannten Einteilungen hinaus, wo er eine besondere „*kulturelle*" *Beteiligungsform* ausmachen kann: Hier wird der Gottesdienst in unregelmäßigen Abständen besucht, je nach Gelegenheit, Ange-

---

189 Vgl. besonders *Gabriel*, Organisation als Strukturprinzip, 18ff.
190 *Cornehl*, Teilnahme am Gottesdienst, 20f. Die folgenden Zitate aus der Darstellung des Befundes, aaO. 22–35, auch in der dort zu findenden Reihenfolge. Die Zahlen von 1992 finden sich in Fremde Heimat 1993, 30; Fremde Heimat 1997, 185.

bot und thematischem Interesse. *H. Lindner* hat dieses Interaktionsmuster, das nicht nur den Gottesdienst betrifft, als „protestantische Auswahlreligion" beschrieben[191].

Der bewusst selektive Beteiligungsmodus macht besonders anschaulich, was – abgesehen von der nahezu wöchentlich erscheinenden „Kerngemeinde" – allgemein gilt: Die Teilnahme am Gottesdienst ist „eine Möglichkeit, die – auch wenn sie zur Gewohnheit geworden ist – doch jeweils eine Entscheidung verlangt. Zum Gottesdienstbesuch entschließt man sich." (aaO. 20) Insofern scheint gerade die Haltung der meisten Mitglieder zum Gottesdienst die *Subjektivierung* der kirchlichen Bindungen anzuzeigen. Gleichwohl scheinen sich „Gewohnheiten" des Kirchgangs zu bilden, die den aktuellen Entschluss nicht überflüssig machen, aber „in der Regel" zu den o.g. Beteiligungsrhythmen führen. Für die Bildung solcher „Kirchgangsregeln" (aaO. 21) arbeitet *Cornehl* drei transsubjektive Bedingungszusammenhänge heraus.

Zunächst fragt *Cornehl* für jedes Kirchgangsmuster nach seiner „sozialen Einbindung" (aaO. 21). Es ist der *(groß-) familiäre* Kontext, der nicht nur das lebenszyklische, sondern auch andere Partizipationsmuster tiefgreifend prägt. Dazu sind die meisten Kirchgangsrhythmen auf *kulturelle* Muster zurückzuführen: Die Beteiligung an den kirchlichen Jahresfesten vermittelt Anschluss an ein sinnhaft Ganzes der gemeinsamen Religionskultur; die liberal-selektive Beteiligung am Gottesdienst folgt Regeln, die auch für die Teilnahme an anderen kulturellen Ereignissen eingespielt sind[192].

Sodann entspricht allen fünf Typen eine bestimmte Angebotslogik der Organisation selbst. Es ist die *Kirche*, die nicht nur „normale Sonntagsgottesdienste" und lebenszyklische Amtshandlungen anbietet, sondern die bestimmte Gottesdienste aus dem liturgischen Alltag heraushebt. Dazu gehören die Jahresfestgottesdienste, aber auch immer mehr Gottesdienste, die auf die eine oder andere Weise einen besonderen Akzent erhalten und damit das kulturell-selektive Beteiligungsmuster bedienen (aaO. 25).

Schließlich lässt sich für jedes kirchlich-liturgische Beteiligungsmuster „ein *normativer Bezug* zur Sache" des Christentums aufweisen; „der Gottesdienst muss dem, der daran teilnimmt, ein Stück *religiöse Sinndeutung* vermitteln"[193].

So repräsentiert der wöchentliche Gottesdienstrhythmus die Geltung des dritten Gebotes; die Jahresfeste hingegen stehen für die kulturbestimmende „Allge-

---

191 *Lindner*, Kirche am Ort, 325. 326-328.
192 *Cornehl* (aaO. 25f) verweist hier auf den Aufsatz von *Rau*, Rehabilitation, der die Transformation kirchlicher Beteiligung von einer lebensweltlichen Ebene auf die Ebene kultureller Partizipation beschrieben hat.
193 *Cornehl*, aaO. 21 (Hervorhebungen i.O.).

meinheit" der christlichen Überlieferung (aaO. 30). Ebenso bringt die biographische Zuspitzung der Tradition in den Kasualien, oder ihre thematische Akzentuierung zu „ausgewählten" Anlässen bestimmte inhaltliche Züge des Christentums zu liturgischem Ausdruck.

Cornehls Analyse bestätigt, dass der Gottesdienstbesuch einen höchst zuverlässigen empirischen Indikator der kirchlichen Inklusion darstellt. Die Teilnahmeprofile, die anhand unterschiedlichster Kriterien von *Dubach, Lange, Gabriel* und anderen herausgearbeitet werden, kommen jeweils in einem bestimmten Rhythmus gottesdienstlicher Partizipation zu präzisem Ausdruck. Und auch die sozialstrukturellen *Bedingungen* der Mitgliedschaft, die nun systematisch zu bündeln sind, bilden sich in den liturgischen Teilnahmeregeln mit besonderer Klarheit ab.

4. Soziale Polarität und soziologische Pluralität der Mitgliedschaft

Die empirischen Einsichten über die Dimensionen, Muster und sozialen Bedingungen kirchlicher Inklusion lassen jedenfalls die plakative Vermutung „Jede(r) ein Sonderfall" (*Dubach/Campiche*) als ganz abwegig erscheinen. Schon auf der semantisch-kognitiven Ebene lässt sich dies nur unter Vernachlässigung biographischer wie kirchlich-institutioneller Prägefaktoren behaupten. Und im Blick auf die kirchlichen Einstellungen und Beteiligungen betonen selbst diejenigen Soziologen, welche sich an der Individualisierungsthese orientieren, dass das Spektrum „weder ufernoch gestaltlos" sei, sondern „fest umrissene Konturen erkennen" lasse[194].

Diese Konturen lassen sich statistisch rekonstruieren (*Dubach, Kecskes/Wolf*); sie ergeben sich aus teilnehmender Beobachtung (*Gabriel, Lange*) oder strikt pragmatischer Klassifikation (*Cornehl*). Jedenfalls erkennt die religonssoziologische Theorie in jenen Konturen der Mitgliedschaft vor allem die Konturen der modernen Gesellschaftsstruktur. Unter den strukturellen Bedingungen der Gegenwart ist zu wählen zwischen einer Form der Mitgliedschaft, die die Kirche in normativer und sozialer Hinsicht als alltagsprägende Gemeinschaft wahrnimmt, und einer funktional-distanzierten Form, die aus den kirchlichen Werten und Angeboten eine situativ-pragmatische Auswahl trifft. Diese *Polarität kirchlicher Inklusionsmuster* lässt sich hinsichtlich der biographischen Funktion religiöser Deutung ausmachen (*Hartmann, Schöll*); sie lässt sich in den Motiven kirchlicher Verbundenheit finden (*Dubach, Pollack*); und sie erscheint als Unterscheidung von „Anhängern" und „Kunden" (*Dubach*) in der Beteiligung am Gottesdienst wie an anderen kirchlichen Interaktionsformen.

---

[194] *Gabriel*, Christentum 1992, 192; vgl. *Dubach*, Bindungsfähigkeit, 159ff; *Krüggeler*, Ein weites Feld, 223ff.

Es erscheint bemerkenswert, dass auch die gegenwärtige Kirchensoziologie das traditionelle Schema von Kern- und Randgemeinde, von Kirchentreuen und Kirchenfernen, von gläubigen und „säkularisierten" Mitgliedern reproduziert. Der Ansatz bei der individualisierten Bindungsentscheidung kommt zu der gleichen Gesamtsicht wie das an den kirchlichen Normen orientierte Säkularisierungsparadigma: Die verbindliche Form der Mitgliedschaft befinde sich auf dem Rückzug in traditionale Residuen oder gegenmoderne „Fundamentalismen"; die Zukunft gehöre einer distanziert-autonomen Form kirchlicher Inklusion, die lediglich an organisierter Dienstleistung bei biographischen Wendepunkten interessiert ist.

Im Anschluss an *Matthes* lässt sich diese Übereinstimmung als Beleg dafür interpretieren, wie tief die Polarität zwischen Individuum und Institution bzw. zwischen Gesellschaft und Kirche in das allgemeine Bewusstsein eingelassen ist. Auch wenn die Forschungsperspektive sich auf das Individuum verschiebt, erscheinen die Schemata kaum verändert. Man kann dann die Perspektive nochmals ändern und – wieder mit *Matthes* – nach der Prägung der Mitgliedschaftspolarität durch die kirchliche Institution selber fragen. So ist die plurale religiöse Semantik doch – positiv oder kritisch – an der christlichen Überlieferung orientiert. Ebenso sind die verschiedenen Einstellungsdimensionen und Beteiligungsmuster immer auch auf kirchlich-organisatorische Strukturen zurückzuführen.

Die These einer allein gesellschaftsstrukturell bedingten Polarität der Kirchenmitgliedschaft erscheint auch im Kontext des Individualisierungstheorems selbst als ergänzungsbedürftig. Denn zum Kontext einer konkreten Inklusionsentscheidung gehören immer auch bestimmte institutionelle Verhältnisse und – vor allem – spezifische biographische Umstände. Wie die Grundzüge einer dementsprechend komplexeren Sicht der gegenwärtigen Kirchenmitgliedschaft aussehen könnten, das ist bereits 1974, im Zusammenhang der ersten EKD-Mitgliedschaftsumfrage, von *E. Lange* und anderen formuliert worden:

„Kirchenmitgliedschaft hat mehrere Dimensionen [...]. Sie hat immer schon eine *gesamtkirchliche* Dimension, weil die Kirche immer Kirche in der Gesellschaft ist und ihre Mitglieder immer Bürger dieser Gesellschaft in ihrem jeweiligen politischen und gesellschaftlichen Organisationsstand sind. [...] Sie hat immer schon einen wesentlichen Bezug auf das *Lebensgeschick des Einzelnen* in seinen Bezugsgruppen. [...] Sie hat immer schon die Dimension eines *innergemeindlichen Gemeinschafts- und Gruppenlebens* [...]. Sie hat immer schon eine *geschichtliche Dimension* und damit ein Problem [...] der immer neuen Rekonstruktion der christlichen Überlieferung in der Abfolge der Generationen und der geschichtlichen Veränderungsprozesse [...]."[195]

---

[195] *Hild*, Wie stabil, 273f (Hervorhebungen i.O.). Für den Text der Darstellung waren *E. Lange, J. Linnewedel* und *R. Schloz* verantwortlich; vgl. aaO. II. 384f.

Fragt man hinter die kulturell bedingte Wahrnehmung einer *Polarität* kirchlicher Mitgliedschaft zurück nach den komplexeren, *pluralen* Prägefaktoren jener Bindung, so ergeben sich die im Zitat skizzierten vier Dimensionen.

(a) Es entspricht der Prägung der kirchlichen Inklusion durch den „jeweiligen politischen und gesellschaftlichen Organisationsstand", dass sie offenbar *gesellschaftlich* verbreiteten Inklusionsmustern folgt: Die kirchliche Beziehung kann als „normativ-soziale" Bindung an eine Wertegemeinschaft (*Dubach*), sie kann nach dem Muster einer pragmatischen Dienstleistungsbeziehung gestaltet werden, und ebenso als eine beruflich-vertragsförmige Organisationsbindung. Dazu kommen Bindungsformen, die noch in traditionale konfessionelle Milieus integriert sind, oder die den Wahrnehmungsregeln des kulturellen Erlebnisses folgen.

In gesellschaftsstruktureller Hinsicht macht die Pluralität der Kirchenmitgliedschaft damit auf die *Ungleichzeitigkeit* der Verhältnisse aufmerksam. Bindungs- und Mitgliedschaftsverhältnisse folgen offenbar auch in der Gegenwart nicht allein pragmatisch-funktionalen Motiven.

(b) *Gabriel, Lück* und vor allem *Lange* haben darauf hingewiesen, dass die verschiedenen Bindungsmuster sich nicht nur gesellschaftsgeschichtlichen Zusammenhängen verdanken, sondern dass sie, als spezifische „Bedürfnisprofile", mit je bestimmten *organisatorischen* Formen des „innergemeindlichen Gemeinschafts-[...]Lebens" (s.o. S. 257) korrelieren. Insbesondere die Struktur der pastoralen Arbeit (*Lange*) und die Vielfalt liturgischer Veranstaltungsformen (*Cornehl*) eröffnen den Mitgliedern *verschieden* konturierte Möglichkeiten der Beteiligung. Mindestens auf der Ebene konkreter Interaktionen „bestimmt" die kirchliche Institution keineswegs nur eine einsinnige Norm verbindlicher und intensiver Beteiligung, sondern sie strukturiert durchaus auch andere regelmäßige, ja geradezu rhythmische Muster. Ähnliche Korrespondenzen dürften sich auf der Ebene der Mitgliedschaftsmotivation nahe legen.

(c) Aus unterschiedlichen Blickwinkeln haben *Lange, Gabriel* und *Cornehl* darauf hingewiesen, dass die gegliederte Pluralität kirchlicher Bindung ihre Begründung nicht zuletzt in der „geschichtlichen Dimension" (s.o. S. 257) der Kirche findet: Es ist die *christliche Überlieferung* selbst, die unterschiedliche Formen der individuellen Auseinandersetzung und Aneignung erlaubt und damit unterschiedliche Beziehungsmuster begründet. Auch in inhaltlich-religiöser Hinsicht kann die verbindliche, alltagsrhythmische Inklusion in der Kirche keineswegs das Monopol beanspruchen: Zum Christentum gehört auch eine enge Verbindung mit der jeweiligen Kultur und ihrem spezifischen Festrhythmus; und zum Christentum gehört vor allem die Zuspitzung der individuellen Gottesbeziehung auf bestimmte biographische, auch lebenszyklische Anlässe.

(d) Nicht nur aus gesellschaftsstruktureller, sondern auch aus religiös-inhaltlicher Perspektive ist es darum schließlich das „Lebensgeschick des

Einzelnen in seinen Bezugsgruppen" (s.o. S. 257), das den entscheidenden Bezugspunkt der kirchlichen Bindung darstellt. Dieser biographische Bezug umfasst der skizzierten Forschung zufolge zwei Dimensionen: Zum einen stellt die religiös-kirchliche Prägung auch in der Gegenwart zumeist eine lebensgeschichtliche *Vorgabe* dar. Zunächst ist es die regionale, die konfessionelle und vor allem die familiäre Herkunft, die das Verhältnis der Einzelnen zur Kirche bestimmt. Auch der Umgang mit diesen „biographischen Ressourcen" (*Hartmann*) ist weit mehr von der individuellen Sozialisations- und Bildungsgeschichte geprägt als von aktuell-bewussten Entscheidungen.

Zum anderen zeigen statistische wie qualitative Untersuchungen, wie auch die *gegenwärtige* biographische Situation das jeweilige Verhältnis zur Kirche bestimmt. So hängt die Bindung in semantischer wie in pragmatischer Hinsicht von der Intensität ab, mit der die Einzelne in die modernen ökonomischen Prozesse eingebunden ist; ebenso besteht eine Korrespondenz zur aktuellen familiären Situation. Insgesamt ist die kirchliche Bindung des Einzelnen wesentlich davon bestimmt, in welcher Form sie ihm bei der Bewältigung der Aufgabe hilfreich ist, die verschiedenen sozialen Erwartungen und institutionellen Zumutungen in einen konsistenten biographischen Zusammenhang zu bringen.

In diesem Sinne dürften nun in der Tat sämtliche Dimensionen und Muster der individuellen Beziehung zur Kirche einer durchgehenden Subjektivierung unterliegen, und zwar wiederum nicht zuletzt aus religiös-inhaltlichen Gründen. Gerade aus der Sicht der reformatorischen Kirchen kann es im Grunde nur das *Gelingen des je eigenen Lebens* sein, dem die Mitgliedschaft in der Kirche zu dienen hat[196].

---

196 Vgl. *Rössler*, Grundriss, 73: „Alle Tätigkeiten, die im Auftrage oder im Sinne der christlichen Kirche ausgeübt werden, haben am Ende nur ein gemeinsames Ziel: Die Seligkeit des einzelnen und zwar jedes einzelnen Menschen, ganz unabhängig davon, was näherhin unter Seligkeit verstanden werden soll."

IV. Subjektivierung? Das Beispiel der „treuen Kirchenfernen"

1. Soziologische Zugänge zur durchschnittlichen Kirchlichkeit

Die soziologische These einer „religiösen Individualisierung" findet ihren eindrücklichsten Beleg in der bekannten Tatsache, dass die große Mehrheit der Mitglieder keine intensive Bindung an die Kirche realisiert, sondern partialinklusiven Mustern folgt, die im Widerspruch zu den ausdrücklichen Normen der Organisation stehen. Eine Kirchlichkeit, die selbstverständlich und umfassend das ganze Leben bestimmt, ist zu einer statistischen Ausnahme geworden. Der Regelfall ist eine kirchliche Beteiligung, die neben der Teilnahme an anderen sozialen Kommunikationsbereichen steht und die dort kaum prägenden Einfluss entwickelt[197].

Diese „volkskirchliche Mitte" der Mitgliedschaft (*Lukatis/Lukatis*), der sich die Forschung seit Beginn der 70er Jahre verstärkt zugewandt hat, scheint mit ihren Einstellungs- und Beteiligungsformen vor allem die gegenwärtige religiöse „Subjektivierung" zu demonstrieren (s.o. S. 218-220): Der Kontakt mit der kirchlichen Organisation verdankt sich bei jedem Gottesdienst, jeder Amtshandlung und erst recht bei jeder Beteiligung am Gemeindeleben einem individuellen und bewussten *Entschluss*[198].

Diese religionssoziologische Deutung erscheint allerdings schon angesichts der stabilen Regelmäßigkeit des volkskirchlichen Bindungsmusters zweifelhaft. Dazu kommt, dass eine gegenüber den institutionellen Ansprüchen distanzierte Beteiligung sich keineswegs erst in den letzten Jahrzehnten verbreitet hat; die „Unkirchlichkeit" breiter Bevölkerungsschich-

---

[197] *Lukatis/Lukatis*, Protestanten, haben gezeigt, dass zum „normalen" Muster der Kirchenbindung Einstellungen, Orientierungen und Kommunikationsformen gehören, die sich kaum vom gesellschaftlich insgesamt Üblichen unterscheiden; dagegen erscheinen die Formen intensiver Kirchlichkeit deutlich an Alter, Bildung und relative Ferne zu ökonomischen Kommunikationsformen gebunden. Ähnliche Ergebnisse auch bei *Voll*, Beten in der Mördergrube. – Nochmals sei ausdrücklich betont, dass sich auch dieser Abschnitt nur auf *Westdeutschland* (und die Schweiz) bezieht; die ostdeutschen Verhältnisse sind zunächst gesondert zu betrachten, s.u. S. 305-332.

[198] Die ausführlichste Entfaltung dieser These findet sich bei *Roosen*, Kirchengemeinde, 454ff; vgl. auch *Drehsen*, Erosion; *Dubach*, Loyalität; *Feige*, Schicksal; *Gräb*, Sinnarbeit; *Mette*, Mitgliedschaft.

ten wird schon im 18. und 19. Jahrhundert regelmäßig beklagt[199]. Gegen die These einer religiösen Subjektivierung spricht schließlich, dass die Mitglieder selbst ganz überwiegend den konventionellen Charakter ihrer Bindung betonen: „Ich bin in der Kirche, weil meine Eltern auch in der Kirche sind bzw. waren" – diese Auskunft erhält in den Umfragen seit 1972 ständig steigende Zustimmung und wird inzwischen am häufigsten von aller vorgelegten Mitgliedschaftsmotiven benannt. Gerade die durchschnittliche Mitgliedschaft erscheint eher als eine „zugeschriebene", gerade nicht subjektiv-autonom „erworbene" Form der Kirchenbindung[200].

Die partielle, nur gelegentlich zur persönlichen Beteiligung verdichtete Inklusion verdankt sich familiärer Tradierung. Auch inhaltlich ist sie oft ganz traditionell motiviert: „Ich bin in der Kirche, weil ich auf kirchliche Trauung und Beerdigung nicht verzichten will" – diese Auskunft erhält nahezu ebenso hohe Zustimmung wie das soeben genannte Item[201]. Zugleich freilich lässt sich gerade dieses Motiv auch als Ausdruck einer pragmatischen Inklusionsform interpretieren, die sich in der Tat dem subjektiven „Eigeninteresse" verdankt.

Ist demnach gerade die durchschnittliche Mitgliedschaft „häufig zweckrational *und* traditional bestimmt"[202], so lässt sie sich weder einfach als Ausdruck religiöser Subjektivierung, noch umgekehrt als bloßes Relikt lebensweltlich-umfassender Bindungsformen verstehen. Das verbreitete kirchliche Inklusionsmuster liegt eigentümlich quer zu den üblichen Unterscheidungen von Lebenswelt und System, oder von individueller Biographie und sozialer Funktionsdifferenzierung (*Daiber*, Religion, 14f, 176ff). Auf die gegenwärtigen *gesellschaftlichen* Strukturbedingungen lässt es sich jedenfalls nicht ohne weiteres zurückführen.

Fragt man nach den spezifisch *organisatorischen* Bedingungen, die diese Bindungsform historisch und aktuell mitbestimmen, so ergibt sich ebenfalls ein komplexes Bild. Zunächst ist daran zu erinnern, dass es gerade die Erfassung des durchschnittlichen Beteiligungsmusters gewesen ist, die die ältere, dem Säkularisierungsparadigma folgende Kirchensoziologie an ihre Grenzen geführt hat (s.o. S. 212): Orientiert sich die empirische Forschung an den von der Kirche selbst formulierten Mitgliedschaftsnormen, so kann die volkskirchliche Normalität nur als problematisch defizitäre

---

199 Darauf haben vor allem *Rendttorff*, *Matthes* und zuletzt *Drehsen*, Erosion, aufmerksam gemacht.

200 Die letzten Zahlen: Fremde Heimat 1993, 17; vgl. dazu z.B. *Pollack*, Lage in Deutschland, 601ff.

201 Fremde Heimat 1993, ebd.; vgl. zu den – ähnlichen – Schweizer Resultaten *Dubach*, Bindungsfähigkeit, 149. 152f (dort auch das folgende Zitat).

202 *Pollack*, Gottesdienst, 323 (Hervorhebung J.H.); in die gleiche Richtung weist der von *Dubach*, Bindungsfähigkeit, 162, herausgearbeitete „Mischtyp" der Kirchenbindung, der Einstellungen des „Anhängers" und des „Kunden" kombiniert. Weiter s.o. S. 250-251.

Beziehungsform erscheinen. Auch die organisationssoziologische Mitgliedschaftsforschung der 70er und 80er Jahre markierte mit dem Terminus der „Unbestimmtheit" eher das Problem als eine Lösung jener Beschreibungsaufgabe (vgl. *Zimmermann*, Verbundenheit, 104): Eine bestimmte kirchliche Prägung der individuellen Mitgliedschaftspraxis lässt sich demnach nicht mehr ohne weiteres ausmachen.

Eine genauere Betrachtung der kirchlichen Bindungsmuster, wie sie oben (S. 237-259) versucht wurde, lässt jedoch hinsichtlich der organisatorischen Prägung durchaus Bestimmtes erkennen. Drei Einsichten seien hervorgehoben: Zum Ersten entsteht das gängige Bild einer diffusen Form der Inklusion vornehmlich auf der *semantischen* Ebene: Es sind zumeist nicht einzelne Glaubensaussagen oder spezifische inhaltliche Übereinstimmungen mit der Kirche, die das Mitgliedschaftsverhältnis prägen, sondern hoch generalisierte Überzeugungen wie „ich bin Christ", „ich stimme der kirchlichen Lehre zu" u.a., die sich einer näheren Bestimmung geradezu programmatisch entziehen[203]. Die traditionelle christliche Semantik wird nicht ausdrücklich abgelehnt, aber auch kaum noch umstandslos rezipiert: Vielmehr erscheint sie als Material subjektiver Aneignung, die auf ihren Deutungsspielraum Wert legt: „Ich habe meine eigene Weltanschauung, in der auch Elemente des christlichen Glaubens enthalten sind"[204].

Erscheint die statistisch normale Kirchlichkeit in semantischer Hinsicht tatsächlich recht „unbestimmt", so ist sie, zum Zweiten, in *pragmatischer* Hinsicht durchaus deutlich bestimmt (s.o. S. 254-256). Phänomenologische wie statistische Analysen lassen ein Teilnahmeprofil erkennen, das sich im Wesentlichen auf die Kasualien sowie auf einige weitere, meist jahreszyklische Gottesdienstbesuche beschränkt. Eben mit diesen liturgischen Interaktionen wird die Mitgliedschaft von den Befragten selbst mehrheitlich begründet.

Zum Dritten gehört es zur *kirchlichen Einstellung* der „volkskirchlichen Mitte" (*Lukatis/Lukatis*), dass man sich zu intensiver Beteiligung nicht verpflichtet sieht[205]. Die ausdrücklich anders lautende Erwartung der Kirche

---

203 Vgl. Fremde Heimat 1993, 17. 20; s.o. S. 238-239. Vgl. die unterschiedlichen Schlussfolgerungen aus diesem Tatbestand bei *Roosen*, Kirchengemeinde, 441f, der „innere Distanz" diagnostiziert, und bei *Rau*, Das Alltägliche, 183. 191ff, der diese diffuse Kirchlichkeit als legitimen Protest gegen den gesellschaftlichen Rationalitäts- und Bewusstheitsdruck deutet.

204 Diese Vorgabe erhält bei der Frage nach den eigenen religiösen Überzeugungen die höchste Zustimmung der 1992 von der EKD Befragten (arithm. Mittelwert 5, 04 auf einer Skala von 1 bis 7); nahezu gleichauf (5. 03) liegt das ebenfalls subjektive Aneignung ausdrückende Item „Ich glaube schon etwas. Der Glaube ist etwas in mir drin, was ich gefühlsmäßig erlebe und erfahre" - vgl. Fremde Heimat 1993, 12f; Fremde Heimat 1997, 135. 174.

205 Vgl. *Dubach*, Bindungsfähigkeit, 149. 155-157; Fremde Heimat 1993, 31: Eine außergottesdienstliche Beteiligung am kirchlichen Leben lehnen mehr als 70%, eine ver-

wird zwar gesehen, aber zugleich, mitunter mit Bedauern, für die eigene Person auf Distanz gehalten. Ebenso selbstverständlich, wie die Mehrheit sich an den lebens- und jahreszyklischen Interaktionsformen beteiligt, ebenso selbstverständlich verweigert sie sich weitergehenden Ansprüchen. Die Interpreten der jüngsten EKD-Erhebung haben eben diese Haltung mit der Formulierung „treue Kirchenferne" zum Ausdruck gebracht (Fremde Heimat 1993, 15ff).

Aus den Beobachtungen zur durchschnittlichen Kirchlichkeit ist in letzter Zeit immer ausdrücklicher der Schluss gezogen worden, „dass das Verhältnis der Befragten zu Kirche und Religion weniger institutionell als vielmehr lebensweltlich verankert ist und dass die Lebensgeschichte des Einzelnen dieses Verhältnis in entscheidender Weise prägt. Somit könnte es sein, dass aus der Perspektive der Befragten, auf dem Hintergrund der je eigenen Lebensgeschichte durchaus bestimmt ist, was ‚von außen' betrachtet unbestimmt erscheint."[206] Die Inklusion der Mehrheit ist nicht primär von den „institutionellen" Mustern der Gesellschaft oder der Kirche geprägt, sondern sie folgt einer bestimmten Logik *individueller biographischer Konstruktion*.

In dieser Forschungsperspektive, der auch die folgende Untersuchung verpflichtet ist, erscheint die durchschnittliche Kirchenmitgliedschaft tatsächlich als Resultat einer strukturellen Individualisierung, die alle Inklusionen dem Kriterium der „Selbstreferenz" (F.-X. *Kaufmann*) unterwirft. „Individualisierung" meint hier allerdings präziser, dass es unter den Bedingungen moderngesellschaftlicher Differenzierung stets die je eigene Gestaltung einer sinnhaften Biographie ist, die die Integration in Funktionssysteme sowie die Inklusion in Organisationen bestimmt und damit den Ort der Vergesellschaftung der Einzelnen darstellt (s.o. S. 198. 201–205). Indem die Mehrheit der Mitglieder ihre kirchlichen Kontakte lebensgeschichtlich strukturiert, demonstriert sie die Tendenz zur Biographisierung auch auf religiösem Gebiet.

Die biographische Struktur der Kirchlichkeit lässt sich den einschlägigen Statistiken und Repräsentativumfragen entnehmen: Es ist das *familiäre* Umfeld, das das Verhältnis zu Glauben und Kirche in erster Linie bestimmt[207]; es sind die in der kirchlichen *Sozialisation* erworbenen Überzeugungsbestände, die die religiöse Selbstdeutung bei aller Modifikation lebenslang prägen; es sind schließlich die *Wendepunkte* der Lebensgeschichte, an denen auch die Erwachsene den Kontakt zur Kirche sucht. Eine Rekonstruktion der Logik durchschnittlicher Kirchlichkeit kann an

---

stärkte Mitarbeit in der Kirche lehnen mehr als 75% der deutschen evangelischen Kirchenmitglieder ab.

206 *Zimmermann*, Verbundenheit, 104; vgl. schon *Alheit*, Kirche und Lebenslauf, 137: „Der Kontakt der Mitglieder zur ‚Volkskirche' ist biographisch organisiert."

207 Vgl. nur Fremde Heimat 1997, 90ff; *Campiche*, Aufbau, 58ff; *Wolf*, Religiöse Sozialisation. Weiter s.u. S. 265–267.

diese quantitative Forschung anknüpfen[208]. Um freilich die Perspektive der einzelnen Mitglieder selbst noch entschiedener zur Geltung zu bringen, sind in letzter Zeit auch qualitative Studien unternommen worden, die die Genese des volkskirchlichen Inklusionsmusters am Einzelfall nachzeichnen[209].

Mit der Konzentration auf die biographischen Bedingungen der Mitgliedschaft sowie mit der Rezeption qualitativer Zugänge ist ein Anschluss an den religionssoziologischen Forschungsstand gefunden: Auch insgesamt werden die gesellschaftlichen Bedingungen und Funktionen der Religion zunehmend anhand lebensgeschichtlicher Strukturmuster untersucht[210]. Mit dieser methodischen Konvergenz hat die Rekonstruktion volkskirchlicher Inklusion freilich auch nicht selten die problematische Grundannahme übernommen, die religiösen Überzeugungen und Interaktionen seien fortschreitender „De-Institutionalisierung" unterworfen. In dieser Sicht bleibt dem Einzelnen nur die Alternative zwischen „großkirchlich angesonnener Religionspflicht und autonom-individuellem Religiositätsgefühl" (*Feige*, Religionspflicht). Im Blick auf die „konfessionelle Biographie" wird dann vor allem ihre „Erosion" beschrieben, die Abkoppelung von kirchlichen Sozialisations- und Begegnungsinstanzen, die lediglich noch in der Form eines marginalen „Ornaments" begegnen[211].

Die Ausgangsthese der folgenden Untersuchung lautet dagegen, dass auch die primär biographisch bestimmte kirchliche Inklusion in ihrer statistischen und historischen Stabilität nur erklärt werden kann durch die fortdauernd, gleichsam hinterrücks einwirkende Institutionalität der Kirche selbst. Auch die mehrheitlich verbreitete Form der Mitgliedschaft lässt sich, im Sinne *Kohlis*, als Resultat einer *kirchlichen* „Institutionalisierung des Lebenslaufs" verstehen (s.o. S. 203–204).

---

208 Vgl. etwa *Alheit*, Kirche und Lebenslauf; *Dahm*, Kirche im Kopf der Leute; *Matthes*, Volkskirchliche Amtshandlungen; *Rau*, Rehabilitation; *Roosen*, Kirchengemeinde, 495–506; *Schloz*, Durchschnittschrist. Besonders aufschlussreich, weil nahe am Datenmaterial, ist Fremde Heimat 1997, 89–144.

209 Vgl. schon *Cornehl*, Frömmigkeit; sodann *Böhm*, Biographie und Ritual; Fremde Heimat 1997, 68ff. 147ff. 191ff; *Schwab*, Geschlossene Konzeption; *Zimmermann*, Verbundenheit.

210 Vgl. zum Verhältnis von Religion und Biographie, aus unterschiedlichen Perspektiven, *Comenius-Institut*, Religion in der Lebensgeschichte; *Fechtner/Haspel*, Religion, 28ff. 150ff; *Fischer/Schöll*, Lebenspraxis und Religion; *Gabriel*, Religiöse Individualisierung; *Grözinger/Luther*, Religion und Biographie; *S. Klein*, Theologie und empirische Biographieforschung; *Schwab*, Familienreligiosität; *Sparn*, Wer schreibt meine Lebensgeschichte; *Wohlrab-Sahr*, Biographie und Religion.

211 So die Kategorien bei *Ebertz*, Erosion, bzw. *Alheit*, Kirche und Lebenslauf, 140ff. Als Ausnahmeerscheinung im sozial-religiösen Lebenslauf betrachten die Kirchlichkeit auch *Drehsen*, Lebensgeschichtliche Frömmigkeit; *Ebertz*, Gegenwind, bes. 34ff; *Hartmann*, Selbstthematisierung; *Meulemann u.a.*, Säkularisierung und Selbstthematisierung; *Schöll*, Ich glaube nicht, 228ff.

Methodisch ergibt sich aus diesen Überlegungen eine doppelte Perspektive. Zum einen sind die biographischen Strukturen der durchschnittlichen Kirchlichkeit so weit wie möglich aus der *Sicht der Mitglieder selbst* zu rekonstruieren (s.u. 2 und 3). Diese gleichsam phänomenologische Betrachtung bewegt sich, um das „normale", mehrheitliche Inklusionsmuster zu erfassen, hier auf einer möglichst elementaren Ebene, unterhalb der individuell bedeutsamen Differenzierungen nach Alter und Geschlecht, nach Milieu und nach Bildungsgrad[212].

Zum anderen ist, ausdrücklicher als das meist geschieht, nach den *kirchlichen* Strukturen zu fragen, nach dem institutionellen Widerlager, auf das sich die durchschnittliche Beteiligung positiv beziehen kann, obgleich sie sich der expliziten Teilnahmenorm der Organisation nicht fügt (s.u. 4). Schließlich ist nach der *gesellschaftlichen* Funktionalität jener Beteiligungsform zu fragen (s.u. 5): Gerade die normativ distanzierte und strukturell biographisierte Form kirchlicher Inklusion lässt sich als eine passgerechte Form individueller Religionsausübung unter den Bedingungen der Moderne verstehen[213].

2. Biographische Vorgaben: Von der Kindertaufe zur Konfirmation

(a) Für die große Mehrheit der Mitglieder stellt die Beziehung zur kirchlichen Organisation ein Datum dar, das der bewusst erlebten und gestalteten Lebensgeschichte immer schon vorausliegt. „Mitgliedschaft in der Kirche ist zwar nicht angeboren, aber in die Kirche wird man in der Regel – als Objekt der Entscheidung der Eltern – *hineingeboren*. [...] Kirchenmitglied zu sein, kann dann ähnlich ‚schicksalhaft' erlebt werden wie die Familienzugehörigkeit, die Staatsangehörigkeit oder das Geschlecht [...]" (*Ebertz*, Von der Wahrheit, 10).

Dieser „schicksalhafte" Charakter der kirchlichen Inklusion verdankt sich bekanntlich der Praxis der *Kindertaufe*, genauer: einer Taufpraxis, in der die eigene Entscheidung des Täuflings aus Altersgründen keine Rolle spielt. Obgleich der Anteil der Spät- und Erwachsenentaufen seit 1970 kontinuierlich angestiegen ist, waren noch 1996 etwa 78% der Täuflinge jünger als ein Jahr, weitere 12% erhielten die Taufe vor dem Erreichen des Konfirmandenstatus'[214]. Die kirchliche Inklusion bildet für die meisten Mitgliedsbiographien zunächst einen integralen Bestandteil des je eigenen Ursprungs. Das zeigen auch die im Rahmen der EKD-Erhebung 1992 durchgeführten „Erzählinterviews":

---

212 Vgl. zu diesen Differenzierungen nur Fremde Heimat 1997, 147ff. 190ff.

213 Diese These hat zuletzt bereits *Roosen*, Kirchengemeinde, 456ff, ausführlich, aber einseitig entfaltet, weil er den Einfluss der kirchlichen Organisation unzureichend berücksichtigt.

214 Vgl. *EKD*, Statistischer Bericht TII 95/96, 7f. 48f. Eine detaillierte Auswertung der Statistik bis 1983 findet sich bei *Grethlein*, Taufpraxis, 41–55; vgl. die Zusammenfassung aaO. 65f.

„Erinnerungen an die Kirche verschmelzen dabei zumeist unauflösbar mit Erinnerungen an Geborgenheit und Heimat, dem Zauber der Kinderwelt. [...] Taufe und Konfirmation, die Weihnachtsfeste der Kindheit, aber auch das Kirchengebäude und die Glocken sind als Bildträger der Erinnerung aus der eigenen Biographie nicht wegzudenken. Sie sind gleichsam ein Stück Urgestein, welches das Verhältnis zur Kirche nachhaltig prägt."[215]

Die lebenslange Prägung durch biographisch ursprüngliche Erfahrungen ist kirchensoziologisch vielfach belegt: Die elterliche Konfession wird nur sehr selten gewechselt[216]; das Gefühl der Verbundenheit, auch die Struktur der Beteiligung ähnelt zumeist den Haltungen im Elternhaus[217]. Eine generationsübergreifende qualitative Studie kommt zu dem zunächst überraschenden Ergebnis, „dass die religiöse Sozialisation in den Familien durchwegs funktioniert": Auch und gerade die „distanzierte" kirchliche Interaktion ist „vielfach bereits seit Generationen eine familieneigene Tradition"[218].

Auch in der Sicht der Mitglieder selbst kommt der *vorgegebenen* kirchlichen Beziehung vergleichsweise hohe Bedeutung zu. Es sind vor allem diese Inklusionsaspekte, die man der nächsten Generation *weitergeben* will[219]: Die Taufbereitschaft der (westdeutschen) Kirchenmitglieder hat sich seit 1972 von 82% auf 93% gesteigert. Die elterliche Bereitschaft, die eigenen Kinder zum Religionsunterricht zu schicken, ist durchweg hoch, viel höher jedenfalls als das eigene Engagement für eine „christliche" Erziehung[220]: Die Zuständigkeit für Religion wird, von der Taufe an, seitens

---

215 Fremde Heimat 1993, 21; vgl. *Zimmermann*, Verbundenheit, 108: „Ein ganzer Kosmos von Erinnerungen scheint da mitzuschwingen: Gefühle von Geborgenheit und Schutz, Kindheitsbilder – die Welt als Heimat. Kindheit und Taufe, Kirche, Elternhaus, Religion – die Begriffe schieben sich übereinander, bilden einen unauflöslichen Zusammenhang."
216 Vgl. nur *Campiche*, Aufbau, 58ff; *Pollack*, Individualisierung, 72f.
217 Vgl. *Campiche*, aaO. 63ff; *Daiber*, Religion, 182ff; *Pollack*, Gottesdienst, 324. Zur Bedeutung der religiösen Sozialisation in der Familie vgl. zuletzt *Bucher*, Familie und religiöse Sozialisation, mit zahlreichen weiteren Angaben.
218 *Schwab*, Familienreligiosität, 279. 274; vgl. auch *Wolf*, Religiöse Sozialisation, 349ff.
219 Vgl. *Gebhardt*, Stabile Milieus, 293: „Religion ist in den beiden [untersuchten] Dörfern integraler Bestandteil der Kindererziehung. Man redet mit den Kindern über den lieben Gott, man betet mit ihnen (nicht nur ‚Kirchentreue‘, sondern auch die meisten ‚Kirchenfernen‘), man nimmt mit ihnen an der christlichen Folklore teil und übt sie darin ein: Krippenspiel, Nikolaus, Liedersingen etc. Die Kinder, so die allgemeine Überzeugung in beiden Dörfern, sollen christlich (und für die meisten heißt dies auch kirchlich) erzogen werden."
220 Zur Taufbereitschaft vgl. Fremde Heimat 1997, 96f. Mit *Grethlein*, Rezension (zur Erhebung von 1982), lässt sich freilich fragen, ob diese Zahl nicht irreführt, weil sie die inzwischen ausgetretenen Mitglieder nicht erfasst. Zu den Erwartungen an die kirchliche Erziehung vgl. *Feige*, Kirchenmitgliedschaft, 279ff. 286ff; Fremde Heimat 1993, 47ff; *Grethlein*, Taufpraxis, 127f.

der Familie an die Organisation *delegiert*. In der Erinnerung einer „treuen Kirchenfernen" stellt sich der Zusammenhang von familiärer und kirchlicher Prägung darum eigentümlich doppelsinnig dar:

„Ja, also, Begegnung mit der Religion, für mich eigentlich als Kind, ja aufgewachsen in 'nem Haushalt, wo also die Großmutter zum Beispiel regelmäßig in die Kirche gegangen is, viel drauf gehalten hat, und, äh, in der Familie eigentlich auch alle getauft wurden, konfirmiert wurden, kirchlich getraut wurden [...]. Aber wir sind also nicht in 'nem strengen Haushalt aufgewachsen, wo also meinswegen am Tisch gebetet wurde, [...] aber, als Kind, ging ich also in die Christenlehre, Konfirmandenunterricht, Konfirmation, äh, und da hörte eigentlich dann auch schon die Kirche auf, mit der Konfirmation."[221]

Auch dieses Zitat zeigt zunächst, dass religiös-kirchliche Bindungen vor allem im familiären Kontext wahrgenommen werden. Es ist die je eigene Herkunftsfamilie, mit der man Gottesdienste besucht, etwa zu Weihnachten oder anlässlich von Geschwistertaufen oder -konfirmationen[222]. Prägend erscheint auch die Haltung naher Angehöriger – vor allem die Großeltern scheinen hier wichtig zu sein. Und so wie im Jugendalter die Familie in den Hintergrund tritt, so hört „eigentlich dann auch schon die Kirche auf".

Der zitierte Rückblick macht freilich auch darauf aufmerksam, dass Familie und Kirche in der durchschnittlichen Biographie bereits in der Kindheit *auseinander treten*. Man geht nicht alltäglich, sondern zu bestimmten Gelegenheiten „in die Kirche". Man wird zwar von den Eltern in die Christenlehre bzw. in den Religionsunterricht geschickt, eventuell auch schon in einen kirchlichen Kindergarten – aber auch diese Institutionen bilden für die kindliche Erfahrung doch stets außerfamiläre Lebenszusammenhänge[223]. „Religion", auch kirchlich bestimmte Religion, ist zwar familiär vermittelt und geprägt, aber zugleich außerhalb der engeren Familie verortet. Sie verbindet sich mit anderen prägenden Personen: mit Großeltern und weiteren Verwandten, mit Pfarrerinnen und anderen

---

221 Zitiert nach *Zimmermann*, Verbundenheit, 107. Vgl. zu diesem Interview auch Fremde Heimat 1997, 76–86; *Bieritz*, Heimat Gottesdienst.

222 Vgl. *Feige*, Erfahrungen, 8: Mehr als 50% der befragten jungen Erwachsenen geben an, „sie seien als Kind ‚häufiger' in die Kirche gegangen". Zum Folgenden vgl. *Ebertz*, Erosion, 167.

223 Das gilt auch dann, wenn sich das konfessionelle Profil dieser Einrichtungen gegenwärtig auflöst und wenn sich Familie und Kirche insgesamt zunehmend „entflechten"; vgl. *Ebertz*, Erosion, 169; *Coenen-Marx*, Kirchenmitgliedschaft, 91f. Auch und gerade in dieser Situation wird Kirche doch regelmäßig als eine Instanz außerhalb der Familie erfahren.

kirchlich Beauftragten, später auch mit den gleichaltrigen „peer groups"²²⁴.

Das komplexe Verhältnis von familiären und kirchlichen Ursprungsbindungen kommt auch dort in den Blick, wo in Umfragen und Einzelinterviews danach gefragt wird, was die Eltern mit der Taufe ihrer Kinder *inhaltlich* verbinden²²⁵. Aus dem recht vielschichtigen Bild lassen sich zwei Tendenzen hervorheben:

Zum einen wird die Taufe zunehmend als Anlass und Thema einer *familiären* Festlichkeit begriffen; über 60% sehen sie gegenwärtig sogar „vor allem" so – 1982 waren es nur 40%. Im Vergleich der Altersgruppen wird dieser Horizont der Taufe noch deutlicher: Die 14-17jährigen, die sich selbst gerade von der Familie lösen, betonen jene Bedeutung der Taufe sogar zu 72%; die Gruppe der potenziellen Eltern (30-39 Jahre) hebt besonders die Entscheidung für eine christliche Erziehung hervor. Auch im Ganzen lässt sich beobachten, dass die Erfahrung der Elternschaft „eine Annäherung an Kirche und Glauben, eine wachsende Orientierung an christlich identifizierten [...] Verhaltensorientierungen" zur Folge hat (aaO. 145). Eine qualitative Studie aus dem ländlichen Raum formuliert noch schärfer: „Religion und Kirche werden für die Eltern nur durch ihre Kinder zum Thema, und die Kinder sind die Garantie für die Kirchenmitgliedschaft der Eltern." (*Gebhardt*, Stabile Milieus, 293)

Zum anderen stimmen die Mitglieder jedoch weitaus am stärksten den ausgesprochen *kirchlich* formulierten Deutungen der Taufe zu: 90% (!) sehen sie als Aufnahme „in die Gemeinschaft der Gläubigen", 85% als Aufnahme in die Kirche. Diesen Deutungen lässt sich in der statistischen Faktorenanalyse auch die Aussage zuordnen, mit der Taufe werde „ein Kind unter den Schutz Gottes gestellt". Auch aus der Sicht der Mitglieder selbst geht die Taufe nicht in familiär-biographischen Bezügen auf, sondern sie stellt den Täufling in weitere, geradezu *transzendente* Horizonte. Die bereits zitierte Interviewpartnerin formuliert diese religiöse Sinngebung als Einsicht in die eigenen Grenzen:

„Also zum Beispiel zur Taufe meiner Tochter [...] hatte ich irgendwo ein ganz ja rührendes Gefühl dabei, [...] dass es richtig ist und wichtig ist, ja doch, irgendwo doch mit dem Segen [...] durch das Leben zu gehen, mit dem Segen Gottes,

---

224 Vgl. nochmals Fremde Heimat 1997, 90: Auf die Frage „Wer hat Ihre Einstellung zu Religion, Glauben und Kirche besonders beeinflusst?" antworten die westdeutschen Kirchenmitglieder: Eltern (75%); Pfarrer/in (23%), andere Verwandte (21%), Lehrer/in (17%), Freunde/Freundinnen (13%); bei den 14-17jährigen liegen Freund/innen mit 20% an zweiter Stelle. Zur Bedeutung der Gleichaltrigen vgl. ausführlich *Feige*, Erfahrungen, 35ff.

225 Vgl. Fremde Heimat 1997, 98-101 (hier die o.g. Zahlen). 224-227; weiter *Böhm*, Biographie und Ritual, 183ff; *Grethlein*, Taufpraxis, 55ff. 132ff (hier werden vor allem die einschlägigen Daten aus *Hild*, Was wird, ausgewertet); Fremde Heimat 1993, 16-18. 41f; *Stuhlmacher*, Kindertaufe; *Zimmermann*, Verbundenheit, 107-109.

nicht. [...] Und zum Beispiel dem Kind gegenüber, man kann als Eltern bis zum gewissen Grad sein Kind beschützen, und dann gibt es irgendwo so einen Punkt, wo man weiß, da kannst du nicht mehr die Hand darüber halten."[226]

Dass die biographische Vorgabe der Taufe für das Jenseits der eigenen Verfügungsmacht steht, lässt sich auch an einem statistischen Detail zeigen.

Trennt man nach der familiären Situation der Befragten, so erhält die Deutung der Taufe als *kirchliche* Zugehörigkeitsbedingung überdurchschnittliche Zustimmung seitens der Frauen und Männer, die voll erwerbstätig sind und Kinder haben; Kinderlose optieren deutlich weniger für diese Deutung. Die Deutung der Taufe als *Familienfeier* dagegen wird überdurchschnittlich (!) oft von erwerbstätigen Männern vertreten, die keine Kinder haben; Männer mit beruflichen *und* familiären Verpflichtungen stimmen der Vorgabe vergleichsweise selten zu (vgl. Fremde Heimat 1997, 225). Wagt man eine zugespitzte Interpretation, so weisen diese Ergebnisse darauf hin, dass die Taufe in der Tendenz eher dem Erfahrungsraum zugeordnet wird, der *nicht* der Ort alltäglicher Gestaltungsmacht ist. Ein solcher gleichsam *jenseitiger Erfahrungsraum* ist für familiär beanspruchte Menschen eher die Kirche und eben nicht die Familie. Für kinderlose Berufstätige mag dieser alltagstranszendente, fremde Bereich hingegen durchaus in der Familie liegen.

Das „Amalgam von Kirchenzugehörigkeit, Familie und Christsein", das die Mitglieder mit der Taufe verbinden (Fremde Heimat 1993, 42), kann als Hinweis auf die komplexe Form verstanden werden, in der die gesamte Beziehung zur Kirche der eigenen Lebensgestaltung regelmäßig vorausliegt. Sie erscheint als traditional und familiär geprägt, und zugleich repräsentiert sie einen Horizont der Geborgenheit oder des Segens, der menschliche Gestaltungsmöglichkeiten übersteigt.

(b) Bildet die Kindertaufe den Anfangspunkt der biographisch immer schon gegebenen Erfahrung mit Kirche, so enden diese Interaktionen, die eigener Entscheidung noch nicht unterliegen, regelmäßig mit der Konfirmation. Während bis in die Gegenwart nahezu alle Täuflinge auch konfirmiert werden, ja die Taufe nicht selten erst im Umkreis der Konfirmation erfolgt, sinkt die Beteiligung an der kirchlichen Jugendarbeit, nach der Selbstauskunft der 14-17jährigen von 1992, auf knapp 20%; auch von den Älteren hat höchstens ein Drittel von Angeboten nach der Konfirmation wenigstens gelegentlich Gebrauch gemacht[227].

---

226 Fremde Heimat 1997, 226. Vgl. dazu auch Fremde Heimat 1993, 16-18. 42f; *Zimmermann*, Verbundenheit, 108f; außerdem *Böhm*, Biographie und Ritual, 185f; *Stuhlmacher*, Kindertaufe, 187ff.
227 Zur Konfirmations-Statistik vgl. zuletzt *EKD*, Statistischer Bericht T II 95/96, 14; Tabellen aaO. 32. 50; vgl. weiterhin *Grethlein*, Konfirmation. Zur Beteiligung an der Jugendarbeit vgl. Fremde Heimat 1997, 111. – Nochmals der Hinweis: Diese Zah-

Abgesehen von familiär vermittelter Interaktion ist es in der Phase zwischen Taufe und Konfirmation vor allem der *Religionsunterricht*, der eine regelmäßige „Erfahrung mit Kirche" (*Feige*) ermöglicht. Dieser Unterricht wird allerdings nur von einer Minderheit als eine für das eigene Verhältnis zur *Kirche* relevante Veranstaltung eingeschätzt. Vornehmlich wird er im Rahmen der schulischen Institution wahrgenommen, als ein Ort kognitiver Instruktion, an dem „ich Grundkenntnisse im Christentum erworben [habe]"[228].

So ist es vor allem die Zeit des Konfirmandenunterrichts, die auch für die „treuen Kirchenfernen" eine vergleichsweise *intensive Phase kirchlicher Interaktion* bedeutet: Hier begegnen sie der kirchlichen Organisation sowohl im Unterricht als auch regelmäßig im Gemeindegottesdienst[229], mitunter auch in anderen Veranstaltungen. „Unter der Frage nach der Stabilität der Volkskirche wird man ohne Zweifel die Konfirmation als die wichtigste Amtshandlung ansehen müssen. Sie sorgt für deren Fortbestand in der Generationenfolge. [...] Jenes volkskirchliche Bewusstsein, wonach man dazu gehört, auch wenn man normalerweise nicht zur Kirche geht, wird über die Konfirmation jeweils aufgebaut [...]"[230]. Und jenes durchschnittliche „Bewusstsein" kommt nicht zuletzt darin zum Ausdruck, wie die Konfirmation seitens der Mitglieder selber wahrgenommen wird[231].

Die einschlägigen Erhebungsresultate hat *D. Rössler* bündig zusammengefasst: „Der Einzelne sieht in der Konfirmation (und im Konfirmator) ein wesentliches Datum sowohl seiner Verbundenheit mit der Kirche wie seiner eigenen Lebensgeschichte." (Grundriss, 255) In der neuesten EKD-Umfrage findet die Aussage, die Konfirmation sei „feierlicher Abschluss der Kindheit und Beginn eines neuen Lebensabschnittes", die bei weitem höchste Zustimmung. Auch sonst sind Deutungen, „mit denen eine lebens- und familiengeschichtliche Dimension angesprochen wird", im Vergleich zu älteren Umfragen in den Vordergrund gerückt[232]. Nach wie vor markiert die Konfirmation einen bedeutsamen Statuswechsel in-

---

len beziehen sich auf Westdeutschland; zur Kirchlichkeit ostdeutscher Jugendlicher s.u. S. 307–309.

228 Vgl. Fremde Heimat 1997, 104; das erstgenannte Item belegt mit 46% den vorletzen Rang, das zweitgenannte mit 74% den ersten.

229 Zu den damit verbundenen Problemen vgl. *Traupe*, Beteiligungserfahrungen, 60f.

230 *Gräb*, LLS, 193. Auch *Grethlein* unterstreicht die „Bedeutung der Konfirmandenarbeit als der einzigen [...] Institution, in der die Kirche noch nahezu die Gesamtzahl ihrer Mitglieder erreicht" (Gemeindepädagogik, 200).

231 Zum Folgenden vgl. *Bizer*, Konfirmandenunterricht; *Böhme-Lischewski/Lübking*, Engagement; *Feige*, Erfahrungen, 13ff; Fremde Heimat 1993, 18f. 43ff; Fremde Heimat 1997, 105ff; *Hauschildt*, Konfirmationsglaube; *Traupe*, Beteiligungserfahrungen.

232 Fremde Heimat 1993, 18f; vgl. auch Fremde Heimat 1997, 109: Ein Bewusstsein „für die kulturelle Verankerung der Konfirmation" scheint gewachsen zu sein. Zur

nerhalb des primären sozialen Umfeldes. Ihre Bedeutung könnte nicht zuletzt zugenommen haben, weil das „Ende der Kindheit" selbst sich in einem längeren und vielschichtigen Übergangsprozess vollzieht[233].

Aufschlussreich ist jedoch auch, wie die Mitglieder die Konfirmation als „wesentliches Datum" der *kirchlichen* Biographie verstanden wird. Als persönliche Stellungnahme zum Glauben oder zur Mitgliedschaft wird die Konfirmation nur von einer Minderheit gesehen. Gerade den jüngeren Altersgruppen erscheint sie vielmehr als integraler Bestandteil *konventioneller* Kirchlichkeit[234]. Das zeigt auch die relativ hohe Zustimmung zur Deutung der Konfirmation als Taufbestätigung, als Voraussetzung der Abendmahlsteilnahme oder der kirchlichen Trauung. In der Konfirmandenzeit wird die biographisch vorgegebene Kirchlichkeit gleichsam individuell rekapituliert, um nun als ein festes Ensemble eigener, kasueller Beteiligungsmöglichkeiten zu erscheinen.

Für die durchschnittliche Wahrnehmung der kirchlichen Bindung ist es schließlich bedeutsam, in welcher Weise die Kirche den Einzelnen in dieser biographischen Phase begegnet ist. Nach Auskunft der Mitglieder sind ihnen vor allem zwei Interaktionsstrukturen in guter Erinnerung geblieben[235]: Bereits 1972 haben mehr als zwei Drittel der Befragten den für den Unterricht verantwortlichen *Pfarrer* positiv hervorgehoben[236]; 1992 ist diese Zahl auf mehr als drei Viertel angestiegen. Es sind auch hier vor allem personale Beziehungen zu Vertretern der kirchlichen Organisation, die ihre lebensgeschichtliche Bedeutung vermitteln. Sodann erinnern sich 67% der Befragten (1972 waren es 55%) „gern" an die Unternehmungen mit der *Konfirmandengruppe*; die Kirche erschien ihnen als Ort positiver Gemeinschaftserlebnisse, gelungener sozialer Beziehungen.

Der weitere Verlauf der kirchlichen Normalbiographie ist von den *Verhältnissen des Jugendalters* geprägt[237]. Man kann hier von einer „biographisch offenen Situation" sprechen, „in der Jugendliche sowohl Dinge

---

Interpretation der Resultate vgl. auch *Winkler*, Tore zum Leben, 89-92; *Lämmermann*, Konfirmation.

233 Vgl. nur *Matthes*, Volkskirchliche Amtshandlungen, 90ff; *Münchmeier*, Aufwachsen, 28ff.

234 Vgl. Fremde Heimat 1997, 108-110; im Ganzen stimmen der oben genannten Vorgabe 35% zu, das ist der letzte Platz; bei den 14-17jährigen sind es nur 25%, bei den 18-29jährigen 31%. Auch die Vorgabe „Man bestimmt jetzt selbst über sein Verhältnis zu Kirche und Glauben" erhält nur 45% Zustimmung, bei den jüngeren Altersgruppen 29% und 36%.

235 Fremde Heimat 1993, 44; Fremde Heimat 1997, 106; insgesamt erscheint der KU nur selten als „vertane Zeit" (ebd.). Vgl. zum Folgenden auch *Bizer*, Konfirmandenunterricht; *Feige*, Erfahrungen, 13ff. 138; *Traupe*, Beteiligungserfahrungen, 53ff.

236 Vgl. dazu auch *Feige*, Erfahrungen, 84ff; *Lorenz*, Pfarrer.

237 Zur religions- und kirchensoziologischen Jugendforschung vgl. nur *Drehsen*, Nullbock; *Fischer/Schöll*, Lebenspraxis und Religion; *Gabriel*, Jugend; *Gabriel/Hobelsberger*, Jugend; *Sandt*, Religiosität; *Zinnecker/Fischer*, Die wichtigsten Ergebnisse, 237ff.

aufgreifen, die für sie neu sind – sie müssen Perspektiven für die weitere Lebensplanung entwickeln – als auch ein konventionelles Repertoire nutzen können, um lebenspraktische Entscheidungen zu treffen" (*Schöll*, Ich glaube nicht, 231). Für diese Phase sind ständig wechselnde Konstruktionen sozialen Sinns kennzeichnend und ebenso fragile, immer nur „partielle Integrationsakte" in gesellschaftliche Institutionen (aaO. 230f).

Auch die kirchliche Beziehung unterliegt diesen sozialpsychologischen Bedingungen[238]. Die Kirche „repräsentiert" für die Jugendlichen „wie kaum eine andere Institution die Welt der Erwachsenen" (*Gabriel*, Jugend, 69). Es sind darum gerade die bislang erworbenen kirchlichen Einstellungen, die kritisch „modifiziert, erprobt und begutachtet" werden[239]. Die konkrete Gestalt der Mitgliedschaft bestimmt sich danach, ob und wie sie als Widerlager einer selbstbestimmten Konstruktion sozialer Identität fungieren kann. Auch im Weiteren erscheinen die Vorgaben durchschnittlicher Kirchlichkeit nun gleichsam als *biographisches Material*, auf das die Einzelnen in spezifischen Situationen zurückgreifen.

3. Biographische Rückgriffe im Familien- und Jahreszyklus

Die durchschnittliche kirchliche Bindung realisiert sich im Erwachsenenalter vor allem in der Teilnahme an bestimmten gottesdienstlichen Vollzügen. Dazu gehören zunächst die kirchlich-familiären Rituale der Taufe, der Konfirmation, der Trauung und der Beerdigung: 93% der im Jahre 1992 befragten Mitglieder gaben an, mindestens „bei familiären Anlässen" in die Kirche zu gehen[240]. Diese Auskunft schlägt sich auch statistisch nieder: Die in Westdeutschland bei 100% liegenden Tauf- und Konfirmationsraten wurden bereits genannt; die Trauziffern betragen seit Mitte der 70er Jahre stets etwa zwei Drittel der in Frage kommenden Paare[241]; die Bestattungsziffern liegen gegenwärtig bei knapp 90%, in den Großstädten allerdings z.T. erheblich darunter[242].

---

238 Die Forschungsergebnisse zur Kirchlichkeit Jugendlicher hat *Roosen* zusammengefasst: „Summarisch ergibt sich der Eindruck, dass die Arbeit der Kirche ‚für die anderen', vor allem für die, die Hilfe brauchen, durchaus gefordert und anerkannt wird. Aber die Kirche soll sich in gebührender Entfernung halten und einem persönlich nicht allzu nahe treten." (*Roosen*, Kirchengemeinde, 499; vgl. 496ff)

239 *Feige*, Erfahrungen, 141; vgl. aaO. 36ff.

240 Fremde Heimat 1993, 30: Auf die Frage, „Wie häufig gehen sie zur Kirche?" antworteten nur 7% „Nie" (Ostdeutschland: 12%).

241 Vgl. *EKD*, Statistischer Bericht T II 95/96, 140–16.

242 Vgl. *EKD*, Statistischer Bericht T II 95/96, 17; vgl. auch die Zeitreihen in *EKD*, Statistischer Bericht SO, 1. 7. 14. In Berlin-West allerdings lag die Bestattungsziffer 1996 bei nur 70%, in Bremen bei 80% (aaO. 53, Sp. 3).

Es ist angesichts dieser Zahlen erstaunlich, dass eine empirisch-kirchensoziologische Forschung über die sozialen und individuellen Bedingungen dieser hohen Beteiligung jenseits der bloßen Datensammlung kaum existiert[243]. So muss die Rekonstruktion der biographischen Logik kirchlicher Kasualpraxis auch auf die einschlägigen praktisch-theologischen Untersuchungen zurückgreifen[244].

Gerade das kasuelle Interaktionsmuster ist in der letzten Zeit als Beleg für eine Subjektivierung der Mitgliedschaftsbeziehung in Anspruch genommen worden: Die Inanspruchnahme der Kasualien habe ihre „entscheidungslose" Selbstverständlichkeit vielerorts verloren (*Gräb*, LLS, 182). Ausweislich der teilnehmenden Beobachtung, aber auch der kirchlichen Statistik scheinen die Mitglieder, vor allem im städtischen Milieu, nun bewusst und u.U. lange zu überlegen, wie sie ihre Hochzeit, aber auch die Geburt eines Kindes und den Tod eines nahestehenden Menschen rituell „begehen" wollen[245]. Die Beteiligung der Kirche wäre demnach in der Gegenwart zu einer je individuellen, je neuen „Frage des Wählens und Entscheidens geworden"[246].

Gegen diese subjektivistische Interpretation spricht die bereits erwähnte Auskunft von 93% der Mitglieder, sie würden jedenfalls zu „familiären Anlässen" gelegentlich „in die Kirche gehen". Damit wird an zwei schlichte, jedoch leicht übersehene Sachverhalte erinnert: Zum einen geht „man" keineswegs nur anlässlich von Kasualien in die Kirche, die die eigene Person oder auch nur die eigene Kernfamilie unmittelbar betreffen. Vielmehr begegnet die oder der Einzelne der organisierten Kirche viel häufiger als Verwandter, Freundin oder Nachbarschaft der Hauptperso-

---

243 Vgl. lediglich *Spiegel*, Gesellschaftliche Bedürfnisse; *Hild*, Wie stabil, 53ff. 236ff; *Matthes*, Volkskirchliche Amtshandlungen (oft zitiert und selten weitergeführt); *Rau*, Rehabilitation; *Drehsen*, Heiligung; *Hanselmann*, Was wird, 170ff; *Cornehl*, Teilnahme. Empirisch liegen fast allen Untersuchungen nur die einschlägigen EKD-Erhebungen zugrunde. Eine interessante Einzelstudie ist *Henau*, Warum heiratet man.
244 Vgl. außer den in der vorangehenden Anm. genannten Texten aus neuerer Zeit vor allem *Ahuis*, Kasualgottesdienst; *Bieritz*, Gegengifte; *Böhm*, Biographie und Ritual; *Gräb*, LLS, 172ff; *Hauschildt*, Traumhochzeit; *Jetter*, Kasus; *Nüchtern*, Kirche bei Gelegenheit; *Preul*, Kirchentheorie, 242-267; *Rössler*, Grundriss, 227-270; *Steck*, Kasualien; *Winkler*, Tore zum Leben, 11ff. Die umfangreiche Literatur zu einzelnen Kasualien wird hier nicht berücksichtigt; vgl. dazu *Steck*, Kasualien, 683ff; *Winkler*, Tore zum Leben, passim.
245 Als Beleg dafür werden Trau- und Bestattungsziffern, aber auch die steigende Anzahl der „Spättaufen" genannt; vgl. schon *Grethlein*, Taufpraxis, 128ff; weiterhin *Cornehl*, Teilnahme, 34; *Bieritz*, Gegengifte, 205.
246 *Gräb*, LLS, 182. Von ähnlichen Beobachtungen geht auch *Bieritz*, Gegengifte aus; vgl. aber auch schon *Matthes*, Volkskirchliche Amtshandlungen, 96ff. – Mindestens in West-Berlin spielt oft auch die Auseinandersetzung mit dezidiert unkirchlichen bzw. antikirchlichen Auffassungen im persönlichen Umfeld eine Rolle. Auch für Berlin gilt andererseits: Viele Mitglieder leben in Milieus, denen solche Fragen fern liegen, und nehmen die Kasualien darum mit familiärer Selbstverständlichkeit in Anspruch.

nen²⁴⁷. Alle sozialpsychologischen Deutungen der Kasualteilnahme, die nur auf die Lage der unmittelbar Beteiligten abheben, übergehen den Großteil der jeweils Anwesenden, die den Ritus aus je anderen Perspektiven erleben²⁴⁸.

Zum anderen erscheint dann die Alternative zwischen einer fraglosen Inanspruchnahme der Kasualien und ihrer „freien Wahl" (*Gräb*, aaO. 183) erheblich zu grob. Denn die Entscheidung, ob eine kirchliche Handlung überhaupt in Anspruch genommen wird, fällt ja ebenfalls in einem bestimmten familiären und lebensweltlichen Umfeld; durch dessen Traditionen – und andere lokale Konventionen – ist sie durchgehend geprägt. Für die *Einzelnen* gilt daher nach wie vor, unbeschadet des wachsenden Bewusstseins von Alternativen: Man „geht mit" zu Taufen und Konfirmationen, zu kirchlichen Trauungen und Bestattungen, und zwar aus Gründen, die mit der eigenen Bindung an die Kirche wenig zu tun haben. Die Kasualien werden vor allem im Horizont der jeweiligen Primärbeziehungen wahrgenommen²⁴⁹.

Auch die Praktische Theologie der Gegenwart bezieht sich auf diesen *sozialen* Horizont, wenn sie die kasuelle Teilnahme nahezu durchgängig sozialpsychologisch deutet²⁵⁰. Die Kasualien erscheinen als „Übergangsriten" (*v. Gennep*), die an kritischen Wendepunkten eine religiöse „Rekonstruktion" (*Drehsen*), ja eine „Rechtfertigung von Lebensgeschichten" (*Gräb*²⁵¹) eröffnen. „Die religiöse Deutung in dieser Situation und die Begründung von neuer Orientierung [...] durch die Kasualpraxis wird dabei auch dort in Anspruch genommen, wo diese Inanspruchnahme sich als bloße Beteiligung äußert." (*Rössler*, Grundriss, 234) Versucht man diese „Inanspruchnahme" genauer zu beschreiben, so wird sie durch zwei gegenläufige Erfahrungsmuster geprägt, nämlich durch die *Transzendierung* der Lebenswelt wie durch die *Re-Integration* dieser Transzendenzen in umfassende soziale und religiöse Horizonte²⁵².

Eine *Transzendierung* des Alltags vollzieht sich in den Kasualien bereits dadurch, dass allmähliche biographische Übergänge rituell als solche markiert werden. „Soziale Prozesse von langer Dauer, wie der Prozess der Eheschließung, des Erwachsenwerdens und der Gründung einer Familie,

---

247 „Wie oft jemand in solchem Zusammenhang zur Kirche geht, hängt ab von der Intensität der sozialen Beziehungen, in die er eingebunden ist." (*Cornehl*, Teilnahme, 32)

248 Vgl. zu dieser Mehrschichtigkeit der Kasualien auch *Matthes*, Volkskirchliche Amtshandlungen, bes. 97ff. 107ff; *Jetter*, Kasus, 220ff.

249 Vgl. auch die Schilderungen bei *Gebhardt*, Stabile Milieus, 291f.

250 Vgl. die Zusammenfassungen bei *Drehsen*, Heiligung, 183-192; *Preul*, Kirchentheorie, 248ff.

251 Zu *Gräbs* Verständnis der Kasualien als religiös „antinomischer" Deutung von Lebenserfahrung s.o. S. 76-80.

252 Vgl. zum Folgenden *Rössler*, Vernunft, 29ff; *Ders.*, Grundriss, 234ff; *Gräb*, LLS, 193ff; *Luther*, Religion und Alltag, 212ff. 239ff; *Steck*, Kasualien, 679.

werden [...] in zeitlicher Verdichtung sinnbildlich reproduziert."[253] Die großen lebensgeschichtlichen Übergänge können in den Alltagsroutinen der Primärgruppe nicht bearbeitet werden, sondern sie vollziehen sich in sozial und symbolisch erweiterten Räumen; sie werden *öffentlich* gemacht. Auch die Kirche stellt für die meisten Mitglieder eine solche Öffentlichkeit dar. „Deshalb drängt der familiäre Anlass gleichsam von sich aus in die Kirche" (*Gräb*, LLS, 196). Zur Wahrnehmung einer biographischen Schwelle – für die eigene Person oder bei anderen, die man begleitet – gehört nicht zuletzt die Begegnung mit derjenigen Instanz, die für das Außeralltägliche im umfassenden Sinn zuständig erscheint[254] und deren Ritus dieses Außergewöhnliche in symbolische Sprache und Handlung fasst.

Die kirchlich-rituelle Transzendierung der alltäglichen Gestaltungsroutinen hat für die am Kasualgottesdienst Beteiligten zugleich *integrative* Bedeutung. Angesichts eines kritischen Übergangs vermitteln die vorstrukturierten Formen des Rituals die *religiöse* Erfahrung eines umfassenden Sinnhorizontes[255], und zugleich die *soziale* Erfahrung tragender Beziehungen: „Die verschiedenen Typen von Gemeinschaftsformen, die anlässlich der Kasualien erkennbar werden, sind reale Repräsentationen, sinnbildliche Verdichtungen und modellhafte Typisierungen der sozialen Lebenswelt eines Menschen." (*Steck*, Kasualien, 678) Indem Einzelne sich an einer solchen Feier beteiligen, machen sie für sich selbst und andere ihre Stellung in einem bestimmten Lebenszusammenhang anschaulich.

Zur Phänomenologie der durchschnittlichen Kasualteilnahme gehört weiterhin eine *lebensgeschichtliche* Struktur, in der sich ebenfalls transzendierende und integrierende Aspekte verbinden. Die Teilnahme am kirchlichen Übergangsritus aktiviert immer auch Bilder von anderen Feiern dieser Art, an denen man selbst in anderen, intensiveren oder distanzierteren Rollen beteiligt war. Die Kasualien eröffnen einen symbolischen Erinnerungsraum; sie ermöglichen gleichsam eine *biographische Transzendierung* der aktuellen Lebenssituation. „Die Perspektiven wechseln und verbinden sich. Man erlebt die Feiern der anderen im Spiegel der eigenen Entwicklung und integriert das Erleben in die eigene Biographie [...] – die anthropologischen Grundsituationen bilden ein Geflecht von Erfahrun-

---

253 *Steck*, Kasualien, ebd.; vgl. *Cornehl*, Frömmigkeit, 399: „Wechselseitige Anerkennung – das ist ein langer Prozess. Er findet im Ritus seine symbolische Verdichtung". Vgl. auch *Bieritz*, Gegengifte, 206ff.

254 Vgl. die Argumentation bei *Rau*, Das Alltägliche, 191f.

255 „Die Gottesdienste an den Lebenswenden sind Vergewisserungen im Grundvertrauen. Wer sie in Anspruch nimmt und mitfeiert, drückt damit aus, dass er sein Leben und das seiner Familie in einen größeren, religiös gedeuteten Sinnzusammenhang stellen will." (*Cornehl*, Teilnahme, 33)

gen, das mit zunehmendem Alter immer dichter wird."[256] Der kirchliche Ritus gibt vielschichtige Verweise auf andere lebens- und familiengeschichtliche Positionen. Er zeigt einen geradezu rhythmischen Wechsel der Rollen und repräsentiert zugleich die Identität der Rollenträger im zeitlichen Verlauf.

Auch für diese lebensgeschichtliche Dimension ist es von konstitutiver Bedeutung, dass die sozialen Übergänge als *kirchliche* Riten begangen und erinnert werden. Die Teilnahme an einer Amtshandlung knüpft auf diese Weise an das biographisch immer schon vorgegebene Grundmuster an (s.o. S. 267-269), demzufolge die kirchliche Interaktion als eine zwar lebensweltlich vermittelte, aber doch zugleich diese Lebenswelt überschreitende Erfahrung zu stehen kommt. Zu dieser Erfahrung gehören besondere Personen und Gebäude, eigentümliche Sozialformen, außergewöhnliche Sprach- und Verhaltensmuster.

Die Kirche stellt für die Einzelnen ein *Symbol lebensweltlicher und lebensgeschichtlicher Transzendenz* dar: In der jeweiligen Begegnung mit der rituellen Organisation aktualisiert sich die Erfahrung des Nicht-Alltäglichen wie die Erfahrung, immer schon in einen übergreifenden Sinnzusammenhang hineingestellt zu sein. Die lebenszyklische Konfrontation mit der Krise des Übergangs, wird in der Kasualpraxis bearbeitet durch einen Rückgriff auf die immer schon bekannten Erfahrungen mit dem Unbekannten.

Die transzendierenden und integrierenden Funktionen der Kasualerfahrung, so kann gefolgert werden, beruhen wesentlich auf jener lebensgeschichtlichen Vorgabe einer *mehrschichtigen* Beziehung zur Kirche, wie sie dem Einzelnen im Normalfall von der Kindertaufe bis zur Konfirmation zugewachsen ist[257]. Der „schicksalhafte", passive Charakter der primären Beziehung zur Kirche und die Möglichkeit, auf eben diese Beziehung in bestimmten Situationen rituell zurückgreifen zu können, sind biographisch miteinander verschränkt.

In exemplarischer Weise wird dieser innere Zusammenhang der kirchlichen Biographie, auch für die Mitglieder selbst, anlässlich der Taufe der eigenen Kinder greifbar. Das sei an dem bereits mehrmals zitierten Interview mit einer „treuen Kirchenfernen" demonstriert, für die diese Taufentscheidung nicht selbstverständlich gewesen ist:

---

256 *Cornehl*, Teilnahme, ebd.; vgl. *Böhm*, Biographie und Ritual, 190-192. *Lindner* spricht in dieser Hinsicht vom „Modus der erinnernden Wiederholung" (Kirche am Ort, 345).

257 G. *Raus* These, es sei für den Typos durchschnittlicher Mitgliedschaft hinreichend, lediglich „die persönliche Heilsbiographie zu durchlaufen von der Taufe über die Konfirmation bis hin zur kirchlichen Bestattung" (Das Alltägliche, 186), ist darum dahingehend zu präzisieren, dass diese Heilsbiographie sich eben im Kontakt mit der Kirche realisiert, also eine spezifisch *kirchliche* Heilsbiographie darstellt.

„Wir haben uns dann dazu entschlossen, das Kind taufen zu lassen [...]. Und zwar haben wir das Kind in meinem Heimatort, in meiner Kirche, wo ich praktisch getauft wurde, aufgewachsen bin, wo ich eigentlich meine, doch meine Beziehung zur Religion und meine Wurzeln hab', in der Kirche haben wir sie auch taufen lassen. Das war auch 'ne Beziehung wieder zu meinen Eltern." Eben die Eltern haben einen „Anstoß gegeben [...], doch immer wieder drüber nachzudenken, ob nicht doch die Beziehung zur Kirche, dass man das nicht einfach so im Sande verlaufen lässt, sondern dass es doch wichtig ist, auch für die Familie und vielleicht auch für die Kinder, dass sie getauft sind, und wir haben dann auch gesagt, wir lassen sie taufen."[258]

Gerade unter den Bedingungen relativer Wahlfreiheit macht eine Kasualhandlung die eigene Biographie zum Thema; es sind deren „Wurzeln", die anlässlich der Taufe aktuell werden[259]. Die Eltern stellen sich hierdurch in einen umfassenden Sinnhorizont, der die aktuelle Lebensführung räumlich (!) und zeitlich weit übersteigt. Es ist darum auch nicht zuletzt die fundamentale *Erfahrung mit der Kirche*, die der folgenden Generation weitergegeben werden soll[260].

Dabei erscheinen familiär-biographische und kirchliche Erfahrung wiederum zugleich verknüpft und unterschieden. Die Integration der Kinder in die Kasual- und Gottesdienstpraxis muss keineswegs bedeuten, dass man selbst die Beziehung zur Kirche intensiviert[261]. Wieder bleibt die kirchliche Bindung auf ein „Jenseits" des lebensweltlichen Alltags beschränkt: Die intensive kirchliche Interaktion, die in der eigenen Biographie am unverfügbaren Anfang steht, wird nun gleichsam ausgelagert in den kindlichen Lebensraum. Auch auf diese Weise wird die kirchliche Inklusion präsent – und zugleich auf Distanz gehalten.

Bedeutsam für die Struktur der durchschnittlichen Kasualkirchlichkeit ist wiederum die spezifische Erfahrung der Pfarrerin oder des Pfarrers, und zwar nicht nur im jeweiligen Gottesdienst, sondern auch in den damit verbundenen Gesprächen. *Böhm* hat auf die doppelte Rolle der Pfarrerin hingewiesen (Biogra-

---

258 *Zimmermann*, Verbundenheit, 108; vgl. dazu die Interpretation, die z.B. auf die Formulierung „meine Kirche, [...] wo ich aufgewachsen bin" aufmerksam macht: „Was die Heimat für das Kind war, wird durch die religiöse Tradition noch einmal gesteigert und umgriffen: gemeinsame Wurzeln haben, eine Herkunft, die Halt gibt, einen verlässlichen Grund [...]" (aaO. 108f).
259 Das belegen auch andere Interviews und Äußerungen; vgl. Fremde Heimat 1993, 18ff; *Böhm*, Biographie und Ritual, 183ff. 192ff.
260 Dass die intergenerationale Weitergabe von lebensgeschichtlich bedeutsamer Tradition ein Grundmotiv der Kasualbeteiligung ist, vermutet *Lindemann*, Der alte Wunsch; vgl. auch *Dahm*, Dreiviertelkirche, 314f.
261 Allerdings ist es auch nicht selten, dass gerade die kirchlichen Kontakte der Kinder, von der Taufe über Kindergarten bis zur Konfirmation, auch die Eltern wieder mehr mit der Kirche in Berührung bringen; vgl. *I. Lukatis*, Frauen und Männer, 131ff; *Roosen*, Kirchengemeinde, 497f.

phie und Ritual, 193): Sie vertritt die Ortsgemeinde und ist „der Kasualfamilie mehr oder weniger bekannt", gehört also zur lokalen Lebenswelt. Zugleich jedoch vertritt sie die „Kirche, die das Ritual verwaltet" und ist darum in der Lage, die biographischen Erzählungen in einen umfassenden „religiösen Sinnzusammenhang" hineinzustellen.

Auch der kirchliche *Ritus selbst* ist aus der Perspektive der Beteiligten durch jene Dialektik von Integration und Transzendenz gekennzeichnet: Es sind die vertrauten Strukturen der Lebenswelt und der eigenen Lebensgeschichte, die hier zum Thema werden, aber sie werden in einen symbolischen Kontext nicht alltäglicher Räume, Rollen und Kommunikationsformen aufgehoben. Mit der Beteiligung an solchen geprägten Formen wird „dem individuellen Lebenslauf überindividuelle Bedeutung und Würde verliehen"[262].

Abgesehen von den Kasualien wird die durchschnittliche Mitgliedschaft vor allem anlässlich der *christlichen Jahresfeste* aktualisiert.

1996 nahm, nach der kirchlichen Statistik, ein Drittel der Mitglieder an den verschiedenen Christvespern teil; diese Zahl ist seit 1975 sowohl prozentual (von 21%) als auch absolut ständig angestiegen[263]. Nach der EKD-Umfrage von 1982 liegen die Zahlen erheblich höher; danach waren 53% zu Weihnachten in der Kirche, zu Ostern 33%, Karfreitag 22% und zum Erntedankfest 21%[264].

Berücksichtigt man gelegentliche Verhinderung und mehrjährige Rhythmen, so gehören mindestens die Christvesper und mitunter weitere Festgottesdienste zur Teilnahmepraxis durchschnittlicher Kirchlichkeit hinzu[265]. Auch diese jahreszyklische Beteiligung vermittelt eine spannungsvolle Erfahrung von Transzendenz und Integration. Sie erscheint hier noch deutlicher als Ineinander von lebensgeschichtlicher Regression und Progression:

---

262 *Preul*, Kirchentheorie, 183; vgl. *Böhm*, aaO. 194-196; *Rössler*, Grundriss, 234ff.

263 Vgl. *EKD*, Statistischer Bericht T II 95/96, 18f. Diese Zahl umfasst 29,3% der westlichen Mitglieder (in Berlin-West nur 20,4%, vgl. aaO. 57) und 59,5% (!) in den neuen Bundesländern.

264 Vgl. die Zahlen bei *Cornehl*, Teilnahme, 28. 50f; hier auch der Verweis auf andere, wenig abweichende Umfrageergebnisse von 1972 bis 1983. *Cornehl* erklärt die erhebliche Differenz von statistischen und repräsentativen Zahlen mit unterschiedlichen Bezugsgrößen (aaO. 52; Anm. 58f), vor allem aber als Formulierung subjektiver Normen: „Formuliert wird die Regel, nicht die Ausnahme. In der ‚besseren' Selbsteinschätzung werden kontingente Verhinderungen [...] ausgeglichen." (aaO. 36; vgl. 35-38)

265 Zur kirchensoziologischen Betrachtung der Jahresfeste vgl. vor allem *Cornehl*, Christen feiern; *Ders.*, Zustimmung; *Ders.*, Teilnahme, 27-31, außerdem finden sich Ausführungen bei *Gebhardt*, Stabile Milieus, 290f; *Hanselmann*, Was wird, 215ff; *Hild*, Wie stabil, 46ff; *Rau*, Rehabilitation. Vgl. auch die Texte in *Cornehl/Dutzmann u.a.*, „... in der Schar derer, die da feiern".

„Die großen Feste reichen tief in die Untergründe der Biographie. Sie wurzeln in der Kindheit – als Erlebnis oder als Sehnsucht. [...] Deshalb ist die biographische Zeitstruktur des Festerlebnisses zugleich eine zyklische und eine geschichtliche, Wiederholung und Weg. Alle Jahre wieder – wird gefeiert. Und zugleich wachsen wir, werden älter, ermessen an der Abfolge der Feste und Jahre unser Alter, ermessen die Brüche, die Abschiede, die Veränderungen. An den großen Festen, die für uns etwas bedeuten, [...] erfahren wir die Spannung des Lebens als Spannung zwischen Aufbruch und Beheimatung." (*Cornehl*, Zustimmung, 432)

Wieder wird zum einen die *Dynamik* der je eigenen Lebensgeschichte erfahrbar: Die Wiederholung des gleichen Festes macht die Veränderung anschaulich, ganz ähnlich, wie sich das anhand der wiederkehrenden Jahreszeiten oder persönlicher Jahrestage aufdrängt. Zum anderen repräsentiert der jahreszyklische Rhythmus die *Einheit* der Biographie[266]: Schon immer hat man Heiligabend gefeiert oder an Ostergottesdiensten teilgenommen. Diese erinnerte wie antizipierte Einheit erscheint, auch durch die Verbindung von Kirchen- und Naturjahr, als eine dem eigenen Handeln bereits *vorgegebene* Einheit des Lebens und der Lebensgeschichte.

In der jahreszyklischen Beteiligung spiegelt sich darum auch die jener Vorgabe eigene Spannung von familiärer Prägung und transfamiliärer Perspektive. Einerseits bestimmt auch hier nicht die Einzelne über die Festgestaltung: Ob dazu „auch der Gottesdienstbesuch gehört, das entscheidet sich vor allem in den Familien. Hier werden die Häufigkeitsmuster der Kirchgangssitte ausgebildet und von Generation zu Generation weitergegeben."[267] Namentlich die Christvesper, aber auch andere kirchliche Feste scheinen in dem Maße für die durchschnittliche Teilnahme offen zu sein, als sie sich in den Rhythmus der familiären Lebenswelt einfügen.

Andererseits verweist auch die jahreszyklische Beteiligung, noch deutlicher als die Kasualien, in *weitere Horizonte*. Anhand zweier „volkskirchlicher" Dörfer hat *W. Gebhardt* eine traditionelle, von den kirchlichen Höhepunkten bestimmte „Festkultur" beschrieben, deren soziale Integrationsfunktion unübersehbar ist: „Wer sich ihr entzieht, schließt sich gleichzeitig aus der Dorfgemeinschaft aus." (Stabile Milieus, 290) Auch wo sich diese lebensweltliche Verbindlichkeit aufgelöst hat, auch dort ist die individuelle Festpraxis tiefgreifend durch kulturelle Muster geprägt, durch regionale und massenmediale Konventionen[268]. Zu diesen öffentli-

---

266 Vgl. *Cornehl*, Christen feiern, 220; *Rau*, Rehabilitation, 99.
267 *Cornehl*, Teilnahme, 30; zum Folgenden vgl. auch *Ruddat*, Feste, 139ff.
268 Vgl. *Cornehl*, Christen feiern, 221: „Die großen Feste sind die Stationen im Jahr, an denen eine Gemeinschaft die für sie grundlegenden Traditionen, Geschichten und Verheißungen vergegenwärtigt. Und so werden sie auch für den Einzelnen zum Ort, an dem für ihn die Frage seiner Zugehörigkeit zu diesem Traditionszusammen-

chen Konventionen gehören staatliche Feiertagsregelungen, aber ebenso die Rhythmen der Konsumwirtschaft, vom Warenhaus bis zu touristischen Angeboten. In der Teilnahme am kirchlichen Festzyklus spiegelt sich nicht nur die familiäre, sondern auch die *gesellschaftliche Prägung* der je eigenen Lebensgeschichte.

Auch im Blick auf die Jahresfeste ist es vor allem die *kirchliche* Interaktion, die die biographische Struktur von Transzendenz und Integration, von „Aufbruch und Beheimatung" (*Cornehl*) zugänglich macht. Zum einen sind es gerade die wiederholten Erfahrungen mit den Bildern, den Liedern und Texten des kirchlichen Ritus', die die eigene Beheimatung in der familiären wie in der gesellschaftsöffentlichen Tradition anschaulich machen. Zum anderen aber stellt der Gang in die Kirche eine Unterbrechung des Alltäglichen dar. Wer an den kirchlichen Festen teilnimmt, bleibt nicht „bei sich", auch nicht in der Familie, und auch nicht notwendig in der lokalen Kirche[269]. Das erscheint besonders im Blick auf die geographischen und sozialen Mobilitätszwänge der modernen Gesellschaft von Bedeutung: Indem die Kirche ihre biographisch und kulturell verankerten Riten „flächendeckend" zur Verfügung stellt, erlaubt sie einen Rückgriff auf die je „eigenen Wurzeln", der unter den Bedingungen der Individualisierung immer weniger selbstverständlich geworden ist.

4. Die kirchliche Institutionalisierung des Lebenslaufs

Die vorstehenden Skizzen zu einer Phänomenologie der durchschnittlichen kirchlichen Beteiligung sollten zweierlei verdeutlichen: Zum einen unterliegt auch diese Inklusionsform insofern den Bedingungen der Individualisierung, als es nicht (mehr) die expliziten Beteiligungsnormen der Organisation selbst sind, die das Verhältnis der meisten Mitglieder zur Kirche prägen, sondern lebensgeschichtliche Prägungen und Bedürfnisse. – Zum anderen lässt diese subjektiv-biographische Inklusion jedoch typische Muster erkennen, die der These ihrer autonomen Gestaltung widersprechen. Auch in ihrer kirchlichen Dimension verweist die Normalbiographie auf transindividuelle Prägefaktoren. Auch der kirchliche Lebenslauf erscheint als Resultat einer bestimmten *Institutionalisierung*, deren innere Logik und deren äußere Bedingungen nun zu skizzieren sind

Die durchschnittliche kirchliche Biographie lässt prägnante *Rhythmen* erkennen. Sie ist durchaus nicht von gleichbleibender „treuen Kirchenferne", sondern kennt mehrere Phasen intensiverer Beteiligung: in der Kon-

---

hang immer wieder neu thematisch wird." Zur Öffentlichkeit der Feste vgl. auch *Ders.*, Zustimmung, 420–423.

269 „An den Festen hat man das Gefühl: es stehen einem die Türen vieler Kirchen offen" (*Cornehl*, Teilnahme, 30); vgl. aaO. 34f.

firmandenzeit, beim Übergang zur Elternschaft, schließlich nicht selten nach dem Ende der Berufstätigkeit, besonders dann im höheren Alter[270]. In der Zwischenzeit, d.h. in der meist von beruflicher Tätigkeit geprägten Phase des Erwachsenenalters, konzentriert sich die Beteiligung auf familien- und jahreszyklische Anlässe.

Dieser Rhythmus der kirchlichen Beziehung entstammt der Wirkungsgeschichte des Christentums und gehört bis in die Gegenwart zu den kulturellen Mustern, die der individuellen Biographie zunächst vorgegeben sind. Es sind vor allem die *Familien*, in denen sich, unter dem Einfluss *regionaler* und *konfessioneller* Traditionen, die Konventionen des Kirchgangs bilden. In diesem primären sozialen Umfeld, zu dem auch Freunde, Nachbarn und Verwandte gehören, entscheidet es sich, ob eine biographisch-soziale Schwelle auch zum Anlass einer kirchlichen Beteiligung werden soll.

Die entsprechenden Kommunikationsformen und -gehalte sind dem Einzelnen biographisch vertraut; aber sie sind in der Gegenwart nicht mehr selbstverständlich. Unter den Bedingungen kultureller Modernisierung steht der *lebensweltlichen Vorgabe* kirchlicher Beteiligung die *Freiheit des individuellen Rückgriffs* auf diese Muster gegenüber. Eine Re-Integration in die biographisch zugeschriebene Kirchlichkeit wird dem Individuum jedenfalls als eigene Entscheidung zugerechnet.

In psychologischer Hinsicht lässt sich ein solcher kasueller Rückgriff als *regressiver Akt* deuten: Mit dem Rückgriff auf kirchliche Kommunikationsformen kehrt die Erwachsene in die „Welt der Kindheit" zurück, bezieht sich auf familiäre, lokale und kulturelle Traditionen der je eigenen Heimat. Wie oft und in welcher Weise sie diesen regressiven Rückgriff – mit aller seiner Ambivalenz – jedoch tatsächlich vollzieht, das steht in ihrer eigenen *Verantwortung*. Hinsichtlich der kirchlich-kasuellen Beteiligung vollzieht sich die Regression gleichsam unter der Kontrolle der Ich-Instanz.

Der Rhythmus kirchlicher Beteiligung, der regelmäßige, individuell verantwortete Rückgriff auf biographische Vorgaben, lässt sich nicht nur psychologisch, sondern auch *religionstheoretisch* interpretieren[271]: Die rituelle Rückwendung erscheint als paradigmatischer Fall einer „religiösen Selbstauslegung" (*Gräb*), die in kritischen Situationen auf die „Deutungsangebote" der Institution zurückgreift. Die Funktionen dieser religiösen Lebensdeutung lassen sich mit *Drehsen* als Vergewisserung der Einheit der Lebensgeschichte, ihrer individuellen Besonderheit sowie ihrer subjektiven Gestaltbarkeit spezifizieren. Die Leistungskraft der *kirchlichen* In-

---

270 Die empirischen Forschungen zur biographisch wechselnden Normal-Kirchlichkeit sind zuletzt, unter dem ein wenig irreführenden Titel „Sprungbiographie", zusammengefasst bei *Roosen*, Kirchengemeinde, 497-506.
271 Vgl. *Gräb*, Imperativ; *Drehsen*, Lebensgeschichtliche Frömmigkeit, bes. 154ff.

stitution für diese „symbolische Rekonstruktion" (*Drehsen*) wird von jenen Autoren allerdings skeptisch beurteilt: Sie konfrontiere den Einzelnen mit semantischen und pragmatischen „Konsistenzzwängen" (*Gräb*, aaO. 88); eine produktive und zugleich vergewissernde Wahrnehmung der biographisch-sozialen Identität eröffne die kirchliche Kasualpraxis in der Regel nicht[272].

Der vorstehende Versuch, die durchschnittliche kirchliche Erfahrung aus der Sicht der Beteiligten selbst zu rekonstruieren (IV.2/3), erweist eine solche Bewertung als einseitig: Der Rückgriff auf frühere Erfahrungen mit der kirchlich-gottesdienstlichen Organisation legt die Einzelnen nicht einfach auf „überlieferte, vorgefertigte und zugleich sozial-kulturelle Verbindlichkeit beanspruchende Deutungsmuster" fest[273]. Vielmehr erscheint jener Rückgriff durch ein Erfahrungsmuster gekennzeichnet, das Elemente der *Integration* dialektisch mit Elementen der *Transzendierung* verschränkt: Die Partizipation an kirchlichen Ritualen macht implizit einen lebensgeschichtlichen Zusammenhang anschaulich, der ursprüngliche wie aktuelle Erfahrungen verbindet; zugleich markieren die Kasualien ein soziales Jenseits, das biographische Festlegungen wie gegenwärtige Rollenzuweisungen aufhebt.

Die phänomenologische Betrachtung hat auch herausgestellt, worin die spezifischen organisatorischen Voraussetzungen dieser komplexen Institutionalisierung des durchschnittlichen Lebenslaufs bestehen. Es ist zunächst die *rituelle Struktur* der familien- und jahreszyklischen Gottesdienste, die sowohl biographisch-soziale Integration als auch eine Überschreitung dieser Horizonte zu bewirken vermag. Infolge ihrer Invarianz erlaubt die rituelle Grundstruktur die Rekapitulation biographischer Erfahrung. Zugleich ist sie beweglich genug, um sich auf die gegenwärtige Situation der Betroffenen einzustellen. Sie hat „das Gewicht des Gewohnten" und erlaubt es den Einzelnen, sich diesem Gewohnten auf je neue Weise „zuzuordnen" (*Preul*, Kirchentheorie, 182f).

Diese rituelle Institutionalisierung des Lebenslaufs ist weiterhin, auch darauf hat *Preul* (ebd.) aufmerksam gemacht, auf das *parochiale System* der kirchlichen Arbeit angewiesen: An jedem Ort finden sich eine zuständige Pfarrerin, besondere kirchliche Räume und ein regelmäßiger Zyklus von Gottesdiensten, der den Einzelnen, unabhängig von ihrer sozialen und geographischen Mobilität, einen Zugang zu den Riten der Kirche eröffnet. Dabei haben alle einschlägigen Umfragen die *personale* Dimension dieser ubiquitären Präsenz hervorgehoben: Es ist der pastorale Rollenträger, in dem sich die integrierenden wie die individualisierenden Wirkun-

---

[272] Auch in *Drehsens* Aufsatz fällt auf, dass er die institutionellen Voraussetzungen der „lebensgeschichtlichen Frömmigkeit" nur historisch an der christlichen Überlieferung, vor allem am Pietismus, festmacht, und in keiner Weise an der gegenwärtigen kirchlichen Praxis.

[273] *Gräb*, Imperativ, 88 (Hervorhebung von „Deutungs*muster*" getilgt).

gen der kirchlichen Vollzüge konzentrieren, weil er zugleich als Seelsorger wie als Liturg, als integraler Teil der Lebenswelt wie als Mann der Kirche, ja als Mann Gottes in Erscheinung tritt.

Die spezifische Identitätserfahrung, die durch diese organisatorischen Vorkehrungen eröffnet wird, erscheint bemerkenswert unabhängig von individuellen oder sozialen Voraussetzungen. Als einzig notwendige Vorgabe zeigt sich eine elementare Vertrautheit mit den kirchlichen Riten und Rollen, die im Regelfall bereits dem Kind und Konfirmanden vermittelt wird. In inhaltlicher oder emotionaler Hinsicht dagegen bleibt jene Normalkirchlichkeit anspruchslos: Ihre rituell-personale Ausrichtung verträgt sich mit einer großen Pluralisierung der religiösen Semantik und der kirchlichen „Verbundenheit". Es dürften nicht zuletzt diese faktisch sehr bescheidenen organisatorischen Ansprüche sein, die das Beteiligungsmuster der „treuen Kirchenfernen" gerade unter den Bedingungen der Moderne zu einer biographisch bedeutsamen religiösen Inklusionsform machen.

5. Konventionelle Kirchlichkeit als moderne Religion

Die geläufige Interpretation der „religiösen Individualisierung" stellt auch die kirchliche Bindung in den Horizont einer *Subjektivierung* aller Inklusionsentscheidungen (s.o. S. 218-220). Obgleich diese Bindungsentscheidungen von biographischen Vorgaben und strukturellen Zwängen empfindlich eingeschränkt sind, erscheinen sie als undelegierbare Risiken der Einzelnen, mit einer falschen „Wahl" von Inklusionen in biographische Sackgassen zu geraten. Auch die kirchliche Mitgliedschaft stünde demzufolge unter der Frage, was sie – im Ensemble anderer Bindungen – zur Ausbildung und Stützung einer sozialen Identität beitragen kann[274]. Ungeachtet aller kulturellen und familiären Prägungen könnten die Einzelnen, dieser Interpretation zufolge, die Verantwortung für ihre kirchliche Selbstbindung nicht (mehr) an andere, lebensweltliche oder organisatorische Instanzen delegieren.

Gegenüber dieser religionssoziologischen Deutung lassen sich die hier angestellten Überlegungen zu den „treuen Kirchenfernen" in drei Thesen zusammenfassen: Zum einen kann dieses Inklusionsmuster in der Tat als Paradigma religiöser Subjektivierung gelten, insofern es sich einer biographisch gesteuerten Logik verdankt (a). Zum anderen ist jene kasuelle Kirchlichkeit allerdings in einer Weise lebensweltlich und organisatorisch

---

[274] Dass die Religion *insgesamt* ihre gesellschaftliche Funktion nicht zuletzt in der Bearbeitung des Problems der individuellen Identität besitzt, erscheint inzwischen als religionssoziologischer Konsens; vgl. *Drehsen*, Religion; *Ebertz*, Religionssoziologie, 286ff; *Luhmann*, Ausdifferenzierung der Religion; *Nassehi*, Religion und Biographie; *Pollack*, Religion.

geprägt, die sich den strukturellen Anforderungen der Individualisierung *entzieht* und eben damit sozialen Sinn vermittelt (b). Beides zusammengenommen, erscheint gerade das Muster „treuer Kirchenferne" als eine Form individueller Religionsausübung, die unter den Bedingungen struktureller Individualisierung von hoher Funktionalität ist (c).

(a) Wenn das durchschnittliche Mitglied sich weder in struktureller noch in semantischer Hinsicht an die Vorgaben der Kirche gebunden sieht und wenn es zu ihr nur nach Maßgabe der je eigenen lebensgeschichtlichen Situation in Kontakt tritt, so ist das in der Tat die Logik religiöser Subjektivierung. Gerade die gelegentlichen Kontakte mit dem kirchlichen Ritus machen die *Einheit* wie die *Einmaligkeit* der Biographie zum Thema. Dabei wird herausgestellt, dass die lebensgeschichtliche Integrität sich im Wesentlichen nicht eigenen Anstrengungen verdankt, sondern einer immer schon vorgegebenen kirchlichen Erfahrung *und* dem transzendenten, religiösen Horizont, der hier thematisiert wird. Die Kasualhandlung „ist der Ort, an dem Menschen über sich hinausgeführt werden und sie eine Ahnung des göttlichen Grundes ihrer Lebensgewissheit und -hoffnung gewinnen können" (*Gräb*, LLS, 202).

(b) Die durchschnittliche, subjektiv-biographisch gesteuerte Interaktion mit der Kirche ist durch ihr geringes biographisches Risiko gekennzeichnet. Die gelegentliche Beteiligung am kirchlichen Ritus ist unabhängig von der individuellen Position in anderen Institutionen; sie setzt keinerlei Inklusionen in sonstige Organisationen voraus und sie hat auch keine positiven oder negativen Folgen für den Zugang zu anderen gesellschaftlichen Funktionsbereichen[275].

Die Differenz zu vielen anderen organisatorischen Inklusionen wird auch darin deutlich, dass der Rhythmus normaler Kirchlichkeit sich gleichsam spiegelbildlich zum Rhythmus der durchschnittlichen Arbeitsbiographie verhält. Das gilt für das Ganze des „institutionalisierten Lebenslaufs", in dem die Phasen intensiver Kirchlichkeit genau dort liegen, wo Erwerbsarbeit noch nicht oder nicht mehr das zentrale Lebensthema ist[276]. Das gilt aber auch für die einzelne Kasualteilnahme, denn sie markiert jeweils Schwellen oder Brüche des Alltags, die mit den Routinen der selbstbestimmten Lebensführung nicht zu bewältigen sind. Die Beteili-

---

275 Vgl. *Pollack*, Individualisierung, 82: „Die moderne Gesellschaft übt auf den Einzelnen in religiösen Fragen keinen Entscheidungszwang aus. [...] Die religiöse Frage [...] kann offen bleiben. Wie man sich zu ihr verhält oder ob man sich überhaupt mit ihr beschäftigt, hat keinen oder so gut wie keinen Einfluss auf den Zugang zu anderen Lebensbereichen und die Handlungsmöglichkeiten in ihnen."

276 Vgl. schon *Alheit*, Kirche und Lebenslauf, 140, der es vor allem kritisch sieht, dass kirchliche Präsenz „nur an den ‚Weichstellen' der gesellschaftlichen Durchschnittsbiographie überhaupt in den Lebenslauf ‚einzudringen' [vermag] – in der Kindheit und Jugend und im Alter. In der eigentlichen Aktivitätsphase der (männlichen) Arbeitsbiographie ist kein Platz für Religiöses".

gung an kirchlichen Handlungen hat dort ihren Ort, wo die autonome Verfügung über die eigene Lebensgeschichte mehr oder weniger *entzogen* erscheint.

Während die Beteiligung insbesondere an den ökonomischen Organisationen dazu dient, die eigene soziale Identität zu erhalten und – mit allem biographischen Risiko – optimal zu gestalten, eröffnet die kasuelle Beteiligung an der kirchlichen Organisation eine Wahrnehmung der eigenen Individualität, die sich gerade nicht subjektiver Anstrengung verdankt. Dazu kommt, dass die Entscheidung für diese rituell vermittelte Selbstwahrnehmung nicht strukturell erzwungen wird, sondern freiwillig erfolgt: Gerade dort, wo die autonome Lebensführung an ihre Grenze kommt, ist der Zugang zur Kirche seinerseits „subjektiviert".

(c) Das konventionelle Muster kirchlicher Inklusion vermag die Integrität der Lebensführung gerade angesichts der strukturellen Individualisierung zu bewahren; insofern hat dieses Bindungsmuster eine klassische *religiöse* Funktion. Diese These lässt sich erhärten, wenn man die „treue Kirchenferne" in den Kontext der religionssoziologisch gängigen Funktionserwartungen an „Religion" stellt, die *F.-X. Kaufmann* (Religion, 84ff) zusammengestellt hat:

Die Aufgabe, durch „Angstbewältigung" eine stabile soziale *Identität* zu ermöglichen (1), erfüllt die konventionelle kirchliche Bindung durch den Aufbau ritueller Geborgenheit in der Kindheit und durch die Möglichkeit, auf diese Ursprungserfahrungen gerade in den Situationen bedrohter Identität zurückzugreifen. Das „Problem der Handlungsführung im *Außeralltäglichen*" (2) kann die Einzelne durch die Teilnahme an kirchlichen Handlungen bewältigen, die eben in den „liminalen Räumen" (*V. Turner*) des individuellen und sozialen Lebens angesiedelt sind. Weiterhin leistet das kirchliche Übergangsritual, zusammen mit der hier angelagerten pastoralen Seelsorge, die „Verarbeitung von Kontingenzerfahrungen" (3), von *biographischen Krisen*. Die anfänglichen Erfahrungen mit der Kirche tragen zur Legitimation der familiären und lebensweltlichen „Gemeinschaftsbildungen" bei (4); auch diese Funktion wird in der *sozial integrierenden* Kasualteilnahme aktualisiert. Indem der kirchliche Ritus der jeweiligen Lebenswelt als aparte Erfahrung *gegenübertritt*, lässt er sich, wenn auch nicht semantisch-explizit, als „Begründung eines Deutungshorizontes aus einheitlichen Prinzipien" verstehen (5). Der Ritus vermittelt schließlich eine „Distanzierung von gegebenen Sozialverhältnissen" (6); hier werden die lebensweltlichen wie die institutionellen *Ansprüche sistiert*, denen sich das Individuum ausgesetzt sieht.

Die kasuelle, biographisch strukturierte und volkskirchlich abgestützte Kirchenmitgliedschaft erfüllt die funktionalen Anfordernisse an eine religiöse Bindung umfassend und präzise. Dabei erscheint es schließlich bemerkenswert, dass dieses Beziehungsmuster gerade *keine Totalinklusion* in ein kirchliches „Milieu" oder auch nur in die Strukturen einer verbindlichen Gemeinschaft erfordert. Die „typisch religiösen" Funktionen der Identitätsbildung, der sozialen Integration und Distanzierung sind offenbar *nicht* an eine zeitlich intensive und emotional anspruchsvolle Beteiligungsform gebunden, sondern erscheinen vereinbar mit den Autonomiebedürfnissen und Mobilitätserfordernissen einer „individualisierten" Lebensführung. Das Inklusionsmuster der kirchlichen Normalbiographie erweist sich als eine ausgesprochen *moderne Religion*.

V. Pragmatisierung? Das Beispiel des Kirchenaustritts

1. Kirchenaustritt als Thema der Kirchensoziologie

Die verschiedenen sog. „Kirchenaustrittsbewegungen" (*B. Violet*)[277] lassen sich – aus zeitgenössischer wie aus kirchensoziologischer Sicht[278] – bis vor einigen Jahrzehnten relativ leicht durch bestimmte Konstellationen im politischen und/oder im kirchlichen Bereich erklären. Das gilt für die Austritte im Kaiserreich, die sich geographisch auf Preußen und darin auf Berlin konzentrierten und – in sozialstruktureller Hinsicht – vor allem von Arbeitern vollzogen wurden; das gilt für die sprunghaft ansteigenden Austritte 1919/20 im Gefolge des Übergangs zur Weimarer Republik; und das gilt auch für die Austritts- und Wiedereintrittsbewegungen im Zusammenhang der NS-Kirchenpolitik und des „Zusammenbruchs" nach 1945 (vgl. *Feige*, Art. „Kirchenentfremdung", 532f). Bis in die 50er Jahre erscheint der Kirchenaustritt als eine individuelle Reaktion auf das jeweilige Verhältnis von Kirche und Staat. Nicht selten konnte dem Austritt darum eine „gesellschaftspolitisch virtuell widerborstige Signalfunktion" zugeschrieben werden; und zugleich waren die Austrittsbewegungen als Anfrage an das Handeln der verfassten Kirche zu verstehen[279].

Nach einer Stabilisierung der Austrittsrate – sie lag in der BRD seit 1950 unter 0,2 % – stiegen die Zahlen 1968 wieder deutlich an und erreichten 1970 sowie 1974 Höhepunkte mit ca. 0,7% austretender Mitgliedern. Diese neuerliche „Welle" der Kirchenaustritte lässt sich offenbar nicht mehr als Ausdruck „einer gesellschaftlichen oder gar politischen Bewegung" deuten, auch wenn ein Zusammenhang mit „dem geistig-politischen Klimawechsel dieser Jahre" nahe liegt (*Feige*, aaO. 533). Auch die jüngste Entwicklung – nach einer Beruhigung auf relativ hohem Niveau

---

[277] 1914 veröffentlichte *B. Violet* ein resümierendes Buch „Die Kirchenaustrittsbewegung"; vgl. *Drehsen*, Erosion, 295 (Anm. 40). Vgl. im Einzelnen die Statistiken in Fremde Heimat Kirche, 308f; *EKD*, Statistischer Bericht TII 95/96, 4f; für die Zeit ab etwa 1960 vgl. auch die detaillierten Angaben in *EKD*, Statistischer Bericht SO 1, 8-10.

[278] Vgl. die Überblicke *Feige*, Kirchenentfremdung; *Feige*, Kirchenmitgliedschaft, 126-136 mit zahlreichen Literaturangaben; *Drehsen*, Erosion, 214ff mit Anm. 40 und 48.

[279] *Drehsen*, Erosion, 215; vgl. wiederum die Hinweise bei *Feige*, Kirchenmitgliedschaft, 129ff.

begann 1990/91 ein neuer Anstieg auf gegenwärtig ca. 1%[280] – kann allenfalls mit gleichsam atmosphärischen Veränderungen in Zusammenhang gebracht werden. Im Regelfall präsentiert sich der Kirchenaustritt seit über 30 Jahren als eine individuelle Entscheidung, die sich kaum mehr politischer Initiative oder auch nur öffentlicher Diskussion verdankt[281].

Die soziologischen Untersuchungen zum Kirchenaustritt, die seit den 70er Jahren erschienen sind[282], stellen ihren Gegenstand denn auch in den Kontext derjenigen „gesamtgesellschaftlichen Veränderungen des Werte- und Orientierungssystems" (*Daiber*, Austretmühle, 2), die als strukturelle wie kulturelle *Individualisierung* zu verstehen sind (s.o. S. 193-210): Soziale Bindungen resultieren immer weniger aus traditionalen Zuschreibungen, sondern unterliegen dem Kriterium biographischen Nutzens; und es sind vor allem die organisatorischen Inklusionen, die pragmatisch eingegangen, ausgehandelt und wieder gelöst werden müssen.

Auch die zunehmende Verbreitung des Kirchenaustritts kann dann als Ausdruck „religiöser Individualisierung" gedeutet werden. Weil gerade kirchliche Bindungen ihre traditionale Selbstverständlichkeit verlieren[283], wird die Aufkündigung der rechtlichen Mitgliedschaft „in den meisten lokalen Gesellschaften, natürlich insbesondere in den Großstädten, nicht mehr negativ sanktioniert" (*Daiber*, Religion, 168). Dieser Schritt wird durch soziale Institutionen weder verhindert noch gefördert. Er erscheint

---

280 Vgl. die Statistischen Berichte der EKD; dazu *Pollack*, Lage in Deutschland, 597f. 614f. „Was dies für die gesellschaftliche Verankerung der Kirche bedeutet, ist kirchen- und religionssoziologisch noch nicht begriffen." (*Pollack*, aaO. 598)

281 Diese Beschreibung gilt offenbar nicht für die Entwicklung in der DDR, wo der individuelle Kirchenaustritt bis in die 80er Jahre vor allem aus den konkreten politischen Entscheidungen des SED-Staates resultierte (vgl. nur *Pollack*, Integration, 145ff). Die folgende Untersuchung wird sich darum im Wesentlichen auf den Westteil Deutschlands sowie auf die Schweiz konzentrieren. Zur Soziologie der Kirchenmitgliedschaft, und des Austritts, in der DDR und in den Neuen Bundesländern s.u. S. 305-332.

282 Vgl. (in der Reihenfolge des Erscheinens) *Strohm*, Kirchenaustrittstendenz; *Hild*, Wie stabil, 114-135. 284-288; *Feige*, Kirchenaustritte; *Kehrer/Schäfer*, Kirchenaustritte; *EKD-Kirchenkanzlei*, Kirchenaustritte; *Kuphal*, Abschied; *Hanselmann*, Was wird, 142-149. 159-163; *Lukatis/Lukatis*, Protestanten; *Pittkowski/Volz*, Konfession; *Pittkowski*, Evangelisch; *Müller-Weißner/Volz*, Kirchenaustritte; *Institut für Demoskopie Allensbach*, Kirchenaustritte; *Dass.*, Begründungen; Fremde Heimat 1993, 51ff; *Bovay*, Religion und Gesellschaft; *Dubach*, Bindungsfähigkeit, bes. 138ff; *Schmied*, Kirchenaustritt; *Daiber*, Austretmühle; *Daiber*, Religion, 164ff; *Pollack*, Lage in Deutschland; Fremde Heimat 1997, 306ff; *Ebertz*, Gegenwind, 34ff. Dazu die Überblicke in Anm. 278. – Vgl. zuletzt, aus vornehmlich pastoraltheologischer Sicht und mit umfassender Literurverarbeitung, *Hoof*. Kirchenaustritt.

283 Diese Einsicht ist innerkirchlich seit Anfang der 70er Jahre formuliert worden (vgl. etwa *Hild*, Wie stabil, 248ff. 284ff; *EKD-Kirchenkanzlei*, Kirchenaustritte, 8ff); dennoch kann das noch 1996 Erstaunen auslösen, vgl. *Coenen-Marx*, Kirchenmitgliedschaft, 86.

als Paradigma religiöser Subjektivierung, genauer: „als Ergebnis individueller, ohne Nachahmungsaufforderung und Sanktionsfurcht angestellter Kosten-Nutzen-Überlegungen"[284]. Zugespitzt: Der Kirchenaustritt erscheint als moderne Form der Mitgliedschaft[285], die *rein pragmatisch* ausgestaltet und eben auch beendet wird.

Auch die gängigen kirchensoziologischen Thesen zur Beendigung der Mitgliedschaft bedürfen jedoch der Korrektur. Bereits detaillierte quantitative Studien haben die Einsicht gezeigt, „dass man den Entschluss, aus der Kirche auszutreten, wohl nicht auf einen Faktor zurückführen kann, sondern dass eine ganze Reihe von Umständen zusammentreffen muss, damit es zum Rechtsakt [...] kommt" (*Feige*, Kirchenaustritte, 237f). Durch die qualitativen Studien der letzten Jahre ist diese Einsicht erhärtet worden[286]. Neben der pragmatischen Subjektivierung religiöser und damit auch kirchlicher Bindungen (s.u. 2) lassen sich vor allem zwei weitere Aspekte benennen. Zum einen sind es offenbar spezifische Einstellungen zur *Kirche* und Erfahrungen mit dieser Organisation, die die individuelle Austrittsentscheidung tiefgreifend prägen (s.u. 3). Zum anderen gehört der „Abschied von der Kirche" (*Kuphal*) in den Kontext *biographischer* Entfremdungsprozesse, die meist eine lange familiäre Vorgeschichte haben (s.u. 4).

Im Kontext des Individualisierungstheorems, demzufolge die individuelle Biographie zum primären Austragungsort institutioneller Konflikte geworden ist (s.o. S. 202–204), kann schließlich auch die biographische Entscheidung des Kirchenaustritts daraufhin befragt werden, wie das strukturelle Zusammenspiel seiner prägenden Instanzen aussieht, und inwiefern dieses soziale Muster des Austritts für die Struktur kirchlicher Bindung im Ganzen paradigmatisch ist (s.u. 5).

Diese Überlegungen legen es methodisch nahe, bei der *subjektiven Perspektive* der ehemaligen Mitglieder anzusetzen[287]. Die Austrittsmotive, die in der letzten, besonders einschlägigen EKD-Mitgliedschaftsumfrage geäußert wurden, lassen die allgemein gesellschaftlichen, kirchlich-organisatorischen und biographischen Prägefaktoren genau erkennen[288]; sie sind

---

284 *Feige*, Kirchenentfremdung, 533; vgl. *Daiber*, Religion, 168.
285 Darauf läuft die Argumentation vor allem hinaus bei *Feige*, Kirchenaustritte, bes. 237ff. In der Tendenz ähnlich *Dubach*, Bindungsfähigkeit, 164-170; *Ebertz*, Gegenwind, 34ff; *Kuphal*, Abschied; *Wulf*, Man verkrümelt sich.
286 Vgl. *Feige*, Erfahrungen; *Müller-Weißner/Volz*, Kirchenaustritte; *Schmied*, Kirchenaustritt.
287 Vorbildlich erscheinen auch in dieser methodischen Hinsicht *Müller-Weißner/Volz*, Kirchenaustritte; *Schmied*, Kirchenaustritt; sowie Fremde Heimat 1993, 51ff. Dagegen gehen etwa *Bovay*, Religion und Gesellschaft, und vor allem *Institut für Demoskopie Allensbach*, Kirchenaustritte, ganz unbekümmert und unreflektiert von gesellschaftsstrukturellen bzw. organisatorischen Vorannahmen aus.
288 Vgl. Fremde Heimat 1997, 306ff, bes. 326ff. 1972 und 1982 wurde nur indirekt, nach den möglichen Folgen eines Kirchenaustritts, gefragt; in der Tendenz kam

durch qualitative Ergebnisse und weitere empirische Daten zu ergänzen. Auf diese Weise ergibt sich, aus subjektiver soziologisch-analytischer Sicht, ein Bild von Kirchenaustritt und -mitgliedschaft, das von einer durchgehenden Pragmatisierung recht wenig erkennen lässt.

2. Kirchenaustritt als Ausdruck institutioneller Freisetzung

Das Motiv des Kirchenaustritts, das in allen einschlägigen Umfragen an erster Stelle erscheint, ist die *Einsparung der Kirchensteuer*: 58% der 1992 von der EKD befragten Ausgetretenen stimmten dieser Vorgabe deutlich zu[289].

Auch den unmittelbaren Anlass des Austritts bildet häufig die Beschäftigung mit der Kirchensteuer, wie die zeitliche Verteilung der Austrittserklärungen im Jahresrhythmus zeigt: Ihr „Höhepunkt im Spätherbst fällt mit der Anfertigung der Steuererklärungen, dem Versand der Steuerbescheide und der Lohnsteuerkarten des Folgejahres [...] zusammen"[290]. Für die Bedeutung der Kirchensteuer spricht weiterhin statistische Zusammenhang zwischen der Austrittsrate und einschneidenden fiskalpolitischen Veränderungen: Die Konjunkturzuschläge von 1970 und 1974 haben ebenso wie die Einführung von Solidaritätszuschlägen in den Jahren 1991 und 1995 einen erheblichen Anstieg der Austritte nach sich gezogen[291].

Aus der Sicht der Individualisierungsthese illustriert der Zusammenhang von steuerpolitischen Veränderungen und Kirchenaustrittsrate zunächst die moderne Abhängigkeit individueller Lebensläufe von institutionellen Entscheidungen (s.o. S. 200–201). Werden zentrale biographische Entscheidungen inzwischen weniger durch lebensweltliche Bindungen und eher durch strukturell übergreifende Entwicklungen gesteuert, etwa im Bildungssystem oder auf dem Arbeitsmarkt, so ist es nur konsequent, dass auch die Beendigung der Kirchenmitgliedschaft als direkte Konsequenz von finanzpolitischen Veränderungen erscheint.

Die Nennung der Kirchensteuer für die Austrittsmotivation verweist auch insofern auf gesellschaftsstrukturelle Bedingungen des Austritts, als es offenbar vor allem Veränderungen der *eigenen ökonomischen Situation*

---

man aber zu ähnlichen Ergebnissen, vgl. *Hild*, Wie stabil, 125ff; *Hanselmann*, Was wird, 158ff.

289 Fremde Heimat 1997, 327; vgl. *Müller-Weißner/Volz*, Kirchenaustritte, 22. 30; *Schmied*, Kirchenaustritt, 8ff.

290 *Müller-Weißner/Volz*, Kirchenaustritte, 22; vgl. *Feige*, Kirchenaustritte, 236.

291 Vgl. *EKD*, Statistischer Bericht TII 91/92, 8: „Als auslösendes Moment für den sprunghaften Anstieg der Kirchenaustritte im Jahr 1991 wird die Einführung des Solidarzuschlags angesehen." Vgl. ausführlicher *Pittkowski*, Evangelisch, 175f.

sind, die die Kirchenmitgliedschaft zur Disposition stellen[292]. Die kirchliche Beziehung erscheint tendenziell als eine *Tauschbeziehung*, deren Nutzen für die je eigene Lebensführung und Lebensplanung zu bedenken ist.

Eine Auswertung qualitativer Interviews ergab, „dass die Austrittswilligen die Frage des Verbleibs in oder des Auszugs aus der Kirche genauso angehen wie eine Kosten-Nutzen-Analyse. Sie registrieren aufmerksam den ihnen zufließenden oder eben entgehenden Nutzen aus der Kirchenmitgliedschaft und stellen ihn ihrem Aufwand, sprich: der Kirchensteuer, gegenüber. ‚Wenn ich meine monatliche Miete zugrunde lege, dann kann ich mit der eingesparten Kirchensteuer zwei Monate mietfrei wohnen.'"[293]

Diese Reduktion des Kirchenaustritts auf eine typisch moderne, pragmatisch-subjektive Einstellung gewinnt weiter an Plausibilität durch einschlägige *sozialstatistische* Beobachtungen[294]: Besonders hohe Austrittsraten lassen sich in der Altersgruppe der 18-25jährigen, aber auch der 25-40jährigen Mitglieder feststellen. Dazu sind die Austretenden überproportional oft alleinstehend, berufstätig und haben einen relativ hohen Bildungsgrad. Nimmt man hinzu, dass die Mitgliedschaft seit langer Zeit in den Großstädten und Dienstleistungszentren schneller abnimmt als in ländlichen Regionen, so erscheint der Kirchenaustritt tatsächlich als ein *Phänomen struktureller Individualisierung*: Je mehr die Einzelne den Bedingungen ökonomischer Rationalität und kultureller Pluralisierung ausgesetzt ist, je mehr sie, besonders am Anfang des Berufslebens, zu einer mobilen und autonomen Lebensführung genötigt ist, um so wahrscheinlicher wird sie sich auch zu jenem Schritt entscheiden[295].

Die sozialstatistischen Befunde lassen sich ergänzen durch Umfrageergebnisse zu den *Werten, Normen und Verhaltensweisen*, die die Ausgetretenen für persönlich wichtig bzw. unwichtig halten. Beschränkt man sich wiederum auf Westdeutschland, so zeigen die Untersuchungen zu den Einstellungen der Konfessionslosen – die zumeist selbst aus der Kirche ausgetreten sind[296] – seit längerem

---

292 Vgl. die Interviewbeispiele bei *Schmied*, Kirchenaustritt, 8ff.
293 *Müller-Weißner/Volz*, Kirchenaustritte, 28, vgl. aaO. 28–30. Die Relevanz von Kosten-Nutzen-Analysen für den Austritt betonen auch *Hild*, Wie stabil, 286; *Feige*, Kirchenentfremdung, 533f; *Daiber*, Religion, 168. Zur Mitgliedschaft als Tauschbeziehung vgl. *Dubach*, Bindungsfähigkeit, 145ff; *Schmied*, Kirchenaustritt, 7ff.
294 Vgl. zum Folgenden *Feige*, Kirchenaustritte, 25–70; *EKD-Kirchenkanzlei*, Kirchenaustritte, 1f; *Feige*, Kirchenentfremdung, 533f; *Dubach*, Bindungsfähigkeit, 164f; *Pollack*, Individualisierung, 69ff; Fremde Heimat 1997, 311ff.
295 „Überspitzt gesagt: Die Austrittsneigungen sind dort am häufigsten, wo individuelle Autonomie-Erwartungen lebensphasenspezifisch am prägnantesten ausgebildet sind." (*Drehsen*, Erosion, 219)
296 Nur eine Minderheit der westdeutschen Konfessionslosen hat mit der Kirche selbst gar keine Erfahrungen gemacht. Als generationsübergreifendes Phänomen ist

das gleiche Bild²⁹⁷. Starke Differenzen ergeben sich vor allem bei gleichsam traditionellen Lebensorientierungen: „in geordneten Verhältnissen leben", „für die Familie dasein", und vor allem: einen Halt haben, weil „man an etwas glauben kann" – diese Werte finden die westdeutschen Konfessionslosen erheblich unwichtiger als die 1992 befragten Evangelischen (Fremde Heimat 1907, 321f). Bereits Anfang der 80er Jahre arbeiteten *Lukatis, Pittkowski* u.a. ein progressiveres Familien- und Frauenbild der Konfessionslosen heraus sowie im Durchschnitt eine „linkere" politische Einstellung. Das „Recht des Individuums, in seiner Selbständigkeit [...] anerkannt zu werden, wird nicht nur auf dem Feld von Religion und Kirche, sondern gegenüber vorgegebenen Autoritätsansprüchen auf allen gesellschaftlichen Feldern geltend gemacht" (*Pittkowski*, Evangelisch, 179).

Es scheinen demnach tatsächlich gerade die aus der Kirche Ausgetretenen zu sein, bei denen sich die Freisetzung aus traditionalen Bindungen auch in den persönlichen Überzeugungen niedergeschlagen hat. Der Austritt aus der Kirche wäre als Aktualisierung des modernen, gesellschaftsstrukturell bedingten Autonomiebedürfnisses zu verstehen.

Diese Deutung erscheint jedoch präzisierungsbedürftig, wenn man ein weiteres Resultat zur Wertorientierung in den Blick nimmt. Typisch moderne Werte, wie „etwas vom Leben haben", „Selbstvertrauen", oder „sich durchsetzen, auch wenn man dabei hart sein muss", werden (in Westdeutschland) von konfessionell Gebundenen im gleichen Maße bejaht wie von den Konfessionslosen. „Dem Bezug auf die eigene Person wird von allen ein zentraler Stellenwert zugesprochen, während die Orientierung auf die Gemeinschaft demgegenüber – gleichfalls von allen – nur wenig Bedeutung beigemessen wird" (Fremde Heimat 1997, 322). Es ist nicht einfach das „individualisierte" Bewusstsein, das Leben selbstverantwortlich planen zu müssen, das sich im Kirchenaustritt exemplarisch realisiert, sondern der Eindruck, an dieser Eigenverantwortung durch traditionale Instanzen *gehindert* zu werden. Die individuelle Autonomie wird gegenüber der Kirche exekutiert, weil diese in besonderer Weise für die traditionalen Strukturen und Werte zu stehen scheint²⁹⁸.

In diesen Kontext gehört es schließlich auch, dass die Gleichgültigkeit gegenüber der Kirche überaus häufig als Austrittsmotiv genannt wird. 1992 stand diese summarische Auskunft, mit 53% Zustimmung, an dritter Stelle aller vorgegebenen Motive (Fremde Heimat 1993, 54f). Der Kirchenaustritt stellt nicht einfach eine individuelle Reaktion auf sozialstrukturelle Freisetzung dar, sondern er verdankt sich wesentlich einer spezifischen Einstellung zur Kirche, die von den Kirchenmitgliedern – und da-

---

Konfessionslosigkeit dagegen in Ostdeutschland verbreitet (vgl. etwa *Pollack*, Lage in Deutschland, 604ff).

297 Vgl. zum Folgenden *Feige*, Kirchenaustritte, 223f; *Pittkowski/Volz*, Konfession, 108ff; *Pittkowski*, Evangelisch, 177ff; Fremde Heimat 1997, 321ff; *Lukatis/Lukatis*, Protestanten, 24ff.

298 So argumentiert bereits *Feige*, Kirchenaustritte, 142ff.

mit von der Mehrheit der (westdeutschen) Bevölkerung – nicht ohne weiteres geteilt wird, und die insofern auch nicht einfach gesamtgesellschaftlich vermittelt sein kann. Den Umrissen und Hintergründen dieses spezifischen Kirchenbildes der Ausgetretenen ist darum näher nachzugehen.

3. Religiöse und kirchliche Einstellungen der Ausgetretenen

Unter den möglichen Austrittsmotiven, die den Betreffenden in der EKD-Umfrage 1992 vorgelegt wurden, fand die Begründung, „dass ich auch ohne die Kirche christlich sein kann", die zweithöchste, nur vom Kirchensteuer-Argument übertroffene Zustimmung[299]. Auch dieses Resultat lässt sich als Hinweis auf eine gesellschaftsstrukturelle „De-Institutionalisierung" von Religion lesen, bei der private Überzeugungen und soziale Organisation von Weltanschauung immer mehr auseinander treten[300]. Aber diese Auskunft erscheint doch vor allem als Reflex einer durchaus traditionellen Einstellung, nämlich der klassisch protestantischen Haltung, die Kirche sei für den persönlichen Glauben ohne große Bedeutung[301].

In der Tat gehört es zur kirchlichen Einstellung der Ausgetretenen, die eigenen religiösen Überzeugungen gerade nicht von ihrer Haltung zur Organisation abhängig zu machen. Bereits 1977 hat A. *Feige* betont, „dass Kirchenaustritt nicht eindeutig, d.h. mindestens nicht mehrheitlich als ein Resultat totaler Negation einer Gottesvorstellung, einer transzendental wirkenden Kraft zu kennzeichnen ist"[302]. 1992 hat in Westdeutschland nur ein Drittel der befragten Ausgetretenen erklärt, weder an Gott noch an eine höhere Kraft zu glauben; 46% stimmten der Aussage zu: „Ich glaube an eine höhere Kraft, aber nicht an einen Gott, wie ihn die Kirche beschreibt"; immerhin 18% reklamierten einen noch deutlicher traditionell geprägten Gottesglauben (Fremde Heimat 1997, 330). Und auch im

---

[299] Fremde Heimat 1997, 327; Rangfolge nach dem Mittelwert der Zustimmungsraten. Nach der Rate der starken Zustimmung (6/7 auf der siebenstufigen Skala) liegt die Gleichgültigkeit gegenüber der Kirche mit 53% auf dem zweiten Platz; das o.g. Item erhält danach 52%.

[300] Vgl. etwa *Dubach*, Nachwort, 300ff; *Gabriel*, Christentum 1994, 88; s. auch oben S. 217-218.

[301] Dementsprechend ist dieses Motiv bei evangelischen Kirchenmitgliedern erheblich häufiger zu finden als bei Katholiken; vgl. *Pittkowski*, Evangelisch, 171f.

[302] *Feige*, Kirchenaustritte, 226; vgl. *Roosen*, Kirchengemeinde, 438: „Die Tatsache, dass es Konfessionslose gibt, die an Gott glauben, ist empirisch so gut belegt, dass sie nicht zu bestreiten ist." Auch die von *Schmied*, Kirchenaustritt, 27f. 41ff, zitierten ehemaligen Katholiken sind mehrheitlich nicht wegen religiös-inhaltlicher Differenzen aus der Kirche ausgetreten.

Ganzen ist das Verhältnis zu religiösen Fragen nicht nur von Distanz geprägt.

Bei der Ludwigshafener Austritts-Untersuchung etwa zeigten die meisten „Interviewten ein hohes Interesse an religiösen und weltanschaulichen Fragen und trugen ihre Überlegungen häufig ebenso engagiert wie differenziert vor"[303]. In die gleiche Richtung weisen die 1992 erhobenen Einstellungen der Ausgetretenen zur Religion: Zwar lehnen 45% jede Beschäftigung mit Fragen des Glaubens oder der Transzendenz ab; aber im Vergleich zwischen Ausgetretenen und immer schon Konfessionslosen ergeben sich doch „erhebliche Differenzen" (aaO. 331): So halten 22% der Ausgetretenen, aber nur 13% der immer schon Konfessionslosen ausdrücklich an einem inneren Glauben fest, den „ich gefühlsmäßig erfahre und erlebe". Tendenziell neigt sogar die Mehrheit der Ausgetretenen diesem Item zu (aaO. 331). Ebenso stimmen nur 21% der immer schon Konfessionslosen, aber 43% der Ausgetretenen ausdrücklich mit der Aussage überein: „Ich habe meine eigene Weltanschauung, in der auch Elemente des christlichen Glaubens enthalten sind".

Hinsichtlich religiöser Überzeugungen stimmt die Mehrheit der Ausgetretenen mit dem gesellschaftlichen Konsens überein, religiöse Fragen der Privatsphäre zu überlassen, dort in einer gewissen Offenheit zu halten und sich dabei auch der christlichen Überlieferung zu bedienen[304].

Auch im Blick auf die Einstellungen zur kirchlichen Organisation vertreten die Ausgetretenen zunächst in überraschendem Umfang den kulturell-gesellschaftlichen Konsens. So wird von einer großen Mehrheit der 1992 Befragten das sozialdiakonische Engagement der Kirche – für „Alte, Kranke und Behinderte" und „gegen Fremdenhass" – ebenso entschieden befürwortet wie von den Kirchenmitgliedern[305]. Und dies gilt auch für die genuin religiösen Aufgaben der Kirche: Auch nach Meinung der meisten Ausgetretenen soll die Kirche sich um eine ansprechende „Gestaltung der Gottesdienste" bemühen, „die christliche Botschaft verkünden" und „Raum für Gebet" und Besinnung geben[306]. Dieser Haltung entspricht, dass die Kritik an der Kirche im Blick auf deren religiöses und soziales

---

303 *Müller-Weißner/Volz*, Kirchenaustritte, 23. Vgl. zu den folgenden Zahlen Fremde Heimat 1997, 332; die Auswertung aaO. 331ff.

304 Vgl. Fremde Heimat 1993, 56: „Der Vermittlungsinstanz kann man den Rücken kehren, aber die erfahrene Prägung lässt sich nicht einfach abschütteln. [...] Zudem sind die Ausgetretenen im Westen in ihrer Haltung zum Glauben den gar nicht verbundenen Kirchenmitgliedern weitaus ähnlicher als den immer schon Konfessionslosen."

305 Vgl. Fremde Heimat 1993, 61 mit aaO. 27: Zustimmungsraten von 60% bis 80%; vgl. auch die Tabelle Fremde Heimat Kirche 1997, 339.

306 Vgl. Fremde Heimat 1993, 61, Zustimmungsraten jeweils über 50%; vgl. wieder aaO. 27; mit allerdings noch erheblich höheren Raten. Vgl. Fremde Heimat 1997, 340: „Es wird akzeptiert, dass die Kirche tut, wozu sie zuerst und wesentlich da ist, nämlich für die Religionsausübung."

Engagement vergleichsweise milde ausfällt (Fremde Heimat 1993, 59). Insgesamt scheinen die Ausgetretenen eben dem Profil der gesellschaftlichen Erwartungen an die Kirche zu folgen, wie es die Mitglieder, gleichsam von innen, formulieren[307].

Die Kehrseite dieser Übereinstimmung besteht darin, dass auch und gerade die ehemaligen Mitglieder ein Bild der Kirche zum Ausdruck bringen, das *C. Bovay* im Blick auf die (Schweizer) Gesamtbevölkerung in die Formel „Religion für sich versus Religion für andere" gefasst hat[308]. Die Bedeutung der Religion und auch der religiösen Institutionen in der Gesellschaft anzuerkennen, das impliziert für die Mehrheit der Befragten nicht, sich auch selbst den Ansprüchen dieser Institution zu unterwerfen. *Bovay* sieht gerade hier einen „Individualisierungsprozess des Glaubens" (aaO. 204), die Einzelne unterscheide nun bewusst zwischen ihren subjektiven religiösen Einstellungen und der gesellschaftlichen Funktion religiöser Organisationen.

Es ist demzufolge keineswegs die distanzierte Wahrnehmung der Kirche, die den Austritt nahe legt[309]. Für Ausgetretene wie für die Mehrheit der Mitglieder erscheint die Kirche in erster Linie als „Kirche für Andere", für Hilfsbedürftige, Kinder und Alte sowie für religiös Weltabgewandte, die aber für den erwachsenen, berufstätigen Normalbürger in der Regel keine Angebote bereit hält[310]. Problematisch wird die Kirche für die Ausgetretenen vielmehr dort, wo es um den *eigenen Platz* in dieser Organisation geht, um die Kirche als eine erfahrbare, wenn vielleicht auch „fremde Heimat". Kognitive Zustimmung zu ihren Zielen, vielleicht sogar zu ihren Inhalten kann die Kirche auch von vielen Ausgetretenen erwarten. „Rein gefühlsmäßig" hingegen wird ihr von dieser Gruppe allenfalls „etwas" (23%), meist aber wenig (37%) oder gar keine (38%) Sympathie entgegengebracht[311]. Es ist, auch nach der Schweizer Untersuchung, vor allem ein Defizit an „normativ-sozialer Verbundenheit", das den Einzelnen zum Austritt neigen lässt[312]. Vor allem die *emotionale* Beziehung zur Kirche erscheint hier nachhaltig gestört.

---

307 Auch für die Schweiz hat *Bovay*, Religion und Gesellschaft, 210, im Anschluss an die Repräsentativbefragung von 1991 festgestellt: „Die Konfessionslosen sprechen [...] der Kirche nicht systematisch jeden Einfluss auf die schweizerische Gesellschaft ab. Sie befinden sich im nationalen Mittel, wenn es um die Hilfe für einsame Menschen, um die Rolle der Kirchen bei der Sinngebung geht".
308 *Bovay*, Religion und Gesellschaft, 201ff, vgl. aaO. 174f.
309 Vgl. etwa *Hild*, Wie stabil, 284f; *Daiber*, Religion, 168.
310 So mit deutlich resignativem Unterton das Interview-Resümee bei *Müller-Weißner/Volz*, Kirchenaustritte, 32, mit Hinweis auf *Hanselmann*, Was wird, 43ff.
311 Fremde Heimat 1993, 52. Dieses Ergebnis gilt nahezu invariant in Ost und West, bei allen Altersgruppen und Bildungsabschlüssen (ebd.); vgl. auch Fremde Heimat 1997, 323f.
312 Vgl. *Dubach*, Bindungsfähigkeit, 141: Weder „vom Gottesdienstbesuchverhalten her noch von der Zustimmung oder Ablehnung christlicher Welt- und Lebensdeu-

Konturen dieser Beziehungsstörung lassen sich in zweierlei Hinsicht erkennen. Zunächst heben die Ausgetretenen im Vergleich mit den Mitgliedern, aber auch mit immer schon Konfessionslosen, einzelne Kritikpunkte an der Kirche besonders stark hervor: Sie gehe „am wirklichen Leben des einzelnen vorbei", lasse „zu wenig Raum für Fragen und Zweifel" und sei insgesamt „zu starr und bürokratisch" (Fremde Heimat 1993, 59f). Die Interpreten der Umfrage resümieren: „In diesen Aussagen scheint das Gefühl mitzuschwingen, von der Kirche nicht beachtet, nicht ernst genommen zu sein."[313] Die Wahrnehmung der kirchlichen Organisation wird dort kritisch, wo sich das Individuum nicht wahrgenommen, wo es sich vor allem in seiner *eigenen religiösen Kompetenz* nicht gewürdigt sieht.

Dazu kommt, dass die Kirche von den Ausgetretenen als eine Instanz wahrgenommen wird, die vor allem *Ansprüche erhebt*. Verbreitet ist die Ansicht, die Kirche verlange die Bejahung bestimmter Glaubenssätze oder Gottesbilder, sie sei kein Ort des zweifelnden Fragens, sondern bestehe auf „weltfremden" Antworten, die mit der Gegenwart nicht vereinbar seien[314]. Die Deutungsspielräume, die die Ausgetretenen für ihren eigenen Glauben erwarten, werden durchaus auch von den Mitgliedern in Anspruch genommen (s.o. S. 238-239). Aber zum Kirchenbild der Ausgetretenen gehört die Überzeugung, dass diese Glaubensfreiheit von der Institution eben nicht eröffnet, sondern durch Belehrung und Bevormundung geschlossen würde[315].

Die Kirche stellt in der Wahrnehmung der Ausgetretenen nicht nur inhaltliche, sondern auch gleichsam *pragmatische Forderungen* auf: Die Einzelne sieht sich zur Einhaltung rigider moralischer Vorschriften[316] sowie zu regelmäßigem Kirchgang verpflichtet[317]. Die Mitgliedschaftsrolle, so formuliert es *A. Feige*, er-

---

tungen [kann] auf mehr oder weniger ausgeprägte Austrittsneigung geschlossen werden [...], sondern allein aufgrund der normativ-sozialen Bindung an die Kirche."

313 Fremde Heimat 1993, 60; vgl. aaO. 61: „Und im Blick auf die Antworten der Ausgetretenen zu anderen Fragebereichen ist man fast geneigt, sie auch als enttäuschten Ausruf zu hören: Man hätte sich selbst eine größere Zuwendung der Kirche gewünscht." Eindrückliche persönliche Belege für diese Klage dokumentiert *Schmied*, Kirchenaustritt, 31f. 34ff; vgl. auch schon *Feige*, Kirchenaustritte, 225f.

314 Vgl. *Feige*, Kirchenaustritte, 146ff; *Ders.*, Kirchenmitgliedschaft, 229. Auch nach *Bovay*, Religion und Gesellschaft, 201, neigen die Schweizer Konfessionslosen eher zu der Ansicht, die Kirche vertrete „altmodische Ansichten".

315 Vgl. Fremde Heimat 1993, 56f; *Pittkowski*, Evangelisch, 168; *Daiber*, Austretmühle, 2, kritisiert eindrücklich, wie die kirchliche Institution zur Belehrung Ausgetretener tendiert.

316 Das wird natürlich besonders von ehemaligen Katholiken kritisiert; vgl. *Schmied*, Kirchenaustritt, 26f; aber auch *Feige*, Kirchenaustritte, 228f; Fremde Heimat 1993, 59: Immerhin 40% Zustimmung zu dem Vorwurf, die Kirche „predigt nur Moral und Gesetz".

317 *Feige*, Kirchenaustritte, 228; vgl. *Müller-Weißner/Volz*, Kirchenaustritte, 23f.

scheint den ohnehin Skeptischen als vorgeprägtes Ensemble normativer Erwartungen, als eine Art „Kollektivitätsnorm" (Kirchenmitgliedschaft, 348. 372), die keine individuelle Aneignung, sondern nur Zustimmung oder eben Zurückweisung erlaubt. In diesem Kontext wird dann auch die Kirchensteuer als ein „Zwangsbeitrag" erfahren, der einen unakzeptablen „Alleinvertretungsanspruch der Kirche" in religiös-moralischer Hinsicht zum Ausdruck bringe (*Müller-Weißner/Volz*, Kirchenaustritte, 30).

Worauf ist diese eigentümliche, im Ganzen doch sehr kritische Wahrnehmung der Kirche seitens der Ausgetretenen zurückzuführen? Deutlich ist die gesellschaftsstrukturelle Tendenz zur kritischen Distanzierung gegenüber *allen* vorgegebenen Institutionen: „Man realisiert – zwar nicht gegen, aber doch an die Adresse einer solchermaßen wahrgenommenen Kirche gerichtet – seine wichtigste Lebensführungsmaxime, nämlich sich frei und unabhängig fühlen zu wollen [...]."[318]

Dass das individuelle Autonomiestreben sich vor allem gegen die Kirche richtet, ist freilich auch in der spezifischen Tradition dieser Institution selber begründet. Das Beharren auf der eigenen religiösen Individualität, das sich mit einer Wendung gegen die kirchliche Institution verbindet, aktualisiert offenbar ein *kulturelles Grundmuster* des reformatorischen Christentums. Die Ausgetretenen repräsentieren dann geradezu einen „Protestantismus zweiten Grades"[319]. Unbeschadet aller öffentlich-medialen Verstärkung dieses Motivs ist es doch die religiöse Tradition selbst, die den Kirchenaustritt auf diese Weise mittelbar prägt.

Die Prozesse strukturell-gesellschaftlicher und kulturell-religiöser „De-Institutionalisierung" können jedoch noch nicht erklären, wie und warum sich *Einzelne* zum Austritt entschließen. Insbesondere die emotionalen Aspekte ihrer kirchlichen Einstellung – die fehlende Sympathie, die Abwehr bedrängender Zumutungen, vor allem das Gefühl, als religiöses Subjekt nicht gewürdigt zu werden – verweisen auf *langfristige lebensgeschichtliche Entwicklungen*, in denen sich jene individuelle Distanz zur Kirche gebildet hat.

4. Kirchenaustritt als Resultat biographischer Prägung

Die verschiedenen biographischen Aspekte, die die kirchliche Inklusion im Ganzen prägen (s.o. S. 225), lassen sich auch für das gleichsam negative Inklusionsmuster des Kirchenaustritts nachweisen: Auch die individu-

---

[318] *Feige*, Kirchenmitgliedschaft, 229f (Hervorhebungen i.O. getilgt).
[319] *Pittkowski*, Evangelisch, 179. Die Bedeutung eben dieses institutionskritischen Motivs für die kulturell eingespielte wie für die soziologische Wahrnehmung individueller „Religion" hat auch *J. Matthes* hervorgehoben; vgl. *Matthes*, Was ist anders, 19f; *Ders.*, Auf der Suche, 131-133; weiter s.o. S. 230.

elle Entscheidung, sich von der Kirche rechtlich zu trennen, kann auf regionale, konfessionell-kirchliche und vor allem auf familiäre Sozialisationsmuster zurückgeführt werden (a). Erst in diesem lebensgeschichtlichen Kontext können die indivdiuellen Erfahrungen mit der Kirche eine distanzierende Wirkung entfalten (b).

(a) Regionale Unterschiede in der Austrittshäufigkeit sind seit langem bekannt: Bereits seit Jahrzehnten stellen die Großstädte, besonders Berlin und Hamburg, „Hauptzentren des Kirchenaustritts" dar; auch ein deutliches Nord-Süd-Gefälle hält sich seit längerem durch[320]. Diese Differenzen lassen sich nur zum Teil durch den unterschiedlichen Modernisierungsgrad erklären; von Bedeutung sind offenbar *auch regionale und örtliche Traditionen* der (Un-) Kirchlichkeit. Auch die konfessionelle Prägung der Region spielt eine gewichtige Rolle: In mehrheitlich katholischen Gebieten ist die Austrittsneigung der Protestanten signifikant geringer, das Milieu einer Diaspora scheint die Bindung an die Kirche zu stärken[321]. Die Bedeutung *konfessioneller Prägungen* zeigt ebenso der Vergleich zwischen den beiden Großkirchen[322]. Die Austrittsraten unterliegen parallelen Schwankungen, doch liegt die protestantische Rate bis zum Ende der 80er Jahre regelmäßig fast doppelt so hoch wie die katholische.

Aufschlussreich sind auch die von *D. Pollack* vorgelegten detaillierten Zahlen zum Einfluss der *konfessionellen Erziehung* auf die spätere Kirchenzugehörigkeit in Ost- und Westdeutschland. Sein Resümee lautet: Im „Osten ist die Wahrscheinlichkeit, dass konfessionslose Eltern ihre weltanschauliche Einstellung auf ihre Kinder übertragen, in etwa so hoch wie im Westen Deutschlands, dass christliche Eltern ihre konfessionelle Bindung an ihre Kinder weitergeben. Sie liegt bei über 85 Prozent. Umgekehrt entspricht die Übertragungswahrscheinlichkeit der Entscheidung über die Konfessionszugehörigkeit bei den Konfessionslosen im Westen in etwa der der Konfessionsangehörigen im Osten. Diese macht nur zwischen 50 und 65 Prozent aus. Das heißt: Das allgemeine religiöse Klima, das in einer Gesellschaft herrscht, übt einen starken Einfluss auf die Tradierungsfähigkeit des Christentums aus."[323]

---

320 *Daiber*, Religion, 166; vgl. *Hanselmann*, Was wird, 148; Fremde Heimat 1997, 317ff. Vgl. im Einzelnen die Angaben in den Statistischen Berichten der EKD; hier weisen Berlin (West); Bremen und Nordelbien regelmäßig besonders hohe Austrittsraten auf; dagegen liegen die Austritte in Baden, Bayern, der Pfalz oder Württemberg weit unter dem Durchschnitt.

321 Vgl. *Daiber*, Religion, 113; *Hanselmann*, Was wird, 146; *Pittkowski*, Evangelisch, 165.

322 Vgl. *EKD*, Statistischer Bericht SO 1 (1994), 8f; *Pittkowski*, Evangelisch, 174-176.

323 *Pollack*, Lage in Deutschland, 605-607 (nach ALLBUS 1991); vgl. *Pollack*, Individualisierung, 71-74. Ähnliche Resultate auch bei *Campiche*, Aufbau, 58ff, bes. 64f.

Während *Pollack* dieses Ergebnis vor allem auf das in Ost- und Westdeutschland so differente „allgemein-religiöse Klima" zurückführt, also gleichsam religionskulturell argumentiert, lassen sich seine Zahlen doch überzeugender deuten, wenn man andere Prägefaktoren einbezieht. So geht die beschriebene Differenz, wie *Pollack* selbst andeutet, nicht zuletzt auf das spezifische Verhältnis von Staat und Kirche in der ehemaligen DDR zurück, ist also gerade nicht einfach Ausdruck allgemeiner kultureller Verhältnisse[324]. Weiterhin zeigt die genauere Betrachtung, dass die Fähigkeit der römisch-katholischen Kirche zur bleibenden organisatorischen Bindung höher liegt als die Bindungskraft evangelischer Erziehung: Diese konfessionsspezifische Differenz, nach den von *Pollack* genannten Zahlen, beträgt in Westdeutschland 6%; in Ostdeutschland sogar fast 10%[325].

Es sind offenbar politische, regional-kulturelle und eben auch konfessionelle Vorgaben der Biographie, die bei einem Kirchenaustritt zusammenspielen. Vor allem aber, das macht auch *Pollacks* Argumentation deutlich, ist es die Vermittlung dieser Prägefaktoren durch die jeweilige *familiäre Sozialisation*, die allen aktuellen Entscheidungen zur kirchlichen Inklusion immer schon vorausliegt. Der außerordentlich enge Zusammenhang zwischen den kirchlichen Einstellungen des Elternhauses und der eigenen kirchlichen Bindung (s.o. S. 242-243) lässt sich auch im Falle des Kirchenaustritts nachweisen: Wer ausgetreten ist, hat meistens auch die elterliche Haltung zur Kirche als desinteressiert erlebt und eine bewusste religiöse Erziehung kaum wahrgenommen[326]. Der Kirchenaustritt erscheint als Endpunkt eines Sozialisationsprozesses, der bereits in den Generationen zuvor eingesetzt hat.

Als Hinweis auf die Prägung der Austrittsneigung durch lokale und familiäre Traditionen lassen sich auch die bereits angeführten *sozialstatistischen* Befunde deuten (s.o. V.2): Wenn für Ausgetretene ein urbanes Umfeld, eine höhere Schulbildung sowie eine anspruchsvolle Berufstätigkeit kennzeichnend ist, so sind dies alles Faktoren, die häufig bereits die familiären Verhältnisse in den vorhergehenden Generationen geprägt haben. Die besondere Distanz zur Kirche erscheint dann als Teil eines Sozialisationsmusters, das von den Betroffenen fortgeführt wird. Zugespitzt auf ein umgekehrtes Beispiel: Dass Landwirte besonders selten aus der Kirche austreten, dürfte nicht zuletzt daran liegen, dass sie re-

---

324 Vgl. *Pollack*, Lage in Deutschland, 594ff; vgl. *Ders.*, Integration; dazu *Daiber*, Religion, 116ff mit dem Hinweis auf ältere Prägungen. S. im Übrigen unten S. 305-332.

325 Im Westen sind 1991 von den römisch-katholisch erzogenen Befragten noch 91,3 % Mitglieder ihrer Kirche, die evangelisch Erzogenen blieben nur zu 85,4%. Im Osten betragen diese Zahlen 62,8% für die Katholiken und 53,1% für die Evangelischen; vgl. *Pollack*, Lage in Deutschland, 605f.

326 Vgl. *Feige*, Kirchenaustritte, 180ff; *Pittkowski/Volz*, Evangelisch, 100f. Vgl. auch *Schmied*, Kirchenaustritt, 36 u.ö.

gelmäßig in einer traditionalen und konfessionell einheitlichen Kultur aufgewachsen sind[327].

(b) Erst im Kontext dieser lebensgeschichtlichen Prägungen wird für den Austritt auch die *persönliche* Erfahrung mit der kirchlichen Organisation bedeutsam. Dabei ist wohl weniger an einzelne Begegnungen zu denken: Von den 1992 von der EKD Befragten verneinten 50% ausdrücklich, sie seien wegen eines Ärgers „über Pastor/innen und/oder andere kirchliche Mitarbeiter/innen" ausgetreten; nur 16% bejahen diese Vorgabe[328]. Die in diesem Fall erinnerten Probleme haben sich regelmäßig im Zusammenhang der Kasualien ergeben[329].

Auch dort, wo nicht konkrete Erfahrungen, sondern eher ein genereller Eindruck von der Kirche motivbildend geworden ist, sind die lebensweltlichen Einflüsse deutlich. Das gilt etwa für den Konfirmandenunterricht, der von den später Ausgetretenen besonders oft als Zeit stupiden Auswendiglernens ohne existentiellen Bezug kritisiert wird[330], und das gilt auch für die gottesdienstliche Erfahrung, die ohne Rückhalt in der familiären Sitte rasch zurückgeht[331].

Auch im unmittelbaren Umfeld der Austrittsentscheidung zeigt sich die hohe Bedeutung des *sozialen Nahraums*: der Familie, der Freunde, auch der Nachbarn. Wer (noch) nicht aus der Kirche austritt, tut dies nicht selten im Blick auf „die nächsten Angehörigen und Verwandten". Und wer zum Austritt neigt, hat andere Austritte im Verwandten- und Bekanntenkreis erheblich öfter erlebt als derjenige, dem die Mitgliedschaft selbstverständlich ist[332].

---

327 Vgl. auch *Campiche*, Aufbau, 54ff; *Dubach*, Bindungsfähigkeit, 164f.

328 Fremde Heimat 1993, 54; das ist der vorletzte Rang in der Zustimmung zu insgesamt 12 möglichen Austrittsgründen. Von erheblich größerer Bedeutung (42%) ist der Ärger über kirchliche Stellungnahmen, also über das öffentliche Bild von Kirche.

329 Vgl. die (katholischen) Berichte bei *Schmied*, Kirchenaustritt, 13ff; hier ist besonders bemerkenswert, dass die positive Bewertung von Geistlichen nahezu nie mit ihrer seelsorglichen Funktion zu tun hat, während die negativen Wertungen „in der Regel [...] die Verweigerung oder ungenügende Ausführung pastoraler Dienste (Taufe, Klinikbesuche, Begräbnis)" betreffen (aaO. 17). Vgl. auch die Vermutungen bei *Feige*, Kirchenaustritte, 232.

330 Vgl. *Feige*, Kirchenaustritte, 187ff, 232-234; dazu auch *Feige*, Erfahrungen, 13ff; *Ders.*, Kirchenmitgliedschaft, 265ff; *Schmied*, Kirchenaustritt, 28ff.

331 Vgl. *Dubach*, Bindungsfähigkeit, 140: „Je lockerer die Beziehung zur Kirche, je weniger Kontakte mit der konkreten Kirche stattfinden, um so labiler ist die Kirchenmitgliedschaft. [...] Besonders häufig denken jene Kirchenmitglieder an einen Kirchenaustritt, die selten oder überhaupt nie einen Gottesdienst besuchen."

332 Zitat bei *Hild*, Wie stabil, 126, mit 28% Zustimmung; vgl. aaO. 123-125. Von den Ausgetreten haben „50% [...] häufiger, 35% gelegentlich über den Kirchenaustritt in ihren Kontaktkreisen diskutiert. Nur 7% der Befragten haben auf die Frage, ob aus ihrem Kontaktkreis jemand ausgetreten sei, mit ‚nein' geantwortet und das zum Teil auch nur deswegen, weil sie es nicht wussten." (*Feige*, Kirchenaustritte, 236f) Ausführ-

Auch im Blick auf den Austritt aus der Kirche bestätigt sich die These der Individualisierungsdebatte, dass die gesellschaftlichen, kulturellen und organisatorischen Ansprüche vor allem in der individuellen Biographie und ihrem sozialen Umfeld koordiniert und ausgeglichen werden müssen.

5. Der Austritt als paradigmatischer Grenzfall der Mitgliedschaft

Die gängige religionssoziologische Deutung sieht die Zunahme der Austritte seit dem Ende der 60er und dann wieder seit dem Beginn der 90er Jahre als Ausdruck strukturell wachsender biographischer Selbstverantwortung, für die die kirchliche Mitgliedschaft tendenziell als eine traditionale und insofern hinderliche Inklusionsform erscheint, deren unmittelbarer Nutzen nicht mehr einzusehen ist[333]. In diesem Horizont erscheint der Kirchenaustritt geradezu als Paradigma individualisierter Kirchenbindung.

Dabei ist die weite Verbreitung dieser individualisierungstheoretischen Deutung wohl nicht nur ein Resultat *soziologischer* Voreingenommenheit, sondern sie kommt offenbar auch dem *kirchlichen* Interesse entgegen, die Rate der Kirchenaustritte zu senken[334]. Hier kann die Deutung des Kirchenaustritts als pragmatisch-subjektiver Entscheidung suggerieren, durch entsprechende institutionelle Maßnahmen ließe sich der Nutzen der Mitgliedschaft für den Einzelnen kurzfristig erhöhen und damit dessen Austrittsneigung verringern. Je pragmatischer die Austrittsentscheidung erscheint, umso eher kann sie zum Gegenstand einer ihrerseits pragmatischen Kirchenorganisation werden[335].

Die vorstehende Diskussion dieser Deutung hat gezeigt, dass die Bedingungsfaktoren des Kirchenaustritts in der Tat paradigmatisch sind für das Bedingungsgeflecht der kirchlichen Mitgliedschaft im Ganzen sowie insbesondere des selektiv-distanzierten Inklusionsmusters. Freilich sind es doch komplexere Bedingungsstrukturen, die dieser aktuellen Entscheidung zugrunde liegen. Sie sollen schließlich daraufhin betrachtet werden,

---

lich ist die Bedeutung von vorbereitenden und begleitenden Gesprächen mit der Familie und dem Freundeskreis dokumentiert bei *Schmied*, Kirchenaustritt, 36–39.

333 Vgl. auch *Roosens* Versuch, das Theorem der „unmittelbaren Evidenz" auf die Beziehung zu Kirche anzuwenden: *Roosen*, Kirchengemeinde, 483ff.

334 *EKD-Kirchenkanzlei*, Kirchenaustritte, 2: Ausgangspunkt ist hier die Frage, „ob überhaupt und wie der fortschreitenden Erosion des Mitgliederbestandes wirksam begegnet werden kann". Ähnliche Interessen lassen sich für die großen Umfragen der 70er Jahre nachweisen; vgl. *Feige*, Kirchenmitgliedschaft, 136ff.

335 *Drehsen* hat eingehend gezeigt, wie dieses gleichsam therapeutische Motiv die praktisch-theologische Diskussion des Themas seit dem 19. Jahrhundert bestimmt hat; vgl. *Drehsen*, Erosion, 205–207. 214–217. Vgl. kritisch auch *Daiber*, Austretmühle, 3.

inwiefern sie Aufschluss über die kirchlichen Inklusionsmuster im Ganzen geben. Ausgegangen sei wiederum von dem gängigen Hinweis auf die eingesparte Kirchensteuer. Die Autoren einer qualitativen Regionalstudie erklären sich die Verbreitung dieses Arguments mit seinem doppelten, zugleich auf- wie verdeckenden Charakter:

„Die Stichworte ‚Geldersparnis' und ‚Kirchensteuer' bezeichnen unseres Erachtens ein gesellschaftliches common-sense-Argument [...], das den langwierigen und widerspruchsvollen Willensbildungsprozess bis zum Kirchenaustritt in eine quasi objektive, nicht mehr hinterfragbare Begründungskategorie bündelt. [...]. Mit dem Deutungsmuster ‚Ersparnis der Kirchensteuer' fasst das Individuum seinen Entscheidungsprozess plausibel zusammen und wehrt sich gleichzeitig gegen einen weitergehenden Begründungszwang. Denn dieses Deutungsmuster knüpft [...] an das gesellschaftliche Grundmuster des Kosten-Nutzen-Denkens an." (*Müller-Weißner/Volz*, Kirchenaustritte, 22)

Auch und gerade die Ausgetretenen selbst stellen ihren Schritt in einen allgemeinen, *gesellschaftsstrukturellen* Kontext. Sie machen deutlich, wie sehr die Kirchenmitgliedschaft, als Konsequenz einer allgemeinen Emanzipation aus vorgegebenen Milieus und Institutionen[336], ihre Selbstverständlichkeit verloren hat. Gleichwohl darf die soziologische Analyse nicht der subjektiven Tendenz folgen, bei der pragmatischen Motivik stehen zu bleiben und die dahinter liegenden Begründungszusammenhänge zu verdecken. Im Sinne der oben skizzierten Individualisierungstheorie (s. S. 199–205) ist vielmehr nach den verborgenen, aber umso wirksameren *institutionellen* Zusammenhängen zu fragen, die die scheinbar selbständig entscheidenden Individuen gleichsam hinterrücks prägen.

Die „langwierigen und widerspruchsvollen Willensbildungsprozesse", auf die *Müller-Weißner/Volz* hinweisen, müssen zunächst im Kontext der *kirchlichen Einstellungen* gesehen werden, die die Austretenden sich erworben haben. Die Entscheidung für oder gegen eine kirchliche Inklusion ist als Ausdruck einer (nicht) gewachsenen „normativ-sozialen Bindung" (*Dubach*) an die Kirche zu verstehen. Diese Bindung impliziert keineswegs eine intensive Beteiligung; hier kann man auch als Mitglied auf Distanz bleiben. Vielmehr ist diese emotionale Bindung umgekehrt davon abhängig, dass die Kirche selbst die „Respektierung des subjektiven Autonomieanspruchs" zu erkennen gibt. „Droht dieser verletzt zu werden, erfolgt in der Regel der Abbruch von Kommunikation."[337] Die Verbundenheit mit der kirchlichen Organisation steht unter dem Vorbehalt, dass sie nicht als Bedrohung der – gesellschaftsstrukturell unabdingbaren! – Freiheit zur eigenen Lebensgestaltung erscheinen darf.

---

336 Kritisch hat zuletzt *Wulf*, Man verkrümelt sich, diese Entwicklung kommentiert.
337 *Feige*, Kirchenmitgliedschaft, 378 (Hervorhebung getilgt).

Diese Überlegungen machen deutlich, wie *begrenzt* der Einfluss der kirchlichen *Organisation* auf die individuellen Inklusionsentscheidung ist. Die Beachtung jener spezifisch modernen und zugleich traditionell-reformatorischen „Souveränitätskautelen" erscheint doch lediglich als eine notwendige, nicht aber als eine hinreichende Bedingung kirchlicher Bindung[338]. Die positive oder negative Entwicklung stabiler Verbundenheit ist doch eher von Einflussfaktoren geprägt, die biographisch tieferliegen und weiter zurückreichen:

Alle Auskünfte und „Wertungen zum Komplex ‚Kirchenaustritt' sind im sozialen Kontext der Befragten zu sehen. Die sozialen Einflüsse, die mit dem Kirchenaustritt verbunden werden, sind vielgestaltig. Das Gleiche gilt für [...] den religiösen Status, der auch nach dem Kirchenaustritt eingenommen wird. In beiden Punkten ist [...] die Wirklichkeit reicher an Variationen, als es die Phantasie des Alltagsmenschen wie die des Wissenschaftlers sich erträumt." (*Schmied*, Kirchenaustritte, 48)

Die Vielgestaltigkeit der Austrittsmotive und -folgen, die „Alltagsmenschen" wie wissenschaftliche Betrachter verdecken, wenn sie nur auf die pragmatischen Aspekte Bezug nehmen, resultiert vor allem aus der außerordentlichen Bedeutung der *primären sozialen Beziehungen*. Die individuelle Einstellung zum Austritt erscheint vielfältig eingebettet in intensive Gespräche, familiäre Rücksichtnahmen und wechselseitige Ermutigungen. Es ist, so wird man zuspitzen können, weniger die kirchliche Bindung als vielmehr die „normativ-soziale Bindung" an die je eigene Lebenswelt, die den Horizont der Entscheidung über die Mitgliedschaft darstellt.

Weil die Austrittsentscheidung in diesen Kontext gehört, eben darum stellt sie regelmäßig einen „langwierigen und widerspruchsvollen Willensbildungsprozess" dar (*Müller-Weißner/Volz*). Dafür spricht, dass es weniger kognitive Divergenzen als vielmehr emotionale Dissonanzen und Distanzierungen sind, die diese Prozesse prägen. Es sind tiefgreifende und weit zurückgehende, die eigene Identität betreffende lebensgeschichtliche Prozesse, in denen sich die Haltung zur kirchlichen Organisation – negativ oder positiv – entwickelt.

Paradigmatisch für die moderne Form kirchlicher Inklusion im Ganzen ist der Kirchenaustritt mithin gerade insofern, als pragmatisch-rationale Erwägungen hier nur eine ganz äußerliche, aber sozial akzeptierte Dimension bilden. Dahinter steht, bei der Beendigung wie bei der Wei-

---

338 Dies scheinen jedoch *Drehsen*, *Feige* (zuletzt: Schicksal), *Gräb* und viele andere anzunehmen. Zitat: aus *Feige*, Kirchenmitgliedschaft, 369.

terführung der Mitgliedschaft, eine Verbindung institutioneller Erfahrungen und vor allem lebensweltlich-individuell verankerter Motive, die unter den Bedingungen der Individualisierung eher noch vielschichtiger geworden sind.

VI. Säkularisierung oder Individualisierung? Zur Mitgliedschaftsentwicklung in Ostdeutschland

Schon angesichts der statistischen Verhältnisse bedarf eine eigene Betrachtung der ostdeutschen Mitgliedschaftsverhältnisse keiner besonderen Begründung. Zunächst sind die einschlägigen kirchensoziologischen Befunde zusammenzufassen (1). Sodann ist danach zu fragen, welchen *spezifischen* historisch-politischen Umständen sich diese Mitgliedschaftssituation einerseits verdankt (2), und inwiefern sie andererseits die sozialstrukturellen und organisatorischen Bedingungen erkennen lässt, die auch die westlichen Verhältnisse prägen (3/4). Die Einsichten in den Bedingungszusammenhang der Kirchenmitgliedschaft in der DDR sind schließlich anhand der Situation nach 1989 zu überprüfen und zu ergänzen (5).

1. Kirchensoziologische Befunde: Minorisierung, Intensivierung, Pluralisierung

(a) Gegenwärtig ist Ostdeutschland nicht nur im Gegenüber zur „alten" BRD, sondern auch im gesamteuropäischen Vergleich durch einen außerordentlich hohen Grad der „Entkirchlichung" gekennzeichnet. Rechtlich zählten sich 1994 knapp 25% zur evangelischen Kirche, dazu kamen etwa 4% Katholiken und 2% Angehörige anderer Religionsgemeinschaften. Fast 70% der Ostdeutschen sind konfessionslos, während dieser Anteil in Westdeutschland derzeit bei 15% liegt[339]. Die Differenzen im Anteil der Kirchenmitglieder wiederholen sich bei der Verbreitung kirchlicher Praxis in der Gesamtbevölkerung, und ebenso hinsichtlich des Gottesglaubens oder der religiösen Selbsteinschätzung[340].

Diese Lage ist bekanntlich das Resultat eines kirchlichen Minorisierungsprozesses, der bereits in der DDR der 50er Jahre einsetzte und bis

---

339 Vgl. *Pollack*, Lage in Deutschland, 586, nach ALLBUS 1994; *Grabner/Pollack*, Evangelisation, 209f. Die derzeit neuesten (!) Zahlen zur Mitgliedschaft finden sich in EKD, Statistischer Bericht TII 95/95, 3f. Zur Konfessionslosigkeit vgl. *Pickel*, Konfessionslose, 209ff.

340 Vgl. *Pickel*, Dimensionen religiöser Überzeugungen, 520-522; *Pollack*, Lage in Deutschland, 592f.

in die 8oer Jahre nahezu ungemindert anhielt[341]. Betrachtet man die *sozialstatistische* Struktur dieses Prozesses, soweit sie den recht unsicheren Daten zu entnehmen ist, so ist zweierlei bemerkenswert.

Zunächst unterscheidet sich die Rate der *Kirchenaustritte* deutlich „zwischen Stadt und Land, Altbau- und Neubaugebieten, Männern und Frauen und zwischen höher und niedriger Ausgebildeten und den entsprechenden sozialen Stellungen"[342]. Berufsspezifische Detailuntersuchungen zeigen hohe Verluste bei Facharbeitern, Angestellten, im Dienstleistungsbereich und unter den Bildungseliten. Seit den 50er Jahren erschien die Kirchenmitgliedschaft mit einer Integration in den gesellschaftlichen Entwicklungsprozess der DDR immer weniger vereinbar.

Später verdankte sich der Rückgang der Mitgliederzahlen zunehmend dem ungünstigen Zahlenverhältnis zwischen Kindertaufen und Sterbefällen, das sich aus der mangelnden familiären *Weitergabe kirchlicher Bindung* ergab: 1985 wurden in der DDR nur etwa 60% der Kinder evangelischer Eltern getauft, oft erst nach einer längeren Wartezeit; und von den Getauften ließ sich in der Regel nur etwa die Hälfte konfirmieren. Zugleich stieg die Zahl der Erwachsenentaufen deutlich an[343]. Für einen beträchtlichen Teil der Mitglieder hat die kirchliche Bindung den Charakter selbstverständlicher biographischer Zuschreibung verloren.

Angesichts solcher gravierenden sozialen Veränderungen der Kirchenmitgliedschaft in der DDR erstaunt es zunächst, wie wenig sich ihr *strukturelles und inhaltliches Profil* vom westlichen Pendant unterscheidet[344]. Da religiös-kirchliche Einstellungen sich nur langsam ändern, können die einschlägigen Ergebnisse der EKD-Mitgliedschaftsumfrage von 1992 mindestens auch für die letzten Jahre der DDR als repräsentativ gelten. Danach ist das oben analysierte *selektiv-distanzierte* Beteiligungs- und Einstellungsmuster auch für den Großteil der ostdeutschen Mitglieder charakteristisch (s.o. S. 260–286). Das gilt für den zumeist kasuellen Besuch des Gottesdienstes und in etwa auch für die geringe Beteiligung an anderen kirchlichen Interaktionsformen[345].

---

341 Eine detaillierte Beschreibung dieser Entwicklung ist *D. Pollack* zu verdanken; vgl. Ders., Kirche in der Organisationsgesellschaft, bes. 380ff. Vgl. auch *Büscher*, Unterwegs zur Minderheit; *Daiber*, Kirche in der DDR, 79–82.

342 *Pollack*, Integration, 147. Zur Verteilung der Austritte vgl. auch *Büscher*, Unterwegs zur Minderheit, 428ff; Fremde Heimat 1997, 290ff; *Pickel*, Dimensionen religiöser Überzeugungen, 521.

343 Vgl. *Pollack*, Kirche in der Organisationsgesellschaft, 386f; Fremde Heimat 1997, 265f. Zur Taufpraxis in der DDR vgl. auch *Planer-Friedrich*, Taufe im Übergang; *Winkler*, Taufe; Ders., Tore zum Leben, 12. 58f.

344 Vgl. zum Folgenden Fremde Heimat 1993, 23ff; *Nowak*, Explosion der Transzendenz; *Pollack*, Lage in Deutschland, 598–603.

345 Vgl. Fremde Heimat 1993, 30f; Fremde Heimat 1997, 277.

Auch die *kirchlichen Einstellungen* erscheinen in Ost und West zunächst in ganz ähnlicher Weise konventionell und traditionell geprägt (vgl. Fremde Heimat 1993, 24-26). Hier wie dort wird die eigene Mitgliedschaft primär mit dem eigenen Christsein und mit der Zustimmung zur christlichen Lehre begründet; von großer Bedeutung ist der Anspruch auf die Kasualien. Auch die ostdeutschen Mitglieder sehen sich dagegen recht selten durch die kirchliche Gemeinschaft oder durch eine mögliche Mitarbeit an die Kirche gebunden. Ein ähnliches Profil ergibt sich bei der Frage, was zum „Evangelisch-Sein" gehöre (aaO. 28): Taufe, Konfirmation sowie eine gewissensorientierte Alltagsethik stehen im Vordergrund, während Bibellektüre, Kirchgang und Kontakt zur Gemeinde viel weniger wichtig erscheinen – beide Trends sind allerdings im Westen noch stärker ausgeprägt.

(b) Vor dem Hintergrund dieses traditionell-habituellen Inklusionsmusters, das sich ungeachtet der Minorisierung von Kirchenmitgliedschaft erhalten hat, zeigt die Bindungsstruktur der *Jugendlichen und jüngeren Erwachsenen*, die ganz in der DDR sozialisiert wurden, einige abweichende Tendenzen. In mehreren Untersuchungen um 1990 ist im Blick auf kirchliche und religiöse Themen „in den neuen Bundesländern eine Trennlinie in der Altersstufe um 45 Jahre zu erkennen"[346]. Besonders deutlich sind die entsprechenden Befunde bei den unter 30jährigen Mitgliedern, auch gegenüber ihren Altersgenossen in Westdeutschland[347].

Charakteristisch für die jungen ostdeutschen Mitglieder scheint zunächst eine intensivere *kirchliche Beteiligung* zu sein[348]: Die unter 30jährigen gehen erheblich häufiger zum Gottesdienst als die westdeutsche Vergleichsgruppe, aber auch als die Gesamtheit der ostdeutschen Kirchenmitglieder. In kirchlichen „Chören, Gruppen und Kreisen" beteiligen sich 12% der unter 40jährigen und sogar 20% der unter 30jährigen Mitglieder – die Vergleichszahlen liegen für die anderen ostdeutschen wie für die westdeutschen Befragten unter 5%. Auch die „Bereitschaft, (mehr) eigene Aufgaben in der Kirche zu übernehmen", wird von den Jüngeren im Osten weit überdurchschnittlich bekundet[349]. Bemerkenswert erscheint

---

346 *Pickel*, Dimensionen religiöser Überzeugungen, 520; vgl. Fremde Heimat 1997, 263. 269ff u.ö.

347 Vgl. zur Kirchlichkeit der ostdeutschen Jugendlichen *Barz*, Jugend und Religion, Bd. 3; *Eiben*, Kirche und Religion; Fremde Heimat 1993, 29ff; *Grabner/Pollack*, Jugend und Religion; *Hoenen*, Jugend und Religion; *Pickel*, Dimensionen religiöser Überzeugungen; *Sackers*, Zur Situation; *Schneider*, Säkularisierung. – Alle repräsentativen Untersuchungen zum Thema umfassen allerdings bislang nur geringe Fallzahlen.

348 Vgl. zum Folgenden die ausführliche Darstellung bei *Grabner/Pollack*, Jugend und Religion, 174ff; dazu Fremde Heimat 1993, 37-39; Fremde Heimat 1997, 276f; *Pickel*, Dimensionen religiöser Überzeugungen, 522. *Eiben*, Kirche und Religion, 94, resümiert: „Die Kirche hat in der ehemaligen DDR zwar eine geringere gesellschaftliche Reichweite, sie erreicht aber ihre Mitglieder in etwas größerem Umfang."

349 Fremde Heimat 1993, 37f; Fremde Heimat 1997, 277f; zum Gottesdienst vgl. auch die Tabelle bei *Grabner/Pollack*, Jugend und Religion, 175.

schließlich, dass 50% der kirchlichen „DDR-Generation" an der Jungen Gemeinde teilgenommen haben.

Die stärkere Beteiligung jüngerer Kirchenmitglieder in Ostdeutschland spiegelt sich auch in ihrer *Einstellung zur Mitgliedschaft*. Im Vergleich mit westdeutschen Jugendlichen treten traditionsorientierte und konventionelle Begründungen in den Hintergrund; dagegen haben sowohl religiöse Erfahrung als auch kirchliche Mitarbeit und Gemeinschaft erheblich größere Bedeutung[350]. Zum „Evangelisch-Sein" gehört für die unter 40jährigen der Akzent „einer erkennbar kirchlich-religiösen Glaubenspraxis" im privaten wie öffentlichen Bereich. An der Konfirmation erscheint ihnen relativ wichtig, dass man „jetzt selbst über sein Verhältnis zu Kirche und Glauben bestimmt". Alle diese Befunde lassen sich so deuten, dass Kirchenmitgliedschaft „in der jüngeren Generation in Ostdeutschland mehr den Charakter einer bewussten Entscheidung, nicht so sehr den von Gewohnheit und Selbstverständlichkeit [trägt]" (*Grabner/Pollack*, aaO. 182).

Auch in den *religiösen Auffassungen* wird sichtbar, was J. *Eiben* die „Verdichtung der kirchlichen Milieus" in Ostdeutschland genannt hat[351]: Hier stellen sich die Jugendlichen Gott stärker personal vor, während er im Westen viel eher als eine „höhere Kraft" gesehen wird[352]. Auch in anderen Antworten machen die ostdeutschen Befragten deutlich, dass ihre Glaubensüberzeugungen eher der kirchlichen Semantik folgen, die sie sich freilich durchaus eigenständig angeeignet haben.

Insgesamt zeigt diese Gruppe eine tendenziell intensivierte Bindung, die einer selbst verantworteten Entscheidung entspringt und die zugleich den Erwartungen der kirchlichen Organisation eher entspricht als das durchschnittliche Bindungsmuster. Allerdings bedeutet dieser Trend doch nur eine *Modifikation* normaler Kirchlichkeit: Auch die jüngeren Mitglieder im Osten gehen mehrheitlich nur zu bestimmten Anlässen in die Kirche und definieren ihre Zugehörigkeit eher über die Kasualien als über gemeindekirchliche Beteiligung oder gar Mitarbeit.

---

350 Vgl. Fremde Heimat 1993, 33f; *Grabner/Pollack*, Jugend und Religion, 180–182. Zum „Evangelisch-Sein" und zur Sicht der Konfirmation vgl. Fremde Heimat Kirche 1997, 269–271. 274ff.

351 *Eiben*, Kirche und Religion, 103; vgl. aaO. 102; *Grabner/Pollack*, Jugend und Religion, 182–185.

352 Bemerkenswert erscheint ein Einzelergebnis der EKD-Studie (Fremde Heimat 1997, 285f): Auch diejenigen jüngeren Mitglieder, die keine Form des christlichen Gottesglaubens akzeptieren, fühlen sich der Kirche doch erheblich mehr verbunden als ihre westdeutschen Alters- und „Gesinnungs"-Genossen: Auch bei semantischer Distanz zum Christentum bleibt im Osten die Bindung an die *Kirche* stärker.

Die verdichtete Form kirchlicher Bindung bei jüngeren ostdeutschen Mitgliedern steht im Zusammenhang mit spezifischen *Wertorientierungen*[353]. Der hohe Rang der Familie und des Engagements für die Gemeinschaft ist typisch für alle Befragten aus der DDR. Auffällig gegenüber den konfessionslosen ostdeutschen wie den konfessionellen westdeutschen Altersgenossen erscheint es dagegen, dass hier die kirchliche Bindung der Jugendlichen einhergeht mit einer geringeren Orientierung am Konsum, an Selbstdurchsetzung und anderen „hedonistischen" Werten. Umgekehrt optiert diese Gruppe in besonderem Maße für das eigene soziale Engagement sowie für eine Gesellschaft, „die offen ist für Umgestaltung und Reformen" (Fremde Heimat 1997, 287).

Auch dem sozialen wie dem gesellschaftspolitischen Engagement der kirchlichen Institution wird von den ostdeutschen Mitgliedern, und wiederum besonders von den Jüngeren, vergleichsweise hohe Priorität gegeben. In ihrer „Erwartungsperspektive" gehen also „politisches und religiöses Handeln der Kirche eine enge Verbindung ein" (*Grabner/Pollack*, aaO. 180).

Diesen unkonventionellen Einstellungen entspricht, dass sich die kirchliche „DDR-Generation" bis heute in *Differenz zur gesellschaftlichen Norm* wahrnimmt. Die von der EKD 1992 durchgeführten Erzählinterviews bringen dieses „Bewusstsein einer positiven Selbstunterscheidung" in eindrücklicher Weise zur Darstellung[354]. Sei es im Blick auf die „Entschiedenheit" der Lebensorientierung, sei es im Blick auf Bildung, auf soziales oder religiöses Engagement: In jedem Fall wird zwischen der eigenen Haltung und der Haltung der nicht kirchlich Gebundenen eine deutliche und tendenziell abwertende Grenzlinie gezogen. Während „die Anderen" sich in soziale Nischen zurückziehen, impliziert die eigene Beziehung zur Kirche, auch erheblich stärker als in Westdeutschland, eine kritische Zuwendung zu den Problemen des öffentlichen Lebens. Im Blick auf die jüngeren Kirchenmitglieder „wird man sagen können, dass sich in der DDR Religion und Moderne tatsächlich weniger wechselseitig ausschlossen als aufeinander bezogen waren"[355].

(c) Das soziologische Profil ostdeutscher Kirchenmitgliedschaft ist zum einen gekennzeichnet durch die Stabilität traditioneller Muster trotz statistischer Minorisierung, zum anderen – vor allem unter jüngeren Mitgliedern – durch eine „Verdichtung" kirchlicher Bindung, die mit einer kritischen Öffnung zur Gesellschaft einhergeht. Charakteristisch für dieses

---

353 Vgl. *Eiben*, Kirche und Religion, 99-101; Fremde Heimat 1997, 286-290; *Grabner/Pollack*, Jugend und Religion, 192-198.

354 Fremde Heimat 1997, 259; vgl. aaO. 245-258 die Interviews mit „Peter" und „Katja".

355 *Grabner/Pollack*, Jugend und Religion, 198; vgl. die Hinweise Fremde Heimat 1993, 34 (3. Spalte).

durchaus spannungsvolle Inklusionsmuster[356] ist ein hohes Maß von *interner Pluralität*. So weist die Mitgliedschaftsstatistik starke regionale Differenzen auf; neben Regionen nahezu „stabiler volkskirchlicher Milieus" (*Gebhardt*) stehen Neubaugebiete, in denen weniger als 3% der Bevölkerung als Mitglieder „karteimäßig erfasst" sind[357]. Auch die überkommene Vielfalt kirchlicher Frömmigkeitsstile hat sich in der Minderheitssituation erhalten und nicht selten intensiviert[358].

Vor allem jedoch hat sich die Pluralität kirchlicher Inklusion auch in der DDR in einer Vielfalt von *Beteiligungsformen* manifestiert. Vor allem war zu beobachten, „dass alle interaktions- und gemeinschaftsbezogenen Formen des kirchlichen Wirkens wie Hauskreise, [...] Selbsterfahrungsgruppen, Familien- und Gemeindetage, Kirchentage und Rüstzeiten einen enormen Bedeutungszuwachs erfahren haben"[359]. Zwei Aspekte dieser pluralisierten Kirchlichkeit seien noch hervorgehoben.

Zum einen gehörten zu jenen „gemeinschaftsbezogenen Formen" seit dem Ende der 70er Jahre *sozialethisch engagierte Gruppen*, aus denen in einem komplexen Prozess die ostdeutsche Bürgerrechtsbewegung entstand[360]. Obgleich die hier Beteiligten immer nur einen geringen Anteil der Kirchenmitglieder und erst recht der Bevölkerung ausgemacht haben, wurde ihnen in den letzten Jahren der DDR bekanntlich große öffentliche, aber auch innerkirchliche Aufmerksamkeit zuteil. Es war die gemeinschaftliche Bearbeitung bestimmter *kirchlicher* Themen – Frieden, Bedrohung der Schöpfung, Gerechtigkeit –, die zunehmend gesellschaftspolitische Bedeutung erhielt. Die hier gelebte Verbindung von Kirchlichkeit und sozialkritischer Relevanz kann durchaus als für viele jüngere Kirchenmitglieder typisch gelten.

Charakteristisch für die kirchliche Inklusion in der DDR erscheint zum andern eine überdurchschnittliche Teilnahme an *kulturellen*, vor allem an kirchenmusikalischen Veranstaltungen. Das Interesse an kirchlichen Bauten, Kunstwerken und anderen „Erbschaften" war z.T. erheblich stärker als die kerngemeindliche Beteiligung[361]. Eine wachsende Gruppe von Mitgliedern hat, ohne zu ver-

---

356 Vgl. Fremde Heimat 1993, 39: „Es bleibt ein disparates Bild von der Kirche und der Kirchenmitgliedschaft in Ostdeutschland." Ähnlich auch *Daiber*, Religion, 169; *Neubert*, Bilanz 1990, 46ff; *Nowak*, Explosion der Transzendenz.

357 G. *Krusche*, Civil Religion, 31; vgl. Ders., Minderheitskirche, 45f; *Henkys*, Volkskirche, 444ff; *Pollack*, Kirche in der Organisationsgesellschaft, 402ff.

358 Vgl. G. *Krusche*, Civil Religion, 32; *Pollack*, Integration, 153.

359 *Pollack*, Integration, 152 (Hervorhebungen getilgt), vgl. aaO. 150-153. - Zum Ganzen vgl. G. *Krusche*, Civil Religion, 32: „Auch für die Kirche in der DDR gilt: Es gibt alles, nur nie gleichzeitig und an allen Orten."

360 Vgl. hierzu *Bindemann*, Vom Hauskreis; *Heinze/Pollack*, Zur Funktion; *Knabe*, Neue soziale Bewegungen; *Langer*, Übergang; *Neubert*, Reproduktion von Religion; *Ders.*, Religiöse Aspekte; *Pollack*, Legitimität der Freiheit; *Ders.*, Kirche und alternative Gruppen; *Schultze*, Kirchenleitendes Handeln. Weiter s.u. S. 320-321.

361 Vgl. die Schilderungen bei *Bieritz*, Gottesdienst als Institution; *Nowak*, Explosion der Transzendenz, 114f; dazu *Neubert*, Bilanz 1990, 46.

bindlicher Teilnahme oder ausdrücklichem Bekenntnis bereit zu sein, die Kommunikation mit der Kirche strikt nach Maßgabe eigenen Interesses gesucht.

Zum kirchensoziologischen Befund gehört es schließlich, dass gerade die eben skizzierten Beteiligungsformen keineswegs nur von eingetragenen Mitgliedern in Anspruch genommen wurden[362]. Bei Konzerten und Christvespern erschienen viele Menschen, die ihren kirchlichen Melde- und Steuerpflichten nicht nachkamen; der Kreis der kirchlichen „Sympathisanten" umfasste, auch bei Christenlehre und Jugendarbeit, stets Konfessionslose. Erst recht wurden bei den sozialethischen Gruppen „die durch das kirchliche Mitgliedschaftsrecht gezogenen Grenzen überschritten" (*Neubert*, Bilanz 1990, 50). Weil sich in diesen Gruppen kirchliche Funktionäre mit „treuen Kirchenfernen" und auch mit Nichtmitgliedern zusammenfanden, erschien ihre Integration in das übliche Leben der Kirchengemeinde so schwierig. Die Frage „Wer gehört zur Gemeinde?" (*E. Winkler*) erwies sich spätestens hier als offen[363].

Die Beantwortung jener Frage hängt offenbar nicht zuletzt davon ab, auf welche *Bedingungsfaktoren* der skizzierte Befund einer minoritären, z.T. verdichteten, z.T. traditional und kulturell bestimmten Mitgliedschaft zurückgeführt wird. Sowohl vor als auch nach 1989 ist sehr kontrovers diskutiert worden, ob jene Lage Ausdruck einer radikalisierten Säkularisierung ist, die den westlichen Gesellschaften noch bevorstünde, ob hier historisch-konfessionelle Ursachen wirkten, oder ob es vor allem die politischen Bedingungen der DDR waren, die diese Mitgliedschaftsverhältnisse hervorbrachten[364]. Unter Berücksichtigung dieser Debatte soll im Folgenden gezeigt werden, dass sich auch die spezifischen Strukturen kirchlicher Inklusion in Ostdeutschland auf die drei Einflussdimensionen zurückführen lassen, die in dieser Arbeit bereits mehrfach herausgearbeitet wurden, nämlich die gesellschaftlichen, die biographisch-individuellen und die kirchlich-organisatorischen Verhältnisse.

2. Gesellschaftsspezifische Prägung: Politisch forcierte Rationalisierung

Die in Westdeutschland erhebbaren Inklusionsmuster sind in ähnlicher Weise und Verteilung auch in der ostdeutschen Kirchenmitgliedschaft zu

---

362 Vgl. *Henkys*, Kirchenmitgliedschaft; *Neubert*, Bilanz 1990, 45f. 49f; *Winkler*, Wer gehört; *Ders.*, Sympathisanten.
363 Vgl. *Winkler*, Wer gehört; dazu *Falkenau*, Gemeindeverständnis, 15ff; *Langer*, Übergang; *Planer-Friedrich*, Kirchenmitgliedschaft.
364 Zur Diskussion vgl. nur Minderheit mit Zukunft, 3f; *Grabner*, Religiosität; *Langer*, Kirche im Prozess; *Neubert*, Bilanz 1990; *Ders.*, Konfessionslose, bes. 369f. 374ff, *Nowak*, Staat ohne Kirche; *Pollack*, Kirche in der Organisationsgesellschaft, 425ff; *Ders.*, Lage in Deutschland, 587-590.

finden³⁶⁵. Erklärungsbedürftig ist dann vor allem deren quantitative Minorisierung und sodann ihre partielle Intensivierung im Rahmen bleibender Pluralität. Beide Entwicklungen, darüber besteht inzwischen soziologischer Konsens, sind zunächst und vor allem auf die spezifischen Herrschaftsverhältnisse der DDR zurückzuführen.

(a) Insbesondere in den Anfangsjahren der DDR hat die SED ihren weltanschaulichen Führungsanspruch gegenüber den Kirchen mit rigiden Maßnahmen durchzusetzen versucht³⁶⁶. Kirchliches Engagement wurde zunehmend als politisch unerwünschtes Verhalten markiert. Seit Anfang der 50er Jahre wurde der Religionsunterricht sukzessive aus der Schule verdrängt; 1953/54 fanden Kampagnen gegen die Junge Gemeinde statt; seit 1955 wurde mit großem Aufwand die sozialistische Jugendweihe propagiert. „Das Ergebnis war, dass innerhalb von drei Jahren (1956-1959) der Anteil der Jugendlichen, die sich konfirmieren ließen, von drei Viertel auf ein Drittel sank [...]"³⁶⁷. Die Austrittsraten stiegen am Ende der 50er Jahre auf durchschnittlich 2%³⁶⁸.

Auch wenn die direkten Angriffe auf die kirchliche Bindung in der Folgezeit abnahmen, blieb sie doch gesellschaftlich diskriminiert. Während die Kirchenmitgliedschaft sich im Westen dadurch auszeichnet, dass sie kaum Bedeutung für die soziale „Karriere" der Einzelnen hat (s.o. S. 284-285), erschwerte sie in der DDR mitunter schon die schulische Laufbahn. Kirchenmitglieder konnten der SED nicht beitreten, so war ihnen der Zugang zu leitenden politischen und ökonomischen Funktionen verschlossen. Die Schichten der „Intelligenz" waren – und sind – daher in den ostdeutschen Kirchen erheblich unterrepräsentiert. Mehr und mehr wurde die kirchliche Inklusion zu einem sozialen Ausnahmephänomen, in dem sich, jedenfalls aus offizieller Perspektive, zugleich die Distanz zum sozialistischen Gesellschaftsmodell artikulierte³⁶⁹.

---

365 Die bereits skizzierten Eigenarten der jeweiligen Muster werden daher im Folgenden vorausgesetzt (s.o. S. 249-256. 260-286).

366 Für diese und die folgenden historischen Skizzen vgl. grundlegend *Pollack*, Kirche in der Organisationsgesellschaft, hier 79ff.

367 *Pollack*, Kirche und alternative Gruppen, 205; vgl. Ders., Integration, 145ff. Zur Auseinandersetzung um den Religionsunterricht vgl. *Lehtiö*, Religionsunterricht; zur Jugendweihe in der DDR vgl. *Urban/Weinzen*, Jugend ohne Bekenntnis; *Meier*, Jugendweihe; *Neubert*, Jugendweihe.

368 Vgl. *Pollack*, Kirche in der Organisationsgesellschaft, 381-384. In der BRD lag die Rate in den 50er Jahren unter 0,2% (aaO. 381).

369 Vgl. *W. Krusche*, Weg in die Diaspora, 96f: „Die Diaspora-Situation ist bei uns nicht die einer verfolgten oder gewaltsam bekämpften, wohl aber die einer in ihren Bewegungsmöglichkeiten eingeschränkten Kirche; [...] einer Erschwernissen ausgesetzten und in manchem unterprivilegierten Kirche, zu der ein bewusster Staatsbürger eigentlich nicht gehören sollte. In dieser [...] Situation sehen sich die Glieder der Kirche dauernd der heimlichen Erwartung ausgesetzt, ihren Glauben aufzugeben oder ihn jedenfalls für sich zu behalten und es zu unterlassen, andere dafür gewinnen zu wollen."

K. Nowak hat darauf aufmerksam gemacht, dass die Diskriminierung kirchlicher Mitgliedschaft im Erziehungssystem und in der Verteilung sozialer Karrierechancen bereits zwanzig Jahre vorher eingesetzt hat: „Allem Anschein nach waren die Jahre des Dritten Reiches der diktaturstaatliche Auftakt zu jener Entwicklung, die unter veränderten macht- und ideologiepolitischen Vorzeichen zum kirchlichen Dammbruch der 1950er Jahre führte"[370]. Dazu kommen Tendenzen der Entkirchlichung, die in einigen ostdeutschen Regionen schon im 19. Jahrhundert zu erkennen sind[371]. Eine selbstverständliche soziale Stützung kirchlicher Bindungen hat es mindestens gebietsweise schon seit Generationen nicht mehr gegeben.

Allerdings war es – ausweislich der Konfirmations- und Austrittsstatistik – doch vor allem die Politik der frühen DDR, die den massenhaften Abbruch auch der *formalen* Mitgliedschaft bewirkt hat. Diese politisch gesteuerte Marginalisierung ist dann, wie sich statistisch belegen lässt, ihrerseits *traditionsbildend* geworden.

Die familiäre Weitergabe der Kirchlichkeit wurde zur Ausnahme, und zwar gerade bei der Generation der (1992) 40-49jährigen, deren erste Erfahrungen mit Kirche aus den 50er und 60er Jahren stammen[372]: Fast 40% dieser Generation haben ihre Kinder nicht getauft, während nur 11% der 18-29jährigen auf die Weitergabe ihrer Mitgliedschaft verzichten wollen. Insgesamt wurde Konfessionslosigkeit biographisch immer selbstverständlicher: Nach der ALLBUS-Umfrage von 1991 sind 95% der konfessionslos erzogenen Ostdeutschen auch selbst konfessionslos geblieben; von den evangelisch Erzogenen blieben hingegen nur 53% Mitglieder der evangelischen Landeskirchen[373].

(b) Diese empirischen Daten machen deutlich, dass die Minorisierung und Marginalisierung[374] kirchlicher Mitgliedschaft sich nicht allein auf politisch zentral gesteuerte Aktionen zurückführen lässt. Vielmehr gehörte die Diskriminierung religiöser Bindungen zum allgemeinen gesellschaftlichen Klima. Insbesondere in den DDR-Kirchen selbst ist der Rückgang der Kirchlichkeit darum mitunter weniger auf die sozialistische Politik als auf die Dynamik der neuzeitlichen Modernisierung zurückgeführt worden; die DDR erscheint dann vor allem als Ort *forcierter Säkularisie-*

---

370 *Nowak*, Staat ohne Kirche, 31; vgl. aaO. 30-36; *Ders.*, Historische Wurzeln; *Ders.*, Religion.
371 *Nowak*, Staat ohne Kirche, 24-26; vgl. zur Diskussion auch Fremde Heimat 1997, 334f.
372 Vgl. Fremde Heimat 1993, 46; allgemeiner *Pollack*, Integration, 146.
373 Vgl. *Pollack*, Lage in Deutschland, 604-607. In Westdeutschland erscheint umgekehrt die konfessionelle Kirchlichkeit von erheblich größerer sozialisatorischer Kraft; vgl. *Pollack*, Individualisierung, 71-74 und oben S. 298.
374 Eine begriffliche Unterscheidung dieser beiden Prozesse findet sich auch in dem Diskussionspapier „Minderheit mit Zukunft", 3f.

rung[375]. Zu den Bedingungen der ostdeutschen Mitgliedschaftsentwicklung gehört offenbar auch der spezifische Verlauf, den die Prozesse gesellschaftlicher Differenzierung, Rationalisierung und Individualisierung in der DDR genommen haben.

In gesellschaftstheoretischer Perspektive erscheint die DDR durch eine *widersprüchliche Grundstruktur* geprägt, die sich der Überformung der sozialen, auch der ökonomischen und kulturellen Interaktionen durch den Führungsanspruch der SED verdankte[376]. Einerseits war die Partei daran interessiert, „die Gesellschaft zu mobilisieren, ihre Leistungsfähigkeit zu steigern, [...] den Lebensstandard anzuheben und die individuellen Selbstverwirklichungsmöglichkeiten zu verbessern". Die Politik zielte auf gesellschaftliche Rationalisierung und Modernisierung. Andererseits beanspruchte die SED-Führung die exklusive Kontrolle dieser Entwicklung[377]; sie musste jede Tendenz zur Selbstorganisation als Bedrohung ihres Monopols wahrnehmen. Jedenfalls der politischen Intention nach vollzog sich die Modernisierung der DDR nicht als gesellschaftliche Differenzierung und Pluralisierung. Vielmehr war sie in einer Weise zentralistisch organisiert, die traditionale und soziale Unterschiede zunehmend nivellierte – und eben nicht individualisierte.

„Kommunikationsstrukturen, der ökonomische Kreislauf, die politische Organisation, die sozialen Strukturen und schließlich auch der ideologische Überbau sind im System DDR stark vereinheitlicht und miteinander verknüpft. [...] Übermächtiger Zentralismus verzurrt jegliche Peripherie fest mit dem Ganzen." (*Neubert*, Megapolis DDR, 227)

Die sozialen Auswirkungen dieser Überorganisation hat *E. Neubert* als „Kulturbruch" beschrieben (aaO. 229ff). Nicht zuletzt durch eine massive, wohnungspolitisch gesteuerte Migration wurden traditionale Gemeinschaftsformen zerstört, kulturelle wie familiäre Überlieferungen unterbrochen. Die sozialen Bezüge der Individuen waren zunehmend *rationalisiert*[378]. Allerdings hingen ihre sozialen Handlungsmöglichkeiten nun weniger von je eigenen Entscheidungen ab als vielmehr von der Einbindung in betriebliche Kollektive und politische Organisationen: Die Lebensge-

---

375 Vgl. etwa: Kirche als Lerngemeinschaft, 184ff; *Langer*, Kirche im Prozess; *Pollack*, Kirche in der Organisationsgesellschaft, 323ff. 375ff, mit weiteren Hinweisen.

376 Vgl. vor allem *Pollack*, Kirche in der Organisationsgesellschaft, 60–77, und die dort genannte Literatur; eine Zusammenfassung bei *Pollack*, Kirche und alternative Gruppen, 202f. Das folgende Zitat aaO. 202.

377 *Pollack* deutet dies als den Versuch der SED, „die ganze Gesellschaft als ihre Organisation einzurichten", und bezeichnet die DDR darum insgesamt als eine „Organisationsgesellschaft"; vgl. *Pollack*, Kirche in der Organisationsgesellschaft, 60; *Ders.*, Ende einer Organisationsgesellschaft.

378 *Neubert* beschreibt dies mit den komplexen Stichworten Anonymität, Extrasozialität, Alegalität und Subkulturisierung (aaO. 230f).

schichte erschien nicht durch Individualisierung geprägt, sondern durch eine massive *Institutionalisierung*.

Die Prozesse einer forcierten Modernisierung und ihrer politischen Überformung verhielten sich insgesamt widersprüchlich zueinander, verstärkten sich im Blick auf die kirchliche Inklusion jedoch zunächst gegenseitig. Stärker als in Westdeutschland erschien die kirchliche Bindung als Ausdruck einer Orientierung, die sich mit der Dynamik der Gesellschaft nicht vertrug, die nicht „fortschrittlich" war, sondern gleichsam vormoderne Züge trug. Der gesellschaftliche „Kulturbruch" und die massive Entkirchlichung der Bevölkerung bildeten zwei Seiten einer Medaille[379]. Und die Inklusion der in der Kirche verbliebenen Mitglieder war unter diesen sozialstrukturellen Bedingungen vor allem durch *traditionale Bindungsformen* gekennzeichnet.

Zum einen gab es auch in der DDR Regionen, die auf Grund ihres ländlich-isolierten Charakters und einer geringen Migration eher am Rande des Modernisierungsprozesses verblieben; hier haben sich gelegentlich nahezu stabile „volkskirchliche" Verhältnisse erhalten (vgl. *Gebhardt*, Stabile Milieus). Auch sonst waren es am ehesten *dörfliche Strukturen*, in denen es der Kirche – freilich nur in Einzelfällen – gelang, die gelegentliche Teilnahme an ihren Gottesdiensten und Veranstaltungen erneut zu einem selbstverständlichen Element des lokalen Alltagslebens zu machen[380].

Zum anderen lässt sich auch die zunächst überraschende Verbreitung eines kasuellen Bindungsmusters als Reaktion auf die gesellschaftliche Situation der DDR begreifen. Die steigende Beliebtheit der Christvespern, der Familiengottesdienste und anderer familiärer Veranstaltungsformen zeigt an, dass die kirchlichen Kontakte vor allem in *lebensweltlich-vertrauten Sozialbeziehungen* verankert blieben, die von der allgemeinen Mobilisierung und Rationalisierung am wenigsten erfasst waren.

(c) Die relative Stabilität traditional-lebensweltlicher Beteiligungsmuster verweist auf eine weitere Eigenart der Gesellschaftsverfassung der DDR, die unter dem Stichwort „*Nischenkultur*" bekannt geworden ist[381]. Gegenüber den rationalen und kollektivistischen Zwängen des politisch-ökonomischen Systems bildeten familiäre und verwandtschaftliche Bindungen ein notwendiges Gegengewicht, und ebenso andere Beziehungsnetze wie Nachbarschaften, kollegial-freundschaftliche Kontakte oder künstlerische Subkulturen. Die informellen sozialen Nischen boten Raum zur Ausbil-

---

379 So argumentiert vor allem *Neubert*, Megapolis DDR, 229-234. *Langer*, Kirche im Prozess, 40-43, führt die Abnahme der Kirchenmitgliedschaft sogar ausschließlich auf die „Prozesse gesellschaftlicher Differenzierung" zurück.
380 Vgl. *Langer*, Kirche im Prozess, 43f; *Seidel*, Kirchliche Arbeit auf dem Lande; *Wensierski*, Wandel auf dem Dorf; *Ders.*, Unterwegs, 409ff.
381 Vgl. zum Folgenden *Pollack*, Kirche und alternative Gruppen, 202f; *Neubert*, Marktplatz, 16.

dung je eigener Identität; zugleich freilich standen sie unter dauerndem Druck der umfassenden politischen Kontrollansprüche.

Im Kontext dieser informellen Sozialstrukturen, in denen sich eine mehr oder weniger ausdrückliche „Abkehr von der herrschenden Rationalität" in der DDR vollzog (*Harmati u.a.*), hatte auch die Kommunikation mit der Kirche zumeist ihren Ort. Auch diese Beziehungen gehörten nicht in den Raum der politisch verordneten Öffentlichkeit, sondern in den Zusammenhang privater Lebenswelten. Auf diese Weise lässt sich die inhaltliche und emotionale „Verdichtung" der kirchlichen Einstellung erklären, die sich bei den jüngeren, ausschließlich in der DDR aufgewachsenen Mitgliedern zeigt. Die systematische Diskriminierung kirchlicher Mitgliedschaft lagerte sie in zahlreiche soziale „Nischen" ein.

Nur im Zusammenhang solcher informeller Lebenswelten konnte der Einzelne *Anschluss an kulturelle Traditionen* finden, die von der „herrschenden Ideologie" als überwunden oder irrelevant markiert waren – sei es bäuerliche Tradition, seien es bürgerliche Überlieferungsbestände. Es war gerade die kirchliche Institution, die solche alternativen Traditionen vermittelte: in der Pflege lokaler Überlieferungen, durch die offene Kinder-, Jugend- und Familienarbeit, durch die kirchlichen Konzerte und Lesungen. Auch und gerade die kirchliche Inklusion erschloss den Beteiligten Überlieferungen, Erfahrungen und Vollzüge, die ansonsten außerhalb des politisch-gesellschaftlichen Kanons standen[382].

Der gegenkulturelle Charakter der kirchlichen Mitgliedschaft konnte sich unausdrücklich artikulieren, in den lebensweltlich geprägten Beteiligungsformen, und in der Verbreitung eines kulturell-selektiven Beteiligungsmusters. Er konnte aber auch zum Ausgangspunkt *öffentlicher* Gesellschaftskritik werden[383]. Umwelt- und Friedensfragen, später auch Menschenrechtsprobleme bildeten die Themen des kirchlichen „Konziliaren Prozesses". Weil diese Themenbereiche jedoch von der SED-Führung aus der öffentlichen Kommunikation ausgegrenzt worden waren, konnte die zunächst informelle Diskussion der sozialethisch orientierten Gruppen die kritische politische Brisanz entwickeln, die sie in den letzten Jahren der DDR besaß. Auch die spezifische Inklusionsform dieser Grup-

---

382 Auf der politischen Ebene wurde die Beziehung zur Kirche deswegen auch immer dort intensiviert, wo der sozialistische Staat bislang verworfene Traditionen als „kulturelles Erbe" für sich zu reklamieren suchte. Bekanntestes Beispiel dieses instrumentellen Interesses an der Kirche ist das Luther-Jubiläum im Jahre 1983; vgl. *Daiber*, Kirche in der DDR, 87; zum Ganzen, allerdings sehr unkritisch, *Langer*, Evangelium und Kultur, 97ff.

383 Vgl. *Daiber*, Kirche in der DDR, 87: Als „Organisationen, die der Überformung durch die marxistisch-leninistische Ideologie nicht unterliegen", haben die DDR-Kirchen „auch eine öffentliche Oppositionsfunktion" übernommen. „In dieser Funktion ziehen sie andere Protest- und Oppositionsgruppen an sich, führen einerseits zur Veröffentlichung dieses Protests, zugleich auch zu dessen Kanalisierung und Begrenzung." Zu den kirchlichen Gruppen s. o. die Literaturverweise in Anm. 360.

pen spiegelte die soziale *Marginalisierung* der Kirchenmitgliedschaft und zugleich ihre Prägung durch eine forcierte *Modernisierung*, die die Verbreitung gegenmoderner Substrukturen zur Folge hatte.

(d) Auch unter den gesellschaftlichen Bedingungen der DDR haben sich die aus Westdeutschland bekannten kirchlichen Inklusionsmuster ausgebildet (s.o. S. 251-252): eine regelmäßige, traditional geprägte Interaktion; eine kasuelle, durch familiäre Anlässe oder kulturelle Interessen gesteuerte Beteiligung; schließlich ein intensiveres Engagement, das auf inhaltliche Verbindlichkeit drängt. Gesellschafts*spezifische* Prägungen werden dort erkennbar, wo die verschiedenen Zugehörigkeitsformen sich stärker voneinander abgesetzt haben. So ist die Differenz zwischen einer intensiven Beteiligung und einer „treuen Kirchenferne" in den Gemeinden der DDR viel belastender erlebt worden[384], denn damit verband sich die ausdrückliche Bejahung bzw. die Verweigerung einer *gesellschaftlich* marginalisierten Stellung der Betroffenen.

Auch die wachsende Distanz zwischen der kirchenleitenden Ebene und den einzelnen Gemeinden kann in dieser Perspektive gesehen werden. Erst recht aber sind die Konflikte zwischen den institutionell eingebundenen „Kirchenleuten" und den sozialethischen Gruppen, deren Zugehörigkeit zur Kirche immer fraglich war, als Ausdruck grundverschiedener Haltungen zum Prozess der politisch forcierten Modernisierung und Domestizierung zu begreifen[385]: Wer sich in den Raum der kirchlichen Institution zurückzog, optierte letztlich im Sinne des offiziellen Systems und damit offensichtlich ganz anders als diejenigen, die die informellen Nischen zu einem immer deutlicheren Angriff auf die herrschenden Verhältnisse nutzten. Auf diese Weise stellte gerade die Kirche „eine Institution auf der Bruchlinie zwischen offiziellem System und inoffiziellen Kommunikationsstrukturen" dar (*Pollack*, Kirche und alternative Gruppen, 206).

(e) Stellt man diese Mitgliedschaftsverhältnisse schließlich in den Kontext der Theorie gesellschaftlicher Individualisierung (s.o. S. 193-210), so ergibt sich ein differenziertes Bild. Zunächst zeigen auch und gerade die kirchlichen Inklusionsmuster in Ostdeutschland eine *De-Institutionalisierung*: Nur noch in Ausnahmefällen war jene Bindung durch traditionale Milieus und Organisationsformen bestimmt; sie musste vielmehr zunehmend eigenständig eingegangen werden. Eben aus dieser *religiösen Subjektivierung* ergaben sich die skizzierten Pluralisierungs- und Polarisierungseffekte.

Zwar erscheint diese Entwicklung zunächst als ein Resultat spezifischer politischer Verhältnisse: Die vermehrte Entschiedenheit bei der kirchli-

---

384 Vgl. aus unterschiedlichen Perspektiven *Daiber*, Kirche in der DDR, 82ff; *G. Krusche*, Kirche in der DDR, 45f; *W. Krusche*, Einladende Kirche, 157ff.
385 Vgl. etwa *Langer*, Übergang; *Neubert*, Megapolis DDR, 241ff; *Pollack*, Kirche und alternative Gruppen, 205ff; *Schultze*, Basisdruck.

chen Beteiligung lässt sich verstehen als Reaktion auf die vereinnahmenden und vereinheitlichenden Tendenzen der „Organisationsgesellschaft" der DDR. Freilich, die *Individualität* dieser Reaktion verweist doch zugleich auf die Mechanismen der moderngesellschaftlichen Individualisierung, die in Ostdeutschland zwar politisch überformt, aber doch nicht außer Kraft gesetzt war.

3. Moderngesellschaftliche Prägung: Probleme der biographischen Autonomie

Im Anschluss an *U. Beck* und *N. Luhmann* kann die Struktur moderner Individualität als biographische Dialektik von Individualisierungs- und Institutionalisierungsprozessen beschrieben werden (s.o. S. 199–205): Der Aufbau einer sozialen Identität wird der individuellen Lebensführung als Gestaltungsaufgabe zugemutet und als Resultat zugerechnet; zugleich aber vollzieht sich die biographische Selbstbestimmung unter zahlreichen Restriktionen, die insbesondere durch ökonomische und sozialpolitische Institutionen bedingt sind.

Unter diesen Bedingungen hat die Kirchenmitgliedschaft, wie besonders am Muster der „treuen Kirchenfernen" gezeigt wurde, in der westlichen Gesellschaft nicht zuletzt die Funktion, die Einzelnen von dem Druck der zugerechneten Selbstbestimmung zu entlasten und einen Freiraum zu eröffnen, in dem die gesellschaftlichen Ansprüche regelmäßig transzendiert und damit relativiert werden (s.o. S. 284–285). Im Folgenden ist nun zu zeigen, dass diese soziale Funktion von den ostdeutschen Mustern der kirchlichen Inklusion ebenfalls erfüllt wurde. Auch unter den Bedingungen der DDR-Gesellschaft kam dieser Bindung die Aufgabe zu, den lebensgeschichtlichen Aufbau sozialer Identität angesichts institutioneller Restriktion zu fördern. Diese These ist zunächst für die skizzierten Bindungsmuster zu entfalten (s.u. a–c) und dann zusammenfassend zu begründen (d).

(a) Dass auch die kirchliche Bindung in der DDR ihre Bedeutung im Gegenüber zu institutionellen Anforderungen gewann, wird bereits an den wenigen *volkskirchlich-stabilen Milieus* deutlich, die sich dem allgemeinen Mobilisierungs- und Rationalisierungsprozess entzogen hatten[386]. Hier strukturierte die Beteiligung an den Festen der Kirche das familiäre Leben, diente zur Krisenbewältigung und stellte vor allem eine konstitutive Voraussetzung für die Inklusion in die dörfliche Gemeinschaft dar (*Gebhardt/Kamphausen*, aaO. 671f).

---

386 Vgl. *Gebhardt*, Stabile Milieus; *Gebhardt/Kamphausen*, „... und eine kommode Religion".

Zu den typisch „volkskirchlichen" Zügen traditionalen Milieus gehört die *familiäre Prägung* und ihre generationale Weitergabe[387]. Auch außerhalb der dörflichen Milieus ließ sich in der DDR beobachten, wie sehr die Familie zum „primären Träger von Religiosität" und Kirchlichkeit geworden war[388]. Diese Tendenz dokumentiert sich in der wachsenden Teilnahme an Familiengottesdiensten, Familientagen und -rüstzeiten und anderen familienbezogenen Veranstaltungsformen der Gemeinden, auch der Christenlehre[389]. Die kirchliche Beteiligung vollzog sich in großfamiliären Kommunikationsformen und diente auf diese Weise auch unter den Bedingungen kollektiver Mobilität dazu, einen vertrauten Lebensraum zu stabilisieren.

Auch in der DDR-Gesellschaft stand die kirchliche Bindung für eine Negierung des Anpassungs- und Kollektivierungsdrucks, den die öffentlichen Institutionen nahezu permanent auf die Einzelnen ausübten. Die Beteiligung am kirchlichen Leben stabilisierte und reaktualisierte traditionale Gemeinschaften; sie konnte, gerade in den Neubaugebieten, Erfahrungen heimatlicher Vertrautheit vermitteln[390]; sie bereicherte die familiäre Überlieferung, die durch den gesellschaftlichen Rationalitätsdruck bedroht erschienen. Angesichts der forcierten „Entstrukturierungsprozesse" (*Gebhardt/Kamphausen*, aaO. 673) vergewisserte die kasuelle Kirchlichkeit die Beteiligten über die *Stabilität* der Strukturen, die die je eigene Biographie ursprünglich geprägt hatten.

(b) Eine Distanzierung von totalitären Ansprüchen kennzeichnete die kirchliche Inklusion auch dort, wo sie sich in gleichsam *kulturprotestantischen Interaktionsformen* vollzog. Zu kirchenmusikalischen und literarischen Veranstaltungen fanden sich regelmäßig Mitglieder ein, die kaum Beziehung zur Ortsgemeinde hatten[391]. Auch auf diese Weise kam man in Kontakt mit Traditionen, die die sozialistische Kulturpolitik marginalisiert hatte, die jedoch für die je eigene Lebensgeschichte von hoher Bedeutung waren. Wer im Kirchenkonzert saß, versicherte sich einer biographischen Kontinuität, die sich gerade nicht der offiziellen Sozialisation verdankte. Der – gewiss fließende – Unterschied zu den traditional-fami-

---

387 „Religion und Kirche werden für die Eltern nur durch ihre Kinder zum Thema, und die Kinder sind die Garantie für die Kirchenmitgliedschaft der Eltern." (*Gebhardt*, Stabile Milieus, 293)

388 *Gebhardt*, Stabile Milieus, 299, zitiert hier eine Einsicht von *Ebertz/Schultheis* zur popularen Religiosität.

389 Vgl. *Pollack*, Integration, 150ff; *Ders.*, Kirche in der Organisationsgesellschaft, 427f.

390 Vgl. die plastischen Schilderungen bei *Neubert*, Megapolis DDR, 240ff.

391 *Nowak* weist auf die Ungreifbarkeit jener Beteiligung hin und fragt sich, wo jene vielen „Kartenkäufer und Konzerthörer", die man nur aus solchen Veranstaltungen kannte, es denn gelernt hatten, „sich in den Rahmen der Kirche stilvoll einzufügen, ohne doch jemals in einem Gottesdienst gesehen worden zu sein" (Explosion der Transzendenz, 114f).

liären Formen kirchlicher Beteiligung bestand freilich darin, dass der Rückgriff auf lebensgeschichtliche Erfahrung hier eher nach der Maßgabe je eigener Interessen und in Form bewusster Entscheidung erfolgte.

(c) Eigenverantwortlich gestaltet war die kirchliche Inklusion freilich noch stärker dort, wo sie weniger durch die eigene Lebensgeschichte begründet war als vielmehr durch die Betroffenheit von überindividuellen Fragestellungen, wie Umweltverschmutzung oder Rüstungswettlauf. Dennoch hat *E. Neubert* gerade den sozialethischen Gruppen eine biographische, genauer: eine sozialisierende Funktion für ihre Mitglieder unterstellt[392].

Die genannten Gruppen, so erläutert *Neubert*, versammelten sich regelmäßig um bestimmte „Symbole" wie ‚Frieden', ‚Gerechtigkeit' oder ‚Natur/Schöpfung'. Diese Symbole sind „Sozialisationsvehikel besonders wirksamer Natur, da sie individuelle Betroffenheit und gesellschaftliche Problematik verbinden. In allen Zufällen und Unfällen der Zeit übermitteln sie Sinn und Identität. Sie vergesellschaften den Einzelnen, indem sie ihn in der Gesellschaft und für diese handlungsfähig machen. Gleichzeitig aber sichern sie Individuation, da sie in einer Einheitsgesellschaft dem einzelnen Identität verschaffen." (*Neubert*, Megapolis DDR, 240f)

Die Mitgliedschaft in einer solchen Gruppe eröffnete einen Zugang zu den bedrängenden Aspekten der gesamtgesellschaftlichen Modernisierung und zugleich zu zentralen Aspekten der je eigenen Lebensgeschichte. In diesem sozialen Kontext konnte die Einzelne realisieren, wie ihre je eigene Biographie durch bestimmte institutionelle Defizite geprägt war. Insofern kann hier in der Tat von einer Verschränkung sozialisierender und individualisierender Prozesse gesprochen werden.

Man kann darüber streiten, ob dies als ein genuin religiöser Prozess, als eine „Reproduktion von Religion in der DDR-Gesellschaft" zu deuten ist, wie *Neubert* dies ausdrücklich und ausführlich tut[393]. Vermutlich ist dieses Religionsverständnis, das sich an *Th. Luckmann* anlehnt, doch zu weit und vor allem zu rasch kirchenkritisch angelegt: Nicht jeder Sozialisations- und Kontingenzbewältigungsprozess muss sich religiöser Ausdrucksformen bedienen, und die spezifisch religiösen Kommunikationsformen sind ihrerseits doch stärker von der institutionellen Überlieferung geprägt.

---

392 Vgl. *Neubert*, Religion in der DDR-Gesellschaft; *Ders.*, Reproduktion von Religion; *Ders.*, Megapolis DDR; *Ders.*, Religiöse Aspekte. Vgl. dazu kritisch differenzierend *Bieritz*, Kommunikation des Evangeliums, 60–62, und vor allem *Pollack*, Sozialethisch engagierte Gruppen, 120ff.

393 Vgl. besonders *Neubert*, Reproduktion von Religion, 54ff. 71ff. Vgl. dazu die kritische Debatte bei *Schröder*, Religion und Gesellschaft; *Kühn*, Auseinandersetzung.

Jedenfalls ist festzuhalten, dass die biographisch relevanten Interaktionsprozesse in den Gruppen auf kirchlich tradierte Symbolik zurückgriffen, und dass sie sich – bis in die Endphase der DDR – konkret in kirchlichen Räumen, unter Benutzung der innerkirchlichen Kommunikationsmedien und häufig mit Beteiligung kirchlicher Mitarbeiter vollzogen. Insofern implizierte die Mitgliedschaft in einer „sozialisierenden Gruppe" immer auch eine regelmäßige Interaktion mit der Organisation der Kirche.

Der Begriff der „sozialisierenden Gruppen" erscheint allerdings insofern irreführend, als auch diese Form kirchlicher Inklusion sich nur in höchst spannungsvoller Weise auf die bestehende Sozialität der DDR bezog. „Sozialisiert" wurde das Gruppenmitglied ja nicht in die offiziell verordneten Kommunikationsformen, sondern in die Substrukturen einer bestimmten „Szene"[394]. Eine Funktion für die biographische Selbstbestimmung des Individuums erfüllte auch dieses kirchliche Bindungsmuster nur dadurch, dass es die Individuen in einen deutlichen *Gegensatz* zur institutionellen Normalbiographie brachte.

(d) Auch die kirchlichen Bindungsmuster der DDR lassen sich sämtlich auf das Problem biographischer Identität unter den Bedingungen funktionaler Differenzierung beziehen. Auch diese Mitgliedschaft ist durchgehend durch die Dialektik von individualisierenden und institutionalisierenden Prozessen geprägt; auch hier begegnet die Grundstruktur eines individuell verantworteten Rückgriffs auf lebensgeschichtliche Vorgaben, wie sie bereits für die normale westdeutsche Inklusion herausgearbeitet wurde (s.o. 272–280). Die sozialistische Überformung der sozialen Entwicklung hat das „moderne" Muster kirchlicher Inklusion also nicht außer Kraft gesetzt. Vielmehr scheinen sich diese politischen Verhältnisse vor allem in einer Verschärfung der typischen Spannungen jener Inklusion ausgewirkt zu haben: In der DDR wurde der *institutionelle* Druck auf den Einzelnen politisch-ideologisch enorm verstärkt; und im Gegenzug sind die *individualisierenden* Charakterzüge der kirchlichen Inklusion erheblich stärker hervorgetreten.

Weil die Verhältnisse der DDR den Aufbau einer biographisch konsistenten Identität in informelle Kommunikationstrukturen abdrängten, wurde auch die Dialektik von sozialer Integration und sozialer Distanzierung, die die kirchliche Mitgliedschaftsbindung charakterisiert, hier verstärkt. Während diese Bindung in Westdeutschland teilhat an der strukturellen Ambivalenz des Modernisie-

---

394 Vgl. *Pollack*, Sozialethisch engagierte Gruppen, 145: „Ihre Leistung besteht in der Stärkung des Individuums vor dem Zugriff der Gesellschaft, in dem Angebot von kleinräumigen Stützungsgemeinschaften, in denen der einzelne Anerkennung, Halt, Geborgenheit, Wärme, Trost, Ermutigung, Stärkung und einen Raum zur Selbstverwirklichung finden kann. Ihre Leistung besteht in einem Ersatzangebot: in dem Angebot einer ‚Gegenkultur'. Mit der bestehenden Gesellschaft zusammengeschlossen wird das Individuum nicht."

rungsprozesses zwischen Lebenswelt und Gesamtgesellschaft, wurde sie im Osten vor allem integraler Bestandteil derjenigen Sozialformen, die sich den Ansprüchen der politisierten Institutionen entzogen. Kirchliche Mitgliedschaft implizierte vor allem Distanz zu diesen öffentlichen Strukturen, während ihre integrativen Leistungen den sozialen „Nischen" zugute kamen, seien sie traditional geprägt oder durch spontane Gruppenbildung entstanden.

Allerdings, die typischen Spannungen biographischer Selbstbestimmung sind auch im ostdeutschen Profil der Mitgliedschaft nicht einseitig aufgelöst. Auch die kirchliche Inklusion in der DDR blieb, bei aller Tendenz zur individuellen Entschiedenheit, doch in vielfältiger Weise lebensgeschichtlich vorgegeben; und sie blieb, bei aller Tendenz zum privaten Rückzug, doch eine öffentlich relevante soziale Beziehung. Die eigentümlichen Formen kirchlicher Inklusion in der DDR können darum als Hinweis auf die *strukturellen* Schwierigkeiten verstanden werden, unter denen der Aufbau einer sozialen Identität hier *insgesamt* stand.

4. Organisatorische Prägung: Arbeitsformen und Strukturen der Volkskirche

Die Kirchenmitgliedschaft in der ehemaligen DDR war geprägt durch die Prozesse der strukturellen Rationalisierung und Individualisierung; und sie war geprägt durch die zentralistische Überformung dieser Prozesse seitens der politischen Führung. Es hat viele Beobachter überrascht, dass das Profil jener Bindung sich unter diesen Bedingungen nicht stärker vereinheitlicht hat, sei es in die Richtung einer rein traditionalen, auf die Randbezirke der realsozialistischen Modernisierung beschränkten Mitgliedschaft, sei es in Richung einer erhöhten Verbindlichkeit. Stattdessen ist die kirchliche Mitgliedschaft in der DDR zwar zu einem statistischen Minderheitsphänomen geworden, hat sich aber intern *pluralisiert*: Sie ist zugleich traditionaler *und* entschiedener geworden, sie verband kasuell gelegentliche und intensive Beteiligungsformen.

Diese strukturierte Vielfalt kann nicht allein auf gesellschaftliche Bedingungen zurückgeführt werden, sondern sie ist auch Ausdruck der spezifischen kirchlichen Organisationsformen und ihrer Anpassung an die veränderten Verhältnisse.

Bei einer Beschreibung dieser Veränderungen wird es darauf ankommen, sich nicht von den zahlreichen Reformprogrammen beeindrucken zu lassen, die die theologische Selbstverständigung der ostdeutschen Kirche bis heute in starkem Maße bestimmen[395]. Diese Programme waren und sind doch eher von bestimmten Wunschvorstellungen geprägt als von einem klaren Blick auf die tat-

---

[395] Überblicke bei *Degen*, Gemeindeerneuerung, 11ff; *Langer*, Leben – Glauben – Gemeinde; *Ratzmann*, Gemeinde für andere; Ders., Vertrauen; *Winkler*, Zielvorstellun-

sächliche Praxis und ihre sozialen Bedingungen; in der kirchlichen Arbeit „vor Ort" haben sie denn auch eine vergleichsweise geringe Rolle gespielt[396].

Im Blick auf diese faktischen Verhältnisse lässt sich zweierlei erkennen: Die Kirche hat sich in ihren *Arbeitsformen* auf die veränderte Situation eingestellt (a). Sie hat aber keinen Anlass gesehen, auch ihre organisatorischen *Strukturen* durchgreifend zu verändern. Denn diese „volkskirchlichen" Strukturen haben die neuen Arbeitsformen nicht behindert, sondern vielmehr ermöglicht und gefördert (b).

(a) In der Reaktion der ostdeutschen Kirchen auf die skizzierten Veränderungsprozesse lassen sich seit den 50er Jahren zwei Tendenzen erkennen, nämlich eine kommunikative *Intensivierung* des kirchlichen Handelns sowie seine *Extensivierung* über den Kreis der formellen Mitglieder hinaus.

Zur kommunikativen Intensivierung gehörte die Zunahme von Hauskreisen[397] und Gesprächsgruppen, die sich in den Ortsgemeinden bildeten, aber auch in Studentengemeinden, durch Akademien und Fortbildungsinstitutionen gefördert wurden. Die Kinder- und Jugendarbeit praktizierte gemeinschaftsbezogene Arbeitsformen, führte Projekte und Fahrten durch. Insgesamt vermehrten sich selbst Rüstzeiten, Gemeindefeste, Kirchentage. Seitens der kirchlichen Organisation wurde dies durch eine kommunikative und methodische Qualifikation der Mitarbeiter gefördert. Mit der Förderung von Eigeninitiative, von Dialog und Gruppenarbeit stellte sich die Kirche auf den zunehmend selbstbestimmten Charakter der Mitgliedschaft ein. Zugleich markierte diese kommunikative Ausrichtung eine Alternative zu den öffentlich verordneten Interaktionsformen der DDR.

Bemerkenswert erscheint, wie viele dieser kommunikativ intensivierten Angebote der Kirche sich auf das *familiäre Leben* bezogen. Hier sind Seminare, Ausflüge und Rüstzeiten, aber auch liturgische Gestaltungsformen zu nennen. Auf diese Weise wurde die Familie, die gleichsam zur Residualinstitution kollektiv-öffentlicher Zwänge geworden war, nicht nur in religiöser Hinsicht, sondern auch in ihrer sozialen Stabilität gestärkt. Es war nur konsequent, dass viele jener Praxisformen darauf zielten, familiäre Kommunikationsformen *in der Gemeinde selbst* zu etablieren: Die kirchliche Organisation vor Ort stellte eine Art großer Ersatzfamilie dar, in der die emotionalen, inhaltlichen und kommunikativen Be-

---

gen. Jüngere Beispiel solcher Programme sind die Studien „Minderheit mit Zukunft" und *Zeddies*, Kirche mit Hoffnung.
396 Vgl. zur Kritik aus ostdeutscher Perspektive *Degen*, Gemeindeerneuerung, 33ff; *Langer*, aaO.; *Ders.*, Kirche im Prozess; *Neubert*, Bilanz 1990, 51-53; *Pollack*, Kirche in der Organisationsgesellschaft, 323ff. 437.
397 Vgl. die instruktive Darstellung bei *Bindemann*, Vom Hauskreis, 23-27.

dürfnisse, die in den real existierenden Kleinfamilien zu kurz kamen, artikuliert und befriedigt werden konnten.

Auf die gesellschaftsstrukturell bedingten Veränderungen reagierte die kirchliche Institution weiterhin durch das mannigfache Bemühen, ihre politisch gesetzten Grenzen zu überschreiten. Betrachtete der sozialistische Staat die kirchlichen Beziehungen ausschließlich als private religiöse Betätigung seiner Bürger[398], so versuchten die Kirchen selbst, die *öffentliche Reichweite* ihres Handelns zu vergrößern.

So wurden etwa Hausbesuche verstärkt, insbesondere in Neubaugebieten. Nicht selten sind Neubaugemeinden in der DDR als soziale Größen allererst durch solche organisierten Besuchsaktivitäten entstanden. Vereinzelt hat dies auch zur Beteiligung am kommunalen Leben geführt, etwa über die Bereitstellung von kirchlichen Räumen oder über diakonische Aktivitäten, die den Raum der Kirchengemeinde überschritten[399].

Paradigmatisch für eine organisierte Extensivierung sind weiterhin *kulturelle Aktivitäten* der Kirchen gewesen. Bei Vorträgen, Lesungen, Ausstellungseröffnungen und Konzerten, aber auch in den Akademietagungen oder in Kirchenchören fanden sich zahlreiche Menschen ein, die keine Beziehung zu den familiären Strukturen der Gemeindearbeit hatten und nicht selten auch formell keine Kirchenmitglieder waren. Indem die Kirche die kulturelle Arbeit akzentuierte, z.T. in Kooperation mit den staatlichen Stellen, wirkte sie der politischen Marginalisierung kirchlicher Beziehung entgegen. Den gleichen Effekt hatten die Aktivitäten sozialethisch engagierter Gruppen.

Es waren, so kann man zusammenfassen, diese *organisatorische* Intensivierung und Extensivierung des kirchlichen Handelns, die die Pluralität der Mitgliedschaftsbeziehungen ermöglichte. Die kirchliche Kommunikation wurde anschlussfähig für unterschiedliche soziale Verhältnisse, für vielfältige kognitive, emotionale und kommunikative Bedürfnisse. Ebenso wurde die individuelle Gestaltung der Mitgliedschaft durch die kirchliche Organisation gestärkt, indem sie – von gänzlich unverbindlicher Teilnahme bis zur intensiven Mitarbeit – ein weites Spektrum von Beteiligungsmöglichkeiten anbot.

---

398 Paradigmatisch ist die verfassungsrechtliche Situation (vgl. die Überblicke bei *Daiber*, Kirche in der DDR, 76f; *Henkys*, Gottes Volk, 9ff): Erschienen die Kirchen 1949 noch, wie in der WRV, als „Körperschaften öffentlichen Rechts", so wurde die Kirchenmitgliedschaft in der Verfassung von 1968/1974 zur rein privaten Angelegenheit der einzelnen Bürger, denen ein Grundrecht auf religiöse Überzeugungen und Handlungen zugesprochen wurde (Art. 39, 1). Kirchliche und religiöse „Gemeinschaften" werden in dieser Perspektive ausschließlich durch ein individuelles Handeln konstituiert; ein eigener Rechtsstatus ist für sie nicht mehr vorgesehen.

399 Vgl. exemplarisch den bei *Langer*, Kirche im Prozess, 43, zitierten Bericht aus Perleberg-Wittenberge.

Aus solchen Beobachtungen hat *H. Schultze* weit reichende Folgerungen gezogen: „Wenn nämlich Volkskirche im Unterschied zur Freikirche und zur verbindlichen Bruderschaft einer Nachfolgegruppe [...] geprägt ist durch die Freiwilligkeit der Intensität, in der ihre Glieder partizipieren möchten, und zugleich durch die Offenheit für unterschiedliche Strukturen des Engagements, dann ist Volkskirche tatsächlich auch in den Kirchen des DDR-Bereichs die am meisten verbreitete Form des Kirche-Seins." Setzt man also voraus, „dass der Begriff der Volkskirche primär von einer bestimmten Partizipationsstruktur der Gemeindeglieder, nicht von den statistischen Mehrheitsverhältnissen in der Gesamtgesellschaft her definiert ist", so lautet die „spezifische Einsicht, die sich aus der Analyse der DDR-Situation ergibt [...]: Auch eine Minderheitsgemeinde kann sich [...] volkskirchlich verhalten."[400]

Nochmals sei betont: Die Mehrheit der Mitglieder verhielt sich auch in der DDR „volkskirchlich", weil die kirchliche Organisation ihnen dies ermöglichte. Wird das „Konzept der Volkskirche" nicht dadurch definiert, „dass alle ihr zugehören, sondern dass sie sich auf alle, die ihr zugehören, einstellt"[401], so müssen die kommunikative Intensivierung wie die methodische Ausweitung der kirchlichen Praxis in der DDR als genuin volkskirchliche Handlungsstrategien begriffen werden.

(b) Noch deutlicher wird die volkskirchliche Prägung des ostdeutschen Mitgliedschaftshandelns, wenn man nach seinen organisations-*strukturellen* Bedingungen fragt. Die Veränderung der kirchlichen Arbeitsformen ging ja gerade nicht mit einer Umgestaltung der kirchlichen Ordnung einher. Vielmehr hat gerade deren stabile Struktur die Ausbildung pluraler, auch stärker selbstbestimmter Beteiligungsformen ermöglicht[402].

So ist die herkömmliche *kirchenrechtliche* Definition der Mitgliedschaft in den Kirchen der DDR unverändert geblieben (s.o. S. 176–189): Auch hier gründete die Zugehörigkeit allein auf der Taufe und setzte kein zusätzliches eigenes Engagement voraus; die Rechtsfigur der Kirchensteuer, die diese passive Konstitution der Mitgliedschaft zum Ausdruck bringt, wurde trotz fehlender staatlicher Unterstützung beibehalten. Umgekehrt war auch das ostdeutschen kirchliche Mitgliedschaftsrecht für vielfältige Formen aktiver Beteiligung offen.

---

400 *Schultze*, Gemeindeaufbau, 189. Ähnlich hat schon vor 1989 etwa *G. Müller*, Einführung, 78, argumentiert: „Entgegen früher geäußerten Erwartungen, der Kirche werde es in den 80er Jahren gelingen, eine auf Freiwilligkeit und Bereitschaft zum christlichen Bekennen gegründete neue Gestalt der Gemeinschaft zu finden, ist die Betreuungsstruktur einer Volkskirche weithin noch gültig." Vgl. weiterhin nur *Beintker*, Minderheitskirche.
401 So formuliert *Preul*, Kirchentheorie, 184, das praktisch-theologisch gängige Verständnis des Begriffs (Hervorhebungen getilgt).
402 So argumentieren auch *Neubert*, Marktplatz, 11; *Pollack*, Lage in Deutschland, 603f.

Zu den stabilen Strukturbedingungen der Mitgliedschaft gehörte die *„flächendeckende" Präsenz* der kirchlichen Organisation[403]. Die überall und öffentlich präsenten Kirchengebäude symbolisierten den Einspruch gegen die gesellschaftliche Marginalisierung. Deswegen haben sich die kirchlichen Handlungsträger bis an den Rand ihrer Möglichkeiten für die Erhaltung der Kirchengebäude eingesetzt; deswegen haben sie, gegen staatlichen Widerstand, auch die Errichtung von Kirchen und Gemeindehäusern in Neubaugebieten betrieben. Es war nicht zuletzt die „flächendeckende" Vielzahl von Veranstaltungsräumen, die eine gemeinschaftlich intensive wie auch eine weitgreifende kulturelle Praxis der Kirche ermöglichte.

Zur volkskirchlichen Struktur in der DDR gehörte weiterhin ein räumlich wie zeitlich dichtes Angebot von *Gottesdiensten*. Die Gottesdienstordnungen waren stets von grenzüberschreitender Gültigkeit[404]. Das differenzierte liturgische Angebot eröffnete den Einzelnen die Möglichkeit, Häufigkeit wie Intensität ihrer kirchlichen Kommunikation in hohem Maße selbst zu bestimmen. Und umgekehrt bot das Instrumentarium liturgischer Gestaltung den Verantwortlichen die Möglichkeit, sich auf spezifische Situationen und Problemlagen der Mitglieder flexibel einzulassen.

Konstitutiv für die Pluralität der kirchlichen Teilnahme war schließlich die Stellung des *pastoralen Amtes* in der kirchlichen Organisation wie in der Öffentlichkeit[405]. Bis an die Grenzen ihrer Möglichkeiten haben die DDR-Kirchen an einer wiederum flächendeckenden Präsenz von Pfarrerinnen und Pfarrern festgehalten[406].

---

403 Vgl. *Preul*, Kirchentheorie, 185; zu den ostdeutschen Verhältnissen *Beintker*, Minderheitskirche, 312f.

404 Auch *E. Herms* weist darauf hin, dass „die evangelischen Kirchen in der DDR und in der BRD über die Jahre der Trennung hinweg nicht nur dasselbe biblische Wort, sondern auch [...] dasselbe Ordinationsverständnis, dasselbe Gesangbuch, dieselbe kirchliche Sitte, dieselbe Gottesdienstordnung festgehalten haben" (*Herms*, Wiedervereinigung, 102).

405 Zum Pfarramt in der DDR aus empirisch-soziologischer Perspektive vgl. nur G. *Krusche*, Hoffnung und Resignation; *Ders.*, Selbstverständnis des Pfarrers; *Neubert*, Einrichtung Pfarrer; *Ratzmann*, Prediger; *Schille*, Umbruchsituation. Aus dem Rückblick *Henkys*, Was haben wir gelernt; *Scherer*, Schwierigkeiten.

406 Vgl. *Pollack*, Kirche in der Organisationsgesellschaft, 436: Während die Zahl der Kirchenmitglieder von 1950 bis 1985 um etwa zwei Drittel sank, reduzierte sich die Zahl der Pfarrer nur um 10% bis 15%. – Auch das Projekt einer Reformulierung kirchlicher Berufsbilder von 1973/75 hat – in der Gestalt der „lokalen Bezugspersonen" – eine möglichst dichte personale Präsenz auch in der Situation der „Diaspora" beibehalten wollen; vgl. dazu nur *Degen*, Gemeindeerneuerung, 25ff. 80ff; W. *Krusche*, Aufgabe der kleiner werdenden Gemeinde, sowie die Dokumente in Kirche als Lerngemeinschaft, 112ff.

Die Person des Pfarrers hat für die traditionell Mitgliedschaft ebenso eine zentrale Bedeutung wie für die meisten selbstbestimmten Interaktionsformen (s.o. S. 251-252). Der pastorale Beruf verbürgt die Chance intensiver religiös-kirchlicher Kommunikation; zugleich wirkt er in besonderer Weise über die Grenzen gemeindlicher Lebensformen hinaus. Nicht selten waren gerade die Kontakte konfessionsloser „Sympathisanten" über die Person eines Pfarrers oder kirchlichen Mitarbeiters vermittelt[407]. Auch die staatlichen Stellen brachten dem Berufsstand einen bemerkenswerten Respekt entgegen[408].

In der Gestalt des Pfarrers wurde die Kirche, ebenso wie durch ihre Gebäude und ihre Gottesdienste, zu einer „Institution auf der Bruchlinie zwischen offiziellem System und inoffiziellen Kommunikationsstrukturen" (*Pollack*, Kirche und alternative Gruppen, 206). In der pastoralen Praxis, in ihren Gesprächen und Gottesdiensten wurde deutlich, wie sehr die gesellschaftlichen Anforderungen an den Einzelnen, wie sie sich in den kirchlichen Beziehungen niederschlugen, auch die Organisationsstrukturen unter Druck setzten. Zugleich jedoch dokumentiert die pastorale Praxis in der DDR, dass die volkskirchliche Organisation diese Spannungen in sich aufnehmen und situationsgerecht bearbeiten konnte.

5. Zur Mitgliedschaftsentwicklung seit 1989: Säkularisierung und Individualisierung

Die Untersuchung der politischen, gesellschaftsstrukturellen und organisatorischen Bedingungen der Kirchenmitgliedschaft in Ostdeutschland ist schließlich durch einen Blick auf die Entwicklung der Kirchlichkeit nach 1989 zu ergänzen, so weit dies die bislang sehr spärlichen Daten erlauben[409]: Wie hat sich der Wandel der politischen Verhältnisse auf die Formen kirchlicher Bindung ausgewirkt, welche – alten oder neuen – Bedingungen lassen sich seit der „Wende" namhaft machen?

Zunächst ist festzuhalten, dass sich Umfang und Formen der Mitgliedschaft in den neuen Ländern nur verhältnismäßig *wenig verändert* haben. Die zunächst erheblichen, inzwischen aber zurückgegangenen Austritte

---

407 Vgl. die Notizen bei *Ratzmann*, Prediger, 112; *Schille*, Umbruchssituation, 554f; *Wensierski*, Wandel auf dem Dorf, 16.

408 Vgl. den Eindruck eines unverdächtigen Zeugen: „Kirchliche Amtsträger [...] wurden freilich zu allen Zeiten mit größter Vorsicht behandelt" (*Steinlein*, Die gottlosen Jahre, 40).

409 Die jüngsten kirchenstatistischen Angaben finden sich in *EKD*, Statistischer Bericht T II 95/96; vgl. außerdem *Pickel*, Dimensionen religiöser Überzeugungen, 525ff; *Pollack*, Lage in Deutschland, 609ff; sowie die Daten und Deutungen in *Pollack/Pickel*, Religiöser und kirchlicher Wandel. Weitere Eindrücke vermitteln *Daiber*, Religion, 168ff; *Motikat*, Selbstbewusst; *Neubert*, Marktplatz; *Winkler*, Sympathisanten, sowie die bei *Hermelink*, Kirchliche Umbrüche, gesammelten Texte.

wurden vor allem von Personen vollzogen, die ihre kirchlichen Beziehungen schon lange vor 1989 beendet hatten; eine starke Eintrittsbewegung hat es ebenfalls nicht gegeben[410]. Auch die Beteiligung an kirchlichen Veranstaltungen ist markant weder angestiegen noch zurückgegangen. Einmal mehr wird deutlich, dass religiöse und kirchliche Bindungen sich langfristig verändern und auch von einem wirklichen Umbruch äußerer Verhältnisse nur mit großen Verzögerungen tangiert werden.

E. Neubert hat zudem darauf hingewiesen, dass der ostdeutsche Horizont der Mitgliedschaft, die verbreitete Konfessionslosigkeit, mit dem Ende des SED-Staates keineswegs aller sozialen Stützen beraubt worden ist. Vielmehr sind zahlreiche „noch wirkende Faktoren des Erhalts des atheistischen Habitus der ostdeutschen Gesellschaft" auszumachen; darunter die Prägung vieler Multiplikatorengruppen (z.B. der Lehrer), die Rituale der Jugendweihe und der weltlichen Bestattung sowie „eine Vielzahl von Zeitschriften und Veröffentlichungen", die Konfessionslosigkeit als „ein sich selbst reproduzierendes Orientierungsgefüge von hoher sozialer und kultureller Bedeutung" stabilisieren (*Neubert*, Konfessionslose, 371f). Die soziale Marginalisierung kirchlicher Bindung ist keineswegs schon dadurch aufgehoben, dass ihre explizite politische Diskriminierung ein Ende gefunden hat.

Eine durchgreifende Änderung des Mitgliederbestandes erscheint noch aus zwei weiteren Gründen kaum wahrscheinlich[411]. Zum einen gibt es in Ostdeutschland „eine verbreitete Scheu vor formalisierter Bindung und Mitgliedschaft" in jeder Hinsicht; hier wirken die politischen Zwänge auf den Einzelnen in der DDR deutlich nach[412]. Zum anderen hat die atheistische Bildungspolitik der DDR – darin sind sich alle Analysen einig – zu einem dramatischen Verlust an religiösem Wissen und religiöser Sprachfähigkeit in der Mehrheit der ostdeutschen Bevölkerung geführt[413]. Bezeichnet man diese Entwicklung eines umfassenden gesellschaftlichen Bedeutungsverlustes religiöser Kommunikation als „Säkularisierung", so kann man tatsächlich sagen, dass die ostdeutsche Mitgliedschaftsentwicklung bis in die Gegenwart von einer – freilich politisch gezielt herbeigeführten – *Säkularisierung* bestimmt ist. Kirchliche Inklusion ist hier ein Minderheitsphänomen, das kulturell kaum abgestützt und darum auch wenig traditionsfähig ist.

---

410 Vgl. die differenzierte Analyse bei *Hartmann/Pollack*, Gegen den Strom.
411 Etwas optimistischer ist *Daiber*, Religion, 171: „Es ist nicht auszuschließen, dass es längerfristig zu einer Stabilisierung des evangelischen und katholischen Christentums in Ostdeutschland kommt. Dies bedeutet, dass Mitgliederzuwächse in Rechnung gestellt werden können [...]."
412 Fremde Heimat 1997, 346; vgl. *Pollack*, Lage in Deutschland, 608f.
413 Vgl. nur Fremde Heimat 1997, 330ff. 346; *Motikat*, Selbstbewusst, 364f; *Neubert*, „gründlich ausgetrieben".

Die Veränderungen, die sich vor diesem Hintergrund gleichwohl ausmachen lassen, können vor allem als *nachholende Entwicklungen* begriffen werden (*Pollack*, Lage in Deutschland, 611). So lassen sich, wie schon angedeutet, die Austritts- und Eintrittsbewegungen in den ersten Jahren nach 1989 gleichsam als nachträgliche Bereinigung kirchlicher Beziehungen verstehen; seit 1992 gehen die entsprechenden Zahlen deutlich zurück[414]. Ebenso sind die Taufbereitschaft wie die Quote der getauften Kinder von evangelischen Eltern 1990/91 zunächst stark angestiegen und inzwischen wieder gefallen; für eine relativ hohe Zahl von „Nachtaufen" sprechen auch Einzelerhebungen in Sachsen sowie die zahlreichen Spättaufen[415].

Eine ähnliche Entwicklung lässt sich bei den *Formen der kirchlichen Beteiligung* beobachten. Wurde bis 1989 die „innerkirchliche Vielfalt an Individuen und Gruppen [...] durch den gegebenen Außendruck schlecht und recht zusammengehalten", so polarisieren sich nun innerhalb der Kirchengemeinden die unterschiedlichen Frömmigkeitsstile, Erwartungen und Einstellungen noch stärker als zuvor. Aus der Sicht der Gemeindekerne wird ein „Fliehkrafteffekt spürbar", weil sich viele vertraute Themen und Begegnungsformen nunmehr außerhalb der Kirche, etwa vereinsmäßig oder kommunalpolitisch, organisieren[416]. Damit entstehen Mitgliedschaftsverhältnisse, die aus der Sicht der Engagierten mitunter als schmerzlicher Verlust, aus westdeutscher Sicht aber vergleichsweise normal erscheinen.

Aus der Rückschau wird nochmals deutlich, wie sehr die spezifischen, auf Nivellierung und Kollektivierung drängenden politischen Verhältnisse der DDR das Profil kirchlicher Beteiligung geprägt haben. Nachdem dieser Druck weggefallen ist, wird in Ostdeutschland noch deutlicher ein „volkskirchliches" Inklusionsmuster erkennbar, das den Bedingungen moderngesellschaftlicher Differenzierung entspricht[417].

Diesem Inklusionsmuster sind freilich auch Züge eigen, die auf eine vergleichsweise *fortgeschrittene Individualisierung* hindeuten. Dazu gehört die starke Pluralisierung der Bindungsformen. Außer dem genannten „Fliehkraft-Effekt" ist die von E. Winkler beschriebene pastorale Erfahrung mit nach 1989 gleichsam zurückkehrenden Mitgliedern zu nennen. Hier wurde deutlich, wie vielfältig die Auffassungen schon der formalen

---

414 Vgl. für die Austritte *EKD*, Statistischer Bericht TII 95/96, 4f; für die Eintrittsrate vgl. *Pollack*, Wandel in Ostdeutschland, 25-30.

415 Zur Taufbereitschaft Fremde Heimat 1997, 266; zur Taufquote *EKD*, Statistischer Bericht TII 95/96, 9ff, vor allem Abb. 11 (S. 13); dazu *Pollack*, aaO. 30-32.

416 Vgl. *Neubert*, Ostdeutsche Erfahrungen, 40ff (Zitate: 41. 40); vgl. *Daiber*, Religion, 169: Der politische Wandel bewirkte, „dass ein bestehender religiöser Pluralismus nunmehr öffentlich werden konnte und sich dadurch ausweitete".

417 So auch *Pollack*, Lage in Deutschland, 611; *Ders.*, Wandel in Ostdeutschland, 45.

Zugehörigkeit waren[418]: Zahlreiche getaufte Ostdeutsche verstanden sich offenbar weiterhin als Mitglieder, obwohl sie seit Jahren keine Kirchensteuer mehr gezahlt hatten. Umgekehrt gab es nach der Einführung des staatlichen Kirchensteuereinzugs nicht wenige Ungetaufte, die sich als evangelisch registrieren ließen und die entsprechenden Zahlungen zu leisten bereit waren, ohne zugleich ein Taufbegehren zu formulieren. *Winkler* folgert, dass es eine „differenzierte Kirchenzugehörigkeit [...] in unseren Gemeinden de facto schon lange [gibt]" (Sympathisanten, 325). Stärker noch als in Westdeutschland verstanden und verstehen die Einzelnen ihre kirchliche Bindung in ganz unterschiedlicher und eigenständiger Weise.

Als Indiz einer verstärkten kirchlichen Individualisierung ist auch das Taufverhalten in Ostdeutschland zu sehen. Hier wurden nach der bislang neuesten Statistik (1996) fast ein Viertel aller evangelischen Taufen als „Erwachsenentaufen" vollzogen, während in Westdeutschland nur 7% der Täuflinge das 14. Lebensjahr vollendet hatten. Auch der Anteil der „Spättaufen", bei denen die Kinder bereits ein Jahr alt oder älter sind, liegt mit über 35% der Kindertaufen im Osten erheblich höher als im Westen[419].

In der DDR war es die politisch-gesellschaftliche Diskriminierung der Mitgliedschaft gewesen, die es nahe legte, die eigenen Kinder an der Entscheidung über ihre Zugehörigkeit teilhaben zu lassen, und die zu einer Zunahme eigenverantwortliche Taufentscheidungen im Erwachsenenalter führte[420]. Hält sich dieses spezifische Taufverhalten auch unter anderen politischen Bedingungen durch, so kann dies als Ausdruck einer vergleichsweise starken Selbstbestimmtheit jener Bindungsentscheidung verstanden werden. Im Ganzen könnte man die relativ hohe subjektive Entschiedenheit sowie die daraus resultierende Vielfältigkeit, die das ostdeutsche Mitgliedschaftsprofil aufweist, als Resultat einer „religiösen Individualisierung" in der Gesellschaft deuten, die der westdeutschen Kirchlichkeit allererst noch bevorsteht[421].

---

418 Vgl. die Diskussion bei *Winkler*, Sympathisanten.
419 Vgl. *EKD*, Statistischer Bericht TII 95/96, 8-12 und Tabelle 2 (aaO. 30f für 1995; 48f für 1996). Die Hälfte der „Erwachsenentaufen" vollzieht sich in Ost und West im Zusammenhang der Konfirmation. Demnach ist in Ostdeutschland immerhin jede achte Taufe (12,2%) eine „echte" Erwachsenentaufe gegenüber 3% im Westen. Bei der Angabe zu den Spättaufen wurden Konfirmanden (21%) heraus gerechnet.
420 Vgl. zur Taufpraxis in der DDR *Planer-Friedrich*, Taufe im Übergang.
421 In diese Richtung argumentiert etwa *Neubert*, Marktplatz, bes. 14ff: Die auf Grund der DDR-Gesellschaftsgeschichte ohnehin viel stärkere Enttraditionalisierung und Rationalisierung gerade religiös-kirchlicher Bindungen wirke gegenwärtig zusammen mit der sozialen Entwicklung nach 1989, die nunmehr „individuelle Mobilität, Risikobereitschaft und emanzipative Haltung" erfordere (aaO. 14).

Auch im Blick auf die Eigenarten der ostdeutschen Kirchenmitgliedschaft muss der Begriff der Individualisierung jedoch differenzierter verwendet werden, als es im Theorem der „religiösen Individualisierung" geschieht. Auf der einen Seite ist es tatsächlich so, dass die kirchliche Inklusion nur noch in Ausnahmefällen von einer selbstverständlich vorgegebenen Tradition gesteuert ist. Der von der DDR-Führung forcierte „Traditionsbruch" der Gesellschaft (*Neubert*, s.o. S. 314-315) hat auch die kirchlichen Bindungen in diesem Sinne *„de-institutionalisiert"*. Und ebenso sind es auch kaum die ausdrücklichen Normen der Kirche selbst, die für die subjektive Mitgliedschaftsentscheidung ausschlaggebend sind.

Die ostdeutsche Entwicklung nach 1989 bietet dazu ein eindrückliches Beispiel dafür, wie schwach der *unmittelbare* Einfluss des kirchlich-organisatorischen Handelns auf die individuelle Bindung ist. Ungeachtet der bedeutsamen Rolle, die kirchliche Gruppen und Repräsentanten im Rahmen der „Wende" von 1989/90 spielten, und ungeachtet der seitdem erheblich gewandelten öffentlichen Stellung der Kirche hat sich die Attraktivität der kirchlichen Mitgliedschaft, auch nach zehn Jahren, kaum verändert[422].

Auf der anderen Seite jedoch wird man auch unter den sozial-kulturellen Bedingungen Ostdeutschlands nicht sagen können, dass die Gestaltung der kirchlichen Beziehungen vor allem individuell-freiem Entscheiden entspringt. Dagegen sprechen wiederum die großen regionalen Unterschiede in den Tauf-, Kirchgangs- oder Austrittsraten, die auf lebensweltliche Traditionen zurückweisen, die erheblich älter sind als die gesellschaftspolitischen Einflüsse der DDR[423].

Interessant ist hier weiterhin die Entwicklung der Trauziffern[424]: Während sich der Anteil der evangelisch-katholischen heiratenden Paare, die sich evangelisch trauen lassen, seit 1992 deutlich der westdeutschen Rate annähert, bleiben im gleichen Zeitraum die Trau-Quoten der Paare mit einem nicht-christlichen Partner deutlich unter dem westdeutschen Schnitt. Die rein evangelischen Paare liegen dagegen deutlich darüber. Diese Zahlen verweisen auf den beträchtlichen *Einfluss des sozialen Umfelds*, das mehrheitlich konfessionslos geprägt ist. In diesem Umfeld ist die evangelische Trauung gegenüber einem nicht-kirchlichen Partner offenbar schwerer zu begründen[425]; andererseits legt sie sich für Paare,

---

422 Die bleibend geringe Attraktivität der kirchlichen Inklusion hängt auch mit den anhaltenden Anpassungsschwierigkeiten der kirchlichen Organisation selbst zusammen. Zur unbefriedigenden kirchlichen Reaktion auf die neue Lage vgl. *Hermelink*, Kirchliche Umbrüche; Neubert, „gründlich ausgetrieben"; *Pollack*, Wandel, 43f.

423 Vgl. *Nowak*, Staat ohne Kirche; *Daiber*, Religion, 169. 171. Zu den regionalen Zahlen vgl. die entsprechenden Tabellen in *EKD*, Statistischer Bericht TII 95/96, 29-31. 47-49.

424 Vgl. *EKD*, Statistischer Bericht TII 95/96, 14.

425 Ein Beispiel bietet das Interview mit „Katja"; vgl. Fremde Heimat 1997, 252. 256.

die aus dem kirchlichen Minderheits-Milieu kommen, näher als im Westen. Wiederum ist es der soziale Nahraum, der Kontext der alltäglichen Lebensbeziehungen, der die Form der kirchlichen Bindung vornehmlich bestimmt[426].

Die erhöhte Subjektivierung, die tendenziell stärkere Bewusstheit und Entschiedenheit, die die kirchliche Bindung in Ostdeutschland auszeichnet, darf nicht zu rasch als Ausdruck einer autonomen, innerlich freien und ungebundenen Haltung gegenüber diesem Thema verstanden werden. Diese Tendenz – mehr ist es jedenfalls nicht – stellt vielmehr die Reaktion auf ein kulturell-gesellschaftliches Umfeld dar, das die Kirchenmitgliedschaft eben nicht als selbstverständlich, sondern als begründungspflichtig wahrnimmt. In diesem Kontext wird die Mitgliedschaft tatsächlich eher zu einem Thema bewusster Entscheidung. Sie bleibt nichtsdestotrotz gleichsam negativ auf dieses Umfeld bezogen und ist positiv auf die Unterstützung durch lebensweltliche Sozialbeziehungen angewiesen. Die ostdeutsche „Individualisierung" der Kirchenbindung ist weniger ein Resultat allgemein gesellschaftlicher als sehr spezifischer, gleichsam *kulturgeschichtlicher Bedingungen*, die die individuelle Lebensgeschichte beeinflusst haben und beeinflussen. Auch in Ostdeutschland wird Kirchenmitgliedschaft eher von biographischer Prägung als von autonomer Entschiedenheit bestimmt.

---

[426] Im Blick auf die Kircheneintritte kommen *Hartmann/Pollack*, Gegen den Strom, 143ff, zum gleichen Ergebnis.

VII. Resultate: Soziale Bedingungen und Funktionen der kirchlichen Inklusion

Es sind im Wesentlichen drei Bedingungsfelder, die sich in der soziologischen Untersuchung gegenwärtiger Kirchenmitgliedschaft durchgehend ausmachen lassen: Auch die kirchliche Inklusion ist durch den vielschichtigen Prozess der *Individualisierung* geprägt. In der Folge der strukturellen Individualisierung ist es die individuelle *Lebensgeschichte*, die die Mitgliedschaft wesentlich bestimmt. Schließlich sind es, innerhalb des biographischen Bedingungsrahmens, die Ordnungen der kirchlichen *Organisation* selbst, die jener Bindung ihr spezifisches Profil geben. In allen drei Hinsichten ist nun zu umreißen, welche Strukturierung die kirchliche Inklusion dabei erfährt. Zugleich ist nach der spezifischen *Funktion* zu fragen, die jene Bindung für die soziale Identität der Mitglieder erfüllt.

1. Ambivalenz der gesellschaftsstrukturellen Individualisierung

Wird die Empirie der kirchlichen Mitgliedschaft in den Rahmen des Individualisierungstheorems gestellt, so erscheint sie zunächst in geradezu exemplarischer Weise von den Tendenzen der „De-Institutionalisierung" und „Subjektivierung" geprägt, denen alle organisatorische Inklusionen gegenwärtig unterliegen. Die Bindung an die Kirche ist nicht mehr Resultat und Integral einer totalen Inklusion, wie sie zuletzt in den Milieus des deutschen Verbands-Katholizismus' gelebt wurde[427]. Weder Kirchenaustritt noch Kircheneintritt werden hierzulande noch öffentlich sanktioniert. Wie religiöse Überzeugungen gelten auch kirchliche Bindungen als strikt private Angelegenheiten, die durch ein institutionelles Handeln nicht mehr zu steuern sind. Kirchliche Mitgliedschaft wird den Einzelnen, gerade im Falle einer intensiven Betätigung, nunmehr als eigene Entscheidung zugerechnet; sie erscheint als eine *freiwillige Selbstbindung*.

Das soziologische Profil der kirchlichen Inklusion umfasst jedoch auch Befunde, die der These einer umfassenden Individualisierung widersprechen und insofern zur Differenzierung nötigen. Zu jenen Befunden gehört bereits die schlichte Tatsache, dass sich – jedenfalls in Westdeutschland und in der Schweiz – eine große Mehrheit der Bevölkerung nach

---

[427] Vgl. *Gabriel/Kaufmann*, Soziologie des Katholizismus; *Gabriel*, Christentum 1992, 80ff.

wie vor einer Großkirche zurechnen lässt. Diese rechtliche und damit auch finanzielle Obligation erscheint, unabhängig von ihrer individuellen Ausgestaltung, erheblich stabiler als die Inklusion in andere Großorganisationen. Das verweist auf erhebliche *institutionelle Prägekräfte*, die näher zu bestimmen sind.

Zu den institutionellen Vorgaben der Entscheidung für oder gegen eine kirchliche Inklusion gehören traditionelle und lokalkulturelle Orientierungsmuster, die immer noch für erhebliche regionale Unterschiede im Profil der Kirchlichkeit sorgen. Dazu gehören darüber hinaus einflussreiche familiäre Traditionen: Form und Intensität des kirchlichen Kontaktes werden nach biographisch früh eingespielten Mustern gestaltet, die - in geographischer wie sozialer Hinsicht - erstaunlich mobilitätsresistent erscheinen. Auch insofern stellt diese Bindung ein Gegenbild zu den gesellschaftlich üblichen Inklusionsformen dar.

Auf wirksame institutionelle Prägungen verweist weiterhin der Befund, dass sich die Vielfalt subjektiv gelebter Kirchenbindung zwar infolge der Auflösung traditional verbindlicher Milieus deutlich erhöht hat, dass sich aber in dieser Vielfalt doch relativ stabile *Muster der Beteiligung* erkennen lassen (s.o. S. 249-252): angefangen von einer berufs- oder vereinsförmigen Intensität der Kommunikation, die auch die Variante „prophetischer", kirchen- oder gesellschaftskritischer Vergemeinschaftung umfasst, über die Formen gelegentlichen, regelmäßig von familiären oder kulturellen Interessen bestimmten Kontakts (s.o. S. 260-286) bis hin zu einer Distanz, die den Abbruch der rechtlich-finanziellen Organisationsbeziehungen zur Folge hat (s.o. S. 287-305).

Welches Muster vom einzelnen Mitglied „gewählt" wird, das hängt - abgesehen von spezifischen biographischen Prägungen - vor allem von der *Stellung im gesellschaftlichen Modernisierungsprozess* ab: Je stärker die Einzelne durch Geschlecht, Lebensalter, Wohnort, vor allem aber durch Bildung und Beruf in die Anforderungen des ökonomischen Systems eingebunden ist, um so eher wird sie eine sparsamere Beteiligungsform wählen und nur gelegentlich, in gleichsam außerökonomischen Situationen, auf die kirchliche Ritualität zurückgreifen. Umgekehrt wird die Form intensiver, vereinskirchlicher Bindung von Modernisierungsverlierern bevorzugt: Es ist das „Ensemble der Opfer" (*E. Lange*), das die Interaktion der Kerngemeinde vornehmlich prägt. Wiederum scheint die Intensität dieser Bindung mit der Intensität des Individualisierungsprozesses negativ zu korrelieren: Die kirchliche Mitgliedschaft präsentiert sich als ein unmodernes, darin freilich höchst präzise *auf die Moderne bezogenes* Verhalten.

Dieser komplexe Bezug wird noch deutlicher, wenn man nach der Bedeutung der jeweiligen Bindungsmuster für die individuelle Lebensgestaltung fragt. Dem Individualisierungstheorem zufolge bildet diese Frage nach dem Nutzen für die sozial handlungsfähige Identität das ausschlaggebende Kriterium für sämtliche Inklusionsentscheidungen; und diese *subjektiv-pragmatische Prägung* lässt sich auch für die kirchliche Inklusion herausarbeiten. Exemplarisch ist dies oben für das Beteiligungsmuster der „treuen Kirchenfernen" (s.o. S. 283-286) sowie für das spezifische Mitgliedschaftsprofil Ostdeutschlands (s.o. S. 321-322) entfaltet worden. In den genannten Fällen trägt die kirchliche Inklusion insoweit zum Identitätsaufbau bei, als sie den Einzelnen zu bestimmten Gelegenheiten von den jeweiligen Funktionsansprüchen *entlastet*, die vor allem das ökonomische System, aber auch die Institutionen der Bildung und der Politik erheben. Für den „funktional dividierten" (*Luhmann*) oder „zerrissenen" Menschen (*Roosen*) eröffnet die Beteiligung an der kirchlichen, vor allem rituellen Kommunikation einen Zugang zu lebensweltlichen „Nischen", in denen soziale Identität nicht durch individuelle Leistungen begründet werden muss.

Wenn ein solcher biographisch-sozialer Nutzeffekt kirchlicher Bindung für die Einzelnen nicht mehr erkennbar ist, dann erscheint der Austritt als nahe liegende Konsequenz. Und am anderen Ende des Spektrums spiegeln auch die intensiveren, berufs- oder gruppenförmigen Inklusionsmuster die Verhältnisse funktionaler Anspruchsdifferenzierung, insofern sie die Einzelnen nicht nur gelegentlich, sondern auf Dauer von jener bedrohlichen Rollenvielfalt distanzieren.

Von struktureller Individualisierung ist die kirchliche Inklusion demnach in doppelter Weise geprägt: Auf der einen Seite unterliegt sie in allen ihren Varianten einer tiefgreifenden Subjektivierung; sie gestaltet sich, ebenso wie andere organisatorische Bindungen, nach der Maßgabe individuell-biographischen Nutzens. Auf der anderen Seite jedoch erbringt sie jenen individuellen Nutzen durch eine Art Gegenmodell zu den meisten anderen Bindungen des Einzelnen: In der kirchlichen Bindung entsteht soziale Identität nicht durch eigene Anstrengung, sondern wird - als wesentlich passiv konstituiert - immer schon vorausgesetzt.

Diese *doppelsinnige gesellschaftsstrukturelle Prägung* spricht dagegen, die kirchliche Inklusion umstandslos in einen Prozess „religiöser Individualisierung" einzuordnen, der durch die Auflösung aller institutionellen Bindungen gekennzeichnet wäre; und zugleich verbietet es diese Doppelsinnigkeit, kirchliche Inklusion lediglich als Residuum vormoderner, totalinklusiver Sozialbeziehungen zu sehen. Was die kirchliche Inklusion zum Ausdruck bringt, das sind vielmehr bestimmte *Ambivalenzen im Individualisierungsgeschehen selbst*, die von der These religiöser Individualisierung meist übersehen werden, während sie in der allgemeinsoziologischen Debatte durchaus Beachtung finden (s.o. S. 196-210). Indem die kirchliche Mitgliedschaft strukturell individualisiert und *zugleich* als Gegenmodell einer gleichsam durchorganisierten Beanspruchung der Einzelnen erscheint, verweist sie auf die lebensweltlichen Widerlager des Individualisierungsprozesses, die diesen Prozess vielfältig einschränken (a), ihn jedoch zugleich überhaupt erst ermöglichen (b).

(a) Die kulturellen und lebensgeschichtlichen Prägungen kirchlicher Mitgliedschaft, die ihrer Nivellierung entgegenstehen, spiegeln bis in die Gegenwart fortbestehende „Modernisierungsbarrieren"[428]: Nach wie vor ist der Möglichkeitsraum sozialer Selbstbestimmung nicht nur von individueller Bildungs- und Arbeitsleistung abhängig, sondern auch von der familiären Herkunft und anderen biographischen Vorgaben. An der lebensweltlichen Verankerung der kirchlichen Bindungen wird exemplarisch deutlich, dass die gesellschaftsstrukturelle Individualisierung sich keineswegs vollständig „durchgesetzt" hat, sondern dass es Dimensionen der Lebensführung gibt, die sich dem subjektiv-pragmatischen Entscheidungskalkül entziehen.

(b) Die doppelsinnige Strukturierung der kirchlichen Inklusion macht andererseits darauf aufmerksam, dass jene lebensweltlichen „Barrieren" der Individualisierung nicht als tendenziell in Auflösung befindliche Residualfaktoren zu begreifen sind. Wenn die kirchliche Beteiligung den Individuen eine zumindest gelegentliche Entlastung vom Entscheidungs- und Leistungsdruck des gesellschaftlichen Organisationsgefüges verschafft, dann verweist dies auf die allgemeine Notwendigkeit lebensweltlich pluraler Bindungsformen, die die identitätsgefährdenden Züge der Individualisierung abfedern und begrenzen.

Noch in einer weiteren Hinsicht verweist die Struktur kirchlicher Bindung auf die Ambivalenz der Modernisierung im Ganzen. Während die gesellschaftliche Kommunikation sich zunehmend *in verschiedene Ebenen ausdifferenziert*, so dass sich lebensweltliche Beziehungen immer stärker von organisationsförmigen und erst recht von gesellschaftsöffentlichen Interaktionen unterscheiden, zeichnet sich kirchliche Mitgliedschaft durch den gleichzeitigen Bezug auf mehrere dieser Kommunikationsebenen aus[429]: Sie bindet die Individuen an eine Großorganisation von öffentlicher Relevanz, etwa in den Bildungsinstitutionen und den Massenmedien; zugleich gehört sie zu den kulturellen Formen, die den sozialen Nahraum der Einzelnen bestimmen. Die kirchliche Bindung geht in keinem dieser Bezüge auf, sie ist weder als organisationsförmige noch als lebensweltliche Bindung vollständig beschrieben. Auf diese Weise wird markiert, dass die individuelle Identität nicht auf eine Ebene sozialer Kommunikation reduziert werden darf, sondern an deren verschiedene Strukturniveaus angeschlossen sein muss.

Ihren gesellschaftsstrukturell paradigmatischen Charakter gewinnt die kirchliche Mitgliedschaft, wie vor allem diese letzte Überlegung zeigt,

---

428 Vgl. *Pollack*, Individualisierung, 68ff; *Schnierer*, Erlebnisgesellschaft; *Wagner*, Räumliche Mobilität, 185ff.

429 Vgl. *Pollack*, Bindungsfähigkeit, 73ff.

nicht zuletzt durch die spezifische Organisationsform der Kirche selbst (s.u. S. 340-346). Dazu kommt jedoch die eigentümliche lebensgeschichtliche Struktur jener Bindung. In sämtlichen Formen kirchlicher Inklusion kommt die moderne „Biographisierung" sozialer Identität (*Kohli*) auf eine zugleich repräsentative wie transzendierende Weise zum Ausdruck.

2. *Lebensführung als Ort von Transzendenzerfahrung*

Die soziologische Individualisierungsdebatte hat das Problem der modernen Biographie herausgestellt (s.o. S. 196-205): In dem Maße, in dem die Individuen aus den materiellen und normativen Bindungen vorgegebener Milieus freigesetzt werden, gilt soziale Identität nicht mehr als Resultat einer bestimmten Lebenslage, sondern eines bestimmten *Lebenslaufs*. Und obgleich dieser Lebenslauf nach wie vor von sozialstrukturellen und kulturellen Vorgaben geprägt ist, wird sein „Erfolg" doch zunehmend der individuellen *Lebensführung* zugeschrieben. Deren Gelingen erscheint als eine Daueraufgabe, die die Einzelnen nicht mehr an andere Instanzen delegieren können.

Für die soziale Identität der Einzelnen, aber auch für die strukturelle Integration der ausdifferenzierten Gesellschaft im Ganzen (s.o. S. 199-204), erhält die lebensgeschichtliche Selbstverantwortung mithin größtes Gewicht. Damit wird die Einheit dieser Lebensgeschichte ebenso zu einem zentralen Problem wie die Frage, wie die Einzelne sich angesichts der mannigfachen institutionellen Restriktionen tatsächlich als Autorin ihrer Lebensgeschichte verstehen kann. Die moderne Biographisierung der Identität steigert die Bedeutung von „biographischen Ressourcen" (*K. Hartmann*), von semantischen oder strukturellen Bindungen der eigenen Lebensgeschichte, die deren Integrität unterstützen.

Die religionssoziologische Diskussion hat herausgestellt, dass die Funktion religiöser Überzeugungen in der Gegenwart nicht zuletzt darin besteht, als solche „biographische Ressourcen" in Anspruch genommen zu werden[430]. Die vorliegende Untersuchung hat gezeigt, dass auch das soziale Bezugsproblem *kirchlicher* Inklusion inzwischen weniger die Begründung eines einheitlichen Sinnhorizontes oder die Orientierung der alltäglichen Lebensführung ist (s.o. S. 238-242). Soziale Bedeutung gewinnt die kirchliche Inklusion vielmehr durch ihren Beitrag zur Integration der individuellen Biographie.

Diese Funktion erfüllt die kirchliche Beteiligung, wie oben vor allem hinsichtlich der „treuen Kirchenferne" (s.o. S. 281-282) sowie der ost-

---

430 Vgl. - aus sehr unterschiedlichen Perspektiven - *Drehsen*, Lebensgeschichtliche Frömmigkeit; *Fischer/Schöll*, Lebenspraxis und Religion; *Hartmann*, Selbstthematisierung; *Nassehi*, Religion; *Wohlrab-Sahr*, Biographie und Religion.

deutschen Inklusionsmuster (s.o. S. 321-322) gezeigt wurde, mittels einer bestimmten *Struktur mehrschichtiger Selbsterfahrung*. Auf der einen Seite erscheint jene Beziehung – infolge ihrer Verwobenheit in lebensweltliche und zumeist auch lebensgeschichtlich ursprüngliche Erfahrungen – den Einzelnen in der Regel als ein biographisches Datum, zu dem sie keinen eigenen Beitrag zu leisten hatten. Selbst die Formen intensiverer kirchlicher Bindung weisen diese *passive Grundstruktur* auf, auch wenn sie hier in den Hintergrund tritt. Auch dort, wo sich die Mitgliedschaft einer eigenen Entscheidung verdankt, gehört sie doch für den weiteren Verlauf der Lebensgeschichte zu den Faktoren, die ohne weitere Bestätigung gleichsam dazugehören.

Auf der anderen Seite gehört es zur Eigenart kirchlicher Inklusion, dass es der Einzelnen weitgehend freigestellt ist, in welcher Form und Intensität sie diese Bindung zu einem Teil ihrer gegenwärtigen Lebensführung machen will. Die Aktivierung der biographischen Vorgabe kirchlicher Erfahrung ist ein Akt der *Selbstbestimmung*, der – infolge der gesellschaftsstrukturellen Privatisierung religiöser Bindungen – wenig Risiken birgt. Diese Aktivierung der Mitgliedschaft stellt, das wurde vor allem an den Kasualien gezeigt (s.o. S. 274-278), eine Art biographischer Rekapitulation dar: Durch die Begegnung mit dem vertrauten Ritus wird die Einzelne zugleich der Ursprünge ihrer Lebensgeschichte (bzw. der Ursprünge ihrer kirchlichen Biographie) ansichtig wie der inneren und äußeren Veränderungen, die sich in dieser Lebensgeschichte vollzogen haben. Auf diese Weise eröffnet der kasuelle Kontakt einen Zugang zur *Integrität der eigenen Biographie*: Die kirchliche Beziehung wird zu einer „biographischen Ressource".

Diese liturgisch vermittelte Wahrnehmung lebensgeschichtlicher Ganzheit hat ihren Ort vor allem an den Grenzen einer selbstbestimmten Lebensgestaltung – sei es an lebenszyklisch-familiären Wendepunkten, sei es angesichts des zeitweiligen oder des dauernden Ausschlusses von der ökonomischen Autonomie. Gerade dort, wo eigene Entscheidungen über institutionelle Inklusionen kaum möglich erscheinen, ist es der freien Entscheidung der Einzelnen überlassen, in welcher Weise sie ihre kirchlichorganisatorische Bindung aktivieren. Insbesondere die Formen intensiver, entschiedener Kirchlichkeit können als Versuch verstanden werden, *biographische Gestaltungsfreiheit* auch dort wahrzunehmen, wo sie unter erheblicher institutioneller Restriktion steht.

Versucht man, die biographische Funktion kirchlicher Inklusion auf einen Begriff zu bringen, so kann man sagen: Angesichts der höchst ambivalenten Erfahrung, für die eigene Lebensführung allein verantwortlich zu erscheinen, eröffnet die kirchliche Bindung und Beteiligung eine *Erfahrung biographischer Transzendenz*, die jenen Verantwortungsdruck relativiert und insofern zur Stabilisierung der Identität beiträgt. Vor allem in zwei Hinsichten wird diese biographische Transzendenz sozial wirksam:

Zum einen transzendiert die kirchliche Mitgliedschaft die moderne Grunderfahrung, sich immer und überall für bestimmte Mitgliedschaftsrollen *entscheiden* und die Konsequenzen dieser Entscheidungen tragen zu müssen. Kennzeichnet die biographische Selbstbestimmung im Regelfall ein dichtes Netz von organisatorischen Zumutungen und Folgezwängen, so ist die Kommunikation mit der Kirche weder an bestimmte Qualifikationsleistungen gebunden noch aktuell abhängig von Inklusionen in andere Funktionsbereiche. Umgekehrt hat sie auch keine positiven oder negativen Folgen für den Zugang zu anderen Teilsystemen der Gesellschaft.

Die biographische Transzendenzerfahrung, die in der kirchlichen Inklusion vermittelt wird, betrifft zum anderen die Bindung an die lebensweltlichen Widerlager des Individualisierungsprozesses, an die sozialintegrativen „Nischen". Insbesondere die Kirchenmitgliedschaft in der ehemaligen DDR gehörte in den Kontext derjenigen ursprünglichen Sozialbeziehungen, die den gesellschaftlichen Systemzwängen entzogen waren. Auch in Westdeutschland repräsentiert die kirchliche Bindung zunächst eine Erfahrung „heimatlicher" Geborgenheit. Zugleich stellt der Kontakt zur kirchlichen Organisation jedoch eine Überschreitung dieses Nahraums dar. In jener Beteiligung, das zeigen die Kasualien und auf andere Weise die kulturell orientierten Kontaktmuster, stellt sich die Einzelne in einen Raum von Traditionen und Interaktionsformen, die den Horizont der je eigenen Lebenswelt in Ost und West übersteigen. Und gerade ein kirchlich intensiveres, berufliches oder gruppenförmiges Engagement versetzt in eine Distanz zu selbstverständlichen Prägungen des Milieus. Es ist nicht nur die aufgegebene, sondern auch die schon vorgegebene Biographie, die in der kirchliche Beteiligung relativiert wird.

Im Ganzen erscheint das Verhältnis der kirchlichen Inklusion zu den modernen Tendenzen der „Biographisierung" wiederum *doppelsinnig*: Zwar erweisen sich auch die kirchlichen Bindungen als tiefgreifend geprägt von der Bedeutungssteigerung individueller Lebensführung. Aber die kirchliche Biographie entwickelt ihre soziale Funktionalität doch vor allem in einem produktiven Gegenüber zur gegenwärtigen „Institutionalisierung des Lebenslaufs": Indem sie sich in einer inneren Polarität von Gegebenheiten und Gestaltungsmöglichkeiten vollzieht, vermag sie sowohl den Zwang zur biographischen Selbstgestaltung wie den Druck biographischer Fremdbestimmung zu begrenzen.

Diese spezifische Wahrnehmung der Lebensgeschichte kann durchaus als *religiöse* Erfahrung interpretiert werden: Hier wird die Einsicht eröffnet, dass die individuelle Lebensgeschichte weder in ihren kulturellen und familiären Vorgaben aufgeht noch in dem, was man selbst aus diesen sozialen Vorgaben und Möglichkeiten gemacht hat. Die kirchliche Inklusion wird zum Ort einer Transzendenzerfahrung, derzufolge die Einheit und Ganzheit des individuellen Lebens weder durch seine Prägungen noch durch seine Leistungen zu garantieren ist. Diese biographische Integrität liegt der eigenen Geschichte vielmehr immer schon zugrunde; zugleich ist sie für die individuelle Aneignung und je neue Gestaltung auch dort offen, wo die Autonomie der Lebensführung ansonsten kaum mehr wahrzunehmen ist.

Ihre transzendierende und zugleich integrierende Bedeutung für die individuelle Lebensführung erlangt die kirchlichen Inklusion allerdings primär nicht dadurch, dass sie bestimmte kognitive Überzeugungen und ethische Orientierungen vermittelt. Zur „biographischen Ressource" wird sie vielmehr dadurch, dass sie den Einzelnen den Zugang zu spezifischen Interaktionsformen eröffnet, die ihrerseits religiöse Erfahrung vermitteln. In der individualisierten und biographisierten Gesellschaft der Gegenwart sind es *organisatorische* Strukturen, die die spezifische soziale Gestalt der Kirchenmitgliedschaft konstituieren.

3. Die Kirche als öffentlich zugängliche Bildungsorganisation

Die verschiedenen Muster kirchlicher Inklusion gewinnen ihre soziale Funktion dadurch, dass hier eine Entlastung von den spezifischen Spannungen zu erfahren ist, die der moderne Individualisierungsprozess für die individuelle Lebensführung beinhaltet. Denn die Bindung an die Kirche stellt eine biographische stabile Vorgabe dar, deren aktuelle Realisierung das Mitglied in hohem Maße selber bestimmen kann. Die vorliegende soziologische Betrachtung hat immer wieder deutlich gemacht, dass jene biographisch-polare Bindungsstruktur ihrerseits von bestimmten organisatorischen Voraussetzungen abhängt: Es sind die eigenartigen Formen des kirchlichen Handelns selbst, die den Einzelnen jenen voraussetzungslosen Zugang zu elementaren Integrations- und Transzendenzerfahrungen ermöglichen. Auch diese organisatorischen Möglichkeitsbedingungen lassen sich in einem zweifachen Durchgang rekapitulieren: Die Kirche muss als *Bildungsinstanz* wirken, um die Mitgliedschaft zu einem lebensgeschichtlichen Datum zu machen (a); und sie muss in verschiedensten Hinsichten *öffentlich präsent* sein, um vielfältige Zugänge für die Mitglieder zu eröffnen (b).

(a) Es wurde bereits mehrmals hervorgehoben, wie stark die individuellen Formen kirchlicher Beteiligung durch kulturelle und familiäre Traditionen geprägt sind. Dass und wie jene Inklusion ein Teil der Lebensgeschichte wird, unterliegt zunächst nicht eigener Entscheidung, sondern wird, wie andere Grundorientierungen, durch die *jeweilige Sozialisation* bestimmt. An diesem Sozialisationsprozess ist die kirchliche Organisation zunächst nur indirekt beteiligt, indem die familiäre Überlieferung auch Erfahrungen mit dem kirchlichen Handeln transportiert und interpretiert, und indem die Heranwachsenden – im Rahmen ihrer sozialen Vorgaben

- gelegentlich auch der Kirche in Gestalt von bestimmten Personen und Riten begegnen. In welcher Weise das aktuelle kirchliche Handeln die Mitgliedschaftsbeziehung prägen kann, das entscheidet sich im Rahmen biographischer Konventionen, auf die die Kirche selbst nur höchst mittelbaren Einfluss hat.

Allerdings gehört es zu diesen kulturell-lebensweltlichen Traditionen, dass dem kirchlichen Handeln an bestimmten Stellen die Möglichkeit eingeräumt wird, *unmittelbar* zur Bildung des Individuums beizutragen. Für die evangelischen Großkirchen besteht dieser organisationseigene Bildungsprozess vor allem im Konfirmandenunterricht, daneben ist der schulische Religionsunterricht zu nennen.

Blickt man zunächst auf die *Konfirmandenarbeit*, so haben die einschlägigen Untersuchungen deutlich gemacht, dass auch diese Form kirchlicher Beteiligung nur selten individueller Entschiedenheit entspringt. Die Teilnahme an Konfirmandenunterricht und Konfirmation gehört – in Westdeutschland – weithin immer noch zur kulturellen Normalform der individuellen Bildung[431]. In diesem Bildungsgeschehen wird die Mitgliedschaft in dreifacher Weise qualifiziert:

Konfirmandenarbeit und Konfirmation machen den Heranwachsenden zum einen deutlich, dass die kirchliche Interaktion in *bestimmten Phasen* nahezu selbstverständlich zur regulären Biographie dazugehört[432]. Die Kirche wird als eine Institution erfahren, an der man sich zwar nicht dauerhaft, aber doch zu besonderen Gelegenheiten beteiligt. Die kirchliche Betätigung folgt Rhythmen, die von der Lebensgeschichte bestimmt und *begrenzt* werden.

Zum zweiten präsentiert die Konfirmandenarbeit den Jugendlichen *spezifische* Inhalte und Verhaltensweisen, mit denen sie sich – wie intensiv auch immer – auseinander zu setzen haben. Die kirchliche Bindung geht in ihren lebensweltlichen Kontexten nicht auf; sie vermittelt besondere Erfahrungen, auch besondere, vor allem rituelle Sozialformen. Diese eigentümlichen kirchlichen Kommunikationsformen und -gehalte bedürfen, wie die Länge des Konfirmandenunterrichts allen Beteiligten deutlich macht, besonderer Einübung. Die kirchliche Inklusion erscheint als eine *lebensweltlich aparte*, den Alltag transzendierende Bindung[433].

---

431 Dafür spricht auch die steigende Zahl von Konfirmandentaufen, die offenbar den Zugang zu einem biographisch bedeutsamen Ritus noch „nachträglich" ermöglichen sollen (vgl. *Grethlein*, Konfirmation).

432 Die Deutungsvorgabe, die Konfirmation sei „feierlicher Abschluss der Kindheit und Beginn eines neuen Lebensabschnittes", findet unter den Mitgliedern die bei weitem höchste Zustimmung (Fremde Heimat 1993, 18f), weiter s.o. S. 270-271.

433 Mit dem intensiven Ausbau des kirchlichen Unterrichts haben die DDR-Kirchen, unter den oben skizzierten gesellschaftlichen Bedingungen (s.o. S. 311-318), insbesondere diesen Aspekt, die inhaltliche wie soziale Besonderheit der Mitgliedschaft, akzentuiert.

Indem der Konfirmandenunterricht nur einen klar begrenzten Raum im individuellen Bildungsprozess beansprucht, wird dem heranwachsenden Mitglied zum dritten deutlich, dass es zur kirchlichen Beteiligung zwar befähigt, aber nicht verpflichtet ist. Indem der obligatorische Rhythmus von Unterricht und gottesdienstlicher Präsenz mit der Konfirmation endet, präsentiert sich die Organisation als offen für einen *selbstgewählten Rhythmus der Beteiligung* an den spezifischen Interaktionsformen, die den Einzelnen nunmehr biographisch vertraut geworden sind.

Indem die Kirche auch Verantwortung für den *schulischen Religionsunterricht* übernimmt, wird die lebensgeschichtliche Wahrnehmung kirchlicher Mitgliedschaft in zwei weiteren Hinsichten akzentuiert. Zunächst bringt die kirchliche Präsenz in Einrichtungen der allgemeinen Bildung zum Ausdruck, dass religiöse Orientierung und Inklusion nicht auf kulturelle Sonderwelten beschränkt sind, sondern eine *gesamtgesellschaftlich akzeptierte Option* der Lebensführung darstellen. Die Institution des Religionsunterrichts qualifiziert die kirchliche Bindung als eine Inklusion von öffentlicher Bedeutung.

Vor allem jedoch akzentuiert die schulische „Erfahrung mit Kirche" (*Feige*) das Moment *freier Entscheidung*, das jene Inklusionsentscheidung kennzeichnet. Die Norm der schulischen Interaktion transzendiert der Religionsunterricht u.a. dadurch, dass er keinen verpflichtenden Charakter hat; im Vergleich mit dem kirchlichen Unterricht zeichnet ihn das Fehlen jeglicher Zugangsbedingungen aus. Im Religionsunterricht wird eine Beziehung zur Kirche eingeübt, die weder an die rechtliche Mitgliedschaft noch an bestimmte inhaltliche Überzeugungen gebunden ist, sondern die allen Interessierten offen steht.

Es ist dann schließlich, aber nicht zuletzt das *Nebeneinander* kircheninterner und schulisch vermittelter Bildungserfahrungen, das die Verbindlichkeit kirchlich-organisatorischer Mitgliedschaftsnormen nachdrücklich in Frage stellt. Es gibt, so lernt die Heranwachsende im Verlauf ihrer religiösen Bildungskarriere, verschiedenartige Zugänge zur kirchlichen Interaktion: Die Überzeugungen, für die die Kirche steht, können offenbar auch anders erworben und gepflegt werden als durch eine verbindliche Beteiligung an der entsprechenden Gemeinschaft. Die großkirchliche Organisation der religiösen Bildung, so lässt sich zusammenfassen, baut beim Einzelnen nicht nur ein Wissen darum auf, was er von der Kirche in bestimmten Situationen erwarten kann; sondern sie etabliert auch das Wissen, dass der Zugang zu jenen Erfahrungen in ganz unterschiedlichen Mustern zu finden ist.

(b) Die soziale Funktionalität der Kirchenmitgliedschaft setzt voraus, dass die lebensgeschichtlich erworbene und eingeübte Bindung nach eigenem Ermessen und relativ voraussetzungslos zu aktualisieren ist. Diese biographische Mehrschichtigkeit der Mitgliedschaft verweist auf eine Organisation, die in der individuellen Erfahrungswelt ihrerseits *mehrschichtig präsent* ist. Die kirchliche Institution verbindet sich mit den lebensweltlichen Widerlagern des Individualisierungsprozesses; sie geht jedoch in deren „nischenhaften" Begrenzung nicht auf, sondern ist zugleich gesellschaftsöffentlich erfahrbar[434]. In den soziologischen Einzeluntersuchungen ist deutlich geworden (s.o. S. 282-283. 325-327): Diese mehrschichtige Präsenz der kirchlichen Organisation beruht auf einer allgemeinen Zugänglichkeit in *räumlicher,* in *personaler* und in *ritueller* Hinsicht.

Zum Ersten hat die phänomenologische Betrachtung der „treuen Kirchenferne" herausgestellt, dass die ursprüngliche kirchliche Erfahrung nahezu regelmäßig mit eigentümlichen *Gebäuden* verknüpft ist, die zur kindlich-heimatlichen Lebenswelt gehören. Die vertraute Außenansicht „unserer" Kirche, ihr Glockengeläut oder der Eindruck ihres Innenraumes sind als erinnerungsträchtige „Bildträger [...] aus der eigenen Biographie nicht wegzudenken"[435]. Gerade als ein von anderen unterschiedenes und hervorgehobenes Gebäude ist die kirchliche Organisation lebensgeschichtlich immer schon präsent.

Diese räumliche Präsenz der Kirche hat lokale und universale Aspekte. Zunächst gehört jedes Kirchengebäude in einen lokalen Lebensraum, den es mitprägt und von dem es mitgeprägt wird. Zugleich jedoch repräsentiert es eine Größe, die in dieser Lebenswelt nicht aufgeht: Auch an anderen Orten sind Kirchen anzutreffen, die sich ebenfalls auf ihre konkrete Umgebung beziehen, zugleich aber in Ausstattung und Funktion wieder erkennbar sind. Wohin der Lebenslauf der Einzelnen auch immer führt – sie werden jedenfalls einem Gebäude begegnen, das die kirchliche Präsenz an diesem Ort darstellt.

Diese räumliche Präsenz stützt nicht nur die biographische *Ursprünglichkeit* der Kirchenmitgliedschaft sowie ihre *Resistenz* gegenüber der sozialen Mobilität, sondern stellt auch eine Möglichkeitsbedingung ihrer *freiwilligen Aktualisierung* dar: Markieren die privaten wie viele öffentlichen Gebäude des jeweiligen Lebensraums nicht zuletzt bestimmte Verpflichtungen des familiären oder des bürgerlich-gesellschaftlichen Lebens[436], so repräsentiert das Kirchengebäude gerade keine spezifischen Beteiligungsforderungen, sondern steht für die Freiheit, jene anderen Verpflichtungen gelegentlich hinter sich zu lassen. –

Zum Zweiten stimmen die einschlägigen empirischen Untersuchungen darin überein, dass die individuelle Bindung an die Kirche vor allem

---

434 Ganz ähnlich hebt *Daiber,* Religion, 176, hervor, dass die Kirchen in der ausdifferenzierten Gesellschaft der BRD „nicht nur als Organisationen gesehen [werden], sondern als gesamtgesellschaftliche Institutionen, präsent zugleich in der Lebenswelt von Menschen, die religiös-christlich kommunizieren oder auf der Basis ethisch-christlicher Motivation handeln."

435 Fremde Heimat 1993, 21. Zur Wahrnehmung des Kirchengebäudes im Kontext der DDR-Gesellschaft vgl. auch Fremde Heimat 1997, 253.

436 Man denke an Gerichtsgebäude, kommunale Ämter, Betriebsgebäude u.v.a.

durch eine personale Vermittlung erworben wird: Es sind die *Pfarrerinnen und Pfarrer*, die die Wahrnehmung der Institution durch ihre Mitglieder von Anfang an prägen[437]. Die spezifischen Formen und Inhalte der kirchlichen Kommunikation begegnen dem Individuum in der Gestalt bestimmter Personen, die diese Themen in ihrer eigenen Lebensführung anschaulich repräsentieren. Das können Katecheten, Lehrerinnen, Diakone und Kirchenmusikerinnen sein; vor allem aber sind es die Inhaber des pastoralen Amtes[438].

Auch die pastorale Organisation der Kirche qualifiziert die Mitgliedschaft als ein sozial mehrschichtiges Phänomen. Es ist der Pfarrer der Ortsgemeinde, mit dem das Kirchenmitglied zunächst und zumeist zu tun hat, wenn es seine Mitgliedschaft in Anspruch nimmt; und dieses pastorale Handeln vollzieht sich in intensiver Wechselwirkung mit den sozialen und geschichtlichen Verhältnissen „vor Ort". Zugleich repräsentiert die Pfarrerin jedoch eine Organisation, die nicht nur lokale, sondern gesellschaftlich umfassende Präsenz und Bedeutung beansprucht. Die Eigenart der pastoralen Rolle besteht dann nicht zuletzt darin, dass sie in keinem ihrer sozialen Horizonte aufgeht.

Eben diese soziologische Einsicht hat *M. Josuttis* in seiner Titelformulierung „Der Pfarrer ist anders" zusammengefasst: Der Pfarrer hat zwar selbst eine Familie, repräsentiert aber mehr als die familiären Werte des Zusammenlebens; er gehört zwar zu den öffentlichen Institutionen, wird aber als „Mann der Kirche" immer wieder die gesellschaftlichen Erwartungen enttäuschen; er ist schließlich Repräsentant der kirchlichen Organisation, aber seine persönlichen Überzeugungen sind nicht deckungsgleich mit den Vorgaben des Amtes oder den Erwartungen der Kerngemeinde.

In der Begegnung mit der Pfarrerin werden lebensgeschichtlich prägende Ursprungserfahrungen evoziert[439]. Zugleich ist hier jedoch zu erfahren, dass die eigene Lebensgeschichte nicht in ihren jeweiligen Prägungen aufgeht, sondern ihrerseits potenziell „Anderes" enthält[440]. –

---

437 Zur Bedeutung des Pfarramts für die Mitgliedschaft vgl. aus kirchensoziologischer Sicht nur *Drehsen*, Vorbildlichkeit des Pfarrers; *P. Krusche*, Pfarrer in der Schlüsselrolle; *Lange*, Pfarrer; *Lorenz*, Pfarrer; *Matthes*, Gesellschaftsentwicklung.

438 Auch aus diesem Grund erscheint es problematisch, die sozialen Prägungen individueller Kirchlichkeit vor allem durch die Abfrage inhaltlicher Überzeugungen oder kognitiver Strukturen rekonstruieren zu wollen (s.o. S. 238–242).

439 Auch dieser biographisch rekapitulierende Aspekt kommt in dem Interview mit „Rita", aus der EKD-Umfrage von 1992, zum Ausdruck (vgl. Fremde Heimat 1997, 80f): Im Kontext des Sterbens ihrer Mutter begegnet sie dem Pfarrer ihres Heimatortes (!); gerade mit ihm führt sie Gespräche über „die letzten Dinge"; vgl. dazu *Zimmermann*, Verbundenheit, 109f; *Gräb*, LLS, 189f.

440 Vgl. *Neubert*, Einrichtung Pfarrer, 263: „Die gesellschaftliche Sonderstellung des Pfarrers, sein Andersseinmüssen, enthält auch die Qualität des Andersseinkönnens."

Die mehrschichtige öffentliche Präsenz der kirchlichen Organisation, die dem Individuum allererst eine selbst gewählte Aktualisierung der Mitgliedschaft ermöglicht, konkretisiert sich nicht allein in der Gestalt eigentümlicher Kirchengebäude und örtlich zuständiger Pfarrerinnen und Pfarrer. Vielmehr wird, zum Dritten, die soziale Gestalt dieser Mitgliedschaft vor allem dadurch geprägt, dass in jenen Gebäuden durch jene Personen *regelmäßig Gottesdienste veranstaltet werden*, die ihrerseits eine spezifische Handlungsstruktur aufweisen[441]. Auch in soziologischer Sicht ist es die liturgische Grundstruktur des kirchlichen Handelns, die die soziale Eigentümlichkeit der Mitgliedschaftsbeziehung konstituiert.

Die Bedeutung der gottesdienstlichen Interaktion zeigt sich schon darin, dass die verschiedenen, soziologisch zu beschreibenden Grundmuster kirchlicher Inklusion sich durchgehend als Grundmuster *liturgischer Beteiligung* rekonstruieren lassen (s.o. III.3). Sowohl die semantisch und emotional intensive Kirchlichkeit als auch die Mitgliedschaftsformen „treuer Kirchenferne" finden in bestimmten Regeln des Gottesdienstbesuches einen prägnanten Ausdruck. Indem die Kirche selbst ihr Ritual gleichsam polyrhythmisch organisiert, stellt sie es den Einzelnen frei, in welcher Häufigkeit und in welcher Weise sie an der kirchlichen Interaktion partizipieren.

Bedeutsam für die Mitgliedschaftsbeziehung ist das gottesdienstliche Handeln weiterhin durch seinen *szenischen* Charakter: Jeder Gottesdienst umfasst eine Vielfalt von Kommunikationsweisen und -ebenen, die zu einem symbolisch konzentrierten Handlungsablauf verbunden sind. Dieser szenische Charakter macht den Ritus zu einem Medium biographischer Erinnerung wie sozialer Vergegenwärtigung: Vergangene wie aktuelle Beziehungsstrukturen lassen sich in dramatischer Verdichtung wahrnehmen; zugleich wird die alltägliche Sozialität durch die liturgische Inszenierung überschritten und damit relativiert[442].

Das liturgische Handeln der Kirche prägt die soziale Gestalt ihrer Mitgliedschaftsbeziehungen schließlich dadurch, dass es sich als ein öffentliches, prinzipiell *frei zugängliches* Ritual vollzieht. Der Einzelne muss weder bestimmte Überzeugungen zum Ausdruck bringen noch eine bestimmte Form oder Dichte kirchlichen Engagements zeigen, um am Gottesdienst partizipieren zu können.

[...] Der Pfarrer gilt schon jetzt bisweilen als das Symbol individueller Freiheit, als das Symbol der Überwindung von Entfremdung."

441 Vgl. zum Folgenden durchgehend *Bieritz*, Gottesdienst als Institution; *Cornehl*, Teilnahme; *Herms*, Wesen des Gottesdienstes. Eine ausführlichere Würdigung der Bedeutung des Gottesdienstes für die kirchliche Mitgliedschaft findet sich in der folgenden „praktisch-theologischen Auswertung".

442 Diese lebensgeschichtlich integrative wie aktuell transzendierende Funktion der Liturgie zeigt sich besonders in der Kasualerfahrung; s.o. S. 274-278.

Zugespitzt kann man sagen: Indem die Kirche ihre Zentralveranstaltung polyrhythmisch und szenisch-rituell strukturiert, fördert sie selbst eine tiefgreifende *Individualisierung* ihrer Mitgliedschaftsbeziehungen: Weil der Ritus selbst keine inneren oder äußeren Teilnahmebedingungen aufstellt, kann die Beteiligung am liturgischen Handeln ganz nach Maßgabe der eigenen sozialen und biographischen Situation erfolgen. Dabei ist die eigentümliche Gestalt kirchlicher Inklusion freilich an spezifische, mehrschichtige *organisatorische* Verhältnisse gebunden.

Eben diese zugleich individuell gewählte und kirchlich immer schon geprägte Bindung entwickelt eine spezifische soziale Funktionalität: Sie eröffnet den Einzelnen einen zwanglosen Zugang zu Dimensionen der Lebensführung, die die Auswirkungen der gesellschaftlichen Modernisierung relativieren. In der Bindung an die identitätsbildenden und -entlastenden liturgischen Vollzüge repräsentieren die kirchlichen Mitgliedschaftsbeziehungen ein Jenseits gesellschaftlicher Individualisierung. Eben damit stellen sie ein sozial bedeutsames Phänomen dar.

Praktisch-theologische Auswertung: Die Gestaltung der kirchlichen Beziehungen im Gottesdienst

1. Die liturgische Organisation der Mitgliedschaft

Die soziologische Betrachtung hat herausgestellt, dass die Gestalt der kirchlichen Mitgliedschaft nicht nur durch die Verhältnisse der „individualisierten" Gesellschaft sowie durch die spezifische Lebensgeschichte der Einzelnen geprägt ist, sondern dass auch die Kirche selbst hier einen wesentlichen Einfluss ausübt. Freilich werden die kirchlichen Beziehungen erst in zweiter Linie vom Handeln einzelner Verantwortungsträger in spezifischen Situationen bestimmt. In erster Linie ist es die *Organisation*, der regelmäßig geordnete Zusammenhang des kirchlichen Handelns, der als konstitutiver Gestaltungsfaktor der Mitgliedschaft gelten kann.

Mit dieser soziologischen Einsicht ist zugleich die *praktisch-theologische Perspektive* auf die Kirchenmitgliedschaft eröffnet. Denn die Praktische Theologie, verstanden als die Theorie des kirchlichen Handelns[1], fragt nicht zuletzt nach der „Verantwortung", die dieses Handeln für das gegenwärtige Christentum zu übernehmen hat[2]. Die vielfältigen Phänomene des religiösen Lebens werden, auch über den Rahmen des explizit kirchlichen Lebens hinaus, insofern zum Thema der Praktischen Theologie, als diese religiösen Verhältnisse von der kirchlichen Institution geprägt sind und beständig geprägt werden.

Die Praktische Theologie untersucht das Phänomen der individuellen Beziehung zur Kirche darum in einem doppelten Sinne. Zum einen ist *wahrzunehmen*, wie das institutionelle Handeln diese Beziehungen immer schon mitbestimmt hat, nicht zuletzt dadurch, dass es seinerseits zu einem Gegenstand sozial- und lebensgeschichtlicher Überlieferung geworden ist. Zum anderen sind aus dieser Wahrnehmung Konsequenzen zu ziehen für die Art und Weise, in der das aktuelle kirchliche Handeln auf diese Beziehungen *einwirken* kann. Die theoretische Betrachtung der Kirchenmitgliedschaft in ihrer individuellen, sozialen wie auch institutionel-

---

[1] In dieser Bestimmung lassen sich die Beschreibungen des praktisch-theologischen Gegenstandsbezugs seit *F. Schleiermacher* zusammenfassen; vgl. nur *Bloth*, Praktische Theologie, 39ff; *Rössler*, Grundriss der Praktischen Theologie, 4ff. 59f; *Winkler*, Praktische Theologie, 11; *Wintzer*, Praktische Theologie, 1ff.
[2] Vgl. *Rössler*, Grundriss der Praktischen Theologie, 10f. 18f.

len Bedingtheit erlaubt die Formulierung verantwortlicher Handlungsorientierungen für die Förderung und Intensivierung jener Beziehungen.

Die vorliegenden Untersuchungen haben die kirchlichen Beziehungen aus unterschiedlichen Perspektiven betrachtet. Dabei hat sich durchgehend die konstitutive *Bedeutung des Gottesdienstes* gezeigt. Aus systematisch-theologischer Perspektive entsteht der Glauben im Gottesdienst und verhält sich zu diesem Geschehen in einer Spannung von notwendiger Vergewisserung und freier Gestaltung (s.o. S. 110–112). Das Kirchenrecht versteht sich insgesamt als ein dem Gottesdienst dienendes Recht; die juristische Normierung der Mitgliedschaft muss darum im Kern die liturgischen Pflichten und Rechte der Einzelnen beschreiben (s.o. S. 188–189). Die soziologische Untersuchung erweist den Kirchgang als differenzierten Indikator individueller Kirchlichkeit (s.o. S. 254–256). Die konstitutive Rolle der kirchlichen Organisation für die soziale Funktion der Mitgliedschaft konzentriert sich dementsprechend in den Strukturen des gottesdienstlichen Handelns (s.o. S. 345–346).

Für die praktisch-theologische Auswertung legt sich damit die These nahe, dass die kirchliche Verantwortung für die Mitgliedschaftsbeziehungen ihr Zentrum im gottesdienstlichen Handeln findet. Es ist die je eigene wie die kulturell überlieferte *Erfahrung* des Gottesdienstes, die die individuelle Beziehung zur Kirche tiefgreifend prägt; und es ist darum die *Gestaltung* des Gottesdienstes, mittels derer die Kirche ihre Zugehörigkeitsbeziehungen vor allem bestimmt. Die spezifischen Interaktionsregeln, die den Gottesdienst strukturieren, stellen zugleich die basalen Mitgliedschaftsregeln der kirchlichen Organisation dar. Diese These soll in der folgenden Auswertung entfaltet und begründet werden.

Wird das liturgische Geschehen als praktisch-theologischer Schlüssel zur Kirchenmitgliedschaft gedeutet, dann ist zunächst der Begriff des Gottesdienstes genauer zu bestimmen[3]. Im Anschluss an P. *Cornehl* und D. *Rössler* wird „Gottesdienst" hier verstanden als *symbolische Darstellung der Gottesbeziehung, die sich in einem gemeinschaftlichen und regelmäßig geordneten Handeln vollzieht*[4]. Diese Bestimmung ist einerseits enger, andererseits weiter als manche anderen Vorstellungen und Definitionen.

---

3 Einen Einblick in die gegenwärtige liturgietheoretische Diskussion geben je auf ihre Weise: *Bieritz*, Zeichen setzen; *Cornehl*, Liturgiewissenschaft; *Josuttis*, Weg in das Leben; *Ders.*, Gottesdienst als Zeichensystem; *Schmidt-Lauber/Bieritz*, Handbuch der Liturgik; *Synode der EKD*, Der Gottesdienst; *Volp*, Liturgik.

4 Vgl. *Cornehl*, Theorie des Gottesdienstes; *Rössler*, Grundriss der Praktischen Theologie, 441–449. Diese Bestimmung vermag, wie sich im Laufe der folgenden Argumentation zeigen wird, die systematisch-theologischen, kirchenrechtlichen und soziologischen Betrachtungsweisen des Gottesdienstes, auf die in den drei Hauptteilen dieser Arbeit gelegentlich zurückgegriffen wurde, in sich aufzunehmen. Vgl. ähnlich, aber aus ganz unterschiedlichen Richtungen, auch *Kühn*, Gott und Gottesdienst; *Otto*, Zukunft des Gottesdienstes, 132; *Preul*, Gottesdienst und religiöse Sprache, 397f.

Zum einen umfasst der Gottesdienst in diesem Sinne nicht das gesamte christliche Handeln in Kirche und Gesellschaft. Von dem „vernünftigen Gottesdienst" nach Röm 12,1 ist der praktisch-theologische Begriff des Gottesdienstes dadurch unterschieden, dass er auf die *explizite* Symbolisierung einer geistlichen Beziehung rekurriert, die liturgische Praxis also, im Sinne *Schleiermachers*, nicht als wirksames, sondern als darstellendes Handeln konzipiert. Gottesdienst ist dann ausdrücklich eine *kirchliche* Veranstaltung, ein von der Kirche organisiertes Geschehen. Subjekte dieses Geschehens sind freilich alle Beteiligten, weil die Kirche ein gemeinschaftliches Ausdruckshandeln organisiert⁵.

Zum anderen gehört zu dieser kirchlichen Praxis mehr als der sonntägliche „Hauptgottesdienst". *P. Cornehl* hat wiederholt darauf aufmerksam gemacht, dass jene Praxis ein breites Ensemble von Gottesdienstangeboten umfasst, „das über die lebenszyklischen Kasualhandlungen hinaus [...] Gottesdienste für besondere Gelegenheiten und Anlässe, mit besonderen Themen, [...] z.T. an speziellen Orten und zu speziellen Zeiten, z.T. auch für bestimmte Gruppen enthält, die gleichwohl den Anspruch erheben, wirkliche Gottesdienste zu sein"⁶. Die gemeinschaftliche Darstellung der Gottesbeziehung vollzieht sich in einer *Mehrzahl* von Handlungsordnungen, die nicht gegeneinander auszuspielen sind.

Der o.g. praktisch-theologische Begriff des Gottesdienstes ist schließlich auch offen für eine Ausweitung auf diejenigen Elemente des kirchlichen Handelns, welche der symbolisch-geistlichen Darstellung regelmäßig dienen und insofern ihrerseits als Darstellung eines Transzendenzbezuges wahrgenommen werden. In diesem Sinne gehören zum „Gottesdienst" auch die *Räumlichkeiten*, in denen sich das darstellende Handeln der Kirche vollzieht⁷, und die *Personen*, die diese Vollzüge leiten und verantworten⁸.

---

5 Vgl. *Preul*, Gottesdienst und religiöse Sprache, 397: „Obwohl der Gottesdienst von einer einzelnen Person geleitet – wenn man so will ‚organisiert', ‚arrangiert' oder ‚inszeniert' – wird, ist das handelnde *Subjekt* des Gottesdienstes doch ein Kollektiv: die *gottesdienstlich versammelte Gemeinde*."

6 *Cornehl*, Liturgiewissenschaft, 236. AaO. 234-237. 239f ein kritisches Referat über die Versuche, eine normative Grundform gottesdienstlichen Vollzugs zu behaupten; vgl. dazu etwa *Schmidt-Lauber/Bieritz*, Handbuch, 209ff. 216; oder *Herms*, Wesen des Gottesdienstes, 327ff.

7 Vgl. *Volp*, Kirchenbau, 490: „Kirchenräume sind in der Regel umfassende und zugleich profilierte Spuren von gottesdienstlichen Situationen." Vgl. auch *Bieritz*, Heimat Gottesdienst, 257: „Gottesdienst – das ist schließlich die Kirche, die mitten im Dorf steht, als Zeichen eines Zeichens eines Zeichens: Das Haus als Zeichen für das, was in ihm geschieht oder geschehen könnte, und dies wiederum als Zeichen für das, was Kirche ist und war."

8 Der Sohn des Verfassers, der durchaus kirchlich distanziert aufgewachsen ist, hat die Figur des Pfarrers lange Zeit als „Gottesdienstmann" bezeichnet und damit ein kulturell tief verwurzeltes Wahrnehmungsmuster auf den Punkt gebracht.

Die These der vorliegenden Arbeit lautet dann: Praktisch-theologisch ist Kirchenmitgliedschaft im Kern zu verstehen als die vielschichtige Beteiligung der Einzelnen an der symbolischen Darstellung der Gottesbeziehung, wie sie von der Kirche organisiert wird. Diese Beziehungen werden dadurch zum Gegenstand praktisch-theologischer Verantwortung, dass ihre dogmatischen, rechtlichen und sozialen Strukturen sich reformulieren lassen als Strukturen der Teilnahme am liturgischen Handeln. Das ist nun im Einzelnen zu entfalten.

2. Rhythmische Vielfalt der Zugänge

Die dogmatische, die kirchenrechtliche und auch die soziologische Betrachtung stimmen nicht zuletzt darin überein, dass sie die „Doppelkultur protestantischer Kirchenbindungen" (*Drehsen*, Erosion, 222) erklären: Es sind die dialektischen Bezüge von Glaubenserfahrung und Glaubenspraxis in der Kirche, von allgemeiner Normierung und persönlicher Inanspruchnahme der Mitgliedschaftsrechte sowie von organisatorischer Bestimmung und individueller „Unbestimmtheit" der Kirchlichkeit, die jener Doppelkultur zugrunde liegen. Die verschiedenen Deutungen konvergieren darin, dass die Polarität der Mitgliedschaftspraxis als Ausdruck einer irreduziblen Spannung von institutionellen und individuellen Maßstäben erscheint: Kirche und einzelnes Mitglied können gemäß den normativen Erwartungen der Institution oder gemäß den – anders lautenden – Anforderungen der je eigenen Lebensführung in Beziehung treten.

Fragt man nach den Strukturen des liturgischen Handelns, die diese Beziehungspolarität ermöglichen, so wird regelmäßig auf das Nebeneinander wochenzyklischer Gemeindegottesdienste und lebenszyklischer Kasualgottesdienste hingewiesen. Eine einseitige Wertung dieser liturgischen Doppelkultur und damit auch ihrer jeweiligen Teilnehmerschaft scheint schwer zu vermeiden, sei es durch die Rede von „Haupt- und Nebengottesdiensten", sei es umgekehrt durch ihre Deutung als „alltagsferne" bzw. „alltagsnahe" Veranstaltungen. Allerdings: Betrachtet man die „Gesamtheit gottesdienstlicher Kultur"[9] in Geschichte und Gegenwart genauer, so erweisen sich die genannten Gegenüberstellungen als unzureichend. Das liturgische Handeln der Kirche umfasst eine höchst differenzierte Vielfalt wochen-, jahres- und lebenszyklischer Vollzüge; dazu kommen Gottesdienste, die sich an die Zeiteinteilung anderer Institutionen anlehnen[10] oder lokalkulturelle Höhepunkte begleiten.

---

9 *Cornehl*, Art. „Evangelischer Gottesdienst", 54 (Hervorhebung i.O. getilgt).

10 Als Beispiele seien Schulanfangs- und Abschlussgottesdienste genannt; aber auch Gottesdienste zur Eröffnung des Parlaments oder zu anderen öffentlichen Anlässen; weiterhin Universitätsgottesdienste, Militärgottesdienste und die zahlreichen Gottesdienste in allen möglichen „Anstalten".

Es ist von hoher Bedeutung, dass alle diese liturgischen Handlungen nicht von der zufälligen Initiative Einzelner ausgehen, sondern *regelmäßig*, in einer erkennbaren zeitlichen Struktur durchgeführt werden. Indem die kirchliche Organisation eine prägnante Rhythmik der liturgischen Kultur etabliert, wird die plurale Rhythmik der kirchlichen Beteiligung, wie sie von *E. Lange, K. Gabriel, H. Lindner* und anderen herausgearbeitet worden ist (s.o. S. 251-256), allererst konstituiert und stabilisiert[11].

Dass bestimmte Formen kirchlicher Bindung stärker von der Institution, andere stärker vom Einzelnen bestimmt sind, wird man jedenfalls in liturgischer Hinsicht gerade nicht sagen – und entsprechend bewerten – können. In einer historischen Skizze hat *P. Cornehl* gezeigt, dass sämtliche gegenwärtigen Formen des Gottesdienstes in komplexen Auseinandersetzungen zwischen kirchlichen Vorgaben und lebensweltlich-individuellen Anforderungen entstanden sind[12]. Die Form des Sonntagsgottesdienstes, erst recht das Schwinden wie die neue Entstehung von Wochengottesdiensten verraten den Einfluss kultureller und lokaler Entwicklungen[13]. Umgekehrt sind auch die Kasualgottesdienste, erst recht die Gottesdienste zu anderen Anlässen, von spezifischen Maßgaben der kirchlichen Organisation geprägt.

Indem sich das liturgische Handeln der Kirche ausdifferenziert, wird die Grundspannung von institutionellen und individuell-lebensweltlichen Anforderungen nicht einseitig aufgelöst, sondern in eine strukturierte *Vielfalt von kirchlichen „Zugangslogiken"*[14] transformiert. Jeder dieser Zugänge zur Kirche spiegelt eine eigentümliche Logik der individuellen Lebensführung im Ganzen, etwa ein familiär orientiertes, ein kulturell distanziertes oder ein vereinsförmig verbindliches Bindungsverhalten – und zugleich entspricht jede „Zugangslogik" spezifischen kirchlichen Kommunikationsformen, die ihrerseits begründet sind in inhaltlichen Einsichten der christlichen Tradition.

Die praktisch-theologische, am tatsächlichen Handeln der Kirche orientierte Wahrnehmung der Mitgliedschaft wird darum in die Irre gehen, wenn sie eine bestimmte kirchliche Zugangslogik normativ hervorhebt. Die alltagszyklische Bindung, die sich im regelmäßigen Besuch des Sonntagsgottesdienstes zeigt, kann ebensowenig eine besondere Legitimität be-

---

11 Das ist die Hauptthese von *Cornehl*, Teilnahme am Gottesdienst. Vgl. auch *Josuttis*, Weg in das Leben, 56ff.
12 Vgl. *Cornehl*, Art. „Evangelischer Gottesdienst", bes. 57ff. 63ff. 68ff. 75ff.
13 Zum Zeitpunkt des sonntäglichen Gottesdienstes vgl. *Josuttis*, Weg in das Leben, 63: „Wenn die Gottesdienste heute normalerweise am späten Sonntagvormittag stattfinden, dann ist dieser Termin nicht mehr in der Heilsgeschichte präfiguriert; vielmehr verdankt er sich einem Kompromiss, der sich in einer jahrhundertelangen Entwicklung zwischen der kirchlichen Sonntagspflicht einerseits und den körperlichen Bedürfnissen, aber auch den gesellschaftlichen Arbeitsbedingungen andererseits herausgebildet hat."
14 Vgl. zu diesem Begriff *Lindner*, Kirche am Ort, 321f.

anspruchen[15] wie die familienzyklische Bindungsform, die sich auf die Inanspruchnahme der Kasualien konzentriert. Die liturgisch-rhythmische Abstützung *aller* Zugangslogiken macht deutlich, dass es auch aus Sicht der kirchlichen Organisation selbst gute inhaltliche Gründe für verschiedene Beteiligungsformen gibt; und diese Gründe werden nicht dadurch desavouiert, dass – wiederum – *allen* Zugangslogiken individuell-lebensweltliche Grundmuster entsprechen.

Wichtiger als die wechselseitige Auf- oder Abwertung bestimmter Formen der Mitgliedschaft dürfte darum die Betonung ihrer gemeinsamen Grundzüge sein: In einer spezifischen Raum- und Zeiterfahrung, im Kontakt mit der biblischen und kirchlichen Überlieferung, in der Wahrnehmung elementarer Texte und Riten realisiert sich der *Zusammenhang* der kirchlichen Bindungsformen. Dazu sind es die für den Gottesdienst verantwortlichen Personen, die Pfarrerinnen und Pfarrer, die für jede Zugangslogik fundamentale Bedeutung haben.

Indem die Kirche ihr liturgisches Handeln nach *durchgehenden Grundregeln* strukturiert, indem sie bestimmte Gebäude dafür errichtet und bestimmte Personen mit der Gestaltung aller öffentlichen Gottesdienste beauftragt, verhindert sie ein beziehungsloses Nebeneinander der Mitgliedschaftsrhythmen. Sie ermöglicht damit den *individuellen Übergang* von einer Zugangslogik zu einer anderen (s.u. 7 (c)), etwa von einer Lebensphase kulturell distanzierter Kirchlichkeit zu einer Phase intensiverer, kleinfamiliär vermittelter Beteiligung. Indem die verschieden Rhythmen der liturgischen Beteiligung *institutionell* aufeinander bezogen bleiben, wird auch der Zusammenhang der verschiedenen Lebensformen gewahrt, denen diese Rhythmen entsprechen. Mittels einer zugleich pluralen und wiedererkennbaren gottesdienstlichen Kultur vermittelt die Kirche den Beteiligten, die ihr Leben oft als sehr zerrissen erleben, eine Erfahrung der Einheit ihrer Lebensgeschichte, die selten geworden ist[16].

---

15 Die typische Gegenposition wird von *Herms* vertreten: Nur im wöchentlichen Rhythmus komme der „geistliche, [...] unverfügbare Ermöglichungsgrund des Gottesdienstvollzugs zur Darstellung" (Wesen des Gottesdienstes, 329), weil der „erste Tag" die Ostererfahrung repräsentiere (aaO. 327; s.o. S. 46–47). Aber die Unverfügbarkeit der Ostererfahrung wird doch ebenso durch einen bestimmten Ort im Jahrkreis sowie im Tageslauf repräsentiert. *Sämtliche* Rhythmen des Gottesdienstvollzugs, darauf hat *Bieritz* immer wieder hingewiesen, sind durch natürliche und kulturelle Grundlagen und *zugleich* durch ihre „kultisch-religiöse Qualifizierung" gekennzeichnet (vgl. *Bieritz*, Kirchenjahr, 453ff. 459).

16 Auf diese Weise ist die kritisch gemeinte Diagnose von R. *Roosen*, Kirchengemeinde, 454ff, die gegenwärtige Gestalt der Kirchenmitgliedschaft repräsentiere nichts anderes als die „Zerrissenheit" des modernen Menschen, positiv zu wenden.

3. Dimensionale Vielfalt der Beteiligung

Das liturgische Geschehen ist nicht nur durch die Mehrzahl seiner Veranstaltungsformen plural verfasst, sondern auch durch die eigentümliche Kommunikationsstruktur jedes Gottesdienstes. Auch diese *dimensionale* Vielfalt kann als Möglichkeitsbedingung einer pluralen Kultur kirchlicher Beteiligung verstanden werden.

Insbesondere *K.-H. Bieritz* hat die Vielzahl der Kommunikationsmedien oder „Codes„ vor Augen gestellt, die liturgische Verwendung finden[17]. Zur Gestalt des Gottesdienstes gehören räumlich-architektonische, zeitlich-rhythmische, vielfältige stoffliche und vor allem leibliche Bedeutungsträger, die ihm insgesamt einen „szenischen", ja dramatischen Charakter verleihen. Die individuelle Beteiligung am Gottesdienst realisiert sich darum stets auf mehreren Ebenen. Sie umfasst materiale, durchaus auch ökonomische Austauschformen[18]; sie kann sich – in je wechselnder Intensität – mit allen Sinnen vollziehen[19]. Man kann kognitiv-verstehend, emotional-miterlebend und schließlich, wieder in ganz unterschiedlicher Form, bewegend und handelnd am Gottesdienst partizipieren.

Die Vielfalt der liturgischen Medien und Verhaltensformen[20] eröffnet den Einzelnen die Möglichkeit, den Schwerpunkt ihrer Partizipation sehr unterschiedlich zu setzen. Das Spektrum mag hier etwa von der andächtig-stummen Wahrnehmung des Raumes bis zur intensivsten Form liturgischer Kommunikation, dem Abendmahl, reichen.

Darüber hinaus ermöglicht die Pluralität liturgischer Codes die Ausbildung verschiedener *„liturgischer Rollen"*[21]. Die verbalen, musikalischen und pragmatischen Vollzugsebenen lassen sich auf diverse Akteure aufteilen. Auch das liturgische „Publikum" hat unterschiedliche Verhaltensoptionen, sei es beim Mitvollzug von Gebeten und Gesängen, sei es bei kasuellen Vollzügen wie der Taufe oder der Konfirmandensegnung. Noch abgesehen von der jeweiligen „inneren" Beteiligung eröffnet jedes gottesdienstliche Geschehen eine Vielfalt pragmatischer Teilnahmemuster.

Mit der Differenzierung verschiedener Kommunikationsebenen und Teilnahmerollen präfiguriert das liturgische Handeln eine *dimensionale Differenzierung der Mitgliedschaft*, die in dieser Arbeit immer wieder hervorgehoben worden ist. So kann sich die kirchliche Zugehörigkeit im

---

17 Vgl. *Bieritz*, Im Blickpunkt, 18ff; *Ders.*, Zeichen setzen, 13ff. 107ff; *Ders.*, Anthropologische Grundlegung, bes. 98–103. Vgl. auch *Preul*, Kirchentheorie, 153ff.
18 Das betont *Josuttis*, Weg in das Leben, 315ff.
19 Darauf weist auch *Grethlein*, Abriss der Liturgik, 29–32, hin.
20 Dass das gottesdienstliche Geschehen als ein komplexes *Verhalten* zu verstehen ist, hat *Josuttis* zur Grundlage seiner Liturgik gemacht; vgl. *Josuttis*, Weg in das Leben, bes. 18ff.
21 Vgl. zum Folgenden *Bieritz*, Im Blickpunkt, 29ff; *Josuttis*, Weg in das Leben, 164ff; *Merz*, Liturgische Rollen.

Medium inhaltlicher Überzeugungen oder einer – ganz unterschiedlich begründeten – emotionalen Verbundenheit realisieren. Auch dort, wo diese Überzeugungen und Gefühle stark vom Bewusstsein individueller Selbstbestimmung geprägt sind, lassen sie sich doch zugleich als Resultat einer kirchlichen Überlieferungs- und Bildungsgeschichte identifizieren. Selbst die Formen autonomer Religiosität bleiben erkennbar bezogen auf Erfahrungen liturgischer Partizipation (s.o. S. 240–242).

Auch die pragmatische Dimension kirchlicher Bindung spiegelt die Vielfalt gottesdienstlicher Beteiligung. Diese kann sich auf die material-ökonomische Ebene beschränken; die Zahlung von Kirchensteuern, auch viele Spenden, lassen sich durchaus als Unterstützung des regelmäßigen, und d.h. nicht zuletzt des rituellen Handelns der Kirche verstehen. Noch „weiter weg"[22], aber für Einzelne durchaus bedeutsam, kann die eigenständige „Begehung" liturgischer Räume sein. Häufiger noch ist die Inanspruchnahme der pastoralen Personen, die nicht zuletzt dadurch für die Kirche stehen, dass sie als liturgisch Verantwortliche erscheinen. Und auch die Vielfalt kirchlich engagierter, ehrenamtlicher wie beruflicher Teilnahme lässt sich historisch wie aktuell auf die verschiedenen liturgischen Aktionsmöglichkeiten zurückführen[23].

Wird die kirchliche Mitgliedschaft als ein differenziertes Ensemble von Beteiligungs-Rollen aufgefasst, so erscheint die verbreitete Rede von einer „passiven" gegenüber einer „aktiven" Mitgliedschaft als unangemessen. Auch die Formen gelegentlicher, „nur" innerlich-emotionaler oder „nur" äußerlich-finanzieller Beteiligung sind als *Tätigkeiten* aufzufassen: Auch auf diese Weise unterhalten Einzelne eine regelmäßige Beziehung zur kirchlichen Institution[24], die von der Institution selbst durch ihr liturgisches Handlungsangebot unterstützt wird.

Wiederum verbietet sich darum jede Verabsolutierung einer Beteiligungsebene oder -rolle: Ist der Gottesdienst in sich plural dimensioniert, so relativieren und ergänzen sich auch die verschiedenen kirchlichen Mitgliedschaftsrollen gegenseitig. Auf dieser Linie sind die gelegentlichen „Koalitionen" zwischen verschiedenen Dimensionen der Zugehörigkeit zu würdigen[25], und ebenso die individuellen *Übergänge* von materieller zu

---

22 Vgl. *Lindner*, Kirche am Ort, 328.

23 Vgl. *Lindner*, Kirche am Ort, 285 ff; *Rössler*, Grundriss, 515.

24 Auf je ihre Weise haben *Herms* (s.o. S. 44–45) und *Gräb* (s.o. S. 71–76) den prinzipiellen Handlungscharakter kirchlicher Mitgliedschaft betont. Ebenso verweist die Interpretation des Mitgliedschaftsrechts als Ordnung einer *Dienst*-Gemeinschaft auf den Handlungscharakter dieser Beziehungen; s.o. S. 149–151.

25 Auf die Realisierung dieser Einsicht zielt auch *Lindners* Sicht der Kirchenmitglieder, wenn er dazu anregt, je spezifische „evangelische Lebensstile" zu entwickeln, zu pflegen und in „konziliaren Koalitionen" miteinander zu vermitteln (*Lindner*, Kirche am Ort, 337ff, Zitat: 345).

personal engagierter Beteiligung, oder von einer vielschichtigen Beziehung zu einer konzentrierten Form.

4. Objektive Bindung und subjektive Freiheit

Die letzten beiden Abschnitte könnten den Eindruck nahezu unbegrenzter Pluralität, ja der *Beliebigkeit kirchlicher Bindung* erwecken: Je stärker sich das gottesdienstliche Angebot ausdifferenziert, um der Fülle der lebensweltlichen, kulturellen und öffentlichen Anlässe gerecht zu werden, desto unprofilierter scheinen die kirchlichen Organisationsbeziehungen im Ganzen zu werden, die aus jenem gottesdienstlichen Handeln erwachsen. Demgegenüber ist nun herauszustellen, dass dieses liturgische Handeln durchaus kohärent strukturiert ist, nämlich durch eine *eigentümliche Polarität*[26]. Auch die rhythmische und dimensionale Pluralität kirchlicher Zugehörigkeit ist dann als Ausdifferenzierung *einer* spezifischen, in sich zweischichtigen Bindungsstruktur zu verstehen.

Was das liturgische Handeln betrifft, so ist es vor allem sein *ritueller* Charakter, der die Vielfalt gottesdienstlicher Vollzugsformen verbindet[27]. Diese Ritualität kann so beschrieben werden, dass sie ihrerseits als Ausdruck eines bestimmten *religiösen Inhalts* erscheint.

„Jedes Ritual gewährt Sprache und Ausdruck und bindet zugleich daran. Erfahrungen werden von ihm vorformuliert [...] und den Teilnehmern zur Verfügung gestellt, so dass sie nicht alles Einzelne immer selbst suchen und sich mit den anderen darüber verständigen müssen. Der Glaube [...] wird durch das ritualisierte Angebot von der Daueraufgabe entlastet, sich in jeder persönlichen Lebensschwierigkeit und in jeder neuen Lebenslage neu definieren zu müssen. [...] Zugleich kann gerade der Einzelne sich in einem übergreifenden rituellen Gehäuse in seinem Persönlichen und Intimsten geschützt fühlen. Es lässt ihm die Freiheit, den bloßen Mitvollzug als Signal seiner Zustimmung gelten zu lassen, ohne ins Einzelne gehen zu müssen." (*Jetter*, Symbol und Ritual, 94)

Die entlastende, schützende und sogar befreiende Wirkung des Rituals, auch des liturgischen Rituals, beruht offenbar auf seiner regelmäßig wie-

---

26 *Josuttis* hat auf die notwendige „Balance zwischen den elementaren Oppositionen" hingewiesen, „die das Gottesdienstverhalten regulieren: Fixierung und Spontaneität / Tradition und Innovation / Repräsentanz und Partizipation / körperliche und psychische Mobilität / Emotionalität und Rationalität / Aktion und Interpretation" (*Josuttis*, Weg in das Leben, 50).

27 Zur praktisch-theologischen Rezeption des Ritualbegriffs vgl. *Daiber*, Trauung als Ritual; *Hauschildt*, Was ist ein Ritual; *Heimbrock*, Art. „Ritus IV"; *Jetter*, Symbol und Ritual, bes. 93ff; *Josuttis*, Gottesdienst als Ritual.

derholbaren[28] und insofern verbindlichen äußeren Form. Das Ritual des Gottesdienstes stellt für alle Teilnehmenden zunächst eine fest geregelte, gemeinschaftliche Ausdruckform dar, die unabhängig vom individuellen Engagement in Geltung steht. Es ist diese objektive Vorgegebenheit des liturgischen Vollzugs, die als Grundlage subjektiver Freiheit begriffen werden kann[29].

Zur durchschnittlichen Erfahrung des Gottesdienstes gehört zunächst das Wissen, dass er unabhängig von der eigenen Beteiligung stattfindet und stattfinden wird. Sein ritueller Rhythmus impliziert die Freiheit, ihn je nach subjektiver Situation überhaupt in Anspruch zu nehmen und sich, wenn man selber teilnimmt, auf den äußeren Vollzug zu beschränken. Das Maß innerer Aneignung der rituell-liturgischen Ausdrucksform bleibt den Einzelnen überlassen; eben dadurch sind sie in ihrem „Persönlichen und Intimsten geschützt" (*Jetter*).

Zu dieser Deutungsfreiheit gegenüber den „rituellen Angeboten" kommt die mit der Gottesdienstteilnahme verbundene Distanz zu den alltäglichen Verpflichtungen. Gerade weil der Gottesdienstbesuch den Charakter einer gesellschaftlichen oder auch nur familiären Verpflichtung weitgehend verloren hat[30], versetzt er die Einzelnen in einen *eigentümlichen sozialen Raum*, der ihre übrigen Bindungen relativiert.

Mittels der befristeten Aufhebung des Alltags fungiert der Gottesdienst zugleich, wie jedes Ritual, als Bearbeitung der sozialen und psychischen Transzendenzen, die die Verlässlichkeit des Alltags in Frage stellen[31]. Indem das stabile liturgische Ritual die basalen Brüche der Lebensführung zugleich aufdeckt und überbrückt, befreit es die Einzelne davon, „sich in jeder persönlichen Lebensschwierigkeit und in jeder neuen Lebenslage neu definieren zu müssen" (*Jetter*). Auch angesichts jener Transzendenzen ist es die Verbindlichkeit des liturgischen Vollzugs, mit der die innere Freiheit gewahrt bleibt.

Die rituelle Vorgabe des Gottesdienstes eröffnet schließlich auch die Freiheit zur individuellen Aneignung und zur ausdrücklichen Affirmation[32]. Wer die schützende, entlastende und befreiende Wirkung des reli-

---

28 Vgl. *Jetter*, aaO. 103: „Rituale leben von der Wiederholung. [...] Zu allem Kult gehört Wiederholung. Eigentlich ist dies sein Wesen."

29 Vgl. zum Folgenden die Skizzen bei *Cornehl*, Teilnahme am Gottesdienst, 37f; *Daiber*, Gottesdienst, 78ff; *Jetter*, Symbol und Ritual, 97. 104ff; *Josuttis*, Weg in das Leben, 88ff.

30 Vgl. *Cornehl*, Teilnahme am Gottesdienst, 19f; *Pollack*, Gottesdienst und Moderne. Weiter dazu s.u. S. 366.

31 Diese Leistung des Rituals hat zuletzt *Hauschildt*, Was ist ein Ritual, konzentriert dargelegt.

32 Vgl. *Rössler*, Grundriss, 411: „Was den evangelischen Gottesdienst aus den kultischen oder ritualisierten Verhaltensformen des alltäglichen Lebens heraushebt, ist vor allem der explizit religiöse Charakter seiner Inhalte. Es werden also nicht nur ‚Funktionen' religiöser Art ausgeübt, sondern Stellungnahmen und Deutungen zur Sprache ge-

giösen Rituals subjektiv erfahren hat, ist eher dazu bereit, auch die objektive Gegebenheit dieses Vollzugs durch seine personale oder auch finanzielle Beteiligung zu stärken. Die Freiheit *gegenüber* dem Gottesdienst und die Freiheit zu seiner ausdrücklichen *Unterstützung* bedingen sich insofern wechselseitig[33].

Die individuelle Beteiligung am Gottesdienst vollzieht sich, infolge seiner rituellen Struktur, in einer Polarität von objektiv bindender Vorgegebenheit und subjektiver Freiheit der Aneignung. Eben diese Polarität kennzeichnet nun auch die individuelle Beziehung zur Kirche im Ganzen: *Die Kirchenmitgliedschaft ist rituell strukturiert.* Dies hat die vorliegende Untersuchung zunächst in kirchenrechtlicher Perspektive herausgearbeitet; es lässt sich aber auch dogmatisch sowie soziologisch entfalten.

Es ist bereits das *Faktum* einer rechtlichen Regelung der Mitgliedschaft, das eine Polarität von Bindung und Freiheit erkennen lässt. Die kirchliche Organisation ordnet ihre Zugehörigkeitsbeziehungen zum einen mittels eines Kommunikationsmediums, das die Ausübung von äußerem Zwang einschließt (s.o. S. 117): Zur kirchlichen Mitgliedschaft gehört die Befolgung bestimmter, vor allem finanzieller Pflichten. Durch die Formulierung dieser Pflichten im Rahmen des Staatskirchenrechts wird der verbindliche Charakter der Mitgliedschaft noch unterstrichen (s.o. S. 177-178). Zum anderen markiert die rechtliche Normierung jedoch eine Selbstbeschränkung der Organisation: Das Gewissen des Mitglieds kann durch die kirchenrechtlichen Normen nicht gebunden, die Intensität der persönlichen Beziehung dadurch nicht bestimmt werden (s.o. S. 181-184). Auch die jüngsten „Lebensordnungen" regeln vor allem das Handeln der *Organisation*, die mit einem verlässlichen und pluralen Angebot zum individuellen „Leben mit der Kirche" einladen soll[34].

Dass die rechtliche Regelung der Mitgliedschaft im Wesentlichen auf die Freiheit individueller Beteiligung zielt, kommt auch in ihrer Interpretation als Inbegriff kirchlicher Grundrechte zum Ausdruck (s.o. S. 151-156). Denn hier wird die Beziehung zur Kirche ausdrücklich von den einzelnen Mitgliedern her gedeutet. Ihnen wird zum einen die Freiheit zur Distanzierung von den Beteiligungsnormen der Institution zugesprochen; selbst der Kirchenaustritt ist demzufolge „als Inanspruchnahme eines Freiheitsraums anzuerkennen" (*Bock*, Fragen, 322). Zum anderen wird der Rechtsanspruch der Mitglieder auf Beteiligung am kirchlichen

---

bracht, und zwar in der Form von Ritus und Symbol selbst. Darin aber liegt ein reflexives Moment [...]. Insofern ist die Teilnahme am evangelischen Gottesdienst nicht nur Hinnahme ritueller Kommunikation, sondern produktive Beteiligung daran zum Gewinn religiöser Selbständigkeit und Individualität."

33 Zu diesem Ergebnis kommt auch *Denecke*, Frei vom Gottesdienst – frei zum Gottesdienst.

34 Vgl. die Überlegungen im Anschluss an den Lebensordnungsentwurf des DDR-Kirchenbundes bei *Burgsmüller*, Eine neue Generation; dazu oben S. 145-146.

Handeln hervorgehoben, sei es – eher passiv – an Kasualien und Seelsorge, sei es – eher aktiv – an der Leitung der Kirche und ihren Ämtern. Auch in der grundrechtlichen Perspektive bindet das Mitgliedschaftsrecht vornehmlich die Organisation selbst (s.o. S. 155-156): Sie ist ihrerseits verpflichtet, die Freiheit subjektiver Zugänge zum kirchlichen Leben institutionell zu sichern – wiederum nicht zuletzt durch ihr gottesdienstliches, rituell strukturiertes Handeln.

Die kirchenrechtliche Ermöglichung subjektiver Freiheit der Mitgliedschaft durch ihre objektiv verbindliche Normierung lässt sich auch dogmatisch, als Verweis auf eine bestimmte Struktur des Gottesverhältnisses interpretieren[35]. In der rituellen Polarität der Kirchenmitgliedschaft wird dann zum einen festgehalten, dass die Gottesbeziehung sich nicht durch menschliches Handeln, auch nicht durch ein Symbolisierungshandeln konstituiert. In der Verbindlichkeit des kirchlich-institutionellen Handelns bringt sich die bedingungslos verlässliche Vorgegebenheit des göttlichen Handelns zum Ausdruck. Zum anderen erscheint dieses göttliche Zuvorkommen als Ermöglichung einer freien Aneignung des Glaubensgrundes. Die rituelle Grundstruktur der Mitgliedschaft entlastet die individuelle Praxis des Glaubens vom Zwang der Selbstbegründung. Dabei legt sie diese Praxis nicht fest, sondern befreit zu einer eigenständigen Wahrnehmung der gesellschaftlichen wie der kirchlichen Lebensführung.

Die spezifische soziale Gestalt, die die Kirchenmitgliedschaft in der rituellen Verschränkung von objektiver Verbindlichkeit und subjektiver Freiheit annimmt, ist nun in ihrer lebensgeschichtlichen (s.u. 5) und in ihrer kommunikativen Dimension (s.u. 6) zu entfalten.

5. Biographische Dynamik

Die These, dass die eigentümliche Struktur der Kirchenmitgliedschaft wesentlich von der *kirchlichen* Handlungsordnung geprägt ist, wirkt im Blick auf die biographische Dimension zunächst ausgesprochen unplausibel. Gerade in ihrer lebensgeschichtlichen Variabilität scheinen die kirchlichen Beziehungen sich den ausdrücklichen Normen der Organisation nachhaltig zu entziehen.

Auf kirchenrechtlichem Gebiet zeigt sich diese institutionelle Ohnmacht etwa in der Entwicklung, die die kirchlichen Lebensordnungen in den letzten Jahrzehnten genommen haben (s.o. S. 144-146): In den 50er Jahre wurde eine kirchliche Normalbiographie kodifiziert, sie reichte von der Kindertaufe über Christenlehre, Konfirmation und Junge Gemeinde zum regelmäßigen Gottesdienstbesuch und der „freudigen Übernahme" gemeindlicher Dienste. Die neuen Entwürfe der 80er und 90er Jahre verzichten auf das Postulat einer solchen Normalbiogra-

---

35 S.o. S. 105-107. 184-186 sowie unten S. 378-379.

phie und dokumentieren damit die von der Organisation akzeptierte Einsicht, dass die faktischen Mitgliedschaftsbeziehungen nicht (mehr) einer normativ formulierbaren Regel der Lebensführung folgen.

Die kirchensoziologischen Untersuchungen haben herausgestellt, welchen Einflüssen die individuelle Bindungsgeschichte stattdessen unterliegt. Es sind zum einen überindividuelle Prägungen: die regionale Kultur, das soziale Milieu, vor allem die jeweilige familiäre Tradition (s.o. S. 225). Auf diesem Hintergrund sind zum anderen je eigene Lebenserfahrungen und Entscheidungen prägend: Unter den Bedingungen struktureller Individualisierung, die den Einzelnen ein hohes Maß an biographischer Selbstbestimmung zumuten, wird auch die kirchliche Bindung nach den Kriterien sozialer Nützlichkeit gestaltet (s.o. S. 337-338). Die wechselnden Anforderungen, die sich mit dem Jugendalter, der Elternschaft, der Berufstätigkeit und schließlich dem Ruhestand verbinden, kommen in den Phasen der kirchlichen Biographie zu einem präzisen Ausdruck[36].

In der Entscheidung des *Kirchenaustritts*, der die Ohnmacht des institutionellen Handelns besonders deutlich macht, kommen beide Aspekte, der ‚zugeschriebene' wie der ‚erworbene' Charakter der kirchlichen Biographie, regelmäßig zusammen (s.o. S. 287-304): Der individuelle Austritt ist vielfach vorbereitet durch familiäre Traditionen, durch eigene kirchliche Erfahrungen und vor allem durch soziale Unterstützung im Nahbereich. Aktuell wird dieser Schritt häufig von ökonomischen Veränderungen und Zwängen nahe gelegt und dann als geradezu exemplarischer Ausdruck biographischer Autonomie interpretiert.

Auch dort, wo die kirchliche Biographie weniger durch das Handeln der Organisation als vielmehr durch den gesellschaftlichen und familiären Kontext geprägt ist, kommt diese Prägung allerdings in bestimmten Mustern *liturgischer* Beteiligung zum Ausdruck. Erscheint die Struktur der Mitgliedschaft aus der Sicht der Institution nicht selten „unbestimmt", so ist sie seitens der Mitglieder gerade durch die Teilnahme an speziellen Gottesdiensten „bestimmt"[37]. Es sind vor allem die Kasualien und einzelne jahreszyklische Feiern, mit denen das kirchliche Handeln die durchschnittliche Mitgliedsbiographie strukturiert. Wie gewinnt – auch bei institutionsnäheren kirchlichen Biographien – diese gottesdienstliche Beteiligung lebensgeschichtliche Bedeutung?

Auch die biographische Relevanz der Liturgie beruht auf ihrer rituellen Struktur. Jeder Gottesdienst hat einen bildhaften, szenischen Charakter, der viele Wahrnehmungsschichten zugleich anspricht. Die Kasualien und

---

36 Vgl. die Darstellung bei *Roosen*, Kirchengemeinde, 495-506; dazu die detaillierten Untersuchungen in Fremde Heimat 1997, 89ff.
37 Zur „Unbestimmtheit" des Mitgliedschaftsverhaltens vgl. in empirischer Hinsicht o. S. 238-242. 243, in theoretischer Hinsicht o. S. 229-233 zu *J. Matthes*.

die wichtigsten Festgottesdienste weisen eine besonders reichhaltige dramatische Struktur auf, die in ihren konstitutiven Vollzügen von hoher Konstanz ist. Gerade zu diesen Anlässen kommt der konservative Charakter des Gottesdienstes zum Ausdruck, sein wesenhafter Bezug zur Tradition[38]. Diese *szenische Stabilität* insbesondere der herkömmlichen kasuellen Gottesdienste erlaubt den Aufbau tief reichender Erinnerungsbilder. Die rituelle Grundstruktur der Liturgie ist auch dann wiedererkennbar und wieder vollziehbar, wenn man ihr nur in großen Abständen begegnet.

In der Teilnahme an einem Kasualgottesdienst, sei er lebenszyklisch oder jahreszyklisch veranlasst, werden die Beteiligten darum auf eine bestimmte Weise mit ihrer je eigenen Lebensgeschichte konfrontiert[39]. Zunächst bedeutet eine solche Beteiligung – gerade für selten Teilnehmende – eine Rückkehr zu weit zurückliegenden, oft heimatlichen Erfahrungen in aller ihrer Ambivalenz. Zur liturgischen Teilnahme gehört stets ein Element biographischer *Regression*[40]. Indem die aktuelle liturgische Szene Erinnerungen an frühere Gottesdienste evoziert, wird dem Einzelnen aber auch die lebensgeschichtliche Veränderung vor Augen geführt, die ihn dieses Ritual nun anders wahrnehmen lässt als „früher" und „das letzte Mal"[41]. Die stabile, in jeder Lebenssituation wiedererkennbare Ritualität demonstriert *und* relativiert die geographische, soziale und psychische Mobilität des Einzelnen. Die kasuelle Teilnahme enthält darum stets ein Element *lebensgeschichtlicher Rekapitulation*[42].

Die liturgische Teilnahmeerfahrung beinhaltet auf diese Weise eine *biographische Zweischichtigkeit*, die exemplarisch erscheint für die biographische Dynamik der Mitgliedschaft im Ganzen. Dieser Zusammenhang lässt sich dogmatisch (a), kirchenrechtlich (b) und soziologisch (c) formulieren.

---

38 Dass diese Traditionsorientierung theologisch unaufgebbar ist, weil sie das gottesdienstliche Handeln an das Christusgeschehen zurückbindet, macht die Liturgik durchgehend deutlich. Vgl. nur *Bieritz*, Im Blickpunkt, 15ff. 42ff; *Daiber*, Gottesdienst, 82; *Grethlein*, Abriss der Liturgik, 27ff.

39 Vgl. zum Folgenden vor allem *Bieritz*, Zeichen setzen, 203ff; *Cornehl*, Teilnahme, 32–35; *Preul*, Kirchentheorie, 259–267; *Steck*, Kasualien, 679. Weiter s.o. S. 274–278.

40 An einem Einzelbeispiel hat *Bieritz* diese regressive Bedeutung des Gottesdienstes überzeugend demonstriert; vgl. *Bieritz*, Heimat Gottesdienst, 261f. 265f.

41 Im Blick auf die Jahresfeste formuliert *Cornehl*, Teilnahme, 29: „Die Jahr für Jahr wiederkehrenden Feste werden jedesmal aus einer veränderten biographischen Position heraus gefeiert. Dabei erlebt man in Erinnerung und Vorgriff, wie man älter wird."

42 *J. Scharfenberg* hat angedeutet, dass auch die liturgische Struktur des Kirchenjahres als eine *biographische* Struktur interpretiert und zur individuellen Rekapitulation nutzbar gemacht werden könnte; vgl. *Scharfenberg*, Einführung in die Pastoralpsychologie, 79–82.

(a) Zunächst ist auf die ihrerseits doppelsinnige *lebensgeschichtliche Struktur des Glaubens selbst* zu verweisen (s.o. S. 102-103). Zum einen betrifft die Erfahrung des Glaubens die Grundschicht der persönlichen Identität (*Herms*), ja die Konstitution des Subjekts selbst (*Gräb*). Diese Erfahrung wie ihr kirchlicher Kontext sind der individuellen Lebensgeschichte darum – von der Taufe bzw. vom ersten Kontakt mit der Überlieferung des Glaubens an – in fundamentaler Weise vorgegeben. Für diese passive Präsenz des Glaubens steht die Erinnerung an liturgische Szenen und Erfahrungen, die oft weit in die Kindheit zurückreichen. Die biographische Struktur des Glaubens wie der kirchlichen Mitgliedschaft lässt sich dann als ein *Bildungsprozess* verstehen (s.o. S. 48-50): In der regelmäßigen Konfrontation mit dem kirchlichen, nicht zuletzt dem liturgischen Handeln vertiefen sich die religiösen Überzeugungen, die zur Identität des Einzelnen gehören.

Auf der anderen Seite gehört zur Prozessstruktur des Glaubens, das hat besonders *Gräb* herausgearbeitet, aber auch ein Element der aktiven Auseinandersetzung und insofern der Diskontinuität: Was dem Einzelnen vom Glauben immer schon präsent ist und seitens der Kirche immer neu präsentiert wird, das muss doch zum Element einer unvertretbar individuellen „Selbstdeutung" der je eigenen Biographie werden. Glauben ist insofern – wie jedes Bildungsgeschehen – auch eine „Selbsttätigkeit" (*Gräb/Korsch*). Dafür steht nicht zuletzt die Möglichkeit der je neuen Entscheidung, die liturgischen „Deutungsangebote" und damit die kirchliche Mitgliedschaft überhaupt in Anspruch zu nehmen (s.o. S. 76-80).

(b) Für die einschlägigen rechtlichen Regelungen ist zunächst charakteristisch, dass die Zugehörigkeit zur Kirche über weite Strecken nach dem Modell der Staatsbürgerschaft konstruiert wird (s.o. S. 147-149. 177-178): Mit der (Kinder-)Taufe ist die Mitgliedschaft auf eine Weise begründet, die nun weiter keiner eigenen Aktivität bedarf. Rechte und – insbesondere finanzielle – Pflichten wachsen den Einzelnen gleichsam automatisch zu, durch das Erreichen von Altersgrenzen und durch den Eintritt in das Berufsleben. Die Beziehung zur Kirche ist unabhängig von der Äußerung bestimmter Überzeugungen, und sie ist auch unabhängig von der lebensgeschichtlichen Mobilität[43]. Erfüllt das Mitglied die formalen Voraussetzungen, so stehen ihm die kirchlichen Ämter und „Dienste", nicht zuletzt die Gottesdienste überall und in jeder Lebenssituation zur Verfügung.

Diese hoheitliche Rechtsstruktur bildet den Rahmen für eine *subjektive Auswahl und Aneignung* vielfältiger Bindungsformen. In den landeskirchlichen Ordnungen sind die Möglichkeiten zur Aktivierung der Mitgliedschaft im Einzelnen beschrieben, insbesondere die verantwortliche Beteili-

---

[43] Eben darin besteht der Sinn des EKD-Mitgliedschaftsgesetzes sowie vieler staatsrechtlicher Regelungen; s.o. S. 137-138. 141-142. 177-178.

gung am Handeln und an der Leitung der Gemeinde. Indem die biographische Variabilität des subjektiven Engagements in einen objektiv-einheitlichen Rechtsstatus eingebunden ist, kommt die zuverlässige Präsenz Gottes in der Lebensgeschichte auch kirchenrechtlich zum Ausdruck.

(c) In soziologischer Sicht bringt die lebensgeschichtliche Struktur der Mitgliedschaft zunächst die gegenwärtige *„Biographisierung" der sozialen Identität* präzise zum Ausdruck (s.o. S. 337-340). Die Art und Weise, in der die kirchliche Beziehung gestaltet wird, spiegelt allerdings weniger die individuelle Autonomie als vielmehr die *strukturellen Zwänge*, denen die Lebensführung in der Gegenwart unterliegt. Es ist die jeweilige Nähe zu den anonymen Mechanismen des ökonomischen Funktionssystems, die über die Intensität der Kirchenbindung entscheidet – das zeigt sich am Phänomen des Kirchenaustritts ebenso präzise wie umgekehrt an der sozialen Zusammensetzung der vereinskirchlichen Mitgliedschaft. Je stärker die Einzelne genötigt ist, sich selbst als „Planungsbüro" der eigenen Biographie und ihrer Bindungen zu verstehen, desto weniger kommt eine kirchliche Bindung in den Blick, die zu den *Vorgaben* der Lebensgeschichte gehört.

Allerdings: Die doppelschichtige, passive Zuschreibung und freie Aktualisierung verbindende Struktur kirchlicher Mitgliedschaft stellt für die Einzelne, die sich zur biographischen Selbstbestimmung gezwungen sieht, doch auch eine Möglichkeit dar, diesem Zwang temporär oder auf Dauer *zu entgehen* (s.o. S. 284-285. 337-338). In der Beteiligung am kirchlichen, vor allem am liturgischen Handeln eröffnet sich ihr ein Zugang zum Ganzen ihrer Lebensgeschichte, der nicht von bestimmten Qualifikationen oder Leistungsmöglichkeiten abhängig ist.

Die eigentümliche biographische Dynamik der Kirchenmitgliedschaft erscheint demzufolge nicht nur als Ausdruck sozialer Zwänge. Mit dem liturgisch organisierten Angebot, die unverfügbaren Vorgaben der Lebensgeschichte je neu zu aktualisieren, vermag die kirchliche Mitgliedschaft vielmehr selbst zum *Ausgangspunkt biographischer Dynamik* zu werden. Gerade dort, wo die Integrität der eigenen Lebensgeschichte in Frage steht, eröffnet die kirchliche Biographie eine institutionelle Form von Transzendenzerfahrung, die zugleich entlastend und ermutigend wirken kann[44]. Indem die Beteiligung am kirchlichen Ritual Regression ermöglicht, stellt sie zugleich Ressourcen für eine biographische Progression bereit.

---

44 Der Zusammenhang von Transzendenz- und Erneuerungserfahrung im Gottesdienst wird eindrücklich beschrieben bei *Josuttis*, Weg in das Leben, 76-79.

6. Rituelle Sozialität

Die Struktur der kirchlichen Mitgliedschaft ist in der vorliegenden Arbeit nicht nur im Hinblick auf ihre lebensgeschichtlich-individuelle Dimension untersucht worden, sondern auch im Hinblick auf ihre kommunikativ-soziale Dimension. Hier sind zwei Aspekte zu unterscheiden. Zum einen wird immer wieder die Frage virulent, ob jene Zugehörigkeit sich in einer bestimmten Form *innerkirchlicher* Gemeinschaft äußern muss: Stellt die „Gemeinde von Brüdern" und Schwestern (Barmen III) ihre normative Gestalt dar? Oder sind es die mannigfachen Formen selektiver Kirchlichkeit, denen unter den Bedingungen „neuzeitlicher Autonomieanmutung" praktisch-theologisch die Zukunft gehört (*Gräb*)? Oder lässt sich diese Alternative so überwinden, dass beide Grundformen als Varianten *einer* spezifischen, bei aller Pluralität doch erkennbaren Sozialgestalt verständlich werden (s.u. (a))? Damit hängt dann zum anderen der externe Aspekt zusammen: Wie lässt sich das Verhältnis der kirchlichen Beziehung zu *anderen Formen der sozialen Bindung* beschreiben; worin besteht, bei aller Vergleichbarkeit, das Eigentümliche dieser Zugehörigkeit (s.u. (b))?

Die dogmatischen, kirchenrechtlichen und kirchensoziologischen Einsichten, die sich zu dieser Doppelfrage nach der Sozialgestalt kirchlicher Bindung ergeben haben, verweisen wiederum auf den Gottesdienst: Die eigentümliche Beziehungsform, die sich in den liturgischen Vollzügen der Kirche bildet, kann als Paradigma für die Art und Weise verstanden werden, in der die Mitgliedschaftsbeziehungen im Ganzen kommunikative Gestalt gewinnen.

(a) Auch die liturgischen Sozialbeziehungen sind von der oben skizzierten Struktur des Rituals geprägt: Das objektiv verbindliche Muster eröffnet den einzelnen Beteiligten eine große Freiheit des subjektiven Engagements. *J. Ziemer* hat die „offene Gemeinschaftsform des Gottesdienstes" herausgestellt, die „sowohl Kommen wie Gehen, punktuelle Beteiligung wie kritische Distanz" zulässt und darin exemplarisch für den Gemeindeaufbau erscheint[45]:

„Der Gottesdienst soll Raum geben zum Mittun und Mitreden, aber er soll kein Zwang zum Mitmachen sein." Gerade wenn der Gottesdienst eine intensive, geradezu „familiäre" Kommunikation der Beteiligten anstrebt, muss doch „deutlich bleiben, dass die Gemeinschaft, die in ihm erlebt wird, in der symbolischen Gemeinschaft begründet ist, die das gottesdienstliche Leben konstituiert. [...] Die Gemeinschaft gründet nicht primär in den Sympathiebeziehungen der Teilnehmer untereinander, sondern in dem gemeinschaftlichen Bezug auf die eine Mitte, auf Christus, den Kyrios, in dessen Namen sich die Gemeinde versammelt. Der Gottesdienst fügt Menschen zusammen, die diesen nicht selbst be-

---

45 *Ziemer*, Gottesdienst, 621; ebd. auch die Zitate des folgenden Absatzes.

gründen, und über dessen Communio-Charakter sie deshalb auch nicht verfügen."

Als Ritual ist der Gottesdienst ein „soziales Kontaktgeschehen"[46]. Er überlässt die Beteiligten nicht ihrer privaten religiösen Überzeugung, sondern bindet sie in einen gemeinschaftlichen Vollzug ein. Es ist das *individuelle Interesse an diesem gemeinschaftlichen Vollzug*, das die liturgische Sozialität begründet. Sie entsteht, darauf macht *Ziemer* aufmerksam, nicht aus vorgängiger emotionaler Verbundenheit, sondern aus dem Bezug auf eine allen vorgegebene „Mitte". Diese konstitutive liturgische Mitte wird ihrerseits nicht durch bestimmte Personen oder durch ein konkretes Thema repräsentiert, sondern durch die institutionell vorgegebene *Struktur* des Gottesdienstes, durch seine Ritualität.

Die liturgisch gebildeten Sozialbeziehungen sind darum von *symbolischer Qualität*. Die ritualisierte Kommunikation der Gottesdienst-Teilnehmer verweist stets auf mehr als auf ihre persönlichen Einstellungen und Verhältnisse. Die liturgische Sozialform ist Ausdruck eines Transzendenzbezuges, über den die Beteiligten selbst gerade „nicht verfügen" (*Ziemer*). Das heißt aber auch, dass diese rituell begründeten und geordneten Beziehungen nicht unbedingt von hoher kommunikativer Intensität sein müssen. Die geschwisterliche Gemeinschaft kann eine Folge liturgischer Sozialität sein, aber sie gehört nicht notwendig zu ihrem Vollzug. Vielmehr ist festzuhalten, „dass gemeinsames Handeln, wie es das gottesdienstliche Ritual ermöglicht, Ausdruck von Gemeinschaft ist, auch wenn es nicht zur wechselseitigen Kommunikation der Gemeindemitglieder miteinander kommt"[47].

Werden liturgische Beziehungen nicht durch „wechselseitige Kommunikation" konstituiert, sondern durch den gemeinsamen Bezug auf eine rituelle Vorgabe, so gilt dies erst recht für die Sozialgestalt der Mitgliedschaft im Ganzen, deren zentraler Bezugspunkt die jeweilige Gottesdienstbeteiligung ist. Auch diese Sozialgestalt wird nicht durch eine intensive wechselseitige Kommunikation konstituiert. Auch das kirchliche Mitgliedschaftsverhältnis ist vielmehr von „symbolischer" Qualität: Es wird von den Einzelnen als Ausdruck eines Transzendenzbezuges ver-

---

46 *Cornehl*, Aufgaben und Eigenart, 16. *Cornehl* fährt fort (ebd.): „Gottesdienstbesuch darf, auf die Dauer wenigstens, nicht völlig beziehungslos, autistisch sein, sonst lässt man es lieber. Umgekehrt kann man davon ausgehen, dass der Gottesdienst für die regelmäßigen Besucher auch tatsächlich ein Kontakt- und Kommunikationsbedürfnis erfüllt, wie und mit wem auch immer."

47 *Daiber*, Gottesdienst, 89. *Daiber* ergänzt, ganz im Sinne *Jetters* (s.o. das Zitat S. 355-355): „Darüber hinaus umschließt der Verzicht auf eine direkte Kommunikation untereinander auch den Schutz dessen, der den Gottesdienst ganz nur für sich persönlich erleben will."

standen und gelebt, der gerade nicht auf spezifische persönliche Überzeugungen und kommunikative Anstrengungen angewiesen ist.

In diesem Sinne hat die dogmatische Reflexion ergeben, dass die soziale Gestalt der Mitgliedschaftsbeziehung aus der regelmäßigen Inanspruchnahme „objektiver" institutioneller Vorgaben resultiert[48]. Und ebenso hat die kirchenrechtliche Untersuchung die Mitgliedschaft als einen Status beschrieben, der sich primär nicht eigener Aktivität, sondern der passiven Zuordnung zur Institution verdankt. Eine intensive Kommunikationsgemeinschaft der Mitglieder stellt dogmatisch wie rechtlich eine wünschenswerte Folge der institutionellen Beziehung dar; sie kann jedoch nicht als Voraussetzung einer solchen Beziehung gelten. Zudem kommt das Recht einer solchen geschwisterlichen Sozialität dort an seine Grenze, wo sie die symbolische – eben nicht auf wechselseitiger Sympathie oder inhaltlicher Übereinstimmung beruhende – Qualität der Mitgliedschaft zu verdunkeln droht (s.o. S. 173-175).

Gibt man dieser Einsicht eine zugespitzte Formulierung, so lautet sie: Die kirchliche Mitgliedschaft hat im Wesentlichen nicht die Gestalt einer persönlich-unmittelbaren, emotional verpflichtenden *Sozialbeziehung*, sondern sie stellt eine *institutionelle Bindung* dar, die ein großes Spektrum affektiver, kognitiver und pragmatischer Varianten umfasst. Eben dies hat auch die soziologische Betrachtung herausgestellt: Konstitutiv für die kirchliche Inklusion ist zunächst der kommunikative Bezug auf die *rituellen*, nicht auf die inhaltlich-dogmatischen Vorgaben der Institution[49].

Die kirchensoziologische Rekonstruktion hat allerdings auch gezeigt, dass diese rituelle Verbundenheit biographische Phasen intensiverer kirchlicher Erfahrung voraussetzt (s.o. S. 270-271. 341-341). Nur wenn die Einzelne Gelegenheit hatte, die rituelle Sozialität im Kontext persönlicher und wechselseitiger Kommunikation gleichsam zu internalisieren, vermag sie die spezifische soziale Funktion jener Beziehung auf Dauer wahrzunehmen. Eine „familiäre" oder besser kommunitäre Sozialstruktur ist zwar nicht die Regel kirchlicher Mitgliedschaft, wohl aber ein notwendiger Bestandteil dieser Regel.

(b) Auch die gleichsam *externe Kontur* der kirchlichen Sozialität gegenüber anderen Bindungsformen kann im Rekurs auf die Eigenart liturgischer Beziehungen beschrieben werden. Die liturgische Sozialität ist auf

---

[48] S.o. S. 105-107. Nochmals sei darauf verwiesen, dass diese Regelmäßigkeit durchaus *verschiedene Formen* annehmen kann, die mit der strukturierten Vielfalt unterschiedlicher, nicht aufeinander reduzierbarer Regeln oder Rhythmen des liturgischen Handelns der Kirche korrespondieren.

[49] S.o. S. 247-256. Allerdings führt eben dieser zunächst äußerlich-objektive Bezug offenbar dazu, dass die Einzelnen sich auch bei der inhaltlichen Formulierung ihrer religiösen Überzeugungen fast ausnahmslos – affirmativ oder kritisch – an der kirchlich überlieferten Semantik orientieren (S. 240-242).

die Gesamtheit sozialer Kommunikation in einer dialektischen Weise bezogen.

K.-H. Bieritz hat wiederholt das Wechselspiel kultureller Einbettung und gegenkultureller Widerständigkeit der Liturgie herausgestellt[50]. Zwar repräsentieren ihre Zeichen, ihre Texte, Rollen und Szenen in jedem Fall die semantischen und sozialen Verhältnisse der gegenwärtigen Kultur. Zugleich symbolisiert das Ritual des Gottesdienstes jedoch die Verbindlichkeit einer bestimmten Tradition. Insbesondere angesichts des Trends zur subjektivistischen, an immer neuen „Erlebnissen" orientierten Gestaltung aller Sozialbeziehungen kommt dem Gottesdienst der Charakter eines kulturellen „Gegen-Zeichens zu, das auf alternative Lebensmöglichkeiten verweist. Allein schon durch seine widerständige Präsenz inmitten einer korrumpierten, käuflichen, künstlichen [...] Welt kann es die Erfahrung 'einer Wirklichkeit letzter Güte und Klarheit' eröffnen"[51]. Mit den Mitteln der gegenwärtigen Kultur inszeniert der Gottesdienst, so meint Bieritz, ein „Gegen-Spiel" (aaO. 500f) zu den tendenziell tödlichen Spielplänen der Gesellschaft.

Der kulturell widerständige Charakter des Gottesdienstes kann nicht allein gegenüber den individualisierten Beziehungsformen der „Erlebnisgesellschaft" geltend gemacht werden. Die liturgische Dialektik von kultureller Einbettung und Transzendenz gilt vielmehr auch hinsichtlich der lebensweltlichen Sozialbeziehungen. Das hat nicht zuletzt die praktisch-theologische Diskussion der Kasualien deutlich gemacht[52]. Die familiären, die freund- und nachbarschaftlichen Beziehungen werden durch den kasuellen Ritus zunächst symbolisch verdichtet und damit affirmiert. Die Konfrontation mit den Sinnformen der christlichen Tradition vermittelt den Teilnehmenden eines Kasualgottesdienstes jedoch auch Erfahrungen, die die aktuellen sozialen Zuschreibungen ihrer Identität lebens- und heilsgeschichtlich transzendieren (s.o. S. 274-278).

Im Kontext der gesellschaftsöffentlichen wie der nahweltlichen Sozialbeziehungen weist die Beteiligung am Gottesdienst – so hat es E. Lange bereits 1972 formuliert – den Charakter eines „*Spielraums*" auf: Identität wird liturgisch dadurch konstituiert, dass die Einzelnen in eine spielerische und (gelegentlich) festliche Distanz zu ihren alltäglichen Erfahrungen und Aufgaben geraten[53]. Im gottesdienstlichen Ritual werden die sozialen

---

50 Vgl. *Bieritz*, Zeichen setzen, 13ff. 107ff; *Ders.*, Erlebnis Gottesdienst.

51 *Bieritz*, Erlebnis Gottesdienst, 500 (das Zitat im Zitat stammt von G.M. Martin); vgl auch *Bieritz*, Heimat Gottesdienst, 264ff. Den kritischen Akzent des Gottesdienstes gegenüber der Markt- und Leistungsgesellschaft betonen auch *Josuttis*, Weg in das Leben, 48-50. 317-319 u.ö.; *Daiber*, Gottesdienst als Mitte, 81f.

52 Vgl. nur die Deutungen bei *Daiber*, Trauung als Ritual; *Gräb*, LLS, 172ff; *Matthes*, Volkskirchliche Amtshandlungen; *Steck*, Kasualien, 678-680.

53 Vgl. *Lange*, Predigen als Beruf, 83ff, bes. 85-90; hier wird die Themenfrage „Was nützt uns der Gottesdienst?" durch die Stichworte „Identität", „Distanz", „Fei-

Beziehungen sowohl repräsentiert als auch relativiert; sie werden in einen „Horizont der Unbedingtheit" gestellt (*Gräb*; s.o. S. 76-80), der den individuellen Sinn jener Beziehungen je neu und kritisch deutet.

Auch im Ganzen lässt sich die Sozialgestalt der kirchlichen Mitgliedschaft als *ritueller Spielraum* beschreiben, der die übrigen Sozialbeziehungen des Individuums sowohl repräsentiert als auch relativiert. So weist die Rechtsbeziehung der Kirchenmitgliedschaft sowohl Kennzeichen einer öffentlich-rechtlichen, ja geradezu hoheitlichen Beziehung als auch vereinrechtliche Züge auf (s.o. 157-159). Indem die rechtliche Normierung der Mitgliedschaft mehrschichtig strukturiert ist, geht sie mit keiner der „weltlichen" Beziehungsformen konform, sondern steht zu allen in dialektischer Spannung.

Ähnlich hat die dogmatische Reflexion ergeben, dass die notwendig kirchliche Beziehung des Glaubens in einer produktiven Differenz zu den anderen Handlungsformen des „christlichen Lebens" bleiben muss (s.o. 103-104). Die soziale Differenz hat ihren theologischen Grund darin, dass die kirchliche Beziehung einer fundamentalen religiösen Vergewisserung und ethischen Orientierung dient (*Herms*). In der regelmäßigen Begegnung mit der kirchlichen „Religionskultur" bildet sich eine Subjektivität, die sozial selbständig handeln kann (*Gräb*). Die kirchliche Beziehung beinhaltet im Wesentlichen die regelmäßige Rückwendung zu dieser identitätskonstituierenden Erfahrung; darum kann sie in den anderen Sozialbeziehungen der Glaubenden nicht aufgehen und für sie auch nicht exemplarisch sein.

Dieser dogmatischen Einsicht entspricht schließlich die kirchensoziologische Wahrnehmung der Mitgliedschaft. Zwar sind es die organisatorischen Inklusionen der Einzelnen sowie ihre institutionellen Bindungen und lebensweltlichen Bezüge, die ihnen eine bestimmte Form und Intensität der kirchlichen Interaktion nahe legen. Zugleich geht diese Interaktionsform jedoch in keinem der genannten Bezüge auf. Auch in soziologischer Perspektive besteht der soziale Sinn der kirchlichen Mitgliedschaft darin, der jeweiligen *Individualität* einen strukturierten „Spielraum" zu verschaffen, in dem sie - in gelegentlicher Distanz zu ihren anderen Sozialbeziehungen - sich neu wahrnehmen, vergewissern und orientieren kann.

Auch diese Überlegungen zur spezifisch rituellen Struktur der Mitgliedschaft lassen es nicht geraten erscheinen, dieser Beziehung eine bestimmte Sozialform, etwa die geschwisterliche Gemeinschaft, normativ zuzuordnen. Es ist vielmehr ausschließlich der Bezug auf die *kirchliche*

---

er" und „Spiel" beantwortet. *H.-G. Heimbrock*, Gottesdienst: Spielraum des Lebens, hat diese Perspektive empirisch angereichert und zu einer Liturgik entfaltet. Mit ähnlicher Intention versteht *K.-P. Jörns* den Gottesdienst als den Ort, an dem die notwendige „Balance zwischen Selbstausgrenzung und Selbstentgrenzung der Gemeinde" ihre konkrete Gestalt findet (*Jörns*, Der Lebensbezug, 40ff; vgl. aaO. 128ff).

Organisationsgestalt, in der sich die Sozialgestalt der Mitgliedschaft bildet und stabil erhält. Hier liegt der entscheidende Ansatzpunkt für die gezielte Beeinflussung dieser Beziehung seitens der Kirche – und für deren praktisch-theologische Orientierung.

7. Praktisch-theologische Handlungsorientierungen

In einem Aufsatz „Wer gehört zur Gemeinde?" hat *E. Winkler* ein Verständnis von Mitgliedschaft kritisiert, das die kirchliche Beteiligung als eine individuelle „Bringeschuld", als eine den Mitgliedern auferlegte Verpflichtung versteht. „Dabei wird nicht oder nicht deutlich genug gesehen, dass die Kirche der Schuldner ist, da sie den Menschen das Evangelium zu bringen hat." (aaO. 202) Bevor die Institution formuliert, was sie von ihren Mitgliedern an finanziellem und persönlichem Engagement erwartet, muss sie *Winkler* zufolge fragen, ob sie selbst denn „den Getauften die nötigen Hilfen zur Aktivierung ihrer Mitgliedschaft" gibt[54].

Dieser Gedanke einer undelegierbaren *Verantwortung der kirchlichen Organisation* für die Gestaltung ihrer Mitgliedschaftsbeziehungen erfährt durch die Argumentation der vorliegenden Arbeit breite Unterstützung. Es sind – gegen ein theologisch wie soziologisch verbreitetes Verständnis – nicht allein die selbstverantwortlichen Individuen oder die sozialen Verhältnisse der Gegenwart, die über die konkrete Mitgliedschaftsbeziehung entscheiden, sondern hier kommt auch dem kirchlichen Handeln selbst konstitutive Bedeutung zu.

Im Folgenden soll daher versucht werden, einige Ansatzpunkte für kirchliche „Hilfen zur Aktivierung [der] Mitgliedschaft" (*Winkler*) zu skizzieren. Die oben noch einmal zusammengefassten Einsichten zur *Wahrnehmung* der Mitgliedschaft können Hinweise zur gezielten *Gestaltung* dieser Beziehung begründen. Dabei geht es hier weniger darum, die zahlreichen Empfehlungen zur „Mitgliederpflege" durch eigene Vorschläge zu ergänzen[55]. Die folgenden Überlegungen zielen vielmehr darauf, jene Empfehlungen – und die ihnen zugrunde liegende, vielerorts bereits

---

54 *Winkler,* Wer gehört zur Gemeinde, 202. 1991 hat *Winkler* den Gedanken einer kirchlichen Verpflichtung gegenüber Menschen, die ihre Zugehörigkeit auf ganz unterschiedliche Weise in Anspruch nehmen, in instruktiver Weise auf die Situation in den neuen Bundesländern angewandt: *Winkler,* Auch Sympathisanten.

55 Zum Stichwort „Mitgliederpflege" vgl. Fremde Heimat 1997, 358 und insgesamt aaO. 356–363. Weitere praktische Orientierungen zum Thema finden sich u.a. bei *Ebertz,* Gegenwind, Kap. 7; *Feige,* Kirchenmitgliedschaft, 376ff; *Gabriel,* Christentum, 200ff; *Huber,* Kirche in der Zeitenwende, 244ff; *Kirchenamt der EKD,* Christsein gestalten; *Lienemann,* Kirchenmitgliedschaft, 232ff; *Lindner,* Kirche am Ort, 339–346; Minderheit mit Zukunft, 6ff. 13ff; *Roosen,* Kirchengemeinde, 598ff. Vgl. auch viele kirchliche Texte zur Austritts-Problematik; s.o. S. 288 Anm. 280.

geübte Praxis – in einen systematischen Rahmen einzubringen, aus dem dann auch neue Initiativen entwickelt werden können[56].

Für eine solche systematische Orientierung erbringen die vorstehenden Untersuchungen zunächst zwei grundsätzliche Einsichten. Zum einen realisiert sich die Verantwortung der Kirche für ihre Mitgliedschaftsbeziehungen kaum in kurzfristigen und punktuellen Aktivitäten einzelner Gemeinden oder Kirchengebiete. Die Muster und Regeln der Mitgliedschaft bilden sich in kulturell wie biographisch derart langfristigen Prozessen, und sie sind von so vielen sozialen und individuellen Prägungen bestimmt, dass von organisatorischen Einzelaktionen nur wenig Wirkung zu erwarten ist. Die spezifische Verantwortung des kirchlichen Handelns liegt hier nur sekundär in einzelnen Initiativen und Inhalten. Eine zentrale Einsicht der vorliegenden Arbeit besteht vielmehr darin, dass die kirchlichen Beziehungen im Wesentlichen von den relativ *invarianten Strukturen*, von den *Handlungsordnungen* der Institution langfristig und dann allerdings tiefgreifend geprägt sind. Alle Gestaltungsempfehlungen im Blick auf die Mitgliedschaft müssen vor allem diesen *organisatorischen* Strukturen und deren langfristiger Entwicklung gelten.

Unter diesen Strukturen ist es nun zum anderen das *gottesdienstliche Handeln*, das besondere Bedeutung für die Gestaltung der Mitgliedschaft beanspruchen kann. Diese These ist in den vorangehenden Abschnitten der Auswertung entfaltet worden. Kirchliche Handlungsprogramme, die das Mitgliedschaftsverhältnis quantitativ ausweiten oder qualitativ intensivieren sollen, müssen darum zunächst als liturgische Programme formuliert werden. Pastorale Hausbesuche, wie sie *Winkler* und viele andere empfehlen[57], oder gezielte, auch langfristige Aktionen zur Belebung der Mitgliedschaftsbeziehung, etwa die Kampagnen „Neu anfangen" oder „Brücken bauen"[58], haben demnach nur insoweit Sinn, als sie auf die gottesdienstliche Kultur der Kirche hinweisen können und selbst von einer solchen Kultur getragen sind. Beziehen sich die Mitglieder aus theologischen wie aus empirischen Gründen primär auf die liturgischen Vollzüge der Kirche, so ist jede gezielte Gestaltung der Mitgliedschaftsbeziehungen zum Scheitern verurteilt, die nicht ihrerseits einen erkennbaren Bezug zu diesen liturgischen Kernvollzügen aufweist.

---

56 Vgl. *Preul*, Kirchentheorie, VII: „Solide zukunftsweisende Konzepte und Strategien [...] können nur entwickelt werden, wenn zunächst einmal analysiert und eingesehen wird, was die Kirche schon leistet und was *daran* tragfähig, ausbaufähig und gegebenenfalls ergänzungsbedürftig ist."

57 Vgl. *Winkler*, Wer gehört zur Gemeinde, 205; vgl. außerdem nur *Daiber*, Austretmühle, 3; Fremde Heimat, 357f; *Roosen*, Kirchengemeinde, 572ff. 603.

58 Ein instruktiver Überblick über die verschiedenen Modelle findet sich bei *Motikat*, Kirche ohne Konfessionslose, 66–106. Vgl. jetzt auch *Winkler*, Gemeinde zwischen Volkskirche und Diaspora.

Unter diesen Prämissen ist eine Orientierung der organisatorischen Verantwortung für die kirchlichen Beziehungen unter vier Stichworten zu geben: Es geht um eine Akzentuierung der *Polarität* der Mitgliedschaftsstruktur, um eine *Pluralisierung* der Zugangsmöglichkeiten, um die Eröffnung von *Übergängen* zwischen verschiedenen Beteiligungsformen und schließlich um eine institutionelle *Profilierung*.

(a) In dogmatischer wie in empirischer Perspektive sind es zunächst die eigentümlich dialektischen Strukturen der Mitgliedschaft, die ihre spezifischen Funktionen für Glauben und Leben der Einzelnen begründen. Sollen diese Funktionen stabilisiert und gestärkt werden, so wird das kirchliche Handeln darauf achten müssen, jene Spannungsverhältnisse nicht einseitig aufzulösen, sondern sie gezielt *als polare Strukturen zu akzentuieren*, in denen sich beide Spannungspole gegenseitig verstärken und stützen.

Konkret bedeutet dies etwa, die soziologische Polarität zwischen der sozialintegrativen Bedeutung der kirchlichen Mitgliedschaft und ihrer alle sozialen Bindungen transzendierenden Funktion gottesdienstlich wahrzunehmen und zu gestalten (s.o. S. 366). Das liturgische Handeln ist durchgängig auf die individuellen Lebensgeschichten der Beteiligten, auf die sozialen Verhältnisse vor Ort und auf die kulturell-gesellschaftliche „Großwetterlage" zu beziehen. Und zugleich ist der Gottesdienst so zu feiern, dass die Teilnehmenden zu ihren Bindungen und Aufgaben in eine spielerische, in eine entlastende und experimentierfreudige Distanz versetzt werden[59].

Entsprechend wird auch das kirchliche Handeln im Ganzen darauf zu achten haben, dass seine Adressaten einerseits in ihren jeweiligen Lebenskontexten beheimatet und integriert werden, dass sie aber andererseits durch jenes Handeln in einen besonderen, die geltenden Zuschreibungen überschreitenden Raum versetzt werden.

Bedeutsam ist sodann die *biographische Doppelschichtigkeit* der Mitgliedschaft (s.o. S. 359–362): Sie stellt eine lebensgeschichtlich immer schon gegebene Erfahrung mit der Kirche dar, die zugleich einen Freiraum zur aktuellen Inanspruchnahme des institutionellen, vor allem des kasuellen und seelsorgerlichen Handelns eröffnet. Im Sinne dieser inneren Spannung ist zum einen der kirchliche Bildungsprozess des Einzelnen zu

---

59 Vgl. nochmals *Lange*, Predigen als Beruf, 85ff. *M. Josuttis* formuliert diese Maxime in der Sprache der Religionsphänomenologie: „Transzendenz, das bedeutet: gegenüber allen Erfahrungen, die die soziale und individuelle Alltagspraxis vermittelt, erschließt sich im Kult eine spezifische, ansonsten unzugängliche Wirklichkeit. Mit Hilfe von Symbolen und Ritualen nähern sich Menschen einem Bereich, der ihnen bei ihren sonstigen Verrichtungen verschlossen bleibt, obwohl er sie, wie die Luft zum Atmen, von allen Seiten umgibt. [...] Die Suche nach Transzendenzerfahrung in der kultischen Praxis ist deshalb keine Flucht aus Welt, Alltag, Leben, sondern die gezielte und behutsame Annäherung an das Geheimnis der Welt, an den Abgrund des Alltags, an die Quelle des Lebens." (*Josuttis*, Weg in das Leben, 76f)

fördern. Religionspädagogische Bemühungen sind dann nicht zuletzt als kontinuierliche Einübung in die *gottesdienstlichen* Vollzüge zu gestalten[60]. Zum anderen muss diese liturgische Bildungsbemühung jedoch mit der Diskontinuität kirchlicher Beteiligung rechnen. Jeder Gottesdienst, jede Predigt ist darum als ein möglicherweise für die Beteiligten einmaliges „Erlebnis" kirchlicher Kultur zu inszenieren[61]. Zugleich sind diese Inszenierungen daraufhin zu befragen, was sie zur langfristigen Entwicklung einer kirchlichen Biographie beizutragen vermögen.

Paradigma der liturgischen Bemühung um die biographisch zweischichtige Mitgliedschaft ist die *Taufpraxis* der Kirche[62]. Wird die Taufe als ein Fest gestaltet, das alle Sinne und vielfältige soziale Horizonte anspricht, so akzentuiert sie für alle Beteiligten nicht zuletzt die *Vorgabe* der kirchlichen Mitgliedschaft sowie deren lebensgeschichtliche Entwicklungsmöglichkeit. Zum anderen kann der Bezug auf die Taufe auch den individuellen *Rückgriff* auf die kirchliche Bindung strukturieren. So lassen sich etwa die Kasualien als Aktualisierung und Konkretisierung des Taufsegens gestalten; auch andere Gottesdienste können eine ausdrückliche Tauferinnerung beinhalten. Insgesamt lässt sich, das hat *Chr. Grethlein* vielfach gezeigt, ein großer Teil des kirchlichen Handelns, auch über den Rahmen der Ortsgemeinde hinaus, als Erinnerung und Auslegung der Taufe – und damit auch der individuellen Mitgliedschaft – gestalten.

(b) Es war *E. Lange*, der die moderne Differenzierung der Gesellschaft – und ihre Folgen für die Lebensführung – in ihrer *Problematik* für die kirchliche Praxis als einer der Ersten präzise beschrieben hat. Praktisch-theologisch ebenso bedeutsam sind seine Beiträge darin, dass sie jene Differenzierung auch als eine kirchliche *Aufgabe* begreifen.

Weil sich die „parochiale Symbiose" aufgelöst hat, weil es also nicht mehr die kirchliche Institution sein kann, die die Erfahrungen des einzelnen Glaubenden deuten und orientieren kann, sondern nur noch dieser Einzelne selbst[63], darum muss sich das Verhältnis von Institution und Individuum zu einem *wechselseiti-*

---

60 Vgl. nur die Arbeiten von *Bizer* (dazu *Gräb*, Die gestaltete Religion), *Grethlein* und *Heimbrock* zum Thema.
61 Vgl. dazu die religionspädagogische Einsicht von *R. Degen*: „Der auf Wiederholung angelegte Ritus wurde durch das moderne Teilnahmeverhalten [...] zur punktuellen (Sonder- oder Ausnahme-) Kasualie [...]. Zur heutigen gottesdienstlichen Gestaltungsaufgabe wird deshalb auch gehören, ohne (kirchen-)jahreszeitliche Zusammenhänge [...] generell zu verleugnen, den Gottesdienst als Einzelveranstaltung zu profilieren und Menschen in der gottesdienstlichen Sonder- und Ausnahmesituation gerecht zu werden." (*Degen*, Gottesdienst und Religionspädagogik, 635)
62 Vgl. zum Folgenden *Blank/Grethlein*, Einladung zur Taufe; *Grethlein*, Taufpraxis, 240ff; *Möller*, Gottesdienst als Gemeindeaufbau, 148ff; *Volp*, Liturgik, 1162-1182; *Winkler*, Tore zum Leben, 82ff.
63 Vgl. zu dieser Diagnose *Lange*, Chancen des Alltags, 39ff. 204ff; *Ders.*, Predigen als Beruf, 126ff.

gen Partizipationsgeschehen umgestalten. Unter dem bekannten Titel „Kommunikation des Evangeliums" hat *Lange* die Grundstrukturen eines differenzierten kirchlichen Bildungsprogramms entworfen, das in mehreren „Interpretationsstufen" vom „Wort für alle" in Gottesdienst und Predigt ausgeht, in Gemeindekatechumenat, Seelsorge und „mutuum colloquium" zu einem gemeinsam gefundenen „Wort auf den Kopf zu" führt und den Einzelnen dazu befähigt, dieses Wort im „alltäglichen Gottesdienst des Glaubens" zu bewähren[64]. *Lange* betont, dass dieser „Ernstfall des Glaubens", seine Umsetzung in die konkreten Situationen des individuellen Lebens, auch zum Thema von Predigt und Gottesdienst zu werden habe: „Der Gottesdienst setzt in seinem konkreten Vollzug immer schon alle anderen [Kommunikationsstufen] und vor allem diesen Ernstfall voraus."

Die vorliegende Arbeit hat versucht, die von *Lange* skizzierte Pluralität individueller Situationen des Glaubens und der Mitgliedschaft theologisch und vor allem soziologisch zu verstehen. Eine institutionelle Gestaltung der kirchlichen Beziehungen, die ihren sozialen Bedingungen Rechnung trägt, wird die *Vielfalt der Mitgliedschaftsformen* zu stärken und zu strukturieren haben.

Konzentriert man sich wiederum auf den Gottesdienst, so ist zum einen, in externer Hinsicht, der gegenwärtige Trend einer liturgischen Pluralisierung zu unterstützen. Mit *Lindner* ist von einer legitimen Mehrzahl „evangelischer Lebensstile" auszugehen, in denen eigentümliche Ausprägungen des Glaubens sich mit bestimmten Formen kirchlicher Zugehörigkeit und Beteiligung verbinden[65]. Die liturgische Aufmerksamkeit sollte sich darum – ganz im Sinne *Langes* – auf die Pflege verschiedener, gleichsam *stilgerechter* Gottesdienstformen und -rhythmen richten, die die je selbstgewählten Muster der kirchlichen Beziehung stärken.

Zur Pflege einer pluralen liturgischen Kultur gehört zum anderen die Bemühung um Vielfalt ihrer Kommunikationsformen. Bei aller Kritik am strukturbetonten, vielleicht zu sehr am „Baukastenprinzip" orientierten Ansatz der „Erneuerten Agende"[66] markiert sie doch insofern eine wichtige Einsicht, als mittels der Pluralität von Gestaltungsformen auch die *Pluralität liturgischer Zeichensysteme* gleichsam kirchenamtlich vor Augen geführt wird. In dieser medialen Pluralität vermag die gottesdienstliche Gestaltung auf verschiedene kirchliche Beziehungskulturen einzugehen[67], sie

---

64 Vgl. zu *Langes* Programm der differenzierten Kommunikation des Evangeliums vor allem *Lange*, Chancen des Alltags, 209-223; *Ders.*, Predigen als Beruf, 137-141 – aus dem letztgenannten Text auch die Zitate, das folgende Zitat aaO. 141.

65 Vgl. *Lindner*, Kirche am Ort, 320ff; Zitat aaO. 337.

66 Vgl. nur die Bemerkungen bei *Bieritz*, Die Praxis der Zeichen, 24f; *Cornehl*, Liturgiewissenschaft, 240, Anm. 33 mit weiteren Hinweisen.

67 Vgl. dazu – ebenfalls am Beispiel des Gottesdienstes – *Preul*, Kirchentheorie, 280ff, der sich vor allem an der soziolinguistischen Unterscheidung von „elaboriertem vs. restringierten Code" orientiert, also auf schichtspezifische Differenzen abhebt.

in ihrer Vielfalt zu stützen und zugleich füreinander durchlässig zu machen.

Durch die Akzentuierung liturgischer Medien kann das gottesdienstliche Handeln – je nach Situation – die Mitgliederbedürfnisse nach intensiver, familienförmiger Kommunikation ebenso aufnehmen wie die Erwartungen inhaltlicher Prägnanz, kultureller Perfektion oder meditativer Eindrücklichkeit[68]. Auch das Medium ökonomisch-materieller Beziehungen lässt sich aus der Anonymität der Kirchensteuer herausholen und als ein unverzichtbares Moment kirchlicher Beteiligung würdigen, wenn es im liturgischen Geschehen – als Kollekte oder Offertorium – seinen Platz erhält und wenn kirchliche Spendenaktionen gezielt auf den Vollzug des Gottesdienstes bezogen werden[69].

Gerade das liturgische Handeln vermag auch Beziehungen zur Kirche zu integrieren, die sich – aus der Sicht der Organisation – am Rande bewegen. Denn die gottesdienstliche Beteiligung setzt weder formale Mitgliedschaft noch bestimmte inhaltliche Überzeugungen oder emotionale Einstellungen voraus. Diese *Öffentlichkeit* der gottesdienstlichen Kultur, ihre Offenheit für ganz unterschiedliche Zugänge gilt es zu wahren. Umgekehrt ist es zu begrüßen, dass jene kirchlichen Arbeitszweige, die sich besonders an „Randständige" wenden, zunehmend liturgische Elemente wiederentdecken – als Beispiel sei die Krankenhausseelsorge genannt.

Von der Liturgie her ergibt sich auch für den kirchlichen Umgang mit *ausgetretenen Mitgliedern* eine Handlungsorientierung[70], die deren Schritt respektiert und zugleich ihre – jedenfalls aus kirchlicher Sicht – bleibende Verbundenheit mit der Institution beachtet. Die von der EKU-Lebensordnung formulierte „Pflicht" der Gemeinde, „Ausgetretenen nachzugehen, [...] für sie zu beten und sie immer wieder auch zur Rückkehr in die Kirche einzuladen" (Art. 38 (4)), wird primär in einer Einladung zum gottesdienstlichen Leben der Kirche bestehen. Besonders die äußere und innere Vielfalt dieses Lebens kann hier herausgestellt werden. Ausgangspunkt für das Gespräch mit Ausgetretenen sollte nicht zuletzt ihr Getauftsein sein: Wie hat sich diese Vorgabe auf ihre Lebensgeschichte, auch ihre kirchliche Lebensgeschichte ausgewirkt, und wie könnte die Taufe durch neue liturgische Erfahrungen aktualisiert und als „biographische Ressource" hilfreich werden?

---

68 Es dürfte kein Zufall sein, dass *E. Hauschildt* bei seinem Versuch, die Milieutheorie *G. Schultzes* auf die kirchliche Mitgliedschaft anzuwenden, zur Veranschaulichung immer wieder auf typische gottesdienstliche Formen verweist: *Hauschildt*, Milieus in der Kirche, 397ff.

69 Es stimmt nachdenklich, dass gerade für kirchliche Gebäude, Glocken, Blumenschmuck etc. – also für die Unterstützung liturgischer Vollzüge – Spenden auch von „distanzierten" (Nicht-)Mitgliedern besonders reichlich fließen.

70 Vgl. zum Folgenden *Daiber*, In der Austretmühle; *Hermelink*, Gefangen in der Geschichte; *Lienemann*, Kirchenmitgliedschaft, 237ff.

(c) Indem das kirchliche und insbesondere das gottesdienstliche Handeln sich den Mitgliedern als ein äußerlich und innerlich differenziertes Geschehen präsentiert, eröffnet es nicht zuletzt die Möglichkeit *individueller Übergänge* zwischen verschiedenen Bindungsdimensionen und -formen. Diese „Vernetzung" verschiedener Beteiligungsmuster[71], die stets die Chance zu quantitativer oder qualitativer Intensivierung enthält, wird seitens der kirchlichen Organisation immer schon durch ihre kontinuierliche und ubiquitäre Präsenz ermöglicht: Wie auch immer man sich zur Kirche stellt, man ist jedenfalls mit ihrer architektonischen Gegenwart konfrontiert, man wird jedenfalls Pfarrerinnen und Pfarrern begegnen, die für die Vielfalt kirchlichen Handelns stehen, und man wird die Grundformen gottesdienstlichen Handelns wiedererkennen[72].

Es sind diese stabilen und zugleich intern differenzierten Strukturen der kirchlichen Organisation, die verschiedene Beziehungsmuster integrieren und eben damit individuelle biographische Übergänge zwischen diesen Mustern ermöglichen. Für diese organisatorische Vernetzung von Mitgliedschaftsformen seien zwei liturgische Beispiele genannt.

P. Cornehl hat mehrmals auf die integrale Bedeutung des *Jahresfestkreises* hingewiesen[73]. An den herausgehobenen Festgottesdiensten, besonders an der Christvesper, beteiligen sich Mitglieder sehr unterschiedlicher Prägung. Der Ausbau des gesamten Festkreises zu einem thematisch und medial differenzierten Angebot, zu einem „gemeindeeigenen Festkalender" (Gottesdienst als Integration, 62) kann innere Zusammenhänge zwischen den Festen deutlich machen. Auf diese Weise erhalten auch kulturell-selektive Teilnahmeformen eine stabile kirchliche Anbindung, die offen ist für den Übergang zu intensiverer, gleichsam festtranszendenter Beteiligung.

Mit ähnlicher Intention hat *J. Matthes* auf die integrative Funktion der „volkskirchlichen" *Amtshandlungspraxis* hingewiesen[74]. Deren Teilnehmerinnen und Teilnehmer erleben diese Gottesdienste in Positionen ganz unterschiedlicher familiärer Nähe und Betroffenheit, als Eltern, Verwandte, Freunde, als Bekannte oder Gelegenheitsgäste. Die regelmäßige Beteiligung an Amtshandlungen führt damit zur Verschmelzung unterschiedlicher Erinnerungs- und Erwartungshorizonte. Zugleich wird den Einzelnen auf diese Weise die Vielschichtigkeit ihrer *kirchlichen* Biographie vor Augen geführt. Die unterschiedlichen Formen, an einem Kasualgottesdienst zu partizipieren, repräsentieren die Pluralität „volks-

---

71 Vgl. zu diesem Stichwort *Cornehl*, Gottesdienst als Integration, 75ff; *Lindner*, Kirche am Ort, 340. 342. 345f.

72 S.o. S. 282-283. 325-327. 342-346. Zur integrativen Funktion der Pfarrer für verschiedene Mitgliedschaftsmuster vgl. nur *Dahm*, Verbundenheit, 154-156; *Lange*, Predigen als Beruf, 152ff.

73 Vgl. *Cornehl*, Christen feiern Feste; *Ders.*, Gottesdienst als Integration, 61-63; *Ders.*, Teilnahme am Gottesdienst, 27ff.

74 Vgl. *Matthes*, Volkskirchliche Amtshandlungen, bes. 97ff; eine produktive Weiterführung bei *Preul*, Kirchentheorie, 249ff. Weiter s.o. S. 274-278.

kirchlicher" Mitgliedschaftsmuster und zugleich die Möglichkeit, mit diesen Mustern in biographischer Flexibilität umzugehen.

Seitens der Kirche selbst wird seit langem versucht, die Beteiligung an solchen gelegentlichen Gottesdiensten zum Anknüpfungspunkt für *weitere Beteiligungsangebote* zu machen. Hier sind Vorbereitungsseminare für Taufe und Trauung ebenso zu nennen wie Formen der gemeinschaftlichen Nachbereitung aller Amtshandlungen. Auch die Jahresfeste sind – nicht nur auf der Ebene der Ortsgemeinde – von zahlreichen inhaltlichen Angeboten begleitet. Die Veranstaltungen und Projekte der Adventszeit, aber auch der Passionszeit oder der Osterfeiern bringen Menschen aus sehr unterschiedlichen kirchlichen Verhältnissen in Kontakt. Auf diese Weise gibt das Handeln der Organisation einen Anstoß, die je eigenen Beziehungsmuster zu relativieren und zu revidieren.

(d) Soll das kirchliche Handeln sich stärker auf die Pluralität der Mitgliedschaft einlassen, wie von vielen Seiten gefordert wird[75], soll die je *eigene* Entscheidung über die Form kirchlicher Beteiligung von der Institution gezielt unterstützt und gefördert werden, so muss auf der anderen Seite um so deutlicher gemacht werden, auf welche *stabilen und verbindlichen Vorgaben* sich diese Zugehörigkeit bezieht. Um ein konturloses und tendenziell beliebiges Nebeneinander von Mitgliedschaftsformen zu verhindern, ist das *eigentümliche Profil* der kirchlichen Organisation herauszuarbeiten, das – angesichts vielfältiger sozialer Verhältnisse, kultureller Prägungen und lebensgeschichtlicher Mobilität – Kontinuität und zugleich Flexibilität der kirchlichen Beziehung ermöglicht[76].

Im Blick auf das Paradigma des liturgischen Vollzugs hat *K.-F. Daiber* die Notwendigkeit von „festen, geprägten rituellen Formen" betont, „die Wiederkennbarkeit vermitteln und die es dem Einzelnen gestatten, sich als Person in die Gemeinsamkeit der Form einzubringen. [...] Es gibt wohl nicht wenige Gottesdienstbesucher [...], die eine wiedererkennbare, verlässliche Form suchen, in der sie nicht mit dauernd neuen Reizen überfordert werden, sondern in der sie in aktiver Passivität dabei sein können." (*Daiber*, Wo bleiben sie denn, 34)

Diese Wiedererkennbarkeit der liturgischen Kernvollzüge, die als zentrale Möglichkeitsbedingung pluralen „Dabeiseins" gelten kann, ist zunächst *inhaltlich* zu beschreiben: als konsequente Orientierung an dem „einen Gegenstand des Glaubens", an der Objektivität der kirchlichen Überliefe-

---

75 Vgl. nur *Drehsen*, Erosion, 219ff; *Ebertz*, Gegenwind, 143ff; *Failing*, Zugehörigkeit; *Feige*, Kirchenmitgliedschaft, 377ff u.ö.; *Gräb*, LLS, 93ff.
76 Eine solche Beachtung des Eigenprofils des kirchlichen „Systems" – gerade im Blick auf die Verschiedenheit der Mitgliedschaftsmotive und -funktionen – hat *Dahm*, Verbundenheit mit der Volkskirche, bes. 153ff, bereits 1975 gefordert. Für eine Profilierung der Kirche im Dienste der „Subjektivität der einzelnen Christen" hat auch die jüngste Mitgliedschaftsstudie plädiert; vgl. Fremde Heimat 1997, 362f.

rung. Dies hat besonders *E. Herms* gefordert⁷⁷. Zum produktiven Fundament vielfältiger Mitgliedschaft wird das gottesdienstliche Handeln durch den deutlichen Bezug auf die biblische Tradition in Lesung und Auslegung, durch die Präsentation verbindlicher Texte wie Credo und Vaterunser, nicht zuletzt durch die Orientierung an der reformatorischen Rechtfertigungslehre⁷⁸. Auch andere kirchliche Handlungsformen gewinnen ihr Profil für die Mitglieder durch den Bezug auf jene liturgisch zentralen Traditionsstücke.

Die Forderung der „Wiederkennbarkeit" bezieht sich allerdings – auch bei *Daiber* – weniger auf die inhaltliche als vielmehr auf die *formale Gestaltung* des Gottesdienstes. Es sind die invarianten Grundstrukturen des liturgischen Vollzugs, wie sie in der „Erneuerten Agende" festgehalten werden, es sind die stabilen „rituellen Kernszenen" der Kasualien und vieler Festgottesdienste⁷⁹, auf die sich die pluralen liturgischen Zugangsweisen beziehen. Diese elementaren rituellen Vollzugsstrukturen sind darum besonders zu pflegen und herauszustellen. Auch das Plädoyer für eine „Stimmigkeit" der liturgischen Gestaltung⁸⁰ lässt sich mit der Forderung nach ihrer Wiedererkennbarkeit begründen.

Besonders konsequent und theoretisch durchdacht hat *K.-H. Bieritz* den Gottesdienst als ein „offenes Kunstwerk" zu verstehen gegeben⁸¹: Vielfältige Wege der Aneignung eröffnet eine stimmige Gottesdienstordnung dadurch, dass sie auf allen ihren Kommunikationsebenen nach einem *einheitlichen Code* strukturiert ist. Sie muss „ein Muster mit einem eigenen Gesicht" darstellen, mit „einer unverwechselbaren Eigensprache, die auf allen Ebenen wiederkehrt, [die] als organisierende Struktur das Ganze zusammenhält" (*Bieritz*, Zeichen setzen, 115). Als Beispiel nennt *Bieritz* die durchgehende Pädagogisierung des mittelalterlichen Messformulars in *Luthers* „Deutscher Messe" von 1526 (aaO. 115ff). Er selbst plädiert verschiedentlich dafür, die liturgische Form ebenso durchgehend als einen gegenkulturellen, ausdrücklich zweckfreien „Spielraum des Lebens" zu gestalten. Bedeutsam für eine verbindliche Codierung in diesem Sinne sind vor al-

---

77 S.o. S. 49; auch *Grethlein*, Abriss der Liturgik, 19ff, betont – angesichts der ambivalenten biblischen Beurteilung des Kultisch-Rituellen – den *inhaltlichen* Bezug des Gottesdienstes auf das „Christusgeschehen".

78 Vgl. etwa *Preul*, Was ist ein lutherischer Gottesdienst?, 120.

79 Vgl. *Steck*, Kasualien, 680.

80 Vgl. *Kühn*, Gott und Gottesdienst, 78: „Die theologischen Aspekte verlangen anthropologische ‚Stimmigkeit': die ‚Stimmigkeit' der Ordnung des Gottesdienstes [...], die ‚Stimmigkeit' und Schönheit der musikalischen Gestalt, die Angemessenheit der Sprache, die Einbeziehung symbolischer, nichtverbaler Elemente [...]."

81 Vgl. *Bieritz*, Zeichen setzen, 107ff („Gottesdienst als ›offenes Kunstwerk‹? Zur Dramaturgie des Gottesdienstes"); vgl. auch aaO. 159ff. *Bieritz* rezipiert hier *U. Ecos* ästhetische Theorie.

lem die Traditionsbezüge der Liturgie, die in der zeitgenössischen Kultur als „archaisch" erscheinen[82].

Generalisiert man diese liturgischen Überlegungen, so ist es gerade ein striktes Insistieren auf objektiver Verbindlichkeit ihrer rituellen Kernvollzüge, womit die Institution ihr *inhaltliches Profil* wiedererkennbar machen kann. Die Kirche vermag Qualität und Quantität ihrer Mitgliedschaftsbeziehungen vor allem dadurch zu steigern, dass sie die *formale Eigentümlichkeit* der kirchlichen Zugehörigkeit herausstellt: Diese Beziehungen, die sich in der gottesdienstlichen Beteiligung bilden und erneuern, haben einen zweckfreien, einen spielerischen, „nur" darstellenden Charakter und sind damit prinzipiell von allen anderen lebensweltlichen und gesellschaftlichen Beziehungsformen unterschieden. Eben diesen soziale Eigentümlichkeit der kirchlichen Bindung muss auch in anderen Vollzügen erkennbar bleiben. Auch das pädagogische, das seelsorgerliche oder das publizistische Handeln der Organisation qualifiziert sich nicht zuletzt durch den Bezug zur zweckfreien Liturgie als genuin kirchliches Beteiligungsangebot.

Indem die Kirche sich konsequent als eine liturgische Organisation profiliert, ermöglicht sie ihren Mitgliedern eine spezifische Erfahrung, die sich – in den Kategorien der Rechtfertigungslehre – als *Erfahrung extern begründeter Freiheit* deuten lässt. Die verbindliche und wiedererkennbare Gestaltung der rituellen Kernvollzüge eröffnet die Freiheit *zu* einer individuellen Aneignung der Glaubensüberlieferung und eben darin die Freiheit *von* den Ansprüchen und Zumutungen der Lebensführung. Je konsequenter, „stimmiger" dieser Raum ritueller Sozialität strukturiert wird, umso eher wird dem Einzelnen eine Vergewisserung und Erneuerung der eigenen Identität ermöglicht. Was auf diese Weise in der kirchlichen Beziehung Gestalt gewinnt, das ist nichts anderes als die Konstitution der Subjektivität durch eine von außen zugesprochene Freiheit, durch das „verbum externum" des Glaubens.

8. Organisierte Unverfügbarkeit

Das kirchenpraktische Problem der Mitgliedschaft, von dem die vorliegende Arbeit ausgegangen ist, besteht in der gegenwärtig vielleicht besonders bedrängenden Erfahrung, dass die kirchliche Organisation selbst nicht in der Lage ist, die Stabilität ihrer Mitgliedschaftsbeziehungen zu sichern und sich damit als soziale Institution selbst zu erhalten.

---

82 Vgl. *Bieritz*, Erlebnis Gottesdienst, 500f; *Ders.*, Zeichen setzen, 119ff; weiter s.o. S. 366.

Auch in früheren Zeiten waren es weniger die inhaltliche Prägekraft oder die soziale Attraktivität der Institution selbst, die die kirchliche Zugehörigkeit der Einzelnen zum gesellschaftlichen Normalfall gemacht haben. Vielmehr waren es öffentlich-rechtliche Verhältnisse, kulturelle Traditionen und soziale Milieus, die die Mitgliedschaft nahe gelegt und wirkungsvoll stabilisiert haben. In dem Maße, in dem diese äußeren Stützen schwächer werden oder sogar, wie in der ehemaligen DDR, ausdrücklich gegen die kirchliche Beteiligung wirken, wird der Kirche ihre Ohnmacht im Blick auf die eigene Mitgliedschaft vor Augen geführt. Diese Grundeinsicht hat auch die vorliegende Untersuchung herausgestellt: Für die kirchliche Organisation sind die Quantität und Qualität ihrer Mitgliedschaftsbeziehungen im Grunde *unverfügbar*. Das hat ebenso empirische wie theologische Gründe.

In *kirchensoziologischer* Perspektive ist zunächst die Vielfalt der Faktoren deutlich geworden, durch die die kirchliche Beziehung geprägt wird (s.o. S. 257-259): Unter den Bedingungen struktureller „Individualisierung" werden sämtliche Inklusionen zum Gegenstand eigener Entscheidungen, die allerdings ihrerseits von der jeweiligen Lebensgeschichte geprägt sind sowie von den konkreten Anforderungen, die die differenzierte und durchorganisierte Gesellschaft stellt. Auch die kirchliche Inklusion bringt die in sich ambivalenten gesellschaftlichen Verhältnisse und die biographischen Belastungen, die damit verbunden sind, zu einem präzisen Ausdruck. Zugleich jedoch erscheint sie als eine Bindungsform, die jene Verhältnisse und Belastungen transzendiert und damit die *soziale Unverfügbarkeit* der individuellen Identität zu markieren vermag.

Diese soziale Funktion der Mitgliedschaft lässt sich soziologisch auf die spezifische Organisation der kirchlichen Beziehungen zurückführen (s.o. S. 228-233. 342-346 u.ö.). Auf diese Weise erfährt die These von deren organisatorischen Unverfügbarkeit eine bedeutsame Relativierung: Zwar ist die konkrete Gestalt individueller Beteiligung dem kirchlichen Handeln *aktuell* und im Einzelfall weitgehend entzogen. Dafür ist das vielschichtig bedingte Phänomen des Kirchenaustritts ein deutlicher Beleg. Zugleich jedoch ist es die *Struktur* des kirchlichen Handelns, die die eigentümliche Form der Kirchenmitgliedschaft und damit die Erfahrung sozialer Transzendenz und Unverfügbarkeit allererst ermöglicht.

Dieses doppelsinnige Bedingungsverhältnis von kirchlicher Organisation und Mitgliedschaft lässt sich auch *dogmatisch*, im Hinblick auf die Strukturen des Glaubens rekonstruieren. Hier erscheint die regelmäßige und selbständige Beziehung zur Kirche für die Identität und Kontinuität des Glaubens unverzichtbar. Gleichwohl können die kirchlichen Sozialbeziehungen aber nicht als ein Resultat organisatorischer Bemühungen und Normierungen verstanden werden: Es ist auch in theologischer Sicht nicht die Kirche, die über die sie betreffenden individuellen Sozialbeziehungen verfügt, vielmehr wird sie umgekehrt als ein soziales, erkennbares

Gebilde nur durch die geistlich motivierte Beteiligung der Glaubenden gebildet und erhalten.

Die kirchliche Organisation verfügt dann nur insofern über ihre eigene Mitgliedschaft, als sie über die notwendigen, nicht aber hinreichenden Bedingungen der Entstehung des Glaubens verfügt. Je deutlicher sie die Tradition des Glaubens präsentiert, um so eher kann sie hoffen, dass sich die Erfahrung des Glaubens als Erfahrung der Freiheit einstellt. Kirchliche Organisation und individuelle Freiheit bedingen sich auch in dieser Hinsicht *wechselseitig*. Ob diese Freiheit tatsächlich „ubi et quando visum est Deo" erfahren wird (CA V), darüber verfügt die Organisation jedoch ebensowenig wie darüber, ob sich die Glaubenden in freier Einsicht zur kirchlichen Institution zurückwenden und sie unterstützen.

Die eminent freiheitliche Qualität der Mitgliedschaftsbeziehung wird sodann in ihrer *kirchenrechtlichen* Formulierung deutlich, also daran, wie die kirchliche Organisation selbst die Regeln ihrer Mitgliedschaft bestimmt. Durch die Rezeption der gesellschaftlichen Regelungsform des Rechts beschränkt sich die Kirche auf die äußerliche Normierung der Zugehörigkeit und hält den Freiraum für eine Pluralität individuellen, seinerseits geordneten Engagements offen. Die Mitgliedschaftsrechte können darum auch als individuelle Grundrechte gegenüber kirchlich-institutionellen Herrschaftsansprüchen beschrieben werden (s.o. S. 151-156). Auch die rechtliche Normierung der Mitgliedschaft zielt auf eine Gestaltungsfreiheit, über deren individuelle Realisierung die Organisation nicht selbst verfügt.

Auch die soeben skizzierten praktisch-theologischen Handlungsorientierungen dürfen darum nicht so verstanden werden, als könne die Kirche, wenn auch vielleicht langfristig und indirekt, über die Gestalt ihrer Mitgliedschaftsbeziehungen bestimmen und damit schließlich auch sich selbst empirisch erhalten. Zwar kann sich die Organisation bemühen, jene Beziehungen qualitativ und quantitativ zu intensivieren, indem sie die Polarität, die Pluralität und das Profil ihrer Handlungsordnungen, insbesondere ihrer liturgischen Handlungsordnungen, weiter ausarbeitet und akzentuiert. Aber diese kirchlich-organisatorische Unterstützung der Mitgliedschaft kann doch aus den skizzierten Gründen auf nichts anderes zielen als auf die Eröffnung eines *Spielraums*, in dem die Einzelnen ihre *Freiheit* von biographischen Fixierungen, sozialen Zuschreibungen und organisatorischen Anforderungen wahrzunehmen vermögen.

Weil die Erfahrung des Glaubens auf diese Freiheit, diese Unverfügbarkeit der individuellen Identität zielt, darum darf die praktisch-theologische Reflexion die Unverfügbarkeit der kirchlichen Beteiligung nicht etwa bedauernd hinnehmen oder als gar als Gefährdung begreifen. Theologisch verantwortlich handelt die Kirche nur dann, wenn sie die Unverfügbarkeit der individuellen Beziehungsgestaltung positiv aufnimmt und strukturell gezielt fördert.

Die kirchliche Organisation hat die Unverfügbarkeit der Mitgliedschaft nicht als Existenzproblem, sondern als zentrale Handlungsaufgabe wahrzunehmen. Nur wenn sie die fundamentale Freiheit des Glaubens pflegt, die in der eigentümlichen Sozialgestalt der kirchlichen Mitgliedschaft aufgehoben ist, nur dann kann die Kirche erwarten, von ihren Mitgliedern auch selbst unterstützt und erhalten zu werden. Nur als eine *Organisation der Unverfügbarkeit kirchlicher Beziehungen* kann sie erhoffen, dass sich auch für ihre konkrete geschichtliche Gestalt, wie sie hier betrachtet wurde, die in CA VII formulierte Überzeugung bewährt, „quod una sancta ecclesia perpetuo mansura sit".

Literaturverzeichnis

Die Literatur wird im Text der vorliegenden Arbeit mit Kurztiteln zitiert. Wo die Zuordnung zu den hier aufgeführten vollständigen Angaben nicht eindeutig ist, vor allem bei mehreren Arbeiten eines Autors, einer Autorin mit ähnlichem Titel, sind die verwendeten Kurztitel durch Kursivierung markiert oder anschließend genannt.

Ahuis, Ferdinand: Der Kasualgottesdienst. Zwischen Übergangsritus und Amtshandlung, Stuttgart 1985

Alheit, Peter: Religion, Kirche und Lebenslauf. Überlegungen zur „Biographisierung" des Religiösen; ThPr 21/1986, 130-143

Ammer, Heinrich: Die Ordnung der Kirche; in: HBPrTh (B) I, 1975, 229-297

Arnoldshainer Konferenz: Muster einer Ordnung „Kirchenmitgliedschaft"; Amtsblatt EKD 1996, 232-236

Arnoldshainer Konferenz: Muster einer Ordnung „Bestattung"; Amtsblatt EKD 1985, 3-7

Barth, Karl: Die Ordnung der Gemeinde. Zur dogmatischen Grundlegung des Kirchenrechts, München 1955; hier zit. nach: Ders., Kirchliche Dogmatik, Bd. IV/2, Zürich 1955, 765-824

Barz, Heiner: Jugend und Religion, 3 Bd.e, Opladen 1992/93

Beck, Ulrich: Risikogesellschaft. Auf dem Weg in eine andere Moderne, Frankfurt/M. 1986

Beck, Ulrich: Der Konflikt der zwei Modernen; in: W. Zapf (Hg.), Die Modernisierung moderner Gesellschaften, Frankfurt/New York 1991, 40-53

Beck, Ulrich: Die „Individualisierungsdebatte"; in: *B. Schäfers (Hg.)*, Soziologie in Deutschland, Opladen 1995, 185-198

Beck, Ulrich / Beck-Gernsheim, Elisabeth: Nicht Autonomie, sondern Bastelbiographie; ZfS 22/1993, 178-187

Beck, Ulrich / Beck-Gernsheim, Elisabeth (Hg.): Riskante Freiheiten. Individualisierung in modernen Gesellschaften, Frankfurt/M. 1994

Beck, Ulrich: Die Erfindung des Politischen. Zu einer Theorie reflexiver Modernisierung, Frankfurt/M. 1997

Becker, Nikolaus u.a. (Bearb.): Kirche und Staat - Rechtstexte für Studium und Praxis, Neuwied 2. Aufl. 1988

Beintker, Michael: Kann eine Minderheitskirche Volkskirche sein? Reflexionen zu ostdeutschen Erfahrungen und Perspektiven; in: *U. Schnelle (Hg.)*, Reformation und Neuzeit. 300 Jahre Theologie in Halle, Berlin/New York 1994, 303-321

Berger, Peter A. / Hradil, Stefan (Hg.): Lebenslagen, Lebensläufe, Lebensstile; Soziale Welt Sonderband 7, Göttingen 1990

Berger, Peter L.: Der Zwang zur Häresie. Religion in der pluralistischen Gesellschaft, Frankfurt/M. 1980
Berger, Peter L.: Pluralistische Angebote: Kirche auf dem Markt?; in: *Kirchenamt der EKD (Hg.)*, Leben im Angebot. Das Angebot des Lebens. Protestantische Orientierung in der modernen Welt, Gütersloh 1994, 33-48
Berger, Peter L. / Luckmann, Thomas: Die gesellschaftliche Konstruktion der Wirklichkeit. Eine Theorie der Wissenssoziologie, Frankfurt/M. 1969
Berger, Peter L. / Luckmann, Thomas: Modernität, Pluralismus und Sinnkrise. Die Orientierung des modernen Menschen, Gütersloh 1995
Bergmann, Jörg / Hahn, Alois u.a. (Hg.): Religion und Kultur, KZSS SH 33, Opladen 1993
Bieritz, Karl-Heinrich: Im Blickpunkt: Gottesdienst, Berlin 1983
Bieritz, Karl-Heinrich: Gottesdienst als Institution und Prozess (1986); in: *Ders.*, Zeichen setzen, Stuttgart/Berlin/Köln 1995, 188-202
Bieritz, Karl-Heinrich: Kommunikation des Evangeliums oder Reproduktion von Religion?; VF 32/1987, H. 2, 48-62
Bieritz, Karl-Heinrich: Gegengifte. Kasualien in der Risikogesellschaft (1992); in: *Ders.*, Zeichen setzen, Stuttgart/Berlin/Köln 1995, 203-217
Bieritz, Karl-Heinrich: Zeichen setzen. Beiträge zu Gottesdienst und Predigt, Stuttgart/Berlin/Köln 1995
Bieritz, Karl-Heinrich: Die Praxis der Zeichen. Einführung; in: *Ders.*, Zeichen setzen, aaO. 7-25
Bieritz, Karl-Heinrich: Anthropologische Grundlegung; in: *H.-Chr. Schmidt-Lauber / Ders. (Hg.)*, Handbuch der Liturgik, Leipzig/Göttingen 1995, 96-127
Bieritz, Karl-Heinrich: Das Kirchenjahr; in: *H.-Chr. Schmidt-Lauber / Ders. (Hg.)*, Handbuch der Liturgik, Leipzig/Göttingen 1995, 453-489
Bieritz, Karl-Heinrich: Heimat Gottesdienst?; in: *H.-M. Gutmann u.a. (Hg.)*, Theologisches geschenkt. Festschrift für M. Josuttis, Bovenden 1996, 257-268
Bieritz, Karl-Heinrich: Erlebnis Gottesdienst. Zwischen ‚Verbiederung' und Gegenspiel: Liturgisches Handeln im Erlebnishorizont; WzM 48/1996, 488-501
Bindemann, Walter: Vom Hauskreis zur Basisbewegung. Demokratisierungsprozesse in den evangelischen Kirchen der DDR; BThZ 12/1995, 22-39
Bizer, Christoph: Der Konfirmandenunterricht der Zwanzigjährigen; in: *A. Feige u.a.*, Erfahrungen mit Kirche, Hannover 1982, 200-218
Bizer, Christoph: Liturgik und Didaktik; JRP 5/1988, 83-111
Blank, Reiner / Grethlein, Christian: Einladung zur Taufe - Einladung zum Leben, Stuttgart 1993
Bloth, Peter C.: Praktische Theologie, Stuttgart/Berlin/Köln 1994
Bock, Wolfgang: Der Begriff der Kirche in juristischer Sicht; in: *G. Rau / H.-R. Reuter / K. Schlaich (Hg.)*, Das Recht der Kirche, Bd. I, Gütersloh 1997, 126-168
Bock, Wolfgang: Fragen des kirchlichen Mitgliedschaftsrechts; ZEvKR 42/1997, 319-337
Böhm, Rainer: Biographie und Ritual. Biographie in der Perspektive kirchlicher Amtshandlungen; in: *M. Wohlrab-Sahr (Hg.)*, Biographie und Religion, Frankfurt/New York 1995, 180-197

Böhme-Lischewski, Thomas / Lübking, Hans-Martin (Hg.): Engagement und Ratlosigkeit. Konfirmandenunterricht heute – Ergebnisse einer empirischen Untersuchung, Bielefeld 1995

Bovay, Claude: Religion und Gesellschaft in der Schweiz; in: *A. Dubach / R.J. Campiche (Hg.)*, Jede(r) ein Sonderfall?, Zürich/Basel 1993, 173-211

Brandt, Sigrid: Kirche als System? Zu den Theoriegrundlagen von Eilert Herms, Buch „Erfahrbare Kirche"; EvTh 51/1991, 296-304

Brock, Ditmar / Junge, Matthias: Die Theorie gesellschaftlicher Modernisierung und das Problem gesellschaftlicher Integration; ZfS 24/1995, 165-182

Brose, Hanns-Georg / Holtgrewe, Ursula / Wagner, Gabriele: Organisationen, Personen und Biographien. Entwicklungsvarianten von Inklusionsverhältnissen; ZfS 23/1994, 255-274

Brunotte, Heinz / Grundmann, Siegfried u.a.: Personalitätsprinzip und landeskirchliches Territorialprinzip; ZEvKR 7/1959/60, 348-388

Bucher, Anton A.: Familie und religiöse Sozialisation; in: *M. Krüggeler / F. Stolz (Hg.)*, „Ein jedes Herz in seiner Sprache...", Zürich/Basel 1996, 13-35

Büscher, Wolfgang: Unterwegs zur Minderheit. Eine Auswertung konfessionsstatistischer Daten; in: *R. Henkys (Hg.)*, Die evangelischen Kirchen in der DDR. Beiträge zu einer Bestandsaufnahme, München 1982, 422-433

Bürgel, Rainer: Auftrag und Aufgabe der Ordnung des kirchlichen Lebens in kirchenrechtlicher Perspektive. Referat vor der Synode der EKU am 5.6.1998; epd-Dokumentation 29/98, 19-30

Burgsmüller, Alfred: Kirche als „Gemeinde von Brüdern" (Barmen III), Band 2: Votum des Theologischen Ausschusses der Evangelischen Kirche der Union, Gütersloh 1981

Burgsmüller, Alfred: Rechtliche Bindungen kirchlicher Praxis und Tendenzen ihrer Entwicklung; ZEvKR 28/1983, 125-160

Burgsmüller, Alfred: Eine neue Generation von Lebensordnungen?; ZEvKR 30/1985, 354-365

Burkart, Günter: Individualisierung und Elternschaft. Das Beispiel USA; ZfS 22/1993, 159-177

Campenhausen, Axel v.: Mitgliedschaft in der *Volkskirche*. Zum Problem des kirchlichen Mitgliedschaftsrechts (1966); in: *Ders.*, Ges. Aufsätze, Tübingen 1995, 89-109

Campenhausen, Axel v.: Kircheneintritt – Kirchenaustritt – Kirchensteuer nach staatlichem und kirchlichem Recht (1970); in: *Ders.*, Ges. Aufsätze, Tübingen 1995, 110-127

Campenhausen, Axel v.: Verantwortete Partikularität. Mitgliedschaftsvereinbarung und Leuenberger Konkordie (1973); in: *Ders.*, Ges. Aufsätze, Tübingen 1995, 128-140

Campenhausen, Axel v.: Das Problem der Rechtsgestalt in ihrer Spannung zwischen Empirie und Anspruch; in: *A. Burgsmüller (Hg.)*, Kirche als „Gemeinde von Brüdern" (Barmen III), Bd. 1, Gütersloh 1980, 47-72

Campenhausen, Axel v.: Das Kirchenverständnis im Evangelischen Kirchenrecht (1982); in: *Ders.*, Kirchenrecht und Kirchenpolitik, Göttingen 1996, 28-40

Campenhausen, Axel v.: Kirchenrecht; in: *Ders. / G. Wiessner*, Kirchenrecht – Religionswissenschaft, Stuttgart/Berlin/Köln 1993, 7-63

Campenhausen, Axel v.: Die staatskirchenrechtliche Bedeutung des kirchlichen Mitgliedschaftsrechts; in: *J. Listl / D. Pirson (Hg.)*, Handbuch des Staatskirchenrechts der Bundesrepublik Deutschland, Bd. I, Berlin 2. Aufl. 1994, 755-775

Campenhausen, Axel v.: Der Austritt aus den Kirchen und Religionsgemeinschaften; in: *J. Listl / D. Pirson (Hg.)*, Handbuch des Staatskirchenrechts, Bd. I, aaO. 777-785

Campenhausen, Axel v.: Staat und Kirche unter dem Grundgesetz. Eine Orientierung, 2. Aufl. Hannover 1995

Campenhausen, Axel v.: Staatskirchenrecht. Ein Studienbuch, 3. Aufl. München 1996

Campenhausen, Axel v.: Entwicklungstendenzen im kirchlichen Gliedschaftsrecht; ZEvKR 41/1996, 129-141

Campiche, Roland J.: Der Aufbau individueller religiöser Identitäten; in: *A. Dubach / Ders. (Hg.)*, Jede(r) ein Sonderfall?, Zürich/Basel 1993, 51-92

Campiche, Roland J.: Schlussfolgerungen; in: *A. Dubach / Ders. (Hg.)*, Jede(r) ein Sonderfall?, Zürich/Basel 1993, 315-332

Coenen-Marx, Cornelia: Kirchenmitgliedschaft zwischen Zugehörigkeit und Beteiligung; PTh 85/1996, 86-101

Comenius-Institut (Hg.): Religion in der Lebensgeschichte. Interpretative Zugänge am Beispiel der Margret E., Gütersloh 1993

Conze, Werner / Zabel, Hermann / Strätz, Hans-Wolfgang: Säkularisation, Säkularisierung; in: *O. Brunner u.a. (Hg.)*, Geschichtliche Grundbegriffe, Bd. 5, Stuttgart 1984, 789-830

Cornehl, Peter: Art. „Gottesdienst"; in: *F. Klostermann / R. Zerfaß (Hg.)*, Praktische Theologie heute, München 1974, 449-463

Cornehl, Peter: Frömmigkeit – Alltagswelt – Lebenszyklus. Propädeutische Notizen; WPKG 64/1975, 388-401

Cornehl, Peter: Theorie des Gottesdienstes – ein Prospekt; ThQ 159/1979, 178-195

Cornehl, Peter: Aufgaben und Eigenart einer Theorie des Gottesdienstes. Zum Stand der Debatte; PThI 1981, H. 1, 12-37

Cornehl, Peter: Christen feiern Feste. Integrale Festtagspraxis als volkskirchliche Gottesdienststrategie; PTh 70/1981, 218-233

Cornehl, Peter: Gottesdienst als Integration; HBPTh (G) 3, 1983, 59-78

Cornehl, Peter: Art. „Gottesdienst VIII. Evangelischer Gottesdienst von der Reformation bis zur Gegenwart"; TRE 14, 1985, 54-85

Cornehl, Peter: Der Gottesdienst – Kontinuität und Erneuerung christlichen Lebens; in: *T. Rendtorff (Hg.)*, Charisma und Institution, Gütersloh 1985, 160-173

Cornehl, Peter: Zustimmung zum Leben und Glauben. Eine Besinnung auf den Sinn der Feste und Feiertage; PTh 74/1985, 410-425

Cornehl, Peter: Teilnahme am Gottesdienst. Zur Logik des Kirchgangs – Befund und Konsequenzen; in: *J. Matthes (Hg.)*, Kirchenmitgliedschaft im Wandel, Gütersloh 1990, 15-54

Cornehl, Peter: Herausforderung Gottesdienst. Einführung in das Schwerpunktthema der EKD-Synode Wetzlar, November 1997; epd-Dokumentation 50/97, 4-12

Cornehl, Peter / Dutzmann, Martin u.a. (Hg.): „... in der Schar derer, die da feiern". Feste als Gegenstand praktisch-theologischer Reflexion. FS F. Wintzer, Göttingen 1993
Cornelius-Bundschuh, Jochen: Zukunft mit der Kirche; PTh 83/1994, 110-126
Dahm, Karl-Wilhelm: Beruf: Pfarrer. Empirische Aspekte zur Funktion von Kirche und Religion in unserer Gesellschaft, München 1971
Dahm, Karl-Wilhelm: Verbundenheit mit der Volkskirche: Verschiedenartige Motive – Eindeutige Konsequenzen?; in: *J. Matthes (Hg.)*, Erneuerung der Kirche – Stabilität als Chance?, Gelnhausen/Berlin 1975, 113-159
Dahm, Karl-Wilhelm: Kirche im Kopf der Leute. Zur volkskirchlichen Mentalität; EK 20/1987, 450-453
Dahm, Karl-Wilhelm: Distanzierte Dreiviertelkirche und konkurrierende Kerngruppen. Zum Weg der „Volkskirche"; in: *R. Riess (Hg.)*, Wenn der Dornbusch brennt, München 1989, 308-325
Dahm, Karl-Wilhelm: Art. „Kirchenmitgliedschaft"; TRE 18, 1989, 643-649
Daiber, Karl-Fritz: Die Trauung als Ritual; EvTh 33/1973, 578-597
Daiber, Karl-Fritz: Der Gottesdienst als Mitte der Gemeindearbeit; WPKG 69/1980, 74-90
Daiber, Karl-Fritz: Religiöse Orientierungen und Kirchenmitgliedschaft in der Bundesrepublik Deutschland; Gegenwartskunde, SH 5, 1988, 61-73
Daiber, Karl-Fritz: Kirche und religiöse Gemeinschaften in der DDR; Gegenwartskunde, SH 5, 1988, 75-88
Daiber, Karl-Fritz (Hg.): Religion und Konfession. Studien zu politischen, ethischen und religiösen Einstellungen von Katholiken, Protestanten und Konfessionslosen in der BRD und den Niederlanden, Hannover 1989
Daiber, Karl-Fritz: Alltagssynkretismus und dogmatische Tradition. Zur religiösen Kultur unserer Gesellschaft und einiger Defizite im protestantischen Glauben; in: *W. Greive / R. Niemann (Hg.)*, Neu glauben? Religionsvielfalt und neue religiöse Strömungen als Herausforderung an das Christentum, Gütersloh 1990, 101-113
Daiber, Karl-Fritz: In der Austretmühle. Zum Problem der Kirchenaustritte; ZGP 12/1994, H. 1, 2-3
Daiber, Karl-Fritz: *Religion* unter den Bedingungen der Moderne. Die Situation in der Bundesrepublik Deutschland, Marburg 1995
Daiber, Karl-Fritz: Religiöse *Gruppenbildung* als Reaktionsmuster gesellschaftlicher Individualisierungsprozesse; in: *K. Gabriel (Hg.)*, Religiöse Individualisierung oder Säkularisierung, Gütersloh 1996, 86-100
Daiber, Karl-Fritz: Die *Tradierung* christlicher Überzeugungen unter den Bedingungen struktureller Individualisierung – Grenzen und Chancen der Gruppenbildung in Pfarreien und Kirchengemeinden; in: *A. Dubach / W. Lienemann (Hg.)*, Aussicht auf Zukunft, Zürich/Basel 1997, 83-98
Degen, Roland: Gemeindeerneuerung als gemeindepädagogische Aufgabe. Entwicklungen in den evangelischen Kirchen Ostdeutschlands, Münster/Berlin 1992
Degen, Roland: Gottesdienst und Religionspädagogik; in: *H.-Chr. Schmidt-Lauber / K.-H. Bieritz (Hg.)*, Handbuch der Liturgik, Leipzig/Göttingen 1995, 626-636

Denecke, Axel: Frei vom Gottesdienst - frei zum Gottesdienst; ZGP 8/1990, H. 1, 11-15

Denecke, Axel: Begrenzte Gemeindegliedschaft. Weiteres zum Thema „Mitgliederpflege"; PTh 84/1995, 650-653

Dombois, Hans: Ökumenisches Kirchenrecht heute; ZEvKR 24/1979, 225-248

Drehsen, Volker: Die *Heiligung* von Lebensgeschichten. Zur gesellschaftstheologischen Bedeutung von Amtshandlungen (1981); in: *Ders.*, Wie religionsfähig ist die Volkskirche?, Gütersloh 1994, 174-198

Drehsen, Volker: Die angesonnene *Vorbildlichkeit* des Pfarrers. Geschichtliche Remineszenzen und pastoralethische Überlegungen; PTh 78/1989, 88-109

Drehsen, Volker: Lebensgeschichtliche Frömmigkeit. Religiöse Dimensionen des biographischen Interesses in der Neuzeit (1990); in: *Ders.*, Wie religionsfähig ist die Volkskirche?, Gütersloh 1994, 147-173

Drehsen, Volker: Rehabilitierung der *Religion*? Neuinterpretation religiöser Bedürftigkeit in der Gegenwart (1991); in: *Ders.*, Wie religionsfähig ist die Volkskirche?, aaO. 121-146

Drehsen, Volker: Erosion - Auswanderung - Selbstparalysierung. Vermutungen über Schwund und Distanz protestantischer Kirchenbindung; in: *F.W. Graf / K. Tanner (Hg.)*, Protestantische Identität heute. FS T. Rendtorff, Gütersloh 1992, 205-222. 293-297

Drehsen, Volker: Die Anverwandlung des Fremden. Zur wachsenden Wahrscheinlichkeit von Synkretismen in der modernen Gesellschaft (1992); in: *Ders.*, Wie religionsfähig ist die Volkskirche?, Gütersloh 1994, 313-345

Drehsen, Volker: Wie religionsfähig ist die *Volkskirche*? Sozialisationstheoretische Erkundungen neuzeitlicher Christentumspraxis, Gütersloh 1994

Drehsen, Volker: Konfessionalität im Umbruch. Zur Bedeutung des konfessionellen Faktors im modernen Gesellschaftswandel (1994); in: *Ders.*, Wie religionsfähig ist die Volkskirche?, aaO. 92-119

Drehsen, Volker: Alles andere als *Nullbock* auf Religion. Religiöse Einstellungen Jugendlicher zwischen Wahlzwang und Fundamentalisierung; JRP 11/1995, 47-70

Drehsen, Volker / Sparn, Walter (Hg.): Im Schmelztiegel der Religionen. Konturen des modernen Synkretismus, Gütersloh 1996

Dreier, Ralf: Göttliches und menschliches Recht; ZEvKR 32/1987, 289-316

Dressler, Bernhard: Wie bilden sich heute religiöse Identitäten?; PTh 87/1998, 236-252

Dubach, Alfred: Bindungsfähigkeit der Kirchen; in: *Ders. / R.J. Campiche (Hg.)*, Jede(r) ein Sonderfall?, Zürich/Basel 1993, 133-172

Dubach, Alfred: Nachwort: „Es bewegt sich alles, Stillstand gibt es nicht"; in: *Ders. / R.J. Campiche (Hg.)*, Jede(r) ein Sonderfall?, Zürich/Basel 1993, 295-314

Dubach, Alfred: Profil der katholischen Schweizer Kirche in einer strukturell individualisierten Gesellschaft; in: *K. Fechtner / L. Friedrichs u.a. (Hg.)*, Religion wahrnehmen. FS K.-F. Daiber, Marburg 1996, 95-102

Dubach, Alfred: Auf *Loyalität* und Zustimmung angewiesene Kirchen; in: *Ders. / W. Lienemann (Hg.)*, Aussicht auf Zukunft, Zürich/Basel 1997, 37-55

Dubach, Alfred / Campiche, Roland J. (Hg.): Jede(r) ein *Sonderfall?* Religion in der Schweiz. Ergebnisse einer Repräsentativbefragung, Zürich/Basel 1993

Dubach, Alfred / Lienemann, Wolfgang (Hg.): Aussicht auf Zukunft. Auf der Suche nach der sozialen Gestalt der Kirchen von morgen. Kommentare zur Studie „Jede(r) ein Sonderfall? Religion in der Schweiz", Bd. 2, Zürich/Basel 1997

Ebeling, Gerhard: Das Grundgeschehen von Kirche (1962); in: *Ders.*, Wort und Glaube, Bd. III, Tübingen 1975, 463-467

Ebeling, Gerhard: Die Notwendigkeit des christlichen Gottesdienstes (1970); in: *Ders.*, Wort und Glaube, Bd. III, aaO. 533-553

Ebeling, Gerhard: Dogmatik des christlichen Glaubens, Bd. III, Tübingen 1979

Ebers, Nicola: „Individualisierung". Georg Simmel - Norbert Elias - Ulrich Beck, Würzburg 1995

Ebertz, Michael N.: Die Erosion der konfessionellen Biographie; in: *M. Wohlrab-Sahr (Hg.)*, Biographie und Religion, Frankfurt/New York 1995, 155-179

Ebertz, Michael N.: Von der Wahrheit zur Ware? Kirchenmitgliedschaft als Tauschverhältnis; Diskussionen 33/1996, 9-24

Ebertz, Michael N.: Kirchenmitgliedschaft - ein Tauschverhältnis?; ThPQ 145/1997, H. 3, 132-142

Ebertz, Michael N.: Kirche im *Gegenwind*. Zum Umbruch der religiösen Landschaft, Freiburg/Basel/Wien 2. Aufl. 1998

Ebertz, Michael N.: Forschungsbericht zur *Religionssoziologie*; IJPT 1/1997, 268-301

Ehnes, Herbert: Die Bedeutung des Grundgesetzes für die Kirche, insbesondere Grundrechte in der Kirche; ZEvKR 34/1989, 382-405

Ehnes, Herbert: Grundrechte in der Kirche; in: *G. Rau / H.-R. Reuter / K. Schlaich (Hg.)*, Das Recht der Kirche, Bd. I, Gütersloh 1997, 545-568

Eiben, Jürgen: Kirche und Religion. Säkularisierung als sozialistisches Erbe?; in: *Jugendwerk der Deutschen Shell (Hg.)*, Jugend '92, Bd. 2, Opladen 1992, 91-104

EKU-Lebensordnung: s. *Evangelische Kirche der Union (Hg.)*: Ordnung des kirchlichen Lebens ...

Engelhardt, Hanns: Die *Kirchensteuer* in der Bundesrepublik Deutschland, Bad Homburg u.a. 1968

Engelhardt, Hanns: Einige Gedanken zur Kirchenmitgliedschaft im kirchlichen und staatlichen Recht; ZEvKR 41/1996, 142-158

Engelhardt, Klaus / Loewenich, Hermann v. / Steinacker, Peter (Hg.): Fremde Heimat Kirche. Die dritte EKD-Erhebung über Kirchenmitgliedschaft, Gütersloh 1997 [zit. als: Fremde Heimat 1997]

Entwurf VELKD-Leitlinien: s. *Lutherisches Kirchenamt der VELKD (Hg.)*: Leitlinien kirchlichen Lebens ... Entwurf, 1997

Evangelische Kirche der Union (Hg.): Ordnung des kirchlichen Lebens der Evangelischen Kirche der Union, Berlin 1999 [zit. als: EKU-Lebensordnung]

Evangelische Kirche in Deutschland - Kirchenkanzlei (Hg.): Kirchenaustritte als Herausforderung an kirchenleitendes Handeln, Ms. Hannover 1977

Evangelische Kirche in Deutschland (Hg.), Statistischer Bericht SO 1. Kirchenzugehörigkeit in Deutschland - was hat sich verändert? Evangelische und katholische Kirche im Vergleich; Statistische Beilage Nr. 89 zum Amtsblatt der EKD, Heft 10, Oktober 1994

Evangelische Kirche in Deutschland (Hg.), Statistischer Bericht TII 95/96. Statistik über Äußerungen des kirchlichen Lebens in den Gliedkirchen der EKD in den Jahren 1995 und 1996; Statistische Beilage Nr. 92 zum Amtsblatt der EKD, Heft 11, November 1998
Evangelische Kirche in Hessen und Nassau (Hg.), Person und Institution. Volkskirche auf dem Weg in die Zukunft. Arbeitsergebnisse und Empfehlungen der Perspektivkommission der EKHN, 3. Aufl. Frankfurt/M. 1992
Failing, Wolf-Eckart: Zugehörigkeit und Formen der Mitgliedschaft; in: EKHN (Hg.), Person und Institution, aaO. 86-94
Falkenau, Manfred: Zum Gemeindeverständnis in unserer Kirche; in: *Theologische Studienabteilung (Hg.)*, Beiträge A (Gemeinde) 5, Berlin 1986, 10-16
Fechtner, Kristian: Volkskirchliche Praxis zwischen Ökonomie und Kommunikation. Einige Überlegungen zur „Nachfrage" als Handlungsform der Volkskirche; ThPr 28/1993, 191-204
Fechtner, Kristian / Haspel, Michael (Hg.): Religion in der Lebenswelt der Moderne, Stuttgart/Berlin/Köln 1998
Felling, Albert / Peters, Jan / Schreuder, Osmund: Religion im Vergleich. Bundesrepublik Deutschland und Niederlande, Frankfurt/M. u.a. 1987
Feige, Andreas: Kirchenaustritte. Eine soziologische Untersuchung von Ursachen und Bedingungen am Beispiel der Evangelischen Kirche von Berlin-Brandenburg, Gelnhausen/Berlin 2. Aufl. 1977
Feige, Andreas: Erfahrungen mit Kirche. Daten und Analysen einer empirischen Untersuchung über Beziehungen und Einstellungen junger Erwachsener zur Kirche, Hannover 1982
Feige, Andreas u.a.: Autonomie, Engagement, Distanz. Problemdimensionen im Verhältnis der Jugend zur Kirche; Gegenwartskunde, SH 5, 1988, 161-181
Feige, Andreas: Art. „Kirchenentfremdung/Kirchenaustritte"; TRE 18, 1989, 530-535
Feige, Andreas: Kirche auf dem Prüfstand: Die Radikalität der 18-20jährigen. Biographische und epochale Elemente im Verhältnis der Jugend zur Kirche – ein Vergleich zwischen 1972 und 1982; in: *J. Matthes (Hg.)*, Kirchenmitgliedschaft im Wandel, Gütersloh 1990, 65-98
Feige, Andreas: Kirchenmitgliedschaft in der Bundesrepublik Deutschland. Zentrale Perspektiven empirischer Forschungsarbeiten im problemgeschichtlichen Kontext der deutschen Religions- und Kirchensoziologie nach 1945, Gütersloh 1990
Feige, Andreas: Das ‚Modell Bundesrepublik' als Orientierung für kirchenleitendes Handeln in Ostdeutschland? Eine religionssoziologische Analyse gesellschaftlicher Möglichkeitsbedingungen; PTh 80/1991, 540-551
Feige, Andreas: Art. „Kirchensoziologie"; in: *S. Dunde (Hg.)*, Wörterbuch der Religionssoziologie, Gütersloh 1994, 154-166
Feige, Andreas: Vom *Schicksal* zur Wahl. Postmoderne Individualisierungsprozesse als Problem für eine institutionalisierte Religionspraxis; PTh 83/1994, 93-109
Feige, Andreas: Zwischen großkirchlich angesonnener *Religionspflicht* und autonom-individuellem Religiositätsgefühl: Auf dem Weg zur „postmodernen" Religion?; in: *K. Gabriel / H. Hobelsberger (Hg.)*, Jugend, Religion und Modernisierung, Opladen 1994, 75-90

Feige, Andreas: Soziale Topographie von ‚Religion'. Ein empirischer Zugang zu ihrer religionssoziologisch-theoretischen Definitionsproblematik; IJPT 2/1998, 52-64

Fischer, Dietlind / Schöll, Albrecht: Lebenspraxis und Religion. Fallstudien zur subjektiven Religiosität von Jugendlichen, Gütersloh 1994

Fremde Heimat 1993: s. *Studien- und Planungsgruppe der EKD*, Fremde Heimat Kirche, 1993

Fremde Heimat 1997: s. *Engelhardt, Klaus u.a. (Hg.)*, Fremde Heimat Kirche, 1997

Friedrichs, Lutz / M. Vogt (Hg.), Sichtbares und Unsichtbares. Facetten von Religion in deutschen Zeitschriften, Würzburg 1996

Frost, Herbert: Die Gliedschaft in der Kirchengemeinde (1972); in: *P. Meinhold (Hg.)*, Das Problem der Kirchenmitgliedschaft heute, Darmstadt 1979, 237-256

Fuchs, Peter: Gefährliche Modernität. Das zweite vatikanische Konzil und die Veränderung des Messeritus'; KZSS 44/1992, 1-11

Gabriel, Karl: Christentum zwischen Tradition und Postmoderne, Freiburg i.Br. 1992 [zit. als: *Gabriel*, Christentum 1992]

Gabriel, Karl: Christentum zwischen Tradition und Postmoderne; in: *M.v. Brück / J. Werbick (Hg.)*, Traditionsabbruch – Ende des Christentums?, Würzburg 1994, 77-100 [zit. als: *Gabriel*, Christentum 1994]

Gabriel, Karl: Jugend, Religion und Kirche im gesamtgesellschaftlichen Modernisierungsprozess; in: *Ders. / H. Hobelsberger (Hg.)*, Jugend, Religion und Modernisierung, Opladen 1994, 53-74

Gabriel, Karl: Gegenwärtige *Herausforderungen* für Planen und Handeln der Kirche; PThI 14/1994, 55-75

Gabriel, Karl (Hg.): Religiöse Individualisierung oder Säkularisierung. Biographie und Gruppe als Bezugspunkte moderner Religiosität, Gütersloh 1996

Gabriel, Karl: Einleitung; in: *Ders. (Hg.)*, Religiöse Individualisierung oder Säkularisierung, Gütersloh 1996, 9-13

Gabriel, Karl: Religion und Gesellschaft revidiert: Religionssoziologie jenseits des Säkularisierungsparadigmas; in: *K. Fechtner / L. Friedrichs u.a. (Hg.)*, Religion wahrnehmen. FS K.-F. Daiber, Marburg 1996, 139-146

Gabriel, Karl: Organisation als Strukturprinzip der Kirchen: Spannungen, Zwänge, Aporien; in: *A. Dubach / W. Lienemann (Hg.)*, Aussicht auf Zukunft, Zürich/Basel 1997, 15-35

Gabriel, Karl / Hobelsberger, Hans (Hg.): Jugend, Religion und Modernisierung. Suchbewegungen kirchlicher Jugendarbeit, Opladen 1994

Gabriel, Karl / Kaufmann, Franz-Xaver: Zur Soziologie des Katholizismus, Mainz 1980

Gebhardt, Winfried: Stabile volkskirchliche Milieus. Einstellungen zu Religion und Kirche in einer westdeutschen und in einer ostdeutschen Gemeinde; PrTh 29/1994, 285-300

Gebhardt, Winfried / Kamphausen, Georg: „... und eine kommode Religion". Formen gelebter Religiosität in zwei Landgemeinden Ost- und Westdeutschlands; in: *H. Sahner / S. Schwendtner (Hg.)*, Gesellschaften im Umbruch, Bd. II, Opladen 1995, 669-674

Geertz, Clifford: Religion als kulturelles System; in: *Ders.*, Dichte Beschreibung. Beiträge zum Verstehen kultureller Systeme, Frankfurt/M. 1983, 44-95
Gestrich, Christoph: Christsein und Kirche im Übergang zum nächsten Jahrhundert; BThZ 11/1994, 13-24
Giddens, Anthony: Konsequenzen der Moderne, Frankfurt/M. 1995
Gollwitzer, Helmut: Vortrupp des Lebens, München 1975
Grabner, Wolf-Jürgen: Religiosität in einer säkularisierten Gesellschaft. Eine Kirchenmitgliedschaftsuntersuchung in Leipzig 1989, Frankfurt/M. 1994
Grabner, Wolf-Jürgen / Pollack, Detlef: Zwischen Sinnfrage und Gottesgewissheit. Die Erstellung eines funktionell-substanziellen Religionsbegriffs und seine Operationalisierung in einer Leipziger Kirchenmitgliedschaftsuntersuchung; SocInt 30/1992, 177-202
Grabner, Wolf-Jürgen / Pollack, Detlef: Jugend und Religion in Ostdeutschland; in: *U. Kühn (Hg.)*, Kirche als Kulturfaktor. FS J. Hempel, Hannover 1994, 166-199
Grabner, Wolf-Jürgen / Pollack, Detlef: Evangelisation in einer säkularisierten Gesellschaft. ProChrist 95 - Ergebnisse einer Befragung; PTh 86/1997, 202-222
Gräb, Wilhelm: Predigt als Mitteilung des Glaubens. Studien zu einer prinzipiellen Homiletik in praktischer Absicht, Gütersloh 1988
Gräb, Wilhelm: Dogmatik als Stück der Praktischen Theologie. Das normative Grundproblem in der praktisch-theologischen Theoriebildung; ZThK 85/1988, 474-492
Gräb, Wilhelm: Liturgie des Lebens. Überlegungen zur Darstellung von Religion im Konfirmandenunterricht; PTh 77/1988, 319-334
Gräb, Wilhelm: Aktion und Kommunikation. Die Lebenswirklichkeit der Gemeinde in der Pneumatologie F. Schleiermachers und K. Barths; ZDT 5/1989, 237-267
Gräb, Wilhelm: Der hermeneutische *Imperativ*. Lebensgeschichte als religiöse Selbstauslegung; in: *W. Sparn (Hg.)*, Wer schreibt meine Lebensgeschichte?, Gütersloh 1990, 79-92
Gräb, Wilhelm: Institution und Individuum. Überlegungen zur Diagnose der modernen Religionskultur; PTh 79/1990, 255-269
Gräb, Wilhelm: Die *sichtbare Darstellung* der Versöhnung. Überlegungen zur Möglichkeit einer empirischen Ekklesiologie bei Schleiermacher und Barth; in: *D. Korsch / H. Ruddies (Hg.)*, Wahrheit und Versöhnung, Gütersloh 1990, 232-256
Gräb, Wilhelm: Karl Barths Ekklesiologie im Kontext der Problemgeschichte des neuzeitlichen Kirchenverständnisses; ZDT 7/1991, 29-46
Gräb, Wilhelm: Kirche als Ort religiöser Deutungskultur. Erwägungen zum Zusammenhang von Kirche, Religion und individueller Lebensgeschichte; in: *U. Barth / Ders. (Hg.)*, Gott im Selbstbewusstsein der Moderne. Zum neuzeitlichen Begriff der Religion, Gütersloh 1993, 222-239
Gräb, Wilhelm: Liberale Theologie als Theorie volkskirchlichen Handelns; in: *F.W. Graf (Hg.)*, Liberale Theologie. Eine Ortsbestimmung, Gütersloh 1993, 127-148
Gräb, Wilhelm: Die gestaltete Religion. Bizer,sche Konstruktionen zum Unterricht als homiletischer und liturgischer Übung; in: *Ders. (Hg.)*, Religionsun-

terricht jenseits der Kirche? Wie lehren wir die christliche Religion?, Neukirchen-Vluyn 1996, 69–82

Gräb, Wilhelm: Lebensgeschichtliche *Sinnarbeit*. Die Kasualpraxis als Indikator für die Öffentlichkeit der kirchlichen Religionskultur; in: *V. Drehsen u.a. (Hg.)*, Der ‚ganze Mensch'. FS D. Rössler, Berlin/New York 1997, 219–240

Gräb, Wilhelm: Lebensgeschichten – Lebensentwürfe – Sinndeutungen. Eine praktische Theologie gelebter Religion, Gütersloh 1998 [zit. als. *Gräb*, LLS]

Gräb, Wilhelm / Korsch, Dietrich: Selbsttätiger Glaube. Die Einheit der Praktischen Theologie in der Rechtfertigungslehre, Neukirchen-Vluyn 1985

Graf, Friedrich Wilhelm: Innerlichkeit und Institution. Ist eine empirische Ekklesiologie möglich?; PTh 77/1988, 382–394

Graf, Friedrich Wilhelm: Faszination der geschlossenen Kirche. Doch die Zukunft liegt in Öffnung und Vielgestaltigkeit; LM 27/1988, 57–61

Graf, Friedrich Wilhelm: Akzeptierte Endlichkeit. Protestantische Ethik in einer Kultur der Widersprüche; in: *J. Mehlhausen (Hg.)*, Pluralismus und Identität, Gütersloh 1995, 115–125

Graf, Friedrich Wilhelm / Huber, Wolfgang: Konfessorische Freiheit oder relativistische Offenheit? Ein theologisches Streitgespräch; EK 24/1991, 669–673

Grethlein, Christian: Rezension von *J. Hanselmann u.a.*, Was wird aus der Kirche?; ThPr 20/1985, 197–200

Grethlein, Christian: Taufpraxis heute. Praktisch-theologische Überlegungen zu einer theologisch verantworteten Gestaltung der Taufpraxis im Raum der EKD, Gütersloh 1988

Grethlein, Christian: Abriss der Liturgik. Ein Studienbuch zur Gottesdienstgestaltung, Gütersloh 2. Aufl. 1991

Grethlein, Christian: Konfirmation als neuer Tauftermin? Kritischer Bericht über eine Umfrage in West-Berlin; PTh 80/1991, 204–215

Grethlein, Christian: Gemeindepädagogik, Berlin/New York 1994

Grethlein, Gerhard u.a.: Evangelisches Kirchenrecht in Bayern, München 1994

Grözinger, Albrecht / Luther, Henning (Hg.): Religion und Biographie. FS G. Otto, München 1987

Grosse, Hans W.: „Distanzierte Kirchlichkeit" – Wie können wir mit ihr umgehen?; PrTh 31/1996, 19–30

Grundmann, Siegfried / Schlaich, Klaus: Art. „Kirchenrecht I. Evangelisches Kirchenrecht"; EvStLex, 3. Aufl., Bd. II, 1987, 1654–1682

Grundordnung der Evangelischen Kirche in Berlin-Brandenburg, Stand Herbst 1997

Härle, Wilfried: Einführender Bericht über die Arbeit der Projektgruppe „Rechtliche Rahmenbedingungen kirchlicher Praxis"; ZEvKR 28/1983, 116–125

Härle, Wilfried: Art. „Kirche VII. Dogmatisch"; TRE 18, 1989, 277–317

Härle, Wilfried: Dogmatik, Berlin/New York 1995

Härle, Wilfried / Preul, Reiner (Hg.): Lebenserfahrung, Marburg 1990 (Marburger Jahrbuch Theologie, 3)

Härle, Wilfried / Preul, Reiner (Hg.): Kirche, Marburg 1996 (Marburger Jahrbuch Theologie, 8)

Hanselmann, Johannes / Hild, Helmut / Lohse, Eduard (Hg.): Was wird aus der Kirche? Ergebnisse der zweiten EKD-Umfrage über Kirchenmitgliedschaft, Gütersloh 1984

Hahn, Alois: Identität und Biographie; in: *M. Wohlrab-Sahr (Hg.)*, Biographie und Religion, Frankfurt/New York 1995, 127-151

Harenberg, Werner (Hg.): Was glauben die Deutschen?, München/Mainz 1968

Harmati, Bernhard / Planer-Friedrich, Götz / Urban, Detlef: Abkehr von der herrschenden Rationalität. Ein Gespräch über das wachsende Bedürfnis nach Religion; KiSo 12/1986, 165-171

Hartmann, Klaus: Religiöse Selbstthematisierung, berufliche Identität und Individualität in Managerbiographien; in: *K. Gabriel (Hg.)*, Religiöse Individualisierung oder Säkularisierung, Gütersloh 1996, 130-149

Hartmann, Klaus: „Es könnte auch Religion sein ...". Religiöse Orientierungen in biographischen Konstruktionen von Managern; in: *M. Wohlrab-Sahr (Hg.)*, Biographie und Religion, Frankfurt/New York 1995, 243-263

Hartmann, Klaus / Pollack, Detlef: Gegen den Strom. Kircheneintritte in Ostdeutschland nach der Wende, Opladen 1998

Hauschildt, Eberhard: Der Konfirmationsglaube. Zur Wahrnehmung seiner Komplexität; in: *F. Harz / M. Schreiner (Hg.)*, Glauben im Lebenszyklus. FS H.-J. Fraas, München 1994, 213-227

Hauschildt, Eberhard: Was ist ein Ritual? Versuch einer Definition und Typologie in konstruktivem Anschluss an die Theorie des Alltags; WzM 45/1993, 24-35

Hauschildt, Eberhard: Milieus in der Kirche. Erste Ansätze zu einer neuen Perspektive und ein Plädoyer für vertiefte Studien; PTh 87/1998, 392-404

Hauschildt, Eberhard (Hg.): „Traumhochzeit". Kasualien in der Mediengesellschaft; PTh 88/1999, Heft 1

Heckel, Martin: Zur zeitlichen Begrenzung des Bischofsamtes; ZEvKR 27/1982, 134-155

Heckel, Martin: Evangelische Freiheit und kirchliche Ordnung (1987); in: *Ders.*, Ges. Schriften, Bd. II, Tübingen 1989, 1099-1121

Heimbrock, Hans-Günter: Gottesdienst: Spielraum des Lebens. Sozial- und kulturwissenschaftliche Analysen zum Ritual in praktisch-theologischem Interesse, Kampen/Weinheim 1993

Heimbrock, Hans-Günter: Art. „Ritus IV. Praktisch-theologisch"; TRE 29, 1998, 279-285

Henau, Ernst: Warum heiratet man kirchlich? Theologische Überlegungen zu einer empirischen Untersuchung; ThPrQ 140/1992, 68-74

Henkys, Jürgen / Schweitzer, Friedrich: Atheismus – Religion – Indifferenz. Zur Situation der Jugend in beiden Teilen Deutschlands vor und nach dem Fall der Mauer; PTh 85/1996, 490-507

Henkys, Reinhard: Volkskirche im Übergang; in: *Ders. (Hg.)*, Die evangelischen Kirchen in der DDR. Beiträge zu einer Bestandsaufnahme, München 1982, 437-462

Henkys, Reinhard: Gottes Volk im Sozialismus. Wie Christen in der DDR leben, Berlin 1983

Henkys, Reinhard: Abgestufte Kirchenmitgliedschaft; KiSo 11/1985, 190-191

Henkys, Reinhard: Was haben wir gelernt? Anmerkungen zur öffentlichen Verantwortung des Pfarramtes; DtPfBl 94/1994, 207-213

Hermelink, Jan (Hg.): Kirchliche Umbrüche nach der Wende. Eine ostdeutsche Zwischenbilanz; PrTh 34/1999, Heft 4

Hermelink, Jan: Gefangen in der eigenen Geschichte? Zur praktisch-theologischen Wahrnehmung des Kirchenaustritts; PTh 89/2000, 36-52

Herms, Eilert: Gottesdienst als Religionsausübung (1977); in: *Ders.*, Theorie für die Praxis, München 1982, 337-364

Herms, Eilert: Die Fähigkeit zu religiöser Kommunikation und ihre systematischen Bedingungen in hoch entwickelten Gesellschaften. Überlegungen zur Konkretisierung der Ekklesiologie (1977); in: *Ders.*, Theorie für die Praxis, aaO. 259-287

Herms, Eilert: Der Beitrag der Dogmatik zur Gewinnung theologischer Kompetenz (1979); in: *Ders.*, Theorie für die Praxis, aaO. 50-77

Herms, Eilert: Art. „Erfahrung IV. Systematisch-theologisch"; TRE 10, 1982, 128-136

Herms, Eilert: Das Kirchenrecht als Thema der theologischen Ethik; ZEvKR 28/1983, 199-277

Herms, Eilert: Die *Lehre* im Leben der Kirche (1984); in: *Ders.*, Erfahrbare Kirche, Tübingen 1990, 119-156

Herms, Eilert: Abschließender Bericht über die Arbeit der Projektgruppe „Rechtliche Rahmenbedingungen kirchlicher Praxis"; ZEvKR 30/1985, 257-275

Herms, Eilert: Ist *Religion* noch gefragt? (1985); in: *Ders.*, Erfahrbare Kirche, Tübingen 1990, 25-48

Herms, Eilert: Luthers *Auslegung* des Dritten Artikels, Tübingen 1987

Herms, Eilert: Die *Bedeutung des Gesetzes* für die lutherische Sozialethik (1988); in: *Ders.*, Erfahrbare Kirche, Tübingen 1990, 1-24

Herms, Eilert: Religion und Organisation. Die gesamtgesellschaftliche Funktion von Kirche aus der Sicht der evangelischen Theologie (1988); in: *Ders.*, Erfahrbare Kirche, aaO. 49-79

Herms, Eilert: Was heißt „Leitung in der Kirche"? (1988); in: *Ders.*, Erfahrbare Kirche, aaO. 80-101

Herms, Eilert: Die *Ordnung* der Kirche (1988); in: *Ders.*, Erfahrbare Kirche, aaO. 102-118

Herms, Eilert: Luther als Seelsorger (1988); in: *Ders.*, Erfahrbare Kirche, aaO. 222-238

Herms, Eilert: *Die evangelischen Kirchen* in der Gesellschaft der Bundesrepublik Deutschland (1989); in: *Ders.*, Kirche für die Welt, Tübingen 1995, 1-18

Herms, Eilert: Bildung und Ausbildung als Thema der Theologie und Aufgabe der Kirche (1989); in: *Ders.*, Erfahrbare Kirche, Tübingen 1990, 209-221

Herms, Eilert: Erfahrbare Kirche. Beiträge zur Ekklesiologie, Tübingen 1990

Herms, Eilert: Auf dem *Weg in die offene Gesellschaft* (1990); in: *Ders.*, Erfahrbare Kirche, aaO. 239-250

Herms, Eilert: „Kirche für andere". Zur Kritik und Fortschreibung eines epochemachenden ekklesiologischen Programms (1990); in: *Ders.*, Kirche für die Welt, Tübingen 1995, 20-77

Herms, Eilert: Die *Wiedervereinigung* als Chance und Herausforderung für den Protestantismus (1990); in: *Ders.*, Kirche für die Welt, aaO. 78-117

Herms, Eilert: Glaube (1991); in: *Ders.*, Offenbarung und Glaube, Tübingen 1992, 457-483

Herms, Eilert: Offenbarung und Glaube. Zur Bildung des christlichen Lebens, Tübingen 1992

Herms, Eilert: Überlegungen zum *Wesen des Gottesdienstes*. Aus Anlass des Entwurfs für eine „Erneuerte Agende" (1992); in: *Ders.*, Kirche für die Welt, Tübingen 1995, 318-348

Herms, Eilert: Erneuerung durch die Bibel. Über den Realismus unserer Erwartungen für die Kirche (1992); in: *Ders.*, Kirche für die Welt, aaO. 118-230

Herms, Eilert: *Kirche und Kirchenverständnis* als Fundament protestantischer Identität. Eine dogmatische Perspektive; in: *F. W. Graf / K. Tanner (Hg.)*, Protestantische Identität heute. FS T. Rendtorff, Gütersloh 1992, 68-78

Herms, Eilert: Erfahrbare Kirche als soziales System. *Antwort auf Rückfragen*; EvTh 52/1992, 454-467

Herms, Eilert: Kirche in der Zeit (1993); in: *Ders.*, Kirche für die Welt, Tübingen 1995, 213-317

Herms, Eilert: Vom halben zum ganzen *Pluralismus* (1993); in: *Ders.*, Kirche für die Welt, aaO. 388-431

Herms, Eilert: Kirche für die Welt. Lage und Aufgabe der evangelischen Kirche im vereinigten Deutschland, Tübingen 1995

Herms, Eilert: Die *Bedeutung der Kirchen* für die Ausbildung sozialer Identität in multikulturellen Gesellschaften. Eine systematisch-theologische Betrachtung; KZG 8/1995, 61-89

Heun, Werner: Art. „Konsistorium"; TRE 19, 1990, 483-488

Hieber, Astrid / Lukatis, Ingrid: Zwischen Engagement und Enttäuschung. Frauenerfahrungen in der Kirche, Hannover 1994

Hild, Helmut (Hg.): Wie stabil ist die Kirche? Bestand und Erneuerung. Ergebnisse einer Meinungsumfrage, Gelnhausen/Berlin 1974

Hitzler, Ronald / Honer, Anne: Bastelexistenz. Über subjektive Konsequenzen der Individualisierung; in: *U. Beck / E. Beck-Gernsheim (Hg.)*, Riskante Freiheiten, Frankfurt/M. 1994, 307-315

Hitzler, Ronald / Koenen, Elmar: Kehren die Individuen zurück? Zwei divergente Antworten auf eine institutionentheoretische Frage; in: *U. Beck / E. Beck-Gernsheim (Hg.)*, Riskante Freiheiten, Frankfurt/M. 1994, 447-465

Höhn, Hans-Joachim: Passagen und Passanten – oder: Religion in der City; in: *H.-W. Dannowski (Hg.)*, Religion als Wahrheit und Ware, Hamburg 1991, 25-36

Höhn, Hans-Joachim: GegenMythen. Religionsproduktive Tendenzen der Gegenwart, Freiburg i.Br. 1994

Höhn, Hans-Joachim (Hg.): Krise der Immanenz. Religion an den Grenzen der Moderne, Frankfurt/M. 1996

Höhn, Hans-Joachim: Einleitung: An den Grenzen der Moderne; in: *Ders. (Hg.)*, Krise der Immanenz, aaO. 7-28

Höhn, Hans-Joachim: „Religiöse Virtuosen". Zur Pluralisierung und Individualisierung religiöser Sinnsysteme; in: *M. Krüggeler / F. Stolz (Hg.)*, „Ein jedes Herz in seiner Sprache ...", Zürich/Basel 1996, 55-68

Höllinger, Franz: Volksreligion und Herrschaftskirche. Die Wurzeln religiösen Verhaltens in westlichen Gesellschaften, Opladen 1996

Hoenen, Raimund: Jugend und Religion in der DDR. Beobachtungen aus der Sicht kirchlichen Gemeindeaufbaus; in: *U. Nembach (Hg.)*, Jugend und Religion in Europa, Frankfurt/M. 1987, 69-82

Holtz, Gottfried: Die Parochie. Geschichte und Problematik, Gütersloh 1967

Homann, Harald: „Kulturprotestantismus" – zum Problem moderner Religion; in: *J. Bergmann u.a. (Hg.)*, Religion und Kultur, KZSS SH 33, 1993, 169-190

Honecker, Martin: Art. „Kirchenrecht II. Evangelische Kirchen"; TRE 18, 1989, 724-752

Honecker, Martin: Rezension von *E. Herms*, Gesellschaft gestalten; ThLZ 117/1992, 721-728

Honecker, Martin: Kirchenrechtliche Aufgaben und Probleme aus theologischer Sicht; ZEvKR 41/1996, 388-418

Hoof, Matthias: Der Kirchenaustritt. Eine empirische Studie zur Pastoraltheologie, Neukirchen-Vluyn 1999

Huber, Wolfgang: Kirche und *Öffentlichkeit*, Stuttgart 1973, 2. Aufl. 1991

Huber, Wolfgang: Welche *Volkskirche* meinen wir? Über Herkunft und Zukunft eines Begriffs; LM 14/1975, 481-486

Huber, Wolfgang: Konziliarität – die Lebensform einer Kirche, die Frieden stiften will (1976); in: *Ders.*, Der Streit um die Wahrheit und die Fähigkeit zum Frieden, München 1980, 119-139

Huber, Wolfgang: Religionsfreiheit und Kirchenfreiheit. Zu gegenwärtigen Tendenzen im Staatskirchenrecht (1977); in: *Ders.*, Konflikt und Konsens, München 1990, 291-320

Huber, Wolfgang: Die wirkliche Kirche. Das Verhältnis von Botschaft und Ordnung als Grundproblem evangelischen Kirchenverständnisses im Anschluss an die III. Barmer These (1977); in: *A. Burgsmüller (Hg.)*, „Kirche als Gemeinde von Brüdern" (Barmen III), Bd. 1, Gütersloh 1983, 249-277

Huber, Wolfgang: Die *Kirche als Raum* und als Anwalt der Freiheit; DtPfBl 78/1978, 781-786

Huber, Wolfgang: Kirche (1979), zit. nach: 2. Aufl. München 1988

Huber, Wolfgang: Wahrheit und Existenzform. Anregungen zu einer Theorie der Kirche bei Dietrich Bonhoeffer (1980); in: *Ders.*, Folgen christlicher Freiheit, Neukirchen-Vluyn 2. Aufl. 1985, 169-204

Huber, Wolfgang: Auf dem Weg zu einer *Kirche der offenen Grenzen*; in: *C. Lienemann-Perrin (Hg.)*, Taufe und Kirchenzugehörigkeit, München 1983, 488-514

Huber, Wolfgang: Recht im Horizont der Liebe (1987), in: *Ders.*, Konflikt und Konsens, München 1990, 236-250

Huber, Wolfgang: Die *Kirchensteuer* als „wirtschaftliches Grundrecht" – Zur Entwicklung des kirchlichen Finanzsystems in Deutschland zwischen 1803 und 1933; in: *W. Lienemann (Hg.)*, Die Finanzen der Kirche, München 1989, 130-154

Huber, Wolfgang: Kirche in der Welt. Zum Verhältnis von *Laien* und Theologen in der Kirche; in: *G. Grohs / G. Czell (Hg.)*, Kirche in der Welt – Kirche der Laien?, Frankfurt/M. 1990, 11-26

Huber, Wolfgang: Art. „Menschenrechte/Menschenwürde"; TRE 22, 1992, 577-602

Huber, Wolfgang: Öffentliche Kirche in pluralen Öffentlichkeiten; EvTh 54/1994, 157–180
Huber, Wolfgang: Nicht schwarz sehen. Kirche muss offen, öffentlich und eigenständig sein; EK 27/1994, 28–31
Huber, Wolfgang: Kirche – wohin? Eine Problemanzeige in zwanzig Thesen; GuL 10/1995, 98–103
Huber, Wolfgang: Gestalten und Wirkungen christlicher Freiheit in Kirche und Gesellschaft heute; ZThK 92/1995, 278–286
Huber, Wolfgang: Gerechtigkeit und Recht. Grundlinien christlicher Rechtsethik, Gütersloh 1996
Huber, Wolfgang: Meine Hoffnung ist größer als meine Angst. Ein Bischof zu Glauben, Kirche und Gesellschaft, Berlin 1996
Huber, Wolfgang: Kirche 2000. Perspektiven am Ende des „Jahrhunderts der Kirche"; Korrespondenzblatt. Hg. v. Pfarrerinnen- und Pfarrerverein der ev.-luth. Kirche in Bayern, 111/1996, 113–119
Huber, Wolfgang: Grundrechte in der Kirche; in: *G. Rau / H.-R. Reuter / K. Schlaich (Hg.)*, Das Recht der Kirche, Bd. I, Gütersloh 1997, 518–544
Huber, Wolfgang: Kirche in der Zeitenwende. Gesellschaftlicher Wandel und Erneuerung der Kirche, Gütersloh 1998
Hübner, Hans-Peter: Die theologische Relevanz des Kirchenrechts; DtPfBl 93/1993, 541–544
Institut für Demoskopie Allensbach: Kirchenaustritte. Eine Untersuchung zur Entwicklung und zu den Motiven der Kirchenaustritte, Allensbach 1992
Institut für Demoskopie Allensbach: Begründungen und tatsächliche Motive für einen Austritt aus der katholischen Kirche, Allensbach 1993
Jagodzinski, Wolfgang / Dobbelaere, Karel: Der Wandel kirchlicher Religiosität in Westeuropa; in: *J. Bergmann u.a. (Hg.)*, Religion und Kultur, KZSS SH 33, 1993, 68–91
Jetter, Werner: Der Kasus und das Ritual. Amtshandlungen in der Volkskirche; WPKG 65/1976, 208–223
Jetter, Werner: Symbol und Ritual. Anthropologische Elemente im Gottesdienst, Göttingen 2. Aufl. 1986
Jörns, Klaus-Peter: Der Lebensbezug des Gottesdienstes. Studien zu seinem kirchlichen und kulturellen Kontext, München 1988
Jörns, Klaus-Peter: Die neuen Gesichter Gottes. Was die Menschen wirklich glauben, München 1997
Josuttis, Manfred: Der Gottesdienst als Ritual; in: *F. Wintzer u.a.*, Praktische Theologie, Neukirchen 5. Aufl. 1997, 43–57
Josuttis, Manfred: Der Weg in das Leben. Eine Einführung in den Gottesdienst auf verhaltenswissenschaftlicher Grundlage, München 1991
Josuttis, Manfred: Gottesdienst als Zeichensystem und als Machtgeschehen; VF 40/1995, H. 2, 53–64
Josuttis, Manfred: „Unsere Volkskirche" und die Gemeinde der Heiligen. Erinnerungen an die Zukunft der Kirche, Gütersloh 1997
Junge, Matthias: Individualisierungsprozesse und der Wandel von Institutionen. Ein Beitrag zur Theorie reflexiver Modernisierung; KZSS 48/1996, 728–747

Karle, Isolde: Seelsorge als Thematisierung von Lebensgeschichte; in: *M. Wohlrab-Sahr (Hg.)*, Biographie und Religion, Frankfurt/New York 1995, 198-217

Kaufmann, Franz-Xaver: Kirche begreifen. Analysen und Thesen zur gesellschaftlichen Verfassung des Christentums, Freiburg i.Br. 1979

Kaufmann, Franz-Xaver: Kirche und Religion in der modernen Gesellschaft (1985); in: *Ders.*, Religion und Modernität, Tübingen 1989, 14-31

Kaufmann, Franz-Xaver: Religion und Modernität, Tübingen 1989

Kaufmann, Franz-Xaver: Selbstreferenz oder Selbstreverenz? Die soziale und religiöse Ambivalenz von Individualisierung; in: *Ruhr-Universität Bochum (Hg.)*, Ehrenpromotion Franz-Xaver Kaufmann. Eine Dokumentation, Bochum 1993, 25-46

Kaufmann, Franz-Xaver / Zingerle, Arnold (Hg.): Vatikanum II und Modernisierung. Historische, theologische und soziologische Perspektiven, Paderborn u.a. 1996

Kecskes, Robert / Wolf, Christof: Christliche Religiosität: *Konzepte*, Indikatoren, Messinstrumente; KZSS 45/1993, 270-287

Kecskes, Robert / Wolf, Christof: Christliche Religiosität: Dimensionen, Messinstrumente, *Ergebnisse*; KZSS 47/1995, 494-515

Kecskes, Robert / Wolf, Christof: Konfession, Religion und soziale Netzwerke. Zur Bedeutung christlicher Religiosität in personalen Beziehungen, Opladen 1996

Kehrer, Günter: Einführung in die Religionssoziologie, Darmstadt 1988

Kehrer, Günter / Schäfer, Dierk: Kirchenaustritte in Württemberg. Ergebnisse einer empirischen Untersuchung; WPKG 1977, 394-420

Keupp, Heiner: Lebensbewältigung in Kindheit und Jugend in der „Risikogesellschaft"; in: *Ders. / H. Hobelsberger (Hg.)*, Jugend, Religion und Modernisierung, Opladen 1994, 31-50

Keupp, Heiner: Ambivalenzen postmoderner Identität; in: *U. Beck / E. Beck-Gernsheim (Hg.)*, Riskante Freiheiten, Frankfurt/M. 1994, 336-350

Kippenberg, Hans-Georg: Art. „Religionssoziologie"; TRE 29, 1998, 20-33

Kirche als Lerngemeinschaft. Dokumente aus der Arbeit des Bundes der Evang. Kirchen in der DDR, Berlin 1981

Kirchenamt der EKD (Planungsgruppe) (Hg.): Christsein gestalten. Eine Studie zum Weg der Kirche, Gütersloh 1986

Kirchenordnung der Evangelischen Kirche im Rheinland, Stand Januar 1986

Kirchhof, Paul: Die Kirchensteuer im System des deutschen Staatsrechts; in: *F. Fahr (Hg.)*, Kirchensteuer. Notwendigkeit und Problematik, Regensburg 1996, 53-82

Klein, Ansgar (Hg.): Themenheft: Die herausgeforderten Kirchen. Religiosität in Bewegung; Forschungsjournal Neue Soziale Bewegungen 6/1993

Klein, Stephanie: Theologie und empirische Biographieforschung. Methodische Zugänge zur Lebens- und Glaubensgeschichte und ihre Bedeutung für eine erfahrungsbezogene Theologie, Stuttgart/Berlin/Köln 1994

Kleßmann, Christoph: Zur Sozialgeschichte des protestantischen Milieus in der DDR; GeGe 19/1993, 29-53

Kleßmann, Christoph (Hg.): Kinder der Opposition. Berichte aus Pfarrhäusern in der DDR, Gütersloh 1993

Knabe, Hubertus: Neue soziale Bewegungen im Sozialismus. Zur Genesis alternativer politischer Orientierungen in der DDR; KZSS 40/1988, 551-569

Kneer, Georg / Nassehi, Armin: Niklas Luhmanns Theorie sozialer Systeme. Eine Einführung, München 1993

Knoblauch, Hubert / Krech, Volkhard / Wohlrab-Sahr, Monika (Hg.): Religiöse Konversion. Systematische und fallorientierte Studien in soziologischer Sicht, Konstanz 1997

Koch, Traugott: Die Volkskirche – meine Kirche; PTh 73/1984, 170-183

Köcher, Renate: Religiös in einer säkularisierten Welt?; in: *E. Noelle-Neumann / R. Köcher*, Die verletzte Nation, Stuttgart 1988, 164-281

Köcher, Renate: Wandel des religiösen Bewusstseins in der Bundesrepublik Deutschland; Gegenwartskunde, SH 5, 1988, 145-158

Köcher, Renate: Kirche und Religion in Ost und West. Eine demographische Analyse; in: *W. Spam (Hg.)*, Wieviel Religion braucht der deutsche Staat?, Gütersloh 1991, 97-108

Köcher, Renate: Kirchenaustritt und Kirchensteuer; in: *W. Ockenfels u.a. (Hg.)*, Streitfall Kirchensteuer, Paderborn 1993, 13-23

Kohli, Martin: Die Institutionalisierung des Lebenslaufs. Historische Befunde und theoretische Argumente; KZSS 37/1985, 1-29

Kohli, Martin: Normalbiographie und Individualität. Zur institutionellen Dynamik des gegenwärtigen Lebenslaufregimes; in: *H.-G. Brose / B. Hildenbrand (Hg.)*, Vom Ende des Individuums zur Individualität ohne Ende, Opladen 1988, 33-53

Kohli, Martin: Institutionalisierung und Individualisierung der Erwerbsbiographie; in: *U. Beck / E. Beck-Gernsheim (Hg.)*, Riskante Freiheiten, Frankfurt/M. 1994, 219-244

Konsistorium der Kirchenprovinz Sachsen: Gesichtspunkte zum Anliegen von Gemeindegliedern, die die spezielle Form des Kirchensteuereinzugsverfahrens ablehnen, aber weiterhin Mitglied der evangelischen Kirche bleiben wollen (Interne Ausarbeitung von OKR *H. Müller*), Magdeburg Januar 1995

Krebber, Hartmut: Die Kirchenmitglieder und die „Stabilität" der evangelischen Kirche; in: *J. Matthes (Hg.)*, Erneuerung der Kirche – Stabilität als Chance?, Gelnhausen/Berlin 1975, 13-27

Krüggeler, Michael: Religion in der Schweiz. Eine religionssoziologische Untersuchung im europäischen Kontext, PThI 11/1991, 245-258

Krüggeler, Michael: Inseln der Seligen. Religiöse Orientierungen in der Schweiz; in: *A. Dubach / R.J. Campiche (Hg.)*, Jede(r) ein Sonderfall? Zürich/Basel 1993, 93-132

Krüggeler, Michael: „Nenn's wie du willst ...". Religiöse Semantik unter den Bedingungen struktureller Individualisierung; Schweizerische Zeitschrift für Soziologie, Religion und Kultur 17/1991, 455-472

Krüggeler, Michael: „Ein weites Feld ...". Religiöse Individualisierung als Forschungsthema; in: *K. Gabriel (Hg.)*, Religiöse Individualisierung oder Säkularisierung, Gütersloh 1996, 215-235

Krüggeler, Michael: Religiöse Individualisierung in der Schweiz. Konzepte und Ergebnisse der „Sonderfall"-Studie; in: *Ders. / F. Stolz (Hg.)*, „Ein jedes Herz in seiner Sprache ...", Zürich/Basel 1996, 13-36

Krüggeler, Michael / Stolz, Fritz (Hg.): „Ein jedes Herz in seiner Sprache ...". Religiöse Individualisierung als Herausforderung für die Kirchen. Kommentare zur Studie „Jede(r) ein Sonderfall? Religion in der Schweiz", Bd. 1, Zürich/Basel 1996

Krüggeler, Michael / Voll, Peter: Säkularisierung oder Individualisierung? Variationen zu „Faust I, Vers 341ff"; PThI 12/1992, 147-164

Krüggeler, Michael / Voll, Peter: Strukturelle Individualisierung – ein Leitfaden durchs Labyrinth der Empirie; in: *A. Dubach / R.J. Campiche (Hg.)*, Jede(r) ein Sonderfall?, Zürich/Basel 1993, 17-50

Krusche, Günter: Die institutionelle Wirklichkeit der Kirche in der DDR (1976); in: *A. Burgsmüller (Hg.)*, Kirche als „Gemeinde von Brüdern" (Barmen III), Bd. 1, Gütersloh 1980, 37-46

Krusche, Günter: Zwischen Hoffnung und Resignation. Zum Selbstverständnis des Pfarrers in der DDR; EK 13/1980, 584-586

Krusche, Günter: Das Selbstverständnis des Pfarrers in der DDR dargestellt am Beispiel Berlin; PTh 75/1986, 51-58

Krusche, Günter: Minderheitskirche in der Großstadt. Zur Lage der evangelischen Kirche in Ost-Berlin; KiSo 13/1987, 45-47

Krusche, Günter: Civil Religion und Kirche in der DDR; epd-Dokumentation 18/87, 22-34

Krusche, Peter: Der Pfarrer in der Schlüsselrolle; in: *J. Matthes (Hg.)*, Erneuerung der Kirche – Stabilität als Chance?, Gelnhausen/Berlin 1975, 161-188

Krusche, Werner: Die Gemeinde Jesu Christi auf dem *Weg in die Diapora* (1973); in: *Ders.*, Verheißung und Verantwortung, Berlin 1990, 94-113

Krusche, Werner: Die große *Aufgabe der kleiner werdenden Gemeinde* – Konsequenzen für die Ausbildung kirchlicher Mitarbeiter (1975); in: Kirche als Lerngemeinschaft, Berlin 1981, 126-139

Krusche, Werner: Einladende Kirche (1987); in: *Ders.*, Verheißung und Verantwortung, Berlin 1990, 155-168

Kuphal, Armin: Abschied von der Kirche. Traditionsabbruch in der Volkskirche. Zugleich ein Beitrag zur Soziologie des kollektiven Verhaltens, Gelnhausen 1979

Kühn, Ulrich: Die theologische Bedeutung der empirischen Kirche; in: Theologische Versuche IX, Berlin 1977, 131-144

Kühn, Ulrich: Kirche, Gütersloh 1980 (HST 10)

Kühn, Ulrich: Gott und Gottesdienst; PTh 81/1992, 64-79

Kühn, Ulrich: Die Auseinandersetzung mit dem Phänomen der Säkularisierung in den evangelischen Kirchen der ehemaligen DDR; epd-Dokumentation 14a/94, 1-9

Lämmermann, Godwin: Die Konfirmation – ein familien- und psychodynamisches Ritual; EvErz 49/1997, 308-321

Landau, Peter: Art. „Kirchenverfassungen"; TRE 19, 1990, 110-165

Lange, Ernst: Chancen des Alltags. Überlegungen zur Funktion des christlichen Gottesdienstes in der Gegenwart (1965), hg. u. mit einem Nachwort v. *P. Cornehl*, München 1984

Lange, Ernst: Der *Pfarrer* in der Gemeinde heute (1965); in: *Ders.*, Predigen als Beruf, München 2. Aufl. 1982, 96-141

Lange, Ernst: Die *Schwierigkeit,* Pfarrer zu sein (1972); in: in: *Ders.*, Predigen als Beruf, München 2. Aufl. 1982, 142-166

Lange, Ernst: Predigen als Beruf. Aufsätze zu Homiletik, Liturgik und Pfarramt, hg. v. *R. Schloz,* München 2. Aufl. 1982

Langer, Jens: Leben – Glauben – Gemeinde. Positionen im Gemeindeaufbau; Christenlehre 38/1985, 7-17

Langer, Jens: Übergang zwischen Christlichem und Weltlichem. Zu Fragen von kirchlicher Sozialgestalt und Ekklesiologie unter den Bedingungen der Säkularität in der DDR; BThZ 2/1986, 293-306

Langer, Jens: Kirche im Prozess gesellschaftlicher Differenzierung; ZdZ 43/1989, 40-45

Langer, Jens: Evangelium und Kultur in der DDR. Zur Bedeutung ihrer Beziehungen für Zeugnis und Gestalt der Evangelischen Kirche. Praktisch-theologische Aspekte einer ökumenischen Debatte, Berlin 1990

Lehmann, Hartmut (Hg.): Säkularisierung, Dechristianisierung, Rechristianisierung im neuzeitlichen Europa, Göttingen 1997

Lehtiö, Pirkko: Religionsunterricht ohne Schule. Die Entwicklung der Lage und des Inhalts der Evangelischen Christenlehre in der DDR von 1945-1959, Münster 1983

Lutherisches Kirchenamt der VELKD (Hg.): Leitlinien kirchlichen Lebens der Vereinigten Evangelisch-Lutherischen Kirche Deutschlands. Entwurf, Hannover 1997 (Texte aus der VELKD, 76) [zit. als: Entwurf VELKD-Leitlinien]

Leuenberger Kirchengemeinschaft: „Die Kirche Jesu Christi. Der reformatorische Beitrag zum ökumenischen Dialog über die kirchliche Einheit". Beratungsergebnis der 4. Vollversammlung; epd-Dokumentation 25/94, 5-39

Lienemann, Wolfgang (Hg.): Die Finanzen der Kirche. Studien zu Struktur, Geschichte und Legitimation kirchlicher Ökonomie, München 1989

Lienemann, Wolfgang: Kirchenmitgliedschaft – Entwicklungen und Perspektiven?; in: *A. Dubach / Ders. (Hg.),* Aussicht auf Zukunft, Zürich/Basel 1997, 215-240

Lienemann-Perrin, Christiane (Hg.): Taufe und Kirchenzugehörigkeit. Studien zur Bedeutung der Taufe für Verkündigung, Gestalt und Ordnung der Kirche, München 1983

Liermann, Hans: Die kirchliche Mitgliedschaft nach geltendem evangelischen Kirchenrecht (1955); in: *P. Meinhold (Hg.),* Das Problem der Kirchenmitgliedschaft heute, Darmstadt 1979, 22-41

Lindemann, Friedrich-Wilhelm: Der alte Wunsch nach Bedeutung. Pastoralpsychologische Überlegungen zum Trauritual; PTh 82/1993, 212-222

Lindloge, Uwe: Was wird aus dem Glauben?; in: *J. Matthes (Hg.),* Kirchenmitgliedschaft im Wandel, Gütersloh 1990, 265-312

Lindner, Herbert: Konziliarität und Gemeindepraxis; in: *J. Matthes (Hg.),* Kirchenmitgliedschaft im Wandel, Gütersloh 1990, 99-118

Lindner, Herbert: Kirche am Ort. Eine Gemeindetheorie, Stuttgart/Berlin/Köln 1994

Lindner, Herbert: Spiritualität und Modernität. Das Evangelische München-Programm; PTh 86/1997, 244-264

Lindner, Herbert: Kirche am Ort. Ein Entwicklungsprogramm für Ortsgemeinden. Völlig überarbeitete Neuauflage, Stuttgart/Berlin/Köln 2000 [zit. als: Lindner, Kirche am Ort 2000]

Link, Christoph: Kirchenrechtliche und staatskirchenrechtliche Fragen des kirchlichen Mitgliedschaftsrechts (1971); in: *P. Meinhold (Hg.)*, Das Problem der Kirchenmitgliedschaft heute, Darmstadt 1979, 192-220

Link, Christoph: Die Entwicklung des Verhältnisses von Staat und Kirche; Deutsche Verwaltungsgeschichte III, 1984, 527-579

Link, Christoph: Art. „Kirchengliedschaft. I. Evangelisch. B. Juristisch"; EvStLex, 3. Aufl., Bd. II, 1987, 1595-1604

Link, Christoph: Art. „Kirchensteuer"; EvStLex, 3. Aufl., Bd. II, 1987, 1695-1707

Listl, Joseph / Pirson, Dietrich (Hg.): Handbuch des Staatskirchenrechts der Bundesrepublik Deutschland, 2 Bd.e, Berlin 2. Aufl. 1994

Lohff, Wenzel / Mohaupt, Lutz (Hg.): Volkskirche - Kirche der Zukunft? Leitlinien der Augsburgischen Konfession für das Kirchenverständnis heute. Eine Studie des Theologischen Ausschusses der VELKD, Hamburg 1977

Loo, Hans v.d. / Reijen, Willem v.: Modernisierung. Projekt und Paradox, München 1992

Lorenz, Herbert: Der Pfarrer als Symbolfigur für Kirche: Chance oder prinzipielle Überforderung?; in: *A. Feige u.a.*, Erfahrungen mit Kirche, Hannover 1982, 274-298

Luckmann, Thomas: Säkularisierung - ein moderner Mythos; in: *Ders.*, Lebenswelt und Gesellschaft, Paderborn u.a. 1980, 161-172

Luckmann, Thomas: Die „massenkulturelle" Sozialform der Religion; in: *H.-G. Soeffner (Hg.)*, Kultur und Alltag, Göttingen 1988, 37-48

Luckmann, Thomas: Privatisierung und Individualisierung. Zur Sozialform der Religion in spätindustriellen Gesellschaften; in: *K. Gabriel (Hg.)*, Religiöse Individualisierung oder Säkularisierung, Gütersloh 1996, 17-28

Lück, Wolfgang: Praxis: Kirchengemeinde, Stuttgart/Berlin/Köln 1978

Luhmann, Niklas: Die *Organisierbarkeit* von Religionen und Kirchen; in: *J. Woessner (Hg.)*, Religion im Umbruch, Stuttgart 1972, 245-285

Luhmann, Niklas: *Interaktion*, Organisation, Gesellschaft. Anwendungen der Systemtheorie; in: *Ders.*, Soziologische Aufklärung 2, Opladen 1975, 9-20

Luhmann, Niklas: Funktion der Religion, Frankfurt/M. 1977

Luhmann, Niklas: *Organisation*; in: *W. Küpper / G. Ortmann (Hg.)*, Mikropolitik, Opladen 1988, 165-185

Luhmann, Niklas: *Individuum*, Individualität, Individualisierung; in: *Ders.*, Gesellschaftsstruktur und Semantik, Bd. 3, Frankfurt/M. 1989, 149-258

Luhmann, Niklas: Die Ausdifferenzierung der Religion; in: *Ders.*, Gesellschaftsstruktur und Semantik, Bd. 3, aaO. 259-357

Luhmann, Niklas: Das Medium der Religion. Eine soziologische Betrachtung über Gott und die Seelen; EvTh 57/1997, 305-319

Lukatis, Ingrid: Empirische Religions- und Kirchensoziologie in Deutschland. Entwicklung, Stand und zukünftige Aufgaben eines Forschungsbereichs; ZEE 26/1982, 306-327

Lukatis, Ingrid: Empirische Kirchen- und Religionssoziologie in Deutschland in den 80er Jahren; ZEE 34/1990, 303-317

Lukatis, Ingrid: Frauen und Männer als Kirchenmitglieder; in: *J. Matthes (Hg.),* Kirchenmitgliedschaft im Wandel, Gütersloh 1990, 119-148

Lukatis, Ingrid / Lukatis, Wolfgang: Die volkskirchliche „Mitte". Sozialdaten - Erfahrungshintergründe - Ausdrucksformen von Kirchlichkeit; WPKG 64/1975, 150-168

Lukatis, Ingrid / Lukatis, Wolfgang: Überlegungen zur Erklärung des Gottesdienstbesuchs mit Hilfe sozialwissenschaftlicher Theorien; in: *M. Seitz / L. Mohaupt (Hg.),* Gottesdienst und öffentliche Meinung, Stuttgart 1977, 47-64

Lukatis, Ingrid / Lukatis, Wolfgang: Jugend und Religion in der Bundesrepublik Deutschland; in: *U. Nembach (Hg.),* Jugend und Religion in Europa, Frankfurt/M. 1987, 107-144

Lukatis, Ingrid / Lukatis, Wolfgang: Protestanten, Katholiken und Nicht-Kirchenmitglieder. Ein Vergleich ihrer Wert- und Orientierungsmuster; in: *K.-F. Daiber (Hg.),* Religion und Konfession, Hannover 1989, 17-71

Lukatis, Wolfgang: Westdeutsche Protestanten und ihr Kirchenbild; in: *Pastoralsoziologische Arbeitsstelle der Ev.-Luth. Landeskirche Hannovers,* Volkskirche in soziologischer Perspektive, Hannover 1994, 73-91

Luther, Henning: Religion und Alltag. Bausteine zu einer Praktischen Theologie des Subjekts, Stuttgart 1992

Matthes, Joachim: Die Emigration der Kirche aus der Gesellschaft, Hamburg 1964

Matthes, Joachim: Gesellschaftsentwicklung, Pfarramt und Pfarrerrolle. Neun Thesen; WPKG 61/1972, 23-27

Matthes, Joachim (Hg.): Erneuerung der Kirche - Stabilität als Chance? Konsequenzen aus einer Umfrage, Gelnhausen/Berlin 1975

Matthes, Joachim: Volkskirchliche Amtshandlungen, Lebenszyklus und Lebensgeschichte. Überlegungen zur Struktur volkskirchlichen Teilnahmeverhaltens; in: *Ders. (Hg.),* Erneuerung der Kirche - Stabilität als Chance?, aaO. 83-112

Matthes, Joachim (Hg.): Kirchenmitgliedschaft im Wandel. Untersuchungen zur Realität der Volkskirche, Gütersloh 1990

Matthes, Joachim: Unbestimmtheit: Ein konstitutives Merkmal der Volkskirche?; in: *Ders. (Hg.),* Kirchenmitgliedschaft im Wandel, aaO. 149-162

Matthes, Joachim: Wie erforscht man heute Religion?; GuL 5/1990, 125-135

Matthes, Joachim: Auf der Suche nach dem „Religiösen". Reflexionen zu Theorie und Empirie religionssoziologischer Forschung; SocInt 30/1992, 129-142

Matthes, Joachim: Was ist anders an anderen Religionen? Anmerkungen zur zentristischen Organisation des religionssoziologischen Denkens; in: *J. Bergmann u.a. (Hg.),* Religion und Kultur, KZSS SH 33, 1993, 16-30

Matthes, Joachim: Das bewachte *Nadelöhr.* Säkularisierung als Prozess und als Deutungsmuster; LM 33/1994, H. 2, 33-36

Matthes, Joachim: Die Mitgliedschaftsstudien der EKD im Spiegel asiatischer Gesprächspartner; PTh 85/1996, 142-156

Maurer, Wilhelm: Die rechtliche Problematik der *Lebensordnungen* in der Evang.-Lutherischen Kirche Deutschlands (1953); in: *Ders.,* Die Kirche und ihr Recht. Ges. Aufsätze zum evang. Kirchenrecht, hg. v. *G. Müller / G. Seebass,* Tübingen 1976, 474-492

Maurer, Wilhelm: Zur theologischen Problematik des kirchlichen *Mitgliedschaftsrechts* (1955); in: *Ders.*, Die Kirche und ihr Recht, aaO. 493-517

Mechels, Eberhard / Weinrich, Michael (Hg.): Die Kirche im Wort. Arbeitsbuch zur Ekklesiologie, Neukirchen-Vluyn 1992

Mehlhausen, Joachim: Art. „Kirchengliedschaft. I. Evangelisch. A. Theol."; EvStLex, 3. Aufl., Bd. II, 1987, 1592-1595

Mehlhausen, Joachim: Art. „Landeskirche"; TRE 20, 1990, 427-434

Mehlhausen, Joachim: Kirche zwischen Staat und Gesellschaft. Zur *Geschichte* des evangelischen Kirchenverfassungsrechts in Deutschland (19. Jahrhundert); in: *G. Rau / H.-R. Reuter / K. Schlaich (Hg.)*, Das Recht der Kirche, Bd. II, Gütersloh 1995, 193-271

Mehlhausen, Joachim: Auftrag und Aufgabe der Ordnung des kirchlichen Lebens in theologischer Perspektive. Referat vor der Synode der EKU am 5.6.1998; epd-Dokumentation 29/98, 12-18

Meier, Andreas: Jugendweihe - JugendFEIER. Ein deutsches nostalgisches Fest vor und nach 1990, München 1998

Meinhold, Peter (Hg.): Das Problem der Kirchenmitgliedschaft heute, Darmstadt 1979

Merz, Michael B.: Gottesdienstliche Rollen; in: *H.-Chr. Schmidt-Lauber / K.-H. Bieritz (Hg.)*, Handbuch der Liturgik, Göttingen/Berlin 1995, 740-745

Mette, Norbert: Kirchlich distanzierte Christlichkeit: eine Herausforderung für die praktische Kirchentheorie, München 1982

Mette, Norbert: Mitgliedschaft in den Kirchen unter dem Anspruch auf religiöse Individualität; in: *A. Dubach / W. Lienemann (Hg.)*, Aussicht auf Zukunft, Zürich/Basel 1997, 241-252

Meyer, Christian: Rechtsprechung zum kirchlichen Mitgliedschaftsrecht: Kommentierte Mitteilung des Urteils des VG Braunschweig vom 26.1.1978; ZEvKR 24/1979, 380-386

Meyer, Christian: Bemerkungen zum Kirchenmitgliedschaftsrecht; ZEvKR 27/1982, 225-253

Meyer, Christian: „Zuziehende Evangelische"; ZEvKR 33/1988, 313-323

Meyer, Christian: Das geltende Kirchensteuerrecht im Bereich der Evangelischen Kirche in Deutschland; in: *W. Lienemann (Hg.)*, Die Finanzen der Kirche, München 1989, 173-210

Meyer, Christian: Rechtsprechung zum Mitgliedschaftsrecht: Kommentierte Mitteilung des Urteils des BFH vom 18.1.1995; ZEvKR 40/1995, 354-358

Minderheit mit Zukunft. Überlegungen und Vorschläge zu Auftrag und Gestalt der ostdeutschen Kirche in der pluralistischen Gesellschaft, hrsg. v. *Arbeitskreis „Kirche von morgen"*; epd-Dokumentation 3a/95

Möller, Christian: Gottesdienst als Gemeindeaufbau. Ein Werkstattbericht, Göttingen 1988

Moltmann, Jürgen: Kirche in der Kraft der Geistes. Ein Beitrag zur messianischen Ekklesiologie, München 1975

Morath, Reinhold / Ratzmann, Wolfgang: Herausforderung: Gottesdienst. Beiträge zur Liturgie und Spiritualität, Berlin 1997

Morgenthaler, Christoph: Kollektiv-kirchliche Identität, innerkirchliche Pluralität und religiöse Individualität; in: *A. Dubach / W. Lienemann (Hg.)*, Aussicht auf Zukunft, Zürich/Basel 1997, 271-287

Motikat, Lutz: Selbstbewusst und unsicher. Evangelische in Ostdeutschland auf dem Weg zur Neugestaltung von Christsein und Kirchenzugehörigkeit; PTh 87/1998, 360-367

Müller, Gottfried: Einführung in die Thematik: Vielgestaltige Kirche; in: Gemeinsam unterwegs. Dokumente aus der Arbeit des Bundes der Evangelischen Kirchen in der DDR 1980-1987, Berlin 1989, 75-87

Müller-Weißner, Uli / Volz, Rainer: Kirchenaustritte aus der Evangelischen Kirche. Beweggründe, Zusammenhänge, Perspektiven. Erste Ergebnisse einer interpretierenden Studie zur Situation in Ludwigshafen am Rhein 1989/1990; in: *Dies u.a.*, Kirche ohne Volk, Ludwigshafen/Speyer 1991, 9-42

Münchmeier, Richard: Aufwachsen unter veränderten Bedingungen – Die Lebenswelt der Konfirmandinnen und Konfirmanden; in: *Comenius-Institut (Hg.)*, Handbuch für die Arbeit mit Konfirmandinnen und Konfirmanden, Gütersloh 1998, 22-40

Nassehi, Armin: Religion und Biographie. Zum Bezugsproblem religiöser Kommunikation in der Moderne; in: *K. Gabriel (Hg.)*, Religiöse Individualisierung oder Säkularisierung, Gütersloh 1996, 41-56

Neidhart, Walter: Die Bedeutung der nichttheologischen Faktoren für die Konfirmation; PTh 55/1966, 435-446

Neubert, Ehrhart: Die Einrichtung Pfarrer wird bleiben. Die Situation des Pfarrers in der sozialistischen Gesellschaft der DDR; DtPfBl 78/1978, 259-263

Neubert, Ehrhart: Religion in der DDR-Gesellschaft. Zum Problem der sozialisierenden Gruppen und ihrer Zuordnung zu den Kirchen (1985); in: *D. Pollack (Hg.)*, Die Legitimität der Freiheit, Frankfurt/M. u.a. 1990, 31-40

Neubert, Ehrhart: Reproduktion von Religion in der DDR-Gesellschaft. Ein Beitrag zum Problem der sozialisierenden Gruppen und ihrer Zuordnung zu den Kirchen; epd-Dokumentation 35 u. 36/86

Neubert, Ehrhart: Megapolis DDR und die Religion; PTh 76/1987, 222-245

Neubert, Ehrhart: Religiöse Aspekte von Gruppen der Neuen Sozialen Bewegung; Berliner Journal für Soziologie 1991, 393-411

Neubert, Ehrhart: Kirche auf dem *Marktplatz*; ZdZ 46/1992, 10-17

Neubert, Ehrhart: Von der Volkskirche zur Minderheitskirche – *Bilanz 1990*; in: *H. Dähn (Hg.)*, Die Rolle der Kirchen in der DDR: eine erste Bilanz, München 1993, 36-55

Neubert, Ehrhart: Ostdeutsche Erfahrungen mit Abstand gesehen. Chancen der Kirche nach dem Ende der DDR; in: *Studien- und Begegnungsstätte Berlin der EKD (Hg.)*, Zwischen Bibel und Öffentlichkeit, Berlin 1994, 38-43

Neubert, Ehrhart: Die postkommunistische *Jugendweihe* – Herausforderung für kirchliches Handeln; in: *Studien- und Begegnungsstätte Berlin der EKD (Hg.)*, Zur Konfessionslosigkeit in (Ost-) Deutschland, Berlin 1994, 34-86

Neubert, Ehrhart: „gründlich ausgetrieben". Eine Studie zum Profil und zur psychosozialen, kulturellen und religiösen Situation von Konfessionslosigkeit in Ostdeutschland und den Voraussetzungen kirchlicher Arbeit (Mission), Berlin 1996

Neubert, Ehrhart: Konfessionslose in Ostdeutschland. Folgen verinnerlichter Unterdrückung; PTh 87/1998, 368-379

Niemeier, Hans-Martin: Die Rechtsprechung staatlicher Gerichte in Kirchensteuersachen in der Bundesrepublik Deutschland nach 1945; in: W. Lienemann (Hg.), Die Finanzen der Kirche, München 1989, 211-248
Nowak, Kurt: Explosion der Transzendenz? Unakademische Anmerkungen zur religiösen Topographie Ostdeutschlands; in: W. Sparn (Hg.), Wieviel Religion braucht der deutsche Staat?, Gütersloh 1991, 109-118
Nowak, Kurt: Historische Wurzeln der Entkirchlichung in der DDR; in: H. Sahner / S. Schwendtner (Hg.), Gesellschaften im Umbruch, Bd. II, Opladen 1995, 665-669
Nowak, Kurt: Staat ohne Kirche? Überlegungen zur Entkirchlichung der evangelischen Bevölkerung im Staatsgebiet der DDR; in: G. Kaiser / E. Frie (Hg.), Christen, Staat und Gesellschaft in der DDR, Frankfurt/M. 1996, 23-43
Nowak, Kurt: Religion, Kirche und Gesellschaft in der DDR. Deutungsprobleme – Forschungskontroversen – künftige Aufgaben; ZdZ 51/1997, 175-181
Nüchtern, Michael: Kirche bei Gelegenheit. Erwachsenenbildung – Kasualien – Akademien, Stuttgart/Berlin/Köln 1991
Nuyken, Wessel: Die Kirchenmitgliedschaft im Kirchengesetz über die Kirchenmitgliedschaft vom 10. November 1976; in: P. Meinhold (Hg.), Das Problem der Kirchenmitgliedschaft heute, Darmstadt 1979, 325-343
Obermayer, Klaus: Der automatische Erwerb der Kirchenmitgliedschaft nach evangelischem Kirchenrecht; NVwZ 1985, 77-81
Obermayer, Klaus: Aufgabe einer evangelischen Kirchenverfassung in dieser Zeit; ZEvKR 32/1987, 599-611
Oestreicher, Paul: Reale Christen im unrealen Sozialismus. Ostdeutsche Erfahrungen 1945-1990; epd-Dokumentation 41a/94, 1-12
Ordnung des kirchlichen Lebens der Evangelischen Kirche der Union, Berlin 1956
Otto, Gert: Grundlegung der Praktischen Theologie, München 1986
Otto, Gert: Zur Zukunft des Gottesdienstes. Erörterung eines Dilemmas; PrTh 32/1997, 132-144
Pannenberg, Wolfhart: Systematische Theologie, Bd. 3, Göttingen 1993
Pickel, Gert: Dimensionen religiöser Überzeugungen bei jungen Erwachsenen in den neuen und alten Bundesländern der BRD; KZSS 47/1995, 516-534
Pickel, Gert: Religiöse Orientierung und kirchliche Integration. Neuere Entwicklung im Spiegel europäischer Vergleichsdaten; in: H. Sahner / S. Schwendtner (Hg.), Gesellschaften im Umbruch, Bd. II, Opladen 1995, 679-684
Pickel, Gert: Konfessionslose in Ost- und Westdeutschland – ähnlich oder anders?; in: *Pollack, Detlef / Ders. (Hg.)*: Religiöser und kirchlicher Wandel in Ostdeutschland 1989-1999, Opladen 2000, 206-235
Pirson, Dietrich: Universalität und Partikularität der Kirche, München 1965
Pirson, Dietrich: Die Mitgliedschaft in den deutschen evangelischen Landeskirchen als Rechtsverhältnis (1967/68); in: P. Meinhold (Hg.), Das Problem der Kirchenmitgliedschaft heute, Darmstadt 1979, 138-162
Pirson, Dietrich: Grundrechte in der Kirche; ZEvKR 17/1972, 358-386
Pirson, Dietrich: Innerkirchliche Grundrechte aus der Sicht der evangelischen Kirchenrechtslehre; ZRG 98/1981, Kan.Abt. 67, 339-375

Pirson, Dietrich: Zum personellen Geltungsbereich kirchlicher Rechtsvorschriften; ZEvKR 27/1982, 115-133

Pirson, Dietrich: Die geschichtlichen Wurzeln des deutschen Staatskirchenrechts; in: *J. Listl / Ders. (Hg.)*, Handbuch des Staatskirchenrechts der Bundesrepublik Deutschland, Bd. 1, Berlin 2. Aufl. 1994, 3-46

Pittkowski, Wolfgang: Evangelisch - Katholisch - Konfessionslos. Vergleichende Fragestellungen; in: *J. Matthes (Hg.)*, Kirchenmitgliedschaft im Wandel, Gütersloh 1990, 163-182

Pittkowski, Wolfgang / Volz, Rainer: Konfession und politische Orientierung. Das Beispiel der Konfessionslosen; in: *K.-F. Daiber (Hg.)*, Religion und Konfession, Hannover 1989, 93-112

Planer-Friedrich, Götz: Taufe im Übergang. Die Bedeutung der Taufpraxis für den Gemeindeaufbau in den evangelischen Kirchen der DDR; in: *C. Lienemann-Perrin (Hg.)*, Taufe und Kirchenzugehörigkeit, München 1983, 367-388

Planer-Friedrich, Götz: Kirchenmitgliedschaft. Theologische und rechtliche Aspekte der Kirchenzugehörigkeit; in: *Theologische Studienabteilung (Hg.)*, Außer der Reihe. Beiträge zur Meinungsbildung in der Kirche [1974-1984], Berlin 1984, 16-23

Plathow, Michael: Lehre und Ordnung im Leben der Kirche. Dogmatische, rechtstheologische und pastoraltheologische Überlegungen zu den Lebens- und Visitationsordnungen unserer evangelischen Kirche, Göttingen 1982

Plathow, Michael: Rechtliche Rahmenbedingungen kirchlicher Lebensordnungen; ZEvKR 30/1985, 331-345

Plathow, Michael: Art. „Lebensordnungen"; TRE 20, 1990, 575-580

Pollack, Detlef: Religiöse Chiffrierung und soziologische Aufklärung. Die Religionstheorie Niklas Luhmanns in Rahmen ihrer systemtheoretischen Voraussetzungen, Frankfurt/Bern etc. 1988

Pollack, Detlef: Religion und Kirche im *Sozialismus*; ZdZ 43/1989, 6-14

Pollack, Detlef: Sozialethisch engagierte Gruppen in der DDR. Eine religionssoziologische Untersuchung (1989); in: *Ders. (Hg.)*, Die Legitimität der Freiheit, Frankfurt/M. u.a. 1990, 115-154

Pollack, Detlef: Das Ende einer Organisationsgesellschaft. Systemtheoretische Überlegungen zum gesellschaftlichen Umbruch in der DDR; ZfS 19/1990, 292-307

Pollack, Detlef (Hg.): Die Legitimität der Freiheit. Politisch alternative Gruppen unter dem Dach der Kirche, Frankfurt/M. 1990

Pollack, Detlef: Integration vor Entscheidung. Zur Entwicklung von Religiosität und Kirchlichkeit in der ehemaligen DDR; GuL 6/1991, 144-156

Pollack, Detlef: Kirche in der Organisationsgesellschaft. Zum Wandel der gesellschaftlichen Lage der evangelischen Kirchen in der DDR, Stuttgart/Berlin/Köln 1994

Pollack, Detlef: Kirche und alternative Gruppen. Evangelische Kirche in der DDR zwischen inszenierter Öffentlichkeit und informeller Subkultur; ZdZ 48/1994, 202-208

Pollack, Detlef: Was ist *Religion*? Probleme der Definition; ZfRelWiss 3/1995, 163-190

Pollack, Detlef: Zur neueren religionssoziologischen Diskussion des *Säkularisierungstheorems*; Dialog der Religionen 5/1995, 114-121
Pollack, Detlef: Zur religiös-kirchlichen *Lage in Deutschland* nach der Wiedervereinigung. Eine religionssoziologische Analyse; ZThK 93/1996, 586-615
Pollack, Detlef: Individualisierung statt Säkularisierung? Zur Diskussion eines neueren Paradigmas in der Religionssoziologie; in: *K. Gabriel (Hg.)*, Religiöse Individualisierung oder Säkularisierung, Gütersloh 1996, 57-85
Pollack, Detlef: Gottesdienst und Moderne. Religionssoziologische Beobachtungen und Deutungen; in: *K. Fechtner / L. Friedrichs u.a. (Hg.)*, Religion wahrnehmen. FS K.-F. Daiber, Marburg 1996, 321-330
Pollack, Detlef: Die Bindungsfähigkeit der Kirchen. Ein Kommentar zur „Sonderfall"-Studie; in: *A. Dubach / W. Lienemann (Hg.)*, Aussicht auf Zukunft, Zürich/Basel 1997, 57-81
Pollack, Detlef: Der *Wandel* der religiös-kirchlichen Lage *in Ostdeutschland* nach 1989. Ein Überblick; in: *Ders. / G. Pickel (Hg.)*, Religiöser und kirchlicher Wwandel in Ostdeutschland 1989-1999, Opladen 2000, 18-47
Pollack, Detlef / Pickel, Gert (Hg.): Religiöser und kirchlicher Wandel in Ostdeutschland 1989-1999, Opladen 2000
Preul, Reiner: Was ist ein lutherischer Gottesdienst?; in: *Ders.*, Luther und die Praktische Theologie, Marburg 1989, 113-120
Preul, Reiner: Gottesdienst und religiöse Sprache; ZThK 88/1991, 388-406
Preul, Reiner: Kirchentheorie. Wesen, Gestalt und Funktionen der Evangelischen Kirche, Berlin/New York 1997
Preul, Reiner: Art. „Religion III. Praktisch-theologisch"; TRE 28, 1997, 546-559
Ratzmann, Wolfgang: Gemeinde für andere - Gemeinde mit anderen. Überlegungen zum missionarischen Gemeindekonzept heute; Christenlehre 39/1986, 275-283
Ratzmann, Wolfgang: Vertrauen und Vertrauensbildung. Zum aktuellen Gespräch über Gemeinde und Gemeindeaufbau; Christenlehre 40/1987, 331-339
Ratzmann, Wolfgang: Prediger, Therapeut, Funktionär? Zur Frage eines Leitbildes für den pastoralen Dienst heute; Christenlehre 42/1989, 107-115
Ratzmann, Wolfgang: „Minderheit mit Zukunft" - ein Diskussionspapier und sein Echo; BThZ 13/1996, 133-142
Rau, Gerhard: Rehabilitation des Festtagskirchgängers; in: *M. Seitz / L. Mohaupt (Hg.)*, Gottesdienst und öffentliche Meinung, Stuttgart 1977, 83-99
Rau, Gerhard: Das Alltägliche und das Außer-Alltägliche oder: Kirchenmitgliedschaft als Bewusstseinsphänomen; in: *J. Matthes (Hg.)*, Kirchenmitgliedschaft im Wandel, Gütersloh 1990, 183-198
Rau, Gerhard / Reuter, Hans-Richard / Schlaich, Klaus (Hg.): Das Recht der Kirche, Bd. I: Zur Theorie des Kirchenrechts, Gütersloh 1997
Rau, Gerhard / Reuter, Hans-Richard / Schlaich, Klaus (Hg.): Das Recht der Kirche, Bd. II: Zur Geschichte des Kirchenrechts, Gütersloh 1995
Rau, Gerhard / Reuter, Hans-Richard / Schlaich, Klaus (Hg.): Das Recht der Kirche, Bd. III: Zur Praxis des Kirchenrechts, Gütersloh 1994
Rausch, Rainer: Die mitgliedschaftliche Erfassung Zuziehender; ZEvKR 36/1991, 337-394

Rendtorff, Trutz: Institution der Freiheit. Volkskirche in der Dimension des Bekenntnisses; LM 15/1976, 18-21

Rendtorff, Trutz: Theologische Probleme der Volkskirche; in: *W. Lohff / L. Mohaupt (Hg.)*, Volkskirche – Kirche der Zukunft?, Hamburg 1977, 104-131

Rendtorff, Trutz: Was können wir tun? Bemerkungen zur praktischen Relevanz von Theologiefragen; in: *J. Matthes (Hg.)*, Kirchenmitgliedschaft im Wandel, Gütersloh 1990, 199-214

Reuter, Hans-Richard: Der Begriff der Kirche in theologischer Sicht; in: *G. Rau / Ders. / K. Schlaich (Hg.)*, Das Recht der Kirche, Bd. I, Gütersloh 1997, 23-75

Reuter, Hans-Richard: Der Rechtsbegriff des Kirchenrechts in systematisch-theologischer Sicht; in: *G. Rau u.a. (Hg.)*, Das Recht der Kirche, Bd. I, Gütersloh 1997, 236-286

Ris, Georg: Der „kirchliche Konstitutionalismus". Hauptlinien der Verfassungsbildung in der evangelisch-lutherischen Kirche im 19. Jahrhundert, Tübingen 1988

Robbers, Gerhard: Grundsatzfragen der heutigen Rechtstheologie – ein Bericht; ZEvKR 37/1992, 230-240

Rössler, Dietrich: Die Vernunft der Religion, München 1976

Rössler, Dietrich: Grundriss der Praktischen Theologie, Berlin/New York 2., erw. Aufl. 1994

Roosen, Rudolf: Die Kirchengemeinde – Sozialsystem im Wandel. Analysen und Anregungen für die Reform der evangelischen Gemeindearbeit, Berlin/New York 1997

Roosen, Rudolf: Gemeindehaus vor dem ‚Aus'? Die Milieugesellschaft und die Reform der evangelischen Gemeindearbeit; DtPfBl 97/1997, 63-67

Roosen, Rudolf: Anlass und Interesse. Der Gottesdienst als ‚Mitte' des Gemeindelebens und das Teilnahmeverhalten der Kirchenmitglieder; PTh 87/1998, 2-19

Ruddat, Günter: Art. „Feste und Feiertage VI. Praktisch-theologisch"; TRE 11, 1983, 134-143

Sackers, Birgit: Zur Situation der Jugend in der DDR; VF 43/1998, H. 1, 63-78

Sandt, Fred-Ole: Religiosität von Jugendlichen in der multikulturellen Gesellschaft, Münster u.a. 1996

Scharfenberg, Joachim: Einführung in die Pastoralpsychologie, Göttingen 1985

Scherer, Richard: Schwierigkeiten mit dem Status. Religionssoziologische Überlegungen zum veränderten sozialen Status der Pastorenschaft; ZdZ 51/1997, 169-175

Schille, Gottfried: Umbruch-Situation und wachsendes Vertrauen. Der Pfarrer in der Deutschen Demokratischen Republik; DtPfBl 79/1979, 554-556

Schlaich, Klaus: Kollegialtheorie. Kirche, Recht und Staat in der Aufklärung, München 1969

Schlaich, Klaus: Kirchenrecht und Kirche. Grundfragen einer Verhältnisbestimmung heute; ZEvKR 28/1983, 337-369

Schlaich, Klaus: Die Grundlagendiskussion zum evangelischen Kirchenrecht. Ein Lagebericht; PTh 72/1983, 240-255

Schlaich, Klaus: Die Kirche als Anstalt und Verein. Zur Kollegialtheorie des 18. Jahrhunderts; in: *G. Rau / H.-R. Reuter / Ders. (Hg.)*, Das Recht der Kirche, Bd. II, Gütersloh 1995, 174-192

Schloz, Rüdiger: Der Durchschnittschrist – Strukturen der Kirchlichkeit und Religiosität in Westdeutschland; epd-Dokumentation 18/87, 13–21

Schmidt-Lauber, Hans-Christoph: Die Zukunft des Gottesdienstes. Von der Notwendigkeit lebendiger Liturgie, Stuttgart 1990

Schmidt-Lauber, Hans-Christoph / Bieritz, Karl-Heinrich (Hg.): Handbuch der Liturgik. Liturgiewissenschaft in Theologie und Praxis der Kirche, Leipzig/Göttingen 1995

Schmidt-Rost, Reinhard: Amtshandlungen und kirchliche Lebensordnungen; PThI 16/1996, H. 1, 113–127

Schmidtchen, Gerhard (Hg.): Gottesdienst in einer rationalen Welt, Stuttgart/Freiburg 1973

Schmidtchen, Gerhard: Was den Deutschen heilig ist. Religiöse und politische Strömungen in der BRD, München 1979

Schmied, Gerhard: Kirchenaustritt als abgebrochener Tausch, Mainz 1994

Schneider, Ilona: Säkularisierung und Rolle der Kirche in der DDR – Biographien von Kindern aus christlichen Familien; in: *Jugendwerk der Deutschen Shell (Hg.)*, Jugend '92, Bd. 3, Opladen 1992, 139–158

Schmierer, Thomas: Von der kompetitiven Gesellschaft zur Erlebnisgesellschaft? Der „Fahrstuhl-Effekt", die subjektive Relevanz der sozialen Ungleichheit und die Ventilfunkton des Wertewandels; ZfS 25/1996, 71–82

Schöll, Albrecht: „Ich glaube nicht, dass ich nicht an Gott glaube ...". Zur Funktion religiöser Deutungsmuster in der Adoleszenzphase; in: *M. Wohlrab-Sahr (Hg.)*, Biographie und Religion, Frankfurt/New York 1995, 221–242

Schöll, Albrecht: „Einfach das Leben irgendwie nicht verpennen". Zur Funktion religiöser Deutungsmuster in der Adoleszenz; in: *K. Gabriel (Hg.)*, Religiöse Individualisierung oder Säkularisierung, Gütersloh 1996, 112–29

Schrey, Heinz-Horst (Hg.): Säkularisierung, Darmstadt 1981

Schröder, Richard: Religion und Gesellschaft. Über einige Versuche, der Kirche in der sozialistischen Gesellschaft der DDR durch Religionssoziologie aufzuhelfen (1989); in: Ders., Denken im Zwielicht. Vorträge und Aufsätze aus der Alten DDR, Tübingen 1990, 95–120

Schröer, Henning. Art. „Praktische Theologie"; TRE 27, 1997, 190–220

Schultze, Harald: Gemeindeaufbau nach der Einigungsvertrag. Praktisch-theologische Erwägungen zum Weg der Kirchen im Bereich der ehemaligen DDR; ThPr 26/1991, 178–192

Schultze, Harald: Kirchenleitendes Handeln unter Basisdruck; ZdZ 47/1993, 137–141

Schultze, Harald: Kirchliche Lebensordnungen im Kontext wachsender Individualisierung. Strukturbedingungen für neue Entwürfe, Ms. Antrittsvorlesung Halle/S. 1997

Schulze, Gerhard: Die Erlebnisgesellschaft. Kultursoziologie der Gegenwart, Frankfurt/M. 1992

Schulze, Gerhard: Entgrenzung und Innenorientierung. Eine Einführung in die Theorie der Erlebnisgesellschaft; Gegenwartskunde 42/1993, 405–419

Schwab, Ulrich: Familienreligiosität. Religiöse Tradition im Prozess der Generationen, Stuttgart/Berlin/Köln 1995

Schwab, Ulrich: Geschlossene Konzeption und permanenter Wandel – Religiosität in der Moderne zwischen institutioneller Bindung und individueller Konstruktion; in: *A. Grözinger / J. Lott (Hg.)*, Gelebte Religion: Im Brennpunkt praktisch-theologischen Denkens und Handelns, Rheinbach-Merzbach 1997, 130-141

Schwab, Ulrich: Religion in der Lebenswelt des Subjekts. Zum biographischen Neuansatz der dritten EKD-Studie „Fremde Heimat Kirche"; PTh 87/1998, 380-391

Schwarz, Karl: Rechtstheologie - Kirchenrecht. Anmerkungen und Aperçus zu innerprotestantischen Kontroversen hinsichtlich Begründung und Entfaltung eines evangelischen Kirchenrechts; ZEvKR 28/1983, 172-199

Schweitzer, Friedrich: Lebensgeschichte als Thema von Religionspädagogik und Praktischer Theologie; PTh 83/1994, 402-414

Schwöbel, Christoph: Kirche als Communio; in: *W. Härle / R. Preul (Hg.)*, Kirche, Marburg 1996, 11-46

Schwöbel, Christoph: Kirche als Gemeinschaft; DPfBl 97/1997, 58-61

Seidel, Werner: Kirchliche Arbeit auf dem Lande. Rückschau - kritische Feststellungen zu gegenwärtigen Entwicklungen - Perspektive; ZdZ 42/1988, 215-219

Seiler, Dieter: Formen der Mitgliedschaft in der Kirche; WzM 48/1996, 3-12

Seitz, Manfred / Mohaupt, Lutz (Hg.): Gottesdienst und öffentliche Meinung. Kommentare und Untersuchungen zur Gottesdienstumfrage der VELKD, Stuttgart/Freiburg 1977

Smend, Rudolf: Zum Problem des kirchlichen Mitgliedschaftsrechts (1957/58); in: *P. Meinhold (Hg.)*, Das Problem der Kirchenmitgliedschaft heute, Darmstadt 1979, 42-57

Soeffner, Hans-Georg: Rekonstruktion statt Konstruktivismus; Soziale Welt 43/1992, 476-481

Sparn, Walter (Hg.): Wer schreibt meine Lebensgeschichte? Biographie, Autobiographie, Hagiographie und ihre Entstehungszusammenhänge, Gütersloh 1990

Sparn, Walter: Religion verstehen. Interdisziplinarität als theologische Tugend; in: *K. Fechtner / L. Friedrichs u.a. (Hg.)*, Religion wahrnehmen. FS K.-F. Daiber, Marburg 1996, 45-56

Spiegel, Yorick: Gesellschaftliche Bedürfnisse und theologische Normen. Versuch einer Theorie der Amtshandlungen; ThPr 6/1971, 212-231

Stalmann, Joachim: Liturgik; in: *R. Blühm u.a.*, Kirchliche Handlungsfelder, Stuttgart/Berlin/Köln 1993, 105-142

Starck, Christian: Von den Schwierigkeiten, klar über Menschenrechte zu sprechen; ZEvKR 35/1990, 237-249

Steck, Wolfgang: Art. „Kasualien"; TRE 17, 1988, 673-686

Steck, Wolfgang: Die Privatisierung der Religion und die Professionalisierung des Pfarrerberufs. Einige Gedanken zum Berufsbild des Pfarrers; PTh 80/1991, 306-322

Steckhan, Volker: Kirchenmitgliedschaft in der Großstadt; in: *J. Matthes (Hg.)*, Kirchenmitgliedschaft im Wandel, Gütersloh 1990, 231-248

Stein, Albert: Rechtstheologische Vorbemerkungen zu einer Reform des Rechts der kirchlichen Amtshandlungen; WPKG 66/1977, 231-244

Stein, Albert: Zum Stand der Grundlagendiskussion im deutschen evangelischen Kirchenrecht; NJW 1983, 2527-2531

Stein, Albert: Kirchengliedschaft als rechtstheologisches Problem; ZEvKR 29/1984, 47–62
Stein, Albert: Evangelisches Kirchenrecht. Ein Lernbuch, Neuwied/Darmstadt 3. Aufl. 1992
Steinlein, Reinhard: Die gottlosen Jahre, Berlin 1993
Stempin, Lothar: Ordnung als Prozess. Veränderte Orientierungs- und Steuerungskonzepte christlicher Lebensgestaltung am Beispiel der Leitlinien kirchlichen Lebens der VELKD, Gütersloh 1999
Stichweh, Rudolf: Inklusion in Funktionssysteme der modernen Gesellschaft; in: *R. Mayntz u.a. (Hg.)*, Differenzierung und Verselbständigung, Frankfurt/M. 1988, 261–293
Stolz, Fritz: „Alternative" Religiosität – Alternative wozu?; Schweizerische Zeitschrift für Soziologie, Religion und Kultur 17/1991, 659–666
Stolz, Fritz: Komplementarität in Zugängen zur Religion; SocInt 30/1992, 159–176
Stolz, Fritz: Soziologische Analyse von Religion und theologische Wahrnehmung des Glaubens; in: *M. Krüggeler / Ders. (Hg.)*, „Ein jedes Herz in seiner Sprache ...", Zürich/Basel 1996, 37–54
Stolz, Winfried: Menschenrechte und Grundrechte im evangelischen Kirchenrecht; ZEvKR 34/1989, 238–259
Strohm, Theodor: Forschungshypothesen zur Kirchenaustrittstendenz; ThPr 9/1974, 44–55
Studien- und Begegnungsstätte Berlin der EKD (Hg.): Zur Konfessionslosigkeit in (Ost-) Deutschland. Ein Werkstattbericht, Berlin 1994
Studien- und Planungsgruppe der EKD (Hg.): Fremde Heimat Kirche. Ansichten ihrer Mitglieder. Erste Ergebnisse der dritten EKD-Umfrage über Kirchenmitgliedschaft, Hannover 1993 [zit. als: Fremde Heimat 1993]
Stuhlmacher, Rainer: Kindertaufe statt Säuglingstaufe. Ein Plädoyer für den Taufaufschub; PTh 80/1991, 184–204
Synode der Evang. Kirche in Deutschland, Kundgebung: „Der Gottesdienst. Eine Ermutigung"; epd-Dokumentation 50/97, 1–3
Terwey, Michael: Zur aktuellen Situation von Glauben und Kirche im vereinigten Deutschland. Eine Analyse der Basisumfrage 1991; ZA-Nachrichten Nr. 30/1992, 59–79
Terwey, Michael: Pluralismus des Glaubens in der Diskussion; ZA-Nachrichten Nr. 35/1994, 110–134
Tiling, Peter v.: Erfahrungen mit der Lebensordnung in den lutherischen Kirchen; ZEvKR 30/1985, 345–354
Till, Klaus: Theologie – aus der Sicht eines Juristen der Kirchenverwaltung; ThPr 27/1992, 78–86
Traupe, Gert: Beteiligungserfahrungen und Beteiligungsmotivation am Konfirmandenunterricht – Ergebnisse einer empirischen Untersuchung; in: *G. Fähndrich / Ders.*, Bedingungen des Lernens im Konfirmandenunterricht, Hannover 1985, 27–78
Traupe, Gert: Entinstitutionalisierung von Religion als Herausforderung für Konfessionskirchen in der BRD; in: *K. Fechtner / L. Friedrichs u.a. (Hg.)*, Religion wahrnehmen. FS K.-F. Daiber, Marburg 1996, 147–160

Tyrell, Hartmann: Anfragen an die Theorie der gesellschaftlichen Differenzierung; ZfS 7/1978, 175-193
Tyrell, Hartmann: Religionssoziologie; GeGe 22/1996, 428-457
Urban, Detlef / Weinzen, Hans Willi: Jugend ohne Bekenntnis? 30 Jahre Konfirmation und Jugendweihe im anderen Deutschland 1954-1984, Berlin 1984
Vögele, Wolfgang / Vester, Michael (Hg.): Kirche und die Milieus der Gesellschaft. Bd. I: Vorläufiger Abschlussbericht der Studie, Loccum 1999 (Loccumer Protokolle 56/99 I)
Voll, Peter: Vom Beten in der Mördergrube. Religion in einer Dienstleistungsgesellschaft; in: *A. Dubach / R.J. Campiche (Hg.)*, Jede(r) ein Sonderfall?, Zürich/Basel 1993, 213-252
Voll, Peter / Krüggeler, Michael: Funktion und Substanz. Was bleibt vom freundeidgenössischen Kompromiss? Erfahrungen mit einer empirischen Untersuchung in der Schweiz; SocInt 30/1992, 203-228
Volp, Rainer: Liturgik. Die Kunst, Gott zu feiern, 2 Bd.e, Gütersloh 1993/94
Volp, Rainer: Kirchenbau und Kirchenraum; in: *H.-Chr. Schmidt-Lauber / K.-H. Bieritz (Hg.)*, Handbuch der Liturgik, Leipzig/Göttingen 1995, 490-509
Volz, Rainer: Kirche als Verein; in: *J. Matthes (Hg.)*, Kirchenmitgliedschaft im Wandel, Gütersloh 1990, 249-264
Wagner, Michael: Räumliche Mobilität im Lebensverlauf, Stuttgart 1989
Welker, Michael: Kirche ohne Kurs? Aus Anlass der EKD-Studie ‚Christsein gestalten', Neukirchen-Vluyn 1987
Welker, Michael: Warum in der Kirche bleiben? Fünf Antworten an Außen- und Innenstehende (1991); in: *Ders.*, Kirche im Pluralismus, Gütersloh 1995, 78-103
Welker, Michael: Kirche im Pluralismus, Gütersloh 1995
Welker, Michael: Kirche zwischen pluralistischer Kultur und Pluralismus des Geistes; in: *J. Mehlhausen (Hg.)*, Pluralismus und Identität, Gütersloh 1995, 468-485
Wendt, Günther: Bemerkungen zur gliedkirchlichen Vereinbarung über das Mitgliedschaftsrecht der EKD (1971); in: *P. Meinhold (Hg.)*, Das Problem der Kirchenmitgliedschaft heute, Darmstadt 1979, 221-236
Wendt, Günther: Kirchenmitgliedschaft; in: HbPTh (G) 4, 1987, 619-624
Wendt, Günther: Die Rechtsstellung des Gemeindeglieds; in: *G. Rau / H.-R. Reuter / K. Schlaich (Hg.)*, Das Recht der Kirche, Bd. III, Gütersloh 1994, 21-48
Wensierski, Peter: Unterwegs zur „offenen Kirche"; in: *R. Henkys (Hg.)*, Die evangelischen Kirchen in der DDR, München 1982, 400-420
Wensierski, Peter: Wandel auf dem Dorf. Pastor auf dem Land - ein Interview; KiSo 8/1982, 13-18
Wiederkehr, Dietrich: Individualisierung und Pluralisierung des Glaubens: Not und Chancen der Kirchen; in: *M. Krüggeler / F. Stolz (Hg.)*, „Ein jedes Herz in seiner Sprache ...", Zürich/Basel 1996, 97-125
Winkler, Eberhard: Wer gehört zur Gemeinde?; ZdZ 32/1978, 201-208
Winkler, Eberhard: Die Taufe zwischen Offenheit und Verbindlichkeit; ThLZ 110/1985, 321-332
Winkler, Eberhard: Die neue ländliche Diaspora als Frage an die Praktische Theologie; ThLZ 112/1987, 161-170

Winkler, Eberhard: Zielvorstellungen im Gemeindeaufbau; Christenlehre 42/1989, 69–79
Winkler, Eberhard: Auch Sympathisanten sind willkommen. Von der Verpflichtung, einladende Kirche zu sein; LM 30/1991, 324–326
Winkler, Eberhard: Tore zum Leben. Taufe – Konfirmation – Trauung – Bestattung, Neukirchen-Vluyn 1995
Winkler, Eberhard: Praktische Theologie elementar. Ein Lehr- und Arbeitsbuch, Neukirchen-Vluyn 1997
Winkler, Eberhard: Gemeinde zwischen Volkskirche und Diaspora. Eine Einführung in die praktisch-theologische Kybernetik, Neukirchen-Vluyn 1998
Winter, Friedrich: Die Problematik einer kirchlichen Lebensordnung; ThLZ 97/1972, 641–652
Winter, Jörg: Bemerkungen zu grundsätzlichen Fragen der Kirchenmitgliedschaft; in: 7. Tagung für Richter an kirchl. Verfassungs- und Verwaltungsgerichten (8.–11.5.1997). Dokumentation der Geschäftsstelle der Arnoldshainer Konferenz, Berlin 1997, 5–15
Wintzer, Friedrich u.a.: Praktische Theologie, Neukirchen-Vluyn 5., überarb. u. erw. Aufl. 1997
Wohlrab-Sahr, Monika: Institutionalisierung oder Individualisierung des Lebenslaufs?; BIOS 5/1992, 1–19
Wohlrab-Sahr, Monika: Über den Umgang mit biographischer Unsicherheit – Implikationen der „Modernisierung der Moderne"; Soziale Welt 43/1992, 217–236
Wohlrab-Sahr, Monika (Hg.): Biographie und Religion. Zwischen Ritual und Selbstsuche, Frankfurt/New York 1995
Wolf, Christof: Religiöse Sozialisation, konfessionelle Milieus und Generation; ZfS 24/1995, 345–357
Wulf, Hans: Man verkrümelt sich. Wenn junge Menschen aus der Kirche austreten; LM 36/1997, H. 11, 40f
Zeddies, Helmut (Hg.): Kirche mit Hoffnung. Leitlinien künftiger kirchlicher Arbeit in Ostdeutschland, Hannover 1998 (Texte aus der EKD, 28)
Ziemer, Jürgen: Gottesdienst und Gemeindeaufbau; in: *H.-Chr. Schmidt-Lauber / K.-H. Bieritz (Hg.)*, Handbuch der Liturgik, Leipzig/Göttingen 1995, 613–625
Zimmermann, Petra: „... und trotzdem ist es irgendwo ne Verbundenheit". Annäherung an die Religiosität einer „treuen Kirchenfernen"; in: *K. Gabriel (Hg.)*, Religiöse Individualisierung oder Säkularisierung, Gütersloh 1996, 103–111
Zinnecker, Jürgen / Fischer, Arthur: Die wichtigsten Ergebnisse; in: *Jugendwerk der Deutschen Shell (Hg.)*, Jugend '92, Bd. 1, Opladen 1992, 213–301
Zulehner, Paul M.: Art. „Kirchensoziologie", TRE 19, 1990, 69–74

„Die Kirche als Institution hat einen unmittelbaren Auftrag an die Gesellschaft und eine mittelbare Mitverantwortung für ihre Entwicklung."
Kurt Scharf

Klaus Eickhoff
Gemeinde entwickeln für die Volkskirche der Zukunft
Anregungen zur Praxis.
Geleitwort von Manfred Seitz. 1992.
364 Seiten, 19 Abbildungen, kartoniert
ISBN 3-525-60382-7

Dieses Buch wendet sich an volkskirchliche Gemeindeglieder, die in den vielen Möglichkeiten ihrer Kirche anvertrautes Gut erkennen, mit dem sie verantwortlich umgehen möchten. Hinter dem Buch steht neben eigener Gemeindeerfahrung die Schule der Praxisbegleitung volkskirchlicher Gemeinden der österreichischen evangelischen Diaspora. Die Kapitel stellen den Grundtext für Gemeindeseminare dar.
Aus dem Vorwort des Verfassers

In der Kirche neu anfangen
Glaube und Lernen.
Zeitschrift für theologische Urteilsbildung.
Heft 1/1989. 91 Seiten, kartoniert

Die Artikel dieser Zeitschrift stellen sich der Frage, was das „Neue" ist, dem das Bemühen um einen Neuanfang zu entsprechen sucht.

Andreas Leipold
Volkskirche
Die Funktionalität einer spezifischen Ekklesiologie in Deutschland nach 1945.
Arbeiten zur Pastoraltheologie 31. 1997.
182 Seiten, kartoniert
ISBN 3-525-62353-4

A. Leipold untersucht den Begriff der Volkskirche von seinem Aufkommen zu Anfang des 19. Jahrhunderts bis in die jüngste Gegenwart. Die gesamtkirchliche Situation in der Bundesrepublik Deutschland ist nach der Wende wesentlich dadurch bestimmt, daß zwei unterschiedliche Kirchenwirklichkeiten, die im Westen und die im Osten, in einer rechtlich-organisatorischen Einheit weder voll harmonisiert noch harmonisierbar sind.

Volkskirche im Aufbruch?
Kirchliche Zeitgeschichte.
Internationale Halbjahresschrift für Theologie und Geschichtswissenschaft,
Heft 1/1995. 247 Seiten, kartoniert

Arbeiten zur Pastoraltheologie
Herausgegeben von Peter Cornehl und Friedrich Wintzer

37 Sabine Bobert-Stützel
Frömmigkeit und Symbolspiel
Ein pastoralpsychologischer Beitrag zu einer evangelischen Frömmigkeitstheorie. 2000. 424 Seiten, kartoniert
ISBN 3-525-62360-7

36 Detlev Prößdorf
Die gottesdienstliche Trauansprache
Inhalte und Entwicklung in Theorie und Praxis. 1999. 284 Seiten, kartoniert
ISBN 3-525-62359-3

35 Birgit Weyel
Ostern als Thema der Göttinger Predigtmeditationen
Eine homiletische Analyse zu Text und Wirklichkeit in der Predigtarbeit. 1999. 292 Seiten, kartoniert
ISBN 3-525-62358-5

34 Anna Christ-Friedrich
Der verzweifelte Versuch zu verändern
Suizidales Handeln als Problem der Seelsorge. 1998. 238 Seiten, kartoniert
ISBN 3-525-62356-9

33 Anne M. Steinmeier
Wiedergeboren zur Freiheit
Skizzen eines Dialogs zwischen Theologie und Psychoanalyse zur theologischen Begründung des seelsorglichen Gesprächs. 1998. 220 Seiten, kartoniert
ISBN 3-525-62355-0

32 Thomas Stahlberg
Seelsorge im Übergang zur „modernen Welt"
Heinrich Adolf Köstlin und Otto Baumgarten im Kontext der Praktischen Theologie um 1900. 1998. 347 Seiten, kartoniert
ISBN 3-525-62352-6

31 Andreas Leipold
Volkskirche
siehe vorhergehende Anzeigenseite

30 Albrecht Haizmann
Erbauung als Aufgabe der Seelsorge bei Philipp Jakob Spener
1997. 372 Seiten, kartoniert
ISBN 3-525-62351-8

29 Eberhard Hauschildt
Alltagsseelsorge
Eine sozio-linguistische Analyse des pastoralen Geburtstagsbesuchs. 1996. 461 Seiten, kartoniert
ISBN 3-525-62346-1